Cántaro
Institute

REFORMA Y ESCOLÁSTICA EN LA FILOSOFÍA

Vol. 1: El preludio griego

Autor: **Herman Dooyeweerd**   Traductor: **Adolfo García de la Sienra**

REFORMA Y ESCOLÁSTICA EN LA FILOSOFÍA

VOLUMEN I

EL PRELUDIO GRIEGO

Herman Dooyeweerd

Traducción de
Adolfo García de la Sienra

CÁNTARO PUBLICATIONS
2025

cantaroinstitute.org

Herman Dooyeweerd.
Reforma y escolástica I. El preludio griego
Traducción de Adolfo García de la Sienra
Publicado por Cántaro Publications, un sello editorial del
Cántaro Institute, Jordan Station, Ontario, Canadá.

Para precios por volumen, por favor contacte a
  info@cantaroinstitute.org

  Library & Archives Canada ISBN: 978-1-998711-23-9

Impreso en los Estados Unidos de América.

CONTENIDO

I

INTRODUCCIÓN

REVISIÓN INICIAL DE LOS MOTIVOS RELIGIOSOS
BÁSICOS Y DEL CONFLICTO QUE PRODUCEN
ENTRE EL ESPÍRITU REFORMADO
Y EL ESCOLÁSTICO EN LA FILOSOFÍA

II

DIORAMA DEL DESARROLLO DIALÉCTICO DEL MOTIVO FORMA-MATERIA EN LA FILOSOFÍA GRIEGA HASTA PLATÓN

Parte I

EL DESARROLLO DIALÉCTICO HASTA PLATÓN

Parte II

EL DESARROLLO DIALÉCTICO EN
EL PENSAMIENTO DE PLATÓN BAJO
LA PRIMACÍA DEL MOTIVO FORMA
DE LA RELIGIÓN DE LA CULTURA

INTRODUCCIÓN

EL ORIGEN DE LA TEORÍA DE LAS IDEAS DE PLATÓN

CAPÍTULO UNO

LA DIALÉCTICA DE LA TEORÍA DE LAS IDEAS
DESDE SU CONCEPCIÓN INICIAL HASTA
SU CULMINACIÓN EN EL *REPÚBLICA*

CAPÍTULO DOS

LA DIALÉCTICA DEL MOTIVO FORMA-MATERIA EN LA CRISIS DE LA TEORÍA DE LAS IDEAS. EL *TEETETO*, EL *PARMÉNIDES*, *EL SOFISTA*, EL *POLÍTICO* Y LA PARTE DIALÉCTICA DEL *FEDRO*

CAPÍTULO TRES

LA DIALÉCTICA DEL MOTIVO FORMA-MATERIA
EN LA PENÚLTIMA ETAPA DE DESARROLLO
DEL PENSAMIENTO DE PLATÓN, DESPUÉS
DE QUE HA SUPERADO LA CRISIS

CAPÍTULO CUATRO

LA DIALÉCTICA DEL MOTIVO FORMA-MATERIA
EN EL *TIMEO*, LAS *LEYES* Y EL *EPINOMIS*
EN LA ETAPA FINAL DEL PENSAMIENTO DE PLATÓN

COMENTARIO SOBRE EL TEXTO

PRÓLOGO

Tras la publicación de la edición neerlandesa de su obra magna, *De Wijsbegeerte der Wetsidee*, en tres volúmenes [1935-1936 — actualmente en tres volúmenes bajo el título *Una nueva crítica del pensamiento teórico* (NC)], Herman Dooyeweerd profundizó y amplió su comprensión de los motivos básicos *orientadores* que operan en el desarrollo de la sociedad occidental y del pensamiento académico occidental.

Su tesis, según la cual Occidente ha estado en gran medida bajo la influencia de *cuatro* motivos últimos "religiosos básicos", exigía una argumentación más detallada. Por un lado, esta necesidad lo llevó a desarrollar lo que se conoce como su *crítica trascendental del pensamiento teórico* y, por otro lado, lo desafió a ofrecer un análisis igualmente profundo del pensamiento griego y medieval, similar a su estudio altamente original del desarrollo dialéctico de la filosofía humanista moderna (contenido en la segunda parte del primer volumen de su NC).

Este es el primer volumen de un estudio más amplio sobre el problema de la *Reforma* y la *escolástica* en la filosofía, centrado principalmente en la filosofía griega hasta e incluyendo a Platón. Aunque Bram Bos cuestiona la explicación que Dooyeweerd dio para el origen de la dialéctica griega (véase *Dooyeweerd en de wijsbegeerte van de oudheid*, en *Herman Dooyeweerd 1894-1977, Breedte en actualiteit van zijn filosofie*, 1994, comps. H. G. Geertsema y otros, Kampen: Kok, pp.197-227) mediante la introducción de la idea de la "perspectiva de significado titánica", considera, sin embargo, que el valor del análisis de Dooyeweerd sobre la irreconciliable dialéctica interna del pensamiento griego permanece intacto (p. 220). A la luz del hecho de que la mayor parte de este primer volumen de *Reforma y escolástica en la filosofía* está dedicada a las obras de Platón, uno recuerda automáticamente la célebre observación de A. N. Whitehead, según la cual toda la historia de la filosofía occidental puede verse como una serie de *notas al pie* de la filosofía de Platón. Quien lea esta obra se dará cuenta pronto de que toda investigación filosófica sobre la historia de la filosofía es, al mismo tiempo, un ejercicio de articulación de una comprensión sistemática de los problemas filosóficos. Sin embargo, Dooyeweerd está convencido de que el historiador de la filosofía debe siempre intentar comprender a las figuras históricas en términos de su motivación más profunda y de su motivo básico orientador.

D. F. M. Strauss
Universidad del Estado Libre
Bloemfontein, Sudáfrica

PREFACIO

Unos años antes del estallido de la Segunda Guerra Mundial, recibí una solicitud del editor T. Wever, de Franeker, para escribir un folleto sobre *calvinismo y filosofía*. Su intención era incluirlo en una serie titulada *El calvinismo y las cuestiones de nuestro tiempo*. Esta solicitud me llegó en un momento inoportuno. Toda mi energía estaba dedicada al desarrollo de mi antropología filosófica. Además, intentaba dar una forma definitiva a mi *Enciclopedia de la ciencia del Derecho*, en tres volúmenes.

Fue entonces cuando concebí el plan de escribir, paralelamente a esta última obra, un libro más breve sobre la *Reforma y la escolástica en la filosofía*. Mi intención era dedicar este libro especialmente a esclarecer las cuestiones antropológicas a la luz de la oposición entre el motivo básico de la Reforma y el de la corriente escolástica de pensamiento. Esta pequeña obra serviría entonces como introducción a la elaboración positiva de mis ideas antropológicas.

Concebí este plan en vista de las profundas objeciones que se habían planteado, justo antes de la guerra, en ciertos círculos teológicos reformados, especialmente contra la concepción del alma humana presentada en la Filosofía de la idea de la ley. Estas objeciones se basaban enteramente en ideas escolásticas tradicionales. Ante este hecho, tenía un fuerte deseo de situarlas, antes que nada, en su contexto histórico adecuado. Al presentarlas bajo esta luz, esperaba ofrecer una explicación de por qué esta filosofía había rechazado tan decididamente las concepciones escolásticas del alma humana.

Sin embargo, una vez que el tema "La Reforma y la escolástica en la filosofía" se apoderó de mí, pronto comprendí que exigía un tratamiento mucho más amplio que el que había planeado originalmente. Pues el espíritu del pensamiento escolástico sólo puede entenderse en su oposición al de la Reforma cuando se ha rastreado el motivo religioso básico del pensamiento griego en su radical oposición al motivo básico de la revelación escrituraria. Que, en efecto, hay un único motivo religioso básico común en la base del pensamiento griego, el cual nos da la clave para comprender el curso típicamente dialéctico del desarrollo de la filosofía griega, es algo que resulta más fácil afirmar que demostrar mediante una investigación cuidadosa de dicho desarrollo. Tal demostración requiere no sólo un estudio exhaustivo de las nociones religiosas de los griegos, sino también un estudio profundo de los textos filosóficos griegos. Todo clasicista sabe que esto representa obstáculos casi insalvables para quien no lo es. Sin embargo, debido a la profunda importancia de esta investigación, sentí la obligación de seguir adelante con ella, sin dejarme disuadir por las dificultades. Ahora, después de un estudio preparatorio laborioso y prolongado, presento el primer volumen de *Reforma y escolástica en la filosofía*.

La sección introductoria de esta obra trata sobre los cuatro motivos religiosos básicos del pensamiento filosófico occidental y sobre la relación entre la dialéctica teórica y la religiosa.

Las líneas principales de esta sección ya han aparecido en un artículo mío en la revista *Philosophia Reformata*[1]

A medida que mi estudio de la filosofía griega se amplió y profundizó, me fui convenciendo cada vez más de la validez de mi convicción original: el trasfondo del esquema aristotélico de forma y materia es mucho más amplio y tiene raíces mucho más profundas que lo que suele admitirse. De hecho, como había sospechado, dicho esquema expresa filosóficamente el motivo dialéctico básico que gobernó todo el pensamiento griego desde sus comienzos.

En este sentido, la actitud del propio Aristóteles debería haber servido de advertencia. Como alguien inmerso en el mundo del pensamiento griego, interpretó toda la historia anterior de la filosofía dentro de este esquema. Esto, por sí solo, debería haber bastado para alertar al investigador moderno sobre el hecho de que lo que tenemos aquí es mucho más que una construcción subjetiva del pensamiento del gran Estagirita. En efecto, si este motivo hubiera sido simplemente una invención de Aristóteles, que no se aplicaba realmente a la filosofía anterior a él, le habría resultado imposible forzarla dentro de su molde sin provocar oposición. La habría distorsionado de tal manera que la mutilación no habría pasado desapercibida para sus contemporáneos. Pues lo que está en juego aquí son los mismos fundamentos del pensamiento griego. Además, el hecho de que el motivo forma-materia haya mantenido su posición de manera tan constante a lo largo del pensamiento griego posterior y durante todo el período escolástico, determinando incluso

---

[1] "De vier religieuze grondthema's in den ontwikkelingsgang van het wijsgerig denken van het Avondland', *Philosophia Reformata*, VI (1941), 161-179.

la manera en que se planteaban los problemas filosóficos, debería haber servido como segunda advertencia contra la idea equivocada de que nos encontramos simplemente ante una invención filosófica de Aristóteles con la que midió arbitrariamente a todos sus predecesores.

Si se penetra más allá de la cuestión terminológica, que en sí misma es insignificante, y se concentra uno en el significado real del esquema aristotélico de forma y materia, un estudio profundo de Platón y de los llamados presocráticos revelará que lo que está en juego aquí es, en efecto, un motivo fundamental dialéctico en el que estuvo enraizada toda la comunidad del pensamiento griego desde sus inicios. Una vez logrado esto, la única tarea que queda es desentrañar el significado religioso de dicho motivo básico. En este punto, se hace evidente que lo que ha sido objeto de investigación continua desde el período romántico —el encuentro entre la religión natural prehomérica y la religión cultural posterior del panteón olímpico— es el origen de ese profundo conflicto religioso en la conciencia griega que se manifiesta en la oposición polar entre el motivo de la forma y el motivo de la materia. Una vez que se posee esta clave, toda la historia de la filosofía griega se ilumina de manera sorprendente. Mucho de lo que anteriormente parecía inexplicable o internamente contradictorio se aclara al situarse en su contexto adecuado. Además, el verdadero significado de la escolástica —que intenta construir un puente entre el motivo básico de la religión cristiana y el motivo básico dialéctico del pensamiento griego— puede, por primera vez, hacerse completamente evidente.

De este modo surge la posibilidad de una verdadera crítica trascendental tanto de la filosofía griega como de la escolástica. A través de esta crítica, además, la representación estándar de la historia de la filosofía como un proceso de emancipación creciente respecto de las ataduras impuestas por la religión se revela como una concepción radicalmente errónea.

Este error se arraigó en el prejuicio a priori de que el pensamiento filosófico, por su propia naturaleza, es autónomo. Quienes formulaban este juicio pasaban por alto el hecho de que, en la filosofía griega, esta supuesta autonomía tenía un significado completamente distinto del que tenía en la escolástica tomista, y que en ambas su significado era totalmente diferente del que posee en el pensamiento humanista moderno. Si se hubiera prestado mayor atención a este hecho incuestionable, la pregunta crítica habría surgido por sí sola: ¿qué es lo que ha determinado las profundas diferencias en la manera en que esta autonomía ha sido concebida a lo largo de la historia? Entonces habría resultado evidente que estas concepciones divergentes dependían enteramente de los motivos religiosos básicos que han sustentado el pensamiento occidental en todo su desarrollo. Entonces el "axioma" de la autonomía de la filosofía se habría convertido en un problema crítico. Entonces, también, el dogmatismo filosófico que elevó esta autonomía al rango de "dogma" habría tenido que ceder paso a una actitud crítica trascendental, en la que el pensamiento filosófico mismo adquiere el estatus de problema teórico. Porque sólo una investigación seria de la estructura interna de este pensamiento puede ofrecer una respuesta verdaderamente crítica a la pregunta de si una filosofía libre de prejuicios religiosos, en el sentido moderno del término, es realmente posible.

Desarrollé por primera vez una crítica trascendental del pensamiento filosófico en el primer volumen de mi *Filosofía de la idea de la ley*.[1] Allí la apliqué en un análisis detallado del curso dialéctico del desarrollo de la filosofía humanista moderna. Ahora se seguirá el mismo método en una investigación sobre la filosofía griega. Y, en conformidad con la estructura general de esta obra, las cuestiones de antropología ocuparán un lugar central.

Con el fin de ayudar al lector a sacar sus propias conclusiones respecto a si —y en qué medida— este método de abordar la filosofía griega desde su propio motivo fundamental hace mayor justicia al pensamiento griego que el enfoque tradicional, he sustentado mi análisis, en todo momento, con extensas citas en griego. En la medida en que las fuentes lo permiten, éstas se presentan en el contexto completo del argumento de los propios autores. Para beneficio de quienes no conocen el idioma griego, o lo dominan de forma insuficiente, he colocado después de cada cita una traducción en la que he intentado, en la medida de lo posible, evitar prejuiciar la interpretación filosófica. Es sabido, sin embargo, por todos los que han aprendido por experiencia propia los problemas que plantea la traducción, que nunca se puede tener éxito completo en este intento.

La mayor parte de mi exposición trata sobre el desarrollo del pensamiento de Platón. La justificación de ello se encontrará en el diseño y ejecución de mi método de investigación. Pues

---

[1] *De Wijsbegeerte der Wetsidee* I (Ámsterdam: H. J. Paris, 1935). La traducción ampliada y revisada de esta obra apareció en inglés en cuatro volúmenes entre 1953 y 1958. Los primeros tres volúmenes han sido traducidos al español como *Una nueva crítica del pensamiento teórico* (Jordan Station: Paideia Press, 2020, 2022, 2024). *De Wijsbegeerte der Wetsidee* se traduce en ocasiones como filosofía de la idea cosmonómica.

en la filosofía de Platón confluyen todas las corrientes del pensamiento filosófico anterior a él, y es en el desarrollo de su pensamiento donde el motivo dialéctico del pensamiento griego alcanza su expresión más representativa y, al mismo tiempo, más compleja.

En este punto haré sólo algunos breves comentarios sobre los dos volúmenes que seguirán al presente. El segundo investiga críticamente la oposición entre la filosofía de la idea de la ley y la filosofía escolástica, en particular la antropología escolástica. Este volumen ya está completamente terminado. Aparecerá en breve, tan pronto como haya papel disponible y se presente la oportunidad de imprimirlo. Este volumen también contendrá una discusión detallada sobre la relación entre la filosofía y la teología, cuestión que parece haber sido central para el pensamiento cristiano desde sus comienzos. Al mismo tiempo, mediante una crítica trascendental de las escuelas tomista y agustiniana del pensamiento escolástico, retomaré mi análisis del desarrollo dialéctico del pensamiento griego en el punto en que lo dejé temporalmente tras mi análisis de Platón.

El tercer volumen, cuya mayor parte también ha sido concluida, contendrá un tratamiento extenso de los problemas antropológicos dentro del marco de la filosofía de la idea de la ley. Este volumen final está concebido como una adición importante a dicha filosofía, que hará posible obtener una comprensión más precisa de su estructura y desarrollo general. Es mi ferviente esperanza que muchos de los malentendidos que han persistido en torno a mi obra publicada anteriormente puedan así ser superados.

I

INTRODUCCIÓN

REVISIÓN INICIAL DE LOS MOTIVOS RELIGIOSOS BÁSICOS Y DEL CONFLICTO QUE PRODUCEN ENTRE EL ESPÍRITU REFORMADO Y EL ESCOLÁSTICO EN LA FILOSOFÍA

§1 Los cuatro motivos religiosos básicos que subyacen a la historia del pensamiento filosófico occidental

Desde las últimas décadas del siglo XIX han aparecido en la filosofía occidental tres fenómenos cuya importancia e interconexión mutua se han ido aclarando con el transcurso del siglo XX. En primer lugar, observamos la decadencia progresiva de la filosofía humanista. Desde el Renacimiento, esta filosofía había ocupado el papel central en el pensamiento occidental. Encontró su culminación en el idealismo alemán. Sin embargo, tras el colapso de este último, quedó envuelta cada vez más en una crisis de fundamentos que, hasta hoy, no ha logrado superar. En segundo lugar, apareció al mismo tiempo, dentro de los círculos católicos romanos, un gran renacimiento de la filosofía escolástica, en particular del tomismo. Esta renovación fue introducida por la encíclica *Aeterni Patris*, emitida por el papa León XIII en 1879. En tercer lugar, ese mismo período fue testigo del surgimiento de una reflexión filosófica independiente dentro de los círculos protestantes que habían permanecido fieles a los principios fundamentales de la Reforma. Allí se ha buscado llevar a

1

cabo una verdadera reforma del pensamiento filosófico. Sin embargo, hasta ahora este esfuerzo ha permanecido limitado al movimiento calvinista moderno, inseparablemente vinculado al nombre de Abraham Kuyper. Más recientemente, este movimiento ha dado fruto en la aparición de una filosofía reformacional independiente, llamada *filosofía de la idea de la ley* o *cosmonómica*. No puede negarse que estos tres fenómenos están estrechamente relacionados. Detrás de todos ellos se encuentra, sin duda, la crisis que ha sacudido hasta sus cimientos a la civilización moderna occidental.

Las fuerzas espirituales motrices de esta civilización han sido la cultura clásica, el cristianismo y el humanismo. Lejos de ser homogéneas, estas fuerzas espirituales han permanecido en constante tensión entre sí. Ahora bien, esta tensión no puede eliminarse mediante algún tipo de "equilibrio de poderes" artificial; pues para que el desarrollo cultural tenga una orientación clara, debe haber una fuerza guía.

En la civilización griega clásica, esa fuerza fue la *polis*, la ciudad-Estado, como portadora de la nueva religión de la cultura. En la era clásica romana, esa misma posición fue ocupada por la *res publica* y, poco después, por el Imperio. Estos actuaron como portadores de la idea religiosa del *imperium*. Lo mismo ocurrió durante la era bizantina, cuando la idea del *sacrum imperium* fue reconciliada exteriormente con un cristianismo perseguido, después de que éste comenzara a minar los fundamentos de toda la cultura antigua.

La Iglesia católica romana logró mantener una posición de hegemonía cultural durante la Edad Media. En efecto, la siguiente gran crisis cultural no ocurrió sino con la llegada del movimiento renacentista moderno. Luego de que el nominalismo escolástico tardío allanara el camino, este movimiento empezó a desviar la corriente de influencia que emanaba de la cultura antigua, alejándola del poder de la Iglesia, después de haberla reinterpretado básicamente en el espíritu del naciente humanismo de la época. Al mismo tiempo, el gran movimiento de la Reforma ejercía presión sobre la cultura unificada eclesiásticamente de Roma desde un punto de vista fundamentalmente distinto.

En los territorios que, en términos generales, permanecieron fieles a la Iglesia romana, el catolicismo romano reorganizó sus fuerzas en la Contrarreforma, creando un clima favorable para la recepción de la cultura renacentista. En los países protestantes, en cambio, el liderazgo cultural pasó durante un breve período a manos de la Reforma. Sin embargo, gradualmente comenzó a surgir una nueva corriente dentro de la civilización occidental, en la cual tanto Roma como la Reforma se vieron forzadas a ceder su papel de liderazgo cultural ante el avance del humanismo moderno. Esto no significó que alguna de las dos desapareciera como fuerza significativa en la historia de Occidente. Ambas continuaron actuando de forma indeleble, en parte en antagonismo con la nueva visión secularizada de la vida y del mundo —en la que el cristianismo fue transformado en una religión racional de la personalidad—, y en parte en diversas pseudosíntesis con las nuevas ideas humanistas que lograron penetrar de manera formativa en la historia. Sin embargo, ni Roma ni la Reforma se encontraban ya en condiciones de imprimir su propio sello a la civilización occidental. Durante dos siglos, se vieron obligadas a adoptar una posición defensiva en la titánica lucha por el dominio del espíritu de nuestra cultura. Temporalmente, la posición de liderazgo fue asumida por el humanismo.

Desde las últimas décadas del siglo XIX, sin embargo, hemos visto cómo la cosmovisión humanista en su conjunto comienza a desmoronarse. Ahora ella misma ha sido llevada gradualmente a la defensiva frente al embate de nuevas fuerzas culturales antihumanistas. En el escenario de la historia mundial, nos enfrentamos hoy a un período de transición violenta. Dentro de él, la lucha por el liderazgo espiritual de nuestra cultura occidental aún no se ha resuelto.

En este tiempo manifiestamente caótico de transición, las dos antiguas potencias culturales del Occidente, espiritualmente consolidadas —el catolicismo romano y la Reforma—, ahora armadas con herramientas modernas, vuelven a hacerse sentir en esta gran batalla espiritual. Su objetivo no es meramente defender los fundamentos cristianos de la civilización moderna; es reafirmar su derecho al liderazgo en la lucha por el futuro de la civilización occidental, cuyo porvenir —incluso en el horizonte inmediato— permanece envuelto en la oscuridad.

Esta lucha prometeica también ha afectado la historia de la filosofía. En su desarrollo, la filosofía occidental revela su dependencia histórica respecto de las fuerzas culturales dominantes. En virtud de su posición de liderazgo histórico, éstas imprimen también a la filosofía sus más profundos motivos religiosos básicos.

Son principalmente cuatro estos motivos básicos que gobiernan la historia de la filosofía occidental.[1] De ellos, tres son claramente dialécticos. Es decir, están desgarrados por un dualismo interno, que los impulsa constantemente a engendrar posiciones en las que un factor queda irremediablemente opuesto al otro. Sin embargo, no es solo el desarrollo del pensamiento teórico el que está regido por estos motivos;

en cuanto dinámicas religiosas (δυνάμεις), es decir, como fuerzas que gobiernan la perspectiva de la vida desde su centro hasta su circunferencia completa, yacen en la base de todo el desarrollo cultural occidental.

Estos cuatro motivos básicos son los siguientes:

(1) El motivo *forma-materia* de la antigüedad griega;

(2) El motivo básico bíblico de *la creación, la caída en pecado y la redención en Cristo Jesús por la comunión con el Espíritu Santo*;

(3) El motivo escolástico de la síntesis religiosa, introducido por el catolicismo romano: el de *naturaleza y gracia*, que intenta reconciliar los dos primeros motivos;

(4) El motivo básico humanista moderno de *naturaleza y libertad*, en el que se intenta una síntesis religiosa inmanente (de este mundo) de todos los motivos anteriores, concentrada en la personalidad humana.

a. El motivo griego de forma y materia

El motivo inicial, al que Aristóteles fue el primero en dar el nombre de "forma-materia" (*morphē* e *hylē*), fue el que gobernó el pensamiento griego desde el principio, conforme a su contenido religioso.[2] Tuvo su origen en un conflicto no resuelto dentro de la conciencia religiosa griega entre, por un lado, el motivo básico de las antiguas *religiones de la naturaleza* —telúricas, ctónicas y uránicas—,[3] en las cuales un núcleo protogriego fue complementado con numerosos elementos tanto de origen indígena pregriego (minoico) como foráneo, y, por otro lado, el motivo básico de la nueva *religión de la cultura*: la religión del panteón olímpico.[4]

Las religiones de la naturaleza variaban ampliamente de una localidad a otra en sus formas cúlticas y en sus creencias particulares. Además, debido a la falta de fuentes escritas descifradas, existe un alto grado de conjetura en la reconstrucción precisa de estas formas y creencias.[5] No obstante, ciertos rasgos que distinguen la religión prehomérica de la posterior pueden establecerse con certeza. H. W. Rüssel los resume de la siguiente manera:

La religión prehomérica no tenía dioses con una forma particularizada sino, a lo sumo, ciertos símbolos para la deidad, la cual era concebida como invisible. Aquí se encuentran claros vestigios de una religión de la tierra y el agua, mientras que la religión olímpica de Zeus parece haber surgido del culto a una divinidad celeste originalmente indogermánica; es decir, a una deidad individual específica. Esta religión antigua posee el carácter de mito natural y, como la naturaleza misma, es más salvaje, impredecible y, a menudo, más cruel y demoníaca que los dioses homéricos. Por otro lado, está también impregnada de una profunda seriedad ética. El griego prehomérico se acercaba a sus dioses con temor, profunda humildad, piedad y reverencia. Sus dioses eran dioses del orden sagrado e inquebrantable del nacimiento, la muerte, la sangre, la tierra, la procreación y el crecimiento. A diferencia de los dioses masculinos de Homero, aquí eran las deidades femeninas las que ocupaban un lugar central, y eran ellas a quienes los hombres acudían en busca de ayuda, bendición y liberación. La misericordia que estas deidades de la madre tierra mostraban al socorrer a los hombres era, sin embargo, igualada por la implacabilidad e inevitabilidad de su maldición. Mientras que para Homero la muerte es algo sombrío y sin importancia para quien está vivo y sano —ya que sus dioses son dioses de la vida—, en el centro de la religión prehomérica se encontraba la muerte, el culto a los muertos y la convicción de que existe una continuidad de la existencia después de la muerte. Por esta razón, los muertos eran enterrados en la madre tierra, mientras que en Homero la práctica habitual era la cremación.[6]

Nilsson, Cornford y otros han demostrado de manera convincente que esta última característica mencionada por Rüssel no implica en absoluto que la religión natural griega primitiva haya sostenido una creencia en la inmortalidad personal del alma.[7] Sólo más tarde la creencia en la inmortalidad individual —presente en círculos órficos y pitagóricos, y especialmente entre los iniciados en los misterios eleusinos— llegó a reemplazar en algún sentido real la antigua creencia natural en la inmortalidad del flujo vital a través del ciclo de las generaciones. Como veremos más adelante, este cambio no podría haberse producido sin la influencia de las tendencias individualizantes de la religión de la cultura. Pues todo lo que quedaba en la religión prehomérica de una creencia en la inmortalidad personal de reyes y héroes nacionales especialmente favorecidos por los dioses —a quienes se les concedía una segunda vida bienaventurada en los "campos Elíseos"— quedaba fuera del ámbito propio de la religión de la naturaleza. Tal vez estas creencias se basaban en una tradición descendiente de las concepciones religiosas altamente desarrolladas de la civilización minoica, que probablemente se originaron en Egipto, una tradición que, en todo caso, significaba poco para el pueblo común.

Dentro de esta religión natural prehomérica operaba predominantemente un único motivo básico, que conservaría una presencia duradera en el sustrato del pensamiento griego. Este era el motivo del *flujo divino y eterno de la vida*. Surgiendo de la madre tierra, este flujo vital periódicamente, en el ciclo del tiempo, da origen a todo lo que posee forma y figura individual; pero, inevitablemente, lo que ha tomado forma sucumbe al destino ciego e impredecible, a la temible Anagkē (Ανάγκη; necesidad), con el fin de que el flujo eternamente activo y sin forma de la vida pueda continuar su ciclo de nacimiento, muerte y renacimiento. Este flujo divino de vida, que recorre todo lo que tiene forma corpórea, es un *fluido psíquico* que no está limitado por las fronteras del cuerpo y, por tanto, no puede morir con él; sin embargo, se lo concibe igualmente como material y terrenal. El misterio más profundo de la "psique" reside en una trascendencia extática de los límites corporales, en una absorción mística dentro de la totalidad divina de la vida. En palabras de Heráclito, el oscuro pensador de Éfeso: "Jamás encontrarías los límites del alma, aunque recorrieras todos sus caminos... tan profunda es su ley (lógos, λόγος)".[8]

En Dionisio, quien aparece en Homero y Hesíodo como el dios salvaje de la vegetación del vino, el motivo básico mencionado aquí —al que he denominado el *motivo de la materia* griego, en su oposición polar al motivo de la forma propio de la religión de la cultura— se encarna en su forma más expresiva. Es digno de mención que esta deidad, cuyo culto fue introducido desde Tracia,[9] no recibió una forma cultural fija ni una personalidad desarrollada dentro del panteón griego hasta que fue relacionada con su antítesis, el dios Apolo de Delfos. Porque, como veremos más adelante, Apolo se convirtió en la expresión más característica del *motivo de la forma* en el pensamiento griego, aunque probablemente también fuera de origen no griego, y a pesar del hecho de que, como dios oracular, poseía también un aspecto extático y contrastante en su personalidad.

El joven Nietzsche, en su brillante obra *El nacimiento de la tragedia*, fue lo suficientemente perspicaz como para detectar la marcada distinción entre estos elementos contrastantes de "noche" y "luz" en la religión griega. Gracias a su influencia, la oposición entre los elementos dionisíaco y apolíneo en el espíritu griego se ha convertido en un lugar común en la literatura posterior. No significó esto, sin embargo, que se hubiese alcanzado una comprensión del significado radical ni de la verdadera interrelación entre estos dos motivos religiosos opuestos. De hecho, ello era imposible mientras la religión fuese considerada exclusivamente desde una perspectiva inmanentista y se intentara comprenderla como un fenómeno psicológico o explicarla sociológicamente.

Debe insistirse nuevamente en que, en la antigua religión de la naturaleza, la divinidad no era concebida ni representada bajo una forma establecida ni una figura personal. La deidad misma permanecía fluida e invisible, inmersa en el flujo eterno de la vida. No existía, sin embargo, una unidad abstracta en la concepción de lo divino. Por el contrario, se adoraba una multiplicidad ilimitada de poderes divinos, en conexión con la inmensa variedad de fenómenos naturales, los cuales se encarnaban continuamente en una noción cambiante y fluida de la divinidad.

En este contexto, resulta comprensible que el surgimiento de formas y figuras individuales relativamente permanentes y discretas en la naturaleza se percibiera como una "injusticia", por la cual —según el enigmático dicho de Anaximandro, el filósofo natural jónico— estas deben "hacerse mutua reparación …conforme al orden del Tiempo".[10] Del mismo modo, se entiende cómo en la religión telúrica de Gea, Deméter y Dionisio, y al principio también en el culto mistérico eleusino

—que estaba vinculado al culto de Deméter y, en un momento dado, se asoció con el culto de Dionisio (Dionisio Iaco)— la creencia en la continuidad del flujo divino de la vida a través del ir y venir de las generaciones podía ser una fuente de consuelo ante la necesaria destrucción de toda vida individual encarnada en una forma y figura visible específica.[11]

Incluso en épocas posteriores, Dionisio siguió siendo la deidad en la cual vida y muerte estaban unidas. Como dios con forma y figura personal, se diferenciaba de los dioses olímpicos de la cultura en que carecía de inmortalidad. Su tumba incluso se mostraba en el santuario de Delfos. En la doctrina órfica —que analizaré más adelante— llegó a ser, como Dionisio Zagreo, el dios sufriente, desgarrado y devorado por los Titanes (aquí personificación del principio del mal). En los misterios órficos, este sufrimiento del dios moribundo era representado simbólicamente: en un frenesí orgiástico, se despedazaban animales y se consumía su carne cruda, para que los participantes pudieran entrar en comunión con el sufrimiento de Dionisio. Luego, el sufrimiento y la muerte de este dios eran seguidos por su renacimiento milagroso en una nueva forma.

La conexión de las religiones prehoméricas con el culto mistérico de Eleusis y Samotracia, con el movimiento órfico y dionisíaco durante la crisis religiosa del período de transición de la historia griega, y también con las ideas religiosas de los trágicos (Esquilo y Sófocles), de Píndaro y de los filósofos griegos (especialmente Pitágoras, Empédocles y Platón), fue señalada ya en el célebre libro *Psique*,[12] escrito por el amigo de Nietzsche, Erwin Rohde. Desde entonces, el estudio científico de la religión tanto en su aspecto filológico[13] como etnológico[14] ha ampliado y profundizado aún más estas intuiciones.

La nueva religión de la cultura se encarnó en la religión oficial de la *polis* griega (la ciudad-estado). Ella creó el primer centro religioso nacional en el monte Olimpo. En contraste con la religión de la naturaleza, ésta fue una religión de la *forma racional, la medida y la armonía*. Encontró pronto su expresión más típicamente griega en Apolo délfico, el legislador. Las deidades olímpicas abandonaron la "madre tierra" y se convirtieron en dioses de *forma radiante e inmortal*, quienes, en su forma suprasensible y figura personal, eran equivalentes a *poderes culturales idealizados y personificados*.

Esta nueva religión, que alcanzó su expresión más brillante en la poesía épica de Homero, intentó absorber dentro de sí a la antigua religión, tanto en lo que se refiere a sus elementos propiamente griegos,[15] como a sus elementos pregriegos autóctonos e importados. Intentó adaptarlos a su propio motivo básico de forma, medida y armonía. En particular, procuró someter el culto extático y telúrico de Dionisio al principio de forma legal del culto apolíneo. En Delfos, Apolo y Dionisio llegaron a ser hermanos, y este último perdió su carácter indeterminado y salvaje, apareciendo en el papel más sobrio de "pastor de almas".

En sus teogonías, los antiguos poetas teológicos griegos (Homero, Hesíodo) y los videntes órficos del período arcaico de transición intentaron mostrar al pueblo que las deidades olímpicas habían sido engendradas por los propios dioses de la naturaleza —sin forma y fluidos. En el proceso de formación relatado en la teogonía de Hesíodo —que, junto con las construcciones teogónicas de Homero, ejerció una gran influencia sobre el desarrollo del pensamiento filosófico griego—, surge primero la confusión informe del Caos,[16] y luego la madre tierra (Gea) y el inframundo. Simultáneamente aparece *eros*, o el amor sexual, principio del flujo divino de la vida y fuerza impulsora del paso del caos al cosmos. Del matrimonio de Gea con Urano, el primer dios celeste, nacen Cronos y Rea. Estos, a su vez, engendran a Zeus y a sus dos hermanos, quienes posteriormente destronan a Cronos.

Todos estos intentos de síntesis estaban, sin embargo, condenados al fracaso por tres razones:

(1)	La nueva religión de la cultura ignoraba los problemas más profundos de la vida y la muerte. Las deidades olímpicas ofrecían protección al ser humano solo mientras este era fuerte y gozaba de buena salud. Se retiraban cuando la oscura potencia de *Anagkē* o de *Moira* —contra la cual incluso Zeus, el supremo dios del cielo, era impotente— hacía sonar la campana fúnebre sobre aquellos que estaban bajo su amparo. En palabras de Homero: "Ni siquiera los dioses pueden apartarlo de un hombre al que aman, cuando la destructiva condena de la muerte niveladora se ha posado sobre él".[17]

(2)	Como mera religión de la cultura, la religión del Olimpo, en su forma mítica y homérica, chocaba con los estándares éticos del pueblo griego. Pues aunque la moralidad de los griegos estaba bajo la protección y sanción de los dioses olímpicos, estos mismos, tal como los presenta Homero, vivían "más allá del bien y del mal". Cometían adulterio y robo, y la mitología glorificaba el engaño, siempre que éste fuera concebido "de manera divina."

(3) El resplandeciente conjunto divino del Olimpo estaba demasiado alejado del pueblo común. En su
forma histórica, el mundo homérico de los dioses
solo resultaba apropiado para la civilización griega
durante la edad feudal de la caballería micénica, y
perdió todo contacto real con la sociedad en cuanto
desapareció el papel del caballero. Después de esto,
solo pudo mantenerse gracias al poder de la *polis*
griega. Fue precisamente durante el período crítico
de transición entre la era de la caballería micénica y
las guerras médicas —cuando la *polis* griega soportó
de manera espléndida su prueba decisiva— que surgió la crisis religiosa que Nilsson caracteriza como el
conflicto entre las tendencias extáticas (místicas) y
las legalistas.[18] El primero de estos impulsos religiosos, que se manifestó en los llamados movimientos
dionisíaco y órfico —que analizaré más adelante—,
constituyó un resurgimiento y una reforma de la antigua religión reprimida,[19] mientras que el segundo
encontró a su representante típico en Hesíodo, como
defensor de la nueva religión de la cultura.

Por estas razones, resulta comprensible que los griegos,
aunque honraban a las deidades olímpicas como dioses ofi-
ciales de la *polis*, se aferraran en su vida privada a las antiguas
religiones de la naturaleza y de la vida, y que los impulsos
religiosos más profundos del pueblo los llevaran en especial hacia los cultos mistéricos, donde los problemas de la
vida y la muerte ocupaban el centro. Ya en el siglo VI a.C.,
la religión de la cultura, en la forma mitológica que le dio
Homero, había sido seriamente socavada. La crítica a la que
fue sometida en los círculos intelectuales se volvió cada vez

más audaz, y el movimiento sofista —la "Ilustración griega"—
se burló de ella con relativa impunidad, aunque hubo cierta
reacción en forma de juicios por ateísmo.

Sin embargo, el motivo religioso básico dialéctico que había surgido en la conciencia griega a raíz del encuentro entre
las antiguas religiones de la naturaleza y la religión cultural
olímpica continuó vivo, y, una vez debilitada la influencia
de la mitología, pudo transformarse en los círculos filosóficos, revestido ahora de creencias e ideas más acordes con las
necesidades religiosas de la época. Este motivo religioso dialéctico, que ya se había manifestado en Homero y Hesíodo en
la oposición entre la oscura *Moira* y el poder racional de Zeus,
conservó la impronta de este conflicto entre el flujo eterno
de todas las formas —principio irracional ligado a la tierra—
y el principio de forma racional e inmortal "supramundano",
no sometido al devenir.

El principio de la materia, en su fluidez informe (orientado
esencialmente hacia la concepción del aspecto bio-orgánico
de la realidad temporal como algo "animado" o dotado de
alma), unido inseparablemente a *Anagkē*, la amenaza impredecible del destino, confiere al pensamiento griego un
carácter típicamente oscuro y místico, ajeno al pensamiento científico-natural moderno. En cambio, el principio de
la forma (esencialmente orientado al *aspecto cultural* de la
realidad temporal) dirige continuamente la mente hacia una
forma de la realidad suprasensible e imperecedera que no
puede captarse en un mero concepto, sino que debe intuirse
como figura o forma luminosa no sensible. Este también
es un rasgo profundamente griego. Las deidades olímpicas
eran concebidas como figuras luminosas e imperecederas,
más allá del alcance de la percepción sensorial. De igual

modo, el griego solo podía concebir la existencia como aquello que se mantiene inmutable en una forma no sensible y resplandeciente.

Que este principio de forma se relaciona con la *intuición teórica de las formas* queda claramente expresado en los términos griegos *eidōs* ((εἶδος) e *idea* (ἰδεῖν), que desempeñan un papel central en la filosofía platónica y aristotélica. Ambos términos derivan de la raíz Ι Δ (ἰδεῖν), que significa "ver", "intuir". No pueden entenderse independientemente del motivo griego de la forma. Lo mismo ocurre con la idea griega de teoría (*theōría*; θεωρία), a la cual me referiré repetidamente en el curso de esta investigación. *Theōría* también implica constantemente una actividad de contemplación que intenta captar el concepto en una forma o figura no sensible.

Dentro del motivo religioso básico del pensamiento griego, sin embargo, los principios de forma y materia están intrínsecamente interrelacionados, en el sentido de que se presuponen mutuamente. En su relación dialéctica, determinan la concepción griega de la "naturaleza" (*physis*) de las cosas. A veces, esta naturaleza puede buscarse en el continuo fluido "animado" del principio de materia, o, en otras ocasiones, exclusivamente en el principio racional de forma suprasensible. En la mayoría de los casos, sin embargo, se la busca en una síntesis dialéctica de ambos. Este motivo religioso dialéctico lleva al pensamiento griego a auténticas antítesis polares y lo hace derivar en corrientes que, aunque parecen radicalmente opuestas, manifiestan su afinidad profunda dentro de ese mismo motivo. La comunidad intelectual griega estaba enraizada en este motivo básico, y por ello resulta imposible comprender la historia de la filosofía griega en su unicidad sin enfrentarse con él.

En este primer volumen presentaré una visión general de dicho desarrollo hasta incluir a Platón. Mi investigación crítica de la filosofía escolástica, en el segundo volumen, ofrecerá también la oportunidad de examinar la filosofía griega posterior, en particular la aristotélica, a la luz del motivo griego básico. De acuerdo con el diseño general de esta obra, las cuestiones antropológicas estarán en el centro de la investigación. Así, la crítica trascendental del pensamiento occidental, que inicié en mi *De Wijsbegeerte der Wetsidee* (Volumen I, parte II), se verá llevada a una conclusión provisional.

b. El motivo básico escritural de la religión cristiana: creación, caída en pecado y redención

El segundo motivo básico es el de *creación, caída en pecado y redención por medio de Cristo Jesús en la comunión del Espíritu Santo.* En continuidad con el judaísmo del Antiguo Testamento, la religión cristiana introdujo este tema en el pensamiento occidental como un nuevo motivo religioso comunitario, que, ya desde su doctrina de la creación, se situó en oposición diametral al motivo básico de la filosofía antigua.

Como revelación auténtica de la Palabra de Dios, este motivo se distingue por su carácter *integral* y *radical*. Es decir, penetra hasta la *raíz* misma de la realidad creada. Dios, como Creador, se revela como el origen absoluto e integral de todas las cosas. Ningún poder autosuficiente y primordial en igual medida se encuentra frente a él. Por ello, no puede hallarse dentro del cosmos creado ninguna expresión de un principio dualista de origen.

En las potentes palabras del Salmo 139, este carácter integral del motivo bíblico de la creación se expresa de manera insuperable:

¿A dónde me iré de tu Espíritu?

¿Y a dónde huiré de tu presencia?

Si subiere a los cielos, allí estás tú;

Y si en el Seol hiciere mi estrado, he aquí, allí tú estás.

Si tomare las alas del alba

Y habitare en el extremo del mar,

Aun allí me guiará tu mano,

Y me asirá tu diestra.

Si dijere: Ciertamente las tinieblas me encubrirán;

Aun la noche resplandecerá alrededor de mí.

Aun las tinieblas no encubren de ti,

Y la noche resplandece como el día;

Lo mismo te son las tinieblas que la luz. (RV 1960)

Verdaderamente, el mensaje de este salmo se encuentra en los antípodas del dualismo griego de los motivos de forma y materia.

Al revelar que creó al ser humano a su imagen, Dios dio a la humanidad el conocimiento de sí misma en la unidad religiosa fundamental de su existencia como criatura, en la cual se concentraba el sentido completo del cosmos temporal. Según el plan de creación de Dios, el Origen integral de todas las cosas encuentra su imagen creada en el corazón humano. El corazón humano es así la unidad fundamental, integral, individual-espiritual de todas las funciones y estructuras de la realidad temporal. Reunidas en el punto donde la vida humana tiene su centro espiritual, estas funciones y estructuras debían orientarse hacia el Origen absoluto, en la medida en que los seres humanos se entregaran plenamente, en servicio amoroso, a Dios y al prójimo. Esta revelación cortó de raíz el dualismo religioso del motivo griego de forma y materia, que encuentra su expresión más clara en la antítesis religiosa de la antropología griega entre un cuerpo material y una sustancia mental teórica con carácter de forma pura.

Inseparable de la revelación de la creación es la revelación de la caída en pecado. En los motivos básicos dialécticos no hay lugar para el pecado en su sentido radical, conforme a la Escritura. De hecho, no puede desempeñar ningún papel allí, porque sólo se lo puede comprender correctamente cuando se posee el auténtico y radical conocimiento de sí mismo que es fruto de la revelación divina. Dentro de la conciencia religiosa de los griegos, lo único que obtenía reconocimiento era el conflicto entre los principios de forma y materia. El humanismo moderno simplemente sustituyó esta oposición por la existente entre el mundo sensible, o la naturaleza —regido por la ley mecánica de la causalidad—, y la "libertad racional autónoma" de la personalidad humana. Incluso en su concepción más profunda, la kantiana, la descripción de este conflicto no podía ir más allá del reconocimiento de una inclinación moral al mal en el ser humano, por la cual sus acciones se dejan guiar por las pasiones sensuales en lugar de por la ley moral. En ninguno de los dos casos, sin embargo, la oposición tiene lugar en la raíz religiosa de la vida humana. En ambos, ocurre únicamente en las ramificaciones temporales de la existencia humana, donde es absolutizada meramente en un sentido religioso. Como consecuencia, el sentido de culpa no puede evitar ser de carácter dialéctico, consistente en la desvalorización de un lado del cosmos en favor del lado opuesto, divinizado. Más adelante veremos que la concepción romanista también eliminó la radicalidad de la caída al concebir el pecado como nada más que la pérdida de un "don sobrenatural de gracia".

En contraste, la Palabra de Dios, en su revelación acerca de la caída en pecado, penetra hasta la raíz, al centro religioso de la naturaleza humana. Como apostasía respecto de Dios, la caída tuvo lugar en el centro integral, el corazón y el alma de la existencia humana. Como alejamiento de la Fuente absoluta de la vida, fue muerte espiritual. Por tanto, la caída fue radical, y precisamente por esta razón afectó al cosmos temporal en su totalidad, ya que este último alcanza su unidad religiosa fundamental únicamente en el ser humano. Toda concepción que niegue este significado radical de la caída —aunque retenga la palabra "radical", como sucede en la doctrina ética de Kant sobre el "mal radical" en la naturaleza humana— se sitúa en oposición diametral al motivo básico de la Escritura, y no conoce ni al ser humano, ni a Dios, ni la profundidad abismal del pecado.

La revelación de la caída en pecado, por su parte, no deja espacio a ningún principio autónomo de origen que se enfrente al Creador. Por tanto, el pecado no puede introducir un dualismo último en el cosmos creado. El mismo Satanás no es más que una criatura que, en su libertad creada, apostató voluntariamente de Dios.

La Palabra divina, por medio de la cual —según el Evangelio de Juan— fueron creadas todas las cosas, se hizo carne en Cristo Jesús. Así, la Palabra entró tanto en la raíz como en las ramificaciones temporales, en el alma y el cuerpo, de la naturaleza humana. Precisamente por eso, la redención obrada por la Palabra es una redención radical. Fue la regeneración del ser humano y, con ello, del cosmos temporal creado en su totalidad, el cual había sido religiosamente concentrado en el hombre. En su Palabra creadora —por medio de la cual han sido hechas todas las cosas y que se ha hecho carne en la persona del Redentor— Dios también preserva el cosmos caído mediante su gracia común (*gratia communis*), hasta la venida del juicio final. En ese momento, la creación redimida será liberada de su participación en la raíz pecaminosa de la naturaleza humana y se le permitirá resplandecer en una perfección superior. Entonces la justicia de Dios irradiará incluso a través de Satanás y su reino, como confirmación de la soberanía absoluta del Creador.

Así, mientras se entienda en su sentido puro y conforme a la Escritura, este motivo religioso básico no manifiesta en sí mismo un carácter dialéctico ni dualista. Sin embargo, al entrar en el mundo helenístico del pensamiento, se vio amenazado desde todas las direcciones.

Ya en los primeros siglos de su existencia, la iglesia cristiana se vio obligada a librar una lucha de vida o muerte para impedir que el motivo básico griego se impusiera sobre el de la religión cristiana. En el marco de este conflicto se formuló el dogma de la unidad de naturaleza divina (*homoousia*) entre el Padre y el Hijo, y poco después también con el Espíritu Santo. Además, se logró poner fin a la peligrosa influencia del gnosticismo dentro del pensamiento cristiano. Antes de este momento, los llamados apologistas, así como la escuela alejandrina de Clemente y Orígenes, se habían entregado a una forma de especulación sobre el *Logos*, tomada de la filosofía de la síntesis judaico-helenística de Filón. En su concepción del Verbo divino (*Logos*) como una especie de semidiós, esta corriente de pensamiento expresó una desnaturalización fundamental del motivo cristiano, y transformó la religión cristiana en una doctrina moral superior (y, en el caso de los alejandrinos, en un sistema filosófico religioso teñido de moralismo), en el cual entraban en juego una gran variedad de influencias del motivo básico de la filosofía griega. Los gnósticos, así como Marción (siglo II d. C.), también intentaron separar el Antiguo del Nuevo Testamento, y fue sobre todo mediante la preservación de la unidad indisoluble entre ambos que la iglesia cristiana, bajo la dirección de Dios, pudo en ese tiempo vencer el dualismo religioso introducido por el gnosticismo, el cual interponía una cuña entre creación y redención, y con ello volvía a un principio dualista de origen.

Dentro de la patrística ortodoxa, el pensamiento filosófico alcanzó su punto culminante con Aurelio Agustín, quien imprimió su sello a la filosofía cristiana hasta el siglo XIII, y cuya influencia continuó incluso después. Sin embargo, nadie estaba aún en condiciones de dar una expresión suficientemente independiente al motivo básico cristiano dentro del pensamiento filosófico mismo. En particular, en esa época existía una gran falta de claridad respecto a la relación entre la filosofía y la teología dogmática, porque aún no se había descubierto la conexión interior del pensamiento filosófico con los motivos religiosos básicos. Se buscaba el carácter cristiano de la filosofía en su relación de subordinación respecto a la teología dogmática[20] —una relación concebida de tal modo que todos los problemas filosóficos eran tratados dentro de un marco teológico-científico. Así, la filosofía cristiana (*philosophia christiana*) y la teología cristiana llegaron a identificarse, y bajo la influencia de la idea griega de *theōria*, surgió repetidamente la amenaza de identificar incluso esta teología con la religión cristiana misma. Más adelante abordaré todos estos puntos con detenimiento y, al hacerlo, dirigiré mi crítica trascendental también hacia el pensamiento cristiano mismo.

Bajo estas circunstancias, no se veía ningún inconveniente en adoptar sin reservas muchos elementos importantes de la filosofía antigua, ya que todavía no se había reconocido con claridad el carácter pagano de su motivo básico. Así, los teólogos recurrieron a adaptar o acomodar el pensamiento pagano a la doctrina de la iglesia cristiana. Como veremos más adelante, esto condujo inevitablemente a una recepción acrítica de una gran cantidad de conceptos paganos dentro de la filosofía cristiana. A su vez, también la teología se vio afectada, en más de un punto, por la adopción acrítica de doctrinas filosóficas griegas.

Sin embargo, en el pensamiento de Agustín, al menos el motivo básico cristiano fue conservado en conjunto de manera intacta. Por tanto, aquí no se puede hablar de una postura de verdadera síntesis religiosa, que busque deliberadamente unir los motivos básicos de la Escritura y del pensamiento griego.[21]

c. El motivo de la síntesis escolástica romanista de naturaleza y gracia

El intento de salvar la antítesis radical entre los motivos básicos griego y cristiano condujo, en el período de la cultura unificada eclesiásticamente bajo el dominio del romanismo, a un nuevo motivo dialéctico básico: el de naturaleza y gracia. Este es el motivo que imprimió su sello característico a la escolástica medieval. Con su dualismo interno no resuelto, también continuó dominando en buena medida el pensamiento reformado. Eso fue así incluso cuando la Reforma lo había superado en principio al volver a la doctrina bíblica sobre el significado radical de la caída en pecado para la naturaleza humana —doctrina que también había sido defendida por Agustín— y al confesar la justificación por la fe sola.

De hecho, la teología reformada de Lutero, y especialmente la de Calvino, dio grandes pasos iniciales en la dirección de liberar el motivo bíblico de su enredo con la filosofía escolástica; sin embargo, quedaron remanentes escolásticos importantes en la teología de la Reforma. Y dado que, como demostraré, la teología como ciencia no puede prescindir de fundamentos filosóficos, y dado que aún no se había hallado el camino hacia una reforma interior de la filosofía, la "filosofía de escuela" pronto recobró su influencia bajo Melanchthon. Como consecuencia, surgió junto a la escolástica romana una escolástica protestante, que compartía con su hermana romana el motivo dialéctico de síntesis de naturaleza y gracia, aunque le daba una nueva orientación, más acorde con la teología de la Reforma.

El carácter dialéctico e internamente dualista de este nuevo motivo básico es evidente en el intento de reconciliar la concepción griega (en particular la aristotélica) de la naturaleza (*physis*) de las cosas —determinada por el tema dualista de forma y materia— con la concepción bíblica de la realidad creada, basada en el orden divino de la creación. En las concepciones escolásticas del ser humano, este motivo encontró una expresión especialmente significativa en la idea de que la relación entre alma y cuerpo es la de un *anima rationalis*, como forma sustancial, y un cuerpo material. Por sus afinidades con el motivo dialéctico forma-materia, esta concepción no dejaba lugar para una visión de la unidad religiosa fundamental de la existencia humana creada. Tampoco podía armonizarse, en una elaboración consecuente, con el significado radical de la caída en pecado ni con el de la redención.

Mientras este motivo básico controló la filosofía, condujo continuamente a la aparición de tensiones típicamente dialécticas dentro del pensamiento cristiano. En algunos casos, éste se inclinaba peligrosamente en una dirección pagana, que atribuía la primacía a la naturaleza en su sentido típicamente escolástico; en otros, era arrastrado en una dirección mística igualmente peligrosa, que, al descuidar el motivo de la creación, identificaba la naturaleza con el pecado y buscaba huir de ella mediante una experiencia mística de la gracia. Una tercera posibilidad era un dualismo abierto, que atribuía a la naturaleza una independencia total y buscaba trazar una separación radical entre naturaleza y gracia. En este proceso, se volvió a abrir el camino, dentro del pensamiento cristiano, a la influencia del gnosticismo, así como a la teoría semipaulina de Marción, con su distinción dualista entre el Dios Creador imperfecto del Antiguo Testamento y el Dios Redentor perfecto del Nuevo.

Mientras se mantuvo este motivo básico, sólo las autoridades eclesiásticas romanas estaban en posición de mantener viva esta pseudosíntesis religiosa, condenando oficialmente las herejías dentro de la filosofía escolástica. En este esfuerzo, encontraron su mayor apoyo en la solución ofrecida por Tomás de Aquino, quien postuló la naturaleza como "preámbulo" autónomo pero subordinado de la gracia o sobrenaturaleza. Además, la relación mutua entre ambas fue concebida como la de materia y forma. Así llegó Tomás a su solución, valiéndose del mismo recurso que ya había servido en la comunidad intelectual griega para unir dos motivos religiosos fundamentalmente antagónicos.

En el segundo volumen de esta obra, esta síntesis escolástica, tal como se desarrolló dentro del pensamiento filosófico que gobernaba, ocupará un lugar importante y será sometida a una crítica trascendental. Por ahora, nuestro objetivo es únicamente obtener una comprensión clara de la naturaleza del motivo básico mismo. Para ello, sin embargo, será necesario emprender una investigación más detallada de la relación entre lo que es verdaderamente dialéctica *religiosa* y lo que se denomina dialéctica *teórica*. Esta investigación, a su vez, nos llevará inevitablemente a examinar más de cerca la relación entre el motivo de la síntesis de naturaleza y gracia y el de la forma-materia.

d. El motivo básico humanista moderno de naturaleza y libertad

Finalmente, el cuarto gran motivo básico es el de *naturaleza* y *libertad*. Surgió en tiempos del Renacimiento, a partir de la religión humanista moderna de la personalidad y de la ciencia. Este motivo buscó asimilar gradualmente los tres motivos anteriores, sometiéndolos a una metamorfosis completa.

Este motivo apareció por primera vez en el pensamiento occidental en una forma específica y en una coyuntura histórica particular. La dialéctica interna de la síntesis romanista de naturaleza y gracia había conducido al pensamiento de la escolástica tardomedieval hacia un dualismo abierto entre la religión cristiana y la vida natural. Además, la cultura unificada bajo la Iglesia —que había logrado someter todas las esferas de la vida temporal a la autoridad eclesial— comenzó a desintegrarse. Entonces surgió una religión de la personalidad humana, que fue secularizando gradualmente el motivo cristiano de la "libertad en Cristo Jesús", transformándolo en un nuevo ideal de personalidad. Este ideal culminó en la idea de la *autonomía* absoluta o autolegislación de la personalidad humana, centrada en su razón. Con fervor revolucionario, se volvió contra toda restricción autoritaria impuesta al pensamiento humano por la Iglesia o por la revelación divina de la Palabra. Dentro de este ideal de personalidad, el motivo de la creación también fue secularizado. Aquí pasó a significar la dominación de la realidad en toda su extensión por medio de un nuevo método de pensamiento "creador", que se oponía al enfoque meramente intuitivo de la filosofía griega y escolástica.

De la mano con este nuevo *motivo de la libertad* del ideal humanista de la personalidad, se desarrolló una nueva concepción de la naturaleza. Esta difería de manera fundamental tanto de la concepción griega de la *physis* como de la visión escolástica de la naturaleza. Aquí, la naturaleza fue vista como el reflejo macrocósmico de la personalidad humana, como un cosmos que ofrecía posibilidades infinitas para el despliegue de las capacidades creativas del ser humano. La naturaleza fue emancipada tanto del control del oscuro motivo de la materia propio del pensamiento griego como del motivo cristiano de la caída en pecado. Se la consideró independiente de todo poder e influencia sobrenatural.

En la filosofía del Renacimiento, Giordano Bruno divinizó esta nueva visión de la naturaleza como "naturaleza naturante" (*natura naturans*). También el arte renacentista la expresó con claridad. Cuando, poco después, Galileo e Isaac Newton sentaron las bases de la ciencia natural matemática moderna —abriendo así el camino al dominio de los fenómenos naturales mediante su captación en formulaciones matemáticas, dentro de una red absolutamente determinada de causas—, el ideal humanista de la personalidad se apropió de este nuevo método científico con auténtico celo religioso, elevándolo a la posición de ideal clásico de la ciencia, el cual aspiraba a reconstruir la realidad en todos sus aspectos según sus propios parámetros. Al principio, este ideal científico construyó una nueva metafísica. Esta se jactaba de su capacidad para captar la verdadera naturaleza de la realidad con la ayuda del pensamiento científico natural de orientación matemática, colocándose así en franca oposición a la metafísica aristotélico-escolástica de las formas sustanciales. Además, incluso después del colapso de esta metafísica bajo el peso de las críticas de David Hume y Kant, el ideal determinista de la ciencia siguió reivindicando su derecho a dominar la totalidad de la naturaleza.

Desde el comienzo, este nuevo ideal científico, generado por el propio ideal de la personalidad, entró en tensión dialéctica con este último, tensión que desde Kant ha sido comúnmente descrita como la existente entre *naturaleza* y *libertad*. Según esta visión, la naturaleza debe ser entendida como realidad concebida, de acuerdo con el ideal determinista de la ciencia, como una cadena cerrada de causa y efecto, que se manifiesta en la "conformidad con la ley natural" o en la "necesidad natural". La libertad, en cambio, es el ideal de la personalidad libre, autónoma, que se autodetermina. Ésta no puede tolerar el determinismo respecto de la acción humana que reclama la ciencia natural; exige que la personalidad rija su conducta conforme a normas o reglas de decoro establecidas por la razón autónoma.

Bajo la influencia del ideal clásico de la ciencia, Kant continuó viendo este motivo de libertad de manera racionalista e individualista. En el Romanticismo, y dentro de lo que se denomina "idealismo absoluto", recibió, sin embargo, una orientación irracionalista y universalista (transpersonalista). Ya no se respetó la línea crítica que Kant había trazado entre naturaleza y libertad. De hecho, el motivo de la libertad forzó al ideal clásico de la ciencia a retroceder incluso en el terreno de la naturaleza. Se intentó descubrir huellas ocultas de libertad incluso en la naturaleza misma, y alcanzar una síntesis dialéctica de los dos motivos religiosos opuestos a través de la dialéctica teórica.

En su nueva forma irracionalista y universalista, el motivo libertad también dio lugar a un nuevo ideal científico, el cual se apartó de la ciencia natural matemática y tomó como modelo a la ciencia histórica. Ya no se trataba de descubrir leyes universales que hicieran posible determinar y gobernar por completo el curso de los fenómenos, sino de comprender el fenómeno individual e irrepetible en términos de su contexto histórico y supraindividual, según un método propio de las ciencias humanas (método *geisteswissenschaftlich*).

En su esfuerzo por captar todo en su determinación histórica, este nuevo ideal científico partió de una visión historicista de la realidad. Sin embargo, al igual que el ideal clásico de la ciencia, también terminó entrando en conflicto con el motivo libertad que le había dado origen. En su historicismo, destruyó la creencia en la validez eterna de las ideas de libertad y humanidad. La pseudossíntesis dialéctica que el idealismo de la libertad había producido entre naturaleza y libertad se disolvió nuevamente en una antítesis polar, lo cual finalmente llevó a la socavación de la fe en el valor de la personalidad humana misma. El historicismo, desligado del idealismo de la libertad, se desplazó entonces hacia una dirección positivista, y por un tiempo se alió con el enfoque evolutivo del darwinismo y con la sociología moderna, en la medida en que esta última seguía el modelo de las ciencias naturales. Sin embargo, ya en el siglo XX, a medida que el historicismo extendió aún más su influencia, llegó incluso a socavar la fe en la evolución. Como consecuencia final, tanto el ideal de la ciencia como el de la personalidad se vieron envueltos en un proceso de desarraigo religioso.

En todo este desarrollo, el carácter dialéctico del motivo básico humanista se revela con gran nitidez. Hasta finales del siglo XIX, había sustentado el pensamiento de la comunidad occidental en su conjunto. Mediante su supremacía absoluta en la cultura moderna, también imprimió de múltiples maneras su impronta conceptual sobre el pensamiento católico y reformacional, al menos en la medida en que estos movimientos intelectuales no quisieran verse excluidos de la comunidad científica.

Puesto que en el primer volumen de mi *De Wijsbegeerte der Wetsidee* ya he presentado un extenso análisis de la dialéctica de este motivo básico tal como se ha manifestado en la historia del pensamiento occidental moderno, me limitaré en el lugar adecuado de esta obra a ofrecer un breve resumen en el que se sintetice este desarrollo de la manera más incisiva posible. Al mismo tiempo, esto arrojará luz adicional sobre las causas de la crisis actual, que ha afectado los mismos fundamentos de la filosofía moderna.

En el contexto presente, solo es necesario señalar que, después de haber secularizado el motivo básico de la religión cristiana, el motivo humanista intentó gradualmente asimilar también los motivos básicos griego y escolástico. Por ejemplo, tanto Leibniz como Kant hicieron uso del motivo forma-materia de esta manera. Además, ambos pensadores humanistas introdujeron en sus sistemas filosóficos el motivo de naturaleza y gracia. Sin embargo, como demostraré más adelante en detalle, ambos motivos fueron privados en el proceso de su contenido religioso original, y fueron transformados en meros esquemas intelectuales al servicio del motivo básico humanista de naturaleza y libertad.

§2 La relación entre la dialéctica religiosa y la dialéctica teórica[22]

a. El carácter comunitario de los motivos religiosos básicos y el uso del método crítico en la investigación de la historia de la filosofía

Ninguno de los motivos básicos mencionados anteriormente es intrínsecamente teórico o científico. Por el contrario, todos son de carácter religioso. Es decir, poseen un significado absolutamente central para la totalidad de la vida. Por tanto, como ya lo hemos señalado, ejercen una influencia en el corazón del desarrollo cultural y de toda la estructura espiritual e intelectual de Occidente, más allá del alcance del pensamiento filosófico. Además, son auténticamente comunitarios, ya que determinan la cosmovisión del individuo —sea éste consciente de ello o no.

Para que exista un método verdaderamente crítico en la investigación científica de la historia de la filosofía occidental, es ante todo necesario rastrear estos cuatro motivos básicos, tanto en su significado original como en las complejas interrelaciones formales en las que quedaron envueltos durante su desarrollo histórico. Los problemas filosóficos están determinados por estos motivos, y, como demostraré en detalle en mi crítica trascendental del pensamiento filosófico, todo intento de extraerlos de aquel sin reconocerlo es acrítico y anticientífico. Tal intento no podría nunca permitir una descripción de la historia de la filosofía como un desarrollo puramente científico; solo conduciría a proyectar sobre un período filosófico anterior el motivo religioso básico que domina el pensamiento del propio intérprete, cuyo significado aún no ha comprendido. En realidad, se estaría cerrando la puerta a una comprensión correcta de dicho período.[23]

b. Los motivos religiosos básicos y el patrón de pensamiento historicista moderno

En este punto, debo apresurarme a prevenir contra un malentendido fundamental. Es cierto que el pensamiento historicista moderno está inclinado a admitir que cada período en la historia del pensamiento filosófico debe interpretarse según su propio motivo básico. Sin embargo, concibe estos motivos religiosos básicos como fuerzas dinámicas de carácter meramente histórico-psicológico, accesibles en tanto tales a la investigación teórico-científica libre de todo prejuicio religioso.[24] Incluso puede llegar a reconocer, con Wilhelm Dilthey —uno de los precursores más brillantes y perspicaces de esta corriente—, que "... la vida religiosa es el substrato permanente del desarrollo intelectual, no una fase transitoria en la evolución espiritual de la humanidad".[25] Sin embargo, este pensamiento intentará comprender esa vida religiosa únicamente en términos de una "vivencia fundamental" (*Erlebnis*), mediante la cual la humanidad, a lo largo de su proceso histórico, habría experimentado su "libertad personal frente a los límites de la naturaleza", su experiencia de "culpa y conciencia", y "la oposición que recorre todas las áreas de la vida interior entre lo imperfecto y lo perfecto, lo transitorio y lo eterno, junto con la añoranza humana por esto último".[26] Toda esta vivencia religiosa se fundaría entonces en la conciencia de una "dependencia absoluta del sujeto".

Sin embargo, con este razonamiento, Dilthey en realidad elimina los motivos religiosos básicos en su verdadero sentido. A pesar de sus muchas y valiosas observaciones sobre el desarrollo del pensamiento occidental desde los griegos, Dilthey no da cuenta adecuadamente del contenido ni de la significación de estos motivos religiosos básicos en dicho desarrollo. El "análisis psicológico" de la "vivencia fundamental", que constituye el punto de partida de Dilthey, pasa completamente por alto el hecho de que, en su significado concreto, todas las "experiencias" que él atribuye al contenido de este sentimiento dependen enteramente de los propios motivos religiosos básicos. Estos, a su vez, al no ser en sí ni psicológicos ni históricos, yacerán en la base de todo análisis psicológico científico. La comprensión religiosa concreta de nociones como "libertad personal" y los "límites de la naturaleza", "culpa" y "conciencia", "perfección", "transitoriedad" y "eternidad", está determinada, en última instancia, por un motivo religioso básico, que desde el centro mismo del ser humano gobierna su perspectiva completa sobre la vida y el pensamiento. Para la conciencia griega, estas nociones eran algo radicalmente distinto de lo que eran para la conciencia cristiana, que vive a partir del motivo básico de la revelación divina. Además, la comprensión romanista y escolástica de estos términos también difería de forma decisiva de la del humanismo moderno. En otras palabras, es precisamente en la esfera central de la religión —que trasciende la vida temporal— donde la antítesis entre posturas sobre la vida y el pensamiento se vuelve absoluta y no admite síntesis alguna.

c. El problema crítico fundamental en el estudio de la historia de la filosofía occidental. La comunidad intelectual de Occidente

Esta situación dio lugar a un problema extremadamente complejo y difícil, que se presenta a cualquier estudio verdaderamente crítico de la historia de la filosofía. Los motivos religiosos básicos que han dirigido el curso del desarrollo de la filosofía occidental introducen rupturas verdaderamente radicales en ella, porque ellos mismos no son meramente históricos o psicológicos, sino que son de naturaleza trascendente y religiosa. Sin embargo, si no queremos socavar las bases de una investigación verdaderamente científica de la historia de la filosofía, debemos aferrarnos tanto a la idea de una *estructura* común y universalmente válida del pensamiento teórico, como a la existencia de una comunidad *histórica* de *patrones de pensamiento* en Occidente, y a una *continuidad histórica* en el desarrollo de la filosofía occidental. ¿Cómo podemos mantener al mismo tiempo estas discontinuidades y estas continuidades sin caer en contradicción interna?

Para poder ofrecer una respuesta satisfactoria a esta cuestión, debería proceder de inmediato a una exposición de mi crítica trascendental del pensamiento teórico en general, y del pensamiento filosófico en particular, tal como ya fue desarrollada en germen en mi *De Wijsbegeerte der Wetsidee* , en tres volúmenes.[27]

Sin embargo, el diseño de esta obra exige que posponga dicha crítica para un momento posterior. En ese punto, estaré en condiciones de esclarecer la necesidad del papel central de los motivos religiosos básicos mediante un análisis de la estructura del pensamiento teórico mismo.

d. El enfoque escolástico de este problema. La comunidad natural de pensamiento basada en la autonomía de la razón natural

En el presente contexto, me limitaré a advertir contra una evasión frívola del problema que he formulado. La escolástica tomista, que se arraiga en el motivo básico de naturaleza y gracia, elude este problema apelando a la autonomía de la razón natural. Se considera que esta razón es capaz de alcanzar un conocimiento de la verdad universalmente válida sobre la naturaleza, independientemente de la religión. La escolástica tomista parte, por tanto, de una "comunidad natural de pensamiento", supuestamente insensible a las diferencias de posición religiosa. Sin embargo, esta visión particular del problema está completamente determinada por el motivo básico romanista. La escolástica busca un fundamento para esta comunidad natural de pensamiento en una metafísica.

El humanismo moderno —que también parte decididamente de una "comunidad intelectual natural y autónoma de la humanidad"— rechaza esa metafísica escolástica por principio. El resultado es que la concepción escolástica de la autonomía de la razón natural difiere de manera fundamental tanto de la de los griegos como de la del humanismo moderno. Más adelante demostraré en detalle cómo esta diferencia esencial está, una vez más, completamente determinada por los respectivos motivos religiosos básicos.

e. El llamado método hermenéutico de Dilthey respecto a este problema. El "sentido religioso fundamental" de la humanidad y la *historisch freischwebende Intelligenz*

En la reciente crisis de fundamentos de la comunidad intelectual occidental, el pensamiento de orientación historicista, revestido de una apariencia de neutralidad científica, también ha pretendido ocupar una posición por encima de la diversidad de corrientes filosóficas, y afirmado ser capaz de situarse, sin prejuicios, en cada una de ellas mediante el auxilio de una "hermenéutica empática". Ante esto, un enfoque verdaderamente crítico debe necesariamente responder preguntando por el fundamento sobre el cual se basa ese método.

Una vez que se desenmascara la concepción de Dilthey sobre "la vivencia religiosa de la humanidad" como un residuo de la idea humanista clásica de una "religión natural de la humanidad" —una idea completamente determinada por el motivo básico del humanismo—, queda al descubierto el círculo vicioso que encierra este intento de superar el "dogmatismo intelectual". Si se concede, con Dilthey, que la vida religiosa es el substrato constante del desarrollo intelectual, entonces ya no puede compartirse la esperanza de este pensador de que el modo histórico de pensar "liberará el pensamiento científico de los últimos restos de su sometimiento dogmático a prejuicios religiosos". Para que eso ocurriera, el pensamiento del historiador científico tendría que ser capaz de situarse por encima de los motivos religiosos básicos, los cuales, de hecho, determinan todo su punto de partida y la dirección de su pensamiento. Y si el pensamiento científico ni siquiera puede desligarse de sus ataduras *históricas* —y si incluso la mera búsqueda de una inteligencia históricamente flotante (*historisch freischwebende Intelligenz*) debe ser descartada desde el principio como una imposibilidad—, ¡cuánto menos podrá elevarse por encima de su propio motivo religioso básico, que determina por entero su orientación y su punto de partida!²⁸

Dilthey busca una salida a esta dificultad invocando una "conciencia histórico-cósmica impersonal de la humanidad", la cual supuestamente estaría enraizada en una vivencia religiosa que pertenecería al ser humano por naturaleza. Al entrar en esta conciencia y abandonar su propia determinación histórica individual, el pensador sería entonces capaz —según se afirma— de ofrecer una interpretación imparcial del desarrollo cultural reflejado en ella, en términos de su centro vital cósmico y singular. Sin embargo, esta "conciencia histórica impersonal del desarrollo cultural", que supuestamente solo llegaría a la autorreflexión a través del modo de pensar histórico-crítico, no es otra cosa que una construcción metafísica por excelencia. Esto es así, incluso cuando el propio Dilthey considera la metafísica como el gran obstáculo para el desarrollo de un pensamiento verdaderamente crítico. Dicha construcción no es sino la idea metafísica hegeliana de la razón en la historia (*Vernunft in der Geschichte*), transpuesta al marco de una filosofía de la vida de orientación historicista (*Lebensphilosophie*).[29]

f. El carácter absoluto de la antítesis religiosa

Seguimos enfrentando el problema descrito anteriormente: ¿cómo es posible una comunidad de pensamiento en Occidente frente a la profunda divergencia de los motivos religiosos básicos que han gobernado su desarrollo? Además, no podemos evadir el hecho de que existe una antítesis absoluta entre el motivo básico cristiano y dos de los otros. Existe una *antítesis absoluta* entre el motivo básico de la religión cristiana y el de la conciencia religiosa griega. Esta antítesis se mantiene igualmente entre los motivos básicos cristiano y humanista, aunque este último haya pasado —en su proceso de formación— por el primero. Por su parte, el tema básico romanista preservó al menos en cierto grado su conexión con la revelación divina de la Palabra. Ante esta divergencia y, especialmente, ante la antítesis absoluta entre los motivos básicos cristianos y no cristianos, ¿qué es lo que garantiza la existencia de una comunidad de pensamiento filosófico en la civilización occidental?

g. ¿Existe en Occidente una comunidad intelectual religiosa de tipo dialéctico? La concepción de Hegel

Podría preguntarse aquí, en primer lugar, si la antítesis religiosa radical no presupone cierta comunidad en la que exista la posibilidad de una *comprensión religiosa* mutua, sin la cual dicha antítesis ni siquiera podría existir. Esta comunidad, entonces, tendría que ser de tipo dialéctico, en la que los diversos motivos básicos se enfrentan entre sí para entrar en conflicto mutuo. Y una vez que se concediera la necesidad de tal comunidad religiosa dialéctica, que abarcara la totalidad del pensamiento occidental, se vería inmediatamente ante la analogía de dicha dialéctica con la *dialéctica teórica* que busca, por necesidad interna, llevar una antítesis teórica a una síntesis superior. En esta analogía, los momentos antitéticos opuestos aparecen meramente como partes que han sido separadas de forma puramente teórica a partir de una totalidad superior, que las abarca a ambas y, por tanto, no se puede identificar absolutamente con ninguna de ellas. De hecho, estos aspectos opuestos son correlativos entre sí, y por tanto son incapaces de excluirse de forma absoluta. Este tipo de solución al problema fundamental que he planteado encaja plenamente en la línea del pensamiento dialéctico de Georg W. F. Hegel.

Ciertamente, este gran pensador no conocía los motivos religiosos básicos tal como yo los he presentado. En su sistema —como es bien sabido— la religión es la segunda etapa en el desarrollo del "espíritu absoluto" (*Geist*); es decir, el nivel de la representación (*Vorstellung*). La primera etapa de este desarrollo, el arte, es la de la intuición (*Anschauung*), mientras que la tercera forma, la filosofía —en la cual las dos anteriores son llevadas a una síntesis superior— es la del concepto (*Begriff*).

De acuerdo con su dialéctica teórica, sin embargo, Hegel intenta construir ahora tres formas principales de religión, como las tres etapas necesarias del desarrollo de la representación que el espíritu absoluto asume dentro de la conciencia humana. Estas son: 1) la religión de la naturaleza; 2) la religión de la individualidad espiritual (*geistige Individualität*), que se expresa entre los judíos como sublimidad (*Erhabenheit*), entre los griegos como belleza (*Schönheit*), y entre los romanos como utilidad o entendimiento práctico (*Zweckmässigkeit*); 3) la religión absoluta, o revelada, cristiana, en la que Dios aparece como lo que Él *es*, es decir el Espíritu Absoluto, que, conforme al principio básico dialéctico, debe ser una Trinidad.

En esta Trinidad, las religiones de la naturaleza y de la individualidad espiritual —que fueron las dos formas anteriores de desarrollo— son llevadas a una síntesis absoluta. Pues Dios Padre no es otra cosa que la idea eterna, que se desarrolla a sí misma en el mundo, es decir, en la naturaleza, y que, como poder sustancial "en la determinación reflexiva de la causalidad",[30] es el creador del cielo y de la tierra. Dios Hijo no es otra cosa que la idea llegada a la conciencia y completamente introducida en la representación, y que, como individualidad y subjetividad concretas, es *espíritu* y uno con el Padre. Y Dios Espíritu Santo no es otra cosa que la idea que, como espíritu universal de la iglesia, gobierna a ésta y se realiza a sí misma en su comunión interna y externa, siendo sustancialmente una con el Padre y el Hijo.

En su primera gran obra, *La fenomenología del espíritu* (*Phänomenologie des Geistes*), Hegel resume este desarrollo dialéctico de la religión en sus formas "natural, artística y manifestada (revelada)" de la siguiente manera:

La primera forma de desarrollo es la religión

como *religión inmediata* y, por tanto, *natural*; en ella el espíritu se sabe como su objeto en figura natural o inmediata. Pero la *segunda* es necesariamente la de saberse en la figura de la *naturalidad superada* o del *sí mismo*. Es, por tanto, la religión *artística*, porque la figura se eleva aquí a la forma del *sí mismo* gracias a la *producción* de la conciencia, de tal modo que ésta contempla en su objeto su obrar, o el *sí mismo*. Por último, la *tercera* supera el carácter de unilateralidad de las dos primeras; el *sí mismo* es tanto un *inmediato* como la inmediatez es *sí mismo*. Si en la primera el espíritu es en general, en la forma de la conciencia y en la segunda en la de la autoconciencia, en la tercera es en la forma de la unidad de ambas; tiene la figura del *ser en y para sí*; y, al ser así representado como es en sí y para sí, ésta es la *religión revelada*.

Sigue entonces el pasaje que los hegelianos cristianos preferirían pasar por alto, ya que no desean reconocer que Hegel afirmaba encontrar la síntesis suprema de las oposiciones dialécticas no en la religión, sino en la filosofía:

Pero, si bien el espíritu alcanza en ella su *figura* verdadera, la *figura* misma y la *representación*[31] son todavía el lado no sobrepasado del que el espíritu debe pasar al *concepto*, para resolver en él enteramente la forma de la objetividad, en él que encierra en sí mismo también este su contrario. El espíritu ha captado entonces el concepto de sí mismo, a la manera como nosotros hemos llegado a captarlo solamente ahora; y su figura o el elemento de su ser allí, en cuanto es el concepto, es él mismo.[32]

La concepción hegeliana de la religión, al igual que su construcción dialéctica de las tres formas de desarrollo religioso, está completamente determinada por el motivo religioso básico del humanismo, a saber, el de *naturaleza* y *libertad*; aunque, en conformidad con la nueva concepción romántica del motivo de la libertad, Hegel lo denomina "naturaleza" y "espíritu". Este motivo está detrás del carácter acríticamente circular de su dialéctica. La idea absoluta, que en el proceso dialéctico de tesis, antítesis y síntesis existe *en y para sí* (*an und für sich*) en la actividad lógica del pensamiento —y que luego "sale fuera de sí" como naturaleza para volver nuevamente a sí misma, desde su alteridad como naturaleza, en el espíritu (como espíritu subjetivo, objetivo y absoluto, respectivamente)—, no es en esencia otra cosa que la dialéctica religiosa contenida en el motivo básico de naturaleza y libertad mismo, el cual gobierna toda la dialéctica teórica y le da su orientación. El hecho de que Hegel no reconociera esto es simplemente consecuencia de su conocida transposición acrítica del pensamiento teórico a una dialéctica metafísica, en la cual el proceso del pensamiento teórico se identifica con "la realidad tal como verdaderamente es".

El carácter dogmático de la metafísica siempre reside en que no logra llegar a una crítica trascendental del pensamiento filosófico. Esto le está vedado, porque parte del presupuesto de que el pensamiento teórico y la totalidad del ser son una y la misma cosa.

La antítesis religiosa no admite síntesis auténtica alguna, pues el hecho de que sea religiosa por naturaleza implica que también es absoluta. Los motivos idolátricos básicos no son momentos dialécticos parciales en el desarrollo de la religión; son fuerzas dinámicas religiosas del espíritu de apostasía, que no permiten ningún compromiso con el espíritu de la verdad.

Debe tenerse sumo cuidado de no aplicar a la esfera central de la religión las síntesis dialécticas propias del pensamiento teórico. Esto debe evitarse, aunque sea solo por el hecho de que la dialéctica teórica como tal jamás puede trascender el pensamiento teórico. Si se revela que el pensamiento teórico mismo está necesariamente determinado por los motivos religiosos básicos, entonces toda tentativa de resolver u ordenar las oposiciones religiosas mediante la dialéctica filosófica debe naufragar. Las leyes de la dialéctica teórica no son aplicables a la antítesis radical que opera en la religión.

Demostraré en mi crítica trascendental que la síntesis teórica solo puede llevarse a cabo de manera genuina y adecuada cuando el pensamiento parte de la verdadera unidad religiosa básico de los momentos que han sido distinguidos y separados en la relación teórica.

Esto determina, en principio, la cuestión de la posibilidad de comprensión religiosa con respecto a los motivos básicos. Debe establecerse desde el comienzo que los puntos de partida cristiano y no cristiano no están en absoluto en la misma posición en lo que respecta a comprenderse mutuamente en sentido religioso. Desde la perspectiva cristiana, basada en las Escrituras, es enteramente posible penetrar en el significado religioso de los puntos de partida y motivos básicos que se oponen a ella. Pues solo a la luz del punto de partida cristiano pueden estos ser revelados en su sentido más profundo. Además, el cristiano comparte en la solidaridad de la humanidad caída en el pecado. Por ello, los motivos básicos en cuestión no pueden serle ajenos en sentido religioso.

Es a la luz del motivo básico de la revelación divina de la Palabra que se establece la verdadera posición de los motivos no cristianos. Son inequívocamente un resultado de la caída. En la redención realizada por Cristo Jesús, el mundo caído ha sido reconciliado, no de forma especulativa y dialéctica, sino en la realidad. Esto significa que los motivos básicos no cristianos no son mediados dialécticamente en el motivo básico de las Escrituras. Por el contrario, la revelación divina los expone como fundamentalmente falsos y los aniquila como puntos de partida religiosos, incluso cuando, al mismo tiempo, ilumina con la luz de la verdad divina todo cuanto de verdad relativa puedan contener. Por sí mismos, los motivos no cristianos no tienen nada que ofrecer al motivo cristiano en términos de complementación. No poseen ninguna veracidad inherente y positiva que pueda contraponerse a este. Además, el motivo cristiano no debe concebirse como la síntesis superior de todos los motivos no cristianos, pues una síntesis no puede estar en antítesis absoluta con los elementos antitéticos que ella misma ha integrado en una unidad superior.

Sin embargo, en su operación continua, el motivo básico de la religión cristiana es el único que está en condiciones de garantizar la integridad de la comunidad histórica de pensamiento filosófico en Occidente. Esto es así porque, como punto de partida para la filosofía, impide cualquier exclusivismo científico en el cual una determinada línea de pensamiento pretenda elevar su propio punto de partida como criterio para determinar qué califica o no como ciencia.

Si el motivo cristiano actúa verdaderamente en el pensamiento filosófico, necesariamente conduce a este a una crítica trascendental radical, que esclarece la diferencia fundamental entre los juicios científicos propiamente dichos y los prejuicios supra-científicos que hacen posible su surgimiento. Por esta razón, el motivo cristiano se niega a permitir que se excluya a cualquier corriente filosófica de la comunidad filosófica por causa de su punto de partida. Expone implacablemente todo dogmatismo científico que eleva su propio punto de partida religioso al rango de criterio para determinar qué es ciencia, y que presenta como axioma científico la llamada autonomía de la ciencia, aunque jamás haya emprendido una investigación crítica real sobre la estructura del pensamiento científico.

El motivo cristiano también corta de raíz la *hybris* de aquellas escuelas de pensamiento que se ilusionan con tener el monopolio de la ciencia y que, por tanto, jamás entablan diálogo verdaderamente científico con quienes mantienen otros puntos de vista. Y, finalmente, posee la única clave real para comprender aquellos motivos religiosos básicos frente a los cuales se sitúa en radical antítesis religiosa. Por lo tanto, permitirá que estos motivos [no cristianos] reciban plenamente su reconocimiento respecto de su propia significación para la postura filosófica interna de la corriente de pensamiento dominada por ellos.

Al mismo tiempo, sin embargo, el motivo básico cristiano, con sus recursos para la comprensión, se extiende más allá de las fronteras de Occidente y establece el único fundamento posible para una auténtica comunidad intelectual de la humanidad, pues penetra más allá de todas las distinciones temporales de raza y cultura histórica hasta alcanzar la comunidad religiosa fundamental del género humano. Es esta comunidad básica, que yace en el centro religioso de la existencia humana, la que, en el fondo, establece la posibilidad misma de una comunidad de pensamiento filosófico. Y dado que la antítesis radical —fruto de la caída y la redención en Cristo Jesús— se manifiesta dentro de esta comunidad básica misma, en cuanto obra de la creación de Dios, la influencia de esta antítesis debe también hacerse sentir en la comunidad temporal de pensamiento, tan pronto como el motivo cristiano entre en acción dentro de ella como una *dynamis* espiritual.

Sin embargo, así como esta antítesis absoluta en la raíz espiritual de la humanidad no provoca la destrucción, sino más bien la preservación radical de la comunidad, no puede tampoco conducir a la desintegración y disolución de la comunidad filosófica históricamente condicionada, mientras la dinámica religiosa del motivo cristiano continúe obrando en ella. Porque la religión cristiana no suelta a la humanidad caída, ni la ignora: va continuamente en su búsqueda. La antítesis radical que plantea es la condición absoluta para la preservación de la comunidad de pensamiento filosófico en nuestra sociedad caída.

Antes del estallido de la Segunda Guerra Mundial, presenté un argumento en favor de todos estos puntos en mi ensayo "La crítica trascendental del pensamiento teórico: una contribución para superar el exclusivismo en la ciencia".[33]

h. La ausencia de reciprocidad en la posibilidad de comprensión religiosa entre el punto de partida cristiano y los puntos de partida contra los cuales la religión cristiana se establece en antítesis radical

Desde un punto de vista no cristiano no existe una verdadera posibilidad de comprensión —es decir, religiosa o espiritual— con respecto al motivo básico cristiano. Tal posibilidad no puede existir sino por el Espíritu vivificante, que ilumina el ojo espiritual y lo dirige hacia el verdadero centro de la vida: Jesucristo.

Precisamente por esto, los motivos idolátricos básicos buscarán constantemente excluir la *dynamis* del motivo básico bíblico de la comunidad intelectual de Occidente. Por tanto, constituyen una amenaza permanente a su carácter íntegro. Se ven continuamente impulsados a restringir la comunidad intelectual al círculo de sus propios adherentes reales o presuntos. Por consiguiente, deben presentar a quienes practican la filosofía desde un punto de vista cristiano una disyuntiva: o acomodan su pensamiento filosófico al motivo apóstata que domina temporalmente la cultura occidental, o se ven excluidos del círculo de aquellos que poseen reconocimiento intelectual. Dado que estos motivos nunca alcanzan una verdadera crítica trascendental del pensamiento teórico, sus adherentes incurren constantemente en el error de identificar dogmáticamente sus propios prejuicios suprateóricos con axiomas científicos. Como consecuencia de ello, extraviados por el dogma de la autonomía de la ciencia, corren el riesgo permanente de interpretar toda la historia de la filosofía occidental desde sus propios motivos modernos.

En todas estas tendencias, se posicionarán invariablemente en antítesis radical con un pensamiento filosófico impulsado y orientado por el motivo cristiano básico. Por ello, solo tiene apariencia de paradoja que yo afirme que la antítesis radical planteada por la religión cristiana sea la única garante de la integridad de la comunidad intelectual de Occidente.

i. El origen de la dialéctica religiosa. Por qué la antítesis religiosa no permite una síntesis auténtica. La tendencia polar en los motivos básicos dialécticos

No existe una síntesis religiosa superior que pueda servir de puente para superar la antítesis radical entre los motivos básicos que sustentan la historia del pensamiento occidental, análoga a la forma en que una síntesis teórica abarca una antítesis teórica dentro de una correlación de momentos parciales. Por el contrario, existe una *dialéctica religiosa* que necesariamente domina todos los motivos frente a los cuales la religión cristiana se posiciona en absoluta antítesis.

La necesidad intrínseca de esta dialéctica religiosa radica en que estos puntos de vista están basados en una absolutización de lo relativo. Todo lo relativo suscita sus correlatos. Absolutizar algo relativo, por tanto, implica que estos correlatos —una vez que han sido separados de su verdadera unidad religiosa fundamental— se enfrenten a lo primero absolutizado con la misma presunta absolutidad. Pues, como demostraré más adelante, toda absolutización es, en su raíz, de naturaleza religiosa y, por ende, no puede explicarse jamás desde una perspectiva meramente teórica o científica.

Tal absolutización da lugar a una verdadera polaridad dentro del motivo básico religioso. En ella, los elementos diametralmente opuestos se anulan mutuamente en su supuesta absolutidad. Al mismo tiempo, debido a su necesaria correlación, se determinan mutuamente en su significado religioso.

Esta situación supone, naturalmente, que los dos motivos antagónicos que se han enfrentado entre sí dentro del motivo básico religioso también hayan llegado a la conciencia o subsconciencia religiosa de aquellos cuyo pensamiento es impulsado por ellos. En vista de esto, se comprende que el verdadero significado del motivo materia griego haya salido a la luz solo en oposición al motivo religioso forma, y viceversa. Lo mismo ocurre con la relación entre naturaleza y libertad en el motivo humanista, y con la de naturaleza y gracia en el motivo escolástico.

Debido a su naturaleza religiosa, un motivo básico no puede contentarse con una mera correlación de los elementos opuestos dentro de sí. (De hecho, tal correlación solo puede existir sobre la base de una unidad fundamental absoluta de los correlatos, unidad que no se encuentra en un motivo dialéctico.) Así, el pensamiento filosófico es empujado inexorablemente de un polo al otro, atrapado en una dialéctica religiosa que transforma la correlación en una oposición absoluta. A los ojos de la dialéctica teórica, esta dialéctica religiosa resulta completamente inexplicable.

En este contexto, un "balance des contraires", en el sentido del pensador francés Pierre-Joseph Proudhon,[34] es tan imposible como una resolución de la antítesis en una síntesis superior, en el sentido propuesto por Hegel.

j. El recurso de atribuir la primacía a uno de los dos motivos polares que aparecen en el motivo básico dialéctico

A falta de una base para una verdadera síntesis religiosa, la dialéctica religiosa buscará invariablemente una vía de escape atribuyendo la primacía o prioridad religiosa a uno de los principios antitéticos que se manifiestan en el motivo

básico religioso. Que nadie crea, por tanto, que puede seguir
a la escuela hegeliana intentando emplear el método de la
dialéctica teórica para "corregir" esta dialéctica religiosa, en
la medida en que se deja sentir en el pensamiento filosófico.
Tal proceder constituiría un método absolutamente acrítico
de filosofar, pues detrás de esta sobredimensión de la dialéctica teórica se oculta una dialéctica religiosa que permanece
invisible para el pensador.

k. Los límites de la dialéctica teórica y la intrusión de la dialéctica religiosa en el pensamiento teórico

La dialéctica teórica, en la única forma en que es auténtica
y está justificada, permanece limitada a la síntesis teórica
dentro de la relación *Gegenstand*, la cual será examinada más
adelante.[35] Mediante la idea teórica, esta síntesis recibe su
orientación trascendental, que apunta hacia la unidad fundamental suprateórica y el Origen de todos los aspectos de
la realidad que han sido diferenciados y puestos en oposición en la relación antitética de *Gegenstand*.[36] La verdadera
síntesis teórica presupone que el pensamiento teórico está
efectivamente dirigido hacia la verdadera unidad fundamental y el Origen de los momentos teóricamente separados de
la realidad temporal. Sin embargo, si el motivo básico religioso es dialéctico por naturaleza, entonces la propia síntesis
teórica se vuelve polar. Es decir, buscará la unidad superior
de los términos que han sido puestos en oposición teórica en
la relación *Gegenstand* dentro de uno de los polos del motivo
básico dialéctico.

Así, el filósofo griego Heráclito, guiado por el motivo básico dialéctico de la filosofía griega, buscó la unidad más
profunda de las formas que se contraponen en el proceso

del devenir en la fluidez del principio de materia, ese eterno movimiento vital que atraviesa las formas individuales opuestas. De manera similar, desde un punto de vista humanista idealista, Hegel buscó la unidad más profunda de naturaleza y libertad (espíritu) en el autodespliegue lógico de la idea de libertad en el espíritu, que incorpora[37] la necesidad natural, como su otredad lógica, en su interior como un momento dentro de una síntesis superior. Tal síntesis presumida implica siempre una relativización lógica injustificada del principio de contradicción (*principium contradictionis*), una relativización injustificada porque la antítesis teórica no permite resolución ni mediación lógica. De hecho, nunca se resuelve de esta manera. Lo que realmente ocurre cuando se sigue esta vía es que la antítesis teórica es reemplazada por una absolutización polar.

Dicho de otro modo, la dialéctica religiosa ha invadido la dialéctica teórica. Al imponer sus propios términos, intenta no solo unir la antítesis teórica en una síntesis, sino anularla. Sin embargo, la antítesis teórica no puede ser anulada a nivel teórico, ya que está enraizada en la propia relación *Gegenstand*.

1. La dialéctica religiosa del motivo de síntesis escolástico de naturaleza y gracia. Dos posibles puntos de contacto para esta supuesta síntesis

Una dialéctica religiosa surge con igual necesidad en el motivo básico del pensamiento filosófico cuando se intenta establecer una síntesis entre los puntos de partida cristiano y no cristiano. Esto da lugar simultáneamente a lo que tiene la apariencia de una comunidad de pensamiento con los movimientos no cristianos en filosofía, construida sobre una base religiosa dialéctica. Sin embargo, dentro de este punto de vista de síntesis particular, esta comunidad de pensamiento nunca se fundamenta en la religión, sino exclusivamente en la autonomía de la razón natural.

El motivo de síntesis en el pensamiento occidental que responde a esta descripción es el de naturaleza y gracia. Ha sido utilizado para efectuar síntesis dialécticas entre el motivo básico cristiano y tanto el motivo griego como el humanista. Como tal, este motivo parece originarse en el pensamiento escolástico característico del catolicismo romano, aun cuando, en conflicto con el punto de vista bíblico de la Reforma, es aceptado dentro del pensamiento protestante.

En este contexto, no existe posibilidad de una auténtica síntesis religiosa que preserve el motivo básico cristiano en su carácter absoluto. Como hemos señalado, esto queda impedido por la absolutidad de la antítesis religiosa, la cual nunca puede ser de naturaleza meramente dialéctica teórica. Lo que realmente sucede aquí es que los motivos básicos son acomodados entre sí. En este proceso, ambos son parcialmente despojados de su significado original y así se hacen capaces, en esta forma desnaturalizada, de servir como polos de una dialéctica religiosa.

Hay dos direcciones principales en las que puede buscarse el punto de contacto para tal síntesis religiosa dialéctica. En primer lugar, puede buscarse en la *idea de la creación*. En segundo lugar, puede buscarse en la *idea de la caída en el pecado*.

m. El primer camino: la síntesis tomista y el punto de vista católico romano

La primera opción se manifiesta en la síntesis tomista, que se expresa en la doctrina oficial de la Iglesia católica romana con respecto a la relación entre naturaleza y gracia sobrenatural. En la idea de creación, naturaleza y sobrenaturaleza se colocan una frente a la otra, y en la concepción de la naturaleza de la realidad creada se intenta adaptar el esquema griego aristotélico de forma-materia[38] al motivo creacional de la Escritura. Claramente, el motivo básico griego se ve obligado así a sufrir una metamorfosis en cuanto a su significado, pues ahora queda "encuadrado" dentro del nuevo tema de síntesis de naturaleza y gracia. A la gracia o sobrenaturaleza se le otorga la primacía religiosa sobre la naturaleza, en la medida en que se la concibe como el perfeccionamiento sobrenatural de esta última en cuanto a su forma. No obstante, al subordinarse a la gracia dentro de este esquema jerárquico, la naturaleza no se ve privada de su autonomía intrínseca; más bien, esta autonomía es simplemente relativizada. En este punto de vista, la naturaleza permanece centrada en el principio racional de la forma, así como Dios es considerado como la "Forma pura", que debe ser concebida completamente al margen del principio de materia.

Esta línea de pensamiento introduce una verdadera dialéctica religiosa en la idea de creación. La "forma pura" tiene su antípoda religiosa en la "materia pura", que se piensa como completamente informe. En el motivo básico griego, el principio de la materia no puede tener su origen en el principio de la forma.

Dentro del esquema de naturaleza y gracia, sin embargo, era necesario corregir el motivo forma-materia griego, porque el motivo creacional de la Escritura no tolera tal polaridad. Para evitar el dualismo, se entendió que la materia tiene su origen en la creación divina —pero entonces solo la materia concreta de los seres creados, la cual es llevada por primera vez a la existencia actual como principio constitutivo en los seres compuestos por medio de una forma específica. Esta materia fue concebida como una mera posibilidad, una potencialidad, una receptividad para la forma, y simultáneamente como el principio de imperfección, que existe en contraposición al principio de forma como principio de perfección. Esta última concepción se conecta formalmente con el entendimiento aristotélico de *hylē* como "ente en potencia" (*dynamei on*). No logra, sin embargo, eliminar la autonomía y originalidad del principio de materia griego, que también se expresa en Aristóteles en la oposición polar entre *Anagkē* (el azar ciego e impredecible) y la causalidad racional del principio de forma, que opera según un plan finalístico y previsible. El intento de unir el motivo de forma-materia griego con la idea creacional de la Escritura introduce en esta última un principio autónomo de imperfección metafísica, que le es completamente ajeno.

¿Puede acaso el Creador divino ser el origen de la imperfección? En efecto, tendría que serlo, si es el autor creativo de la naturaleza en el sentido griego —algo que jamás enseñaron los propios griegos. Entonces se buscó escapar de esta antinomia considerando a la "materia absoluta" o "pura" como una llamada *sterēsis* o privación del ser, la cual, en cuanto tal, no es creada.

Centrar la naturaleza en un principio autónomo de forma racional requiere, a su vez, una reinterpretación de la doctrina cristiana de la creación, y los efectos de esta reinterpretación también deben repercutir en la comprensión de la caída y de la redención. En la teología tomista, la obra creadora de Dios pierde su carácter activo puesto que, según la filosofía aristotelicotomista, la actividad es considerada meramente como una tendencia natural de la materia (potencialidad, imperfección) hacia la forma (actualidad, perfección), una tendencia que es incompatible con la esencia de Dios como "Forma pura". Por esta razón, en Tomás de Aquino la creación queda reducida a una relación puramente unilateral *ex parte creaturae*.[39] Los principios de forma y de materia quedan ambos sustraídos de la soberanía de Dios como Creador, pues esta soberanía se extiende únicamente a las cosas creadas concretas.

Se deja, por tanto, fuera de consideración la unidad religiosa fundamental de la naturaleza. La doctrina agustiniana y bíblica de que la naturaleza ha caído radicalmente en el pecado también debe ser abandonada, ya que ahora la caída afecta solamente la conexión entre naturaleza y sobrenaturaleza. Es decir, se la interpreta como la pérdida del "don sobrenatural de la gracia". Como consecuencia última, la redención en Cristo Jesús también pierde su significado radical, según el cual transforma la raíz religiosa de la naturaleza caída. La doctrina de la "preparación natural para la gracia" constituye la piedra angular dialéctica en la elaboración de este motivo de síntesis.

n. La ley de la dialéctica religiosa: la operación de la tendencia polar en el motivo religioso dialéctico. El dualismo entre naturaleza y gracia en Occam y en el nominalismo averroísta

Como ya hemos señalado, solo era posible aislar esta síntesis típicamente romanista contra los efectos polarizantes de esta dialéctica mediante el ejercicio de la autoridad eclesiástica. Tan pronto como estas tendencias fueron liberadas para obedecer la ley de la dialéctica religiosa, la síntesis jerárquica artificial se disolvió en una antítesis polar. Esto ocurrió con Guillermo de Occam, la figura principal del nominalismo escolástico tardío (siglo XIV d.C.). Occam promulgó la idea de que existía un abismo insondable entre naturaleza y gracia. En la escuela del nominalismo influida por el averroísmo árabe (por ejemplo, Sigerio de Brabante, Juan de Jandún, contemporáneo de Occam), este abismo fue ampliado aún más, llegando a convertirse en la doctrina de la doble verdad.

La oposición nominalista de Occam a la realidad de los llamados *universalia* (es decir, las formas ontológicas universales de las cosas materiales) iba de la mano con su intento fallido de purgar la teología escolástica de la influencia distorsionadora del principio griego de forma racional mediante su concepción de la soberanía creadora de Dios como *potentia absoluta*. Este intento estaba condenado al fracaso, porque la omnipotencia absoluta de Dios no se comprendía en su sentido bíblico, sino más bien —dentro del marco del motivo dialéctico de la escolástica— como un poder arbitrario, sin ley y completamente impredecible, una especie de *Anagkē* en el sentido del motivo griego de la materia, aquí despojado de su significado religioso original al ser vinculado al motivo cristiano de la creación. De hecho, la devaluación religiosa de la razón natural y de la validez de toda ley y forma en la vida natural tiene su origen en la deificación del principio de materia tal como fue comprendido en la antigua religión griega.

o. La segunda vía: el luteranismo y la dialéctica de ley y evangelio. La teología dialéctica

El dualismo nominalista entre naturaleza y gracia tuvo sus efectos dentro del propio movimiento de la Reforma, en la oposición dialéctica de Lutero entre *ley* y *evangelio*. Aquí, el punto de contacto para una síntesis entre los motivos griegos y cristianos fue buscado principalmente en la doctrina de la caída. Esta fue la segunda dirección en la que se intentó una síntesis.

La visión occamiana de la ley estaba sin duda operando en la devaluación religiosa de la ley como el principio forma de la naturaleza pecaminosa. En el trasfondo también estaba la antítesis dialéctica de Marción entre el Dios de la creación y el Dios de la redención, una idea que en este pensador del siglo II d.C. iba acompañada de una oposición a la concepción moralista legalista del evangelio y de un énfasis pseudopaulino en la justificación por la fe *a expensas de la ley*.

La naturaleza, que según la teología escolástica todavía se concibe en términos del principio griego de forma racional, es el "reino del pecado bajo la ley". Se la considera dialécticamente como opuesta a la gracia, el reino de la libertad evangélica del cristiano, que rompe y supera la ley. "La ramera, la razón" es tolerada solo en el desierto de la naturaleza pecaminosa; cubierta de vergüenza, es expulsada de la "tienda de Abraham", la comunidad de fe.

El motivo básico de naturaleza y gracia, sin embargo, también se presta muy bien a una pseudosíntesis entre los motivos bíblico y humanista, una en la cual la naturaleza es vista en términos de la oposición polar entre naturaleza y libertad. En la medida en que este intento de síntesis proviene de la concepción luterana de naturaleza y gracia, una vez más se recurre a la revelación de la caída para degradar la naturaleza autónoma y asignarle una posición diametralmente opuesta a la gracia.

De este modo, también puede ser aceptada la visión humanista de la realidad temporal, aunque esta visión debe, por supuesto, acomodarse exteriormente a los artículos de fe luteranos. Junto con esto, el motivo humanista de naturaleza y libertad, que aún se permite influir en el pensamiento filosófico, es siempre descalificado como una expresión típica de la naturaleza pecaminosa debido a su soberbia raíz religiosa. Al mismo tiempo, sin embargo, todo intento de permitir que el poder dinámico del motivo bíblico actúe en una reforma interna tanto de la filosofía como del pensamiento científico en general, es rechazado firmemente desde este punto de vista como una confusión fatal entre la vida cristiana de gracia y la vida natural pecaminosa.

La dialéctica religiosa del motivo de naturaleza y gracia, tal como se concibe aquí, llevó finalmente —por medio del dualismo luterano de ley y gracia, la crítica kantiana y la más reciente filosofía existencialista irracionalista— a lo que se llama "teología dialéctica". Una vez más, se expresa dentro de la teología de manera polar. En el pensamiento de Karl Barth, no hay punto de contacto entre naturaleza y gracia. La influencia de Marción también está presente de manera inconfundible en la teología dialéctica de Barth, aunque no conduce aquí, como tampoco lo hizo en Lutero, a una separación absoluta entre el Antiguo y el Nuevo Testamento.

p. La dialéctica del motivo de naturaleza y gracia en la escolástica reformada

En la medida en que el motivo de naturaleza y gracia logra establecer una base en el pensamiento calvinista, nunca se expresará teológicamente de la manera polar que caracteriza al luteranismo. El dualismo luterano entre ley y evangelio es ajeno a la confesión reformada. La escolástica reformada, que hasta el presente solo ha producido resultados dentro del ámbito teológico y que, por razones que exploraré más adelante, nunca ha podido desarrollar una filosofía independiente como la de Tomás de Aquino, preferirá seguir la primera vía de la síntesis. Aferrándose al motivo de la creación, buscará, al igual que el tomismo, acomodar a este la visión griega de la naturaleza. Al hacerlo, sin embargo, rechazará tanto el dualismo luterano entre naturaleza y gracia como el esquema tomista de superestructura-subestructura.

En la escolástica reformada, la naturaleza nunca puede ser concebida como la antípoda de la gracia ni como su subestructura relativamente autónoma. Pues, conforme a Agustín, la escolástica reformada siempre liga la luz natural de la razón a la luz de la Escritura. Al hacerlo, además, cae en el mismo malentendido acerca de la relación entre teología y filosofía que señalé antes con respecto al gran padre de la iglesia. Se supone que la teología debe tomar bajo su ala la filosofía no reformada de las escuelas, a fin de acomodarla a la doctrina reformada ortodoxa y mantener bajo control sus tendencias latentes y peligrosas. Desconfiará profundamente de una filosofía reformada que no se subordine a la teología, pues es esta última, como "reina de las ciencias" (*regina scien-tiarum*), la que debe aportar los principios bíblicos a los que deben conformarse las demás disciplinas.

Sin la autoridad eclesiástica papal, sin embargo, todos los recursos teológicos que la escolástica reformada pueda aportar serán incapaces, incluso en sus propios círculos, de contener la influencia de las tendencias polares dentro del motivo de naturaleza y gracia. Aquí, nuevamente, la pseudo-síntesis teológica entre los motivos cristiano y griego estará siempre amenazada de disolución. El punto de contacto para la separación dualista entre naturaleza y gracia se buscará, en particular, en la doctrina de la *gracia común*, que en su relación con la "gracia especial" puede degenerar fácilmen-te en una doctrina de dos esferas separadas. Los científicos reformados no teólogos, al no encontrar en la teología es-colástica pautas utilizables para sus respectivas disciplinas, apelarán a la gracia común para justificar su alianza con los modos de pensamiento predominantes, supuestamente neu-trales. Y en la medida en que se cuiden de no traspasar el terreno peligroso de la teología, ésta no se inmiscuirá en sus asuntos.

En esta visión, la teología ofrece un vínculo externo entre el pensamiento natural y las Escrituras. Sin embargo, da-do que esta conexión está completamente dominada por el motivo no bíblico de naturaleza y gracia y, por tanto, no puede conducir a una reforma interna del pensamien-to científico, este último se irá distanciando cada vez más del motivo bíblico de la religión cristiana. Con el tiempo, descubrirá que incluso se ha alejado por completo del mo-do escolástico de hacer teología. Dentro del ámbito de la ciencia, la polaridad de este motivo se manifestará cada vez más en una separación e incluso en una discordia interna entre la teología dogmática y las "ciencias profanas". Dentro de la teología misma, la concepción griega acomodada de la naturaleza permanecerá en tensión fundamental con el motivo radical e integral de la religión cristiana.

La dialéctica del motivo de síntesis de naturaleza y gracia es, por tanto, siempre una dialéctica religiosa "de segundo orden". Contiene en su interior o bien la dialéctica inherente al motivo griego de forma y materia, o bien la del motivo humanista de naturaleza y libertad. En cuanto a ambos polos, éstos son soldados al motivo bíblico, el cual —en este intento fallido de síntesis— ha sido despojado de su significado. De este modo, se genera una dialéctica secundaria dentro del propio motivo bíblico. Por ello, una comprensión completa del significado del motivo escolástico de la síntesis para la filosofía —a lo cual dedicaré una parte sustancial de mi investigación en el segundo volumen de esta obra— no puede lograrse sin una visión clara de la dialéctica inherente al tema griego de forma y materia. Procederé ahora, por tanto, a presentar un estudio en profundidad del despliegue dialéctico de este último motivo en la filosofía griega, hasta e incluyendo a Platón. En esta presentación, la filosofía de Platón ocupará el centro de atención. Porque es Platón quien incorporó en su pensamiento toda la historia previa de la filosofía griega. Es también él quien llevó la dialéctica del motivo griego a su expresión más elevada y, al mismo tiempo, más agudamente formulada.

En esta exposición no pretendo, por supuesto, escribir una historia exhaustiva del pensamiento griego. Tampoco enfatizaré el método histórico de aproximación. Mi único objetivo aquí es investigar el desarrollo dialéctico del motivo religioso en el pensamiento filosófico, y esto requerirá la aplicación de un método trascendental único, capaz de penetrar hasta los resortes fundamentales del pensamiento griego.

NOTAS A LA INTRODUCCIÓN

[1] Sea cual sea la influencia que hayan ejercido la filosofía judía y la árabe, así como la filosofía religiosa oriental, ésta solo ha podido manifestarse dentro del marco de los motivos básicos propios del pensamiento occidental.

[2] Así, Aristóteles acertó, en el primer libro de su *Metafísica*, al tratar toda la historia precedente de la filosofía griega dentro del marco de este motivo básico. Por supuesto, debe ejercerse una crítica adecuada respecto de su valoración de los predecesores, y debe relativizarse tanto su terminología típicamente aristotélica como su tendencia característica a la síntesis; sin embargo, demostraré en detalle que no se puede mantener la opinión de que todo el esquema forma-materia no sea más que una construcción artificial del propio Aristóteles.

[3] Las religiones telúricas dirigen su atención hacia la "madre tierra" como origen de la vida; las ctónicas se orientan más hacia el suelo inorgánico, y las uránicas hacia el cielo y, posteriormente, también hacia el mar.

[4] La existencia de este conflicto religioso, que Friedrich Wilhelm Nietzsche caracterizó en su obra juvenil de genio *El nacimiento de la tragedia desde el espíritu de la música* (Leipzig, 1872) como la escisión entre los elementos apolíneo y dionisíaco, puede considerarse definitivamente establecida desde las investigaciones de Johann Jakob Bachofen y Erwin Rohde. Para quien no pueda familiarizarse con la vasta literatura sobre el desarrollo de las religiones griegas, el libro de H. W. Rüssel, *Antike Welt und Christentum* (Ámsterdam/Leipzig, 1941), pp. 48 y ss., es una buena fuente de información, aunque su presentación está fuertemente influida por la síntesis católica romana entre los motivos básicos de las religiones griega y cristiana. El célebre librito de Albrecht Dieterich, *Mutter Erde* (1905; 3a. ed., 1925), sigue siendo también muy instructivo. Dieterich fue alumno del Profr. Usener, a quien mencionaré más adelante.

[5] Los intentos por descifrar la escritura cretense, que podría constituir una rica fuente de información sobre las antiguas formas religiosas pre-griegas (minoicas), han fracasado de manera constante hasta el presente. Incluso si llegaran a tener éxito, la reconstrucción de las religiones prehoméricas

—con sus marcadas diferencias locales— seguiría siendo en muchos aspectos hipotética, pues en ellas también yacen ocultos numerosos elementos no griegos.

[6] H. W. Rüssel, *Antike Welt und Christentum*, pp. 46 y ss. (versión en español del traductor).

[7] Cf., por ejemplo, Martin Persson Nilsson, *Geschichte der griechischen Religion* (Múnich, 1941), p. 637; especialmente p. 640.

[8] Nota del traductor: Cf. Kathleen Freeman, *Ancilla to the Pre-Socratic Philosophers: A Complete Translation of the Fragments in Diels*, Fragmente der Vorsokratiker (Cambridge, Mass., 1948), p. 27.

[9] Nota del traductor: La cláusula sobre Tracia ha sido interpolada sobre la base de una observación en la *corrigenda* de Herman Dooyeweerd y de su *A New Critique of Theoretical Thought*, I (Filadelfia/Ámsterdam, 1953), p. 62.

[10] Nota del traductor: Freeman, *Ancilla to the Pre-Socratic Philosophers*, p. 19.

[11] Cf. Nilsson, *Geschichte der griechischen Religion*, pp. 439–440. En relación con esto, véanse también los conocidos versos de Esquilo, en los que, según Wilamowitz, puede discernirse toda la religión de Deméter: καὶ γαῖαν αὐτὴν, ἣ τὰ πάντα τίκτεται, θρέψασά δ' αὖθις τῶνδε κτῆμα λαμβάνει. (*Las Coéforas*, v. 127).

[12] Erwin Rohde, *Psyche: The Cult of Souls and Belief in Immortality among the Greeks* (trad. de la 8a.ed.; Londres/Nueva York, 1925).

[13] En este contexto merece mención especial la escuela de Herman Karl Usener, cuyo trabajo *Götternamen: Versuch einer Lehre von der religiösen Begriffsbildung* (Bonn, 1896) tuvo una gran influencia, aunque también recibió algunas críticas".

[14] Aquí cabe mencionar solamente a Miss J. E. Harrison, *Prolegomena to the Study of the Greek Religion* (Cambridge/Nueva York, 1903) y *Themis: A Study of the Social Origins of Greek Religion* (Cambridge, 1912, con ediciones posteriores sin cambios). A pesar de su frecuente tendencia especulativa al combinar el método sociológico positivista de Émile Durkheim con las ideas de Henri Bergson, el filósofo francés de la vida, ha realizado sin embargo una serie de importantes descubrimientos sobre las antiguas religiones griegas de la naturaleza, en particular sobre el ἐνιαυτὸς δαίμων, el representante de la vida vegetal en su ciclo de muerte y resurrección.

También puede mencionarse el influyente libro *From Religion to Philosophy* (Londres, 1912) del filósofo de Cambridge F. M. Cornford, cuya obra también mantiene estrechos vínculos con la sociología de Durkheim. Véase también el libro *Zeus* (I, 1914; II, 1925) de A. B. Cook, quien pertenece a esta misma escuela.

[15] Los elementos pertenecientes a la religión proto-griega incluían, sin duda, el culto patriarcal original de Zeus, dios del cielo, de Poseidón, dios del mar, de Atenea, como diosa del hogar, de Hestia, diosa del fuego doméstico, así como el culto a los antepasados. Cf. Nilsson, *Geschichte der griechischen Religion*, pp. 313 y ss.

[16] No me parece aceptable que la palabra 'caos' en Hesíodo (*Teogonía*, 116) deba entenderse como "espacio vacío, inconmensurable y abierto". Un "espacio vacío" no puede engendrar; pero eso es exactamente lo que el caos de Hesíodo hace (ibid., p. 123).

[17] Homero, *Odisea* (traducción de Lattimore; Nueva York, 1967), p. 57.

[18] Nilsson, *Geschichte der griechischen Religion*, pp. 578 y ss..

[19] Sobre esta reacción religiosa, cf. Albert Rivaud, *Le problème du devenir et la notion de la matière dans la philosophie grecque depuis les origines jusqu'à Théophraste* (París, 1906), capítulo X; cf. también Otto Kern, *Die Religion der Griechen*, II (Berlín, 1935), p. 182.

[20] Aquí ya podemos observar que la concepción de que la filosofía es la sierva de la teología (*ancilla theologiae*) no es otra cosa que una transposición del concepto aristotélico de la "ciencia del fin de todas las cosas y del bien" (es decir, la teología metafísica) como reina de las ciencias, a la cual "las demás ciencias, como servidoras suyas, no le replican". Cf. Aristóteles, *Metafísica*, B 996 b 10: "Ciertamente, a partir de las precisiones ya hechas sobre cuál de las ciencias ha de denominarse «sabiduría» hay razones para denominar tal a cada una de ellas. Así, en tanto que es soberana y rectora y es justo que las demás ciencias, como servidoras suyas, no le repliquen, sería tal la (ciencia) del fin y del Bien (para (alcanzar) éste se hacen, en efecto, todas las demás cosas)". Aristóteles, *Metafísica* (trad. Tomás Calvo Martínez; Madrid, 1994).

[21] En este sentido, el uso que Agustín hace de los términos "naturaleza" y "gracia" no es decisivo. Él conserva intacto el carácter integral y radical del motivo básico de la Escritura.

[22] En este sentido, véase mi ensayo "De vier religieuze grondthema's in den ontwikkelingsgang van het wijsgerig denken van het Avondland: Een bijdrage tot bepaling van de verhouding tusschen theoretische en religieuze dialektiek", *Philosophia Reformata*, VI (1941), pp. 161-179.

[23] Esto se aplica, por ejemplo, a una interpretación ampliamente aceptada de la filosofía griega, que la considera desde el motivo básico moderno humanista de naturaleza y libertad. Cf. la discusión sobre la obra póstuma de B. J. H. Ovink, *Philosophie und Sophistik* (La Haya, 1940), en mi ensayo "Een tweegesprek met Prof. Ovink over dogmatische en critische wijsbegeerte: Naar aanleiding van *Philosophie und Sophistik* door Prof. Dr. B. J. H. Ovink", *Gereformeerde Theologische Tijdschrift* (42o. año, núm. 5), pp. 209-227.

[24] La escuela sociológica positivista de Émile Durkheim, por supuesto, intentará explicar estas "fuerzas dinámicas psíquicas", que ve operando en la religión, en términos de la organización histórica de la vida social. Esta escuela también estará dispuesta a conceder que estas fuerzas dinámicas religiosas son poderes histórico-sociales fundamentales, que determinan asimismo la dirección del pensamiento. El profesor Cornford, a quien ya he mencionado, también comprende la filosofía griega esencialmente de esta manera, como "el análisis de material religioso". *op. cit.*, p. 125.

[25] "das religiöse Leben der dauernde Untergrund der intellektuellen Entwicklung ist, nicht eine vorübergehende Phase im Sinnen der Menschheit..." Wilhelm Dilthey, *Einleitung in die Geisteswissenschaften, Gesammelte Schriften*, I (Leipzig/Berlín, 1923), p. 38. (Versión española por el traductor).

[26] Cf. ibid., p. 137: "Nun sind Erfahrungen solcher Art die Freiheit des Menschen, Gewissen und Schuld, alsdann der alle Gebiete des inneren Lebens durchziehende Gegensatz des Unvollkommenen und Vollkommenen, des Vergänglichen und Ewigen sowie die Sehnsucht des Menschen nach dem letzteren. Und zwar sind diese inneren Erfahrungen Bestandteile des religiösen Lebens. Dasselbe umfasst aber zugleich das Bewusstsein einer unbedingten Abhängigkeit des Subjekts".

[27] Nota editorial: Dooyeweerd sostuvo de forma constante que esta obra, *De Wijsbegeerte der Wetsidee* (Ámsterdam, 1935-1936), contenía una crítica trascendental, aunque no estuviera formalmente elaborada. Una versión de la crítica trascendental, en su elaboración formal, aparece en la edición

inglesa (revisada y ampliada) de dicha obra, *A New Critique of Theoretical Thought* (4 vols.; Ámsterdam/Filadelfia, 1953-1957; The Collected Works of Herman Dooyeweerd, Serie A, The Edwin Mellen Press, 1997). Hay traducción al español de esta obra: *Una nueva crítica del pensamiento teórico*, Paideia Press, 2020-2024.

[28] He tomado este término, con una ligera variación, del libro de Karl Mannheim *Ideología y utopía: Una introducción a la sociología del conocimiento* (segunda edición alemana de: *Ideologie und Utopie*, 1930, p. 126; traducción inglesa, Nueva York, 1968). El libro habla de una *sozial freischwebende Intelligenz*, pero con ello se refiere a una inteligencia que se ha liberado de toda determinación histórico-social.

[29] Véase mi *Recht en historie: Referaat voor de drie-en-twintigste Wetenschappelijke Samenkomst der Vrije Universiteit*, 13 de julio de 1938 (Assen, 1938), pp. 18 ss.

[30] Nota del traductor: "in der Reflexionsbestimmung der Kausalität".

[31] Nota del traductor: El término alemán aquí es *Vorstellung*, comúnmente traducido como "representación".

[32] G. W. F. Hegel, *Fenomenología del espíritu* (trad. por Wenceslao Roces y Ricardo Guerra) México, Fondo de Cultura Económica, 1966), pp. 401-2. El texto en alemán dice lo siguiente: "...[Religion] als unmittelbare und also natürliche Religion; in ihr weisz der Geist sich als seinen Gegenstand in natürlicher oder unmittelbarer Gestalt. Die zweite aber ist nothwendig diese, sich in der Gestalt der aufgehobenen Natürlichkeit oder des Selbst zu wissen. Sie ist also die künstliche Religion; denn zur Form des Selbst erhebt sich die Gestalt durch das Hervorbringen des Bewusztseyns, wodurch dieses in seinem Gegenstande sein Thun oder das Selbst anschaut. Die dritte endlich hebt die Einseitigkeit der beiden ersten auf; das Selbst is ebensowohl ein unmittelbares als die Unmittelbarkeit Selbst ist. Wenn in der ersteren der Geist überhaupt in der Form des Bewusztseyns, in der zweiten – des Selbstbewusztseyns ist, so ist er in der dritten in der Form der Einheit beider; er hat die Gestalt des Anund Fürsichseyns; und indem er also vorgestellt ist, wie er an und für sich ist, so ist dies die offenbare Religion. Obwohl er aber in ihr zu seiner wahren Gestalt gelangt, so ist eben die Gestalt selbst und die Vorstellung noch die unüberwundene Seite, von der er in den Begriff übergehen musz, um die Form der Gegenständlichkeit in ihm ganz aufzulösen, in ihm der ebenso dies sein Gegentheil in

sich schlieszt. Alsdann hat der Geist den Begriff seiner Selbst erfaszt, wie wir nun erst ihn erfaszt haben, und seine Gestalt oder das Element seines Daseyns, indem die der Begriff ist, ist er selbst". *Phänomenologie des Geistes* (ed. D. Johann Schulze; 2a. ed., 1841), pp. 449–50.

[33] Herman Dooyeweerd, "De transcendentale critiek van het wijsgerig denken: Een bijdrage tot overwinning van het wetenschappelijk exclusivisme der richtingen." *Synthese*, IV (julio de 1939; con una introducción del Prof. Dr. N. Westendorp Boerma), pp. 314–39.

[34] Según Proudhon, las antinomias en el pensamiento filosófico, que tienen su origen —como ya hemos señalado— en el control que ejerce la dialéctica religiosa sobre la dialéctica teórica, no se resuelven ni son mediadas en una síntesis superior, como pensaba Hegel, sino que simplemente se mantienen en equilibrio entre sí. Pues se supone que la realidad misma consiste en un equilibrio de contradictorios.

[35] Nota del traductor: *Gegenstand*, literalmente "aquello que está enfrente" o "lo que se opone", es la palabra alemana habitual para "objeto". Dooyeweerd emplea este término alemán para resaltar la relación de oposición entre el pensamiento y su objeto, inherente a la actitud teórica del pensar, y también porque, para él, los objetos del pensamiento teórico son fundamentalmente distintos de los objetos de la experiencia ingenua. En Dooyeweerd, por tanto, *Gegenstand* siempre significa "objeto del pensamiento teórico". La relación abstracta de *Gegenstand* entre el pensamiento teórico y su objeto debe distinguirse siempre de la relación sujeto-objeto concreta que pertenece a la experiencia natural.

[36] Esta afirmación se aclarará para el lector solo después de haber estudiado mi crítica trascendental del pensamiento filosófico.

[37] Del neerlandés *opheffen*; alemán *aufheben*.

[38] El hecho de que el concepto aristotélico de naturaleza está completamente determinado por el motivo de forma-materia aparece en la exposición que hace Aristóteles de este concepto en su *Metafísica*, D, 4. 101 a.

[39] Volveré sobre este punto en mi análisis crítico de la ontología tomista en el volumen II de esta obra, donde también proporcionaré las referencias a las fuentes.

II

DIORAMA DEL DESARROLLO
DIALÉCTICO DEL MOTIVO
FORMA-MATERIA EN LA FILOSOFÍA
GRIEGA HASTA PLATÓN

Parte I

EL DESARROLLO DIALÉCTICO HASTA PLATÓN

§1 La dialéctica del motivo religioso griego bajo la primacía del motivo de la materia en la filosofía presocrática hasta Parménides

a. La concepción de la *physis* (naturaleza) en la primera fase de la filosofía griega de la naturaleza

La filosofía griega nació en el periodo de transición arcaico que se sitúa entre la era de la caballería micénica y la época de prosperidad de la *polis* griega que siguió a la conclusión victoriosa de las guerras persas. En la primera sección de la Introducción vimos cómo este periodo de transición estuvo marcado por una crisis que afectó a toda la cultura y sociedad griegas. Esta crisis se concentró en una crisis dentro de la conciencia religiosa de los griegos. La antigua religión de la naturaleza, que había sido puesta a la defensiva por la nueva religión de la cultura, se alzó ahora en rebelión contra ella. En muchos aspectos, esta reacción otorgó la supremacía en la conciencia religiosa griega al motivo de la materia sobre

67

el motivo de la forma, aunque sin volver inoperante a este último.

Es comprensible, por tanto, que la filosofía griega apareciera por primera vez en escena en el siglo VI a. C. en la forma de lo que se llama filosofía de la naturaleza. Ésta tuvo su origen dentro del ámbito de la cultura jónica de Mileto. Estuvo acompañada por los inicios rudimentarios de las ciencias especiales. Bajo influencias inconfundibles de Egipto, Fenicia, Caldea y Babilonia, se emprendieron investigaciones en matemáticas y astronomía, meteorología y geografía. Lo que la investigación histórica ha sacado a la luz respecto de los resultados de estas primeras incursiones de los griegos en las ciencias especiales es, sin duda, de la mayor importancia. La idea, sin embargo, de que sólo en términos de estos logros científicos puede uno penetrar hasta el corazón de la antigua filosofía jónica de la naturaleza[1] invierte por completo el asunto. Mide la filosofía griega según el estándar del ideal científico humanista moderno.

La cuestión que resalta por encima de todas aquí es qué entendía esta filosofía jónica por "naturaleza" o "*physis*". Cualquier intento de responder a esta pregunta debería dejar claro que la concepción jónica de la naturaleza estaba completamente determinada por el motivo religioso de la materia en su oposición dialéctica al motivo de la forma. La filosofía griega de la naturaleza surgió en una situación en la cual, dentro del tema dialéctico básico de materia y forma, el motivo de la materia tenía la primacía inconfundible.

b. La primacía religiosa del motivo materia en la filosofía milesia de la naturaleza. El motivo de la *dikē* en Anaximandro

Los filósofos jonios de la naturaleza se aferraron a aquello que Aristóteles más tarde designaría como *hylē* (ὕλη), y que Hesíodo ya había referido como Caos, y lo divinizaron bajo una variedad de nombres, según les pareciera: el *ápeiron*, el *rheuston*, el *migma*, la *mixis*, etcétera. Entre la mayoría de los filósofos jonios de la naturaleza, al menos, esto se hizo en estrecha conexión con una representación concreta de un elemento móvil —el agua en Tales de Mileto, el aire en Anaxímenes, el fuego en Heráclito. Habiéndolo divinizado, lo proclamaron como el origen único (*archē*) de todas las cosas que aparecen con forma fija. Esta *archē* fluida e informe era idéntica a lo que estos antiguos pensadores griegos entendían por *physis*: una fuerza divina animada, un *continuum* fluido lleno de vida divina,[2] que está en movimiento eterno, primordial, sin ser causado por ningún otro principio. Es a esto a lo que se refiere el "hilozoísmo" de estos pensadores.[3]

El filósofo jónico Anaximandro (siglo VI a.C.) designó esta *physis* como *ápeiron*, el desorden informe e ilimitado. Con ello penetró tras la representación concreta de los "elementos móviles", que aún estaban ligados a la forma, hacia la esencia invisible del principio de la materia. En el proceso de separación eterna (*apokrisis*) y reabsorción de todas las cosas que tienen forma en la *physis* informe, con su movimiento eterno y primordial, Anaximandro percibió la operación de una ley de justicia (δίκη; *dikē*).[4] En el orden del tiempo, que obliga a todo lo que tiene forma y figura a regresar a su origen informe, la *Anagkē* del principio de la materia se manifiesta como *dikē*, el principio que también regía las relaciones entre las estirpes patriarcales (γένη; genē) en la sociedad griega. Todo, incluida la vida social humana, estaba abarcado por la *physis* divina.[5]

c. La racionalización de *Anagkē*. La concepción del *logos* en Heráclito

Posiblemente en conexión con el motivo de moira propio de la religión de la cultura, del cual hablaré a continuación, la antigua filosofía de la naturaleza intentó meramente racionalizar en cierta medida la *Anagkē* impredecible, a fin de que pudiera utilizarse en la elaboración de alguna forma de explicación teórica del origen de las cosas con forma, perceptibles por los sentidos. En la concepción de Anaximandro, el fuego, la tierra, el agua y el aire (que desde Empédocles fueron considerados "elementos") se separan de este *ápeiron*, esta única *physis* informe. Estos elementos están marcados por pares de cualidades sensibles mutuamente opuestas, como calor y frío, humedad y sequedad, movilidad y fijeza, y una cierta mezcla (*mixis*) de estas cualidades da lugar a las cosas dotadas de forma que son accesibles a los sentidos. La *physis* de estas cosas no consiste en una forma constante. Tampoco tiene el ser humano una naturaleza duradera definida por la forma, ya que, según Anaximandro, los seres humanos procedieron de otras formas de vida.[6]

Para lograr la racionalización del poder ciego de *Anagkē*, Heráclito de Éfeso utilizó en particular el principio de proporcionalidad entre el llegar a ser y el desaparecer.[7] Como principio de forma, medida y armonía, éste sólo podía haberse inspirado en el motivo básico de la religión de la cultura. En cualquier caso, no tiene nada que ver con el concepto determinista y mecanicista de causalidad que se usa en la física matemática fundada por Galileo y Newton, ya que ésta fue concebida bajo el ideal clásico humanista de ciencia. La visión de la naturaleza en estos antiguos pensadores no es en absoluto mecanicista en el sentido moderno del término. La combinación del principio de materia con el de forma fue más bien impuesta al pensamiento teórico por la dialéctica del motivo básico griego. Esta intrusión dialéctica del motivo forma en el motivo de materia encuentra su expresión más clara en la idea heraclítea del *logos*. En el proceso del flujo eterno de las formas mutuamente opuestas de la realidad, este *logos* mantiene un orden racional fijo de medida, proporción y armonía, el cual hace posible afirmar con igual justicia que no hay nada que ni llegue a ser ni desaparezca.[8] En el primer fragmento B de Diels parece que *logos* denota principalmente "palabra divina", la cual puede ser oída, aunque en el ámbito de su existencia cotidiana los seres humanos no logran comprender su sentido. Esta "palabra", sin embargo, es la expresión de una ley racional del mundo, que rige todo lo que sucede y garantiza que la *physis* divina, que fluye eternamente, permanezca una y la misma a medida que se despliega en formas antitéticas y mutuamente conflictivas, manteniendo una proporcionalidad y armonía constantes (ἁρμονίη) a lo largo de todo devenir y desaparición.

La dialéctica del motivo básico griego lleva incluso aquí a una "inversión" dialéctica del principio de materia en su opuesto religioso: el fuego divino, la *physis* que fluye eternamente a través de todas las formas opuestas, es dialécticamente uno con el *logos* como ley del mundo. De forma dialéctica, la *Anagkē* ciega e impredecible del motivo religioso de la materia y el *logos* del motivo religioso de la forma son a la vez uno y el mismo y, simultáneamente, opuestos polares. Tal como lo expresó un discípulo posterior de Heráclito en el lenguaje oscuro del pensador de Éfeso:

> Pues todas las cosas son semejantes en que difieren, todas armonizan entre sí en que se oponen unas a otras, todas dialogan en que no dialogan, todas tienen juicio en tanto que son irracionales; el modo de ser de las cosas individuales es contrario por naturaleza, porque están de acuerdo entre sí. Porque la ley del mundo (*nomos*) y la naturaleza (*physis*), por medio de los cuales logramos todas las cosas, no están de acuerdo en que están de acuerdo.[9]

Esta identificación dialéctica heraclítea del *logos* (como *nomos*) y la *physis* fue adoptada posteriormente por la Stoa, y por esta vía también influyó en la especulación sobre el *logos* de los pensadores cristianos hasta el siglo IV.[10]

d. La concepción de Cornford sobre la orientación religiosa de la filosofía griega. La *moira* y el motivo de la *dikē*

En la obra anteriormente citada, *From Religion to Philosophy*, Cornford intenta revelar la presencia de un marcado contraste entre lo que él designa como las tradiciones "científica" y "mística". Según él, la primera de éstas estuvo orientada por la religión olímpica, que en su opinión se encarnó en la filosofía natural jónica tanto temprana como tardía, mientras que la segunda se guió por la religión mistérica dionisíaca. Observa una diferencia característica entre el dios olímpico y el dios de los misterios. El primero se originó en el *daimon* de una provincia particular de la naturaleza. Tras haber abandonado esta provincia y haber sido transformado en una deidad olímpica inmortal, este *daimon* quedó separado por límites definidos tanto de la *physis* como de la sociedad humana. En contraste, el dios mistérico permanece como el *daimon* de un grupo social humano, viviendo en comunión mística con éste como objeto de un sentimiento místico de unidad por parte de sus miembros. Asimismo, sigue siendo el principio animador de la *physis*.[11]

Cornford cree que el marco religioso fundamental de la concepción olímpica reside en la *división espacial en territorios* (estando esto directamente vinculado al carácter politeísta de esta religión de la cultura), mientras que en la religión mistérica esta posición está ocupada por el *ciclo temporal de la vida y la muerte* humanas, así como la vida y la muerte en toda la naturaleza concebida conforme a este modelo. Según él, la tradición olímpica está representada por la escuela milesia de Tales, Anaximandro y Anaxímenes, la cual condujo, a través de Anaxágoras, hasta los atomistas Leucipo y Demócrito. Esta tradición, supuestamente, estuvo completamente orientada por el motivo de *moira*, y Cornford recurre a Homero y Hesíodo en un intento de justificar su vinculación de este último con la repartición territorial entre las deidades olímpicas; es decir, entre los tres hijos de Cronos: Zeus, Poseidón y Plutón (Hades). Después de todo, la palabra *moira* está estrechamente relacionada con μέρος, que significa "parte".[12] La tradición científica, en consecuencia, estaría supuestamente ligada al politeísmo de la religión olímpica. En correspondencia con esta hipótesis, el profesor de Cambridge concibe la idea fundamental de la filosofía natural jónica como la partición territorial dentro de la *physis* entre los cuatro elementos que se separan del *archē* —agua, aire, fuego y tierra— mientras que el paso de un elemento al territorio de otro es entonces considerado como una transgresión de los límites de la *moira*. Además, aquí establece una delimitación clara entre la *moira*, por un lado, que protege contra cualquier transgresión de las fronteras territoriales dentro de la *physis*, y *dikē* o justicia, por otro lado, que se refiere exclusivamente a la sociedad humana y que supuestamente mantiene allí las fronteras territoriales, tanto entre los respectivos linajes familiares como entre los humanos y los dioses, vengando la *hybris* (presunción) que intenta traspasar estas fronteras.

En contraste con esto, la tradición mística —que Cornford considera representada en Heráclito, Pitágoras, Jenófanes, Parménides y, en cierto grado, también en Empédocles y Platón— se cree que reconoce la unidad fundamental e indivisibilidad de la *physis*. En esta *physis*, no menos que en el grupo social, la deidad está constantemente presente como su *daimon*. Esta tradición acepta, por tanto, la existencia de un solo cosmos, en lugar de los infinitos mundos de Anaximandro y los atomistas. El *motivo politeísta de la moira*, con su orientación hacia una división espacial territorial, es supuestamente reemplazado aquí completamente por el *motivo del tiempo y el número* (el número como medida del tiempo), que se manifiesta en el ciclo de la vida humana y sigue el camino de la *dikē*, quien gobierna tanto la *physis* como la sociedad por una misma ley. El camino de la *dikē* es aquí el camino de la vida, que no observa fronteras territoriales claramente definidas, sino que, en el ciclo del tiempo, reconcilia todas las oposiciones en una relación armoniosa y proporcional con su único e indivisible origen divino.

e. Crítica de la concepción de Cornford

Por interesante y sugerente que sea la elaboración de esta hipótesis por parte de Cornford, no penetra hasta el verdadero motivo básico dialéctico de la filosofía griega. No puede alcanzarlo, porque su posición, especialmente en lo que respecta a la religión cultural olímpica, permanece demasiado apegada a la forma mitológica politeísta, la cual debe ser claramente distinguida del propio motivo religioso básico. Además, su interpretación del motivo de la *moira*, en particular, descansa sobre una base inestable. Este último motivo es más antiguo que el de la religión cultural olímpica y está arraigado en la de la religión mística de la naturaleza misma.

Homero y Hesíodo unieron la imagen mitológica de la partición territorial con el motivo más antiguo de la *Anagkē* con la intención, ante todo, de construir una síntesis religiosa entre la religión cultural más reciente y la religión natural más antigua. Esta síntesis revela abiertamente la dialéctica religiosa del propio motivo básico religioso en el mero hecho de que ninguno de estos dos autores logró realmente resolver la relación antitética entre *moira* y el mundo de las deidades olímpicas. Una oposición entre *physis* y *dikē* aparece por primera vez en la filosofía griega con Protágoras, el fundador del movimiento sofista. Como veremos más adelante, este desarrollo fue una consecuencia directa resultado de las tendencias polares dentro del motivo básico dialéctico, tal como éstas se desplegaron al otorgarse la primacía al motivo de forma de la religión de la cultura. Esta oposición es también evidente en el poeta y teólogo Hesíodo, defensor de la religión de la cultura.

No puede sostenerse la opinión de que la filosofía de la naturaleza milesia se orientaba por completo o incluso predominantemente hacia el politeísmo de la tradición religiosa olímpica. Todos los pensadores milesios aceptan la unicidad del Origen divino, y conciben este *arché*, en el sentido de una *physis* divina, como estando en polar oposición al motivo

de la forma de la religión de la cultura. La explicación de
esto no puede ser, como supone Cornford, que las deidades olímpicas fueron originariamente *daimonas* de provincias
específicas de la naturaleza y que, tras su retirada de estos
territorios espacialmente delimitados, la *physis* haya quedado
vacante. Desde este punto de vista, sería imposible explicar
el hecho de que los antiguos filósofos de la naturaleza milesios concibiesen la *physis* como un único principio divino
de origen. Más bien cabría sospechar que habrían sostenido
la existencia de una multiplicidad de *archai*, cada uno de
los cuales estaría nítidamente separado de los demás por la
moira y obligado a a permanecer dentro de su propio territorio. El mismo Cornford observa que la concepción según la
cual "lo Uno puede salir de sí mismo hacia lo múltiple, y sin
embargo conservar su unidad" es una creencia típicamente
"mística".[13] No hay, además, nada que indique que Anaximandro, por ejemplo, sostuviera que, una vez separados los
elementos, estos ya no poseían una *physis* divina unificada.
Tal posición aparece por primera vez claramente en el caso
de Empédocles.

Lo que realmente se manifiesta aquí es que la filosofía de
la naturaleza milesia estaba predominantemente orientada
hacia el principio materia de la religión de la naturaleza griega, un principio que Hesíodo ya había expresado en forma
más abstracta, pero que no obstante, como observé en la
primera sección de la Introducción, conservaba siempre una
impronta mística oscura. También es evidente que este motivo materia permanecía ligado al motivo forma de la religión
de la cultura, pues sólo en su oposición dialéctica con este
último pudo el motivo materia llevar al pensamiento teórico
hacia una concepción monista del origen del cosmos. En

efecto, en su forma histórica pística, las antiguas religiones de la naturaleza no eran menos politeístas que la religión de la cultura olímpica. Nilsson ha llamado especialmente la atención sobre el hecho de que aquellas nunca llegaron a una concepción monista y abstracta del *continuum* divino de la *physis*, por ejemplo, en el sentido de una concepción universal del *mana*. Además, para los griegos, la religión de Dionisos no era en modo alguno una religión exclusiva de la naturaleza que excluyera la admisión de otros poderes divinos naturales. En su origen tracio o lidio-frigio, Dionisos pertenecía incluso a una religión indudablemente politeísta. El motivo básico de las religiones naturales, sin embargo, al igual que el de la religión cultural olímpica, no estaba ligado a su forma temporal y mitológica. En efecto, fue precisamente en su encuentro con este último motivo que emergió por primera vez en la conciencia griega como un motivo unitario (*einheitlich*). Este despertar dialéctico de la conciencia otorgó a ambos motivos un significado más profundo que hizo posible que superaran su forma politeísta.

El motivo religioso básico del pensamiento griego es dialéctico. Por esta razón, nunca debe dividirse en un motivo olímpico y otro místico, cada uno de los cuales, por derecho propio, habría determinado un movimiento integral en el pensamiento griego. El mismo Cornford, de hecho, no logra sostener tal concepción en su tratamiento de los pensadores griegos. Él mismo se ve obligado a admitir que puede identificarse un fuerte rasgo místico, por ejemplo, en el pensamiento de Anaximandro.[14] En el pensamiento de Anaximandro, la concepción de una multiplicidad infinita de mundos que periódicamente regresan al seno del *ápeiron* no tiene nada que ver con la religión cultural politeísta, ya que él rechaza toda concepción politeísta precisamente con respecto a este Origen divino. Lo mismo ocurre también en el caso de los otros milesios antiguos.

f. Los motivos de *moira* y *dikē* y su relación con el *Anagkē*

El intento de Cornford de construir una oposición entre el motivo de *moira* y el motivo de *dikē* (en el sentido de una justicia que no se aplica meramente a la sociedad humana, como en la religión olímpica, sino que se extiende igualmente a lo largo de todo el cosmos) interpretando el primero como olímpico y el segundo como de carácter místico, también resulta inaceptable. En efecto, a pesar de esta interpretación, él mismo debe admitir, por ejemplo, que en la oda más órfica (es decir, mística) de Píndaro, donde el tiempo es llamado el "Padre de todas las cosas", la "rueda del tiempo" es referida tanto como la de *moira* como la de *dikē*.[15] La construcción de Cornford queda decisivamente refutada por el hecho de que, en el pensamiento de Anaximandro —que Cornford considera gobernado por el motivo de *moira*—, es precisamente *dikē*, o la ley de la justicia, la que aparece para vengar la injusticia que él percibe en el surgimiento de todo lo que tiene forma delimitada.[16]

En contraposición con la concepción tradicional derivada de Aristóteles, Cornford intenta poner de relieve un agudo contraste entre Anaximandro y Heráclito en este punto. Según él, este último considera a *dikē*, o la "justicia vengadora", tanto como el "camino de la vida" como la "fuerza que impulsa a lo largo de ese camino", sin respetar frontera alguna.[17] La doctrina heraclítea de la armonía de los opuestos en el flujo eterno de la *physis* divina sería entonces una expresión típica del motivo de *dikē* de la religión de misterio. Anaximandro, en cambio, habría pensado que toda existencia individual es injusta porque resulta de la mezcla de elementos, cada uno de los cuales debería permanecer dentro de los límites de su propio dominio. En su pensamiento, por tanto, "el reinado de *moira* [sería] restaurado". Sin embargo, en el fragmento conservado de Anaximandro al que Cornford apela, no se encuentra nada semejante. Ni siquiera aparece la palabra *moira*. Para Anaximandro, el surgimiento de elementos discretos, separados unos de otros, constituye ya en sí una injusticia, porque él concibe la divinidad como una *hyle* informe, tal como lo hace también Heráclito. Además, para él, el camino de *dikē* se identifica con el orden del tiempo. Este último, sin embargo, es precisamente aquello que, según Cornford, debe restringirse al marco conceptual de la tradición mística. La idea de justicia de Platón (*ta heautou prattein*) presenta, por otro lado, características típicas de lo que Cornford llamaría el motivo de *moira*.

Para acentuar el contraste entre la concepción heraclítea de *dikē* y la concepción jónica de *moira*, Cornford apela especialmente al diálogo Crátilo de Platón, donde, en una discusión sobre el origen de la palabra *dikaiosyne* (justicia), Sócrates expone la concepción de la escuela de Heráclito, que supone que la palabra *dikaios* puede derivarse de *diaion* ("aquello que pasa a través [de todas las cosas]"):

> Porque esta escuela de pensadores, que sostiene que todas las cosas están en continuo flujo, sostiene que la gran masa del universo simplemente se mueve, pero que existe algo que pasa a través de todo el universo y es el origen de todas las cosas que llegan a ser. Esto es lo más veloz y sutil de todo; pues no podría atravesar todas las cosas móviles si no fuera lo más sutil, de modo que nada pueda detenerlo, y lo más veloz, de modo

que las otras cosas parezcan estar quietas en comparación. Dado que este elemento supervisa todas las cosas al pasar a través de ellas (*diaion*), se lo llama correctamente *dikaios*, añadiendo la consonante 'k' por eufonía.[18]

Sócrates luego se lamenta de que, mientras muchos pensadores están de acuerdo hasta este punto, él solo recibe respuestas contradictorias cuando profundiza su indagación acerca de la justicia como la causa fundamental de todo lo que ha llegado a existir:

> Uno respondería que la justicia es el sol, pues sólo él gobierna la naturaleza, atravesándola y calentándola (διδοῦσαν καὶ καίουσαν, es decir, *dia-kai-on*). Otro dice que es el fuego; otro, el calor que hay en el fuego. Sin embargo, otro se burla de todo esto y afirma, junto con Anaxágoras, que la justicia es la mente (*nous*); pues el Pensamiento (mente divina), en su dominio absoluto, no se mezcla con nada y ordena todas las cosas, impregnándolas completamente.[19]

De ello concluye Cornford:

> Es evidente que los seguidores de Heráclito estaban desconcertados por la famosa oscuridad de su maestro y atrapados en diversas explicaciones. Al hacerlo, introdujeron nuevas distinciones que... eran ajenas al pensamiento místico de Heráclito. Para él, el fuego viviente, que a lo largo de todo el ciclo de sus transformaciones conservaba sus medidas, era en realidad la Razón (otro significado de *logos*) y el principio de la Justicia. Su manifestación principal era el Sol, quien "no transgredirá sus medidas, o los Espíritus de la Venganza, los ministros de la Justicia, lo descubrirán".[20]

La forma sugestiva en que el profesor de Cambridge intenta aquí respaldar su interpretación de la concepción heraclítea de *dikē* no resulta del todo convincente. En el diálogo al que apela Cornford, Platón se burla repetidamente de las derivaciones etimológicas del lenguaje que practica el discípulo de Heráclito, Crátilo. Es muy cuestionable que, con ello, se les haga justicia. Incluso si se nos obligara a tomar en serio la derivación propuesta, esto no probaría nada respecto a un contraste entre las concepciones heraclítea y jónica de *dikē*. En efecto, Platón muestra cómo la concepción jónica de Anaxágoras puede rimar con el mismo tipo de derivación etimológica.

En su concepción de que la divina *physis* eternamente fluida, como *archē*, atraviesa todas las formas opuestas, Heráclito no difiere de Anaximandro ni de ningún otro de los milesios. Anaximandro y Heráclito comprendían ambos a *dikē* como el principio de medida y proporción. El único punto en cuestión aquí es si este principio ya yacía oculto en el *Anagkē* místico de las religiones naturales anteriores. La respuesta a esta cuestión es decididamente negativa. El principio material de las religiones místicas de la naturaleza no conoce nada de medida racional ni de orden cósmico. Sea cual sea su forma en la primera fase de la filosofía griega, *dikē* es siempre un *Anagkē* parcialmente racionalizado en el que ya está operando el motivo básico de la religión de la cultura. Lo mismo vale para *moira* tal como la entendieron Homero y Hesíodo. Aunque *dikē* tiene una raíz mística en la religión natural, también está arraigado en el motivo forma de la religión olímpica. En otras palabras, sólo puede comprenderse en términos del motivo básico dialéctico del pensamiento griego.

No existe apoyo en las fuentes literarias para un contraste, como el que imagina Cornford, entre la filosofía natural milesia y Heráclito. Asimismo, no hay evidencia que respalde su afirmación infundada de que el pensador de Éfeso incluyó la filosofía natural milesia en la "polimatía" (πολυμαθίη) a la cual se opuso con vigor.[21]

g. ¿Qué quería decir Heráclito con "polimatía"?

En el fragmento B40, Heráclito incluye entre estos polímatas únicamente a Hesíodo, Pitágoras, Jenófanes y Hecateo, y en el fragmento 81 describe a Pitágoras como el "padre del engaño". De manera significativa, Cornford asigna a dos de estos cuatro —Pitágoras y Jenófanes— a la tradición mística. Hecateo fue el compatriota muy viajado de Anaximandro, quien desarrolló aún más el esquema de este último sobre la esfera celeste y la tablilla en la que representó la tierra habitada; pero fuera de esto no hay evidencia alguna de que estos dos pensadores compartieran las mismas concepciones filosóficas.

Lo más que puede afirmarse es que Heráclito, cuyas concepciones cosmogenéticas fueron sin duda influidas por los milesios, fue el primer pensador que elaboró consciente y deliberadamente la dialéctica del motivo religioso básico en el pensamiento filosófico mismo, y que su teoría metafísica de la unidad de la *physis* divina en la multiplicidad de sus formas fenoménicas contrastantes puso un acento más marcado en el carácter místico —e incluso dionisíaco— del principio de materia que los propios milesios. Lo más importante es que en Heráclito lo que se coloca en el centro es la filosofía metafísica de la vida, mientras que en los milesios esto constituía solo el trasfondo de sus esfuerzos científicos por explicar los fenómenos de la naturaleza.

Las interpretaciones de Cornford evidencian que han sido distorsionadas por la influencia del sociologismo de

Durkheim, el cual intenta explicar los motivos religiosos en términos de la organización de los grupos sociales humanos. No obstante, decir esto no implica negar que, a pesar de estas construcciones distorsionadas, Cornford ofrece con frecuencia análisis muy penetrantes y fructíferos, especialmente en su elucidación de los rasgos místicos en el pensamiento de Pitágoras, Empédocles y Platón.

§2 La antítesis polar entre los principios de forma y materia en la ontología de Parménides. La "uranización" del motivo de la forma

Así pues, en sus comienzos, la hegemonía indiscutida en el pensamiento griego pertenecía al principio de la materia. Sin embargo, la dialéctica interna del motivo religioso básico involucraba a la filosofía griega, incluso en su primera fase de desarrollo, en una crisis que la condujo a dos posiciones polarizadas. Los principios de forma y materia demostraron que no podían reducirse uno al otro, y en los puntos de vista diametralmente opuestos de Heráclito de Éfeso y Parménides, el fundador de la escuela eleática, esta oposición entre los dos principios se desarrolló en una alternativa excluyente de "una cosa o la otra".[22]

Es en este conflicto donde la metafísica griega de la forma tiene su origen. Esta metafísica intentó, por medio de la *theōría* (θεωρία; intuición teórica), penetrar detrás de los fenómenos visibles, que permanecen sujetos al principio material, hacia la forma óntica oculta y suprasensible de la realidad.[23] En esta metafísica, el dualismo primordial en el motivo religioso básico de la comunidad griega de pensamiento se presenta, en sí mismo, bajo el ropaje de la oposición metafísica exclusiva entre ser y devenir.

Parménides de Elea, quien nació alrededor del 540 a.C., negó toda existencia verdadera al mundo visible, el cual, en su aparición fenoménica como multiplicidad de formas, está sujeto al flujo eterno del principio material. Solo el ser verdadero es, pues el no-ser no puede ser objeto del pensamiento teórico; este último, por lo tanto, como un μὴ ὄν, como algo que debe ser repudiado por el pensamiento, carece de toda subsistencia válida.[24] Solo la *theōría* conduce al conocimiento de la *physis* divina, que encierra en sí todo el ser, pues *theōría* es en sí misma ser. Porque lo semejante se conoce por lo semejante, una noción típicamente griega que veremos más adelante desarrollada por Empédocles. Aquí está la clave del significado del pronunciamiento tan debatido de Parménides, según el cual el pensamiento teórico y el ser son idénticos.[25]

Esto, por supuesto, no tiene nada que ver con la identificación del ser y el pensamiento en el idealismo lógico moderno de la escuela neokantiana de Marburgo, donde el ser se convierte en una creación del pensamiento teórico.

La *theōría* griega desafió consciente y abiertamente las nociones mitológicas de la religión popular; no obstante, al mismo tiempo, adoptó una posición que se opone en principio a la experiencia ingenua con su fidelidad a la objetividad de los fenómenos sensibles. Solo el pensamiento teórico puede conducir a la verdad absoluta, afirmaba. Así, proclamó su autonomía frente a la creencia popular y las opiniones inciertas de quienes depositan su confianza en la percepción sensible. Esta autonomía, sin embargo, fue radicalmente diferente de aquella que la escolástica tomista o el ideal humanista moderno de la personalidad atribuyen al pensamiento teórico. La *theōría* de Parménides no funciona como una subestructura autónoma para una metafísica superior y sobrenatural a la cual deba ser acomodada, como sucede en la metafísica tomista. Es igualmente ajena a la libertad moderna del pensamiento como ciencia. En cambio, se presenta como la solemne proclamación de la verdad de Dios, en conformidad con el motivo básico griego. De hecho, ésta también fue la causa con Heráclito, así como con Pitágoras, Empédocles, y los pitagóricos, y el pensamiento de Sócrates, Platón, Aristóteles, y la Stoa no es sino una continuación de esta línea de la *theōría* griega.

No se debe concentrar la atención exclusivamente en el método lógico puramente didáctico que Parménides utiliza en su poema didáctico *Sobre la physis* (Περὶ φύσεως) para demostrar que el mundo visible no puede poseer verdadero ser; pues el poema comienza con una descripción del viaje de Parménides hacia la oscuridad del inframundo.[26] Como Orfeo, el profeta mitológico del movimiento reformador religioso del orfismo, desciende allí en busca de sabiduría, siendo llevado en un carro del sol escoltado por las doncellas de Helios. Permanece solo en la oscuridad de la "casa de la Noche" con la diosa *dikē*, quien ha abierto la "puerta de los caminos de la noche y del día" hacia el carro solar y ahora le presenta como revelación divina dos caminos de conocimiento: el *camino de la Verdad*, sólo él cual posee certeza, y el *camino de la opinión incierta* (δόξα doxa), que es seguido por la gran mayoría de los mortales. La solemne apertura de este poema didáctico, escrito en hexámetros arcaicos, no es mero adorno poético; imprime a todo el texto un carácter consagrado y profundamente religioso.

El camino de la Verdad es así "de convicción (pues este camino sigue la verdad); el otro camino, sin embargo, que [nos sugiere que] lo-que-no-es y que el no-ser tiene validez, te digo, es completamente inescrutable; porque no puedes ni conocer lo-que-no-es (eso es imposible) ni hablar de ello".[27]

El verdadero ser es así aprehendido en el pensamiento teórico, que está enraizado en la convicción, y el pensamiento teórico necesariamente tiene un verdadero ser como su objeto. Este ser es la *physis* divina misma. Es un ser absolutamente único e indivisible, no permite un despliegue fluido en una multiplicidad de formas fenoménicas, como habían supuesto los milesios y Heráclito. Por el contrario, es inmóvil, imperecedera, sin origen ni desaparición, sin pasado ni futuro, conteniendo todo dentro de sí exclusivamente en el ahora.[28] Todo esto se establece más adelante por medio de una deducción lógica.

a. La concepción de Parménides de la forma divina del ser como esfera

Sin embargo, la *theōría* griega no se orienta hacia un concepto lógico abstracto del ser. El poema de Parménides trata de la *physis* o naturaleza de la unidad y totalidad divinas. En abierta oposición a los milesios y a Heráclito, capta esta *physis* divina, no de acuerdo con el flujo eterno del principio de materia, sino en una concepción particular del principio suprasensible de la forma.

El ser, en tanto es deducido de un modo teórico lógico, debe ser intuido en una forma no sensible, luminosa, o "forma divina", pues es el ser del dios. Parménides, por tanto, lo concibe bajo la forma matemática de una esfera, lo que indica claramente el cielo estrellado, como ya lo había hecho antes Jenófanes de Colofón.[29]

Esta esfera jugó un papel importante en las especulaciones astronómicas de los griegos como forma de perfección suprema. Volveremos a encontrarla en nuestras discusiones sobre Empédocles y Platón. En Aristóteles, la esfera del cielo estrellado fijo (este ser compuesto de éter, el quinto elemento) abarcaba todo el universo y era la más externa de las cincuenta y cinco esferas que contenían los cuerpos celestes, siendo la de la luna la más cercana a la tierra. Para Parménides, sin embargo, la esfera celestial era una forma puramente matemática y no estaba compuesta de un elemento, una visión que también sostenía el discípulo de Platón, Eudoxo.[30]

Quien vive en el mundo moderno se ve invariablemente sorprendido por el hecho de que un pensador griego que ha proclamado con tanta vehemencia que el pensamiento teórico es el único camino hacia el descubrimiento de la verdad y que ha negado toda validez a las imágenes sensibles, deba sin embargo recurrir, de manera "groseramente materialista", a la imagen de un "cuerpo material redondo", justo después de su aparentemente estricta deducción lógica del concepto de ser. Esto, sin embargo, solo indica que esa persona no ha comprendido el motivo religioso básico de la *theōría* griega, sino que ha juzgado inconscientemente la metafísica de la forma de Parménides según el estándar del *concepto* moderno de teoría, gobernado por el motivo básico humanista. La forma esférica del ser en Parménides no es un cuerpo material, ya sea en el sentido del pensamiento científico natural moderno o en el sentido griego.[31] Es la forma luminosa del ser (forma óntica)[32] de la *physis* divina,[33] exaltada por encima de todas las formas sensibles e invisible como el cuerpo inmortal del dios Olímpico radiante. Como este último, está más allá del alcance del principio de la corriente vital eterna, que permanece ligada a la tierra.

No obstante, la forma divina del ser de Parménides no es meramente una expresión metafísica del principio de la forma de la religión cultural olímpica. La esfera celeste luminosa no es ninguna forma cultural en la cual la mente pueda verse reflejada a sí misma; es sólo una forma natural matemática, que como objeto de contemplación religiosa está llena de luz y como forma geométrica del cielo estrellado encierra al ser suprasensible de toda la *physis* divina.

b. La religión órfica y su influencia en la concepción parmenídea del principio de la forma

¿Cómo debe explicarse esto? Si, como es muy probable, la influencia órfica está presente aquí,[34] el asunto se vuelve algo más complejo. El movimiento órfico, que ya ha sido mencionado de paso en la sección uno, fue un movimiento de reforma religiosa que buscó llevar a cabo una reforma interior del culto tracio y lidio-frigio a Dionisio,[35] volviendo a las antiguas religiones uránicas que involucraban el culto a los cuerpos celestes, y en particular al sol. Eratóstenes de Cirene (ca. 276–194 a.C.), el bibliotecario alejandrino, relata que Orfeo rindió honor al dios solar Helios en lugar de a Dionisio: "y alzándose temprano por la mañana ascendió al monte llamado Pangaion, y esperó la salida del sol".[36] El Dionisio al que se hace referencia aquí es el dios tracio salvaje cuyas ménades despedazan a Orfeo en el mito, y es por tanto esta forma particular del culto a Dionisio la que Orfeo habría rechazado. Un papel central en la religión órfica lo desempeña el contraste entre la luz y la oscuridad, con la luz poniéndose en conexión con el cielo estrellado y la oscuridad con la tierra tenebrosa. Relacionado con esto está la creencia órfica en la inmortalidad del alma. Habiendo tenido su origen en el cielo, el alma cae a la tierra y queda encerrada en el cuerpo oscuro como en una tumba o prisión; tras haber pasado por un ciclo de reencarnaciones, que concluye con la finalización del "gran año mundial", se le permite retornar a su morada celestial en estado purificado. Una tablilla órfica hallada en Petelia dice:

Soy hijo de la Tierra y del Cielo estrellado; pero mi estirpe es celeste.[37]

Dionisio, quien en los círculos órficos ya no era adorado como el dios del frenesí báquico, era la deidad renacida como Dionisio Zagreo, quien, después de haber sido hecho pedazos por los Titanes cuando era un niño, fue revivido como hijo de Zeus y asumió más tarde el dominio del mundo.

¿Cuál es el significado de esta saga órfica? Siguiendo a Plutarco, Rohde la interpreta de la siguiente manera: "a través de la maldad, el ser divino único se convierte en múltiple mediante la forma del mundo. Nace una vez más como una unidad en el Dionisio que brota nuevamente desde Zeus".[38] Aunque Plutarco presenta esta interpretación en vestidura platonizante, en lo esencial está lejos de estar condicionado por la filosofía platónica, cuya idea básica encontramos ya en Anaximandro. La Unidad divina no es concebida aquí, sin embargo, en términos del principio de materia, como era el caso entre los milesios, sino más bien de acuerdo con el principio formal del luminoso. No obstante, el mismo Dionisio Zagreo ha ingresado en el ciclo del mal compuesto por nacimiento, muerte y resurrección. Esto mantiene su conexión con el culto extático a Dionisio (que los órficos despreciaban) como una religión de vida. La saga prosigue diciendo que los Titanes, que devoraron los miembros del dios, fueron fulminados por Zeus. A partir de estos surgió la raza humana, y, de acuerdo con esta visión, el bien que proviene de Dionisio Zagreo está mezclado con el mal elemento titánico. El elemento bueno se esfuerza por reunirse con la forma luminosa de su origen divino.

La religión uránica primitiva de la naturaleza se enriquece aquí con el motivo forma de la religión olímpica de la cultura; pero ella misma no se transforma por ello en una religión de cultura. La forma suprasensible e inmortal no encierra a un dios olímpico en sentido real; más bien, la celestial *physis* divina como sustancia luminosa está rodeada en su totalidad por la forma inmortal, la bóveda celestial redonda. Y puesto que el alma se origina en los cielos, participa de esta forma luminosa divina. De esta manera, *athanasia*, la forma suprasensible de la vida y la inmortalidad en la religión olímpica, recibe una interpretación naturalística uránica. El motivo formal de la religión cultural se vuelve *uránico* y con ello *naturalizado*.

Según el testimonio de Aristóteles, Jenófanes (nacido hacia el 580 a. C., en Colofón, Asia Menor), el agudo oponente satírico del politeísmo mitológico de la religión olímpica, ya había declarado que hay *un* dios que "mira sobre todo el cielo estrellado".[39] Ya sea que una influencia persa (zoroástrica) esté presente en esta oposición entre la luz y la oscuridad y en la identificación de esta dualidad con el bien y el mal no puede saberse con certeza; pero sí es claro, en todo caso, que el motivo de luz y oscuridad fue incorporado en el motivo básico griego.

c. El rechazo de la concepción órficodionisíaca del principio materia

En la segunda parte de su poema didáctico, Parménides mismo remite enfáticamente nuevamente a esta concepción órfica de la *physis* y al mismo tiempo deja claro en qué punto se aparta de ella. Cuando la diosa *dikē* comienza a exponer al pensador de Elea la segunda vía de investigación, que no es el camino de la verdad sino más bien el de la opinión engañosa, la *doxa*, comienza diciendo que se han dado dos formas (μορφάς) en el ámbito de la creencia humana, y que la única forma (δέμας) de la divina *physis* ha sido injustificadamente separada en dos formas opuestas con características que las distinguen entre sí: por un lado, la luz etérea, que es "en todas partes igual a sí misma";[40] y, por otro lado, como su opuesto diametral, la noche sin luz, "una forma densa y pesada de cuerpo". La segunda forma, se declara expresamente, no debe ser aceptada, porque "hasta este punto la opinión humana ha caído en el error".

Como opuesto a la forma luminosa del ser, la oscuridad de la tierra tenebrosa es naturalmente una no-entidad, y una no-entidad, al no poder ser aprehendida teóricamente, no tiene subsistencia *válida*. La doctrina del ciclo de renacimientos en un cuerpo terrenal, que forma el trasfondo dionisíaco de la concepción órfica, y la inmortalidad individual del alma como sustancia luminosa de forma también, se consignan aquí al ámbito de la *doxa*;[41] porque la una *physis* divina, que llena la esfera celeste no sensible con un ser inmortal, no permite multiplicidad alguna de sustancias formales. Al mismo tiempo, la rígida inmovilidad que había sido ajena a la concepción órfica del principio de forma entra en la

forma divina del ser como una consecuencia directa de la
exclusión del principio de materia.

d. Las ideas de Dios en Jenófanes y Parménides

Si comparamos la concepción del Uno divino en Parménides
con la de su predecesor Jenófanes en este punto, debemos
admitir que existe cierta semejanza entre ambos, aunque
la ontología metafísica de Parménides no tiene nada que
ver con las ideas de este último. Jenófanes testifica que dejó
su ciudad natal de Colofón, en Asia Menor, a la edad de
veinticinco años para comenzar sus andanzas por la Hélade,
donde se ganaba la vida recitando públicamente sus poemas.
Ya en edad avanzada se estableció en Elea (Velia), colonia
fundada en el sur de Italia por los foceos en el 540 a. C.,
donde Parménides fundó su escuela.

Jenófanes se opuso a la concepción antropomórfica de
los dioses presente en la religión cultural olímpica, tal como
fue representada por Homero y Hesíodo, y enseñó la unidad
omnicomprensiva de Dios en la forma de la bóveda celeste.
Ya había negado el movimiento de la deidad[42] y enseñó la
inmutabilidad e invisibilidad del ser divino.[43] Según él, la
deidad es "toda mente, todo ojo, todo oído".[44] Diels cree que
estas declaraciones formaban parte de un poema sobre la
physis. Según otros, aparecieron en una colección de poemas
satíricos (σῖλλοι)

Aristóteles —aunque incorrectamente— llamó a Parménides discípulo de Jenófanes, pero matizó su afirmación añadiendo que este último no había expresado claramente su
posición sobre la naturaleza del Uno divino. En efecto, en
Jenófanes no se halla evidencia de la dialéctica polar que
se manifiesta tan claramente en el poema de Parménides y

que conduce a una antítesis absoluta entre el principio de la forma uránico y el principio de materia dionisíaco. Él sostiene que "de la tierra (y el agua)" provienen todas las cosas que están sujetas al principio del movimiento eterno vital, incluido el género humano.[45] La deidad, por el contrario, "controla todo por la fuerza intelectual de su mente". Una verdadera *theōría* metafísica, sin embargo, que inquiere con rigor la relación entre los principios de forma y materia y se presenta a sí misma como "el camino de la verdad", no se encuentra en Jenófanes. Como un Uno inmutable que nunca ha llegado a ser, su dios es, en efecto, trascendente respecto a la naturaleza tal como ésta se manifiesta en el proceso del devenir; pero no hay indicio de que niegue que la naturaleza, en contraste con el Uno divino, tenga una realidad verdadera.[46] Más bien, da expresión a cierto escepticismo respecto a todo conocimiento humano: la apariencia parece adherirse a todas las cosas, e incluso nuestro conocimiento de la deidad no es más que *doxa*.[47]

Esto no altera el hecho de que en la idea de dios de Jenófanes, al menos, el motivo de la forma se haya disociado del principio de la materia. En este respecto es sin duda el precursor de Parménides, aunque preparó el camino aún más para la doctrina del *nous* de Anaxágoras.

El principio de la forma en Parménides permaneció, pues, naturalista en concepción, y una concepción naturalista del principio griego de la forma estuvo continuamente amenazada de ser nuevamente combinada con el principio de la materia. Esto sucedió de hecho cuando su discípulo Meliso de Samos una vez más atribuyó el carácter de *ápeiron* al ser inmutable de Parménides. No obstante, la noción de Parménides de la *physis* divina como una forma única de ser,

había llegado en oposición consciente al principio materia
de la religión de la naturaleza. Parménides *des-divinizó* este
último, precisamente como principio de movimiento vital y
lo depreció como un *daimon* de la *doxa*.[48]

e. La metamorfosis teórica de *Anagkē*: *Anagkē* como protectora de la forma divina del ser y como necesidad lógica y metafísica

Anagkē, la impredecible sirvienta del principio de la materia,
es transformada por medio de la *theōría* en la protectora de
la forma divina del ser, la cual retiene firme "en los lazos
de lo delimitado".[49] Se vuelve idéntica a *dikē* y *moira*.[50] Pero,
incluso aquí, esta última ha perdido su carácter de un destino
ciego e irracional, que en la religión olímpica de la cultura
había sido solo parcialmente racionalizado mediante la concepción de una división territorial divina entre cielo, mar e
inframundo. *dikē* y *moira* ahora excluyen que la forma divina del ser pueda disolverse en el ilimitado y fluido "no-ser"
del principio material, pues para la *theōría* se ha declarado
que este principio no tiene validez. De este modo, *Anagkē*
adquiere el nuevo significado teórico de necesidad lógica y,
simultáneamente, de necesidad física y metafísica.[51]

La forma eterna y suprasensible del ser no puede tener
su origen en el principio de la materia, pues esta última
es un no-ser, y dado que todo lo que constituye objeto del
pensamiento y del lenguaje es algo que es, un no-ser es lógicamente impensable.[52] Sólo son las apariencias engañosas
de los sentidos las que conducen a la opinión (*doxa*) de que
existe una multiplicidad de cosas que llegan a ser y perecen;
porque lo que llega a ser aún no es, lo que pasa ya no es, y
todo devenir fluye a través de formas sensibles mutuamente

opuestas, las cuales se contradicen lógicamente entre sí. El ser no admite mezcla con el no-ser.

f. El principio materia como origen del principio forma en Heráclito y los milesios

La posición de Heráclito es en principio directamente opuesta a este punto de vista eleático. Como hemos visto, el pensador de Éfeso negó la existencia de una forma eterna del ser y divinizó el principio del eterno fluir (*rheuston*) en el símbolo religioso del fuego siempre en movimiento, que en la forma dialéctica llega a una expresión equitativa en todas las tensiones contrarias.[53]

Heráclito dirigió su crítica tenazmente contra la religión de la cultura, contra Homero y Hesíodo, así como contra los ritos inmorales en el culto a Dionisio y en las religiones mistéricas.[54] No obstante, en su concepción, el *logos* o razón del mundo, que es inequívocamente el principio formal de medida, proporción y armonía surge dialécticamente del principio material mismo. Según el Fragmento B 64, Heráclito enseñó que "el fuego, dotado de razón, es la causa del orden total del mundo".[55] "La lucha (de los opuestos)", dijo, "es el padre de todas las cosas", pues el movimiento vital eterno de la *physis* divina solo se manifiesta a través de su paso por formas opuestas. La vida individual del uno significa la muerte del otro. La filosofía natural milesia también enseñó que la forma procede del flujo de la materia. La imposibilidad de esto, sin embargo, fue precisamente lo que Parménides demostró.

A partir de este punto, la filosofía presocrática fue impulsada cada vez más hacia un *dualismo manifiesto en su idea de origen*. En general, ya no hubo ningún intento de derivar el principio formal a partir del principio material, ni el principio material a partir del principio formal. En cambio, ambos fueron considerados principios de origen (*archai*) igualmente necesarios para el cosmos. El intento simplemente se realizó, aunque siempre de manera tentativa, de efectuar algún tipo de síntesis entre ambos.

§3 La formalización del principio materia en la escuela pitagórica antigua

a. Los tres estratos en la concepción religiosa original de la comunidad pitagórica

Antes de examinar estos desarrollos posteriores, sin embargo, es importante que tomemos conciencia del esfuerzo notable de la escuela pitagórica por *formalizar* el principio de la materia incorporándolo al principio de la forma mismo. Nuestra exposición de este intento nos lleva de regreso a una etapa del pensamiento que antecede a Parménides y que ejerció una influencia demostrable sobre él.

El pensamiento de Pitágoras, quien vivió durante el siglo VI a. C., y que estuvo en el apogeo de su carrera hacia el 531–532, forma parte del movimiento de reforma religiosa que discutimos anteriormente. Este movimiento, como es generalmente reconocido, tuvo como trasfondo al orfismo. A pesar de todas las reservas que debí hacer respecto del método de investigación sociológica, debe reconocerse que Cornford ha aportado luces importantes sobre la relación entre el orfismo y el pitagorismo, y que su análisis se cuenta sin duda entre los mejores y más interesantes materiales de su obra.

Como es sabido, Pitágoras, originario de la isla de Samos, fundó una comunidad religioso-ética (la orden pitagórica) en

Crotona, una colonia griega en el suroeste de Italia. En esta comunidad, que pronto adquirió gran influencia política, la *theōría* griega adquirió su significado característico original, a saber, "el camino hacia el verdadero conocimiento de Dios", un significado que ya hemos encontrado en Parménides.

Para comprender esto correctamente, es necesario seguir a Cornford y distinguir tres estratos en la concepción religiosa de Pitágoras: el *dionisíaco*, el *órfico* y el *pitagórico* propiamente dicho, donde la *theōría* es introducida. El sustrato dionisíaco proporciona la concepción de la unidad de la corriente divina de la vida y del parentesco de todos los seres vivos en el ciclo de nacimiento, muerte y renacimiento. Está gobernado por el principio griego de la materia, como ya lo encontramos expresado en la filosofía de Heráclito sobre la vida.[56] Del orfismo proviene la orientación terrenal de la vida, en su sujeción al principio de materia depreciado frente a la forma eterna del mundo luminoso, de donde se considera que el alma se ha originado. Tras un ciclo de transmigraciones en cuerpos oscuros y terrenales, el alma puede abandonar su "prisión" tras la conclusión del "gran año" (diez mil años solares), y retornar una vez más en estado purificado a la esfera celeste de la luz.[57] El orfismo, sin embargo, sigue ligado a un ritual mitológico: el espectáculo del Dionisio sufriente, que apela intensamente a la emoción sensible. En el rito mistérico, Dionisio —en forma simbólica de un animal— es despedazado por los salvajes Titanes antes de poder renacer como Dionisio Zagreus. En el pitagorismo, esta contemplación (*theōría*), que está ligada al sentimiento sensorial se reemplaza por la *theōría filosófica*, que rechaza el ritual orgiástico del culto órfico de Dionisio y considera la contemplación filosófica desapasionada de la armonía y la medida de los cielos luminosos como el único camino verdadero hacia la unión del alma con la divinidad.

En el pitagorismo, Dionisio es reemplazado por Apolo, el luminoso dios olímpico de la ciencia y la música; pero el principio formal, que aquí asume la primacía religiosa, no es simplemente el de la religión de la cultura como en el caso órfico. Es, por el contrario, una "teoretización" del principio órfico. La verdadera deidad no es un dios olímpico; es la sustancia psíquica luminosa inmortal, encerrada por la forma suprasensible e imperecedera de la bóveda celeste. Es en esto que el alma tiene su origen.[58] En otras palabras, el principio formal es aquí un principio teoretizado de origen, que ha naturalizado el motivo formal de la religión de la cultura y que continúa manifestándose sobre una base dionisíaca.

Es en este sentido que la filosofía pitagórica difiere fundamentalmente del punto de vista eleático de Parménides. Al menos en su origen, el principio formal del pitagorismo no es estático ni fijo; conserva un carácter dinámico por virtud de estar arraigado en la concepción dionisíaca del principio material. Tal como los pitagóricos lo comprendían, una multiplicidad de formas puede surgir por medio del movimiento desde la unidad (celeste) divina de la naturaleza. Esta posibilidad fue más tarde eliminada por Parménides. Además, para Pitágoras, este dinamismo ya no se expresa, como sucedía en los milesios y en Heráclito, mediante el símbolo del "elemento móvil" (agua, fuego o aire). Más bien, se expresa en un proceso aritmético, el ascenso de la serie numérica a partir de la unidad como origen; pues el número contiene la medida y la armonía de los cielos luminosos. Los pitagóricos reemplazan el rígido principio geométrico del ser de Parménides —que excluye el principio genético de la materia— por el número como forma de los cielos luminosos. Este principio del número sirve, al mismo tiempo, como *archē* de toda génesis, aunque permanece sujeto al principio material.

En este sentido, lo que Aristóteles nos dice en la quinta sección del primer libro de su *Metafísica* es de la mayor importancia:

> Los pitagóricos fueron los primeros en desarrollar las matemáticas más profundamente y, como se sumergieron completamente en ellas, pensaron que sus principios eran los principios de todo lo que existe. Como en matemáticas los números son por naturaleza lo primero, creyeron que podían encontrar en los números muchas analogías de lo que es y de lo que llega a ser, mucho más que en el fuego, el aire o el agua: una forma en la que el número se manifiesta sería supuestamente la justicia, otra el alma y el pensamiento, y aún otras serían el tiempo, la oportunidad y, por así decirlo, todo lo que existe —y al observar que podían hallarse también en los números las propiedades y relaciones determinativas de las armonías musicales—, ya que de hecho casi todo lo demás parecía estar conformado en su totalidad según el modelo de los números, y que los números ocupaban el primer lugar en toda la naturaleza, sostuvieron que los elementos de los números eran los elementos de todo lo que existe, y que el cielo entero (*ouranos*) es armonía y número.[59]

Aristóteles añade a esto la siguiente observación importante:

> Evidentemente, también pensaban que el número es *archē*, tanto en cuanto materia (*hylē*) como en cuanto forma y hábito del ser, y que los elementos del número son lo par y lo impar. De estos, el uno fue identificado como lo par y lo impar a la vez; la unidad (*monás*), sin embargo, consiste en ambos, pues es a la vez par e impar; pero el número consiste en unidades, y, como ya se ha dicho, los números constituyen los cielos.[60]

Aristóteles también señala que "la década [el número diez] fue considerada *perfecta*" y que "abarcaba toda la naturaleza de los números".[61]

¿Qué conclusiones podemos extraer de esta información en relación con lo que ya se sabe por otras fuentes sobre el papel que los pitagóricos y sus primeros discípulos otorgaban al principio del número?

b. El significado de la *tétraktys* pitagórica

En su biografía de Pitágoras, Porfirio, el neoplatónico, relata que los discípulos de Pitágoras le juraban por él como por un dios que les había dado un símbolo que podía utilizarse para resolver muchos problemas. Este símbolo es la llamada *tétraktys*.[62]

La *tétraktys* original parece haber sido la *tétraktys* de la década, que se obtiene mediante la suma $1 + 2 + 3 + 4 = 10$. En ausencia de símbolos numéricos, esto se representaba mediante una figura espacial compuesta por diez puntos:

Según Teón de Esmirna, un pensador de la llamada escuela media platónica, que vivió durante la época del emperador Adriano y que fue fuertemente influenciado por el pitagorismo, esta *tétraktys* "tiene gran importancia en la música... Pero no es sólo por esto que ha sido considerada con el más alto honor por todos los pitagóricos, sino también porque se cree que contiene la naturaleza del universo. Por ello era objeto de un juramento, en el que decían:

Por aquel que dio a nuestra alma la *tétraktys*, que contiene la fuente y raíz de la naturaleza siempre fluyente (*physis*).[63]

Teón luego procede a enumerar otras formas de la *tétraktys*. La segunda es la que Platón utiliza en su diálogo *Timeo*, para simbolizar la constitución armónica del "alma del mundo":

$$
\begin{array}{ccccc}
 & & 1 & & \\
 & 2 & & 3 & \\
 & 4 & & 9 & \\
8 & & & & 27
\end{array}
$$

Según Teón, estas dos formas de la *tétraktys* comprenden las relaciones musicales, geométricas y aritméticas a partir de las cuales se compone la armonía de todo el cosmos. Los pitagóricos posteriores se deleitaban en usar este símbolo como la clave maestra para explicar el cosmos. La tercera *tétraktys* es: punto, línea, plano, sólido; la cuarta es: fuego, aire, agua, tierra; la quinta es: pirámide, octaedro, icosaedro, cubo; la sexta es la de las cosas que crecen (τῶν φυομένων): semilla, y crecimiento en longitud, anchura y altura (la concepción primitiva de las tres dimensiones espaciales); la séptima es la de las formas sociales: el individuo, la casa, la comunidad del pueblo y el Estado; la octava es la de los cuatro niveles del conocimiento: nous, conocimiento, opinión, percepción sensorial; la novena es la de las tres partes del alma (en la concepción platónica) y el cuerpo material; la décima es la de las cuatro estaciones, mediante las cuales todas las cosas llegan a ser; y la undécima es la de las cuatro etapas del desarrollo humano: infancia, juventud, madurez y vejez. Estas interpretaciones posteriores de la *tétraktys* se expresan en cierta medida en términos platónicos; pero, como Cornford ha señalado acertadamente, están en línea con las tradiciones pitagóricas más tempranas y son típicas de toda la tendencia original de esta escuela.

La *tétraktys* no es meramente un símbolo de relaciones estáticas y formales en el cosmos; contiene en sí misma, al igual que el principio de la materia, el movimiento genético de la vida, que procede bajo el principio material desde una unidad originaria (*monás*) para desarrollar la estructura armónica del cosmos. Como declara Teón en el texto que se nos ha transmitido, este símbolo es "la fuente de la *physis* que fluye eternamente".[64]

Al mismo tiempo, es el camino hacia el verdadero conocimiento de la divinidad, ya que, conforme a la afirmación del pitagórico Filolao, el número "por su misma naturaleza no participa del error".[65]

A diferencia de las matemáticas pitagóricas posteriores, que eran estáticas, la concepción original de esta escuela no concebía el desarrollo de la serie numérica desde la unidad como una simple adición de unidades matemáticas abstractas; en cambio, se concebía como un proceso dinámico, que contenía dentro de sí mismo la génesis del cosmos entero como un continuo fluido, limitado por el principio del número y llevado dentro de los límites de la medida y la armonía. En este proceso, el número da *forma corpórea* a las cosas cuando llegan a ser, y también hace surgir en el alma la correspondencia de estas cosas con la percepción sensorial, haciéndolas así cognoscibles.[66]

En esta concepción órfica, este proceso se representa como el surgimiento progresivo desde la corriente informe e ilimitada de oscuridad (χώρα) (el aire oscuro y frío) por una unidad nuclear central que irradia luz y calor (el fuego central o *hestía*).[67] Esta concepción a priori, completamente determinada por la influencia del motivo religioso básico, condujo a los pitagóricos a dar el audaz paso astronómico de remover la tierra de su posición central dentro de la esfera celeste —posición que había ocupado desde la época de Anaximandro— para dar lugar al "fuego central".[68]

La luz se convierte así en el *péras*, el principio que introduce la forma y la limitación. La oscuridad fluida, en cambio, es el *ápeiron*, la encarnación del principio material. El principio del número, cuya naturaleza está encapsulada en la *tétraktys*, está obligado a unir en sí mismo ambos principios; si ha de ser realmente la fuente de la vida que fluye eternamente y, simultáneamente, el símbolo de la forma eterna de los cielos luminosos.

c. El intento pitagórico de síntesis

En este punto, el intento de efectuar una síntesis religiosa entre los motivos antagónicos de forma y materia comienza a hacerse sentir en las matemáticas pitagóricas. En la serie numérica, el *péras* es concebido como lo impar y el *ápeiron* como lo par,[69] pues el número impar impone un límite a la división por 2. Pero el origen unitario (la *monás*, que debe distinguirse del fuego central como τὸ ἕν), del que surge la *tétraktys* de la década y, con ella, todo el proceso cosmogónico, es al mismo tiempo tanto impar como par, *péras* y *ápeiron*, forma y materia, pues es una mezcla de ambos.[70]

Entonces, además, cuando dentro de la escuela pitagórica se hizo el descubrimiento del teorema de Pitágoras, que lleva su nombre, según el cual el cuadrado de la hipotenusa de un triángulo rectángulo es igual a la suma de los cuadrados de los catetos, esto también desempeñó un papel aquí. La tradición cuenta que, cuando se hizo evidente que no siempre podía hallarse una razón numérica racional entre la hipotenusa y los lados, esto fue considerado tan vergonzoso para la escuela que se ofreció un hecatombe como expiación de su culpa. Lo que los pitagóricos enfrentaron aquí fueron los números irracionales ($\sqrt{2}$, $\sqrt{5}$, etcétera), que, al calcularse en términos del valor numérico racional de la *tétraktys*, producían una serie infinita, ilimitada. Así, un *ápeiron*, que evidentemente no estaba limitado por un *péras* (número impar), se abría como un abismo dentro del mismo principio del número.

Esto, entonces, explica la afirmación ya mencionada de Aristóteles, según la cual para los pitagóricos el número es el origen o *archē*, tanto como (a modo de) materia (*hylē*) como también como (a modo de) forma del ser. El principio del número, como principio formal de todo el cielo luminoso, ha asimilado al principio material. El principio material ha sido incorporado dentro del principio formal (el principio del número) mismo, y con ello ha sido llevado a estar dentro de los límites. De hecho, en la *monás*, el origen unitario de la *physis* divina, sigue operando como la raíz verdadera del principio formal. Pues, como hemos visto, es la unidad de la *physis* divina, eternamente fluyente —es decir, la unidad de esta *physis* divina— la que constituye el sustrato dionisíaco de la concepción religiosa de Pitágoras.

d. El diez como número perfecto

En esta unidad como *monás*, sin embargo, el principio material dionisíaco ha sido formalizado. Esto es así porque esta unidad es concebida como el origen de la serie numérica. Como resultado, como ha demostrado Cornford de manera admirable, el motivo órfico de la caída desde el reino de la luz hacia la oscuridad pudo encontrar expresión en la *tétraktys*.

Según Aristóteles, la *tétraktys* de la década es una serie de números cuya suma, diez, es el número perfecto, que se pensaba que abarcaba toda la naturaleza de los números. En una declaración de Aecio (ca. 100 d. C.), que según el profesor Burnet[71] probablemente se remonta a Pitágoras mismo, se afirma que Pitágoras consideraba el diez como la "naturaleza" de los números, porque todos los seres humanos, griegos y bárbaros por igual, cuentan hasta diez y, cuando alcanzan este número, vuelven a la unidad nuevamente.[72] La palabra utilizada aquí, "retornar" (ἀναποδώσω), remite a un fragmento del pitagórico Hipodamo, en el que se dice que este retorno debe concebirse como la revolución de la "rueda de nacimientos":

> Todos los seres mortales giran en torno a la *Anagkē* de la *physis* en una rueda de transformaciones... Cuando nacen, crecen, y cuando crecen alcanzan su plenitud, y luego envejecen y eventualmente mueren. En el momento señalado, la naturaleza los obliga a alcanzar su fin en su esfera de oscuridad. Luego regresan nuevamente a la vida mortal desde la oscuridad, por medio del renacimiento y la expiación en el ámbito de la muerte, en el ciclo en que la *physis* vuelve sobre sí misma.[73]

El motivo dionisíaco del ciclo de la corriente de vida eternamente fluyente recibe aquí una expresión plena en el símbolo de la *tétraktys*.

El motivo órfico de la caída de la sustancia luminosa del alma desde la forma eterna de los cielos estrellados hacia la oscuridad de la tierra —de donde puede volver a su origen en el reino de la luz— es percibido por Cornford en la concepción típicamente pitagórica de la *harmonia*. Con la ayuda de esta noción, el desarrollo de la serie numérica desde la unidad fue concebido como un movimiento proce-sional (προποδοισμός) desde lo uno hacia lo múltiple, de la luz hacia la oscuridad.[74] Según los pitagóricos, la armonía es un lazo continuo entre relaciones numéricas determinadas que se produce a través de un principio de unidad que las recorre, es decir, el *logos* o *proporción* (1/2 o 1/3), que une cada término con el precedente mediante la misma relación. Un buen ejemplo de tal armonía es la *tétraktys* del *Timeo* de Platón, ya citada, donde las series $1:2:4:8$ y $1:3:9:27$ se utilizan para representar la constitución armónica del alma del mundo. Ambas series surgen de la unidad, y los números contenidos en ellas están unidos por una armonía dada por las razones $1:2$ y $1:3$, respectivamente.

La unidad se despliega en una multiplicidad, sin perder nunca totalmente su unicidad (pues cada número nuevo es al mismo tiempo una unidad dentro de la multiplicidad), y un retorno desde la multiplicidad a la unidad es asegurado por la *harmonia*, que recorre hacia adelante y hacia atrás toda la serie. De este modo se comprende cómo Pitágoras pudo considerar "los cielos enteros" como "armonía y número". El movimiento procesional de la divina *physis* una a través de los números es aquí concebido como el modelo del alma, que desde su estado original de unión con lo divino luminoso cae en el reino de la oscuridad, pero sin embargo preserva su conexión con la divinidad a través de los misteriosos lazos de la armonía. Puede retornar de nuevo a lo Uno, cuando una vida de disciplina ascética ha preparado ese camino por medio de la *theōría* pitagórica y del poder purificador de la música.

e. La teoría astronómica de Filolao a la luz del motivo religioso básico

La teoría astronómica atribuida a Filolao[75] es otra cuestión que solo se vuelve clara en términos de este doble papel de la *tétraktys*. Según él, el universo está compuesto por las siguientes partes: la posición central está ocupada por el fuego, que se denomina *hestía* y puede referirse también con otros nombres mitológicos, como Διὸς οἶκος (morada de Zeus) o μήτηρ θεῶν (madre de los dioses). Luego viene la llamada contra-tierra (ἀντιχθών), que, según Aristóteles, se añadió para que el número de los cuerpos celestes (de los cuales solo se conocían nueve) correspondiera al número sagrado diez. Después viene la tierra habitada, que al girar alrededor del fuego central siempre permanece opuesta a la contra-tierra, ocultando así esta última de la vista humana. Más allá están la luna, el sol, los cinco planetas, y finalmente la esfera estelar fija. Característicamente, a esta última se le da el nombre de *Olympós*, lo que delata el hecho de que Filolao intenta transformar el motivo formal de la religión de la cultura en la dirección del motivo uránico del orfismo. La esfera de los planetas, el sol y la luna se designa *kosmos*. La región sublunar, a su vez, se llama *ouranos*. El fuego central es el hogar y sustentador de todo el universo; pero la región sublunar está sujeta a corrupción por dos fuentes diferentes: el flujo ígneo descendente desde el cielo y el flujo ascendente del vapor terrestre.[76] El fuego, que nutre toda la vida, puede así consumir nuevamente lo que ya ha llegado a ser sobre la tierra (es decir, la región sublunar); pero la forma luminosa del cielo, que es el hogar del alma racional, es imperecedera y eterna.[77] Aquí radica la diferencia fundamental entre la concepción de Filolao y la de Heráclito, pues esta última no contiene ni una conflagración del mundo (ἐκπύρωσις)[78] ni como una forma imperecedera para los cielos luminosos.

f. La antinomia en la concepción del principio forma en Pitágoras y el intento de síntesis de Filolao

Si la interpretación de Cornford sobre la *tétraktys* es correcta —y creo que encuentra sólido apoyo en las fuentes—, un examen de ella a la luz del motivo dialéctico básico de la religión griega revela claramente que el dualismo primordial de dicho motivo ha sido transferido aquí al número mismo como principio de forma. Bajo estos términos también se vuelve comprensible por qué Platón y Aristóteles no podían aceptar el número en esta concepción pitagórica original como un principio formal puro, ya que todavía estaba cargado de materia. Si la *monás* debe cumplir simultáneamente las funciones de *ápeiron* y *péras*, de principio material y de principio formal, entonces ha sido despojada de la unidad que le corresponde como *Origen*.

Filolao de Crotona, en el sur de Italia, el pitagórico con quien Diógenes Laercio (III, 6) dice que el propio Platón tuvo contacto, aparentemente reconoció esto cuando intentó descubrir en la armonía un tercer principio que pudiera efectuar una síntesis entre el *péras* y el *ápeiron*.[79] Pero este intento fracasó porque, en último término, este principio de armonía mismo tuvo que ser buscado en proporciones numéricas. Solo podía significar una mera relación, por tanto, no una unidad original más profunda.

g. La petrificación del motivo pitagórico de la forma bajo la influencia de la crítica eleática

Más tarde, cuando la crítica de Parménides —que había demostrado irrefutablemente la imposibilidad de que el flujo eterno de la vida pudiera originarse en el principio de la forma luminosa del ser— comenzó a hacerse sentir dentro de la escuela pitagórica, el principio numérico como principio de forma, medida y armonía comenzó a desligarse cada vez más del motivo dionisíaco de la materia. En consecuencia, la teoría pitagórica de los números se volvió estática y abstracta. Entonces, bajo la influencia platónica, los números llegaron a considerarse como modelos formales eternos o arquetipos, de los cuales las cosas temporales que tienen forma —pero que están sujetas al principio material— son meras copias. A pesar de la opinión de Burnet, sin embargo, nada de esto es original del pitagorismo.

h. Los efectos del motivo dualista religioso en la concepción antropológica: el dualismo del cuerpo material y el alma pensante, en contraste con la concepción hylozoísta

Debido a la influencia del orfismo, el dualismo del motivo religioso básico comenzó también a hacerse sentir dentro de la escuela pitagórica en sus concepciones antropológicas. El cuerpo material, que permanece ligado a la tierra en el ciclo del fluir de la vida, es concebido como una "prisión" o "tumba" (σῆμα) del alma, una noción órfica de origen. En contraste, el alma, en su función teórica de pensamiento, que ha asumido la investigación del principio formal matemático de la sustancia luminosa divina,[80] es inmortal y eterna.

Alcméon de Crotona, el médico que según Aristóteles fue contemporáneo más joven de Pitágoras y cuyas ideas se parecían fuertemente a las de los pitagóricos (Diógenes Laercio en VIII, 83 lo llama discípulo de Pitágoras), enseñaba que el alma, como las estrellas, es inmortal porque, al igual que el sol, la luna, las estrellas y el cielo, está en movimiento circular perpetuo.[81] Relacionado con esto está el enunciado de Alcmeón, que nos ha llegado a través de Aristóteles,[82] que "los seres humanos mueren porque no son capaces de unir el principio con el fin". Obviamente, el significado de esta afirmación es que los seres humanos, en su existencia corporal, son incapaces de aferrarse al movimiento circular de los cielos estrellados. En otras palabras, no pueden reunir el principio y el fin de este movimiento.

Tal movimiento sólo puede atribuirse al alma pensante, y en ello radica el fundamento de su inmortalidad. Según el orfismo, el alma no tiene ninguna conexión esencial con el cuerpo material. Mientras permanezca encadenada a la "rueda de nacimientos", en su esclavitud a la tierra tenebrosa, retorna continuamente en distintos cuerpos. Sin embargo, el alma pensante —que es el vehículo de la *theōría*— tiene su punto de origen en los cielos luminosos. Al completarse el "gran año astral", es liberada del ciclo de la corriente de vida, que constantemente la somete a nuevas encarnaciones, y retorna de nuevo al lugar de su origen.

La creencia en la inmortalidad individual del alma, basada teóricamente en la unidad-en-la-multiplicidad del principio del número, no encuentra apoyo en el motivo material dionisíaco. En este último, la rueda de los nacimientos jamás se detiene. No puede detectarse dualismo alguno en las concepciones antropológicas de Anaximandro y Heráclito.[83] En estos pensadores no hay dualidad entre el alma pensante (como forma) y el cuerpo material. La concepción fundamental del hilozoísmo, donde el alma misma se considera una forma del cuerpo material, no permite la idea de un alma separada. Sólo el origen divino eternamente fluyente, la única *physis* divina en la que todo lo que tiene forma debe retornar en un ciclo eterno, es inmortal. El cuerpo, en cambio, no es más que una fase transitoria de la corriente de vida.

La *physis* divina, tal como la concebían los milesios y Heráclito, no es otra cosa que un alma amorfa y fluyente. Pues, según la filosofía temprana que mantenía la primacía del principio griego de la materia, el alma es el principio del movimiento espontáneo, no causado por ningún agente externo. Cabe añadir aquí que este movimiento no se concibe en su sentido modal original, sino en el sentido analógico del movimiento vital. El cuerpo, en cambio, no es más que una forma individual y transitoria del "alma material", mientras que esta última es en esencia impersonal y sólo entra temporalmente en la forma individual de un cuerpo.

Claramente, la crítica de Aristóteles a los milesios por no reconocer un principio de movimiento carece por completo de fundamento.[84] En la concepción milesia, el alma no es *forma* sino *materia*, en el sentido típicamente griego del término, y el cuerpo es su forma individual transitoria.

En contraste con esto, la religión olímpica de la cultura, con su deificación del principio de la forma, atribuía una inmortalidad personal (ἀθανασία) a los dioses de la forma, que han sido separados de la *physis* y ya no pertenecen al dominio del principio material. Precisamente por su separación de la *physis*, sin embargo, los dioses de la cultura no poseen vida humana, aunque han sido "creados a imagen del ser humano". En la expresión incisiva de Cornford, cada uno de ellos no es en última instancia más que una *eidōs*, una forma suprasensible que carece de cualquier materia genuina.[85] O, dicho de otro modo, son imágenes suprasensibles, deificadas, o *eidōla*, del ser humano viviente, en tanto que ser que posee cultura.

i. La concepción triple homérica del alma: alma de sangre, *thumós*, y *eidōlon*

Es de gran interés observar cómo el encuentro entre los motivos básicos de las religiones de la naturaleza y de la cultura en Homero desemboca en una concepción triple del alma humana. El alma de sangre es donde reside la verdadera fuerza vital. Su vehículo es la sangre, que forma parte de la corriente eterna de vida. En su forma corporal individual, esta alma vital es perecedera. Aunque la opinión predominante sigue a W. F. Otto,[86] al identificar esta alma vital con el *thumós* (θυμός), R. B. Onians,[87] el profesor de Cambridge, ha demostrado lo contrario: Homero concebía a ésta como un alma de aliento, dotada de sentimiento e inteligencia, y que tiene su asiento en los pulmones (φρένες) o en el pecho (στῆθος), y que, como la vida misma, cesa de existir después de la muerte. Sin embargo, según Homero, los seres humanos poseen aún otra alma, la *psychē* como *eidōla*. Ésta es la forma humana individual reconocible, que es impalpable y está más allá del ámbito de lo físico. Esta alma escapa por la boca de las personas en el momento de la muerte, y por un período de tiempo puede aparecer en sueños a los familiares que le sobreviven.[88] Como los dioses-forma olímpicos, esta *psychē* es una imagen formal supranatural o *eidōlon*, pero al mismo tiempo es solo una mera "sombra", que en el Hades lleva a una existencia irreal y desconsolada, en realidad exactamente opuesta al estado de dicha de los dioses. Solo bebiendo sangre puede el *eidōlon* recuperar la conciencia y la memoria. La "*eidōlon*-alma" como *psychē* es así la forma individual, suprasensible del ser humano, y en el *Fedón*, un diálogo de Platón que delata influencia órfica, se identifica con el sujeto pensante del conocimiento. El alma de sangre, en cambio, que pertenece al reino de la *physis*, es la misma en todos los seres humanos y, por tanto, carece de verdadera individualidad.

j. La antinomia teórica en la concepción pitagórica del alma: el alma pensante como armonía

El orfismo pudo entonces atribuir nuevamente vida a este *eidōlon*, únicamente porque, en consonancia con la pseudotipificación religiosa, consideraba el origen del alma —la forma inmortal de los cielos luminosos, como enraizada en la corriente eternamente fluyente de vida, el principio dionisíaco de la *physis*. La *theōría* pitagórica dio un paso más allá al absorber el principio material dionisíaco en el principio formal de los cielos luminosos. Esto significó formalizarlo, en el modo ya descrito anteriormente, mediante la *theōría*. Justamente por esta razón, sin embargo, este principio del pensamiento fue incapaz de expresar filosóficamente de manera adecuada el dualismo entre el cuerpo material y el alma racional divina. Solo podía concebir a la *psychē* pensante como *eidōs* o *eidōlon* en una forma teórica como *harmonia*, en el sentido previamente discutido. Recordemos aquí que Filolao concebía expresamente esta armonía como un tercer principio, el cual debía unir a los dos principios antitéticos, el *archē*, el *péras* y el *ápeiron*, en una síntesis. La sustancia divina de los cielos estrellados es una "armonía" porque es al mismo tiempo *péras* y *ápeiron*, forma limitante y materia limitada. O, si se prefiere decir así, es armonía porque el principio material ha sido asumido aquí en el propio principio formal.

Así, la *psychē* como *eidōlon* (ídolo) se convirtió en una síntesis que podía recibir expresión filosófica únicamente dentro del principio armónico de la serie numérica. Incluso siendo una construcción metafísica, no puede dejar de mostrar que está enraizada en el principio material de la concepción griega de *physis*. El *eidōlon* solo tiene vida por gracia de la *physis*, como la corriente de vida eternamente fluyente. En esta situación, queda claro que surge una antinomia inevitable entre la *theōría* pitagórica, que se ve obligada a concebir el alma como una armonía, y la creencia adoptada por Pitágoras desde el orfismo, de que el alma individual es inmortal en virtud de su origen en la forma luminosa de los cielos estrellados.

En el diálogo *Fedón* de Platón, que discutiré más detalladamente más adelante, se presenta un argumento sobre el alma que se basa en esta idea de *harmonia*. Presto atención a este diálogo porque en él el dualismo de la antropología griega entre *anima rationalis*, como una sustancia de pensamiento puro, y un cuerpo material, recibe su expresión más significativa. Aquí, los dos pitagóricos, Cebes y Simmias, refutan la demostración de Sócrates sobre la inmortalidad del alma con varios argumentos que, especialmente en el caso de Simmias, se basan en la concepción de la *anima rationalis* como *harmonia*. Ambos pensadores conceden que el alma es de origen divino y que existe antes que el cuerpo; pero Simmias expresa dudas sobre si puede existir después de la muerte del cuerpo. Porque, argumenta, no es más que la armonía del cuerpo material.[89]

Sócrates, líder del diálogo, expone entonces la antinomia inherente en esta concepción pitagórica. También intenta demostrar que la concepción del alma como armonía es inconsistente con las doctrinas ascéticas de la escuela pitagórica.

Si el alma fuera meramente la armonía del cuerpo material, tendría que sucumbir a los impulsos del cuerpo —hambre y sed— y no podría resistirlos en modo ascético. Porque una armonía nunca puede oponerse a ninguna de sus partes; solo puede comportarse de acuerdo con los elementos de los cuales está compuesta. No puede proporcionar guía a sus partes constituyentes, sino que está obligada simplemente a seguirlas. Por otro lado, la concepción pitagórica de la pre-eminencia del alma racional exige que no esté compuesta de los mismos elementos que el cuerpo material. El alma debe "permanecer idéntica consigo misma" y no puede haber "más o menos alma". Este "más o menos", sin embargo, es precisamente lo que caracteriza los impulsos del cuerpo. En consecuencia, si el alma es armonía no permitirá ninguna desarmonía, y toda desviación moral en la persecución de las inclinaciones sensuales del cuerpo exigiría que todas las almas, sin excepción, fueran *buenas*. Los pitagóricos admiten, sin embargo, que el alma puede ser moralmente mala e incapaz de comprender.[90]

Aunque estos argumentos no sean todos irreprochables —en particular, la implicación de que la armonía (que en su significado original es una figura estética normativa) sólo podría seguir a las ondas sonoras, sin ninguna capacidad de guiarlas o controlarlas— no puede negarse que la antinomia descubierta por Sócrates está efectivamente presente en la concepción pitagórica del alma como *harmonia*. Pues una *harmonia*, en cualquier caso, es incapaz de separarse de aquello que la produce como armonía. En la concepción pitagórica original, no puede desligarse de la *physis*, como corriente de vida eternamente fluyente. Sin embargo, a pesar de esto, la *psyche* racional se supone que es una sustancia luminosa inmortal que ha tenido su origen en la forma divina y luminosa de los cielos estrellados.

Con base en esta antinomia teórica, Burnet[91] y otros autores han concluido que la concepción del alma como *harmonia* no pudo haber pertenecido a las enseñanzas originales de la escuela pitagórica, ya que es incompatible con la fe indiscutible de Pitágoras en la capacidad del alma de existir independientemente del cuerpo material. Siguiendo a Cornford, sin embargo, yo rechazo esta posición. También señalo el hecho de que Macrobio afirma enfáticamente que esta concepción proviene del mismo Pitágoras.[92]

Parecería más correcto asumir que, dado que su concepción de la *theōría* divina apuntaba a una formalización consciente del principio de materia, Pitágoras y sus primeros seguidores consideraron la idea del alma como *harmonia* compatible con la creencia órfica en la inmortalidad del alma. Incluso después de su caída desde la esfera celestial divina de luz hacia la oscuridad de la región sublunar, el alma continúa teniendo un vínculo oculto con la *monás* divina. Este vínculo es su *harmonia*. La *monás* divina misma, sin embargo, sigue siendo la fuente eternamente fluyente de la *physis*, que alimenta la corriente de vida atada a la tierra tenebrosa. Tal es el caso, aunque sea al mismo tiempo el origen de la sustancia luminosa e inmortal de los cielos estrellados.

A pesar de la formalización del principio de materia, el origen de este principio continuó estando en conflicto consigo mismo. Se basaba en una pseudotipificación religiosa. La dialéctica religiosa del motivo básico griego, sin embargo, no permitía esta síntesis. En efecto, bajo la crítica de Parménides, esta última volvió a disolverse una vez más en una antítesis polar.

Solo abordando esta antítesis polar pudo esta creencia en la inmortalidad recibir una expresión teórica internamente coherente dentro de la filosofía griega. Pero para que esto sucediera, sin embargo, el pensamiento filosófico tuvo que entrar en el camino de la autorreflexión crítica, y el principio formal de la religión de la cultura tuvo que liberarse del dominio de la concepción órfico-pitagórica de la *physis*, que en último análisis seguía estando enraizada en el principio de materia. Dentro del marco conceptual griego de la *theōría*, fue únicamente como una sustancia racional-formal pura que el alma pensante individual pudo existir independientemente del cuerpo material y, así, poseer inmortalidad.

En este desarrollo, el dualismo órfico entre alma y cuerpo seguiría ejerciendo, no obstante, una gran influencia. Pero era necesario que el motivo órfico de la forma fuera liberado de su tendencia naturalista y transformado en el motivo de forma profundizado de la religión de la cultura.

En la figura de Empédocles, sin embargo, la filosofía haría un nuevo intento de mantener, frente a la crítica de Parménides, la conexión entre los principios de forma y materia en la idea divina del origen. Al realizar este intento, emprendió un camino distinto al de los pitagóricos.

§4 La formalización del principio terrenal de la materia en la teoría de los cuatro elementos de la *physis* en Empédocles. La persistencia del dualismo órfico en el principio de la materia

a. El dualismo órfico en los Καθαρμοί de Empédocles y el papel de la *Anagkē*

Empédocles de Acragante (Agrigento), nacido hacia el año 483–482 a.C. y que recorrió las ciudades griegas de Sicilia e

Italia como médico, vidente, orador y hacedor de milagros, es un representante tardío del movimiento religioso de reforma que tomó su inspiración del orfismo. En su *Katharmoí*, un poema que describe el camino de purificación del alma, muestra claramente su estrecha afinidad con la enseñanza órfica. Se presenta a sí mismo como una persona honrada por todos y coronada con guirnaldas verdes, que transita por la tierra ya no como un hombre mortal sino como un dios inmortal, y como un vidente cuyas palabras oraculares y consejos médicos son buscados en todas las ciudades que visita.

Luego prosigue describiendo en tono completamente órfico el exilio del alma sobre la tierra tenebrosa, donde, durante la duración del "gran año astral", se le condena a llevar una existencia errante en diversos cuerpos materiales, encadenada a la rueda de los nacimientos, después de que el decreto autoritativo de *Anagkē* la ha expulsado violentamente de su origen divino. En efecto, se considera a sí mismo tal exiliado, diciendo que ya ha nacido como un niño, una niña, una planta, un ave y un pez mudo en el mar:

> Hay un decreto autoritativo de *Anagkē*, un edicto divino, antiguo, eterno y sellado con juramentos solemnes, que establece que, cada vez que uno de los "*daimon*es", cuya porción es la duración de los días, haya manchado sus miembros con sangre de homicidio, o haya seguido la discordia (νεῖκος) y jurado un falso juramento, deberá errar tres veces diez mil estaciones lejos de los bienaventurados, hasta que con el curso del tiempo nazca en todas las formas posibles de tipos mortales, pasando de uno a otro de los tortuosos caminos de la vida.
>
> Pues el poder del aire los impulsa hacia el mar, y el mar los arroja a la tierra seca; la tierra los arroja a la luz del sol resplandeciente ["infatigable"], y el sol nuevamente hacia los remolinos

del aire. Uno los toma del otro, pero todos los maldicen. Ahora yo también soy uno de ellos, desterrado por la deidad y un errante, porque puse mi confianza en la contienda furiosa.[93]

Esta descripción del "exilio del alma" concuerda sorprendentemente con la que presenta Píndaro, el gran poeta lírico, en su segunda oda olímpica y en el fragmento conservado de sus *Threnoi* (que fue escrito para Theron de Acragante, ciudad natal de Empédocles, cuando este último aún era un niño.[94] Es completamente órfica en su concepción básica y en su elaboración.

Empédocles continúa:

"[Allí] lloré cuando vi los alrededores desconocidos".[95]
"¡De qué rango, de qué dicha he sido arrojado!"[96]
"¡Ay, oh miserable y desdichada raza humana; de cuántas penas y gemidos has nacido!"[97]

Según él, los necios manchan sus manos con la sangre de animales sacrificados, sin saber que con ello asesinan a sus propios parientes, ya que todo lo que tiene vida está mutuamente relacionado.[98]

Si han seguido el camino de la purificación en su vida terrenal, sin embargo, las almas caídas pueden esperar con anhelo abandonar la tierra al final del gran año y ser "profetas, cantores, médicos y príncipes", cuando serán "compañeros en el hogar y en la mesa con los otros inmortales, libres del sufrimiento humano e indestructibles".[99] Así comienza el vagar del alma: con su separación de la deidad bajo la influencia del *neikos* (enemistad), y concluye con la reunión con la deidad una vez que el alma ha completado su ciclo de vida y muerte corporal.

b. La teoría de la *physis* en Empédocles y su conexión interna con la enseñanza de los *Katharmoí*

La teoría de la *physis* de Empédocles, que expuso en otro poema didáctico, *Sobre la naturaleza* (περὶ φύσεως), no puede entenderse sin tomar en cuenta su trasfondo religioso órfico en los *Katharmoí*. Sobre este punto, por tanto, coincido plenamente con Cornford en que concebir estos dos poemas como internamente no relacionados, o incluso mutuamente contradictorios, "es fundamentalmente erróneo".[100] En efecto, se sigue de mi método de investigación que no puede asumirse inmediatamente que una contradicción interna está presente en un autor antes de haber intentado comprender las dos concepciones aparentemente conflictivas en términos del motivo básico dialéctico del pensamiento griego. Cualquier tratamiento de un pensador que lo acuse exclusivamente sobre la base de apariencias externas de albergar tal bifurcación en su pensamiento debe ser sospechoso, por esta misma razón, de una profunda incomprensión.

Me parece, sin embargo, que Cornford yerra al suponer que la filosofía natural de Empédocles es simplemente un intento de reconciliar la concepción órfica y pitagórica del alma con la "tradición científica" de la filosofía jónica de la naturaleza. Pues, como hemos visto, no hay diferencia entre estas dos últimas al menos en cuanto al motivo religioso básico que actuaba detrás de ambas. En realidad, Empédocles luchó con la misma antinomia interna en su idea de origen que también enfrentó Pitágoras. Para él, la deidad es a la vez una sustancia luminosa divina, exaltada por encima del reino terrestre, y el origen, o al menos co-origen, de la *physis* eternamente fluyente que está unida a la tierra tenebrosa. Empédocles, sin embargo, ha encontrado la crítica dialéctica de Parménides. Es contra ésta que intenta defenderse en su extenso poema didáctico *Sobre la naturaleza*. Rechaza aceptar sólo uno u otro de los principios —el de forma o el de materia— y busca una concepción de la naturaleza que sea compatible con la noción órfica de dios y alma. Si ha de lograr esto, sin embargo, debe, por un lado, privar al principio de forma de Parménides de su carácter estático exclusivamente, y, por otro lado, proporcionar al principio de materia una sustancia formal específica en los cuatro elementos, que como formas eternas e inmutables del ser, sirvan como fundamento del proceso completo del devenir en el ámbito de la *physis*. Aquí tenemos, por tanto, otro intento de formalizar el principio material vinculado a la tierra tenebrosa, no por la vía pitagórica de la aritmetización, sino mediante una formalización de los elementos que ya habían desempeñado un papel en la filosofía natural anterior. Estos elementos, mediante esto, sufren una metamorfosis. O más bien, ahora pueden aparecer por primera vez como elementos propiamente dichos. En Empédocles, las sustancias primordiales ya no son expresión del principio material del flujo eterno; en cambio, asumen el carácter estático de bloques constitutivos intrínsecamente inmutables del cosmos en cuanto ha llegado a ser. Por tanto, son verdaderas formas del *ser*.

Ya en su estructura y forma, el poema de Empédocles sobre la *physis* tiene el carácter de una defensa contra Parménides, por un lado, y contra los milesios, por el otro. Él también anuncia su teoría como una revelación divina impartida por la "Musa, la doncella de blancos brazos", en el lugar donde se ha "recluido de aquellos que sucumben a la vana ilusión de poseer conocimiento pleno de la totalidad divina de la vida", algo que, por supuesto, no se concede a los mortales

durante su peregrinaje en la tierra tenebrosa.[101] Los mismos
órganos sensoriales, de los cuales Parménides había privado
a toda sabiduría poética, deben, sin embargo, ser utilizados
para el conocimiento del ámbito de la *physis*, que está sujeta
al principio de materia; pero no se debe depositar más fe en
uno de éstos que en los demás.[102] Este camino, ciertamente,
no conduce al descubrimiento de toda la verdad, ya que
el conocimiento terrenal no se extiende al ámbito eterno
y divino de la luz; no obstante, el estándar de la sabiduría
mortal todavía permite el desarrollo actual de una teoría
sobre el proceso del devenir que armoniza con la "senda de
la Verdad".

c. El rechazo de Empédocles a la concepción de Parménides de la *physis* eternamente fluyente. Los cuatro elementos de la *physis* como formas estáticas y corporales del ser

La primera cuestión que plantea Empédocles está directamente relacionada con el dilema formulado por Parménides:
la *physis*, en su sujeción al principio del flujo eterno, ¿es un
no-ser? Si el gran pensador de Elea tuviera razón precisamente en este punto, sería imposible cualquier conocimiento
verdadero del proceso del devenir. Por tanto, tenía que demostrarse desde el principio que este último se funda en
formas inmutables y no generadas del ser. Tenía que haber,
además, una multiplicidad de tales formas del ser, ya que
Parménides había demostrado que a partir del uno como
ser no podía surgir ninguna pluralidad. Eso excluía por sí
mismo la posibilidad de que la inmensa diversidad de cosas
con forma, perceptibles por los sentidos y sujetas al principio
de la materia, pudiera haber surgido de esta fuente. Por esta
razón, la diosa deja claro desde el inicio a Empédocles que

en el fundamento de todo el ámbito de la *physis* (Empédocles identifica explícitamente esto con el proceso terrenal de flujo del devenir) hay cuatro "formas raíz" (ῥιζώματα), que no cambian ni llegan a ser, a saber, los cuatro elementos: fuego, agua, tierra y aire. Aquí se les asignan nombres divinos, tomados en parte de la religión olímpica de la cultura. En la filosofía natural griega, los elementos tuvieron ciertamente un origen mitológico, pero en la *Teogonía* de Hesíodo fueron tratados como deidades de la naturaleza. De esto se deduce que el pensamiento de Empédocles también fue nutrido en un marco religioso cuya tendencia fue naturalizar el motivo forma de la religión de la cultura.[103] La *athanasia* olímpica pertenece solo a los elementos como formas corporales del ser, mientras que la sustancia anímica inmortal como tal no es una forma.

Si estos elementos son realmente formas eternas del ser —y Empédocles afirma expresamente que lo son[104]— ellos mismos no pueden estar sujetos al principio material, como habían sostenido los milesios y Heráclito. Tampoco, en el caso de los "elementos móviles", pueden ser la encarnación simbólica de este principio. Con estos términos no puede haber ningún nacimiento en el sentido propio de estas palabras, porque aquello a lo que se refiere como nacimiento y desaparición no es más que una reunión y separación de elementos inmutables. El dilema de Parménides queda así eliminado. En verdad, es imposible que algo surja de lo que no es; asimismo, "es impensable e inaudito que el ser no exista".[105] Estos elementos, sin embargo, no pertenecen aquí.

d. La esfera en el poema de Empédocles sobre la *physis*

En este punto, Empédocles adopta una posición que difiere
marcadamente de la concepción de Parménides sobre la forma estática del ser como una esfera o globo perfectamente
redondo. El curso del mundo, al igual que el camino del alma humana, comienza con un estado de unidad totalizante,
una esfera "encerrada en los estrechos límites de la armonía",
en la cual todos los elementos están íntimamente unidos por
el poder dinámico del amor. Empédocles concibe esta esfera
como el cuerpo divino, entendiendo "cuerpo" en el sentido
de una forma geométrica suprasensible (δέμας).[106] Hace esto, justamente como lo hicieron Jenófanes y Parménides, en
oposición consciente a la forma antropomórfica del dios de
la religión olímpica de la cultura.[107] A diferencia de Parménides, sin embargo, su globo del ser no es eterno ni inmutable;
se origina a partir de la fuerza anímica unificadora del amor,
que combina los cuatro elementos (como las formas actuales,
estáticas y fundamentales de todo ser) en una unidad corpórea indivisa y totalizante. A medida que la enemistad fluye
gradualmente desde fuera hacia el globo divino del ser, sin
embargo, se inicia un proceso de separación que culmina
en la completa segregación de los elementos en dominios
separados. El proceso se invierte entonces: el amor comienza
a predominar y produce una reunificación que termina en
la restauración de la esfera divina o unidad totalizante.

Este proceso de unificación, separación, reunificación y
nueva separación se repite sin cesar.[108] En la medida en que
uno ha aprendido a surgir desde los muchos [elementos]
y de la disolución de lo uno, una individualidad vuelve a
emerger; en esa misma medida las cosas *llegan a ser* y su vida
ya no permanece inmutable; pero en la medida en que su

constante intercambio [de elementos] nunca cesa, en esa medida son siempre inmutables a lo largo del ciclo.[109] "Los elementos son todos de igual poder y de la misma edad, pero cada uno tiene un rango diferente (τιμήν) y su propia naturaleza particular; y por turnos adquieren supremacía en el curso circular del tiempo".[110] Todo está lleno de estos elementos,[111] y "ellos solos existen, pero al correr unos a través de otros llegan a ser cosas distintas".[112]

e. La esfera de Empédocles ya no es una forma estática del ser

Lo primero que llama la atención en esta exposición es la sujeción de la forma divina del ser de Parménides (la esfera) al principio material del flujo eterno. Empédocles degrada esta "forma del ser" al cuerpo transitorio del dios, el cual no existe como una unidad totalizadora, sino que la fuerza anímica divina del amor la modela a partir de los cuatro elementos como formas fundamentales del ser. En la concepción de Empédocles, la unidad totalizadora de Parménides, en el sentido de una unidad corporal divina real, encierra así dentro de sí el potencial para la multiplicidad. Esto es porque ella misma ha surgido a partir de los cuatro elementos.

f. Los cuatro elementos no tienen poder espontáneo de movimiento. *Philía* y *Neikos* como fuerzas anímicas móviles espontáneamente. La disociación entre los principios de forma y materia

En segundo lugar, los propios cuatro elementos, como formas inmutables de *physis*, han sido despojados del movimiento espontáneo, vital, que intrínsecamente les correspondía en la antigua filosofía de la naturaleza de los milesios y de

Heráclito y que era considerado el asiento de su "divinidad".
Para Empédocles, las fuerzas móviles ya no son los elementos,
sino el amor y el odio (*phylía* y *neikos*). Las describe claramente como "poderes anímicos" divinos, que existen como *fluidos
continuos*.[113] El amor es considerado aquí como la *dynamis*
anímica de la omnipenetrante alma divina. En el tercer libro
de su *Metafísica*, Aristóteles observa que Empédocles hace
de su *phylía* el sustrato de la unidad (divina) en el mismo
sentido que Tales lo hace con agua, Anaxímenes con el aire
y Heráclito con el fuego.[114] En efecto, en la filosofía natural de Empédocles, el dualismo órfico-pitagórico entre alma
pensante y cuerpo material sufrió una notable transposición
teórica. Hasta cierto punto, el principio de materia del flujo
eterno conserva su carácter divino. Conserva la primacía religiosa que había gozado entre los milesios y Heráclito. Sin
embargo, bajo la influencia de la crítica eleática, ha tomado
distancia con respecto al principio de forma, aunque Empédocles no aceptó la idea establecida por Parménides de que
ambos fueran completamente antitéticos. La sustancia anímica divina sirve como vehículo del principio de materia en
su función unificadora, mientras que la forma es meramente
corpórea y permanece estática solo en los cuatro "elementos"
como formas corporales del ser. La forma corpórea divina
de la esfera del ser no es una forma de origen, una forma
con poder generativo; por el contrario, está mucho menos
sujeta al principio de materia del flujo eterno que las formas
corporales terrenales.

g. Empédocles transpone el dualismo órfico al propio principio de materia. El *Epínomis* de Platón

El punto más importante, sin embargo, es que Empédocles transpone el dualismo órfico al propio principio de materia. Existen aquí dos fuerzas anímicas como *dynamis* en el proceso del devenir, y éstas están de hecho en polar antítesis entre sí. La fuerza dinámica del amor (*phylía*), que une todas las cosas, es irreconciliablemente opuesta por la fuerza dinámica de la oscuridad (*neikos*), que finalmente obliga a las formas ónticas estáticas de los elementos a separarse en cuatro reinos netamente distintos. Este último proceso ocurre bajo el dominio de *Anagkē*.

La elaboración consecuente de esta concepción lleva necesariamente a la aceptación de dos "almas-mundo" mutuamente antagónicas e igualmente primordiales: una de las cuales es divina y buena y la otra antidivina y maligna. Más adelante veremos cómo Platón, en su *Epínomis* (el suplemento de su *Leyes*, un diálogo escrito en su vejez), revive esta concepción con el fin de preservar el alma como la fuente exclusiva del movimiento. En esto, sin embargo, concibe el alma-mundo divina y racional como un alma-forma. Así se opone diametralmente al alma material, que es irracional y maligna y fuente de los movimientos desordenados sujetos a *Anagkē*. Para Empédocles, en contraste, el alma-mundo divina también es un alma-materia. Es una sustancia luminosa, fluida, que en sí misma carece de forma. Así, en esta concepción, el principio de la materia en uno de sus polos no ha sido desdivinizado. Sin embargo, esta sustancia anímica divina posee una forma corporal, la forma no sensible, supramundana o esferoidal de la esfera celeste luminosa y, en su ciclo de devenir y desaparición, esta forma corporal está ligada a las cuatro formas ónticas fundamentales; es decir, los elementos. La única forma luminosa y eterna de Parménides queda así desgarrada en un conjunto de cuatro formas corpóreas estáticas del ser, que se colocan como fundamento de la *physis* en tanto proceso del devenir. El principio de forma estática queda así desprovisto de alma. Es rebajado al nivel de una corporeidad no esférica. Además, en el estado aislado de los elementos, este principio de forma alcanza su completa expresión. Ha sido arrancado de la esfera órfica de la luz hacia la esfera de la oscuridad y transformado en producto de *neikos*, el maligno *daimon* de la discordia y la enemistad.

La separación entre el alma inmortal individual y la sustancia anímica divina omnipenetrante encuentra aquí su expresión física en la desintegración de la esfera y la eventual dispersión de las formas estáticas del ser en los cuatro reinos de los elementos. La formalización de la *physis* como fuente de vida eternamente fluyente, mediante su encarnación en las cuatro formas ónticas estáticas de la corporeidad, implica por tanto su parcial desdivinización.

h. El dualismo órfico también se transmite a la teoría de los elementos en la teoría de los elementos de Empédocles

Es digno de mención, en este contexto, que Empédocles introduce este dualismo incluso en los propios elementos, considerados como formas ónticas de corporeidad. Aunque los elementos, como hemos visto, tienen todos igual poder y son igualmente primordiales, Empédocles sostiene que cada uno tiene un rango distinto y su propia naturaleza particular; y que a su turno cada uno obtiene la supremacía en el curso cíclico del tiempo. ¿Qué significa esta afirmación? Aristóteles observa, en la primera sección del libro delta de su *Metafísica*, que Empédocles fue el primero en sostener que los elementos formaban un grupo de cuatro, "pero, sin embargo, mantenía que no eran cuatro, sino más bien como si hubiera solo dos, con el fuego por sí solo de un lado, y los elementos opuestos a él –tierra, agua y aire– juntos del otro", como puede verse en el contenido de sus poemas.[115]

Este comentario es ciertamente muy importante. El fuego es el elemento dominante en tanto que esfera de la forma corporal del ser de la sustancia anímica divina, la cual tiene a la *phylía* como su fuerza impulsora. La bóveda estelar (οὐρανός) concebida en forma de globo es la forma corporal real de la deidad. Según Aecio,[116] la tradición órfica consideraba el firmamento como la "cáscara del huevo cósmico", y en la cosmogonía órfica (Ferécides), el universo en su estado original tenía la forma de este huevo. El firmamento consiste de aire solidificado por el fuego, lo que Empédocles atribuye a este último como un poder cristalizador.[117] Según Cornford, esta asombrosa noción de que el fuego posee un poder cristalizador, diametralmente opuesta a la concepción de los milesios y Heráclito, puede explicarse únicamente en términos de la estrecha relación de este elemento con el poder unificador y atractivo de la *phylía*.[118] Como hemos visto, esta última es la sustancia anímica divina como fuerza anímica fluyente; y el fuego, por tanto, no es otra cosa que la forma corporal básica de la luz divina, la cual en sí misma permanece informe y fluida.

i. La relación entre la luz y el fuego en la metafísica de la luz de la escolástica agustiniana

Nos encontraremos nuevamente con esta concepción de la relación entre la luz y el fuego como un elemento corporal en la escolástica agustiniana. Esta doctrina fue asumida a partir de la doctrina órfica de la *physis* de Empédocles, a través del neoplatonismo. Desarrolló una "metafísica de la luz", que fue acomodada al relato bíblico de la creación (la palabra divina creadora "¡Hágase la luz!"). En la escolástica agustiniana, sin embargo, se invierte la aplicación del motivo forma-materia. Aquí, la luz se convierte en la forma prima suprasensible (e incluso incorpórea) de la corporeidad. El fuego es sólo su forma corporal, accesible a la percepción sensorial. Esta metafísica de la luz ha pasado así por el molde de la concepción platónica de forma y materia.

En Empédocles, si el fuego está más estrechamente relacionado con la *phylía* y la sustancia anímica divina, el frío y la oscuridad tienen una conexión directa con el *neikos*. Los elementos de agua y tierra, a su vez, que se encuentran entre estos dos polos, tienen una relación algo más distante con el *neikos*. El fuego asciende hacia arriba, pero el aire (éter), en contraste, "se hunde hacia abajo con largas raíces en la tierra".[119]

j. Los dos hemisferios del día y la noche

Como ha mostrado Cornford, hay una perfecta correspondencia entre este dualismo polar en la teoría de los elementos de Empédocles y la división del cosmos en los dos hemisferios del día y la noche, que se mueven alrededor de la tierra en un círculo. Aecio, en particular, ofrece una descripción detallada de varios aspectos de este cuadro. El primer hemisferio o hemisferio diurno consiste en fuego, mientras que el segundo, hemisferio nocturno, está compuesto de aire (el elemento frío y oscuro) mezclado con un poco de fuego. Aecio informa que Empédocles tenía dos soles. El primero es el arquetípico, que consiste en fuego. Llena uno de los hemisferios del cosmos y está siempre situado directamente opuesto a su reflejo (ἀνταυγεία) en el otro hemisferio. El segundo es el sol perceptible a los sentidos (τὸ φαινόμενον), es decir, el reflejo del sol original en el otro hemisferio. Este segundo sol está lleno de aire mezclado con fuego, y la rotación de la tierra (la cual es llevada por el movimiento del hemisferio lleno de fuego) provoca que este aire refracte los rayos de luz.[120]

Si el fuego es, por tanto, la forma corporal fundamental de la *phylía*, el aire frío y oscuro puede ser con justicia designado como la forma corporal fundamental del *neikos*. Esto significa que el dualismo órfico ha sido extendido aquí también a las formas ónticas estáticas de la corporeidad.

k. ¿Ha formalizado también Empédocles el principio de materia divina de la *phylía*? El papel de la *harmonia* en el sistema de Empédocles

Puede preguntarse si Empédocles ha formalizado igualmente el principio de materia en su concepción de la sustancia anímica fluida divina (*phylía*). Cornford cree que la *phylía* en la esfera divina es en realidad el "alma armónica" de Pitágoras, que era simultáneamente una proporción numérica (*logos* o *ratio*) y una "sustancia mental". También cree que desempeña el mismo papel que el *logos* ígneo de Heráclito.

En efecto, como observamos anteriormente, Empédocles afirma que la esfera reside "en los estrechos confines de la armonía" y que ni la discordia ni la lucha reinan en sus "miembros".[121] Además, en su *De anima*, Aristóteles polemiza con la concepción del alma individual como una proporción armónica de la mezcla (de los elementos), o λόγος τῆς μεἕξεως, una visión que atribuye a Empédocles. Él argumenta que, dado que los elementos no se mezclan en la misma proporción en carne y hueso, resultaría que haya varias almas en un cuerpo, si la proporción que determina la mezcla fuera realmente una armonía, es decir, un alma. Además, ¿es el alma misma esta proporción, o es más bien algo distinto de ésta? Y por último, ¿es la mezcla provocada por la *phylía* una mezcla κατὰ τύχην, es decir, una mezcla ciega según *Anagkē*, o es una mezcla en la proporción correcta? Y si lo último es el caso, ¿es la *phylía* entonces en sí misma esta proporción, o es algo distinto de ella?[122]

Me parece que la conclusión que Cornford extrae de los datos anteriores es errónea. En ninguno de los poemas didácticos de Empédocles hay un rastro de una mística pitagórica de los números. Además, la concepción del *logos* de Heráclito es incompatible con el dualismo órfico del alma y el cuerpo, que, como hemos visto, también fue adoptado por Empédocles.

En el pasaje referido, Aristóteles habla en primera instancia del alma humana individual que ha entrado en el cuerpo terrenal y que, por tanto, en la concepción de Empédocles, ya ha caído desde su origen divino. En ningún lugar llama Empédocles "armonía" al alma divina omnipenetrante. La armonía se atribuye, en primer lugar, únicamente a la esfera como "cuerpo divino", y consiste exclusivamente en la mezcla proporcional de los cuatro elementos en una unidad, siendo ésta indivisa, sin *neikos*, y aparentemente dominada por el fuego elemental. No obstante, la filosofía natural de Empédocles también concede a la armonía un segundo papel. Para ser específicos, aparece en su teoría sobre el origen de las cosas individuales con forma, a partir de la mezcla y separación de porciones de los elementos en el proceso terreno de la *physis*.

Cuando el universo se encuentra en el estado de la esfera, el *neikos*, completamente separado de los elementos, está situado "en los límites más externos del globo", envolviéndolo en una corriente anímica fría y oscura. Al mismo tiempo, la *phylía* está aparentemente difundida por toda la esfera como un fluido uniformemente extendido. Cuando, en obediencia al decreto autoritativo de *Anagkē*, el *neikos* invade el globo corporal divino desde todos los lados, la *phylía* se precipita a su encuentro. Como *phylía* (o *philótēs*) alcanza el centro del vórtice que se ha creado y allí las porciones de los elementos se separan y se mezclan unas con otras en proporciones definidas,[123] entonces se convierten en hombres y en toda clase de seres vivientes. El ensamblaje de las partes corporales relacionadas de un ser viviente (según la exposición de Empédocles, estas primeras surgen de forma independiente y separada unas de otras)[124] y su unificación es causada "por el suave impulso divino del amor". De forma directa, aquello que previamente había sido alma inmortal se convierte en seres mortales, y lo que antes había estado sin mezclar se mezcla ahora, tomando juntos un sendero mutable.[125]

En este proceso, *phylía* introduce la armonía en el ser al combinar porciones definidas de los elementos. Pero lo que surge de este modo como un ser individual es un hijo tanto de *phylía* como de *neikos*, y por tanto es defectuoso desde su mismo origen.

l. La *Anagkē* ciega gobierna todo el proceso terrestre de devenir que da lugar a los seres individuales

Lo notable aquí es que la *Anagkē* o *Tychē* ciega sigue teniendo el control de todo este proceso. Esto constituye un segundo argumento contra la noción de que la *harmonia* ocupa el mismo lugar en la filosofía natural de Empédocles que tenía en la doctrina de los pitagóricos.

Empédocles declara explícitamente que en la conjunción de los miembros separados en un cuerpo mortal se formaron diversas monstruosidades que no tenían vida duradera, como criaturas con rostros dobles y pechos dobles, o combinaciones de rostros humanos con cuerpos de bueyes y viceversa.[126] Sólo se conservaron aquellas combinaciones que —aunque, como las otras, fueron producidas por azar ciego y destino impredecible— no obstante, fueron constituidas de tal modo que parecían haber sido diseñadas intencionalmente para la vida.[127] Incluso la armonía que *phylía* crea dentro de los seres mortales es evidentemente producto de *Anagkē* y no de una mente divina pensante. La omnipenetrante alma pensante divina parece no tener poder sobre la *physis*, la corriente eternamente fluyente de la vida, que permanece atada a la tierra tenebrosa, pues la *physis* está completamente sujeta a *Anagkē*, que sigue su curso a través de todos los elementos.

m. El problema con respecto a la inmortalidad del alma en la teoría de la *physis* de Empédocles

En la interpretación de la teoría de la *physis* de Empédocles, surge un problema extremadamente difícil. Aparentemente, él no reconoce ningún dualismo entre el alma y el cuerpo mortal en el ámbito terreno de la vida perecedera; sin embargo, en sus *Katharmói*, se mantiene firmemente en la doctrina órfica que afirma la inmortalidad del alma individual.

"A partir de los elementos", dice, "todo está ensamblado como corresponde, y mediante ellos los mortales piensan, disfrutan y sienten pesar".[128] Él considera que la sangre que fluye alrededor del corazón es la sede del pensamiento humano.[129] "Pues contemplamos la tierra por medio de la tierra, el agua por medio del agua, el éter por medio del éter y el fuego por medio del fuego; y además, contemplamos el amor por medio de nuestro amor, y el odio por nuestro doloroso odio".[130] (Una vez más, esta es la tesis que jugó un papel tan importante en la filosofía griega, que lo semejante es conocido sólo por lo semejante). Además, se nos dice que es por la voluntad de *Tychē* o *Anagkē* que todos los seres (mortales) están dotados de conciencia y participan del pensamiento.[131]

Apelando al fragmento citado anteriormente ("contemplamos la tierra por medio de la tierra", etcétera), Aristóteles observa que para Empédocles el alma individual está compuesta por una mezcla de todos los elementos. Sin embargo, aquello que tiene su origen en una mezcla de elementos no puede ser inmortal, y es precisamente esto lo que ha llevado a la opinión prevaleciente de que la filosofía natural de Empédocles está completamente desvinculada de su enseñanza órfica, expuesta en los *Katharmoi*.

n. La solución de Cornford a este problema entra en conflicto con los claros pronunciamientos de Empédocles

Cornford piensa que esta dificultad se elimina considerando que el alma humana de Empédocles está compuesta de una parte mortal y otra inmortal. La parte inmortal consistiría supuestamente únicamente en una mezcla de segmentos de las fuerzas del alma de *phylía* y *neikos*, y comprende todo el aspecto individualizante del alma humana. La parte mortal, en cambio, contiene exclusivamente las facultades sensoriales, que permanecen ligadas al cuerpo terrenal. Estas, entonces, desaparecerán naturalmente junto con el cuerpo mortal.[132]

Sin embargo, esta solución del problema entra en conflicto con los textos citados anteriormente. Éstos enseñan claramente que la facultad humana del pensamiento también se deriva de una mezcla de los elementos.[133] La solución de Cornford se basa en una construcción hipotética que no encuentra apoyo en los poemas didácticos de Empédocles sobre la *physis*.

o. La interpretación más probable de los pronunciamientos de Empédocles sobre este punto. El origen de la tesis de que "lo semejante es conocido solo por lo semejante"

Para entender correctamente la posición de Empédocles, es necesario tomar como punto de partida su noción de que lo *semejante* es conocido solo por lo *semejante*. En la interpretación estática de la ontología, esta concepción se remonta a Parménides, quien postuló la identidad entre el *ser* y el *pensamiento* sin tomar en cuenta la relación teórica del *Gegenstand*. Aristóteles afirma que Heráclito enseñó lo mismo,[134] pero desde su propio punto de vista, según el cual lo que se mueve puede ser conocido por lo que se mueve. Dado que Empédocles, como hemos visto, disolvió la única forma estática del ser de los eleáticos en los cuatro elementos como cuatro formas estáticas del ser, su retención del principio eleático de que lo semejante es conocido por lo semejante lo obligó a identificar el pensamiento teórico como pensamiento del ser con los elementos de la *physis*. Y dado que estos elementos son formas *corpóreas* del ser, el pensamiento mismo, como ser, también pertenece al ámbito de la corporeidad. Los elementos participan por tanto de la conciencia y del pensamiento, como se declara expresamente en la conclusión del Fragmento 110: "pues ahora todo tiene conciencia y, a través de *Anagkē*, una parte (αἶσαν) en el pensamiento".[135]

Es entonces evidente que no sólo los poderes de la percepción sensorial, sino incluso la facultad del pensamiento mismo, tienen su fundamento óntico en las cuatro formas básicas corporales de la *physis*. ¿No pertenecen entonces al alma inmortal? Si esta pregunta ha de responderse en el espíritu del propio filósofo griego, debe tenerse en cuenta que para Empédocles el movimiento podía ser impartido a las funciones corporales exclusivamente a través de las fuerzas del alma. Tanto las funciones sensoriales como la función del pensamiento, aunque existan como cosas, sólo pueden ser puestas en actividad dinámica por el alma. *Philía* y *neikos*, entonces, son las dos *dunameis* que producen estos procesos. Además, sólo en este nivel puede decirse que tenemos conocimiento de los "movimientos del alma" de amor y odio. Es ésta, por lo tanto, la contraparte heraclítea del pensamiento en la interpretación eleática del principio de que lo semejante solo es conocido por lo semejante. Así, el *movimiento* real en el pensamiento es en efecto inmortal —aunque, como veremos, debe hacerse una reserva respecto a su individualidad— así como su fundamento óntico se encuentra en las cuatro formas corporales básicas de la *physis*. A pesar de ello, Empédocles enseña que la facultad pensante del hombre mortal reside en su sangre. El poder humano del pensamiento pasa así junto con el alma sanguínea.

Si esta interpretación es correcta —y tiene la ventaja de concordar tanto con el texto de los fragmentos como con todo el espíritu del pensamiento de Empédocles— parecería entonces que este filósofo, aunque mantiene el dualismo entre los principios de forma y materia, no admite una separación absoluta entre alma y cuerpo, ni en la unidad divina omniabarcante, ni en los "demonios". Con respecto a la unidad divina, esto es evidente de inmediato en la descripción de la esfera. *Phylía* como fuerza anímica divina se encuentra dentro del cuerpo esférico divino, y mientras esta esfera (es decir, la forma suprasensible de los cielos luminosos) no sea dividida por *neikos*, no hay separación de almas individuales (demonios) del alma divina que todo lo impregna y que está encerrada en la esfera. Tampoco hay, en este momento, un reino terrestre oscuro al cual pudieran caer las almas separadas para seguir el ciclo de encarnación y reencarnaciones en la prisión de cuerpos materiales terrenales.[136] Además, la facultad pensante de la mente divina, de la que se habla en el fragmento de los *Katharmoi* citado arriba, en realidad no se concibe en aislamiento de la esfera como cuerpo divino. Incluso la deidad, cuyos "pensamientos se precipitan por todo el cosmos", piensa los elementos por medio de los elementos, es decir, siendo por medio del ser.

Así como el principio de forma divina de Pitágoras seguía estando enraizado en el principio de materia (la fuente de flujo eterno de la *physis*), así, a la inversa, el principio de materia divina de Empédocles —a pesar del hecho de que se ha distanciado del principio de forma, que ha restringido al ámbito corporal— está enraizado en las cuatro formas ónticas de la *physis*. Es de estas de donde también surge el cuerpo esférico divino por medio de la fuerza motriz de la *phylía* divina.

Los *Katharmoi* de Empédocles y su poema didáctico *Sobre la naturaleza* están de acuerdo en que la separación de las almas individuales dictada por *Anagkē* es producida por la operación de *neikos*, la fuerza anímica maligna de discordia y lucha. La *phylía* divina pierde entonces su forma corporal apropiada, y las almas separadas también caen lejos de la forma esférica de los cielos luminosos, es decir, del cuerpo divino omniabarcante.

En el ejercicio continuo de su fuerza anímica, la *phylía* sigue dependiendo de las cuatro formas corporales básicas, los elementos. Pues sin elementos no hay nada que unir o separar. Lo mismo vale para *neikos*, y también para las almas individuales nacidas de la mezcla de *phylía* y *neikos*. Estas almas individuales también están enraizadas en los cuatro elementos. En efecto, es sólo por medio de los elementos que el alma puede pensar y experimentar alegría o tristeza.

Al igual que la *phylía* divina misma, sin embargo, las almas separadas que han caído de la unidad omniabarcante divina ya no tienen un cuerpo que les sea apropiado. Por esta razón deben pasar, en sujeción a *Anagkē*, de un cuerpo a otro durante su circuito a través del reino terrenal de la *physis*. Cuando finalmente la *phylía* se vuelve a imponer victoriosamente, son una vez más absorbidas en el alma divina inmortal y omniabarcante dentro de la esfera, y así se restaura la forma corporal divina.

p. El alma individual de Empédocles no es humana y posee inmortalidad solo en un sentido relativo

El alma individual que ha caído del dios no es, en sí misma, humana. En los *Katharmoi* se la llama sólo un "demonio de larga vida", así como en el *Perì phýseōs* los dioses son llamados "de larga vida".[137] Y tal demonio es una sustancia anímica fluida —sin forma fija, ni dios ni hombre mortal. En el ciclo de la *physis*, el *daemon* caído entra en un cuerpo humano solo temporalmente, pues asume otras formas corporales justo después. Al completarse el gran año astral, ya no está atado a un cuerpo terrenal. Entonces, como declara expresamente Empédocles, regresa a la unidad divina omniabarcante como un compañero inmortal, liberado del poder de *Anagkē*, que había mezclado *phylía* con *neikos*.

En ambos poemas didácticos de Empédocles, la inmortalidad individual del alma es solo relativa. Como producto de la actividad de *neikos*, la individualidad sólo puede preservarse durante la duración del ciclo de encarnaciones y reencarnaciones dentro del ámbito terrenal oscuro, y necesariamente llega a su fin cuando el alma vuelve una vez más a su origen divino.

Incluso dentro de la concepción de Empédocles, por lo tanto, el dualismo entre el cuerpo material y el alma pensante inmortal no podía recibir una expresión filosófica adecuada. Esto no sería posible hasta que el principio de forma de la religión de la cultura hubiera alcanzado la supremacía en el pensamiento filosófico y se hubiera liberado de su deformación naturalista y panteísta. La concepción de la inmortalidad individual se desarrolló así por primera vez en la religión cultural olímpica, con respecto a los dioses de forma radiante.

Tan pronto como el pensamiento griego entró en el camino de la reflexión *crítica* sobre sí mismo, el prototipo de la inmortalidad del alma individual en cuanto forma se hallaba en la *athanasia* del dios individual–forma; pues, como demostraré más adelante en la crítica trascendental del pensamiento filosófico, el autoconocimiento depende completamente del conocimiento de Dios.

q. Las antinomias en la teoría de la *physis* de Empédocles

En su elaboración consistente, el esfuerzo de Empédocles por unir el principio de materia con el principio de forma de la ontología eleática atrapó inevitablemente la *theōría* griega en una red complicada de antinomias. Si la esfera divina, como forma corporal producida por el flujo informe de la *phylía*, es realmente una *unidad* omniabarcante, ¿cómo pudo haber surgido de cuatro elementos estáticos inmutables como formas del ser? Después de su caída de la divinidad, el alma puede preservar su individualidad solo en la medida en que recorre su oscuro camino a través de todos los elementos; porque si se reencuentra con el alma omniabarcante, es absorbida en ella. Pero ¿cómo puede sostener Empédocles que toda la diversidad de los elementos puede ser anulada en la esfera, cuando también enseña explícitamente que esas cuatro formas básicas son eternas e inmutables? Si la esfera es una mezcla armoniosa de los elementos, al mismo tiempo debe ser una unidad en la multiplicidad de los elementos; pero el principio de diversidad que está simultáneamente presente en esta multiplicidad es precisamente lo que se supone que es ajeno a la esfera. Además, la unidad nunca puede tener su origen en una multiplicidad, como quiere Empédocles, pues incluso una unidad-en-multiplicidad necesita estar fundada en la unidad.

En su concepción de la esfera, Empédocles aparentemente desea llevar la unidad fluida indivisa de *phylía* a una expresión formal. En sí misma, sin embargo, *phylía* no es un principio de forma, sino un principio de materia divina.[138] La forma es un *peras*, un principio de límite. En tanto tal, contradice el principio de materia dentro del motivo dialéctico básico. Si la esfera es en verdad un producto de *phylía*, los elementos dentro de ella tendrían que ser eliminados. Sólo podría quedar una *hylē* caótica e informe.

Solo una antítesis polar, una separación completa del principio de forma respecto del principio de materia, habría bastado para mantener la independencia del primero frente al segundo, como lo exigía la teoría de los elementos de Empédocles. Este fue el rumbo que seguiría Anaxágoras. Pero, antes de que pudiera comenzar, debía superarse la concepción naturalista órfica del principio de la forma, la cual siempre había conservado su raíz en el principio de materia dionisíaco. Y este camino llevó al principio de forma de la religión de la cultura en su sentido original, no naturalizado.

§5 La primacía del principio forma de la religión de la cultura en la teoría del *nous* de Anaxágoras, y el retorno de los atomistas al principio naturalista de la forma

a. El *nous* como dador de forma divino (demiurgo) permanece no unido a la materia, a la cual controla mediante su dación de forma. El motivo forma de la religión de la cultura

Es en el pensamiento de Anaxágoras de Clazómenes (ca. 499–428 a. C.), contemporáneo y amigo del gran estadista ateniense Pericles, donde el principio forma de la religión de la cultura comenzó por primera vez a liberarse del dominio de los motivos naturales de la religión de la naturaleza y a expresarse en oposición tajante al motivo material de la religión de la naturaleza. Anaxágoras elevó el *nous*, el pensamiento teórico operante en la θεωρία, a la posición de un principio formativo divino. Al hacerlo, liberó a esta noción de deidad de las limitaciones naturalistas del pensamiento matemático dentro de la forma de ser de Parménides,[139] y lo purificó de toda mezcla con el principio material.[140] Como *archē* puramente pensante de toda forma, exaltado sobre toda sensación y emoción, el *nous* no puede estar mezclado con la materia. Porque si lo estuviera, no podría ejercer control sobre la materia.[141]

Aquí hay una expresión clara del motivo central de la religión de la cultura en su sentido auténtico. La cultura, después de todo, es el ejercicio del control sobre una materia dada por medio de la formación racional conforme a un proyecto libre. Al mismo tiempo, es igualmente claro cuál es la diferencia fundamental entre la visión de Anaxágoras y la de Empédocles. La opinión predominante coloca erróneamente a Empédocles en la misma línea que Anaxágoras y lo agrupa junto con los atomistas. Para Empédocles, sin embargo, la divina alma universal era un continuo fluido, concebido enteramente de acuerdo con el principio griego de materia, y la deidad carecía de todo poder sobre el proceso formativo en el ciclo de nacimiento, muerte y renacimiento. Este quedó como dominio exclusivo de *Anagkē* o *Tychē*, de impulso irracional ciego. Además, *phylía*, como la corriente fluida del alma divina, era una fuerza *dynamis* dionisíaca, la cual bajo la influencia del orfismo simplemente se había distanciado del principio de forma, aunque permaneciera contenida en la forma corporal divina.

b. La desdivinización del principio materia

Anaxágoras, en contraste, desdivinizó radicalmente el ámbito de la materia. Logró esto al negarle el movimiento espontáneo y siempre fluyente de la vida. Por tanto, le quitó precisamente aquello en lo cual la filosofía de la naturaleza milesia y Heráclito habían ubicado su carácter divino.

La situación aquí es completamente distinta de la que encontramos en Empédocles. La negación, por parte de este último, del poder espontáneo de movimiento de los elementos fue resultado directo de que había disociado el alma del principio de forma en sentido órfico. El alma entonces se convirtió en el vehículo del principio de materia, mientras que los elementos ya no eran materia en el sentido griego de la palabra, sino más bien las formas básicas del ser a partir de las cuales se constituyeron y vinieron a la existencia todas las cosas corporales. Por su parte, Anaxágoras rechazó la teoría de los elementos de Empédocles, que dependía del concepto eleático de la eterna forma del ser. Precisamente porque él concebía el *nous* divino como el único principio formador y dador de origen, asignó conscientemente la primacía religiosa al motivo básico de la religión de la cultura. Anaxágoras se vio así obligado a desdivinizar *per se* el principio materia de la religión de la naturaleza.

c. La concepción de la materia de Anaxágoras como una mezcla fija y caótica en sí misma de las semillas de todas las cosas. Las así llamadas "homeomerías"

En esta perspectiva, Anaxágoras niega la presencia del alma dentro del ámbito de la materia en sí misma. La materia se vuelve fija y estática, aunque mantiene su carácter caótico típico. Se ha convertido en el *migma* absoluto, en la mezcla caótica y completamente informe de todo con todo. Aquí, el flujo eterno de la *physis* no se funda en un grupo de cuatro formas estáticas del ser; en cambio, la materia misma se ve privada de su poder espontáneo de movimiento, de su continuidad anímica fluida. Pero la materia sigue siendo el polo diametralmente opuesto al principio de la forma. Ahora es el ámbito del caos, que es intrínsecamente inerte y estático. Se ha convertido en pura *carencia de forma*.

Para Anaxágoras, el movimiento es en principio un movimiento formativo, que se origina únicamente en el *nous* divino como demiurgo. Este *nous* saca del caos un cosmos, un mundo con forma, y conoce y determina su orden interno.[142] Anaxágoras niega expresamente que *Anagkē* o *Heimarmenē Tychē* sea el origen del proceso formativo.[143] Esto no significa, sin embargo, que el principio caótico de la materia haya perdido su estatus como principio de origen independiente del principio divino de forma. El caos no debe su origen al *nous* divino. De hecho, siguiendo a Empédocles, Anaxágoras dice que no hay devenir ni nacimiento en ningún sentido absoluto.[144] En su pensamiento, sin embargo, esta afirmación adquiere un significado completamente distinto al que tiene en Empédocles. Según Anaxágoras, la materia sigue siendo una mezcla caótica de todo con todo, incluso cuando ha sido dividida y subdividida hasta el máximo posible. Precisamente por esta razón afirma que contiene un número infinito de semillas infinitesimales pequeñas (σπέρματα o χρήματα) de todas las cosas accesibles a la experiencia sensorial (oro, huesos, sangre, etcétera).[145] Es una totalidad informe de la cual todo lo que tiene forma y figura puede surgir por un movimiento producido dentro de ella por el *nous* divino, que separa las partículas disímiles y reúne las partículas similares.

   Anaxágoras no considera los cuatro elementos de Empédocles como formas elementales del ser, sino como complejos de materia que en sí mismos son originalmente informes y desordenados, y que consisten en una mezcla de *spermata*, todas las cuales son disímiles. A partir de tal mezcla heterogénea, las cosas reales con forma (aire, fuego, etcétera), que están compuestas predominantemente por partículas similares, sólo pueden surgir por medio de un proceso de separación. Estas partículas similares, así como las totalidades que se componen de ellas, más tarde llegaron a ser llamadas *homeomerías* (de ὅμοιος, semejante, y μέρος, parte).[146] Aristóteles contrastó estas totalidades *homeoméricas* con las totalidades *no homeoméricas*, es decir, los organismos vivos, que él consideraba compuestos de partes disímiles.

d. La concepción de la materia en Anaxágoras como precursora de la concepción aristotélica. Cómo difiere fundamentalmente de esta última. La antinomia interna en la concepción de la *hylē* como una realidad existente aparte de la forma

La concepción de la materia en Anaxágoras, con sus componentes infinitesimalmente pequeños, como las "semillas" de todas las cosas que tienen forma, anticipa claramente la concepción aristotélica de la *hylē*, que considera la materia como la potencialidad o posibilidad de ser (δυνάμει ὄν). Al mismo tiempo, sin embargo, la antinomia interna que inevitablemente enreda esta teoría se hace patente tan pronto como se intenta efectuar una separación absoluta entre los principios de forma y materia también se manifiesta en este punto. Anaxágoras sostiene que la sangre, el oro, la plata y todas las demás sustancias que considera compuestas de partículas similares contienen, como sus semillas materiales,[147] todas las demás sustancias en su interior. La única salvedad aquí es que, en las totalidades llamadas "homeoméricas", predominan las partículas similares.[148]

En el sistema de Anaxágoras, los *spermata* no pueden tener la naturaleza de sustancias elementales y primordiales puras. Si lo fueran, tendrían que estar sin mezclar, y entonces necesariamente asumirían el carácter de formas simples del ser. Anaxágoras afirma expresamente, sin embargo, que sólo el *nous* divino está sin mezclar. Los *spermata*, por tanto, sólo pueden tener dentro de sí la propensión, potencialidad o semilla de las formas distintas del ser, mientras que como *hylē* continúan poseyendo el carácter caótico del *migma*.

En la interpretación estándar de los *spermata* de Anaxágoras, se ha prestado muy poca atención a este estado de cosas, aunque Platón ya proporcionó un análisis agudo del mismo en su Parménides. Como resultado, la diferencia fundamental entre estos *spermata*, por un lado, y los elementos de Empédocles y los átomos de Demócrito, por el otro, ha quedado oscurecida.[149]

La verdad es que, en el sistema de Anaxágoras, los *spermata* solo pueden tener el carácter de pura materia, en la que predomina la tendencia de la materia hacia un punto específico. Esta concepción está íntimamente relacionada con su doctrina del carácter absolutamente continuo del *migma*. Este último no contiene ningún elemento circunscrito *real*, porque incluso las partículas más pequeñas están mezcladas con todas las demás en un continuo ininterrumpido. Si las partículas *circunscritas* existieran en realidad, tendría que haber un espacio vacío entre ellas, una noción que el pensador jónico combate enérgicamente.

Por otro lado, si el *migma* estuviera compuesto de sustancias puramente materiales, serían completamente indistinguibles unas de otras. Entonces no podrían existir las homeomerías ni las semillas-materia similares, ya que el pensamiento griego antiguo entendía que la similitud presupone una forma distintiva. Si, sin embargo, esas partículas ya fueran semillas de forma, entonces el principio formativo (el *logos*) tendría que residir en el principio de la materia. Esta posición fue adoptada más tarde por los estoicos en su teoría de los *logoi spermatikoi*, lo que representó una reversión a la concepción heraclítea del principio de materia. Si el propio Anaxágoras hubiera adoptado este paso, sin embargo, habría significado un fracaso completo en su intento de establecer una separación total entre la *hylē* y el *nous* divino como principio de forma.

Para escapar de esta antinomia, Aristóteles recurrió más tarde a la estratagema de negar la existencia real (actual) a la materia pura o primaria. Enseñó que la materia, como mera posibilidad del ser, es llevada por primera vez a la existencia real mediante la forma.

Anaxágoras, sin embargo, establece la *hylē* como un caos existente en realidad, que, aunque inicialmente se encuentra en un estado de inmovilidad rígida, es formado en un cosmos por el movimiento divino. Según él, los *spermata* materiales, por su propia naturaleza, tienen un ser inmutable, que permanece inafectado a lo largo del proceso que da lugar a la forma. Y en esta separación absoluta de los que como *correlata* pertenecen inseparablemente juntos, a saber materia y forma, la dialéctica verdaderamente religiosa del motivo básico griego se manifiesta una vez más. Tan pronto como esta dialéctica se lleva a cabo en reflexión teórica, se convierte en una fuente inagotable de irresolubles antinomias teóricas.

Esto no altera el hecho, sin embargo, de que la teoría del *nous* de Anaxágoras marca un punto de inflexión verdaderamente decisivo en la filosofía griega. En su concepción, la prioridad religiosa del auténtico motivo de forma de la religión de la cultura comienza a expresarse por primera vez en el pensamiento teórico. Aquí este motivo se ha profundizado por medio de las θεωρία, y el ropaje mitológico politeísta que Homero y Hesíodo le habían dado ha sido definitivamente superado. La escuela de Anaxágoras ha comenzado el intento de una interpretación ética-alegórica de la mitología homérica (τὴν Ὁμήρου ποίησιν εἶναι περὶ ἀρετῆς καὶ δικαιοσύνης). Como el principio dador de forma, el *nous* divino ha sido eliminado de todas las pasiones humanas e identificado con la actividad del pensamiento teórico puro. En efecto, Anaxágoras ha purgado su noción de la deidad tan a fondo de todo elemento mítico que llama a las estrellas "cuerpos sin vida", rompiendo así con la antigua religión celeste de los dioses (θεοὶ οὐράνιοι).[150]

No obstante, la concepción de Anaxágoras todavía no logra llevar a cabo la primacía del motivo de forma de la religión de la cultura de manera filosófica coherente. El *nous* dador de forma sólo se menciona una vez en su filosofía de la naturaleza para explicar el origen ("el impulso inicial de movimiento"). Cuando se trata de explicar fenómenos concretos de la naturaleza, sin embargo, este principio se desvanece completamente. De hecho, Anaxágoras actúa como si la génesis del mundo se debiera enteramente a la obra del principio material, con su *Anagkē* ciega. Se supone que el hombre se ha originado exactamente del mismo modo que todos los demás seres vivos y cosas inorgánicas, mediante la combinación de *spermata* materiales.[151] Así, la facultad mental humana (*nous*) evidentemente no se considera como una forma independiente, separada de la materia. Anaxágoras atribuye este carácter únicamente al *nous* divino. En otro fragmento describe este *nous* como "el más fino y puro de todos los *chrēmata*".[152]

La interpretación estándar es completamente errónea al tomar esta afirmación como si Anaxágoras hubiera considerado el *nous* meramente como una rarefacción de la materia.[153] Por el contrario, la afirmación significa que él concebía el *nous* divino como nada más que pura forma; pues un *chrēma* que es verdaderamente no mezclado es necesariamente formal por naturaleza.

Todavía es posible que Anaxágoras, como Aristóteles, considerara la actividad del pensamiento teórico como un poder noético divino universal, que sólo entra en el ser humano *desde fuera* (θύραθεν) y que no opera dentro de la naturaleza humana misma (κατὰ φύσιν). Sin embargo, esto no es probable, ya que el fragmento 11 afirma expresamente que el *nous* está mezclado con muchas otras cosas.

e. La ruptura de Anaxágoras con la noción de que lo semejante se conoce por lo semejante. La interpretación metafísica de la relación *Gegenstand* y su influencia en la teoría escolástica del alma

Sea cual sea la respuesta que se dé a esta cuestión, el dualismo polar entre el motivo formal de la religión de cultura y el motivo material se revela, en todo caso, en la ruptura radical de Anaxágoras con la tesis fundamental de Parménides, Heráclito y Empédocles de que lo semejante se conoce por lo semejante. Aquí la filosofía griega se vuelve consciente por primera vez de la *relación teórica Gegenstand*, y esta toma el lugar del camino metafísico-teológico de hacer que la función teórica-lógica del pensamiento se independice completamente, separándola del campo de investigación "material" (el *Gegenstand*). Como veremos más adelante, tanto Aristóteles como los escolásticos usarán esta errónea interpretación metafísica de la relación teórica *Gegenstand* como punto de partida para demostrar que el *nous* (o, en la escolástica, el *anima rationalis*) es una sustancia mental separable del cuerpo material. El pensamiento divino es capaz de conocer las semillas materiales de todas las cosas, no porque sean como él, sino precisamente porque no está mezclado con ninguno de ellos y por lo tanto se opone diametralmente a ellos.[154] Los órganos sensoriales, en cambio, son demasiado débiles para discernir los constituyentes primordiales de la materia.[155] Sin embargo, Anaxágoras sostiene que incluso el conocimiento sensorial se basa en la experiencia sensorial adquirida a través de lo que se opone al objeto de la percepción. Por ejemplo, solo percibimos el frío a través del calor; si algo tiene exactamente la misma temperatura que nuestro órgano sensorial, no produce en absoluto ninguna impresión.[156]

Aunque él mismo no llevó a cabo el dualismo entre la función lógica-teórica del pensamiento y su *Gegenstand* material en su antropología, Anaxágoras estaba destinado a convertirse en el padre espiritual de uno de los principales argumentos en la antropología aristotélica y escolástica para la inmortalidad y la sustancialidad espiritual del *nous* o alma pensante (*anima rationalis*).

f. La relación entre la forma del ser y la materia en los atomistas

En los atomistas Leucipo y Demócrito (siglo V a.C.), la primacía del motivo formal de la religión de cultura ha desaparecido completamente del panorama. Esto no significa, sin embargo, que optaran por la primacía del motivo material. Ellos se aferraron al dilema metafísico planteado por Parménides, justo como lo hizo Empédocles, y, siendo plenamente conscientes de que los principios de forma y materia no pueden reducirse el uno al otro, buscaron también efectuar una síntesis entre ellos.

Los atomistas aceptaron la solución de Empédocles en la medida en que también ellos tomaron la única forma indivisible y estática del ser de Parménides y la dividieron en una multiplicidad de formas básicas inmutables. Para ellos, sin embargo, éstas no eran los cuatro elementos de la *physis*: fuego, aire, tierra y agua. En su lugar, eran entidades metafísicas de forma estereométrica, en el mismo sentido que la forma encontrada en Parménides. Además, los atomistas sostuvieron que hay una multiplicidad infinita de tales formas básicas. Cada una de éstas posee la plenitud del ser y la indivisibilidad que caracterizaba la forma del ser de Parménides. Así, son ἄτομα (*átoma*), átomos, que no permiten ninguna división ulterior.

La materia, por el contrario, es concebida por los atomistas como un *kenón* absolutamente informe e ilimitado (ápeiron χενόν), esto es, un vacío o privación del ser, en el cual, no obstante, prevalece un movimiento caótico eterno que es impartido a los átomos desde fuera.

Como Burnet ha demostrado en oposición a Zeller,[157] este movimiento desordenado, que provoca un vórtice (δίνη) cuando los átomos colisionan entre sí, no puede considerarse una consecuencia del "peso natural" de los átomos; en cuyo caso solo habría un movimiento de caída. Para Leucipo y Demócrito, el peso (βάρος) no es una propiedad intrínseca de los átomos. Como declaran expresamente tanto Aecio[158] como Cicerón,[159] la idea de que los átomos tienen peso fue introducida por primera vez por Epicuro, y esto alteró fundamentalmente la concepción original de los átomos. Según esta concepción original, el movimiento caótico, como movimiento sin orden, debía ser necesariamente impartido desde fuera, ya que no podía originarse a partir de un impulso interno de los propios átomos. En consecuencia, solo podía atribuirse al *kenón* informe, como principio material. Aparte de un principio material, un movimiento desordenado era impensable para los griegos, y queda claro por las fuentes disponibles que los propios átomos fueron concebidos puramente como formas matemáticas corporales del ser. Lo que naturalmente viene a la mente aquí como fuente de la visión atomista es la representación pitagórica antigua del *kenón* como una corriente fluyente de aire oscuro y frío. Ésta fue la concepción del "vacío" que Parménides tenía en vista en su poema didáctico y de la cual, desde su punto de vista lógico-metafísico, se había privado de cualquier pretensión de verdad. Para él, el *kenón* es un fluido vacío, carente de ser, que no puede pensarse ni nombrarse.

Es, de hecho, evidente que más tarde Empédocles adoptó una nueva posición respecto al aire atmosférico y lo exaltó como un elemento corpóreo al estatus de forma material del ser. No hay evidencia, sin embargo, de que esto haya llevado a los fundadores del atomismo a considerar el *kenón* como un espacio absolutamente vacío, una concepción que habría sido completamente nueva y que, de hecho, habría sido incompatible con el motivo material griego. Burnet, quien sigue la visión predominante al hacer esta suposición injustificada, debe admitirse a sí mismo que en muchos puntos la cosmología atomista revirtió a concepciones primitivas que para ese momento ya habían quedado obsoletas. Está claro, además, que el atomismo fue fuertemente influenciado por antiguas concepciones pitagóricas, así como su cosmología estuvo estrechamente relacionada con la de Anaxímenes, el gran representante tardío de la filosofía de la naturaleza milesia, quien consideraba el aire como una *archē* informe.[160]

Es, en efecto, evidente, por lo tanto, que el movimiento caótico original en el *kenón* debe ser concebido a la manera pitagórica como una corriente fluida de aire en la que se encuentran los átomos, y que se les comunica externamente, como un viento atmosférico que se desplaza en todas direcciones. Entonces también se vuelve comprensible que en esta concepción los átomos-alma "libres", que serán discutidos más adelante, se digan "suspendidos en el aire". De ninguna manera puede esto tomarse como una referencia a átomos de aire; debe referirse al aire como *materia*, que sigue siendo incorpórea e informe. Si se acepta la concepción predominante del *kenón* como un espacio absolutamente vacío, sin embargo, la concepción original de los átomos permanece completamente inexplicable. La fuerza de esto no pasó desapercibida para Epicuro, quien, habiendo roto con la concepción pitagórica del vacío, se sintió obligado a introducir la idea de que los átomos tienen "peso natural", con el fin de indicar una causa de su movimiento.

Los primeros atomistas aparentemente no sintieron la necesidad de dar una explicación más completa de su concepción arcaica del *kenón*, y esto explica por qué Aristóteles, quien habla repetidamente de la concepción del vacío como "aire fluyente",[161] los critica sin embargo por no especificar ni la naturaleza ni la causa del movimiento al que están sometidos los átomos.[162]

Según los atomistas, el proceso por el cual se introduce el orden en este movimiento, que permite a los átomos unirse en unidades compuestas relativamente duraderas con forma, que están sujetas al principio de la forma, no surge del propio movimiento-materia. Más bien, es un producto del principio de forma que es inherente a los átomos. Aquellos que tienen formas similares se empujan juntos, y aquellos que tienen formas diferentes se empujan apartados.[163]

El *kenón*, por cierto, es un μὴ ὂν (no-ser), pero Leucipo y Demócrito difieren de Parménides al concebir este no-ser como meramente relativo y no como nada absoluto. Esto significa que si uno considera la materia como tal, es decir, intenta captar su ser en separación de las formas como formas inmutables del ser, en efecto no puede convertirse en objeto del pensamiento y por tanto no califica como ser en el sentido teórico de los eleáticos. En relación con las formas atómicas del ser, sin embargo, el *kenón* fluido adquiere una existencia relativa. De hecho, uno podría decir que los átomos solo tienen ser en relación con el *kenón*.[164] Esto se debe a que la indivisibilidad e impenetrabilidad de los átomos presupone que están separados unos de otros por un vacío relativo.

En relación con los átomos y el vacío, la relación lógica de P a no-P se transforma en una relación ontológica metafísica. Dentro del alcance del motivo religioso griego, sin embargo, no hay manera de establecer cuál podría ser la base de esta relación óntica; pues el carácter dialéctico de este motivo no permite ninguna unificación integral o unidad fundamental que reuniría los principios opuestos de forma y materia.

Sin duda, privar completamente a la materia del ser en este sentido es algo marcadamente antirrealista. De hecho, con la condición de que la palabra "materialismo" se entienda en su sentido griego característico, como una sobreactuación del motivo de la materia, debe decirse que el materialismo griego es de hecho antirrealista. Los atomistas consideraban la materia como, en sí misma, completamente indeterminada (τὸ ἄπειρον). Puede señalarse como el origen del movimiento desordenado, que es una condición para la aparición en el ser de las cosas que tienen forma; pero tiene existencia actual solo en relación con las formas básicas eternas del ser, a saber, los átomos.

Las propiedades formales matemáticas de los átomos y su disposición matemática mutua (figura geométrica no-sensible, orden mutuo y disposición) se consideran completamente adecuadas para explicar toda la diversidad de los fenómenos dentro del cosmos.[165] Debido a que son entidades determinadas esencialmente por la forma, parece que Demócrito también se refiere a los átomos como ἰδέαι.[166] Según él, las cualidades presentes en la percepción sensible, como lo dulce y lo amargo, lo frío y lo caliente, el color y el resto, no podrían haber sido, ya que como fenómenos conscientes existen únicamente para nosotros.[167]

g. El alma como un complejo de formas indivisibles del ser (átomos) que están esparcidas por todo el cuerpo. No el alma, sino sólo sus átomos constituyentes tienen inmortalidad. El carácter especial de estos últimos por virtud de su forma esférica

Demócrito también se une a la escuela del principio de forma, donde reside el alma. Según él, el alma consiste en los átomos muy pequeños, lisos y redondos que están esparcidos por todo el cuerpo de lo que se ha convertido en un ser viviente. Así como inhalamos, también tomamos átomos de alma en el aire; al exhalar, liberamos tales átomos nuevamente al aire. Mientras este proceso continúe, hay vida.[168] La percepción sensorial es explicada por los atomistas, de manera causal, en términos de la emisión de átomos por las cosas que tienen forma. De esta manera, se producen imágenes formales (εἴδωλα), que inciden en nuestros órganos sensoriales. Así, Leucipo enseñó que la visión es causada por la penetración de dichos *eidōla* en el ojo.[169] El pensamiento es el movimiento más sutil de los átomos ígneos y es causado por los *eidōla* más finos.

No hay lugar en esta concepción atomista para una inmortalidad del alma en el sentido órfico. Solo los *átomos* del alma son inmortales, pues ni llegan a ser ni dejan de ser; pero estos átomos no tienen vida. Los atomistas entienden la vida como un proceso de movimiento y, como hemos visto, este proceso está vinculado a la respiración y, por ende, al cuerpo material. Que los átomos del alma sean esféricos en forma, siendo esta la forma de perfección más elevada, es la única cosa en el atomismo que recuerda al aprecio órfico del alma como superior al cuerpo material. El hecho de que esta forma esférica se atribuya también a los átomos ígneos indica que tanto Leucipo como Demócrito debieron haber sido influenciados hasta cierto punto por la metafísica de la luz del orfismo. Muy probablemente, esta influencia proviene de la doctrina de Parménides sobre la forma eterna, esférica y luminosa que posee verdadero ser. Según Demócrito, la forma esférica de los átomos del alma los hace los más móviles y, al mismo tiempo, los más aptos para transmitir a los átomos del cuerpo el movimiento que reciben desde fuera.

h. Los átomos como el opuesto exacto de los *spermata* de Anaxágoras

Como las bases del ser son infinitamente numerosas, los átomos deben considerarse el exacto opuesto de la cantidad infinita de semillas materiales (*spermata*) de Anaxágoras. A la luz de esto, está claro que Cornford se equivoca al afirmar que Anaxágoras ya estaba a mitad de camino hacia el atomismo. Como hemos visto, los *spermata* son pura *hylē* o materia; los átomos, en cambio, son formas genuinas del ser. Como también se ha señalado, Anaxágoras niega, como cuestión de principio, que un vacío pudiera existir; sin un *kenón* así, los átomos no podrían tener ser. Para Anaxágoras, la materia pura es un *migma* continuo, infinitamente divisible y extenso, que incluso en sus componentes infinitesimalmente pequeños todavía carece de forma limitante. Incluso estos componentes no son puros, pero retienen el carácter caótico del *migma*. Solo el *nous* divino está sin mezclar.

i. El *Anagkē* del atomismo es una necesidad formal metafísica. No es ni teleológica ni mecanicista

El principio de la forma conserva ciertamente la primacía en el atomismo; sin embargo, en contraste con la forma cultural que este principio adoptó en Anaxágoras, la concepción atomista del mismo es completamente naturalista. Excepto por el vestigio dejado en la idea de que los átomos del alma son esféricos en forma, aquí no hay rastro de la concepción órfica del *Sphairos* como forma supramundana de los cielos luminosos. A pesar de que son ἰδέαι (figuras) no sensibles, las formas atómicas se ven envueltas en el principio materia, en el sentido de un vacío óntico ilimitado (es decir, ausencia de ser). Se tornan sujetas al movimiento desordenado original de este *kenón*, aunque dicho movimiento permanece completamente externo a ellas. Los movimientos de estos átomos, que se atraen o repelen mutuamente dependiendo de si son semejantes o diferentes en forma, eventualmente dan origen a un número infinito de mundos de cosas con forma;[170] pero, como Leucipo declara expresamente, este proceso no sigue el plan racional y con propósito de un *nous* divino que otorga forma. En cambio, tiene lugar de acuerdo con *Anagkē*. Este *Anagkē* debe entenderse, sin embargo, en el sentido lógico-metafísico que Parménides le había atribuido. Procede *ek logou*, es decir, según fundamentos firmes basados en el principio de forma, y no sigue lo impredecible por azar (*Tychē*).[171]

Esta visión de *Anagkē* no tiene absolutamente nada que ver con el concepto de causalidad en la ciencia natural moderna. Debe entenderse en el contexto de una concepción naturalista del motivo griego de la forma, que fue formulada en un intento de racionalizar el principio de materia como un flujo continuo, impredecible e incesante. A diferencia del ideal humanístico clásico de la ciencia, no está orientada al dominio de los fenómenos naturales. Pertenece, en otras palabras, al marco conceptual metafísico de una teoría especulativa griega, que intenta efectuar una síntesis con el principio de materia. En esencia, no tiene relación con la visión mecanicista de la naturaleza característica de la física fundada por Galileo y Newton. Aunque podría pensarse que hay una relación entre ambos marcos conceptuales en el hecho de que ambos aplican el método matemático a los fenómenos naturales y excluyen toda causa final, la semejanza es sólo aparente. El dominio del método humanístico moderno está ausente en el método matemático de los atomistas griegos,[172] y su visión de la *physis* es fundamentalmente diferente de la visión de la naturaleza en la física moderna. La concepción moderna de las leyes de la naturaleza es, en este contexto, tan ajena como el moderno método experimental de indagación.

j. El "ateísmo" de los atomistas griegos

Existe la tentación de calificar al atomismo griego como "ateo" y de considerarlo un ejemplo de una manera de pensar supuestamente "genuinamente científica", que no deja lugar para la intervención divina en el curso natural de los acontecimientos. Si se hace esto, sin embargo, debe actuarse con sumo cuidado al aplicar tales denominaciones modernas. Es innegable que los atomistas, a diferencia de sus predecesores, ya no presentaban su θεωρία como el camino hacia el verdadero conocimiento de Dios. La atomización de la forma divina del ser de Parménides fue sin duda inspirada más por el esfuerzo científico por "salvar" en un sentido teórico la verdadera realidad del mundo de multiplicidad y diversidad, que Parménides había relegado al estatus de mera apariencia. La cuestión de si aún quedaba lugar para la deidad en todo esto aparentemente no jugaba ya ningún papel. Demócrito no tenía lugar para dioses inmortales en el sentido de la religión olímpica de la cultura, sino solamente para démones buenos y malos que vivían más que los mortales ordinarios y que se aparecían a los hombres en forma de *eidōla*. Puede recordarse cómo Empédocles, en forma similar, llamó "démones" a las almas que habían caído desde el Uno divino y omniabarcante.

Todo esto no elimina, sin embargo, el hecho de que el atomismo griego es guiado por el mismo motivo religioso básico que los sistemas anteriores de la filosofía griega. Pues este motivo básico demuestra ser independiente de la forma mítica particular que se le había dado por Homero y Hesíodo. Quien pierde de vista este motivo básico se expone a sí mismo a todo tipo de malas interpretaciones modernas de la *theōría* griega.

§6 El sofismo y el punto de inflexión crítico en la filosofía griega bajo la primacía del principio forma de la religión de la cultura

a. El principio materia es arrastrado por la teoría del conocimiento de Protágoras

Protágoras de Abdera, quien nació alrededor del 481 a. C. y que alcanzó el punto culminante de su carrera ca. 444–443 a.C., llevó el pensamiento griego a un punto de inflexión crítico. Lo hizo al remover la *physis* divina del centro de atención y reemplazarla por los propios seres humanos como entes culturales.

Protágoras se convirtió en el fundador del llamado movimiento sofístico y el padre de la "Ilustración" griega. Fue activo como maestro de retórica en muchas ciudades griegas, en particular, en Atenas. Bajo el liderazgo de Pericles, Atenas se encontraba en ese tiempo en el apogeo de su desarrollo político y cultural, aunque los síntomas de decadencia interna en la forma de gobierno democrática que este estadista había instituido pronto saldrían a la superficie.

Esta democracia, que se basaba en la igualdad de derechos políticos para todos los ciudadanos plenos, creó la necesidad de educación para todos los que deseaban obtener un lugar en la βουλή, la asamblea pública ateniense. Ésta era una educación particularmente en retórica, en el arte de la elocuencia y en las habilidades políticas; pero también abarcaba toda la gama enciclopédica del conocimiento, considerada necesaria para la formación del ciudadano.

Fueron los sofistas quienes respondieron a esta necesidad. Se presentaban como los "enciclopedistas" de Grecia, que deseaban difundir el conocimiento entre el pueblo. Fueron los primeros en exigir una paga por la instrucción filosófica, acto que Sócrates y Platón consideraron una prostitución imperdonable del conocimiento. La crítica culminante que estos dos pensadores dirigieron al nombre "sofista" le dio su connotación negativa y despreciativa que ha conservado desde entonces, pero que al principio era totalmente inapropiada. Así ha llegado a representar un estilo de pensamiento que ofrece una cierta apariencia de conocimiento y que es capaz de transformar un caso débil en uno fuerte mediante hábiles preguntas capciosas diseñadas para confundir al oponente.

Protágoras, quien fue el fundador de esta escuela de pensamiento, no compartía en absoluto esta mala reputación. Se llamaba a sí mismo *sophistēs*, en el sentido serio de "sabio", y era estimado como tal por todos. Las marcadas contradicciones entre las teorías opuestas acerca de la *physis* desarrolladas por sus predecesores lo llevaron a cuestionar seriamente si el sujeto humano es capaz de alcanzar un conocimiento universalmente válido sobre la naturaleza. De hecho, llegó a negar esta posibilidad. Siguió consecuentemente el principio de materia (en el sentido heraclíteo de la absoluta fluidez de la *physis*, pero sin la idea de *logos* de Heráclito) tanto en su crítica del conocimiento humano como en su comprensión del conjunto de los fenómenos naturales objetivos. De esta manera, inició una crisis en el mismo fundamento de la ϑεωρία griega.

Según Sexto Empírico, Protágoras enseñaba que la *hylē* está absolutamente en flujo en la naturaleza y sujeta a un incremento y decremento continuo. Las percepciones sensoriales, que el sofista consideraba nuestra única fuente de conocimiento, también están sujetas a un cambio constante, según las condiciones corporales del sujeto. Y dado que la *hylē* contiene en sí misma los fundamentos de todos los fenómenos sensibles, Protágoras sostenía que no puede haber un ser en sí, y que todo lo que aparece al ser humano lo hace en la percepción sensorial.[173] El testimonio de Sexto Empírico se confirma también por lo que Platón nos dice en su *Teeteto* al examinar la teoría del conocimiento de Protágoras. Pues Platón asocia explícitamente la postura epistemológica de Protágoras con el motivo materialista griego, como el principio de la absoluta fluidez de la *physis*.[174] La aplicación de este principio material al conocimiento humano llevaba inevitablemente a la conclusión escéptica de que no existe ninguna norma universalmente válida para la verdad. Lo que a alguien le parece verdadero, eso lo es. Las imágenes que bailan ante los ojos de una persona enferma en un sueño febril no son menos verdaderas para él que para una persona sana, a quien esas imágenes le parecerían meras ilusiones.

Protágoras sostiene que el conocimiento humano depende completamente de la percepción sensorial. Y como también sostiene que tanto la percepción subjetiva como los propios objetos de percepción están sometidos a un cambio y flujo constantes, esto significa que el conocimiento de una persona no puede pretender acogerse a ninguna norma universalmente válida de verdad. Es evidente, entonces, que desde la perspectiva de Protágoras había aún menos espacio para una metafísica teórica del ser. Pues el objetivo preciso de esta última había sido alejarse completamente de la percepción sensorial y penetrar en la esencia suprasensible de las cosas mediante el pensamiento teórico puro. Sobre la base de su epistemología escéptica, Protágoras llegó a la conclusión de que cualquier juicio afirmativo sobre un estado de cosas podía oponerse a un juicio negativo igualmente válido.[175] Fue en este método dialéctico, que en esencia era una encarnación de la dialéctica del propio motivo materia-forma, donde el arte sofístico de la argumentación llegó a su punto culminante. Este tipo de argumentación estaba específicamente diseñado para confundir al oponente y se valía particularmente de la ambigüedad de las palabras. De este modo, la retórica se transformó en erística, el arte de disputar.

b. El significado de la regla *homo mensura* de Protágoras

La conocida regla *homo mensura* de Protágoras, "El hombre es la medida de todas las cosas",[176] es en primer lugar nada más que un resumen lapidario de su epistemología, dominada como está por el principio de materia, a expensas de toda constancia vinculada al principio de forma. Aquí "hombre" no debe entenderse en el sentido de una naturaleza humana universal, lo que implicaría como algo dado un criterio universalmente válido para el conocimiento; lo que se entiende aquí es la completa subjetividad cambiante de cada individuo humano. Por esta sola razón, esta regla *homo mensura* no tiene conexión intrínseca con la valoración moderna de la ciencia desde una perspectiva pragmática o positivista.[177]

Observación: En su importante obra *Protagoras and the Greek Community* (Ámsterdam, 1940), p. 53, D. Loenen objeta a Julius Kaerst, entre otros, al negar que la regla *homo mensura* tenga una tendencia individualista. Esta negación solo puede explicarse por el hecho de que no ha percibido el motivo religioso básico del pensamiento de Protágoras. Tiene indudablemente razón al afirmar que Protágoras no usa al ser humano individual como norma en su concepción de la sociedad. Aquí, el pensamiento del sofista está completamente determinado por el motivo forma de la religión de la cultura, cuyo portador es la *polis* como comunidad. En su sentido original radical, sin embargo, la regla *homo mensura* se aplica únicamente al conocimiento humano de la verdad y está completamente determinada por el principio de materia. Esto es evidente por las palabras de Sexto Empírico, que muestran que la intención de Protágoras era precisamente dejar en claro que no existe forma constante para el conocimiento teórico que pueda servir como norma. Por esta razón, efectivamente concibe este conocimiento en un sentido absolutamente individual, como es indiscutiblemente claro a partir del *Teeteto* de Platón: ὅτι ἄνθρωπῳ ἑκάστῳ εἰς φρόνησιν ἐποίει (169 D). La noción de que la naturaleza humana está en flujo no deja lugar para ninguna especie fija de "hombre" en el sentido teórico; pues esto presupondría la posibilidad de una norma universalmente válida de verdad. Esta afirmación desafía la declaración de Adolf Menzel en su *Beiträge zur Geschichte der Staatslehre*:[178] "También podría decirse que para Protágoras el ser humano individual y la humanidad como género no contrastan".

Protágoras somete la naturaleza humana (*physis*), como la *physis* en su conjunto, al dominio del principio de materia pura y sin restricciones. La naturaleza humana está sumida en una barbarie desenfrenada y sin ley. Sin embargo, reconoce, aunque con cierta inconsistencia, que el ser humano, incluso en este "estado natural", es decir, antes de la fundación de la *polis*, ya poseía lenguaje, ciertas habilidades técnicas y una cierta religiosidad.[179]

Para el padre del sofismo, la naturaleza humana en sí misma no posee forma ontológica válida que esté separada del principio de materia. Por ello, niega en principio que exista alguna ley natural o justicia, ya que la justicia según él no tiene existencia propia.[180] Esto no significa, sin embargo, que la ley esté sujeta a la opinión cambiante de cada individuo; es más bien un producto del proceso de formación positiva llevado a cabo por la *polis*. No obstante, esta eliminación de toda forma constante en la naturaleza conduce a Protágoras también a despreciar y rechazar la *theōría* griega, sirviendo meramente como introducción a su exaltación del principio formativo de la cultura. Por medio de este último, los seres humanos reciben una educación formativa, la cual inculca opiniones útiles que no se preocupan por conocimientos individuales cambiantes respecto a la verdad, sino por el bienestar general de la *polis*. La naturaleza humana adquiere verdadera forma únicamente a través de la influencia civilizadora de la *polis*, por medio del libre control formativo que ésta ejerce mediante su orden legal y sus preceptos morales y religiosos públicos. A este proceso es al que el sofista busca contribuir por medio de su instrucción filosófica. Porque, para Protágoras, la justicia, la moralidad y la religión no son más que medios útiles para la formación cultural del ser humano.

En cuanto a su valor de verdad, las opiniones respectivas de un enfermo y de una persona sana pueden, en efecto, situarse en pie de igualdad; pero eso no significa que sean igualmente útiles. Y en cuestiones de justicia, moralidad y religión, lo que es útil y lo que no lo es no lo determina una verdad objetiva, sino la opinión general de la *polis*.

c. El nominalismo de Protágoras en su concepción del principio forma de la cultura

Sin duda, Protágoras reconoció que esta opinión comunal de la ciudad-estado griega también es susceptible de cambio y varía de una *polis* a otra; sin embargo, constituye un límite formal para la naturaleza fluida del ser humano. Según él, el principio de la forma no es un principio metafísico del ser, tal como es concebido por una concepción realista de las formas. Protágoras es un nominalista de principio a fin, y por ello concede al principio de la forma un lugar solo en la conciencia humana subjetiva. También queda excluido aquí el *nous* divino de Anaxágoras como portador de este principio. No obstante, la sede del principio de forma cultural no se encuentra en Protágoras en la conciencia individual humana, sino en la conciencia colectiva de la *polis*. Así, la regla *homo mensura* pierde aquí su carácter individualista original.

El principio de la forma en Protágoras es indudablemente el de la religión de la cultura, la cual tenía su sede en la *polis* griega; pero, por su propio testimonio, él permaneció escéptico respecto de la posibilidad de un conocimiento teórico de la divinidad. Tanto la *physis* divina como el conocimiento teórico referido a ella son abandonados al principio de materia, y no queda nada en el principio de forma que pueda contrarrestar esto. Aquí no hay medida, proporción ni armonía; tampoco hay estructura constante ni delimitación formal que proporcione estabilidad a algún "camino de la verdad" universalmente válido. Dentro de ciertos límites, incluso el principio de forma de la cultura está, para Protágoras, sujeto al principio de materia del flujo eterno. No está enraizado en un *eidōs* (arquetipo), una forma eterna de ser, tal como lo sería más tarde en Platón. Para el sofista, su fundamento único reside en la opinión general de la *polis*, la cual se forma de acuerdo con el principio democrático de la regla de la mayoría. En efecto, como informa Platón en su *Teeteto*, Protágoras asigna al filósofo la tarea de criticar las leyes y decretos menos útiles del régimen democrático y así influir en la opinión pública;[181] sin embargo, no puede producir ningún criterio ni norma universalmente válida que pudiera servir como guía para su crítica.

d. El contraste entre *physis* y *nomos*

En el plano histórico-legal, el principio cultural formal de Protágoras, que tiene su asiento en la conciencia comunal de la *polis*, se ha distanciado claramente de la *physis* como *hylē* eternamente fluida. En cuanto a su naturaleza interna, sin embargo, no se ha separado del principio de materia, sino que más bien se ha construido en forma evolucionista como una etapa superior de desarrollo surgida del reino sin ley ni medida de la *physis*. El contraste entre *physis* y *nomos*, que algunos ya atribuyen a Arquelao, discípulo de Anaxágoras y maestro de Sócrates, encierra una expresión significativa de la oposición dialéctica entre el principio de materia y el principio formal de la religión de la cultura, y por tanto, una vez más, se relativiza.[182] El ámbito de la *physis* no tiene ley fija, ya que consiste enteramente en *hylē*, el flujo de la materia. La ley y el orden se basan exclusivamente en el poder libre y constituyente de la *polis*, portadora del principio cultural griego. El *nomos* se aplica únicamente a la esfera de la justicia, la moralidad y la fe. No está fundado en la *physis*. En efecto, no puede estarlo, pues para Protágoras el *nomos* rechaza la identificación dialéctica de *physis* y *logos* (este último en el sentido de orden racional), y basa la ley no en principios objetivos, sino únicamente en ordenanzas humanas promulgadas. El papel de la ley no es más elevado que el estado de naturaleza, ya que inviste la naturaleza completamente mutable del ser humano con forma, medida y limitación. En esto hay una clara manifestación de la primacía en el pensamiento de Protágoras del principio formal de la cultura.

No debe olvidarse, sin embargo, que Protágoras concibe el desarrollo de la humanidad de forma evolucionista, como procedente de un estado natural, sin ley ni orden, y culminando en una existencia cultural dentro de la comunidad de la *polis*. En el análisis final, por lo tanto, el principio formal surge del principio de materia, en violación de la prohibición eleática. Así, el principio formal queda privado de su base fija e independiente; incluso queda sujeto a la impredecible mutabilidad de la *hylē*.

e. La filosofía evolucionista de la historia de Protágoras

Protágoras fue el primer pensador griego en desarrollar una especie de filosofía evolucionista de la historia, y con ello invirtió la imagen tradicional griega de una Edad de Oro primigenia de armonía, concordia y felicidad de la que la humanidad habría caído por culpa propia. Esta inversión está íntimamente ligada a su desprecio del ámbito de la *physis*, que hasta entonces se había considerado divina. En Protágoras, el estado de naturaleza se convierte en la condición original inferior, sin ley y mísera de la humanidad, y sólo a través del desarrollo gradual de la αἰδώς y la δίκη (en su sentido religioso-ético y en el sentido de justicia) es que la humanidad es capaz de emerger de ésta y hacer la transición al estado democrático de derecho, en la *polis* griega de la época de Pericles.

En el diálogo *Protágoras* de Platón,[183] el sofista ofrece una prefiguración mítica de esta teoría evolucionista de la cultura, cuyo material fue con toda probabilidad tomado en su mayor parte de los propios escritos de Protágoras. En Protágoras, la αἰδώς y la δίκη son representadas como dones de Zeus, quien, al igual que otras habilidades culturales como la medicina, las reparte a todas las personas en igual medida, por medio de la agencia de Hermes. Esta igualdad del sentido de justicia y moralidad entre todas las personas normales se considera la justificación para la democracia, que se fundamenta en la igualdad política de los ciudadanos. Al mismo tiempo, sin embargo, aclara que esta distribución es ordenada por Zeus, quien manda que aquellos que resulten incapaces de recibir estos dones sean extirpados de la comunidad como una plaga.

Es cierto que Protágoras ofrece este cuadro del origen de la αἰδώς y la δίκη, que primero permiten a la humanidad establecer un estado-ciudad perdurable y así salir del estado sin ley de la naturaleza, meramente como un mito y no como una *theōría* teológica. Sin embargo, esta presentación vuelve a subrayar el hecho de que el motivo formal de la cultura griega realmente tiene la primacía en su pensamiento. De hecho, el poder formativo de la cultura en la *polis* recibe estatus divino.

f. El ala radical y joven del sofismo. Su visión del derecho natural del fuerte

Frente a esto, el ala joven y radical del sofismo (Calicles, Trasímaco, Polo, Critias, etcetera) elevó el principio de materia en la naturaleza humana a una posición directamente opuesta a la del principio formativo de la *polis*, convirtiéndolo en un derecho natural aristocrático del fuerte, aquel que es fuerte, quien corta todos los lazos de comunidad y pisa bajo sus pies la "moralidad del rebaño" y las leyes positivas de la *polis*.[184] De esta manera, la *physis*, en el sentido de la *hylē* sin ley, vuelve a asumir la primacía sobre el principio cultural de forma.

Sin embargo, por muy nihilista y anárquica que sea esta aplicación de la regla *homo mensura* al terreno de la cultura, la justicia, la moralidad y la religión, pudo entrar en conflicto con las intenciones de Protágoras, aunque resultó difícil combatir su posición, puesto que, como ya hemos visto, él no logró desvincular el motivo formal de la religión de la cultura de su enredo con el principio material de la *physis*. Así, queda claro que incluso la llamada "Ilustración" griega, que suele considerarse el amanecer de la completa emancipación del pensamiento griego respecto a la religión, estuvo completamente bajo el control del motivo religioso dialéctico en el que toda la comunidad intelectual griega estaba inmersa.

§7 El motivo forma-materia tal como es iluminado por la autorreflexión crítica y la profundización ético-religiosa del motivo formal en la dialéctica socrática

a. El papel central del máxima γνῶθι σεαυτόν ("Conócete a ti mismo") en el pensamiento socrático

La influencia subversiva del sofismo, en particular en su ala joven y radical, ejercida sobre la juventud ateniense en cuestiones éticas y religiosas, llamó al combate a la figura combativa y notable de Sócrates (ca. 469–399 a. C.) contra el pensamiento del movimiento sofístico. Como el primer pensador que examinó el motivo básico dialéctico de la filosofía griega a la luz de la *autorreflexión crítica*, Sócrates profundizó críticamente en el modo antropocéntrico de pensamiento que ya había sido introducido por los sofistas. Por este camino de autorreflexión crítica, no solo asignó la plena primacía religiosa en su pensamiento al motivo formal de la religión de la cultura, sino que también lo utilizó para aplicar la crítica al sometimiento sofístico al principio de materia. Al hacerlo, llevó el motivo formal a la expresión en un nuevo método de pensamiento teórico.

El pronunciamiento del oráculo délfico, γνῶθι σεαυτόν ("conócete a ti mismo"), cuyo propósito original era meramente restringir a los seres humanos de la *hubris* (arrogancia) de sobreestimarse a sí mismos, adquiere en Sócrates el nuevo significado de la autoindagación mediante la *theōría*. Lo sitúa, con este sentido, en el mismo centro de la indagación filosófica.

Como relata Platón en su diálogo *Fedro*, Sócrates se pregunta ante todo quién es él mismo. ¿Está en el centro de su ser algo afín al bestial Tifón, la salvaje naturaleza serpentina, altiva y colérica, dios destructor de múltiples cabezas, o participa él de una naturaleza más medida (μετριώτερον) y la naturaleza divina simple?[185] *Typho* es aquí un símbolo mitológico sugestivo del principio material, con su carencia de toda medida y delimitación formal. Por el bien de este autoconocimiento, Sócrates abandona gustosamente tanto la filosofía de la naturaleza anterior como la ontología metafísica, no porque esté en acuerdo general con el escepticismo epistemológico de los sofistas, sino porque considera que el autoconocimiento posee una significación religiosa aún mayor. Por ello, considera que todo otro saber carece de valor si no ha pasado antes por el crisol del autoconocimiento.[186]

Por esta razón también, prefiere aferrarse a las creencias religiosas populares, en lugar de criticarlas junto con los sofistas, quienes se ocupan en tratar de dar explicaciones, con la ayuda de una "sabiduría rústica", sobre las extrañas e inexplicables criaturas de la mitología. Sócrates exclama que no tiene tiempo para tales cosas. Según su propio testimonio en el diálogo mencionado de Platón, aún no ha alcanzado el autoconocimiento, y le parece ridículo "que alguien que no se conoce a sí mismo pretenda inquirir en cosas que no le conciernen".[187]

b. La continuación de la teoría del *nous* de Anaxágoras

Sócrates continuó con la enseñanza sobre el divino *nous*, del cual Anaxágoras había sido el primero en proclamar que era el origen de toda forma cósmica. En una profundización ética y religiosa del motivo formal de la religión de la cultura,

Sócrates ahora lo concebía como el origen del *kalokagathon*, de lo bello y lo bueno en el cosmos, lo cual está inseparablemente vinculado con la verdad buscada por la *theōría*.[188] Fue él quien afirmó por primera vez que lo verdadero, lo bueno y lo bello están indisolublemente ligados entre sí en la teoría. Este punto importante deberá tratarse más extensamente en el contexto de una investigación crítica sobre las así llamadas "determinaciones trascendentales del ser" en la metafísica aristotélica y tomista.

Aunque retomaba la idea del *nous* divino, la posición de Sócrates representa un avance significativo respecto de la de Anaxágoras. En la teoría del *physis* de Anaxágoras, el *nous* divino solo proporciona el "ímpetu inicial" al proceso cinético que transforma el caos original en un cosmos o mundo ordenado. No parece desempeñar ya ningún papel en la explicación de los fenómenos concretos de la naturaleza. En la investigación teórica de Sócrates, sin embargo, toda explicación satisfactoria de las cosas debe ser teleológica. Su perspectiva teleológica ofrece una expresión teórica constante del principio formal de la religión de la cultura, el cual se entiende aquí como el principio de formación ejercido por el *nous* divino de acuerdo con un designio intencional.

c. El método socrático de formación de conceptos está religiosamente concentrado en el poder formativo divino en la idea del *kalokagathon*. El método mayéutico de Sócrates

Toda la dialéctica socrática, que busca poner límites al nihilismo epistemológico del sofismo mediante la forma racional del concepto y así asestar un golpe mortal al principio materialista del sofismo en su aplicación al conocimiento humano, se centra, en un sentido verdaderamente religioso, en el poder formativo divino del *kalokagathon*, la idea divina de lo bueno y lo bello, conforme a la cual todas las cosas han sido formadas. Cualquier concepto que no nos ponga al menos en el camino hacia descubrir cómo esta idea llega a expresarse en el cosmos, que no establezca el fin o propósito para el cual las cosas son buenas, es considerado por Sócrates completamente inútil. Y es especialmente en el ámbito de la actividad humana donde aplica su método dialéctico de lo que se denomina formación inductiva de conceptos.[189]

La *theōría* griega recibe así un giro ético religioso, en el cual incluso la virtud depende del conocimiento conceptual teórico, es decir, de la θεωρία como *epistēmē*, conocimiento que apunta a la verdad.[190] En el análisis final, sin embargo, es el motivo formal de la religión de la cultura el que permanece en control de la ética socrática.

Platón informa en su *Teeteto* que Sócrates llamó a su método dialéctico de formación de conceptos, diseñado para abrir el camino hacia la vida virtuosa, mayéutica (μαιευτικὴ τέχνη), es decir, el arte de la partería,[191] una designación en la que hay una alusión significativa a la profesión de su madre. Sócrates usó con frecuencia esta analogía, del mismo modo que también hizo comparaciones significativas entre la profesión de su padre como escultor y el "arte" del filósofo. Así como el arte obstétrico de la partera ayuda a dar vida a un ser humano, Sócrates, tal como lo hace decir Platón en el diálogo mencionado, practica una mayéutica intelectual o mayéutica, en la cual saca a la luz pensamientos de los que su interlocutor en el diálogo ya estaba "embarazado". La tarea del líder de la discusión es esencialmente dar forma a estos pensamientos mediante el método de formación de conceptos centrado en la idea de lo bueno y lo bello. En el curso del diálogo, que es un verdadero *dia-legein* ("decir a través de") del asunto, las cosas que están presentes en la otra persona en forma aún confusa o poco clara van siendo gradualmente llevadas a la forma clara de un concepto teórico. Este proceso ocurre bajo la condición, sin embargo, de que el concepto debe estar fundado en la intuición directa de la idea divina de lo bueno y lo bello. En este proceso, Sócrates desea también aprender de su interlocutor. Para él, el diálogo es el camino de una búsqueda *común* de lo bueno, lo verdadero y lo bello. No ofrece intentos de desarrollar un sistema filosófico construido de manera unilateral, como los de sus grandes predecesores. Y aunque el diálogo socrático auténtico nunca contiene un concepto que sea completamente acabado como resultado del intercambio dialéctico, Sócrates nunca deja a sus discípulos en la oscuridad respecto al método que, a su juicio, debe guiar esta formación de conceptos. Este método se orienta constantemente hacia la dirección de la única fuente y finalidad última de la virtud, la idea divina de lo bueno y lo bello, que debe servir como la *hypothesis* o fundamento de todo concepto.[192]

d. La ironía socrática

El desenmascaramiento crítico que hace Sócrates de la falsa sabiduría de los sofistas juega un papel importante en su dialéctica. En sus intercambios, con frecuencia comienza protestando su propia ignorancia del tema en discusión y aparentando reconocer la comprensión más profunda y superior del otro interlocutor. Mantiene esta actitud hasta que su investigación dialéctica del tema en cuestión, la cual mide inductivamente la definición general presentada por el interlocutor sofístico contra ejemplos concretos establecidos, expone el saber profesado de su interlocutor como una mera apariencia de sabiduría. Ésta es la "ironía socrática", el arma que más temían los jóvenes sofistas con los que Sócrates debatía en sus disputas.[193] Sócrates utilizó este procedimiento en su examen crítico del ser humano, que en el diálogo *Apología* de Platón se llama ἐξέτασις.[194] Ésta fue la tarea a la que Sócrates estaba convencido de haber sido llamado por el Apolo délfico, a la luz del oráculo que decía que él era el más sabio de todos los hombres.

e. La *theōría* socrática como el camino hacia la verdadera virtud y piedad. El carácter dinámico del concepto socrático en su orientación hacia la idea divina de lo bueno y lo bello. El *Eutifrón* de Platón

Por medio de la forma racional del concepto, Sócrates intenta poner freno a la erística sofística, que hallaba su inspiración en la fluidez de las imágenes sensibles y la ambigüedad de las palabras. A través de esta formación conceptual, *theōría*, como *epistēmē* o *conocimiento*, se convierte en el camino hacia la verdadera virtud y la piedad; pues en una imagen formal intuitiva y unitaria (*einheitlich*), se concentra en la idea divina que da forma, de lo bueno y lo bello. El término ἰδέα aparece por primera vez en el diálogo *Eutifrón* de Platón, y sin duda alguna se emplea allí en este sentido socrático auténtico.

Es significativo que el *Eutifrón* permita una ἰδέα tanto de la piedad como de la impiedad. Éstas son la fuente de la forma fija o figura que está presente en todas las manifestaciones particulares de estas cualidades.[195] Como se desprende de todos los *diálogos* socráticos tempranos de Platón, una *idea* de este tipo es en esencia la correspondiente imagen formal intuitiva en el alma humana de la idea de lo bueno y lo bello. Abordaremos este tema más adelante en nuestra discusión sobre Platón.

Así como los productos de la formación cultural humana poseen una *areté*, una virtud o excelencia con miras a una meta, que pertenece a su esencia y concepto, así también la *areté* o virtud de una persona radica en la formación correcta del conocimiento, el cual asciende desde las imágenes sensibles sujetas al principio material hasta su forma fija, su concepto racional.[196] Para Sócrates, sin embargo, esta forma conceptual no es una forma estática del ser como la de Parménides. Sin embargo, esta forma conceptual no es una forma estática del ser como la de Parménides. No tiene un carácter metafísico. Es, más bien, el reflejo dentro del pensamiento humano de un orden mundial racional aceptado en fe, un orden que se origina en el *nous* divino y que da forma a todas las cosas conforme a un plan y diseño con un propósito. El concepto socrático, por tanto, es más un método que un resultado definitivo del pensamiento. Conserva siempre una plasticidad y dinamismo internos en virtud de su orientación hacia la idea divina, que da forma, de lo bueno y lo bello, la meta hacia la cual el conocimiento humano, con todas sus limitaciones, debe esforzarse por penetrar más y más.

Sócrates no escribió libros ni tratados filosóficos. Sus *diálogos* vivos y su presencia personal fueron el único medio por el cual influenció a sus contemporáneos, y su poderosa personalidad lo convirtió en un personaje destacado de una vida que se conformaba al motivo formativo de la religión de la cultura, en el sentido ético-religioso más profundo que él mismo le había dado.

f. El *daimonion* socrático y su importancia para la antropología postsocrática

Sócrates estaba firmemente convencido de que nadie que no hubiera llegado a un conocimiento teórico conceptual correcto de lo bueno y lo bello podía saber con certeza lo que es éticamente correcto. Por su propia naturaleza, la virtud es una y es enseñable. La *theōría* posee tanto el deber como la capacidad de formar a los seres humanos. Quien se esfuerza por alcanzar el autoconocimiento —que en esencia consiste en conocer lo bueno y lo bello— y quien, de forma metódica y teórica, orienta su pensamiento hacia el poder formativo del *nous* divino, tal como se manifiesta en un orden mundial racional y teleológico, también escucha la voz de este *nous* divino dentro de sí mismo, como un *daimonion* que lo aparta de tomar cursos de acción erróneos e infunde en él el sentido correcto en su conducta práctica. Sócrates declaró repetidamente que su *daimonion* fue un gran apoyo en su vida.[197] La *eudaimonía* es el estado dichoso del alma en el que vive en armonía con su *daimonion*. Cada persona tiene su propio *daimonion*, como intuición racional práctica de lo que es bueno y bello en la actividad concreta.

Aquí no se nos presenta una teoría metafísica del alma inmortal y racional. Sin embargo, está claro que la concepción socrática de su *daimonion* remite a un poder anímico divino que constituye en realidad la identidad más profunda e inmortal de una persona. Es esto lo que imparte a su naturaleza la forma racional y suprasensible[198] que en su realización más perfecta pertenece a la misma deidad. Puede verse claramente aquí cómo la *theōría* griega entra en el camino de la autorreflexión crítica, relacionando el autoconocimiento con una concepción de la deidad que había sido alcanzada mediante un ahondamiento del motivo formativo de la religión de la cultura. Aunque no combatió directamente las creencias politeístas del pueblo, y a pesar de que continuó participando fielmente en el culto oficial de la *polis*, la contemplación teórica socrática del orden mundial teleológico, sin embargo, alineó su pensamiento en gran medida con la concepción de Anaxágoras del *nous* divino como demiurgo u origen de toda forma.[199]

g. Sócrates como el "ciudadano sobresaliente de la *polis* ateniense". El fundamento religioso de la obediencia a las leyes

Puesto que este motivo religioso dominó por completo su vida, Sócrates era plenamente consciente de la obligación que la pertenencia a la *polis* ateniense, vehículo de la religión de la cultura, imponía sobre él. A diferencia de Protágoras, no consideraba la habilidad política como propiedad común de la humanidad. Para él, sólo aquellos que habían sido hechos sabios mediante su experiencia en *epistēmē* eran llamados a gobernar. Rechazó, por tanto, el ideal democrático de gobierno. No obstante, como cuestión de profunda convicción, se sometió, como el sofista, a las leyes de la *polis*. Había encontrado fundamentos mucho más sólidos que los de Protágoras para obedecer estas leyes. Sin embargo, se había separado completamente del motivo formativo de la religión de la cultura respecto al motivo material de *physis* y, siguiendo a Anaxágoras, había asignado su origen al *nous* divino.

En consecuencia, Sócrates estaba completamente preparado, como Protágoras no lo estaba, para aceptar todas las implicaciones de su visión de la ciudadanía en la *polis* ateniense. Cuando en el año 399 a.C. se llevó a cabo el infame juicio contra él, que resultó en su condena a beber la cicuta venenosa, rechazó aprovechar la oportunidad que se le ofreció para escapar y salvar su vida. Al someterse a la sentencia de muerte, quiso demostrar que él era en verdad el "ciudadano sobresaliente" de la *polis* de la cultura de Atenas. Al mismo tiempo, con este acto, puso en evidencia la profunda crisis interna del Estado ateniense, que ya no tenía lugar para su mejor ciudadano.

La vida de Sócrates marcó un punto de inflexión crítico en la historia del pensamiento griego, siendo un factor clave la poderosa influencia ejercida por su ejemplo personal. Se había abierto el camino de la autocrítica. Así, incluso cuando la filosofía griega, después de Sócrates, vuelve a dirigirse a los problemas de la *physis* y las formas metafísicas del ser, esta investigación ya no tiene la misma forma que en la filosofía presocrática. Hay una influencia continua de la tendencia crítica de la dialéctica socrática, que siempre coloca al autoconocimiento y al conocimiento de la deidad en el centro de atención. Esta dialéctica continuará haciéndose sentir; de hecho, estaba destinada, eventualmente, a llevar el dualismo polar del motivo religioso de fondo a una expresión filosófica fecunda también en la antropología griega.

NOTAS AL DIORAMA

[1] Esta posición se adopta, por ejemplo, en Ueberweg-Praechter, *Grundriss der Geschichte der Philosophie*; I: *Das Altertum* (11a. ed.; Berlín, 1920), pp. 53-54.

[2] Cf. la afirmación de Tales, según Aristóteles, en Diels-Kranz, *Fragmente der Vorsokratiker*, I (6a. ed. rev., 1951), p. 79; Tales, A. Fragm. 22: πάντα πλήρη θεῶν εἶναι ("todo está lleno de dioses"). Aristóteles alude a esta afirmación en *De Anima* A, 5. 411 a 7. En *Metafísica* A, 3. 983 b 6, Aristóteles afirma que esta *archē* fue concebida como *hylē*, y en la misma línea 17 de ese pasaje observa que era la *mia physis* (la única naturaleza) de la que han procedido todos los seres vivos. Aristóteles vincula así la noción de Tales del agua como origen de todas las cosas con la concepción mitológica de la naturaleza según Homero (καὶ πρώτους θεολογήσαντας ... περὶ τῆς φύσεως), según la cual Océano y Tetis fueron los progenitores de todo el proceso del devenir.

[3] Un compuesto de ὕλη (materia) y ζῆν (vivir).

[4] Diels-Kranz I, 89; Anaximandro, B. Fragm. 1: ἐξ ὧν δὲ ἡ γένεστίς ἐστι τοῖς οὖσι, καὶ τὴν φθορὰν εἰς ταῦτα γίνεσθαι κατὰ τὸ χρεών. διδόναι γὰρ αὐτὰ δίκην καὶ τίσιν ἀλλήλοις τῆς ἀδικίας κατὰ τὴν τοῦ χρόνου τάξιν. ("Aquello de lo que proceden las cosas existentes, hacia eso mismo regresan cuando perecen, según lo que es debido; pues pagan justicia y reparación unas a otras por su injusticia, conforme al orden del tiempo".) Con una variación típicamente griega de las palabras de Mefistófeles en el *Fausto* de Goethe (líneas 1339–1340), esta afirmación puede formularse así:

> Denn alles, was im Form besteht,
> ist wert dass es zu Grunde geht
> (Pues todo lo que tiene forma
> merece perecer miserablemente)

Cf. también Diels-Kranz I, 89; Anaximandro, B. Fragm. 3: τὸ ἄπειρον (εἶναι) τὸ θεῖον ("el desorden ilimitado es lo divino") y B. Fragm. 2: ταύτην (sc. ἄπειρον) ἀίδιον εἶναι ("[esto ilimitado] es invisible").

[5] En su libro *From Religion to Philosophy*, p. 182, F. M. Cornford sostiene que Anaximandro y los demás filósofos milesios restringieron el ámbito de *Dikē* exclusivamente a la sociedad humana. Como observaré más adelante, Cornford ve en esto una de las diferencias más básicas entre la tradición "científica", orientada a la religión olímpica, y la tradición "mística", orientada a la religión dionisíaca. Esta última, según él, se habría manifestado, por ejemplo, en el pensamiento de Heráclito. No obstante, el fragmento citado de Anaximandro demuestra claramente lo contrario. Anaximandro, como Heráclito, aplicó el motivo de *Dikē* a la *physis* en su totalidad. La restricción de *Dikē* a la sociedad humana aparece por primera vez en el pensamiento filosófico griego con el contraste entre *physis* y *nomos* (ley en el sentido de orden humano). La limitación de *Dikē* a las relaciones humanas aparece ya en Hesíodo (*Los trabajos y los días*, 276), y es innegable que aquí, como también en Protágoras, el fundador del movimiento sofista, hay una influencia del motivo de la forma propio de la religión de la cultura. En el pensamiento de los milesios, sin embargo, es precisamente este motivo el que ocupa una posición subordinada.

[6] Diels-Kranz I, 83; Anaximandro, A. Fragm. 10: ἔτι φησίν, ὅτι κατ᾽ ἀρχὰς ἐξ ἀλλοειδῶν ζώων ὁ ἄνθρωπος ἐγεννήθη (según Plutarco, Strom. 2 [D. 579 de Teofrasto]: "dice también que en un principio los seres humanos nacieron de otros tipos de seres vivos").

Es característico que tanto en Anaximandro como en Heráclito el principio de medida se exprese en *Dikē*. Cf., por ejemplo, las palabras de Heráclito en Diels-Kranz, I, 172; B. Fragm. 94: λιος γὰρ οὐχ ὑπεβήσεται μέτρα· εἰ δὲ μή, Ἐρινύες μιν Δίκης ἐπίκουροι εὑρήσουσιν. ("Pues Helios [el Sol] no transgredirá sus medidas; de lo contrario, las Erinias, auxiliares de *Dikē*, lo descubrirán".) Aquí tiene sin duda en mente el circuito fijo del sol en su curso medido, que no puede invadir las órbitas de los otros cuerpos celestes. Rudolf Hirzel ha mostrado esto en Themis, *Dikē, und Verwandtes: Ein Beitrag zur Geschichte der Rechtsidee bei den Griechen* (Leipzig, 1907), al igual que Pierre Guérin en *L'idée de justice dans la conception de l'univers chez les premiers philosophes grecs* (París, 1934). A diferencia de Themis, *Dikē* tiene un estándar racional de igualdad, que se expresa con claridad en el principio griego de la retribución. Mientras que Themis era la protectora del orden interno de la comunidad y tenía una función más mística y ético-religiosa que jurídica, *Dikē* se manifestaba precisamente en la venganza de la injusticia en las relaciones externas entre las estirpes familiares. Hesíodo otorga a *Dikē* un papel en la administración de justicia. Por esta razón, debe considerarse incorrecta la opinión de Cornford según la cual el motivo de *Dikē* sería un motivo típicamente místico de la religión de la naturaleza. *Dikē* debe considerarse más bien una forma racionalizada de *Anagkē*").

[8]Diels-Kranz I, 157; Heráclito, B. Fragm. 30–105: κόσμον τόνδε τὸν αὐτὸν πάντων, οὔτε τις θεῶν οὔτε ἀνθρώπων ἐποίησεν, ἀλλ᾽ ἦν ἀεὶ καὶ ἐστὶν καὶ ἔσται πῦρ ἀείζωον, ἀπτόμενον μέτρα καὶ ἀποσβεννύμενον μέτρα. ("Este orden del mundo, que es el mismo para todos los seres, no fue creado ni por uno de los dioses ni por los hombres, sino que ha sido, es y será eternamente fuego viviente, encendiéndose según medida y extinguiéndose según medida".) Véase también el B. Fragm. 31, donde esta idea del lógos como orden de medida y proporción se elabora aún más en la doctrina heraclítea del devenir y la desaparición del cosmos como mundo de formas, y también el B. Fragm. 90, donde el proceso eterno del devenir y desaparecer según el lógos se compara con el intercambio de bienes por oro y de oro por bienes, comparación que expresa claramente el principio de equivalencia o proporcionalidad.

[9] En el escrito erróneamente atribuido a Hipócrates, Περὶ διαιτῆς, I, xi, 6: πάντα γὰρ ὅμοια ἀνόμοια ἐόντα καὶ σύμφορα πάντα διάφορα ἐόντα, διαλεγόμενα οὐ διαλεγόμενα, γνῶμιν ἔχοντα ἀγνώμονα, ὑπεναντίος ὁ τρόπος ἑκάστων ὁμολογούμενος· νόμος γὰρ καὶ φύσις, οἷσι πάντα διατηρσόμεθα, οὐχ ὁμολογεῖται ὁμολογούμενα·

[10] El apologista Justino Mártir incluyó a Heráclito, así como a Sócrates, Abraham, etcétera, entre aquellos que habían vivido conforme al *logos* y que debían ser considerados cristianos.

[11] Cornford, *op. cit.*, pp. 110 ss.

[12] Este hecho es innegable, pero la derivación etimológica de la palabra no es decisiva pues el significado que adquiere es equiparado con el de la *Anagkē* de la religión de la naturaleza.

[13] Cornford, *op. cit.*, p. 185.

[14] Ibid., p. 147, nota 1.

[15] Ibid., p. 171.

[16] La concepción que presenta O. Gigon en *Der Ursprung der griechischen Philosophie von Hesiod bis Parmenides* (Basilea, 1945), pp. 80 y ss., resulta totalmente inaceptable. En contradicción con los textos de Simplicio y de Teofrasto, él niega que el *ápeiron* de Anaximandro fuera considerado el origen de todas las cosas y lo identifica con la concepción del Caos de Hesíodo, antes de que ésta hubiera sido pensada en términos causales genéticos. La separación de las cosas con forma delimitada —noción que por alguna razón desconocida llama "no griega"— dejaría entonces de ser intrínsecamente injusta. El hecho de que esta concepción en modo alguno era "no griega" ya había sido demostrado por Rohde, *Psyche. Seelenkult und Unsterblichkeitsglaube der Griechen* (9a. y 10a. ed.; Tubinga, 1925), p. 119.

[17] Cornford, *op. cit.*, p. 190. Cf. Aristóteles, *Metafísica*, A, 3, 984 a 2 ss.

[18] Crátilo 412D (cap. 27), Platón: ὅσοι γὰρ ἡγοῦνται τὸ πᾶν εἶναι ἐν πορείᾳ, τὸ μὲν πολὺ αὐτοῦ ὑπολαμβάνουσι τοιοῦτόν τι εἶναι, οἷον οὐδὲν ἄλλο ἢ χωρεῖν, διὰ δὲ τούτου παντός εἶναί τι διεξιόν, δι' ὃ πάντα τὰ γιγνόμενα γίγνεσθαι· εἶναι δὲ τάχιστον τοῦτο καὶ λεπτότατον· οὐ γὰρ ἂν δύνασθαι ἄλλως διὰ τοῦ ὄντος ἰέναι παντός, εἰ μὴ λεπτότατόν τ' ἦν, ὥστ' αὐτὸ μηδὲν στέγειν, καὶ τάχιστον, ὥστε χρῆσθαι ὥσπερ ἑστῶσι τοῖς ἄλλοις. ἐπεὶ δ' οὖν ἐπιτροπεύει τἆλλα πάντα διαιόν, τοῦτο τοὔνομα ἐκλήθη ὀρθῶς δίκαιον, εὐστομίας ἕνεκα τὴν τοῦ κάππα δύναμιν προσλαβόν. Cf. Cornford, *op. cit.*, p. 189.

[19] Cf. Ibid.

[20] Ibid., p. 189.

[21] Ibid., p. 186.

[22] La oposición polar entre estos dos principios es un tema crucial para la interpretación de Cornford, así como para la de Kurt Schilling (*Geschichte der Philosophie* [Múnich, 1943], p. 75), ambos de los cuales intentan comprender a Heráclito y Parménides en términos de una misma línea de pensamiento. Pero la dialéctica interna del motivo de forma y materia, que aparece en el mundo griego religiosamente determinado, también se manifiesta aquí. Si, como supone Cornford, Heráclito y Parménides pertenecen a la misma tradición religiosa mística, en la cual el "camino de la vida" se supone que no respeta fronteras fijas, entonces sería inexplicable que la forma eterna del ser esté mantenida dentro de límites establecidos por *Dikē*, *Anagkē* o incluso *Moira*, y sobre todo que se niegue

todo movimiento vital a lo que verdaderamente es, lo cual él identifica con la *physis* divina. Esto sólo puede entenderse en términos de la polaridad del propio motivo de forma-materia; pero ni Cornford ni Schilling lo han comprendido de esta manera.

[23] No puede decirse que la metafísica griega como conjunto haya nacido por primera vez con este conflicto, pues Anaximandro ya era un verdadero metafísico en su concepción del *apeiron* como origen invisible de todas las cosas. Su metafísica, sin embargo, como la de Heráclito, era una metafísica del principio de materia.

[24] Diels-Kranz I, 236; Parménides, B. Fragm. 8.8–9: οὐ γὰρ οὐκ ἔστι νοεῖν ὅπως οὐκ ἔστι. ("Porque no es posible pensar aquello que no es").

[25] Diels-Kranz I, 231; Parménides, B. Fragm. 3: τὸ γὰρ αὐτὸ νοεῖν ἐστίν τε καὶ εἶναι ("Porque lo mismo es pensar y ser"). Esta misma idea se expresa de forma algo distinta en B. Fragm. 8.34: ταὐτὸν δ' ἐστὶ νοεῖν τε καὶ οὕνεκεν ἔστι νόημα. ("Pensar y aquello que es pensado son lo mismo; porque no hallarás pensamiento sin lo que es, en lo cual se expresa"). Existen múltiples interpretaciones respecto al significado de las palabras οὕνεκεν ἔστι νόημα. Sigo aquí la traducción de Mullach (Diez), que me parece insostenible. La versión de Kranz y Fränkel, "el pensamiento que ES, es", me parece más acertada. Cf. también fragmento 6.1 (I, 232): καὶ τὸ λέγειν τε νοεῖν τ' ἐὸν ἔμμεναι ("Hablar y pensar son necesariamente aquello que es"). La traducción alternativa de Burnet me parece incorrecta. El principio de que lo semejante conoce lo semejante se aplica también a la *doxa*. Cf. fragmento 16.4.

[26] La visita de Parménides a la diosa se considera habitualmente como un ascenso al cielo (cf. Hermann Diels, *Parmenides' Lehrgedicht*, Berlín, 1897), pero el hecho de que deba entenderse como un descenso al inframundo ya fue demostrado por W. D. Gilbert, *Archiv für Geschichte der Philosophie*, XX, 25 ss. En el diálogo seudoplatónico Axiochus (371 B), el πεδίον ἀληθείας se sitúa igualmente en el inframundo. Cornford (*op. cit.*, p. 222, nota 35) ve aquí una combinación del pensamiento dionisíaco y órfico respecto al alma, que él considera también presente en el Fedro de Platón (246 B ss.). En cualquier caso, queda el problema de que la búsqueda de la sabiduría en el inframundo difícilmente se concilia con la enseñanza de Parménides según la cual sólo el luminoso ser es realmente. Parece que Cornford no

notó esta contradicción. El texto, sin embargo, habla precisamente de la δώματα Νυκτός ("la casa de la Noche"), donde habita la diosa (ἐνθέα). De forma similar, Kranz traduce: "Dort (am Hause der Nacht)".

[27] Diels-Kranz I, 231; Parménides, B. Fragm. 2: εἰ δ᾽ ἔστι γνῶναι, κάμμοι θεμις ὧν λέγειν, τάδε σοι μῦθον ἀκούσαις ἔχε φράζεσθαι. [...] Πειθοῦς ἐστιν ἀληθείης (Ἀλήθεια γὰρ ὀπῆπερ), ἧ δὴ οὐκ ἔστιν καὶ ὃς χρεὼν ἐστὶ εἶναι, τὴν δὲ ἔστιν φαίνεσθαι εἶμεν ἀπάρτον· οὔτε γὰρ ἂν γνοίης τὸ μὴ ἐόν (οὐ γὰρ ἀνυστόν) οὔτε φράσαις. ("Ven, y te lo diré [pero debes aceptar mi discurso cuando escuches] qué caminos de pensamiento hay: el uno, que [lo que]-es y que el no-ser no es, este es el camino de la convicción [porque sigue la Verdad]; el otro, sin embargo, que [lo que]-no-es y que el no-ser tiene validez –este camino, te digo, es completamente inescrutable; porque no podrías conocer lo-que-no-es [eso es imposible] ni tampoco expresarlo.)

[28] Diels-Kranz I, 235; B. Frag. 8. 2-6: ταύτη δ᾽ ἐπὶ σήματ᾽ ἔσται πολλὰ μάλ᾽, ὡς ἀγέννητον ἐὸν καὶ ἀνώλεθρόν ἐστιν, ἐστι γὰρ οὐλομελὲς τε καὶ ἀτρεμὲς ἠδ᾽ ἀτέλεστον οὐδέ ποτ᾽ ἦν οὐδ᾽ ἔσται, ἐπεὶ νῦν ἔστιν ὁμοῦ πᾶν, ἕν, συνεχές ("Habrá muchas señales de esto: porque lo que es no ha sido engendrado y es imperecedero; ya que es completo y sin movimiento, y no tiene fin. No fue nunca ni será, puesto que es ahora, todo a la vez, uno y continuo").

[29] Diels-Kranz I, 238; B. Fragm. 8. 42–44: αὐτὰρ ἐπεὶ πέρας ἔστιν, τετελεσμένον ἐστὶ πάντοθεν, ἐύκυκλον σφαῖραν ἐναλίγκιον σφαίρη, μεσόθεν ἐξ ἴσης πάντα ("Pero como hay un límite extremo, está completo por todos lados, como el cuerpo de una esfera bien redondeada, igualmente curvado en todas direcciones desde el centro".) Debe señalarse que lo que aquí se quiere indicar no es la forma sensible de la esfera, como puede ser percibida en un cuerpo material, sino la forma esférica no sensible, puramente geométrica.

[30] Cf., en este punto, Schilling, *Geschichte der Philosophie*, I, 156.

[31] Esto ya lo había notado Aristóteles. En una discusión sobre la concepción de Jenófanes del ser divino (Met. A, 5, 986 b 21), señala que este último no ha expresado claramente su posición sobre la naturaleza del uno, con el resultado de que no se podía determinar si su ser único era eidético (κατὰ τὸν λόγον) y por tanto limitado, como sucedería después

con Parménides, o material y por tanto ilimitado, como en la escuela posterior de Meliso. A pesar de esto, Burnet (*Early Greek Philosophy*, p. 208) sostiene que Parménides es el padre de todo materialismo.

[32] Nota del traductor: el término neerlandés *zijnsvorm* ha sido traducido aquí como "forma del ser" y como "forma óntica", según lo permitía la sintaxis. Los dos términos son equivalentes, como queda claro por su yuxtaposición aquí.

[33] El hecho de que se trata efectivamente de una esfera luminosa aparece en B. Fragm. 8, 50, lo cual se discutirá más adelante.

[34] Esta influencia vino a través de los maestros pitagóricos Diochaetes y Ameinias. Sobre la concepción órfica antigua de la forma divina como esfera luminosa, véase O. Gigon, *op. cit.*, p. 145. La esfera de Parménides fue relacionada con el orfismo (la cáscara del "huevo cósmico") ya por Simplicio (Phys. 146.29).

[35] Con respecto a la diferencia entre estas dos formas de culto a Dionisio, sobre la cual Rohde no logra tomar posición, véase Nilsson, *op. cit.*, pp. 532 f. y 545 f. El culto órfico del niño Dionisio no se originó en Tracia, sino en Lidia y Frigia, donde Dionisio solía dormir durante el invierno y despertaba como un niño en la primavera. Los griegos entendieron este caer dormido como muerte y entierro.

[36] Eratóstenes, *Catast.* xxiv; cf. J. E. Harrison, *Prolegomena*, p. 461, y Cornford, *op. cit.*, p. 177.

[37] γῆς παῖς εἰμι καὶ οὐρανοῦ ἀστερόεντος· αὐτὰρ ἐμοὶ γένος οὐράνιον. *Prolegomena*, p. 661. Traducción al inglés del texto completo de la tablilla en M. Cornford, *Greek Religious Thought* (Nueva York, 1923), p. 60.

[38] "...durch Frevel verliert sich das Eine Gottwesen in die Vielheit der Gestalten dieser Welt. Es entsteht als Einheit wieder in dem neu aus Zeus entsprossenen Dionysos". Rohde, *Psyche*, II, 119. (Versión española del traductor).

[39] Aristóteles, *Metafísica* A, 5. 986 b 23: εἰς τὸν ὅλον οὐρανὸν ἀποβλέψας τὸ ἓν εἶναι φησὶ τὸν θεόν.

[40] Diels-Kranz I, 239 s.; *Parménides*, B. Fragm. 8. 50 ff.: ἐν τῷ σοι παντὸς πιστὸν λόγον νόῳ νόημα ἀμείβει ἀληθές· ὡς γὰρ ἐκ τοῦτο βροτείας μάθανε κόσμον εἶναι ἐπειδὴ ἀπατηλῷ ὄιετο· μορφὰς γὰρ κατέθεντο δύο γνώσας

ὀνομάζειν Ἵνα τὼν μίαν οὐκ ἔστιν εἶναι – ἐν ᾧ πεπλανήμενοι εἰσίν – πάντη δ' ἐκκρινομένους αὐτῶν· καὶ σημεῖα ἔθεντο χωρὶς ἀπ' ἀλλήλων, τῷ μὲν ἐν λαμπρῷ αἰθέρι εὐαγὲς, τῷ δ' ἑτέρῳ μὲν τοιοῦτον ἔθεσαν ὡς ἀντίον πάντη νύκτ' ἀιδῆ, πυκινὸν δέμας ἐμβριθές. Aquí dejo de darte mi relato fidedigno y pensamiento acerca de la Verdad. Pero aprende, de ahora en adelante, las pseudo-opiniones de los mortales prestando atención al orden engañoso de mis palabras. Pues han decidido nombrar dos formas, una de las cuales no debería ser nombrada —en este punto han caído en error—; y separaron la [única] forma [a saber, de la *physis* divina] en dos [formas] opuestas y distinguieron sus marcas entre sí. Por un lado, está el fuego etéreo, luminoso, suave, muy liviano, en todas partes el mismo que sí mismo, aunque no idéntico al otro. El otro también, en sí mismo, es opuesto a esto: la noche sin luz, una forma densa y pesada". Cf. al respecto la *Metafísica* de Aristóteles, 13. 4. 1091 a 34 ss., donde menciona entre los *archai* aceptados por los poetas antiguos los principios órficos de la noche y el cielo (Νύκτα καὶ Οὐρανόν), y también el Caos y Océano, el primero remontándose a Hesíodo y el segundo a Homero. Además, Aristóteles afirma enfáticamente en *Met.* A, 5. 987 a, que Parménides consideraba que el fuego (cálido) pertenecía a lo que-*es*, y la tierra (fría) a lo que-no-es.

[41] La declaración respecto al alma que Simplicio (*ad Arist. Phys.*, p. 39 D) atribuye a Parménides, esto es, que el *daemon* que gobierna el mundo "primero envía desde el visible a lo invisible, y luego en dirección inversa", es difícil de evaluar. Apunta claramente hacia la dirección de la concepción órficopitagórica del alma, pero en todo caso se aleja del marco de la ontología de Parménides. Cf., en esta conexión, Diels, *Parmenides*, pp. 109 ss., y Rohde, *Psyche*, II, 158.

[42] Permanece siempre en el mismo lugar, sin moverse en absoluto, y no es apropiado que se desplace de un lugar a otro."Véase Diels-Kranz I, 135; Jenófanes, B. Fragm. 26: αἰεὶ δ' ἐν ταὐτῷ μένει κινουμένῳ οὐδὲν οὐδὲ μεταβαίνον· οὐ γὰρ ἔοικεθ' ἑτέρῳ ἵμεν ἀλλοῦ ἢ νόος.

[43] "Por eso la deidad es invisible". Véase Diels-Kranz I, 117: A. Fragm. 28 (del pseudo-Aristotélico *De Melisso, Xenophane, Gorgias*, c. 3. 977 a 23): ἀίδιον μὲν γὰρ πάντα εἶναι τὸν θεόν.

[44] Véase Diels-Kranz I, 135; Jenófanes B. Fragm. 24: ὅλος ὁρᾷ, ὅλος δὲ νοεῖ, ὅλος δὲ ἀκούει.

45 Véase Diels-Kranz I, 135; B. Fragm. 27: ἐκ γαίης γὰρ πάντα καὶ εἰς γῆν πάντα τελευτᾷ. ("Porque todas las cosas vienen de la tierra, y todas las cosas regresan a la tierra.") También B. Fragm. 33: πάντες γὰρ γαίης τε καὶ ὕδατος ἐκγεγόναμεν. ("Pues todos hemos nacido de la tierra y el agua").

46 La audaz hipótesis de Karl Reinhardt, según la cual la teología de Jenófanes se basa en la ontología de Parménides —noción que Gigon (*op. cit.*, pp. 192 y sigs.) desarrolló con mayor rigor—, se fundamenta en una formulación indudablemente anacrónica de la doctrina de Dios en Jenófanes, tomada de un escrito del corpus aristotélico al que ya se había hecho referencia anteriormente.

47 Diels-Kranz I, 137, B. Fragm. 34: καὶ τὸ μὲν οὖν σαφὲς οὐκ ἄν τις ἴδοι οὐδὲ τις ἔσται εἰδὼς ἀμφαδὸν θεὸν τε καὶ ὅσα λέγω περὶ πάντων· εἰ γὰρ καὶ τὰ μάλιστα τύχοι τετελεσμένοισιν ἐπίστα, αὐτὸς ὅμως οὐκ οἶδε· δόκος δ' ἐπὶ πᾶσι τέτυκται. ("Y ningún hombre ha visto jamás lo que es exacto [la verdad], y tampoco lo verá nunca, aunque logre la perfección en decir todo lo que yo menciono acerca de los dioses y de todas las cosas; pues incluso si uno lograra la máxima destreza en la expresión, sin embargo, el parecer [*doxa*] se adhiere a todas las cosas").

48 Cf. B. Fragm. 12, 5.

49 Diels-Kranz I, 237-238; Parménides, B. Fragm. 8, 30-31: κρατερὴ γὰρ Ἀνάγκη πείρατ' ἔχει δεσμοῖσιν ἔερξεν, τὸ γὰρ ἀμφὶς ἔοργεν οὕνεκα οὐ ἀπείριτον ἐὸν εἶναι "Porque la poderosa *Anagké* mantiene en los lazos de lo delimitado lo que es sin límite en su redondez, ya que no es propio que lo que es exista sin límite".

50 Diels-Kranz I, 238; B. Fragm. 8, 37-38: ἐπεί τὸ γε Μοῖρ' ἐπέδησεν οὖλον ἀκίνητον τ' ἔμεναι ("Puesto que *Moira* lo ha atado para que sea entero e inmóvil.") Diels-Kranz I, 236; B. Fragm. 8, 13–14, 15: οὔτε γενέσθαι οὔτ' ὀλλύσθαι ἔα Δίκη . . . λλ' ἔχει.("*Diké* no le ha concedido [a lo que-es] libertad ni para llegar a ser ni para perecer . . . sino que lo retiene con firmeza").

51 Este es uno de los significados que Aristóteles atribuye a *Anagké* en el libro quinto de su Metafísica.

[52] Diels-Kranz I, 235-236; Parménides, B. Frag. 8, 7-18: οὐδ' ἐκ μὴ ἐόντος ἐάσσω φάσθαι σ' οὐδὲ νοεῖν ("Tampoco te permitiré decir ni pensar [el llegar a ser de lo que no es] a partir de lo que no es").

[53] Diels-Kranz I, 165; Heráclito, B. Frag. 67: ὁ θεὸς ἡμέρη εἰρώρην, χειμὼν θέρος, πόλεμος εἰρήνη, κόρος λιμός ... ἀλλοιοῦται δὲ ὥσπερ πῦρ, ὁπτανόμενον ἀρώμασιν, ὀνομάζεται καθ' ἡδον ἑκάστου. ("Dios es día y noche, invierno y verano, guerra y paz, saciedad y hambre. Pero se transforma como el fuego, que, al mezclarse con perfumes, se nombra según la fragancia de cada uno").

[54] Los fragmentos B. 42, 56 y 57 están dirigidos contra Homero y Hesíodo, y los 14 y 15 contra las prácticas inmorales de las religiones mistéricas y el culto de Dionisio".

[55] Diels-Kranz I, 165; B. Frag. 64: λέγει δὲ καὶ φρόνιμον τοῦτο εἶναι τὸ πῦρ καὶ τῆς διακοσμήσεως τοῦ ὅλου αἴτιον ("Dice también que este fuego está dotado de razón y es la causa del orden entero del mundo").

[56] Dicearco (en Porfirio, *Vita Pythag.* 19; Diels-Kranz, I, 100, 37, "La Vida de Pitágoras"), después de señalar que es difícil obtener certeza sobre las doctrinas de Pitágoras, dice que sus doctrinas más conocidas fueron las siguientes: πρῶτον μὲν ὡς ἀθάνατον εἶναι φησὶ τὴν ψυχήν, εἶτα μεταβαλλοῦσαν εἰς ἄλλα γένη ζῴων, πρὸς δὲ τούτοις ὅτι κατὰ περιοδους τινὰς τὰ γενόμενα ποτε πάλιν γίγνεται, νέον δ' οὐδὲν ἁπλῶς ἐστι, καὶ ὅτι πάντα τὰ γινόμενα ἔμψυχα ὁμογενῆ δεῖ νομίζειν. ("Primero dice que el alma es inmortal y que se transforma en otros tipos de seres vivientes; además, que todo lo que ha llegado a ser alguna vez, vuelve a llegar a ser conforme a las revoluciones de cierto ciclo, ya que nada es nuevo en sentido absoluto, y que todo lo que nace con alma debe ser considerado como emparentado".) Esta afirmación resume concisamente los motivos órficos y dionisíacos originarios en Pitágoras. Cf., en este contexto, Sexto Empírico, *Adversus Mathematicos* 9, 127: οἱ μὲν οὖν περὶ τὸν Πυθαγόραν καὶ τὸν Ἐμπεδοκλέα καὶ τῶν Ἰταλῶν πλῆθος φασὶ μὴ μόνον ἡμᾶς πρὸς ἀλλήλους καὶ πρὸς τοὺς θεοὺς εἶναι τινὰ κοινωνίαν, ἀλλὰ καὶ πρὸς τὰ ἄλογα τῶν ζῴων. ἐν γὰρ ὑπάρχειν πνεῦμα τὸ διὰ παντὸς τοῦ κόσμου διῆκον ψυχῆς τρόπον, τὸ καὶ ἑνοῦν ἡμᾶς πρὸς ἐκεῖνα. ("Los que siguen a Pitágoras y a Empédocles, así como la mayoría de los filósofos italianos, dicen que existe algún tipo de comunidad no solo entre nosotros y los

dioses, sino también con los animales irracionales. Pues [enseñan] que hay un aliento que recorre todo el cosmos a modo de alma, lo cual nos une con ellos".) Cornford observa (*op. cit.*, p. 202) que esto constituye sin duda una descripción precisa de la antigua creencia dionisíaca en una corriente vital que todo lo penetra y que forma el sustrato del parentesco entre todos los seres vivos.

[57] Véase arriba, p. 58.

[58] Esto se enuncia claramente en los *Katharmoi* (Purificaciones) de Empédocles, un poema que es completamente órfico en espíritu. Como dice Empédocles (Diels-Kranz I, 365–366; B. Frag. 134): οὐδὲ γάρ ἀνθρώπων κεφάλαι κατὰ γαῖαν κέχαλται ... ἀλλὰ φρὴν ἱερὴ καὶ ἀθέσφατος ἔπλετο μοῦνον, φοιτᾷ τε κάκῳ πάντα καταίσθων θοῇσιν. ("Pues no [la deidad, y en particular Apolo] no tiene cabeza humana ni miembros ... sino sólo mente, santa e inefable, que atraviesa todo el cosmos con pensamientos veloces".) Esta concepción de la deidad también es coherente con los dichos de Jenófanes (Diels-Kranz I, 135; B. Frag. 23 y 25): εἷς θεὸς ἐν τε θεοῖσι καὶ ἀνθρώποισι μέγιστος, οὔτι δέμας θνητοῖσιν ὁμοῖος, οὐδὲ νόημα... ("Un solo dios, el mayor entre dioses y humanos, ni en forma como los mortales, ni en pensamiento") ἀλλ᾽ ἀπλανὲς πάντα νόῳ φρενὶ πάντα κραδαίνει ("Pero sin moverse, todo lo sacude por la fuerza de su mente").

[59] Aristóteles, *Metafísica*, A, 5. 985 b y 986 a.

[60] Ibíd., 986 a 21 s.

[61] Metafísica, A, 5. 986 a: ἐπεὶ δὴ τέλειον ἡ δεκὰς εἶναι δοκεῖ καὶ πᾶσαν περιέχειν τὴν τῶν ἀριθμῶν φύσιν. Esta declaración de Filolao, el primer pitagórico conocido que escribió sobre la *physis* (περὶ φύσεως), concuerda con esta visión (Diels-Kranz, I, 411; Filolao, B. Fragm. 11): θεωρεῖν δεῖ τὰ ἔργα καὶ τὴν οὐσίαν τοῦ ἀριθμοῦ κατὰ τὰς ἐν αὐτῷ δυνάμεις ἔτι· ἐστὶν γὰρ τὰ δέκαθ᾽ μεγάλα γὰρ καὶ παντελῆ καὶ παντεργός· καὶ θεῖοι καὶ οὐράνιοι βίοι καὶ ἀνθρώπινοι ὁρατοὶ καὶ ἀφανεῖς κοινωνοῦσι ...ἄνευ δὲ τούτων πάντα ἄπειρα καὶ ἀόριστα καὶ ἀσαφῆ. ("Hay que considerar las operaciones y la esencia del número según las fuerzas contenidas en él. Pues es grande, llevando todas las cosas a su cumplimiento, y es el origen y el fin tanto de la vida divina y celeste como de la humana, participando en ambas

[la corrupción textual aparece en este punto]. Sin él, todo es ilimitado, confuso e incierto").

[62] Porfirio, *Vita Pythag.* 20. "Tetra" significa "cuatro".

[63] Teón de Esmirna, Περὶ τετρακτύος, p. 154, Dupuis (1892), citado en Cornford, *op. cit.*, pp. 205–206. El texto griego del juramento dice: ὁ μὰ τὸν ἀφεκτικὸν φύσις (γενέσεως), ἀπαρξάμενον τετρακτὺν, παγάν ἀενάου φύσεως ῥίζωσιν ἔχουσαν. (He seguido la traducción de Cornford). [Nota del traductor: Cornford utiliza la palabra "ever-springing" ("siempre brotante"), mientras que la traducción de Dooyeweerd al holandés sería mejor como "eternamente fluyente"].

[64] Dooyeweerd traduce la palabra griega que significa "raíz" como "la fuente y raíz..." (nota del traductor).

[65] Diels-Kranz, I, 412; Filolao, B. Frag. 11, 9: ψεῦδος δὲ οὐδὲν δέχεται ἐν τῷ ἀριθμῷ ὅμως οὐδὲ ἁρμονίᾳ ("Sin embargo, el error no se encuentra en el número ni en la armonía").

[66] Ibid., pp. 411-412; Philolaus, B. Frag. 11: γνωστικὴ γὰρ ὁ ἀριθμὸς καὶ ἡγεμονικὴ καὶ διδασκαλικὴ καὶ ἀποφαντικὴ παντὸς καὶ ἀγνωρίμων παντί· οὐ γὰρ ἦν δῆλον οὐδὲν οὔτε πρὸς παρὰ αὐτοὺς οὔτε αὐτοὶ πρὸς ἄλλο πρὸς ἄλλο, εἰ μὴ ἦν ἀριθμὸς καὶ ὁ τούτοις οὐσία. νῦν δὲ οὕτως κατὰ τυχὰν ψυχὴ ὁμοίων αἰσθήσει πάντα γνωστὰ καὶ ποὔτω ἀλλήλοις κατὰ γνώμονα δίδωσι τὸν ἀπεργάζεται σωματικὰ καὶ σχέσιν τοῖς λόγοις κατὰ ἕκαστον τῶν πραγμάτων τῶν τε ἀπείρων καὶ τῶν περαίνοντων. ("Pues el número es guía, maestro y revelador para todos los que no comprenden. Nada hubiera sido claro ni para sí mismos ni entre ellos, si no existiera el número y su esencia. Pero ahora, gracias a él, el alma puede reconocer todas las cosas mediante la percepción, y así concede a cada cosa forma corpórea y medida, dividiendo las relaciones en sus propios grupos, sean ilimitadas o finitas").

[67] Véase J. Burnet, *Early Greek Philosophy* (Londres, 1908, 2a. ed., p. 120). Allí se comenta la doctrina astronómica de Filolao, que se discute más adelante en el texto.

[68] Diels-Kranz I, 403; Filolao, B. Frag. 17, según Teofrasto: Φιλόλαος ὁ Πυθαγόρειος τὸ μέσον τῆς μεθοῦ (τοῦτο γὰρ εἶναι τὸ πυρὸς ἑστίαν ἐστίν). ("Filolao el pitagórico sostuvo que el centro [del universo] era el fuego, pues esta era el corazón del universo").

[69] Ibid., p. 406; Filolao, B. Fragm. 1: ἡ φύσις δ' ἐν τῷ κόσμῳ ἁρμόχθη ἐξ ἀπείρων τε καὶ περανόντων, καὶ ὅλος 'ὁ' κόσμος καὶ τὰ ἐν αὐτῷ πάντα. ("Pero la naturaleza fue compuesta en el orden del mundo a partir de elementos ilimitados y limitantes, tanto el cosmos como un todo como todas las cosas [presentes] en él").

[70] Ibid., p. 408; B. Fragm. 5: ὁ γὰρ μὰν ἀριθμὸς ἔχει δύο μὲν ἴδια εἴδη, περισσὸν καὶ ἄρτιον, τρίτον δὲ ἀπ' ἀμφοτέρων μεμιγμένον ἀρτιοπέριστον. ἑκατέρῳ δὲ τῷ εἴδεος πολλαὶ μορφαί, ἃς ἕκαστον αὐτὸ σημαίνει. ("El número en realidad tiene dos formas ónticas distintas, par e impar, y una tercera consistente en la mezcla de ambas: par-impar. Cada una de estas dos formas ónticas, sin embargo, toma muchas figuras, que cada cosa indica por sí misma"). Ibid., p. 410; B. Fragm. 7: τὸ πρῶτον ἁρμοσθέν, τὸ ἕν, ἐν τῷ μέσῳ τῆς σφαίρας ἑστία καλεῖται. ("Lo primero en ser ensamblado en armonía, la unidad, situada en el centro de la esfera [celeste], es llamado hogar [*hestia*]"). Ibid., B. Fragm. 8: ἡ μὲν μονὰς ὡς ἂν ἀρχὴ οὖσα πάντων κατὰ τὸν Φιλόλαον (οὐ γὰρ ἓν φησὶν ἀρχὴ πάντων). ("La *monas* es el origen de todas las cosas, según Filolao, [pues él *no* llama *archē* de todo lo que existe al ἕν]").

[71] Burnet, *op. cit.*, p. 114. (La 4a. ed. inglesa, p. 103).

[72] Aecio, I. 3. 8: εἶναι δὲ τὴν φύσιν τοῦ ἀριθμοῦ δέκα· μέχρι γὰρ τοῦ δέκα πάντες Ἕλληνές τε καὶ βάρβαροι ἀριθμοῦσιν ἐφ', ἃ ἐλθόντες πάλιν ἀναποδίδοσιν ἐπὶ τὴν μονάδα.

[73] Hipódamo el Pitagórico, en Juan Estobeo (ca. 400 d. C.); *Florilegium* (Antología) 98, 71: πάντα μὲν ὂν τὰ θνητὰ δι' ἀνάγκην ὁμοίως εἰς μεταβολὰς καλεῖται· καὶ ... πάλιν ἐν τῷ ὁμοίῳ εἰς τὸ ἄδηλον αὖθις τεμνόμενα καὶ πάλιν ἐκ τοῦ ἀδήλου εἰς τὸ θνητὸν ἐπινοστεύοντα, ἀμοιβᾷ γενέσεως καὶ ἀνταποδόσεως φθορᾶς, κύκλον αὐτῆς ἀναποδιδοῦσας.

[74] El término προποδοισμός se encuentra en Teón de Esmirna, loc. cit., p. 29 (Dupuis): σύστημα μονάδων ἢ προποδοισμὸς πλήθους ἀπὸ μονάδος ἀρξάμενος καὶ ἀναποδιζόμενος εἰς μονάδα καταλήγων. (Citado por Cornford, *op. cit.*, p. 209).

[75] En oposición a August Boeckh, Burnet duda de que esta teoría provenga de Filolao, aunque reconoce, sin embargo, su origen pitagórico temprano. Burnet, *op. cit.*, pp. 281 ss.

[76] Véase Aecio II, 5, 3 (D 333), en Diels-Kranz, I, 404; Filolao, A. Fragm. 18.

[77] Esta distinción entre la región sublunar cambiante y los cielos estrellados eternos e inmutables, que Gigon también considera como una antigua concepción pitagórica (Gigon, *op. cit.*, p. 136), se expresa de manera contundente en Filolao B. Fragm. 21 (Diels-Kranz I, 417–18), citado por Stobeo (Ecl. 1, 20, 2 p.172 [9w]), de Περὶ ψυχῆς (Sobre el alma), un escrito atribuido a Filolao. Aunque el fragmento mismo ha resultado espurio, el pasaje reproducido aquí contiene indudablemente una distinción originariamente pitagórica: ἔχει δὲ καὶ τὰν ἀρχὰν τᾶς κινήσεις τε καὶ μεταβολὰς ὁ κόσμος εἷς ἐὼν καὶ συνεχὴς καὶ φύσει διανενημένος καὶ περιεγόμενος ἐξ ἀρχιδίου· καὶ τὸ μὲν ἀμετάβολον αὐτοῦ, τὸ δὲ μεταβάλλον ἐστίν· καὶ τὸ μὲν ἀμετάβολον ἀπὸ τᾶς τὸ ὅλον περιεχούσας ψυχᾶς μέχρι σελήνας περαιοῦται, τὸ δὲ μεταβάλλον ἀπὸ τᾶς σελήνας μέχρι τᾶς γᾶς· ἐπεὶ δὲ γε καὶ τὸ κινέον ἐξ αἰῶνος εἰς αἰῶνα περιπολεῖ, τὸ δὲ κινεόμενον, ὡς τὸ κινέον ἄγει, οὕτως διατίθεται, ἀνάγκη τὸ μὲν ἀείκινον τὸ δὲ ἀειπαθὲς εἶμεν· καὶ τὸ μὲν νῷ καὶ ψυχᾶς ἀνάκαυα πάν, τὸ δὲ γενέσιος καὶ μεταβολᾶς· καὶ τὸ μὲν πρᾶτόν τε δύναμει καὶ ὑπερέχον, τὸ δ' ὕστερον καὶ καθηπευμένον· τὸ δὲ ἐξ ἀμφοτέρων τούτων, τοῦ μέν ἐκ Θέοντος θεῖον τοῦ δὲ ἐκ μεταβαλλόντος γενητὸν, κόσμος. ("El cosmos, como una unidad continua, inspirada en todo momento y rodeada por la *physis*, también posee el origen del movimiento y del cambio desde el mismo comienzo. Y una parte de él es inmutable, mientras que la otra está sujeta al cambio. Y la parte inmutable tiene sus límites establecidos por el alma como la parte que contiene el todo, y la parte cambiante va desde la luna hasta la tierra. Dado que el movimiento hace que lo mutable regrese a lo eterno, y que lo movido es guiado por lo que se mueve en sí, se deduce necesariamente que lo uno siempre es lo que se mueve y lo otro siempre lo pasivo; uno es la morada del alma y la razón, el otro de lo que deviene y cambia; el uno actúa por ser primario y predominante, el otro es secundario y subordinado. Lo que consiste en ambos principios —el divino, que siempre extiende sí mismo en movimiento, y lo mortal, que siempre cambia— muestra ya una influencia platónica, particularmente en la idea de que la sustancia del alma en movimiento guía y gobierna lo movido (lo corporal). La distinción entre la forma celeste eterna y la región sublunar transitoria, sin embargo, es sin lugar a duda pitagórica en su origen").

[78] Véase Reinhardt, *Parmenides*, pp. 169 s.

[79] Diels-Kranz I, 409; Filolao, B. Frag. 6: εἰπεὶ δὲ ται ἀρχαι ὑπάρχουσιν οὐ ὁμοίαι οὐδ᾽ ὁμόφυλοι ἔασιν, ἤδη ἀδύνατον ἦν καὶ αὐτὰς κοιρανεῖν, εἰ μὴ ἀρμονία ἐπενῆεν τούτων ἠδὲ τρόπῳ ἐγένετο. ("Dado que, sin embargo, estos principios de origen [es decir, *péras* y *ápeiron*] eran desde el principio diferentes e incluso de distinta estirpe, era claramente imposible fundar un mundo sin que se añadiera la armonía, cualquiera que haya sido su origen"). La elaboración posterior del principio de armonía en este fragmento deja claro que se buscaba exclusivamente en proporciones numéricas.

[80] Es evidente, por el fragmento de Alcmeón (Diels-Kranz I, 215; 24 [14] B. Fragm. 1a), que se conserva en Teofrasto, que los seres humanos se distinguían de los animales por su función de pensamiento teórico ya en la concepción pitagórica original. Según Aristóteles (*Met.* A, 5. 986 a 29), Alcmeón era joven durante la vejez de Pitágoras, y en todo caso presenta aquí una concepción pitagórica antigua. Alcmeón enseñaba que solo el ser humano tiene comprensión lógica (ξύνησι), mientras que todo otro (ser viviente) solo percibe mediante los sentidos (αἰσθάνεται μὲν, οὐ ξυνῆσι δέ).

[81] "Aristóteles, *De anima*, A, 2. 405 a 29 (Diels-Kranz I, 213; A. Fragm. 12). *De anima* 404a 16 ss. afirma que, según algunos pitagóricos, las motas suspendidas en el aire son almas, ya que están en movimiento constante. Esta concepción pitagórica, sin duda antigua, del movimiento circular del alma pensante inmortal es retomada por Platón en su *Timeo*, un diálogo que trataré más adelante en detalle. Probablemente ya esté presente en su Fedro".

[82] Diels-Kranz I, 215; Alcméon, B. Frag. 2.

[83] Reinhardt, *op. cit.*, pág. 192 f., y Gigon, *op. cit.*, pág. 236, han revisado recientemente el intento de construir una teoría pitagórica de la inmortalidad del alma racional sobre la base de los fragmentos de la enseñanza de Heráclito conservados en B. Fragm. 18, 27 y 62. No obstante, tras la refutación definitiva de Rohde a las reconstrucciones correspondientes de Zeller, Pfleiderer y Schuster, ya no merece consideración. Basta con remitirse a la refutación exhaustiva de Rohde en *Psyche*, II, 150 s.

[84] Esto también lo observa Cornford, *op. cit.*, p. 128.

[85] Ibid., p. 115.

[86] W. F. Otto, *Die Manen oder von den Urformen des Totenglaubens* (Berlín, 1923), pp. 18 y 26.

[87] Richard Broxton Onians, en su importante libro *Origins of Greek and Roman Thought* (Cambridge, 1937), pág. 85 ss.

[88] En el libro mencionado arriba, Otto sostuvo la tesis, que más tarde obtuvo aceptación general, de que para Homero la *psyche* no era el alma liberada del cuerpo tras la muerte, sino más bien el "fantasma de los muertos", la sombra del cuerpo sin alma, mientras que los humanos mientras están vivos son animados por el *thumós*, que desaparece en el momento de la muerte. Aquí Otto se opone a Rohde, quien estuvo fuertemente influenciado por las teorías etnológicas animistas de Tylor y Spencer, que predominaban en su época. En su *The Theology of the Early Greek Philosophers* (Oxford, 1947), p. 78, Werner Jaeger se pregunta, sin embargo, cómo pudo haberse aplicado alguna vez el término psyche a un "fantasma de los muertos". Me parece que esto no puede explicarse en términos del significado original de la palabra "aliento", ya que no hay relación entre el aliento de vida y una sombra de los muertos. El *eidōlon* es, en efecto, un "alma muerta", pero como mera forma de la persona individual completa, no solo como la sombra del cuerpo material muerto. Incluso en el Hades, la sombra permanece activa. El *eidōlon*, sin embargo, no es idéntico ni al alma vital ni al thumos.

[89] Platón, *Fedón*, 86 (cap. XXXVI). La teoría propuesta aquí, de que el alma es una mezcla armónica del calor y del frío, de lo seco y de lo húmedo, se encuentra ya en el médico Alcméon (Diels-Kranz I, 215; 24 [14] Alcméon, B. Frag. 4).

[90] Platón, *Fedón*, 92 y 93 ss. (caps. XLII y XLIII).

[91] Burnet, *op. cit.*, p. 295.

[92] Macrobius, *Commentarii in Somnium Scipionis*, i, 14, 19.

[93] Diels-Kranz I, 357–358; Empédocles, B. Fragm. 115 (*Katharmoi*): ἔστιν Ἀνάγκης χρῆμα, θεῶν ψήφισμα παλαιόν, ἀίδιον, πλατέεσσι κατεσφρηγισμένον ὅρκοις· εὖτε τις ἀμπλακήσῃ φόνῳ φίλα γυῖα μίνῃ, 'νείκεῖ θ'' ὃς κ(ε) ἐπίορκον ἁμαρτήσας ἐπόμωσεν, δαίμονες οὕτε μακραίωνος λελάχασι βίοιο, τρίς μιν μυρίαις ὥραις ἀπὸ μακάρων ἀλάλησθαι, φοιμώμενος παντοῖα διὰ χρόνου εἴδεα θνητῶν ἀργαλέας βιότοιο μεταλλάσσοντα κελεύθους.

αἰθέριον μὲν γὰρ σφε μένος πόντοδε δίωκει, πόντος δ' ἐς χθονὸς οὖδας ἀπέπτυσε, γαῖα δ' ἐς αὐγὰς ἠελίου φαεσίντος, ὁ δ' αἰθέρος ἐμβάλε δίναις· ἄλλος δ' ἐξ ἄλλου δέχεται, στυγνῶσι δὲ πάντες. τῶν καὶ ἐγὼ νῦν εἰμι, φυγὰς θεόθεν καὶ ἀλήτης, νείκει μαινομένωι πίσινως.

[94] Cf. Rohde, *Psyche* II, 215.

[95] Diels-Kranz I, 359; B. Fragm. 118 (*Katharmoí*): κλαύσαι τε καὶ κόκκυσα ἰδὼν ξυνωρίδας χώρου.

[96] Ibid., B. Fragm. 119: ἐξ οἵης τιμῆς τε καὶ ὅσσου μακαρος ὄλβου…

[97] Ibid., I, 361; B. Fragm. 124: ὦ πόποι, ὁ δειλοὶ θνητοὶ γένος, ὁ ἀθανάτω-λον, τοῖον πέσσι ἐγείρον ἐκ τε στεναγμοῖο γένειατε.

[98] Diels-Kranz I, 367; B. Fragm. 137: παφύρ' ὁ ἀλλάξαντα πατρὶ φίλον υἱὸν ἀνὴρ αἴρεται ἐπιγνούμενος μέγα νήπιος ("Y aquel que cambió a su hijo por su padre, el hombre, insensato, lo levanta en alto y lo degüella, incluso acompañando el acto con una plegaria —¡el gran necio!").

[99] Diels-Kranz I, 370; B. Fragm. 146: ἐξ ἑῆς ἔκαστος μείνατε τε καὶ παρὰ θεμιστοὺς και ἰατροὶ καὶ προφῆται ἀοιδοπόλοι τε ἐπινόστιοι πέλονται. Ιβιδ., Β. Φραγμ. 147: ἀθανάτοις ἄλλοισι ὁμίσπονται, ἀνύποπτοις ἐόντες, ἀνθρώπει' ἀχέων ἀπόκληροι, ἀτείρεες.

[100] Cornford, *op. cit.*, pp. 224 ss.

[101] Diels-Kranz I, 308-309; B. Fragm. 2 Empédocles, (Περὶ φύσεως): στε-νωποὶ μὲν γὰρ παλάμαι κατὰ γυῖα κέχυνται· πολλὰ δὲ δειλ' ἔμπαια, τὰ τ' ἀμβλύνουσι μέριμνας. παῦρον δ' ἐν ζωῆσι βίου μέρος ἀθρήσαντες ἀκήμο-ροι καπνοῖο δίκην ἀφθέντες ἀπέπταν αὐτὸ μόνον πεισθέντες, ὅττι προ-σέκυρσεν ἔκαστος πάντος' ἐλανυνόμενοι, τὸ δ' ὅλον 'πᾶς' εὔχεται εὑρεῖν· οὕτως οὔτ' ἐπιδερκτὰ τάδ' ἀνδράσιν οὔτ' ἐπακουστὰ οὔτε νόῳ περιλη-πτά. σὺ δ' οὖν, ἐπεὶ δὴ ἐλιάσθης, πείσεαι οὐ πλέον ἢ βροτεῇ μῆτις ὄρωρεν. ("Porque estrechamente limitados están los órganos sensoriales ['asidores'], que se extienden sobre los miembros corporales; y muchas penas los pre-sionan y embotan su pensamiento. Y al haber contemplado en su vida solo una pequeña parte del [todo del] vivir, destinados a una rápida muerte, huyen como humo elevado, convencidos solo de aquello con lo que cada uno se topó durante sus muchos vagabundeos; y sin embargo, cada uno se jacta de haber hallado el todo. Tan poco, sin embargo, puede esto ser visto o escuchado por los hombres, o captado por la mente. Pero tú, ya que

aquí te has apartado de ellos, aprenderás —no más de lo que la sabiduría mortal puede alcanzar").

[102] Diels-Kranz I, 309–311; B. Fragm. 3.

[103] Diels-Kranz I, 311–312; B. Fragm. 6: τέσσαρα γὰρ πάντων ῥιζώματα πρῶτον ἄκουε. Ζεὺς ἀργὴς Ἥρη τε φερέσβιος ἠδ' Ἀίδης Νῆστίς ἅ, ἧσδ' ἀπὸ δακρύοεν τέγγει κρουνοὺς βρότεσσιν. ("Porque oye primero las cuatro raíces de todas las cosas: Zeus, el brillante, y Hera, la portadora de vida, también Hades y Nestis, que con sus lágrimas humedece la fuente de los mortales"). B. Fragm. 7: "ἀγένητα στοιχεῖα (elementos no generados)." B. Fragm. 8: ἀλλὰ δέ σοι ἐρέω· ὀλίγης ἀνδρῶν ἐστιν ἀληθείης θεωτής, οὐδέ τι σῶμασυν θανάτου τελευτῇ, ἀλλὰ μόνῳ μίξις τε διάλλαξίς τε μεμειγμένων ῥιζῶν, ὡς ἐπὶ τοῖς ὀνόμασται ἄνθρωποι. ("Pero te diré aún otra cosa. Entre los mortales, nadie tiene un nacimiento real en el sentido apropiado, pues no hay más que mezcla y separación de raíces inmutables, esto es lo que se llama '*physis*' por los hombres").

[104] Diels-Kranz I, 319; Empédocles, B. Fragm. 21, 2 menciona la μορφή (forma) de los elementos, y en el Fragmento B 17, 13 los elementos son explícitamente llamados "seres inmóviles" αἰεὶ εἰσὶν ἀκίνητοι). Véase la nota siguiente.

[105] Diels-Kranz I, 313–314; B. Fragm. 12: ἐκ γὰρ τοῦ μὴ ἐόντος ἀμείψαν δέ γένεσθαι καὶ εἰς τὸ μὴ ἐόν φθίσθαι ἀμήχανον καὶ ἀνέκλυτον· εἴη γὰρ τί ἔσται, ὥπῃ κε πᾶς εἶναι εὑρεῖν. ("Porque de lo que no es, es imposible que algo surja, y también que perezca en lo que no es; es impensable e inaudito que algo que es pueda ser destruido; pues siempre estará allí, sin importar cuánto se le haga cambiar de lugar").

[106] Diels-Kranz I, 324; B. Fragm. 27: οὕτως Ἁρμονίη πυκνῷ κύκλῳ ἐστρηγμένοι Σφαῖρος κυκλοτερὴς μονίῃ περιηγέι γαίῃ. ("Así, encerrado en los estrechos confines de la armonía yace la esfera, redonda en forma, llena de jubiloso orgullo sobre la soledad que la rodea").

[107] Diels-Kranz I, 325; B. Fragm. 29: οὐ γὰρ ἔστι νούτω οὐδὲ κλάδοι ἀίσσονται, οὐ πόδες, οὐδ' γούντα), οὐ μῆτερα γεινέται, ἀλλὰ σφαῖρος ἔην καὶ 'παντόθεν' ἴσος ἑαυτῷ. ("no había [en la esfera] ramas que brotaran de su espalda, ni pies, rodillas rápidas, ni genitales con fuerza procreadora; sino que era una esfera, igual a sí misma por todos lados"). Ibid., B. Fragm. 31: πάντα γὰρ ἐξεῖπεν τελεσφόρα γυῖα θεοῖο. ("Porque todos los miembros

del dios fueron sacudidos sucesivamente [por la enemistad como principio de separación]"). "Miembros" es aquí una expresión figurada de la forma corporal esférica misma, que como se muestra en la cita anterior, en realidad no tenía miembros.

[108] Diels-Kranz I, 315–316; B. Fragm. 17, 6–8: καὶ ταῦτ' ἀλλάσσεται ἀεἰίποτε, οὐδέν ποτ' ἀργαλέον φιλότητι συμφυρόμεν' εἰς ἓν ἔγνωνται, αὖθις δ' αὖ διχ' ἕκαστα ἀποστρέφεται Νείκεος ἔχθεϊ. ("Y este intercambio continuo nunca cesa; en un momento todo se une en uno a través del amor, luego nuevamente los elementos individuales se separan entre sí en el odio de la enemistad").

[109] B. Fragm. 17: 9–13: οὕτως ᾗ μέν ἓν ἐκ πλεόνων μειμμένη φύεσθαι ἠδέ πάλιν διαρραγεῖσ' ἑνὸς πλέον ἐνελεξθεῖσιν, τῇ μέν γίγνονται τε καὶ ἀπὸ σάων ἔμπεδος αἰών· ᾗ δέ διαλλάσσοντα διαμειβόμες ὀνόματα λήγει, ταμίη δ' αὐτὴν ἔθεντο ἄἰκιντον καθ' κύκλον (traducción en el texto).

[110] Diels-Kranz I, 317; B. Fragm. 17, 27–29: πάντα γὰρ ἴσα τε πάντα καὶ ἥλικα γένην ἐστί, τιμῇ δ' ἄλλη ἄλλη μελέει, παρ' ᾧ ἰσχὸς ἕκαστοι, ἐν δὲ μέρει κρατέουσι περιπλομένων χρόνου. (traducido en el texto).

[111] Diels-Kranz I, 318; B. Fragm. 17, 33: πῇ δέ κε κηξαλοίσιον, ἐπεὶ τοῦσ' οὐδέν ἔρημον· ("¿Cómo podría pudrirse la totalidad [de los elementos], ya que nada está vacío de ellos?").

[112] Diels-Kranz I, 320; B. Fragm. 21, 13–14: αὐτὰ γάρ εἰσιν τάντα, δι' ἀλλήλων δὲ θνῃσκοντ' γίγνεται ἄλλα (traducción en el texto).

[113] Diels-Kranz I, 333; B. Fragm. 59.

[114] Aristóteles, *Metafísica* G, 996 a 11 s.

[115] Aristóteles, *Metafísica* 985 a 31: Ἐπὶ δὲ τὰ ὡς ἐν ὕλῃ εἶπεν λεγόμενα στοιχεῖα τέσσαρα πρῶτος εἶπεν. οὐ μὴν χρῆσιν γε τε τεττάρων, ἀλλ' ὡς δυοῖν ὄντων μόνης, πυρὶ μὲν καθ' αὐτό, τοῖς δ' ἀντικειμένοις ὡς μιᾷ φύσει, γῇ τε καὶ ὕδατι καὶ ἀέρι ἅμα ἔλαβεν ὃ ἂν εἰς αὐτὸ ἐνεῖναι ἐκ τῶν εἶπεν"(traducción en el texto).

[116] Diels-Kranz I, 292; Empédocles, A. Fragm. 50 (Aecio II, 31, 4).

[117] Diels-Kranz I, 293; Empédocles, A. Fragm. 51 (Aecius II, 11, 2): Ἐ στερέωμα τὸν οὐρανὸν εἶναι ὡς ἔθος συμπαγὲς ὑπὸ πυρὸς κρυσταλλοειδές, ὑπὸ πυρὸς κρυσταλλοειδές καὶ ὁ ἀήρ, ὁ ἀὴρ ἐκκρίνεται τὸν ἡμισφαίριον περιέχοντα.

[118] Cornford, *op. cit.*, p. 233.

[119] Diels-Kranz I, 332; Empédocles, B. Fragm. 54: αἰθὴρ ʽδ̓ʾ αὖ μακρῇσι κατὰ ῥίζαισι δίηκε ῥίζας.

[120] Diels-Kranz I, 293; Empédocles, A. Fragm. 56 (Aecio II, 20, 13 [D. 350]): ἐν δύο ἡλίους τόν μέν ἀρχέτυπον, πῦρ δὲ ἐν τῷ ἑτέρῳ ἡμισφαιρίῳ τοῦ κόσμου, πεπληρωκώς τὸ ἡμισφαίριον, ἀεί κατ᾽ ἀντίταξιν τῇ ἀνταναγείᾳ ἑαυτοῦ τεταγμένος· τὸν δὲ φαινόμενον, ἀντανγέιαν ἐν τῷ ἑτέρῳ ἡμισφαιρίῳ τοῦ τοῦ αἰθέρος τοῦ θερμομιγούς πεπληρωμένον ἀπὸ πυκνοτέρου τῆς γῆς κατ᾽ ἀνάκλασιν γιγνόμενην εἰς τὸν ἥλιον τὸν κρυσταλλοειδῆ, συμπεπελασμένον δὲ ἐπὶ τῇ κινήσει τοῦ ἡμισφαιρίου (traducción en el texto). Cf. en este sentido los demás testimonios de Aristóteles, Filópono, Aecio y Plutarco (A. Fragm. 57, 58 y 60).

[121] Diels-Kranz I, 324; Empédocles, B. Fragm. 27. Cf. p. 87, nota 1.

[122] Aristóteles, *De anima* a. 4, 408 a. 13.

[123] Diels-Kranz I, 326-327; Empédocles, B. Fragm. 35, 3: ἐπεὶ Νεῖκος μέν ἐνέπτατο ἔσχατον ἔθνεος δίνης, ἐν δὲ μέσῳ Φιλότης στροφάλιγγι γένηται, ἐν τῇ δὴ τόδε πάντα συναρμόσαντα μὴ μόνον ἑνίῃ, ὡς ἅπαξ, ἀλλὰ θελῇσι συναρπάσαντα ἀλλήλοις ἄλλαι, τοῦ δὲ μεμιγμένοι ζεῖτ᾽ ἔθνεα μυρία θνητῶν. "(Cuando el *neîkos* ha llegado a la profundidad más externa del vórtice, el amor llega al centro del mismo, y allí todo se une en ella como una totalidad única, no de una sola vez, sino por voluntad, uniéndose unos a otros. De esta mezcla surgen innumerables razas mortales')". Sobre la armonía en la proporción de la mezcla, cf. B. Fragm. 96 y 98: "Los huesos blancos se unen mediante el poder cementante de la armonía (Ἁρμονίης κόλλαντι) con belleza divina." Se mezclan tierra, agua y fuego en proporciones 2 : 2 : 4.

[124] Diels-Kranz I, 333; B. Fragm. 57: ἦ πολυλὰ μέν ῥαχίον᾽ ἀναγίνεες ἐβλάστανεν, γνάθοι δ᾽ ἐπλάνητο βρομίοντες ἐνίθες ὄψιν, ὠμοί τε (σῖα) ἐπίπλατοι πεντενέοντο μετώπων. "(ʽAquí brotaban muchas mandíbulas sin cuellos, grandes brazos vagaban aquí y allá sin hombros, y ojos flotaban solos sin frentes')". Diels-Kranz I, 336; B. Fragm. 63: ἀλλὰ διείστατο μέλεων φῦσις. "(Pero la naturaleza de los miembros se dividía uno de otro).

[125] Diels-Kranz I, 327–328; B. Fragm. 35, 12: ὅσσον δ᾽ αἰὲν ὑπεκπροθέοι, τόσον αἰὲν ἐπήιεῖ ἡπιόφρων Φιλότητος ἀμέμφεος ἀμβρότος ὁρμή· αἶψα

δὲ θνητ' ἔφυντο, τὰ πρὶν μάθον ἀθάνατ' εἶναι, ζωρά τε τὰ πρὶν ἄκριτα διαλλάξαντα κελεύθους (traducción en el texto).

[126] Diels-Kranz I, 334; B. Fragm. 61.

[127] Aristóteles, *Física* 2, 8. 198 b 29. Aristóteles aquí discute esta concepción, argumentando que los organismos formados intencionadamente no aparecen en casos individuales arbitrarios, como se esperaría si surgieran por azar, sino ἀεὶ ἢ ὡς ἐπὶ τὸ πολύ ("siempre o al menos en la gran mayoría de los casos").

[128] Diels-Kranz I, 351; Empédocles, B. Fragm. 107: ἐκ τούτων 'φῆρ' πάντα πεφυκέναι ὁμοιότατα καὶ τούτοις, φρονέουσι καὶ ἥδονται ἠδ' ἀχέονται. (traducción en el texto).

[129] Diels-Kranz I, 350; B. Fragm. 105: αἷμα γὰρ ἀνθρώποις περίκαρδον ἐστὶ νόημα (traducción en el texto).

[130] Diels-Kranz I, 351; B. Fragm. 109: γαῖαν μὲν γὰρ γαίῃ ὀπώπαμεν, ὕδατι δ' ὕδωρ, αἰθέρι δ' αἰθέρα δῖον, αὔρῃ πυρ πῦρ, ἀγάπῃ δ' ἀγάπην, στυγερῇ δὲ στυγρήν, νεῖκος δὲ πενθείῃ λυγρῇ. (traducción en el texto).

[131] Diels-Kranz I, 350; B. Fragm. 103: εἴποιε μέν σοι ἰότης Τύχης πεπόνθαι πάντα. Diels-Kranz I, 353; B. Fragm. 110, 10: πάντα γὰρ ἴδων φρονέειν ἔχειν καὶ γνῶστας αἰῶνα (traducción en el texto).

[132] Cornford, *op. cit.*, p. 239.

[133] Hay aquí una cierta afinidad con la expresión de Parménides en el fragmento B. Fragm. 16 (Diels-Kranz I, 244), que hace que el nous dependa de la "mezcla de los miembros".

[134] Aristóteles, *De Anima* I, 2.

[135] Diels-Kranz I, 353; Empédocles, B. Fragm. 110,10.

[136] En su *Fedro*, 246 c 25, Platón dice también, en conclusión, que uno imagina a las almas inmortales de los cielos con alma y cuerpo, "ambos unidos por naturaleza por toda la eternidad". Según el Fragmento 115 de los *Katharmoi*, incluso los demonios tenían "miembros" (Diels-Kranz I, 357).

[137] Diels-Kranz I, 320; Empédocles, B. Fragm. 21, 12.

[138] Aristóteles observa esto claramente en su *Metafísica* B, 996 a 7.

[139] Diels-Kranz II, 37; Anaxágoras, B. Fragm. 12: τὰ μὲν ἄλλα παντὸς μοῖραν μετέχει, νοῦς δὲ ἐστὶν ἄπειρον καὶ αὐτοκράτης καὶ μεμίεται οὐδενὶ χρήματι, ἀλλὰ μόνος αὐτὸς ἐφ᾽ ἑαυτοῦ ἐστίν. ("El resto tiene una parte de todo [es decir, de la materia como mezcla caótica de todo]. El pensamiento o mente, sin embargo, es algo que no está determinado por ningún límite formal [esto se refiere claramente a los eleáticos] y es autónomo y no está mezclado con ninguna semilla material, sino que existe solo por sí mismo"). Para las concepciones de ἄπειρον que difieren de la mía, véase Jaeger, *op. cit.*, p. 241.

[140] Véase la nota precedente.

[141] Diels-Kranz II, 37-38; B. Fragm. 12: καὶ ἂν ἐκόλλυεν αὐτὸν τὰ συμμειγμένα, ὥστε μηδενὸς χρήματος κρατεῖν ὁμοίως ὡς καὶ μόνον ὄντα ἐφ᾽ ἑαυτοῦ. ("Y las semillas materiales mezcladas con él [es decir, el νοῦς] lo habrían obstaculizado, de modo que no podría dominar ninguna de ellas del mismo modo en que lo hace estando solo por sí mismo"). En un llamado explícito a Anaxágoras, esto se convirtió más adelante en uno de los principales argumentos de Aristóteles y de Tomás de Aquino para defender la independencia de la actividad del pensamiento teórico respecto del cuerpo material. Esta inferencia antropológica, sin embargo, está ausente en Anaxágoras. B. Fragm. 12: καὶ ὅσα γε ψυχὴν ἔχει καὶ τὰ μείζω καὶ τὰ ἐλάσσω, πάντων νοῦς κρατεῖ. ("Y sobre todas las cosas que tienen alma [vida], tanto las mayores como las menores, el νοῦς tiene dominio").

[142] Diels-Kranz II, 38; Anaxágoras, B. Fragm. 12: καὶ τῆς περιχωρήσεως τῆς συμφύσεως τῆς ἐοργημένος, ὥστε περιχωρεῖν τὴν ἀρχήν, καὶ πρῶτον πάντων περιχωρεῖν, ἐπὶ δὲ πλέον περιχωρεῖν, καὶ περιχωρεῖν ἐπὶ πλέον· καὶ ταυμισθέντα τε καὶ ἀποχωρισθέντα καὶ διακριθέντα πάντα ἐγνώσθη ...πάντα διεκόμισεν. (El *nous* también tomó control del comienzo de la rotación, de modo que lo mezclado dentro de ella y luego separado de nuevo por el movimiento de rotación... todo esto fue ordenado por el *nous*.)

[143] Diels-Kranz II, 22; Anaxágoras, A. Fragm. 66.

[144] Diels-Kranz II, 40-41; Anaxágoras, B. Fragm. 17: τὸ δὲ γίγνεσθαι καὶ ἀπολλύσθαι οὐκ ὀρθῶς νομίζουσιν οἱ Ἕλληνες· οὐδὲ γὰρ χρῆμα γίνεται οὐδὲ ἀπόλλυται, ἀλλ᾽ ἐκ ὄντων χρημάτων συμμιγνύμενα τε καὶ διακρινόμενα ἔστι τὰ λεγόμενα. (Pero los griegos no tienen una concepción

adecuada del devenir y el perecer. Porque ninguna cosa [*chrema*] llega a ser ni perece, sino que las cosas nacen de la mezcla de cosas existentes y se disuelven otra vez en ellas.) Yo me aparto continuamente de la traducción de Diels en este punto porque, en mi opinión, interpreta erróneamente el contenido filosófico del texto. Por ejemplo, traduce chremata simplemente como "cosas". Al hacerlo, introduce en el texto una noción indefendible desde la perspectiva de Anaxágoras. En realidad, la palabra *chremata* tiene aquí el mismo sentido que los antiguos principios filosóficos de las "semillas primordiales de la *hylē*", que más tarde él mismo llamará *spermata* (semillas). Este significado ya está presente en el fragmento 1 (Diels-Kranz I, 31–32): ὁμοῦ πάντα χρήματα ἦν, ἄπειρα καὶ πλῆθος καὶ μικρότητα. ("Todas las cosas estaban juntas, infinitas tanto en número como en pequeñez").

[145] Diels-Kranz II, 34; Anaxágoras, B. Fragm. 4: τούτων δὲ οὕτως ἐχόντων χρὴ δοκεῖν ἐνέμειναι πολλά τε καὶ παντοῖα ἐν πᾶσι τοῖς συγκρινομένοις καὶ σπέρματα πάντων χρημάτων καὶ ἰδέας παντοίας ἔχοντα καὶ χροιὰς καὶ ἡδονάς. ("Siendo así las condiciones, debemos suponer que en todo lo que se combina hay muchos ingredientes de muchas clases y las semillas de todas las cosas [aquí χρῆμα significa 'cosa dotada de forma'], que tienen múltiples formas e ideas, y colores, y sabores [olores]"). Sobre el carácter médico de esta teoría, véase Jaeger, *op. cit.*, pp. 156 ss.

[146] En *Metafísica* A, 3, 984 a 11, Aristóteles llama homeomerías a las totalidades que, según Anaxágoras, surgen de la combinación de semillas similares (ὁμοιομερῆ). En otros pasajes, sin embargo, también da este nombre a las propias semillas materiales, como partes de un todo. Así, en *De Caelo* G 3. 302b 1, por ejemplo, dice del aire y el fuego: εἶναι ... ἕκαστον αὐτῶν ἐξ ἀοράτων ὁμοιομερῶν πάντων ἠθροισμένων ("que cada uno de ellos es una agregación de todas las homeomerías invisibles"). Cf. también *De gen. et corr.* A, 1. 314 a 19. Véase también Plutarco, *Pericles* c. 4, como ejemplo del uso posterior de la palabra ὁμοιομερῆς con referencia a las partículas primarias mismas (Diels-Kranz II, 10; Anaxágoras A. Fragm. 15).

[147] Cf. Aristotle, *Física* G 4, 203a22: Ὁ μὲν (Ἀναξαγόρας) διοντὶ τῶν μορίων εἶναι μεμίχθαι ὁμοίως πρὸς πάντα ἐκ τῶν ὁρῶν ὁτιοῦν ἐξ ὁποιων δή γέγονεν ("Anaxágoras declaró que cada partícula [de la mezcla original]

es una mezcla, justo como el conjunto, ya que veía todo surgiendo de todo lo demás").

[148] Diels-Kranz II, 35; Anaxágoras, B. Fragm. 6, 12.

[149] Tannery ya había señalado esta objeción; sin embargo, ellos tampoco llegaron a una concepción satisfactoria de los *spermata*.

[150] Diels-Kranz II, 9; Anaxágoras, A. Fragm. 12 and II 25; A. Fragm. 79.

[151] Diels-Kranz II, 34; Anaxágoras, B. Fragm. 4, 8-9: καὶ ἀνθρώποις τε συμπαγῆναι καὶ τὰ ἄλλα ζῷα ὅταν ψυχὴν ἔχῃ. ("Y que también los hombres fueron ensamblados [a saber, a partir de las semillas materiales de todas las cosas], al igual que los otros seres vivientes animados").

[152] Diels-Kranz II, 38; Anaxágoras, B. Fragm. 12, 2-3: λεπτότατόν τε πάντων χρημάτων καὶ καθαρώτατον.

[153] Diógenes de Apolonia fue el primero en hacerlo, volviendo así a la concepción de Anaxímenes (el *nous* divino es concebido como aire).

[154] Diels-Kranz II, 38; Anaxágoras, B. Fragm. 12, 8-10: καὶ τὰ συμφερόμενά τε καὶ ἀποκρινόμενα καὶ διακρινόμενα πάντα ἔγνω νοῦς ("Todas las semillas materiales, tanto aquellas que se juntan como las separadas y distinguidas, fueron conocidas por el *nous*").

[155] Diels-Kranz II, 43; Anaxágoras, B. Fragm. 21: ὁμότητος αὐτῶν εἶεν τῶν αἰσθήσεων], φησί, οὐ δυνατοί ἐσμεν κρίνειν τἀληθές, ("porque, debido a su debilidad [a saber, los órganos sensoriales], no somos capaces de discernir el verdadero estado de las cosas").

[156] Diels-Kranz II, 27-28; Anaxágoras, A. Fragm. 92.

[157] Burnet, *op. cit.*, pp. 342 ss.; cf. p. 343, n. 2.

[158] Diels-Kranz II, 96; Demócrito, A. Fragm. 47 (Aetius I, 3, 18). Que el *kenon* debe considerarse en oposición a la forma del ser de Parménides, de la cual él mismo dice: πᾶν δ᾽ ἐμπλέες ἐστὶν ὄντος ("todo está lleno de ser"), también se confirma por Demócrito, A. Fragm. 38 (Diels-Kranz II, 94), donde Simplicio expresa claramente los átomos de Demócrito τὸ πλῆρες ("lo lleno"), en contraste con el kenon ("el vacío"): ἀρχὰς εἶεν τὸ τὸ πλῆρες καὶ τὸ κενόν, ὧν τὸ μὲν ὂν τὸ δ᾽μὴ ὂν ἔλεγε.

[159] Cicerón, *De fato*, 20.

[160] Esto no contradice la manera de aceptar formas del aire como formas de aire como materia (Dióg. Laerc. IX c. 7, 12, 15). Según los atomistas, sin embargo, no hay materia salvo la materia-aire, siendo esta el *kenon* ilimitado e informe del cual los cuerpos surgen mediante un proceso de "corte", o ἀποτομή (Dióg. Laerc. IX c.6). Así, esta materia, a diferencia del aire, es homogénea.

[161] Cf. p. ej., *Física*, Δ, 6, 213 a 27; de Part. An. B, 10, 656b 15; y de An. I, 409b 34.

[162] Aristóteles, *Física* Θ, 1, 252 a 32.

[163] Diels-Kranz II, 94; Demócrito, A. Fragm. 38: πεφυκέναι γὰρ τὸ ὅμοιον ὑπὸ τοῦ ὁμοίου κινεῖσθαι καὶ ἑτέρων δὲ τὰ συγγενῆ πρὸς ἄλληλα ("por naturaleza [los átomos] de forma similar se mueven hacia los de forma similar, y aquellos que son afines son atraídos unos hacia otros").

[164] Plutarco, en *adv. Col.* 4 p.1108 F (Diels-Kranz II, 174; B. Fragm. 156), atribuye la siguiente declaración a Demócrito: μὴ μᾶλλον τὸ ὂν ἢ τὸ μὴ ὂν εἶναι ("las cosas existentes no existen más que el no-ser, tanto como la nada existe como una cierta cosa o algo").

[165] Aristóteles declara en *Metafísica* A, 4 985 b 14 ss. que los atomistas distinguían los átomos solo por su forma (σχῆμα; según Aristóteles, los atomistas mismos usaban el término ῥυσμός para esto), por disposición (τάξις; para los atomistas, διαθιγή), y posición (θέσις; para los atomistas, τροπή). Para ilustrar, da las letras A y N como un ejemplo de diferencia de forma, las secuencias AN y NA como un ejemplo de diferencia de disposición, y la forma antigua de Z y H como un ejemplo de diferencia de posición.

[166] Según Plutarco, *Adv. Col.* 8 (Diels-Kranz II, 98–99; Demócrito A. Fragm. 55, 57. Véase también Sexto Empírico, Adv. math. VII, 137.

[167] Diels-Kranz II, *loc. cit.*, Demócrito, A. Fragm. 54, 28, 55, 101.

[168] Diels-Kranz II, 78; Leucipo A. Fragm. 28; II, 109; Demócrito, A. Fragm. 101.

[169] Diels-Kranz II, 78–79; Leucipo, A. Fragm. 29; II, 109; Demócrito, A. Fragm. 101.

[170] Cf. Aristóteles, *De caelo*, 3, 4. 303 a 4: τῇ τούτων τῶν ἀτόμων συμπλοκῇ καὶ περιπλοκῇ πάντα γεννᾶσθαι. En cuanto a la multiplicidad infinita de

los mundos que llegan a ser de este modo, cf. Diels-Kranz II, 76; Leucipo, A. Frag. 21; II, 77; A. Frag. 24; (89); II, 94; Demócrito, A. Frag. [55] 40 (2); II, 95; A. Frag. 43.

[171] Diels-Kranz II, 81; Leucippus, B. Fragm. 2: οὐδὲν χρῆμα μάτην γίνεται, ἀλλὰ πάντα ἐκ λόγου τε καὶ ὑπ᾽ ἀνάγκης. ("nada sucede por azar, sino todo por una razón definida y por medio de *Anagkē*").

[172] En el diálogo *Eutidemo* de Platón, el interlocutor Clinias indudablemente expresa la verdadera concepción griega de las matemáticas cuando observa (17, 290C) que el geómetra "no crea las figuras, sino que meramente sigue el rastro de lo que ya existe", así como un cazador sigue el rastro de su presa.

[173] Sexto Empírico, *Pyrrh. Hyp.* I, 217–218 (Diels-Kranz II, 258; A. Fragm. 14): ὁπόν ὁ ἀνὴρ τὴν ὕλην ῥέουσαν εἶναι, φύσεως δὲ αὐτῆς συνεχῶς προσίενται ἀντὶ τῶν ἀπορρήσεων γίνεσθαι καὶ τὰς αἰσθήσεις μετεναρμονίσθαι τε καὶ ἀλλοιοῦσθαι παρὰ τὰς ἡλικίας καὶ παρὰ τὰς ἄλλας καταστάσεις τῶν σωμάτων. Λέγει δὲ καὶ τοὺς λόγους πάντων τῶν ἀναισθητῶν ὑποκεῖσθαι ἐν τῇ ὕλῃ, ὡς δύνασθαι τὴν ὕλην οἷον ἐφ᾽ ἑαυτῇ πάντα εἶναι ὅσα πάντα φαίνεται. ("Este autor dice que la *hylē* está en flujo, que se produce una constante afluencia en contraposición a sus emanaciones, y que las percepciones sensoriales se reordenan y alteran de acuerdo con la edad y otras condiciones de los cuerpos. También dice que las razones de todos los fenómenos sensibles residen en la *hylē*, de modo que esta puede ser, por sí sola, todo lo que aparece").

[174] En el Theaetetus de Platón, 152 E, Sócrates dice: ἐστὶ μὲν γὰρ οὐδὲν οὐδέν, εἰ μὴ γίγνεται, καὶ περὶ τούτων πάντες εἴπεν οἱ σοφοί πλὴν Παρμενίδου ξυμβέβηκεν, Πρωταγόρας τε καὶ Ἡράκλειτος καὶ Ἐμπεδοκλῆς. ("Porque algo no es, sino que llega a ser, y acerca de esto han opinado todos los sabios excepto Parménides, lo han dicho Protágoras, así como también Heráclito y Empédocles"). Esto contradice a Reinhardt, *op. cit.*, pp. 241 ss., quien representa incorrectamente a Protágoras como discípulo de Parménides.

[175] Diels-Kranz II, 259; Protágoras, A. Fragm. 19. II, 254; A. Fragm. 1 (53).

[176] Diels-Kranz II, 263; Protágoras, B. Fragm. 1: πάντων χρημάτων μέτρον ἐστὶν ἄνθρωπος, τῶν μὲν ὄντων ὡς ἔστιν, τῶν δὲ οὐκ ὄντων ὡς οὐκ ἔστιν.

("Del hombre es la medida de las [cosas] que son, en cuanto son, de las que no son, en cuanto no son").

[177] Hago esta afirmación en oposición a Ernst Laas, *Idealismus und Positivismus* (Berlín, 1879–84), I, 183, y también a Theodor Gomperz, *Griechische Denker* (3ª ed., Leipzig, 1911), I, 361 ff., 472.

[178] Viena y Leipzig, 1922, p. 198, nota 4. "Man kann auch sagen, dass im Sinne von Protagoras der einzelne Mensch [esto es, en la regla *homo mensura*] und der Mensch als Genus keinen Gegensatz bilden" (versión española del traductor).

[179] Ver el discurso de Protágoras en el *Protágoras* de Platón, 322.

[180] Véase el *Teeteto* de Platón, 172 B, donde Sócrates, en su refutación, representa la concepción de Protágoras y sus seguidores del siguiente modo: ἀλλ' ἐκεῖ, οὗ λέγειν, ἐν τοῖς δικαίοις καὶ ἀδίκοις καὶ ὁσίοις καὶ ἀνοσίοις, ἐθέλουσιν ἰσχυρίζεσθαι, ὡς οὐκ ἔστι φύσιν αὐτῶν οὐδὲ οὐσίαν ἑαυτοῖς ἔχειν, ἀλλὰ τὸ κοινῇ δόξαν τοῦτό γίγνεται ἀληθὲς τότε, ὅταν δόξῃ καὶ ὁπηνίκα δόξῃ. ("Pero en esos casos mencionados por mí —lo justo o injusto, lo piadoso o impío, lo divino o no divino—, no se atreven a afirmar que algo entre ellos tenga una esencia por naturaleza, sino que lo que parece verdadero al estado, eso se convierte en verdadero cuando y por el tiempo que así lo parezca").

[181] Platón, *Teeteto*, 167 C: ἐπεὶ οἷά γ' ἂν ἑκάστῃ πόλει δίκαια καὶ καλὰ δοκῇ, ταῦτα καὶ εἶναι αὐτῇ. Ἐὰν δὲ αὐτὰ νομιζῇ· ἀλλ' ὁ σοφὸς ἀνὴρ νομιζων ὄντων αὐτῶν ἑκάστοις χρήσιμα ποιήσειν ἐξίεται καὶ δοκεῖν". ("Por tanto, cualquier cosa que parezca justa y hermosa [buena] a cada *polis* es para ella tal; así que, mientras una *polis* las mantenga como propias, el sabio se encargará de hacer que lo útil llegue a existir y que parezca tal").

[182] Con respecto a este contraste, cf. *Gorgias* de Platón, 482 E. Véase también el interesante artículo de Adolfo Levi, "The Ethical and Social Thought of Protagoras", *Mind*, vol. XLIX (1940), núm. 195, p. 284. La concepción de Levi es la que más se aproxima a la mía.

[183] Platón, *Protágoras*, 320 C, ss.

[184] Con respecto al derecho natural del más fuerte en Calicles, véase el Gorgias de Platón, 481 B ss., y Menzel, *op. cit.*, pp. 238 ss. Este mismo diálogo de Platón también trata de la concepción de Polo sobre la tiranía

desenfrenada como la mayor felicidad (470 D ss.). En cuanto a Trasímaco, véase el libro primero de La República de Platón. En la concepción de Calicles (Gorgias, 491 C ss.), según la cual el derecho natural implica una ausencia total de restricciones y una libertad ilimitada en la búsqueda individual del poder, el principio de materia sofístico se expresa con claridad.

[185] Platón, *Fedro*, 230 A: ὅθεν … σκοπῶ οὐ ταῦτα, ἀλλ᾽ ἐμαυτόν, εἴτε τι θηρίον τυγχάνω Τυφῶνος πολυπλοκώτερον καὶ μᾶλλον ἐπιθυμητικόν, εἴθ᾽ ἡμερώτερόν τε καὶ ἁπλούστερον ζῷον, θείας τινὸς καὶ ἀτύφου μοίρας φύσεως μετέχον. ("Por tanto … no dirijo mi investigación hacia estas cosas, sino hacia mí mismo, para descubrir si soy una bestia con una constitución más compleja y una naturaleza más salvaje que Tifón, o un ser más dócil y simple en el que participa una naturaleza divina y sin arrogancia"). Ya en el *Cármides* de Platón (164 D, 165 D), el autoconocimiento es descrito como saber que uno sabe o no sabe, aunque esta definición fue rechazada más tarde como insostenible. Cf. también *Memorabilia* IV, ii de Jenofonte, donde Sócrates argumenta que "el autoconocimiento es la condición de la actividad práctica correcta.

[186] Véase Jenofonte, *Memorabilia*, I. i. 11 ss., y IV. vii. 2 ss. Jenofonte dice aquí que la razón del rechazo de Sócrates a la filosofía natural y la cosmología anteriores es que es más apropiado examinar primero las cosas humanas, que están más cerca, y también que la falta de unanimidad en las investigaciones sobre estas otras materias muestra que evidentemente no se puede alcanzar certeza allí. Esta última afirmación, por supuesto, no implica que Sócrates estuviera de acuerdo con el escepticismo de Protágoras.

[187] Platón, *Fedro*, 229 E: εἰς εἴ τις ἀπίστων προσβάλῃ κατὰ τὸ εἰκὸς ἕκαστον, ἀγροίκῳ τινὶ σοφίᾳ χρώμενος, πολλῆς αὐτῷ σχολῆς δέησι. ἐμοὶ δὲ πρὸς ταῦτ᾽ οὐδαμῶς ἐστι σχολή. τὸ δ᾽ αἴτιον, ὦ φίλε, τούτου τόδε· οὐ δύναμαί πω κατὰ τὸ Δελφικὸν γράμμα γνῶναι ἐμαυτόν· γελοῖον δή μοι φαίνεται τοῦτ᾽ ἔτι ἀγνοοῦντα τὰ ἄλλα σκέπειν.. ("Si alguien, porque no cree en estas cosas, intenta dar una explicación probable con la ayuda de una sabiduría rústica, le haría falta mucho ocio para tales cosas. Yo, sin embargo, no tengo tiempo para ellas. Y esto, mi amigo, es la razón: aún no me conozco a mí mismo, como ordena la inscripción délfica, y me parece ridículo que

alguien que aún no se conoce a sí mismo pretenda inquirir en cosas que no le conciernen").

[188] Esto se expresa con mucha claridad en el *Fedón* de Platón, 97 B–C, donde Platón pone en boca de Sócrates una declaración genuinamente suya: Ἀλλ᾽ ἔνιοτε τινὰ ἀκούσας λέγοντος ὡς δεῖν ἔστι τὸ νοῦν πάντα διακοσμεῖν τε καὶ πάντων αἴτιον εἶναι, ταύτῃ δή μοι ἐδόκει καλῶς ἔχειν τὸ αἴτιον εἶναι τῶν πάντων, καὶ τὸν νοῦν εἶναι τὸν πάντα κατεσκευασμένον πάντα τε τιθέντα ὡς ἂν βέλτιστα ἔχῃ. ("Pero cuando una vez oí a alguien leer de un libro —decía que era de Anaxágoras— y decir que el *nous* es, por tanto, la fuerza ordenadora y la causa de todas las cosas, me alegré de esta explicación, y me pareció, en cierto sentido, correcto que la causa de todo debiera encontrarse en el *nous*. Si esto es así, reflexioné, el *nous* que ordena y dispone todas las cosas lo hace de la mejor manera". Véase también *Fedón* 100 B, donde lo bueno y lo bello (καλὸν-ἀγαθόν), como potencias de forma suprasensible, son usados para demostrar la causa última de todas las cosas, y finalmente, la inmortalidad del alma racional. En este argumento, únicamente la elevación del καλὸν y el ἀγαθόν a la posición de ideas eternas y autosubsistentes puede atribuirse a Platón, así como la concepción de la inmortalidad del alma humana como una sustancia pensante puramente espiritual (aunque es probable que Sócrates también creyera en la inmortalidad personal). Sin duda, Sócrates consideraba este concepto como la forma óntica inmutable del conocimiento humano, exaltada por encima del principio de materia, lo cual conduciría a los seres humanos al descubrimiento de lo verdadero, lo bueno y lo bello en el cosmos. *Memorabilia* de Jenofonte, III, ix. 4 ss., confirma que para Sócrates el criterio de sabiduría y virtud residía en el conocimiento y aplicación del *kalokagathon*, lo bueno y bello. Asimismo, en *Memorabilia*, IV, vi. 8, 9, lo bueno es para Sócrates idéntico a lo bello y útil (ὠφέλιμον, χρήσιμον). Cf. Platón, *Protágoras*, 333 D; 353 C ss., e *Hipias Mayor*, 297 A ss.

[189] Véase Aristóteles, *Metafísica*, A, 6, 987 b 1 ss.: Σωκράτης δὲ περὶ μὲν τὰ ἠθικὰ πραγματευόμενος, περὶ δὲ τῆς ὅλης φύσεως οὐδέν, ἐν μέντοι τούτοις τὸ καθόλου ζητοῦντας καὶ περὶ ὁρισμῶν ἐπιστήμης προοιμίους πρώτους τὴν δύναμιν... ("Puesto que, sin embargo, Sócrates se ocupó de cuestiones éticas y dejó de lado toda la naturaleza, buscando aquí lo universal [es decir, en cuestiones éticas], y fue el primero en dirigir

su atención a la determinación de conceptos [definiciones]..." Véase
también *Metafísica*, N, 4. 1078 b 27 ss., y Xenophon, *Memorabilia*, I. i. 16.

[190] Véase Aristóteles, *Ética Nicomáquea*, L. 13, 1144 b 19 ss.: [Σωκράτης]
ἐνόμιζεν εἶναι πάσας τὰς ἀρετάς... ibid., l. 30: λόγους τὰς ἀρετὰς εἶναι
ἔφη ("Sócrates pensaba que las virtudes eran conceptos"). Esta afirmación
de Aristóteles se confirma completamente por lo que dicen Jenofonte y
Platón respecto a las ideas éticas de Sócrates. Cf. Protágoras de Platón, 356
D ss., donde la expresión vida virtuosa se llama *epistēmē* (conocimiento),
y se desarrolla la tesis de que nadie que conozca verdaderamente el bien
elegirá el mal, mientras que lo bueno se percibe en función de lo que da
placer").

[191] Platón, *Teeteto*, 184 B.

[192] Este es el significado de la conocida afirmación de Jenofonte (*Memorabilia*, IV, vi, 13) de que Sócrates ἐπὶ τὴν ὑπόθεσιν ἀνῆγεν ἂν πάντα τὸν
λόγον ("que él reconducía todo concepto a su *hypothesis*").

[193] Véase, por ejemplo, el Libro I de *La República* de Platón.

[194] Platón, *Apología*, 22 E, 23 C ss.

[195] Platón, *Eutifrón*, 5 D: ἢ οὐ ταὐτόν ἐστιν ἐν πάσῃ πράξει τὸ ὅσιον
αὐτὸ αὑτῷ· καὶ τὸ ἀνόσιον αὖ τοῦ μὲν ὁσίου παντὸς ἐναντίον, αὐτὸ
δ᾽ αὑτῷ ὅμοιον καὶ ἔχον μίαν τιν᾽ ἰδέαν κατὰ τὴν ἀνοσιότητα πᾶν ὃ ἂν
μέλλῃ ἀνόσιον εἶναι; ("¿No es la piedad una y la misma consigo misma
en toda acción, y, por otro lado, no es la impiedad lo opuesto a toda
piedad, pero también semejante a sí misma, teniendo todo lo impío
una sola idea distinta en relación con su impiedad?"). Eutifrón responde
afirmativamente, pero luego aduce un ejemplo particular de piedad en
vez de esta única idea de lo piadoso, y Sócrates lo corrige con las siguientes
palabras: "Recuerda que no te pedí que me enseñaras uno o dos casos
de los muchos ejemplos de piedad, sino precisamente ese εἶδος [que
evidentemente aquí es completamente idéntico a ἰδέα] que hace que lo
piadoso sea piadoso. Porque tú dijiste que hay una idea mediante la cual
lo impío es impío, y lo piadoso piadoso... Enséñame, entonces, qué es
esta idea, para que, al mirarla y usarla como ejemplo, pueda declarar
piadosas aquellas acciones tuyas o de cualquier otro que se le asemejen, y
no piadosas aquellas que no se le asemejen". Ibid., 6 D, E: Μέμνησο οὖν,
ὅτι οὐ τοῦτό σοι διεκελευόμην, ἕν τι ἢ δύο με διδάξαι τῶν πολλῶν ὁσίων,

ἀλλ' ἐκεῖνο αὐτὸ τὸ εἶδος, ᾧ πάντα τὰ ὅσια ὅσιά ἐστιν· ἔφησθα γάρ που μία ἰδέα τά τ' ἀνόσια ἀνόσια εἶναι καὶ τὰ ὅσια ὅσια. ...Ταύτην τοίνυν με αὐτὴν δίδασκε τὴν ἰδέαν, τίς ποτ' ἐστίν, ᾗ εἰς ἐκείνην ἀποβλέπων καὶ χρώμενος αὐτῇ παραδείγματι, ὁ μὲν ἂν τοιοῦτον ᾖ, ὧ ἄν ᾖ σὺ ᾖ ἄλλος τις πράττῃ, ὃ ὅσιον εἶναι, ὁ δ' ἂν μὴ τοιοῦτον, μὴ φῇ.

[196] Véase el *Gorgias* de Platón, 506 D, y su *República*, libro I, 352 D y ss. Toda cosa cumple su tarea y vocación mediante cierta areté o virtud, y así también el alma humana, cuya areté es el conocimiento conceptual de la justicia.

[197] Véase Platón, *Apología*, 31 D; Fedro, 242 B; y Jenofonte, *Recuerdos*, IV, viii, 5.

[198] Véase Jenofonte, *Memorabilia*, IV, iii, 14. Sobre el significado del "eudemonismo" platónico, cf. en este contexto Julius Stenzel, *Studien zur Entwicklung der Platonischen Dialektik von Sokrates zur Aristoteles* (2a. ed. ampliada; Leipzig y Berna: B. G. Teubner, 1931), p. 12.

[199] Véase Jenofonte, *Memorabilia*, I, i, 5-7. En *Memorabilia*, IV, iii, 13, aparece un cierto compromiso con el politeísmo.

Parte II

EL DESARROLLO DIALÉCTICO EN EL PENSAMIENTO DE PLATÓN BAJO LA PRIMACÍA DEL MOTIVO FORMA DE LA RELIGIÓN DE LA CULTURA

INTRODUCCIÓN

EL ORIGEN DE LA TEORÍA DE LAS IDEAS DE PLATÓN

§1 Descripción general de los motivos mutuamente antagónicos en el pensamiento de Platón. El motivo forma socrático en los primeros diálogos, como la idea de lo bueno y lo bello

La postura socrática dio lugar a diversas escuelas divergentes que estaban motivadas por un interés unilateral en cuestiones éticas prácticas. Estas continuaron manteniéndose en parte dentro de la regla sofística del *homo mensura* en el ámbito teórico; no obstante, en cuestiones éticas prácticas, con las que estaban indebidamente preocupadas, buscaron de diversas maneras conservar la idea socrática del autocontrol, de la unidad y de la susceptibilidad de la virtud de ser enseñada, y desarrollar estas ideas dentro de su propia línea de pensamiento. El viraje crítico ocasionado por la enseñanza socrática también proporcionó la matriz, sin embargo, para la tendencia del pensamiento griego hacia el realismo formal clásico de Platón y Aristóteles, en el cual alcanzó su máxima altura.

La línea metafísica que había sido momentáneamente interrumpida en los sofistas y en Sócrates se retoma. El motivo forma de la religión de la cultura, que ahora ha sido profundizado por la idea socrática de lo bueno y lo bello (*kalokagathon*), se enfoca nuevamente en la comprensión teórica del verdadero ser en su oposición al flujo del devenir dentro del ámbito de la *hylē* o materia. En Sócrates, además, la *physis* había sido relegada al trasfondo. Ahora reaparece como una problemática teórica. Se produce una ruptura con la visión de los sofistas, según la cual la *physis* era considerada como pura *hylē*, en la que todo está sujeto al flujo del devenir. Ahora el objetivo es concebir esta *physis* en lo que tiene de aparición de una síntesis entre el motivo forma de la religión de la cultura y el motivo materia, una síntesis que permita a la idea socrática del *kalokagathon* alcanzar su pleno desarrollo.

En Platón y Aristóteles, el principio de la materia fue vaciado de una vez por todas de su carácter divino. Para estos pensadores, todo lo divino se concentra en el *nous*, como el principio de forma de lo verdadero, lo bueno y lo bello, que ha sido purificado de toda mezcla con el caótico principio de la materia. Para ellos también, al igual que para los pitagóricos, los eleáticos, Heráclito y Anaxágoras, la θεωρία filosófica (*theōria*) es el único camino verdadero por el cual uno puede entrar en contacto religioso con la deidad. En palabras que Platón atribuye a Sócrates en el *Fedón*: "Acercarse a la morada de los dioses, sin embargo, solo se concede a los filósofos, quienes, a través de la filosofía, se esfuerzan por alcanzar la sabiduría y, completamente purificados por esta última, se apartan de la vida".[1] Esta *theōria*, sin embargo, tal como la conciben Platón y Aristóteles, ha atravesado la ruta socrática de la autocrítica y ha emergido de las concepciones naturalistas del principio divino de la forma.

Sin embargo, Platón y Aristóteles no lograron abolir del todo el dualismo polar en el motivo religioso fundamental del pensamiento griego. Ya en la etapa inicial del desarrollo de la teoría de las Ideas en Platón, este dualismo se intensifica hasta alcanzar una tensión religiosa casi insoportable, que encuentra una nueva expresión en el dualismo órfico-pitagórico entre la esfera celestial de la luz y la oscura esfera terrenal. En este desarrollo, Platón logró liberarse del marco de la concepción naturalista; no obstante, no eliminó el dualismo. De hecho, procedió de inmediato a desarrollarlo filosóficamente en una antropología abiertamente dualista. Junto con su venerado maestro Sócrates, Platón rastreó el principio de materia —como "una bestia acosada"—, para usar su propia expresión en el *Sofista*, en su encarnación más detestable en el arte de argumentación sofístico. Pero lo hizo, sin embargo, sólo para descubrir al final que su presa había buscado refugio en un ἄπορον τόπον, un lugar donde los derechos del ápeiron no pueden ser disputados.[2] Ningún pensador anterior luchó con tanta intensidad contra las tensiones dialécticas del motivo religioso fundamental del pensamiento griego como lo hizo Platón. En este respecto, su posición dentro de la historia del pensamiento griego corresponde a la que ocupa, en tiempos modernos, Immanuel Kant, quien luchó con intensidad similar con el motivo dialéctico fundamental de la filosofía humanista moderna, a saber, el de la naturaleza y la libertad. Platón nació alrededor del año 427 a. C. en una familia ateniense de gran distinción, cuya línea paterna se remontaba al rey ático Codro. Drapides, un pariente del renombrado estadista Solón, fue un antepasado materno. En tiempos de Platón, la familia gozaba de prominencia en los asuntos políticos por personas como Critias, quien fue miembro del gobierno de los Treinta, y Cármides, quien fue uno de los diez hombres del Pireo. En su juventud, Platón fue introducido a la filosofía de Heráclito por Crátilo, discípulo del oscuro pensador de Éfeso. A la edad de veinte años, entró en contacto con Sócrates, aunque probablemente no haya sido admitido en el círculo más íntimo de los discípulos de este último.[3] Mantuvo esta relación hasta el momento de la muerte de su maestro.

La muerte de Sócrates marcó el punto de inflexión crucial en la vida de Platón. Con aproximadamente veintiocho años en ese momento, Platón comenzó a estudiar con otros discípulos de Sócrates en Mégara. Allí entró en contacto con Euclides, el fundador de la llamada escuela megarense, quien intentó combinar la idea socrática del *kalokagathon* con la ontología eleática de Parménides. Así, la influencia de Parménides —que sería de suma importancia para el desarrollo de su teoría de las ideas— debió haber tocado a Platón desde entonces. Después de esto, Platón emprendió un viaje al sur de Italia y Sicilia. En el sur de Italia, tuvo un contacto más estrecho con la escuela pitagórica, con la cual probablemente ya había tenido algún contacto en Grecia, lo cual llevó a una relación cercana con el pensador pitagórico y estadista Arquitas. Esto también tendría una importancia decisiva para el desarrollo del pensamiento de Platón, tanto en sus aspectos matemáticos como en sus aspectos místico-religiosos. Al mismo tiempo, sus intereses políticos, que —según se desprende de su séptima carta— ya eran muy fuertes en su juventud, recibieron un estímulo poderoso tanto a través de su contacto con el círculo pitagórico como a través de su residencia en la corte de Dionisio, el tirano de Siracusa, donde entabló amistad con el cuñado de este último, Dion, y logró ganarlo para sus propias ideas. Esta primera estancia en la corte del tirano terminó de forma dramática con la venta del pensador de unos cuarenta años en el mercado de esclavos de Egina, probablemente en conexión con las hostilidades surgidas entre Atenas y Egina. Fue, sin embargo, rescatado por cierto Anniceris de Cirene.

Al regresar a su ciudad natal, Platón fundó alrededor del 387 a. C. su renombrada Academia. Esta fue una asociación esencialmente religiosa, centrada en un culto comunal de las Musas. Como también había sido el caso en el orden pitagórico, la filosofía y el estudio comunal de las ciencias especiales como las matemáticas, la astronomía y la física también se llevaban a cabo dentro de este marco religioso. Durante los primeros veinte años después de la fundación de la Academia, Platón pudo entregarse por completo y sin interrupciones a su escuela. Durante este tiempo, esta última floreció poderosamente, también como centro de formación para estadistas.

Luego, alrededor del año 367 a. C., Platón emprendió su segundo viaje a Siracusa, después de que el joven Dionisio hubiera sucedido a su padre como tirano. Dion esperaba que, a través de Platón, pudiera influenciar al joven gobernante para introducir un gobierno basado en leyes, que garantizara las libertades del pueblo. Sin embargo, este segundo viaje terminó también en fracaso. La camarilla de la corte en Siracusa logró volver al joven tirano contra Dion, quien fue posteriormente desterrado. El propio Platón fue enviado de regreso a Atenas, después del estallido de la guerra en Sicilia, con la promesa de que tanto él como Dion serían llamados de nuevo a Siracusa una vez restablecida la paz.

Parece que durante esta segunda estancia en la corte de Siracusa Platón ya había preparado un esquema de legislación para las ciudades griegas que iban a ser establecidas en Sicilia. Parece también que ya había redactado parcialmente los llamados *prooemia* o introducciones a las leyes, las cuales más tarde elaboró de forma independiente en su obra *Las leyes*, el gran diálogo escrito en su vejez.

El tercer viaje a Sicilia tuvo lugar entre los años 361 y 360 a. C., y este también resultó ser una amarga decepción para el anciano pensador. Sin duda contribuyó a su sustitución por una concepción más sobria y empíricamente orientada de la organización de la *polis* con base en la visión del estado ideal, formulado completamente en términos de la teoría de las ideas, tal como se había esbozado en su *República*. En su desarrollo, la filosofía de Platón refleja todas las influencias que recibió a lo largo de su vida, como he resumido brevemente más arriba. En lo esencial, hay en su pensamiento una complicación e intensificación de la tensión entre los motivos de forma y materia, lo cual se explica por su incorporación del legado que le dejó Sócrates.

Aunque la concepción platónica del motivo forma fue influenciada por el método socrático de formación de conceptos —que siempre había conservado una tendencia ética dinámica mediante su concentración religiosa en el poder formador de la *idea* de lo verdadero, lo bueno y lo bello en el *nous* divino—, esta fue acompañada por la influencia de la concepción estática y matemática del principio forma tal como fue concebido en la escuela eleática y en el movimiento pitagórico más reciente, que había seguido a los eleáticos en esa dirección. Además, el dualismo órfico-pitagórico respecto del alma ya había influido en Platón desde una etapa muy temprana de su desarrollo.

En efecto, por influencia de Sócrates, el motivo forma de la religión de la cultura, en su sentido ético-religioso profundizado, alcanzó la primacía indiscutida en el pensamiento platónico. Tal fue el caso incluso aunque surgiera una tensión dentro de este mismo motivo forma entre su concepción dinámica y la estática. Frente a esto, sin embargo, la concepción heraclítea del principio de materia, que Platón había adoptado desde su juventud, continuó dominando el otro polo de su pensamiento.[4] Bajo la influencia del orfismo, esto condujo a un dualismo polar en su concepción de la relación entre los principios de forma y de materia, que al principio parecía excluir todo intento de síntesis.

Solo cuando todas estas influencias han sido combinadas dentro del compás del pensamiento de Platón, llega él al primer bosquejo de su teoría de las ideas. Aunque marca un curso completamente propio en este punto, las diversas líneas del pensamiento continúan en pie en oposición irreconciliable unas con otras. De ahora en adelante, esta teoría de las ideas mismas queda enredada en la dialéctica religiosa del motivo básico griego, y a medida que se desarrolla, el pensamiento platónico es conducido de una etapa a otra sin nunca llegar a descansar en un sistema acabado, como sí ocurre con su discípulo Aristóteles en su período final. Para exponer sus ideas por escrito, Platón optó por hacer uso de la forma del diálogo que Sócrates había introducido en la discusión filosófica verbal. Las únicas excepciones a esto son su *Apología* y aquellas de sus cartas que se han conservado.

Sus primeras obras, la *Apología de Sócrates*, el *Critón*, el *Ion*, el *Protágoras*, el *Laques*, el *Cármides*, el Libro I de la *República*, el *Eutifrón* y el *Lisias*, los cuales probablemente fueron escritos poco después de la muerte de Sócrates, reflejan casi exclusivamente la línea de pensamiento socrática, dándole un tono estético y formal que es típicamente platónico. La *physis* y el problema de las formas metafísicas del ser aún no juegan ningún papel aquí.[5] Tal como ocurre en el pensamiento propio de Sócrates, la *theōria* se concentra exclusivamente en la intuición más profunda de la virtud, siendo esta última accesible solo mediante una "táctica conceptual", para usar un término de Theodor Gomperz,[6] ya que solo puede ser aprendida por medio de la *theōria*. La cuestión última en estos diálogos juveniles socráticos, sin embargo, no es la lógica formal de la definición, su forma conceptual como tal, más de lo que esta había sido la preocupación final del mismo Sócrates. Aquello que la forma conceptual sólo aproxima de forma inadecuada, y que, en efecto, jamás puede ser definido de forma concluyente, debe convertirse en el objeto de la contemplación activa en la idea del bien y de lo bello, es decir, en una imagen adecuada de la idea divina, que se refleja en el centro religioso del alma humana.

La ruta del concepto lógico, en efecto, conduce constantemente a través de la diversidad. Por medio de la lógica solo podemos aproximarnos a la virtud en su unidad mediante una diversidad de virtudes, por ejemplo, valentía, justicia, piedad, sabiduría. Precisamente por esta razón, sin embargo, un método de definición así, que arrastra la virtud hacia abajo, solo puede volverse fructífero cuando, en una visión religiosa abarcadora (σύνοψις), fija su mirada en el arquetipo divino del bien y de lo bello. Ésta es una visión que trasciende el concepto; pero es necesaria, si hemos de conocer la esencia indivisible de la virtud en su unidad más profunda.

En este punto del desarrollo de Platón no hay aún traza alguna de su posterior teoría de las ideas, con su característica tensión entre la concepción dinámica-socrática y la concepción eleático-pitagórica del principio de forma. Lo que aquí se ha señalado, especialmente en el *Eutifrón*,[7] como el amanecer de esta teoría, no es de hecho otra cosa que la idea socrática de lo bueno y lo bello. En sí misma, esta idea no tiene relación con la concepción metafísica de la εἶδος platónica. Sólo puede considerarse como la fase inicial de la teoría típicamente platónica de las ideas si se ha confundido εἶδος con ἰδέα en el pensamiento posterior de Platón.

a. La *idea* socrática en el Eutifrón

Ya he llamado la atención sobre el *Eutifrón*, el diálogo de Platón en el cual se encuentra la primera instancia de su uso de los términos εἶδος e ἰδέα. Aquí hay un intento de obtener una definición conceptual de la virtud de la piedad. El camino de la determinación conceptual, sin embargo, solo conduce a un conocimiento de las características distintivas que separan la piedad de otras virtudes. Este camino debe, sin duda, ser recorrido; pero mientras siga siendo *meramente* el camino de la distinción lógica, no conduce a la meta deseada. Después de que queda claro que los intentos del interlocutor Eutifrón de dar una definición adecuada de la piedad se mueven sin rumbo en un círculo, Sócrates propone él mismo que lo piadoso debe definirse como una parte de la justicia. Luego invita a Eutifrón a determinar más de cerca qué parte de la justicia es.[8] Cuando este último define la piedad como aquella parte de la justicia que concierne a la θεῶν θεραπεία, el cuidado de los dioses, mientras que la otra parte gobierna las relaciones de uno con sus semejantes, Sócrates señala que el objetivo de todo cuidado es el bienestar y la mejora de aquello hacia lo cual se dirige. Los dioses, sin embargo, no pueden ser beneficiados ni mejorados por la piedad de los hombres. Para evadir esta objeción, Eutifrón procede a tomar la palabra θεραπεία en un sentido más estrecho y a definirla como un servicio que uno presta a los dioses como un esclavo a su amo.[9] Todo servicio, sin embargo, concierne de alguna manera al trabajo en el cual el sirviente ayuda a su amo. Pero ¿cuál es el trabajo —pregunta Sócrates— en el cual los que son piadosos ayudan a los dioses? ¿Cuál es la suma de las muchas cosas nobles que los dioses producen mediante su obra? Cuando Eutifrón responde con una exposición confusa que no aborda la cuestión, Sócrates observa: "Seguramente, querido Eutifrón, podrías haberme dicho la suma (τὸ κεφάλαιον) de lo que te pedí [es decir, las nobles obras de los dioses a las que los piadosos contribuyen] en muchas menos palabras si hubieras querido. Pero está claro que no tienes deseo de instruirme sobre este punto. Por ahora, cuando ya estabas en lo correcto respecto a la meta, te apartaste de mi pregunta".[10] Si Eutifrón simplemente hubiera respondido "lo bueno (y lo bello)", Sócrates, en efecto, se habría dado por satisfecho con el tipo de definición conceptual que por fin se estaba emprendiendo.[11] De este modo, al relacionar el concepto distintivo con la *idea* divina del *kalokagathon*, este concepto se habría enfocado en la esencia y unidad más profunda de toda virtud, de la cual la piedad habría aparecido simplemente como una manifestación particular. Ahora bien, dado que Eutifrón no logra llegar al punto de enfocar el concepto en la idea divina, sino que continúa buscando únicamente características distintivas externas de la virtud, Sócrates declara que se ve obligado, como interrogador, a seguir el camino que el mismo Eutifrón ha señalado en sus respuestas. En consecuencia, propone que la piedad sea definida como una ciencia del sacrificio y la oración, es decir, como una ciencia de dar y pedir, una definición que inmediatamente reformula con mordaz sarcasmo como "una especie de arte del comercio mutuo entre dioses y hombres".[12] Sócrates entonces relaciona esta definición con una que Eutifrón ya había dado, a saber, que la piedad consiste en aquello que es agradable a los dioses. Esta definición ya había sido refutada al señalar su circularidad. Porque la cualidad de ser agradable a los dioses no puede definir la naturaleza de la piedad, ya que, a la inversa, las cosas agradables a los dioses solo pueden ser agradables a ellos porque forman el objeto de su deseo, precisamente porque son piadosas. He dado este breve *résumé* del método de formación de conceptos empleado en este diálogo únicamente porque es típico de casi todos los diálogos que pertenecen a la primera etapa del pensamiento de Platón. Además, este método arroja luz sobre lo que significan los términos *idea* y εἶδος, que fueron usados en este diálogo por primera vez, en este comienzo de etapa.

Es evidente que ambos términos deben ser comprendidos en el sentido que Sócrates trató en vano de hacerle claro a Eutifrón en el curso de su discusión. Son la forma intuitiva de imagen dentro del alma humana del arquetipo divino del bien y lo bello, que primero da a las expresiones particulares de la piedad la forma duradera de virtud. Claramente, por lo tanto, la palabra εἶδος en 6 D no puede tener el significado de estructura matemática, como sostiene Peter Brommer;[13]

en cambio, debe coincidir en significado con la palabra *idea*. Pues, desde el comienzo, el líder del diálogo, Sócrates, coloca la virtud en fuerte oposición a todas las preocupaciones científicas y matemáticas. La diferencia básica entre ellas se ve en el hecho de que, mientras que en las discusiones científicas sobre estas últimas el acuerdo puede alcanzarse rápidamente por medio de conteo, medición y ponderación, cuestiones tales como lo correcto e incorrecto, lo bello y lo feo, lo bueno y lo malo son ocasión de diferencias de opinión que llevan a la enemistad.[14]

b. El *eidōs* como la *areté* del objeto del conocimiento

Julius Stenzel ha señalado también que en la fase original, socrática, del pensamiento de Platón, la concepción del *eidōs* todavía coincide con la idea de lo bueno y lo bello,[15] Julius Stenzel, *Studien zur Entwicklung der Platonischen Dialektik von Sokrates zu Aristoteles* (Leipzig und Berlin; 2a. ed., 1931), pp. 8 ss. y que en la medida en que hay en este momento una multiplicidad de εἴδη, todos estos están unidos a la *idea* del bien en el concepto de ἀρετή. Aquí, el *eidōs* no es otra cosa que la *areté* de aquello que forma el objeto del conocimiento. Es aquello por lo cual este último es "bueno," en el sentido de que toda su esencia se concentra en un tipo intuitivamente observable. En la célebre afirmación del *Gorgias*, 503 e, ἀρετή, ἐς τὸ ἕκαστον ἔργον, aquello que hace posible una realización específica, se pone en conexión directa con el εἶδος como la forma observable de un producto cultural.[16]

§2 El surgimiento de la teoría metafísica del εἶδος y la tensión dialéctica entre el motivo estático y el motivo dinámico de la forma (*eidōs* e *Idea*). Los diálogos del período de transición

a. El origen de la teoría platónica de las ideas se encuentra en la conjunción de la idea socrática del *kalokagathon* con las εἶδος o formas ónticas estáticas de las cosas. El sentido preñado de los términos *eidōs* e Idea en la teoría platónica de las ideas

Cuando la teoría de las ideas llega a su expresión plena en el pensamiento de Platón, los términos εἶδος (*eidōs*) e ἰδέα (idea) en su sentido filosófico preñado ya no son idénticos para él, aunque no siempre se usan terminológicamente con un significado fijo. Tal como se conciben por primera vez, los εἴδη son las formas ónticas estáticas de las cosas. En la metafísica de Platón, trascienden las formas fenoménicas cambiantes del mundo sensible, que están encerradas en la corriente heraclítea del devenir, y yacen en el fundamento de estas últimas como sus fundamentos ónticos inmutables (αἰτίαι). Estos εἴδη se conciben de acuerdo con el modelo eleático de la forma del ser, que era de origen naturalista y geométrico, y que solo llegó a ser compatible con las escuelas pitagóricas posteriores mediante la concepción del número como el fundamento invariante del mundo sensible. En cambio, la *idea* en su sentido preñado sigue preservando el carácter dinámico de la dialéctica socrática. Es en su origen la idea divina de lo bueno y lo bello, en la cual se concentra, por así decirlo, todo el poder formal del *nous* divino, es el diseño primordial conforme al cual ha sido formado el cosmos. El reflejo intuitivo directo de esta idea aparece dentro del pensamiento humano en el proceso mediante el cual el concepto se concentra sobre este origen y unidad de toda forma, que se expresa en una visión comprensiva no mediada del origen y la unidad más profunda de los objetos de definición. Platón aplica también el término ἰδέα a esta visión comprensiva misma.

La interpretación de Brommer de esta distinción entre *eidōs* e *idea* me parece sustancialmente correcta, y esto no es un mérito menor de su importante disertación, a la cual ya se ha hecho referencia. Me parece, sin embargo, que no presta suficiente atención al hecho de que la idea divina es el punto de unidad original y central. Además, erróneamente ubica el origen del εἴδη platónico exclusivamente en la línea de pensamiento pitagórica. [17] Como ya vimos, el principio pitagórico de forma, en su concepción original, no era en absoluto estático; solo llegó a serlo por influencia de la crítica eleática. La visión de Brommer del *eidōs* como una "estructura" estática también falla por su base. Por su propia naturaleza, una estructura es una unidad en multiplicidad, y como tal no tiene carácter metafísico. El *eidōs*, por el contrario, es una forma óntica absolutamente unitaria (*einheitliche*). Tal como la forma del ser de Parménides, excluye toda diversidad interna, y precisamente por esta razón se sitúa en relación directa con la intuición teórica, ya que el concepto no puede alcanzar la unidad subyacente de las características diferenciadas.

La teoría platónica de las ideas solo surge cuando la *idea*, como unidad original de todo orden cósmico, se une a la diversidad de las *eidē* autocontenidos. En el sentido preñado de la palabra, hay solo una idea; pero hay muchos *eidē*. Tal como Platón los concibió originalmente, las *eidē* son las formas estáticas que pertenecen al ámbito nouménico del verdadero ser; es decir, el mundo que es accesible solo al pensamiento teórico. Sirven como el modelo conforme al cual se forma el mundo de los objetos sensibles transitorios. La idea de lo bueno y lo bello, en contraste, trasciende la diversidad de las *eidē* inherentemente rígidos e inertes. No pertenece al mundo de las formas ónticas estáticas; más bien, es en cierto sentido la sinopsis divina o visión unificada de la verdad que constituye una parte del *nous* divino, una visión centrada en una única forma prototípica o forma original a la cual se relacionan concéntricamente todos las *eidē*. Como es evidente tanto en la *República* como en el *Filebo*, esta *idea* es activa y eficaz como el prototipo viviente del *nous* divino, en el cual todos los objetos sensibles participan en sus formas transitorias, porque abarca en sí todo el ser real en la visión comprensiva del pensamiento divino y se manifiesta como un *dynamis* divino en el orden mundial racional con propósito. Es como tal la encarnación del motivo formal de la religión de la cultura en su sentido ético-religioso profundizado. Las *eidē*, en cambio, en su rigidez e inercia, todavía muestran cierta influencia del principio de forma naturalista de la ontología eleática, que había sido despojado de todo dinamismo y vida. Al menos en su concepción original, por tanto, no están controlados por el *nous* divino de Anaxágoras, con su diseño intencional; más bien están sujetos a *Anagkē* en el sentido lógico-metafísico que encontramos en la ontología de Parménides. Forman el *Gegenstand* del pensamiento teórico, y nunca pueden ser reducidos a la función teórico-lógica del pensamiento. Sin embargo, en sentido metafísico, Platón les atribuye una existencia en sí mismos (καθ᾽ αὑτόν). Es decir, los absolutiza a la posición de esencias que existen independientemente de la relación teórica de *Gegenstand*. En su rigidez autoencerrada y estatus absolutizado, se excluyen mutuamente, y mientras permanezcan en sí mismos como fundamentos ónticos estáticos, nunca podrán ser reconciliados entre sí de acuerdo con la concepción heraclítea de la unidad de los opuestos.

Esta tensión original entre *idea* y *eidē* constituye la fuente inicial de la dialéctica interna de la teoría platónica de las ideas. El mundo nouménico de las *eidē* se interpone entre el método socrático de formación de conceptos y la *idea*, que constituye el *anupotheton* de todos los conceptos lógicos. Como forma óntica suprasensible en su presunta unidad interna fundamental, la *eidōs* es objeto de contemplación intuitiva directa y es el *hypokeimenon* del concepto distintivo. El concepto teórico corre el riesgo de volverse rígido, sin embargo, si se enfoca exclusivamente en la forma óntica aislada en su presunta autosuficiencia. En su absolutización alegada, una *eidōs* es una forma que simplemente excluye todas las demás *eidē*; además, en sí mismo no proporciona acceso alguno a la *idea* como la forma prototípica u original de todo ser. Meras "eidéticas" solo pueden dispersar el pensamiento teórico en una multiplicidad irreconciliable de formas ónticas que parecen no requerir ningún origen, y le impiden concentrarse en la unidad original de toda forma en la *idea* divina. Por tanto, no puede encontrar el camino que fue señalado por Sócrates en su método de autorreflexión crítica.

Cualquier intento de retornar a la unidad de la forma del ser (forma óntica), tal como fue concebida por la metafísica eleática, ya había sido descartado para Platón, precisamente debido a la influencia de Sócrates.[18] Pues esta unidad rígida, que excluía en principio toda pluralidad de formas ónticas, solo se había ganado mediante la θεωρία, solo por falta de comprensión de la naturaleza de la relación teórica *Gegenstand*. En su *Cármides*, Platón ya había percibido vivamente esta relación, en su oposición al modo de pensamiento que retorna a sí mismo.[19] La ruta socrática de autorreflexión así lo condujo a la necesidad de abandonar el Uno eleático. La ipseidad pensante no puede reconocerse a sí mismo en la forma óntica geométrica y esférica del ser del firmamento celestial. Para la teoría de las ideas de Platón, por tanto, se volvió cuestión de vida o muerte impregnar el mundo metafísico recién introducido de las *eidē* con la *idea* socrática. La primera pregunta que había que plantear era si las *eidē* derivan su ser de la *idea* divina de lo bueno y lo bello, o si el *nous* divino encuentra a las *eidē*, como modelos formales originales, ya existentes como una realidad dada que, en su esencia, es independiente de la idea divina. La segunda pregunta era cómo podría efectuarse una síntesis entre el impulso de la forma manifestado en el mundo de las *eidē* y el principio de materia heraclíteo del flujo eterno. Estos dos problemas forman el tema principal de la dialéctica de Platón cada vez que ésta se aplica al ámbito metafísico de las *eidē*, y, en esta aplicación, la concepción socrática anterior de la dialéctica —la búsqueda común mediante preguntas y respuestas de la forma conceptual válida universal, que está fundada en la contemplación intuitiva de la idea divina— recibe una nueva torsión metafísica.

El dualismo órfico-pitagórico entre la esfera terrenal de la *physis* eternamente fluyente y la esfera supraterrenal de las estrellas luminosas, que ya había alcanzado una influencia sobre el pensamiento platónico antes del desarrollo de la teoría de las ideas propia, introdujo una complicación adicional y una fuente de tensión en esta teoría. En la teoría platónica de las ideas, esta dualidad se expresa en una oposición polar entre el mundo de las *eidē* y el mundo de los objetos transitorios sensibles. En el plano antropológico, esta oposición adquirió un enfoque más agudo en la oposición entre el alma inmortal pensante, por un lado, el vehículo de la θεωρία, que tiene una afinidad interior con el mundo de las *eidē*; y, por el otro lado, el cuerpo material, impuro y terrenal, que obstaculiza al alma en su contemplación de las formas ónticas eternas y luminosas.

Este dualismo solo podría intensificar aún más la tensión interna entre *eidōs* e *idea*. Pues, como principio divino que da forma, la *idea* socrática está necesariamente relacionada con el cosmos sensible, aunque ella misma esté exaltada por encima del principio material del flujo eterno. El dualismo órfico y la separación dualista de un mundo metafísico de *eidē* de un mundo sensible de fenómenos son igualmente ajenos a esta *idea*.

En la medida en que la teoría de las *eidē* no ha sido completamente impregnada por la *idea* socrática, y el parentesco entre el *anima rationalis* inmortal y las formas ónticas metafísicas fijas es puesto en primer plano, el alma humana misma corre el riesgo de volverse pétrea en un *eidōs* estático, un *eidolon* quimérico, separado del siempre fluido torrente vital de la *physis*. Entonces, el principio de forma órfico-pitagórico original, que a pesar de todo permanecía enraizado en el principio de materia dionisíaco, se ve forzado a retroceder ante la concepción eleática de la forma óntica. Un peligroso coqueteo con la tesis eleática de que lo semejante solo es conocido por lo semejante, que Empédocles había desarrollado a su modo, lleva a Platón a la conclusión de que el alma pensante debe compartir la inmovilidad que caracteriza a las *eidē*, e incluso se aplica al *eidōs* de la "vida en sí misma". Con ello, por lo menos momentáneamente, parece haberse abandonado el camino de la autorreflexión crítica. La función del pensamiento teórico del alma casi se convierte en algo plenamente identificado con la moda eleática, con su relación de *Gegenstand* metafísicamente concebida: el mundo de las *eidē*. Tan pronto como la *theōria* vuelve a concentrar su mirada en la *idea* divina, sin embargo, la concepción estática del alma es abandonada y la teoría de las *eidē* se ve cargada de un nuevo dinamismo.

Seis diálogos pertenecen al período de transición de Platón: el *Gorgias*, el *Menón*, el *Eutidemo*, el *Hipias menor* y el *Crátilo*. En tres de ellos —el *Gorgias*, el *Menón* y el *Crátilo*— es posible rastrear el desarrollo gradual de la teoría de las ideas a través de la conjunción de todas las influencias antes mencionadas.

El *Gorgias*, que comienza con el problema de la naturaleza y el valor de la retórica promovida por los sofistas y culmina postulando una clara antítesis entre la cosmovisión sofística y la teoría socrática, es el primer diálogo que evidencia la influencia de las ideas órfico-pitagóricas. Frente a la cosmovisión de los sofistas posteriores, que consideraban la búsqueda desenfrenada del placer como el fin más alto, la teoría socrática se describe aquí como la búsqueda del bien (y lo bello) por su propio valor como meta final. El principio material sofístico, que contrapone la *physis* humana como un rhetosun caótico frente al nomos de la *polis*, es contrarrestado por el principio formal de la religión de la cultura, un principio de medida, armonía y orden. Cualquiera que aspire a influir en el alma humana debe asumir esta tarea personalmente al infundirle las virtudes mencionadas. Y puesto que una vida en armonía con la medida, el orden y la armonía es equivalente a una vida conforme a la ley (νόμος), la tarea del orador es educar el alma en la justicia y la templanza.[20] La vida perfecta reside en la plena encarnación de la medida.

Toda esta exposición sigue siendo completamente socrática y, tomada por sí sola, no manifiesta ninguna influencia pitagórica. Pues, como hemos visto anteriormente, el principio formal de medida y armonía no se originó en el pitagorismo; más bien, es el motivo básico de la religión de la cultura misma. Este motivo se había arraigado profundamente en la forma de vida griega. Todo lo que la escuela pitagórica hizo fue darle un carácter matemático al incorporarlo en el principio del número.

Sin embargo, en el cierre del diálogo, este pensamiento socrático fundamental se conecta con la concepción órfico-pitagórica del alma como vehículo de la *theōria*, y también con la creencia en un mundo supraterrenal y un juicio de las almas en el Hades de acuerdo con la verdadera justicia, la cual en la tierra suele confundirse con un mero simulacro de justicia.[21] Este dualismo entre el ámbito del ser verdadero y el mundo del aparecer sensible allanará el camino para la teoría de las *eidē*, comenzando a afirmarse aquí; pero el alma misma sigue siendo tratada como algo visible.[22]

En el diálogo *Menón*, parece que la influencia órfico-pitagórica ha avanzado más. La doctrina de la inmortalidad y preexistencia del *anima rationalis* se desarrolla aquí en una nueva teoría del conocimiento, que responde a la tesis sofística de que no se puede buscar lo que uno no sabe. Con este fin, Platón desarrolla su noción de que la adquisición del conocimiento es una o rememoración de lo que el alma ya ha contemplado en su estado preexistente. Esta doctrina aún no se presenta aquí como una *theōria* basada en fundamentos firmes. Con un apelo a la sabiduría sacerdotal y un verso del poeta Píndaro, se presenta sólo como una noción que encarna la verdad de que la búsqueda del conocimiento es necesariamente un ensayo en cuestiones ético-religiosas.[23] En vista de la interconexión de todas las cosas, sólo es necesario recordar una sola para poder recuperar el resto. Para ilustrar la corrección de esta visión, Sócrates toma como ejemplo a un esclavo que no ha recibido instrucción alguna en matemáticas y, mediante un interrogatorio continuo, lo conduce de la solución de un problema matemático —concretamente, la prueba del teorema de Pitágoras.

No es accidental que Platón, como preparación para responder la cuestión principal en este diálogo —la cual concierne a la esencia y susceptibilidad de la virtud de ser enseñada—, conjuge la doctrina del conocimiento como *anamnēsis* con el descubrimiento de estados matemáticos de cosas. Pues aquí ya estamos ante el umbral de la teoría metafísica de las *eidē*. Ya en la primera parte de la discusión, Sócrates llama la atención sobre el hecho de que, así como hay una sola *ousía* (forma óntica) de las abejas, la cual es la misma en todos los animales de esta especie, así también hay un único *eidōs* que otorga a todas las virtudes individuales, por numerosas y diversas que sean, la forma óntica fija de la virtud.[24] Procede de inmediato a elucidar esta tesis probando que hay una forma no-sensible de la figura geométrica (σχῆμα), la cual es lo que diferencia la figura tanto de lo curvado como de lo recto.[25] De ahí, en una amplia exposición, esta forma óntica matemática se define a la manera pitagórica como la forma límite (peras) de un cuerpo (στερεόν).[26]

De hecho, ya no es la concepción socrática de la *idea* la que se expresa aquí; más bien, la concepción estática de la forma metafísica del ser ya comienza a manifestarse. A la manera eleático-pitagórica, esta última se considera como reposando dentro de sí misma, aunque, en contraste con la forma óntica de Parménides, ya no se la concibe como una forma geométrica, ni siquiera como un *eidōs*.

Sin embargo, debe señalarse que este diálogo no es más que un preludio a la teoría de las ideas. La cuestión sobre la *eidōs* autocontenida de la virtud (τί ποτ' ἐστὶν αὐτὸ καθ' αὐτὸ) apenas se plantea, pero no se responde.[27] En la primera sección del diálogo, la cuestión de si la virtud es enseñable no se explora mediante el método de investigación característico de la teoría de las ideas (es decir, el discurso metafísico dirigido directamente a la εἶδος misma), sino conforme al ejemplo del método matemático *ex hypothesi* (ἐξ ὑποθέσεως).[28] Cuando se le pregunta si es posible inscribir un triángulo dado en un círculo, el matemático hace depender esta posibilidad de una hipótesis que el triángulo debe satisfacer para que esto sea posible. En efecto, hace esto antes de saber si la figura realmente satisface los requisitos de la hipótesis. De manera similar, Sócrates elige examinar *ex hypothesi* la cuestión de si la virtud es enseñable, antes de conocer ya sea su forma óntica o el modo de existencia de sus propiedades. Lo hace formulando la cuestión así: ¿Qué condiciones debe satisfacer la virtud si ha de poder ser enseñada? La respuesta es que, en ese caso, debe ser una ciencia (ἐπιστήμη),[29] y esta tesis se sostiene mediante un extenso argumento. Esto no conduce aún, sin embargo, a la conclusión de que la virtud existe sólo como ciencia, y la cuestión de su *eidōs* queda en este punto completamente sin respuesta.

En cambio, en el curso posterior de la discusión, el argumento toma otra dirección. Se defiende la posición de que la buena acción ética encuentra un fundamento suficiente en ἀληθὴς δόξα (opinión correcta o verdadera creencia y convicción respecto del bien), la cual aún no ha sido profundizada por el conocimiento científico de sus fundamentos. Se dice que la opinión correcta es impartida al ser humano como un don divino (θεία μοῖρα).[30] Puede coincidirse con Brommer en que este reconocimiento de ἀληθὴς δόξα como don concedido al ser humano mediante inspiración divina (θεία μοῖρα) vuelve a significar la emergencia de la idea socrática, la cual sólo entra en operación mediante la contemplación intuitiva directa de la idea divina del bien y lo bello.[31] No se puede negar, sin embargo, que el modo en que la "opinión correcta" concibe la virtud es en cierto modo independiente del conocimiento científico o *epistēmē*, y que esto representa una cierta ruptura respecto del intelectualismo ético de Sócrates. En este último, la contemplación interior de la idea de la virtud se alcanza únicamente por el método más profundo de la formación conceptual. No obstante, en el *Menón* Platón reconoce el valor independiente de ἀληθὴς δόξα solo en un sentido muy relativo. Porque, en el curso posterior de su exposición, Sócrates afirma explícitamente que las opiniones correctas que no están unidas al conocimiento de sus fundamentos —Platón considera esto como la esencia de la *epistēmē* o ciencia— no pueden permanecer por mucho tiempo. Carecen de valor en sí mismas porque no tienen raíz duradera en el alma humana.

Además, es precisamente a través de la *anamnēsis*, el recuerdo de lo que el alma ha contemplado en su estado preexistente, que se logra esta sujeción a fundamentos mediante el conocimiento científico: "Pero esto, amigo Menón, se hace por *anamnēsis*, como ya acordamos antes. [Las opiniones correctas] están ligadas, sin embargo, sólo entonces se convierten en conocimiento y permanecen firmes en la naturaleza. Por esto el conocimiento científico es sin duda más valioso que la opinión correcta, y es en esta sujeción que el conocimiento científico se distingue de la opinión correcta".[32]

En el Menón, la *anamnēsis* misma aún no se relaciona con la *eidōs* como forma óntica metafísica, como será más adelante en el *Fedón*. Aquí sólo se dice que el alma, en su estado preexistente, lo ha visto todo, tanto en la tierra como en el Hades. Que esta *epistēmē* se basa en la *anamnēsis* se ilustra, además, solo en términos del conocimiento de las formas matemáticas, que la teoría de las ideas no incluye entre las *eidē* propiamente dichos. Estas formas matemáticas, ciertamente, se colocan junto con estas últimas en el mundo suprasensible de las formas ónticas; no obstante, se conciben como un tipo de forma intermedia situada entre el *eidē* y el mundo sensible de los fenómenos. Como observa Aristóteles, se asemejan al *eidē* en ser eternas e inmóviles; pero como los objetos sensibles, difieren de ellos en permitir una pluralidad dentro de la misma forma. Por ejemplo, existen muchos triángulos congruentes, pero el *eidōs* del triángulo es una unidad sin pluralidad.[33]

De los diálogos restantes de este periodo de transición, el *Crátilo*, que se dedica al problema de la formación del lenguaje y su relación con el conocimiento conceptual, merece especial atención. Porque en la conclusión de esta obra, la oposición dialéctica entre el principio formal socrático y el principio material heraclíteo se presenta con fuerza dramática, cuando la idea socrática del bien y lo bello se trata más o menos como un *eidōs* estático (αὐτὸ καλὸν καὶ ἀγαθόν). Esta idea se coloca al mismo nivel que todas las demás formas ónticas que existen en sí mismas.

El argumento procede del siguiente modo: el conocimiento de las cosas no puede derivarse de los nombres, concepción atribuida aquí a Crátilo. Discípulo de Heráclito, Crátilo sostenía que los nombres, precisamente por sus significados lingüísticos cambiantes, abarcan la *physis* real de las cosas en su constante alteración y flujo. Esto no puede ser. Los nombres naturales deben ser representación de otra cosa, que constituya su arquetipo o modelo eterno. En efecto, aquellos que sostienen que el principio material heraclíteo constituye la naturaleza misma de las cosas, lanzan a la *physis* en una confusión total y arrastran con ello a otras. Sócrates, el guía del diálogo, dice que a menudo ha soñado que existe una belleza y una bondad en sí mismas y todo un mundo de esencias, que están en sí mismas y son siempre idénticas a sí mismas. Él considera bastante probable que este mundo que ha contemplado en sus sueños realmente exista. Si estas esencias mismas estuvieran atrapadas en un flujo constante, sería imposible asignarles un nombre correcto; uno no podría designarlas por medio del lenguaje ni como "esto", ni como que "son de una clase determinada".[34] ¿Pues cómo podría ser algo aquello que no posee un ser constante? Según Aristóteles, Heráclito consideraba que el movimiento continuo del alma era impulsado por el flujo eterno de la *physis*.[35] En oposición a esto, Platón sitúa los εἴδη estáticos del conocimiento, tanto en lo que respecta al sujeto como al objeto (*Gegenstand*). Si el principio material heraclíteo fuera el único factor aquí, el conocimiento, sin duda, no sería posible; porque si los εἴδη del conocimiento mismo estuvieran sujetos al cambio continuo, ello implicaría que pasarían a ser otro εἶδος del conocimiento, y entonces ya no serían conocimiento. En ese caso, no habría ni sujeto ni objeto (*Gegenstand*) del conocimiento que poseyera una forma óntica constante.

Si, por el contrario, tanto el sujeto como el objeto del conocimiento siempre *son* —si lo bello, lo bueno y todas las demás formas ónticas tienen verdadero *ser*—, entonces no pueden pasar por la necesidad del flujo o del movimiento incesante.[36] Sea lo que fuere que conserve siempre la misma naturaleza y permanezca idéntico a sí mismo, no puede cambiar ni moverse, ya que nunca pasa fuera de su *idea*.[37] Es evidente que aquí la ἰδέα socrática ha sido casi completamente absorbida por los εἴδη estáticos de la ontología metafísica. Aunque es cierto que el pasaje citado habla solamente de la ἰδέα de lo bello (y de lo bueno), que la línea de pensamiento socrática considera como la protoforma de la potencia formativa del νοῦς divino, esta ἰδέα es tratada aquí enteramente como una forma óntica que reposa en sí misma, y que se coloca junto a todas las demás. El conocimiento científico mismo se fundamenta en un εἶδος estático y autocontenido. Lo que está en juego en esta exposición es, por tanto, en efecto el mundo de los εἴδη en el sentido de formas ónticas estáticas y aprehensibles por el pensamiento. En este punto, sin embargo, Sócrates no habla en absoluto desde este nuevo mundo metafísico descubierto con certeza por la θεωρία metafísica. Él declara que solo la ha visto en un sueño.[38] El método dialéctico posterior de investigación aún no ha aparecido. Por el contrario, Sócrates dice al final de la discusión: "Tal vez sea así, querido Crátilo, pero tal vez no". Es Crátilo quien urge a seguir con diligencia la investigación.

A pesar de esto, podemos sin duda adoptar el punto de vista de Karl Steinhart de que este diálogo pertenece a una etapa del pensamiento de Platón en la que la teoría de las ideas, en el sentido de la teoría de los εἴδη, comenzaba a tomar forma en la mente de Platón, aunque aún no hubiera alcanzado la claridad de su concepción madura.[39]

El método dialéctico real que se encuentra en el *Crátilo* sigue siendo socrático y aún no se ha desarrollado en la dialéctica metafísica de la teoría de las ideas. No obstante, el mundo del εἶδος ya ha aparecido en el horizonte intelectual de Platón, aunque sea solo en visión, y como un mundo de formas ónticas inmutables se sitúa con claridad en oposición dialéctica al principio Heraclíteo de la materia como flujo eterno. La teoría de las ideas, en su forma auténtica, se halla aquí en la misma víspera de su nacimiento.

NOTAS A INTRODUCCIÓN
AL DESARROLLO DIALÉCTICO

[1] Platón, *Fedón*, 82 B (cap. 32): Εἰς δὲ γε θεῶν γένος μὴ φιλοσοφήσαντι καὶ παντελῶς καθαρῷ ἀπιόντι οὐ θῆμις ἀφικνεῖσθαι ἀλλ' ἢ τῷ ὁμοίῳ.

[2] Platón, *Sofista*, 239 C: εἰς ἄπορον ὁ σοφιστὴς τόπον καταδέδυκε. En 236 D del *Sofista*, Platón habla de un ἄπορον εἶδος (*aporon eidos*), donde el sofista, quien con su pseudoconocimiento permanece completamente dentro del *apeiron* o el μὴ ὄν, se ha refugiado (καταπέφευγεν).

[3] Véase la introducción de John Burnet, *Fedón* (Oxford, 1911), p. xxvi.

[4] Cf. Aristóteles, *Metafísica*, A, 6 987 a, al final de la sección, donde dice: "Porque habiendo advertido muy pronto en su primera juventud la doctrina de Heráclito y con la creencia de que todas las cosas sensibles están en constante cambio, y de que no hay conocimiento de ellas, él [es decir, Platón] sostuvo también esta opinión en los años posteriores". También se remite al lector a toda esta sexta parte para su análisis de las líneas socráticas y pitagóricas en el pensamiento de Platón y de la concepción platónica del principio de materia.

[5] Con la excepción de una alusión a la concepción de la *physis* en Empédocles y Heráclito en el *Lisias* (214 B–216 B, caps. 10–13).

[6] Nota editorial (RK): En su primer período, dice Gomperz, Platón aparece como un *Begriffsethiker* [esteta del concepto]. Gomperz, *Griechische Denker*, II, 234.

[7] Por ejemplo, Ueberweg-Praechter, *Grundriss der Geschichte der Philosophie des Altertums*, p. 250.

[8] Platón, *Eutifrón*, 12 E.

[9] Ibid., 13 D.

[10] Ibid., 14 C: καὶ γὰρ νῦν ἐπειδὴ ἐπ᾽ αὐτῷ ἦσθα, ἀπεπλάνησας (la última frase de la cita en el texto).

[11] Esto también es correctamente anotado por Ueberweg-Praechter, *op. cit.*, p. 251.

[12] Platón, *Eutifrón*, 14 E.

[13] Peter Brommer, ΕΙΔΟΣ *et* ΙΔΕΑ : *étude sémantique et chronologique des oeuvres de Platon* (disertación, Universidad de Utrecht; Assen, 1940), p. 8.

[14] Cf. Platón, *Eutifrón*, 7 C ss.

[15] Julius Stenzel, *Studien zur Entwicklung der Platonischen Dialektik von Sokrates zu Aristoteles* (Leipzig und Berlin; 2a. ed., 1931), pp. 8 ss.

[16] Platón, *Gorgias*, 503 E: ἀρετή καὶ αἱ ἄλλαι πᾶσαι ἐπιστῆμαι βλέπουσαι πρὸς τὸ αὐτῶν ἔργον ἕκαστον· οὐκ εἴκει ἐκλελεγμένος προσφέρει ἃ προσφέρει πρὸς τυγχάνει τούτου, ἀλλ᾽ ὅπως ἂν εἶδός τι αὐτῷ ἔχῃ τοῦτο, ὃ ἐργάζεται.

[17] Brommer, *op. cit.*, p. 12.

[18] He traducido el término holandés *zijnsvorm* como "forma del ser" y "forma óntica". Los dos términos son equivalentes, como es evidente por su yuxtaposición aquí [nota del traductor].

[19] Platón, *Cármides*, 167 C ss.

[20] Platón, *Gorgias*, 506 D, E: Ἀλλὰ μὲν δὴ ἡ ἐν ἀρετῇ ἑκάστου καὶ σκεύους καὶ σώματος καὶ ψυχῆς αὕτη ἐστὶ καὶ ἔχειν παντός, οὐχ οὕτως ἐπὶ τυγχάνει κάλλιστα παραγγίνεται, ἀλλὰ τάξει

καὶ ὀρϑότητι καὶ τέχνη, τῆς ἑκάστου ἀποδιδούσης αὐτῷ ... Τάξει ἄρα τεταγμένον καὶ κεκοσμημένον ἐστὶν ἡ ἀρετὴ ἑκάστου. ("Pero esta virtud de cada cosa, de un instrumento, del cuerpo, del alma y también de todo ser viviente, seguramente no se da en medida excelente al azar, sino de acuerdo con la ley y la regla y el arte impartida a cada uno de ellos... En consecuencia, la virtud de cada cosa consiste en algo determinado y ordenado de acuerdo con una regla.) Cf. también *Gorgias*, 506 E: Καὶ ψυχὴ ἄρ᾽ [ἡ] κόσμον ἔχουσα τῶν ἑαυτῆς ἀμείνον τῆς ἀκόσμου... Ἡ δὲ κόσμον ἔχουσα σώφρων... Ἡ δὲ σώφρων ψυχὴ ἀγαθή. ("Y un alma que está bien ordenada es mejor que una que no lo está... La bien ordenada es ciertamente la que posee orden... La bien ordenada es la templada, sin embargo... Por tanto, el alma templada es buena").

[21] Platón, *Gorgias*, 523 A. Es notable que el alma inmortal sea retratada aquí como algo visible. Véase 524 D: δήλη γὰρ πάντ᾽ ἐστίν εἰς τὴν ψυχήν, ἐπειδὰν γυμνωϑῇ τοῦ σώματος("Todo es visible en el alma, una vez que ha sido despojada del cuerpo"). El hecho de que δήλη signifique en efecto 'visible' queda claro en todo el contexto. El juez del inframundo inspecciona el alma y ve en ella sus deformidades, las cuales, tanto antes como después de la muerte, también pueden hallarse en el cuerpo. No se debe concluir de esto, sin embargo, que Platón entienda aquí por visible algo referente a los sentidos. La narración del juicio en el inframundo, que se remonta a la tradición antigua del Elíseo, del alma bienaventurada, es de carácter mitológico y no contiene una concepción teórica del alma, aunque Sócrates sí afirma explícitamente su creencia en ésta.

[22] Cf. nota anterior.

[23] Platón, *Menón*, 81 B–C y 81 C: ἄρ᾽ οὖν ἡ ψυχὴ ἀθάνατος ἡ οὖσα καὶ πολλάκις γεγονυῖα, καὶ ἑωρακυῖα καὶ πάνθ᾽ ἅπερ ἐν τῷ Ἅιδου καὶ πάντα χρήματα, οὐκ ἔστιν οὗ η οὐ μεμνημένη, ὥστ᾽ οὐδὲν θαυμαστόν καὶ περὶ ἀρετῆς καὶ περὶ ἄλλου ὃν ἔστιν αὐτὴν ἀναμνησθῆναι ἅ γε καὶ πρότερον ἤπιστα. ("Puesto que el alma es inmortal y ha nacido muchas veces [en un cuerpo] y ha visto lo que hay abajo y en el Hades, y, en resumen, todas las cosas, no hay nada que no haya aprendido. No es sorprendente, pues, que respecto de la virtud y de otras cosas, pueda recordarlas, lo que anteriormente conoció").

[24] Platón, *Menón*, 72 C: καὶ εἰ πολλαὶ καὶ παντοδαπαί εἰσιν, ἕν γε τῷ εἴδει ταὐτὸν ἅπασαι ἔχειν ὃ δ᾽ ἐστὶν ἀρετή, εἰ δὲ καλῶς που ἔχει ἐπεισέρχεσθαι τὸν ἀποκρινόμενον τῷ ἐρωτῶντι ἐκεῖνον δηλοῦσαι, ὃ τυγχάνειν οὖσα ἀρετή. ("Y aunque [las virtudes] sean muchas y diversas, sin embargo, todas poseen una misma *eidos* que las hace ser virtudes. Por lo tanto, quien quiera responder esta pregunta debe mirar a este *eidos* cuando explique qué es la virtud").

[25] Ibid., 74 B s.

[26] Ibid., 76 A: στερέου πέρας σχῆμα εἶναι.

[27] Al final del *Menón* (100 B), Sócrates comenta: τὸ δὲ σαφὲς περὶ αὐτοῦ εἰσόμεθα τότε, ὅταν πρὸ τῆς τοῦ ἀνθρώπου παραγγείλῃς ἀρετῆς πρότερον ἐπιχειρήσωμεν αὐτὸ καθ᾽ αὐτὸ ζητεῖν, τί ποτ᾽ ἐστὶν ἀρετή.

[28] Ibid., 86 E: εἰ μὴ ὅτι οὐκ ἄλλη ἀμεινόνως μετ᾽ αὐτῆς ἀρχῆς λαβοῦσα, καὶ συλλογισμῷ ἐξ ὑποθέσεως αὐτὴ σκοπεῖσθαι, εἴτε διδάσκοιντο εἴτε μὴ σπουδαῖοι. Λέγε δὲ τὸ ἐὑποθέσεως ἥδε, ὥσπερ οἱ γεωμέτραι πολλάκις σκοποῦνται, ... ("Solo afloja un poco las riendas de tu control —si no del todo, al menos un poco— y permíteme examinar, sobre la base de una hipótesis

[*ex hypothesi*], si [la virtud] es algo que se puede enseñar, o si [puede alcanzarse] de otro modo. Digo 'sobre la base de una hipótesis' en referencia al modo en que los geómetras conducen frecuentemente sus investigaciones").

29 Ibid., 88 D: κατὰ δὴ τοῦτον τὸν λόγον ὠφέλιμον γ' οὖσαν τὴν ἀρετὴν φρόνησιν δεῖ τιν' εἶναι. ("Según este razonamiento, la virtud, dado que es beneficiosa, debe ser algún tipo de conocimiento científico"). Aquí φρόνησις es equivalente a ἐπιστήμη.

30 Sócrates resume esta conclusión al final del diálogo (100 B), de la siguiente manera: Ἐκ μὲν τοίνυν τούτου τοῦ λογισμοῦ, ὦ Μένων, θεία μοῖρα ἡμῖν φαίνεται παραγιγνομένη ἀρετὴ οἷς παραγίγνεται ("Según esta conclusión, querido Menón, la virtud nos parece que es impartida por una suerte divina a aquellos en quienes se da").

31 Brommer, *op. cit.*, p. 21.

32 Platón, *Menón*, 98 A: τοῦτο δ' ἐστὶν, ὦ Μένων ἑταῖρε, ἀναμνήσεως, ὡς ἐν τοῖς πρότερον ἡμῖν ὡμολογήθη. ἐπειδὴ δὲ δέδενται, πρῶτον μὲν ἐπιστῆμαι γίγνονται, ἔπειτα δὲ μένουσι. καὶ διὰ ταύτην δὴ φαίνεται ἐπιστήμη δόξης βελτίων εἶναι, καὶ διωρίσθαι δεοῦ ἐπιστήμη δόξης (traducción en el texto).

33 Aristóteles, *Metafísica* A, 6 987 b.

34 Platón, *Crátilo*, 439 C, D: σκέψαι γάρ, ὦ θαυμάσιε Κρατύλε, ὃ ἔγωγε πολλάκις ὀνειρόπω. πότερον φῶμέν τι εἶναι αὐτὸ καλὸν καὶ ἀγαθὸν καὶ ἐν ἑκάστῳ τῶν ὄντων [οὕτως] ἢ μή· ...Αὐτὸ τοίνυν ἐκεῖνο σκεψώμεθα, μὴ εἰ πρόσωπόν τι ἐστὶν καλὸν ἢ τι τῶν τοιούτων, ἀλλὰ δοκεῖ ταῦτα πάντα ῥεῖν· ἀλλ' αὐτὸ, φῶμεν, τὸ καλὸν οὐ τοιοῦτον ἀεὶ ἐστίν, οἷόν ἐστιν ("Porque considera, admirable Crátilo, lo que a menudo sueño. ¿Diremos que existe la belleza y el bien, y cada una de las esencias

[formas] de esta naturaleza, que existen en sí mismas, o no? Consideremos esta 'esencia en sí', sin preguntar si cierta apariencia externa o cualquier cosa de esta naturaleza es bella, o si todo esto está implicado en un flujo constante [cambio]. ¿Pero diremos que la belleza en sí misma siempre retiene la naturaleza que en verdad es?") Ibid., 439 D: Ἆρ' οὖν οἷόν τε προσειπεῖν αὐτὸ ὀρθῶς, εἰ ἀεὶ ὑπεξέρχεται, πρῶτον μὲν ὅτι ἐκεῖνό ἐστιν, ἔπειθ' ὅτι τοιοῦτον; ("¿Podemos, entonces, expresarlo correctamente con palabras, si continuamente se nos escapa de entre las manos, primeramente qué es eso, y además, que es *de tal especie?*").

[35] Aristóteles, *De anima*, I, 2.

[36] Platón, *Crátilo*, 440 A, B: Ἀλλ' οὐδὲ γνῶσιν εἶναι φάναι εἰκός, ὦ Κρατύλε, εἰ μεταπίπτει πάντα χρήματα καὶ μηδὲν μένει. εἰ μὲν γὰρ αὐτὸ τοῦτο, ἡ γνῶσις, τοῦ γνῶσις εἶναι μὴ μεταπίπτει, μένει τ' ἂν ἀεὶ ἡ γνῶσις καὶ εἴη γνῶσις· εἰ δὲ καὶ αὐτὸ τὸ εἶδος μεταπίπτει τῆς γνώσεως, ἅμα τ' ἂν μεταπίπτοι εἰς ἄλλο εἶδος γνώσεως, καὶ οὐκ ἂν εἴη γνῶσις· εἰ δ' ἐκεῖνο μεταπίπτει, αὐτ' οὐκ ἂν εἴη γνῶσις, καὶ ἐκ τούτου τοῦ λόγου οὔτε τὸ γιγνώσκεσθαι οὔτε τὸ γνωσθὲν οὔτε τὸ γνωσθησόμενον ἂν εἴη. εἰ δὲ ἔσται μὲν ἀεὶ τὸ γιγνώσκειν, ἔσται δὲ καὶ τὸ γνωσθὲν, ἔσται δὲ καὶ τὸ καλόν, ἔσται δὲ τὸ ἀγαθόν, ἔσται δὲ ἐν ἑκάστῳ τῶν ὄντων, ὦ μοι φαίνεται ταὐτὸ ὄντα, ἃ νῦν ἡμεῖς λέγομεν, ῥοῇ οὐδὲν οὐδὲ φορᾷ ("Tampoco puede sostenerse razonablemente, querido Crátilo, que haya conocimiento, si todas las cosas están en transición y nada permanece igual. Porque si el conocimiento, precisamente porque es conocimiento, no cambia y por tanto sigue siendo conocimiento, entonces siempre permanecerá el mismo y será conocimiento. Pero si hay cambio en la forma misma [εἶδος] del conocimiento, entonces esta última pasará a otra forma de conocimiento y

ya no será conocimiento. Y si eso cambia, entonces tampoco habrá conocimiento, ni lo conocido, ni lo que será conocido. Pero si habrá siempre conocimiento, y también lo conocido, entonces también habrá lo bello, lo bueno, y estas cosas estarán en cada uno de los entes, como ahora decimos, sin flujo ni movimiento").

[37] Ibid., 439 E: εἰ δ' ἀεὶ ὡσαύτως ἔχει καὶ ταὐτό ἐστι, πῶς ἄν τοῦτο γε μεταβάλλοι ἢ κινοῖτο, μηθὲν ἐξιστάμενον τῆς αὐτοῦ ἰδέας ("Pero si siempre tiene la misma naturaleza y permanece igual, ¿cómo podría entonces cambiar o moverse, dado que nunca se aparta de su idea?") El término ἰδέα ἀγαθοῦ ya ha aparecido en un punto anterior, por ejemplo, en 418 E: ἀγαθοῦ γὰρ ἰδέα οὖσα τὸ δέον φαίνεται δεσμὸς εἶναι καὶ κῶλυμα φορᾶς ("Puesto que una idea del bien es lo adecuado, parece ser una cadena y un obstáculo para el movimiento.") Sin embargo, aquí la palabra idea no puede tener su sentido pleno; sólo puede significar "especie". Pues este pasaje se sitúa en el contexto de algunas derivaciones etimológicas más o menos imaginativas, y las formas ónticas propiamente dichas aún no están bajo discusión.

[38] Véase nota 1 en la página 143.

[39] Karl Steinhart, *Platon's sämtliche Werke, mit Einleitungen begleitet von K. Steinhart* (8 vols.; Leipzig, 1850–66), II, *Kratylos*, p. 571.

CAPÍTULO UNO

LA DIALÉCTICA DE LA TEORÍA DE LAS IDEAS DESDE SU CONCEPCIÓN INICIAL HASTA SU CULMINACIÓN EN EL *REPÚBLICA*

§1 El *Fedón*. El dualismo órfico de alma y cuerpo y la teoría estática de las *eidē* en su oposición polar al motivo materia

a. La conexión entre la teoría de las ideas y la teoría acerca de la inmortalidad del alma pensante

En el diálogo *Fedón*, la teoría platónica de las ideas aparece en su primera concepción teórica. Ha pasado aquí del vago ámbito de los sueños al terreno nítidamente delineado de la θεωρία. En este famoso diálogo, Sócrates presenta a sus discípulos, quienes se han reunido en torno a él en su celda durante sus últimas horas, un relato teórico de su convicción respecto de la inmortalidad del alma en el sentido de una sustancia mental teórica que es separable del cuerpo material.

En la medida en que son consideradas estrictas, las pruebas de inmortalidad que ofrece Sócrates aquí, y que en gran parte fueron adoptadas por Agustín a través de la antropología escolástica, están tan íntimamente entrelazadas con la teoría de las *eidē*, que él considera inseparables tales doctrinas.[1] Sostiene además que el *anima rationalis*, como sustancia espiritual, está inseparablemente unida a la teoría de las *eidē* a lo largo del desarrollo posterior del pensamiento de Platón.

251

Por esta razón, los cambios en el primero dejaron su huella también en el segundo, y viceversa.

En el *Fedón*, el alma racional en su estado puro, separada del cuerpo, es concebida como una sustancia teórica puramente pensante (οὐσία), lo cual en este sentido es simple; es decir, no compuesta de varios elementos, ni de ninguna pluralidad en absoluto. Como tal, se asemeja al mundo eterno de las formas del verdadero ser, las *eidē*, que existen en sí mismos, no engendrados e inmutables, y que son divinos, eternos y simples en su naturaleza. Es principalmente a causa de esta afinidad que se considera inmortal al alma pensante.[2] El mundo inteligible de las *eidē* puras y simples (formas ónticas trascendentes) es de tal modo absolutamente distinto de las cosas materiales "compuestas" y transitorias, cuya existencia sensible (formal) tiene su base óntica (αἰτία) exclusivamente en su participación en las *eidē*. Ya sean bellas, buenas, grandes o pequeñas, similares o distintas, visibles o invisibles, los objetos sólo pueden existir por medio de cierta participación (μεθέξεις, παρουσία, κοινωνία) en las *eidē*, que tienen su existencia en sí mismas (τὸ αὐτὸ καλόν, τὸ αὐτὸ ἀγαθόν, τὸ αὐτὸ μέγεθος, etcétera).[3]

En esta *parousia* (presencia) o *koinōnia* (comunión) con los objetos sensibles, las *eidē* asumen una forma corporal y sensible en la cual ya no pueden ser vistos en su pureza.[4] Lo mismo se aplica al alma simple y pensante cuando se encarna en un cuerpo material. La percepción sensorial, el deseo y la pasión, que contaminan el alma y desvían el pensamiento teórico de su intuición del mundo eterno e invisible de las formas, tienen su origen en el cuerpo material. La dicotomía entre el alma-pensamiento y el cuerpo material se desarrolla aquí con la misma radicalidad que la dicotomía metafísica entre el mundo inteligible de las *eidē* y el mundo sensible de los *phainomena*.

b. La así llamada simplicidad del alma pensante como prueba de su indestructibilidad. El dualismo no reconciliado entre la *theōría* de las *eidē* y la *idea* socrática en el Fedón

Cualquier cosa compuesta está sujeta a la *Anagkē* del principio material de flujo eterno y cambio. Sólo lo que tiene una naturaleza simple participa en la imperecedera trascendencia de las formas ónticas. Como el alma pensante es una *ousia* (sustancia) igualmente simple, también ella, como las *eidē* mismas, es indestructible.[5]

Aquí las *eidē* mismas son consideradas enteramente como entidades estáticas, discontinuas y autocontenidas, que son suficientes en sí mismas. Las εἴδη, en cuanto tales, se excluyen mutuamente unas a otras y aún no pueden ser reunidas en una única idea.[6] Así, el método dialéctico de la *diaíresis*, que se desarrolla en un diálogo posterior, el *Sofista*, y que se utiliza para descubrir una coherencia y estructura lógico-metafísica en el mundo de las formas ónticas, sigue siendo desconocido en este punto. En efecto, Sócrates relaciona explícitamente su idea de lo bueno y lo bello con el *nous* divino, que da forma al cosmos visible.[7] La conexión entre la *idea* divina y las εἴδη estáticas, sin embargo, que será puesta en una luz tan reveladora en los libros posteriores de la *República*, queda completamente en la oscuridad en el *Fedón*, y en el desarrollo posterior de la discusión la idea dinámica retrocede enteramente al trasfondo.

En la primera concepción teórica de la teoría de las ideas de Platón, la influencia del principio de forma eleáticopitagórico es claramente dominante. La discontinuidad presente en la concepción pitagórica posterior del principio de forma (es decir, la concepción de formas numéricas mutuamente irreductibles) se combina aquí con la unidad y simplicidad de la forma eleática del ser en su exclusión de toda pluralidad y diversidad interna.

c. La orientación de la epistemología hacia la teoría de las εἴδη

En este punto, la epistemología de Platón está completamente orientada a la teoría de las εἴδη. Con una apelación a Filolao el pitagórico, el objetivo de la mortificación del cuerpo material por parte del filósofo es representado aquí como el enfoque del pensamiento teórico en el mundo eterno de las εἴδη.[8] Si ha de captar el verdadero ser en todas sus formas eternas tal como existe en sí y por sí, el filósofo debe aplicar su pensamiento teórico a sí mismo y liberarse lo más posible de los ojos y oídos, en verdad de todo el cuerpo material, ya que la participación de este último en el acto de conocer conduce a la confusión e impide al alma alcanzar el conocimiento y la verdad. El cuerpo es expresamente llamado aquí "detestable".[9] El alma pensante, en contraste, es llamada "divina".[10] En una alusión explícita a los misterios de purificación, el verdadero filósofo es caracterizado en este contexto como el único verdadero "iniciado". Sólo aquel que, purificado del cuerpo, entra sin mancha en el Hades, el reino de los muertos, es admitido a las εἴδη suprasensibles. Aquí, sin embargo, el "Hades" se ha convertido en Ἀΐδης,[11] es decir, el reino suprasensible de lo eterno, los invisibles εἴδη.[12]

El conocimiento de estas εἴδη que obtiene el alma se basa en el despertar en el pensamiento teórico puro del recuerdo de las formas ónticas eternas, subsistentes en sí mismas y puras, que ha contemplado en su estado preexistente.[13] Así, la doctrina de ἀνάμνησις, que se había desarrollado anteriormente en el Menón, se aplica ahora a las εἴδη. Entre estas εἴδη, las siguientes son explícitamente mencionadas en yuxtaposición: "la belleza en sí", "la bondad en sí", "la igualdad en sí", "la justicia en sí", "la piedad en sí", y además, todo lo que se dice que posee verdadera existencia, es decir, lo que verdaderamente posee ser inmutable. En un contexto posterior, presenciaremos la introducción de varias εἴδη que son lógicas, matemáticas y físicas por naturaleza, y también una εἶδος de "vida en sí".

d. La prueba principal de la inmortalidad del alma en el Fedón

A través de las palabras de Sócrates, Platón ahora argumenta que la unidad de los opuestos, que Heráclito afirmaba estaba presente en el flujo eterno de formas sensibles, nunca podrá sostenerse con respecto a las εἴδη, como por ejemplo los de grande y pequeño, par e impar, etc. Este argumento culmina entonces en la prueba final de la inmortalidad del alma como sustancia puramente mental.

El alma es aquello que da vida al cuerpo, y lo opuesto de la vida es la muerte. El alma pensante, por lo tanto, nunca puede admitir la muerte, pues esta última se opone a lo que está inseparablemente unido al alma, a saber, la vida.[14] La εἶδος de "vida en sí" tampoco puede llegar a ser ni dejar de ser, porque no permitirá que su opuesto llegue a unirse a él.[15]

Lo mismo es cierto del alma pensante, la cual, de acuerdo con su forma óntica, participa de este εἶδος inmutable.

e. La Parusía de las *eidē* en los objetos sensibles y la relación de las *eidē* con el alma pensante en el *Fedón*

Queda claro de inmediato que debe surgir necesariamente una tensión interna entre la multitud discontinua de εἴδη fijas, por un lado, las cuales deben ser colocados unas frente a otras sin ninguna interconexión, mediante una aguda acentuación del principio lógico de contradicción; y, por otro lado, la concentración socrática de todo conocimiento conceptual en la idea de lo bueno, a la cual Platón había dado un énfasis especial en un contexto anterior.[16] En la fase inicial de la teoría platónica de las ideas, esta tensión no podía ser eliminada. También está claro que la tensión polar dialéctica entre el principio de forma y el de materia sólo se manifiesta aquí de manera provisional. Esto se debe a que en este punto la relación real entre los dos, aparte de la cual sería imposible cualquier investigación teórica del φαινόμενα en la línea de pensamiento de Platón, permanece completamente en la oscuridad. La παρουσία y la κοινωνία de las εἴδη en los objetos de percepción sensible era, sin duda, sólo una imagen mitológica de la situación real. Y, como Platón se ve obligado más adelante a admitir en su Parménides, someter esta imagen a análisis enreda la investigación teórica en un laberinto de antinomias. En el sexto capítulo del primer libro de su *Metafísica*, Aristóteles observa que la μετάθεσις o "participación" platónica de los objetos sensibles en las εἴδη con base en los cuales reciben su nombre, es sólo otra palabra para la μίμησις (*mimēsis*) que los pitagóricos afirmaban existía entre los objetos sensibles y los números. Añade, sin embargo, que ni

Platón ni los pitagóricos investigaron qué era realmente esta μετάθεσις o μίμησις.[17] Cornford ha observado acertadamente que aquí la palabra μίμησις no puede significar "imitación" en el sentido de semejanza externa, porque los objetos empíricos no se asemejan ni a los números ni a las εἴδη platónicos. El término sólo puede tener el significado más antiguo de "encarnación" o "representación," como en una variedad de símbolos que representan o encarnan el mismo sentido o significado.[18] Así, Platón encontró en los objetos sensibles una especie de encarnación de sus εἴδη suprasensibles, así como el hombre mortal encarna un alma divina, que es una sustancia mental inmortal.

De ello, Cornford extrae la conclusión de que las εἴδη, a las que no distingue de la *idea*, no son en realidad otra cosa que "sustancias-ánima." En efecto, no las considera como almas individuales, sino como almas comunales, que originalmente eran consideradas como δαίμονες inmanentes en los respectivos grupos de cosas empíricas afines. Estos, sin embargo, más tarde fueron "olimpizados" por Platón y dotados de un estatus trascendente e inmortal, en razón de su separación de sus grupos. De modo similar, Pitágoras fue al principio reverenciado como el δαίμων de su orden, pero más tarde llegó a ser identificado con Apolo, el dios inmortal y luminoso del Olimpo.

Por lo menos en cuanto a su orientación sociológica, esta explicación no es más que otro ejemplo de la interpretación excesiva que hace Cornford del método sociológico de Durkheim en su interpretación del pensamiento griego. Sin embargo, incluso si dejamos de lado esta reducción sociológica en la interpretación de las εἴδη por parte de Durkheim, debemos admitir que en el *Fedón*, como hemos visto, Platón acentúa fuertemente el parentesco entre el alma pensante inmortal y el mundo de las εἴδη. En este diálogo, sin embargo, las εἴδη mismas aún no son concebidas como sustancias-ánima, como ocurrirá más tarde en el *Sofista*.

Mientras que una sustancia-ánima es activa, las εἴδη son estáticas y en reposo. Para Platón, estos últimos son el verdadero *Gegenstand* (objeto) del νοεῖν o pensamiento teórico, y permanece consciente de esta relación *Gegenstand* incluso en el *Fedón*. Así, incluso durante esta etapa de su pensamiento, en la cual la concepción eleática de la forma óntica suprasensible se vuelve tan dominante en la teoría de las ideas, Platón nunca vuelve del todo a la identificación acrítica de Parménides del pensamiento teórico formativo con el tipo estático de ser. El *Fedón* no enseña nada más que un parentesco entre estos dos. De hecho, su identificación completa queda excluida para Platón por el simple hecho de que concibe al alma pensante como una forma óntica individual, en contraste con el εἶδος como forma óntica supra-individual. Como fruto de la autorreflexión socrática, la individualidad del alma inmortal ha adquirido un valor y una significación absolutos, superando la concepción panteística, uránica, de Empédocles, según la cual la individualidad sólo podía ser el resultado de una caída desde el alma divina que lo impregna todo, bajo la influencia del νεῖχος. Significativamente, Platón otorga al alma individual dominio sobre el cuerpo, así como lo divino en general, para él, tiene dominio sobre lo inmortal.[19] De aquí se desprende claramente que el motivo forma de la religión de la cultura conserva la primacía en su pensamiento. Su concepción puede ser comparada con la de Anaxágoras, por tanto, y ambas pueden ser contrastadas con la de Empédocles.

La fuente de la teoría de las ideas de Platón debe buscarse, sin embargo, no en su concepción del alma, sino en el motivo forma suprasensible. En efecto, esta concepción del alma está completamente gobernada por el motivo forma-materia. En consecuencia, el problema que plantea en el *Fedón* es si el alma pensante es materia, o una forma óntica suprasensible. Y al llamar al alma pensante "análoga" al mundo de las εἴδη puros, implícitamente plantea la cuestión como la diferencia fundamental entre ambos.

En esta coyuntura, Platón no logra resolver este problema. Es sólo en los diálogos *Filebo* y *Timeo*, que pertenecen a la etapa penúltima del desarrollo de su pensamiento, donde elabora una solución construyendo para el alma un mundo intermedio situado entre el mundo sensible y el de las εἴδη. En el Fedón, sin embargo, el alma como sustancia mental inmortal sigue colocada junto a las εἴδη dentro del mundo de las formas eternas. Como consecuencia, reaparece el peligro previamente señalado de que el alma sea "eleatizada" y completamente identificada con forma óntica inmóvil. Tal identificación, sin embargo, habría privado al anima racional de toda vitalidad, dejándola completamente inerte. En efecto, la negación del movimiento en la sustancia mental constituyó el paso inicial en esta dirección.

Platón reconoció este peligro a tiempo. La convicción de que el alma es el principio vital del cuerpo material, convicción que había estado presente en el pensamiento griego desde el principio y que también se ha conservado en el *Fedón*, condujo inevitablemente a Platón de nuevo a la visión de que el alma contiene el principio del movimiento. La conexión del alma con la *physis* siempre fluyente, que la influencia eleática parecía haber interrumpido momentáneamente en el *Fedón*, fue así restaurada. De este modo, Platón quedó atrapado nuevamente en el mismo problema que había frustrado a la escuela pitagórica temprana en su intento de concebir el alma en términos simultáneos del motivo forma y del motivo materia.

f. Forma y materia en las εἴδη concebidos como números ideales en la etapa final del pensamiento de Platón

En la etapa final del desarrollo del pensamiento de Platón, cuando las εἴδη a la manera pitagórica fueron identificados con los llamados "números ideales", este mismo problema emergió dentro de la teoría de las ideas, y las propias εἴδη llegaron a ser considerados como compuestas de forma y materia ideal.[20] Esta concepción platónica tardía de las εἴδη fue posteriormente adoptada en el neoplatonismo y en la escolástica agustiniana.

g. El desprecio del *Fedón* por la *polis* como vehículo de la religión de la cultura

No hay ningún indicio de esto en el *Fedón*. Aquí la influencia eleática sobre la teoría de las ideas es predominante. Aunque, como vimos, Platón sostiene esencialmente, incluso en este punto, la primacía del motivo formal de la religión de la cultura, diversas tendencias están en juego aquí que amenazan esta primacía. Tal vez la señal más fuerte de este peligro se encuentra en el notable menosprecio de la *polis*, vehículo de la religión de la cultura, que se manifiesta en este diálogo.

En la exposición de la doctrina de la transmigración de las almas,[21] sólo los filósofos son exaltados después de la muerte "a la raza de los dioses". Las almas de quienes han cultivado las virtudes cívicas popularmente estimadas de justicia y moderación[22] durante su existencia terrenal, en cambio,

se reencarnan como uno de los animales que forman socie-
dades organizadas, tales como abejas, avispas u hormigas, o
incluso como "ciudadanos respetables".

Si comparamos esta valoración de la *polis* y de la virtud
cívica con la que se da en los diálogos socráticos anteriores,
o con la que aparece más adelante en la *República*, el *Político*
y las *Leyes*, queda claro que la *polis* como poder deificada
para la formación del hombre ha desaparecido completamente en el *Fedón*. Por el momento, la *theōría* filosófica se ha
emancipado completamente de la *polis*. Sólo la teoría filosófica, en su investigación autosuficiente del mundo de las
εἴδη, puede ahora reclamar la tarea de desplegar el principio
divino formal en el hombre, y esta tarea formativa sólo puede
cumplirse mediante el desvanecimiento gradual del cuerpo
material y de todos los lazos terrenales. La influencia órfico-
pitagórica, aliada con la de la escuela eleática, ha suprimido
por un momento de manera decisiva la tendencia socrática
en el pensamiento de Platón.

Esto no es más que un breve *intermezzo* dentro del desarrollo general de la teoría de las ideas. Sin embargo, la *polis*
pronto recuperará la posición central que había ocupado
desde el inicio en el pensamiento de Platón.

§2 El resurgimiento del motivo formal socrático en el *Fedro*
y el *Banquete*, y la concepción revisada del alma

a. La doctrina del alma del mundo. Se abandona la
concepción estática del alma en el *Fedón*. El alma como
principio de automovimiento

En el *Fedro*, que examina la relación entre la retórica o el
arte de la elocuencia y la dialéctica —es decir, la ciencia de la
correcta formación de conceptos orientada hacia las εἴδη y

la ἰδέα (la porción dialéctica real de este diálogo pertenece indudablemente a un periodo mucho más tardío que la primera parte)—, la concepción estática del alma presente en el *Fedón* ya ha sido superada en principio. Al mismo tiempo, tanto este diálogo como el *Banquete* vuelven a colocar en primer plano el enfoque socrático central en la formación de conceptos, de forma especialmente marcada en su elaborada concepción del ἔρως (amor). Este ἔρως desempeña el papel de mediador entre el cosmos visible y el mundo de las εἴδη, pero culmina en una visión que se concentra en la ἰδέα divina de lo bueno y lo bello.

El *Fedro* vuelve a poner un énfasis significativo en la exigencia socrática del autoconocimiento.[23] Hace esto, además, en un pasaje que deja claro que Sócrates concibe el alma como el principio del motivo formal de la religión de la cultura. La prueba de que el alma es inmortal, indestructible y sin origen radica en el hecho de que es eternamente automoviente. Sólo aquello que se mueve por sí mismo nunca cesa de moverse, y esto también forma el origen y principio del movimiento para todo lo que es movido externamente por algo distinto. Lo opuesto del alma eternamente automoviente es el cuerpo material, que en sí mismo es fijo e inmóvil y por tanto debe recibir desde el alma el impulso del movimiento. El acto del alma está presente, entonces, dondequiera que aparezca el movimiento corporal en el cosmos. El inicio u origen del movimiento trasciende el ámbito del devenir, pues, de otro modo, los cielos y todo lo que entra en el ser estarían condenados a permanecer en reposo y jamás encontrarían algo que los hiciera volver al movimiento.[24] La influencia de Anaxágoras, quien niega que la materia fuera el principio del movimiento y lo atribuía exclusivamente a la forma-poder del *nous* divino, puede reconocerse claramente aquí.

La doctrina del alma del mundo, que reaparecerá más adelante en el *Filebo*[25] y que desempeñará un papel muy importante en el *Timeo*, donde se elabora con mayor detalle, ya está implícita en el *Fedro*. Así como el alma racional es la causa de todo el movimiento celeste por su sujeción a la medida y a la armonía, el alma racional individual es la causa de los movimientos corporales humanos. Como causa primera e inicio del movimiento, ambas son fundamentalmente distintas de las εἴδη estáticos e inmóviles, y la afinidad con estos últimos ya no se enfatiza.

b. La nueva fuente de dificultad en la concepción platónica del alma. El dualismo de los principios de forma y materia se introduce en el alma misma. La doctrina del alma tripartita (tricotómica)

Este desarrollo da lugar a una nueva fuente de dificultad en el pensamiento platónico. En el *Fedón*, la multiplicidad y diversidad de las formas ónticas estáticas, que existen en sí mismas y se excluyen mutuamente, permanecían en verdadera tensión dialéctica con la *idea* socrática de la unidad del principio formal en el *nous* divino, como poder formativo dinámico de lo bueno y lo bello. Ahora, en el *Fedro*, la concepción anterior acerca de la simplicidad y unidad del alma como una sustancia mental teórica pura entra en conflicto con la nueva concepción de que el alma es el origen de todo movimiento y que la materia misma es inmóvil. Si entonces el alma es el origen de todo movimiento en el cosmos, ya no puede mantenerse como un alma puramente pensante.

El *nous* puede ser considerado como el origen único del movimiento en el cosmos que tiene propósito e imprime forma. Nunca puede ser el origen del movimiento caótico, desordenado, que no puede eliminarse permanentemente desde el principio de materia dentro del marco del motivo básico dialéctico del pensamiento griego. Si el alma es, por tanto, el origen de todos los movimientos en el cosmos, ya no puede mantenerse como una sustancia-forma puramente pensante; por el contrario, el dualismo de los principios de forma y materia necesariamente debe aparecer también dentro del alma misma. En consecuencia, ya no es posible mantener la simplicidad del alma.

En efecto, comenzando con el *Fedro*, aparece la doctrina de que el alma es tripartita. Esta doctrina se desarrolla más a fondo en el *República*, en conexión con la doctrina de las tres clases en la organización ideal de la *polis*, la cual está dedicada a la idea de la justicia. Que la teoría del alma presentada en el *Fedro* debe haber sido formulada antes que la del *República* y no después de ella, como por ejemplo sostiene Ueberweg-Prechter,[26] me parece claro por el simple hecho de que, mientras que el *Fedro* sólo bosqueja la nueva teoría en forma mítica, el *República* la desarrolla en las formas transparentes de la *theōría*. No hay, por tanto, ninguna inconsistencia en las obras de Platón en las que él toma la forma madura de una concepción que ya ha sido elaborada teóricamente y procede luego a revestirla en la forma vaga, meramente alusiva del mito. Donde esto parece ocurrir, el mito recibe al menos inmediatamente una explicación científica por medio de la *theōría*, en la medida en que esta ha progresado durante el intervalo.

Comenzando con el *Fedro*, el *nous* es para Platón sólo la parte más noble del alma, el *logistikón*, que en un sentido normativo lidera y gobierna las otras partes. Se opone a la parte que es el asiento del deseo sensual (el *epithumētikón*) y que está controlada como tal por el principio de materia con su falta de forma y medida. Entre estas dos partes antagónicas se ubica una tercera parte del alma (*thumo-eidēs*), la cual siempre está lista para seguir el liderazgo del *logistikón* y reacciona con ira cada vez que el deseo sensual logra imponerse.

c. El mito del viaje astral del alma

El *Fedro* presenta todo esto en el hermoso mito del viaje astral del alma siguiendo a los dioses celestiales, es decir los doce cuerpos celestes conocidos por Platón, los cuales, según él, están animados por espíritus que los mueven en círculos. En este cuadro mitológico, el alma se compara con un par de corceles alados inseparablemente unidos a su auriga. En el caso de los dioses celestiales, ambos corceles están completamente dispuestos a obedecer la guía de su auriga, y el carro se mantiene así en equilibrio sin dificultad. En el caso de las otras almas (*daemones*), sin embargo, los dos corceles son de distinta naturaleza. Uno es despierto y de buena estirpe, mientras que el otro es de mala raza y rompe el equilibrio intentando arrastrar el carro hacia la tierra. El viaje de todos los equipos alados sigue el movimiento armónico, perfecto y esférico del cielo y asciende al lado exterior de la bóveda celestial. Allí, en el ámbito supra-celestial (τὸν ὑπερουράνιον τόπον) de las formas ontológicas eternas, las almas inmortales contemplan la "esencia verdadera, incolora, desprovista de forma y tangible" (ἀχρώματός τε καὶ ἀσχημάτιστος καὶ ἀναφὴς οὐσία ὄντως οὖσα),[27] pero esto solo puede suceder si el alma es guiada por el pensamiento teórico. Para los dioses celestiales basta con que vean estas *eidē* (la justicia en sí misma, la moderación en sí misma, el conocimiento en sí mismo, etcétera), libres del proceso del devenir en su conexión con la materia, sólo de vez en cuando; es decir, siempre que su circuito los lleva más allá de la región que está por encima de los cielos. Entonces pueden volver al lado más cercano de la bóveda celestial. Esta visión es el alimento eterno del alma pensante, que nutre sus alas y le permite crecer.

Para los corceles de los dioses, sin embargo, este ascenso se cumple por completo. Puesto que en el caso de las almas humanas el corcel inferior trata de arrastrar el carro hacia la tierra, lo mejor que el auriga puede hacer, incluso en las circunstancias más favorables, es alzar su cabeza dentro del ámbito supracelestial. De este modo, la visión de las formas eternas escapa en gran medida al alma humana. No obstante, el alma humana ha contemplado alguna vez estas *eidē*, y el recuerdo de ellas le permite obtener conocimiento conceptual.[28] En el peor de los casos, el equipo alado del alma permanece completamente por debajo de la bóveda celestial y se alimenta de imágenes sensibles en lugar de conocimiento del ser. Dado que el alma queda privada del alimento para sus alas que requiere su parte superior, cae a la tierra y entra en un cuerpo material. De acuerdo con lo que haya visto del mundo de las *eidē*, las almas se implantan en categorías humanas distintas según su valor y vocación. Su destino tras la muerte corporal se determina entonces por lo que hayan hecho durante su existencia terrenal, asignándose las menos dignas a la reencarnación en el cuerpo de un animal y a un posterior retorno a la forma humana.[29]

d. La transformación de los motivos uránicos del pensamiento órfico-pitagórico en la teoría de las ideas. El *topos hyperouranios* de las *eidē*

Dos cosas llaman la atención en esta representación mítica de la nueva concepción platónica del alma. En primer lugar, los motivos religiosos uránicos se adoptan del pensamiento órfico-pitagórico y, simultáneamente, se transforman en términos del motivo de la forma dentro de la teoría de las ideas. El mundo de las *eidē* se afirma con énfasis como situado por encima y más allá de la bóveda celestial en un τόπος ὑπερουράνιος. Las almas cuya visión permanece limitada al área dentro de la bóveda celeste, se ven privadas del alimento de las formas ónticas verdaderamente reales, y están condenadas a caer a la tierra.

e. El debilitamiento del dualismo órfico de alma y cuerpo en el *Fedro*

En segundo lugar, no se puede dejar de notar que el dualismo órfico entre el alma pensante y el cuerpo material ha sido considerablemente atenuado aquí. Sócrates declara explícitamente que alma y cuerpo pertenecen juntos a un ser viviente.[30] En los dioses celestes inmortales, el alma y el cuerpo están por naturaleza unidos para siempre, aunque Sócrates todavía no puede ofrecer una razón teórica para ello.[31] Sólo en los seres mortales la unión entre alma y cuerpo es meramente temporal. No será sino hasta el *Timeo* que Platón intentará ofrecer una justificación más precisa para esta diferencia básica entre el cuerpo humano terrenal y el cuerpo astral celestial. Sin embargo, ya en el *Fedro*, Platón señala la razón principal. Según Platón, los cuerpos celestes se mueven siempre en un movimiento ordenado y giran en círculo; y el movimiento circular, como hemos visto, representa para los griegos la forma perfecta del movimiento. Esta es una noción pitagórica auténtica, que ya encontramos en Alcméon.

f. La aporía del origen del principio de materia en el alma. La teoría del *Fedro*, el *Timeo*, las *Leyes* y el *Epinomis*, y la influencia de Empédocles sobre este último

Pero lo que da lugar a los movimientos desordenados y sin medida de los sentimientos y pasiones sensuales en el ἐπιθυ-μητικόν (la parte apetitiva del alma)? Seguramente, estos no pueden tener su origen en el principio de automovimiento del alma, pues en el *Fedro* esto es manifiestamente un principio formal de forma. Obviamente, están ligados al cuerpo material. Pero, ¿cómo puede entonces la materia en sí misma ser rígida e inmóvil?

La influencia continua del principio de materia, tanto dentro del alma humana como en toda la región sublunar del cosmos, requiere una explicación más precisa; pero Platón no la ofrece sino hasta el *Timeo*. Allí, su única opción será aceptar la presencia del dualismo último entre los principios de forma y de materia dentro del propio origen del movimiento. A pesar de esto, sin embargo, en su gran diálogo *Leyes* (*Nomoi*) y en su suplemento, el *Epinomis*, ambos escritos después del *Timeo*, volverá nuevamente a la teoría del *Fedro*, la cual sostiene que el alma es el origen exclusivo del movimiento. Tal como se desarrolla allí, sin embargo, esta teoría se contrapone al alma-mundo racional y buena con otra que es irracional y mala. En otras palabras, Platón acepta la existencia de un alma-mundo doble: un alma-forma y un alma-materia, siendo la primera la causa de los movimientos ordenados y la segunda la causa de los que son desordenados y sin medida. Ya he señalado anteriormente la influencia de Empédocles en esta teoría tardía de Platón.

En el *Fedro*, sin embargo, el dualismo polar entre los principios de forma y materia retrocede al trasfondo, aunque no desaparece por completo. Aquí la tendencia socrática a encontrar el poder formativo de la *idea* divina del *kalokagathon* en todo el cosmos se impone claramente sobre el oscuro dualismo órfico-pitagórico entre el cuerpo material terrenal y la forma-alma pensante. *Erōs*, que se dirige hacia esta *idea* de lo bueno y lo bello, sirve como mediador para reconciliar la *physis* sensible, ligada al principio de materia, con el luminoso mundo formal de las *eidē*.

Esta concepción de *erōs* había sido desarrollada extensamente, especialmente en el *Simposio* (el *Banquete*), y condujo allí a una visión optimista, estéticamente y éticamente teñida de vida y mundo, que, en su carácter típicamente apolíneo, se opone polarmente a la concepción pesimista de la *physis* en el *Fedro*. Estas dos concepciones distintas de la *physis*, la visión pesimista del *Fedro* y la optimista del *Simposio* y el *Fedro*, que en un principio están en contraste entre sí sin conexión interna alguna, pronto serán combinadas en el pensamiento de Platón y eventualmente llevarán el desarrollo de la teoría de las ideas a una etapa crítica.

Según el *Fedro*, el erōs es un tipo de entusiasmo (μανία) que es despertado por la vista de la admirable belleza de las *eidē* eternos en los cuerpos materiales. Esto despierta en el alma el recuerdo (*anamnēsis*) de la forma ontológica radiante de la belleza que ha contemplado en su estado preexistente. Entre todos las *eidē*, solo la belleza, en su admirable manifestación sensible, tiene un brillo tal que puede ser aprehendido con claridad por el más agudo de nuestros sentidos.[32]

Este *erōs* hace que broten nuevamente las alas del alma. La separación de la imagen sensible de la belleza resulta en un estado doloroso en el que se detiene el impulso de crecimiento de las alas. Aquel que es gobernado por *erōs* anhela la unión más íntima con la idea amada de la belleza. En tal situación el corcel inferior (la parte apetitiva del alma), al volverse contra el liderazgo del *nous* y el corcel mejor que lo obedece (el *thumoeidēs*), empuja al alma a buscar satisfacción en el goce del amor sensual y así la llena de discordia. Como la belleza también actúa sobre el amado y es correspondida como un eco, despierta en él un anhelo similar, y así la misma discordia y conflicto se encienden dentro de este último.

Si este conflicto entre los dos se lleva finalmente a una relación ordenada bajo la sujeción al pensamiento teórico, *erōs* es "intelectualizado" en amor teórico o filosófico por el mundo eterno de las *eidē*. Y dado que la *eidōs* de la belleza sólo se cumple en la idea divina del bien, que es una con la belleza, *erōs* conduce entonces al modo de vida verdaderamente religioso del filósofo: una vida que hace del filósofo "como Dios", porque mora constantemente cerca de las *eidē* en el recuerdo.[33] Por medio de la autodisciplina y la moderación (σωφροσύνη) que esto implica, también se le concede una verdadera bienaventuranza y le permite al alma recobrar completamente sus alas antes del cumplimiento del gran ciclo de 10,000 años (años solares), o más precisamente, después de apenas 3,000 años, si ha elegido en tres sucesiones la misma forma de vida.[34]

En el célebre *Simposio*, el enfoque religioso central socrático que es inherente a este *erōs* se elabora de forma aún más intensa. Allí, las tensiones polares entre las *eidē* estáticas, por un lado, y la idea divina, por el otro, así como entre el principio material supraterreno y el físico terrenal, parecen anularse en una síntesis superior. En el banquete del aclamado poeta Agatón, donde otros invitados han entonado alabanzas al amor, Sócrates pronuncia el discurso final y relata lo que la profetisa Diotima le ha revelado sobre *erōs*. Comienza observando, en conexión con un método que ya había sido desarrollado en el diálogo socrático *Lisis*, que *erōs* se encuentra entre el bien y el mal, lo inmortal y lo mortal, lo bello y lo feo, lo sabio y lo necio.[35] *Erōs* no es un dios sino un *daimōn*, un impulso divino del alma que inspira a una persona a dedicarse a la filosofía; pero como no posee aún sabiduría, ni es ignorante, en su personificación es llamado "el filósofo".[36] Erōs impulsa la *theōría* hacia la visión del *eidōs* de la belleza en sí misma, visión que está centrada, sin embargo, en la idea divina en la que lo bueno y lo bello han conservado su unidad originaria indivisible. Esta concentración teórica avanza por una vía de ascenso paso a paso. El primer paso es desde la belleza material sensible, que irradia de ciertos cuerpos bellos, hacia la belleza sensible de todos los cuerpos bellos. El siguiente paso es hacia las prácticas o actividades bellas; y el paso siguiente es hacia la belleza de las ciencias, en particular de las matemáticas y la astronomía. Al final se encuentra el conocimiento filosófico del *eidōs* eterno de la belleza, en su foco central sobre el poder formativo divino de lo bueno y lo bello. Aquí el ascenso encuentra su cumplimiento.[37]

Erōs así conduce por medio de la *theōría* hacia la verdadera manera ética-religiosa de vida. Pues, como Julius Stenzel lo ha expresado en uno de sus estudios sobre Platón, la idea del bien (*idea tou agathou*), como la causa más elevada y el fin supremo de la existencia humana, "elucida simultáneamente el verdadero sentido de lo bello absoluto en el *Simposio* y, con ello, el significado de la doctrina erótica de Platón".[38] La forma apolínea del motivo de la religión de la cultura en el sentido profundo dado por Sócrates parece aquí haber penetrado completamente la teoría platónica de las ideas.

Vale la pena mencionar que en la teogonía de Hesíodo *erōs* es la fuerza motriz en el desarrollo desde el caos hasta el cosmos, concebido en la forma de la procreación sexual, una noción que Platón también adopta. Según Sócrates, *erōs*, incluso en su nivel más bajo de deseo sensual, se esfuerza por "dar a luz en la belleza", de modo que la imagen perecedera de la belleza en el cuerpo individual pueda alcanzar cierta inmortalidad en su descendencia. Muy por encima de esta propagación sexual y sensual se halla, sin embargo, la propagación intelectual o político-cultural de buenas nociones en los conciudadanos, y lo más elevado de todo es la propagación de conocimiento intelectual en los jóvenes amantes dedicados a la formación filosófica, dirigida hacia el mundo eterno de las formas ónticas y su unidad central en la idea divina.

Sin embargo, la síntesis que Platón intentó alcanzar en el *Simposio* y el *Fedro* con la concepción de *erōs* fue solo una síntesis aparente. Esta concepción, que también tenía un lado oscuro en la concesión platónica a la visión griega común de la pederastia, no elevó verdaderamente la *theōría* por encima del dualismo polar del motivo religioso griego. *Erōs* no es un principio más elevado que se sitúe por encima del principio de forma y el principio de materia; más bien, solo media entre ellos. Es impulsado en sí mismo por la discordia entre estos dos motivos fundamentales, desde un polo hacia el otro. En estos dos diálogos, además, la tensión interna entre el mundo estático de las *eidē* y la *idea* divina de lo bueno y lo bello tampoco se supera satisfactoriamente. La relación mutua entre las *eidē* queda completamente en la oscuridad. Que las *eidē* tienen una referencia central a la *idea* divina se da por supuesto tácitamente; pero no se expone de forma explícita y teórica. Además, el problema fundamental de la teoría platónica de las ideas que formulé antes, a saber, si las mismos *eidē* derivan su ser de esta idea divina del *kalokagathon*, se pasa por alto o queda sin comentar. Este problema no será enfrentado y resuelto explícitamente hasta la sección del *República* que fue redactada más tarde, pero incluso allí la solución no resultará definitiva.

§3 La reconciliación del motivo forma estático y dinámico en el *República* (Libros II-X). La idea socrática como el origen de las *eidē*

En los libros II al X del *República*, la teoría de las ideas es situada en relación con la *polis*, como el centro de la vida griega. La *polis*, como portadora de la religión de la cultura, vuelve así a ocupar la posición central en el pensamiento de Platón que ya había tenido desde el principio, como queda claro en su séptima carta. Más aún, es precisamente a través de su aplicación a la organización de la *polis* que esta teoría alcanza su repercusión más amplia sobre todas las áreas de la vida. Pues, como vehículo de la religión de la cultura, la *polis* es simultáneamente el vehículo terrenal del principio de forma que rige esta religión. *Paideia*, en el sentido de la formación del griego libre como ciudadano, destinada a la mente griega popular de los tiempos clásicos, y también para Platón, es la formación cultural de una persona en todas las áreas de la vida. Según esta visión, la *polis* es la esfera abarcadora de la sociedad humana, que reclama todos los terrenos de la vida humana. La noción de que cada componente distinto de la sociedad posee una soberanía en su propia esfera que se enraíza en su estructura interna natural y creada, una visión que surge solo del motivo básico de la religión cristiana, es completamente ajena al mundo del pensamiento clásico antiguo.

En el contexto actual, mi investigación se ocupa únicamente del desarrollo dialéctico de la teoría de las ideas de Platón en su íntima asociación con el desarrollo de sus ideas antropológicas. Así, la riqueza de otro material en este importante diálogo, que en verdad demandaría un tratamiento separado, tendrá que ser en gran medida pasada por alto.

En el primer libro del *República*, que pertenece al período temprano de Platón, el tema de investigación fue la virtud de la justicia; y, como fue el caso con todos los diálogos socráticos de este período, la discusión no llegó a un concepto concluyente. En los libros II al X, este problema es retomado nuevamente. Aquí la justicia es situada dentro del marco de la teoría de las ideas conforme esta ha madurado durante el período intermedio. Se examina principalmente en cuanto se manifiesta en la organización ideal de la *polis*, que se conforma al *eidōs* de la justicia. Tanto la ética individual como la concepción del alma humana son vistas enteramente dentro del contexto de esta idea del Estado. El curso del argumento de Platón es demasiado conocido como para requerir un resumen elaborado; detallaré solo aquellos puntos que son importantes para nuestra discusión.

Tras una exposición del origen y desarrollo del Estado, en la cual su intento de derivar el Estado a partir de formas sociales totalmente diferentes evidencia una falta fundamental de visión sobre las estructuras internas de las esferas sociales diferenciadas, Platón intenta dar cuenta de forma plausible de la formación gradual de tres clases distintas de ciudadanos, cada una con una vocación particular. Éstas, en su mutua división del trabajo, proveen las necesidades comunales del conjunto.

La clase más antigua es aquella que atiende a la economía elemental de alimentos, vivienda, vestimenta, etcétera. Cuando el desarrollo cultural causa que ésta se expanda y requiera una extensión del territorio del Estado, los continuos conflictos con pueblos vecinos que se siguen hacen necesaria la formación de una clase militar, y los mejores miembros de ésta son reclutados para formar la clase de los gobernantes. Hay, pues, tres clases vocacionales: los agricultores y artesanos (γεωργικοὶ καὶ δημιουργικοί), que deben proveer para las necesidades de las otras clases; los guardianes (προπολεμοῦντες), quienes ayudan a los gobernantes y también son llamados ἐπίκουροι; y los gobernantes completos o guardianes gobernantes (φύλακες παντελεῖς ἢ ἄρχοντες). Dentro de la *polis*, la justicia consiste en τὸ αὑτοῦ πράττειν (τα ηαυτου πραττειν), según la cual cada clase se dedica exclusivamente a su propia tarea y solo a ésta, y se observa así el más estricto sistema de división del trabajo para mantener las clases vocacionales separadas. Platón busca el criterio de membresía en estas clases en la aptitud natural de una persona, y el grado distinto de formación educativa que la *polis* debe proporcionar en cada caso corresponde a esta aptitud.

Para que esta clase pueda cumplir debidamente sus funciones militares, debe formarse por medio de una educación combinada en gimnasia y música (esta última tomada en un sentido amplio que también incluye el estudio de obras poéticas), y dado que el alma debe gobernar al cuerpo, la música tiene un papel principal en este proceso educativo. Para la clase de los gobernantes, la enseñanza en música y gimnasia es solo propedéutica y va seguida de una educación científica que involucra las ciencias matemáticas (incluyendo la astronomía y la teoría de la armonía), y concluye con el estudio de la dialéctica, la ciencia de las *eidē*. El propósito de esto es hacer que los gobernantes no sean otra cosa que filósofos, quienes solos poseen conocimiento de la verdad.[39] Si los filósofos no se convierten en reyes, o los reyes no se convierten en filósofos, no habrá fin para los males en la vida del Estado y en la vida humana en general.[40] Pero si su introducción a la teoría de las ideas los aleja de la vida cotidiana y los deja sin habilidad práctica para conducir los asuntos del Estado, la formación científica de los futuros gobernantes se interrumpe entre los 35 y los 50 años por un período de trabajo tanto en cargos públicos como militares, y sólo después de esto se completa su educación con la *theōría* de la idea del bien. Aquí hemos llegado a la concepción madura de la teoría de las ideas en esta etapa del pensamiento de Platón.

Desde el comienzo, esta concepción plantea la *idea tou agathou*, la idea del bien, en el centro del interés, y la visión centralizada de esta idea divina viene a ser considerada como el cumplimiento real del conocimiento teórico de las *eidē*. La falta de comprensión del sentido preñado de *idea* en la teoría de las ideas de Platón ha dado lugar a demasiados malentendidos en la literatura sobre su exposición de esta teoría en los libros sexto y séptimo. En un examen atento de los textos relevantes, debemos prestar atención especial a la exposición que hace Platón de la relación entre *eidē* e *idea*.

En el curso de estas investigaciones detalladas, Platón examina el *eidōs* de la justicia y de las otras tres virtudes cardinales llamadas así por el motivo ético griego (fortaleza, templanza y prudencia) con referencia a las tres clases del Estado ideal y a las tres partes del alma. En el sexto libro, sin embargo, su discusión comienza a profundizar al introducir la idea del bien como objeto de consideración. Sócrates argumenta que el conocimiento de esta *idea* es el saber más importante y rector, ya que es solo mediante su aplicación que las otras virtudes llegan a ser útiles y beneficiosas. Si falta el conocimiento central de esta *idea,* no se obtiene ningún provecho del saber de cualquier otra cosa, así como no hay beneficio en poseer bienes y riquezas si no se conoce lo que es bueno.[41] Aunque muchas personas prefieren lo que solo parece ser bello y justo, confundiendo la apariencia con la realidad, respecto al bien, nadie puede contentarse con la posesión de la mera apariencia, ya que el ser es lo absolutamente decisivo.[42] Si aquellos que están destinados a convertirse en gobernantes de la *polis* no saben hasta qué punto lo bello y lo justo son realmente buenos, estos *eidē* (a saber, lo bello y lo justo) no los habrán convertido en buenos guardianes. Porque sin conocer esto, nadie puede tener un conocimiento suficiente de lo bello y de lo justo.[43] Sólo cuando uno concentra su visión de estos *eidē* en la idea divina que los abarca, obtiene una sinopsis de lo bello y de lo justo, es decir, una idea en el sentido subjetivo y epistemológico.[44]

a. La idea divina del bien como trascendente al reino de las formas ónticas (*ousiai*)

Cuando se le pregunta a Sócrates qué es en sí mismo el bien supremo, responde que es incapaz de definirlo en un concepto, aunque no había rehusado hacer esto respecto de las *eidē* propiamente dichos (justicia, fortaleza, etcétera). En su lugar, recurre a una comparación tomada del ámbito de los fenómenos accesibles a la percepción sensible, a saber, el sol en su relación tanto con la facultad de la vista como con los objetos visibles. El sol, dice él, ha brotado de la idea divina de lo bueno y lo bello, como aquello que corresponde a esta en el ámbito visible.[45]

El ojo solo puede ver objetos por medio de la luz. La facultad de la vista no es en sí misma el sol, ni tampoco es el ojo, el órgano sensorial con el cual vemos. Pero como el menos "solar" de todos los órganos sensoriales, el ojo debe su poder de visión al sol, como algo que le es transmitido desde la plenitud del sol. La misma posición que el sol, como "dios celeste," ocupa dentro del ámbito de lo visible en relación con el poder de visión del ojo y con los objetos que pueden ser vistos por el ojo —objetos que solo son hechos visibles por el sol— la ocupa, dentro del ámbito inteligible de las formas ónticas eternas, la *idea* divina de lo bueno con respecto a la facultad del pensamiento y a las *eidē* que son sus objetos.

"Concede, por tanto, que es la *idea* de lo bueno la que otorga la verdad a los objetos del conocimiento y el poder de conocer la verdad al conocedor; piénsala como la causa (*aitia*) del conocimiento y de la verdad, y también como el objeto del conocimiento; y si —aunque estas dos, conocimiento y verdad, ya son hermosísimas— tú crees que ella es aún más bella que estas, entonces estarás pensando correctamente".[46]

Cuando Glaucón muestra cierta sorpresa ante este supremo atributo que se asocia a la idea de lo bueno, Sócrates explica aún más: "Tú querrás conceder que el sol otorga a las cosas que se ven no solo su poder de ser vistas, sino también generación, crecimiento y nutrición, aunque el sol mismo no sea generación... Concede entonces también que por medio de la idea de lo bueno, los objetos del conocimiento no solo reciben el ser conocidos, sino que también su ser y su forma óntica (*ousia*) provienen de ella, aunque el bien mismo no sea una ousia, sino que está por encima de ella en dignidad y poder-forma (*dynamis*), siendo exaltado aún por encima del orden óntico de las (*ousia*)".[47]

En su relación mutua, estos pasajes admiten solo una interpretación. La idea divina de lo bueno, a la que se atribuye el más alto grado de belleza, es declarada explícitamente como trascendente al ámbito inteligible de las formas ónticas eternas, las cuales están aquí reunidas bajo el término general de ousiai. El objetivo del conocimiento verdadero es considerar las *eidē* a la luz de la idea divina y así alcanzar una idea, una sinopsis, de cada *eidōs* que primero los hace plenamente conocidos (una idea de justicia, una idea de belleza, etcétera).[48] El ser y la esencia de las *eidē* se derivan sin ambigüedad de la idea divina como su origen.

b. A través de su idea, el *nous* divino es el origen de las *eidē*

En el décimo libro del *República*,[49] el velo de misterio que hasta ahora cubría la *idea* divina del bien es finalmente levantado. Aquí el argumento del interlocutor enfatiza decididamente que el *eidōs* de un objeto cultural tal como un sofá no es producido por el artesano humano (δημιουργός), quien sólo crea una representación del *eidōs*, sino por el maestro divino artesano (θεός). Este *eidōs* o forma óntica imperecedera del sofá es llamado "el sofá en la 'naturaleza' de su ser" (ἡ ἐν τῇ φύσει οὐσία),[50] y la concepción eleática de *physis*, en la cual la *physis* es absorbida en la unidad totalizante del ser divino inmóvil, es aquí completamente penetrada por el motivo formal socrático de la religión de cultura proveniente de Anaxágoras.

No puede haber duda de que el término θεός debe entenderse aquí en el sentido monoteísta de Anaxágoras, es decir, como el *nous* divino, concebido como el demiurgo u origen formativo. Los dioses celestiales (θεοὶ οὐράνιοι) están definitivamente excluidos de esta imagen. De hecho, en el pasaje citado anteriormente del sexto libro, se dice que ellos mismos son "producto de la *idea tou agathou*, y en el décimo libro",[51] se afirma que el "maestro divino artesano" no sólo puede producir todos los objetos culturales, sino que también hace todo lo que crece sobre la tierra y todo lo que tiene vida, y además la tierra y el cielo y los dioses, y todas las cosas en los cielos y bajo la tierra en el Hades, es decir, el *Aïdes* ("el reino invisible").[52] Si este es el caso, sin embargo, la *idea tou agathou* solo tiene su asiento en el *nous* divino. Es el centro, la forma primigenia de la mente divina, la forma que sirve como el origen de todo el mundo inteligible de las *eidē*.

No se sigue de esto que las *eidē* subsistan únicamente dentro del *nous* divino junto con la *idea tou agathou*. Esta es una interpretación neoplatónica posterior que no encuentra apoyo en el *República*. Los *eidē* constituyen un ámbito de formas ónticas quiescentes, que son los modelos primordiales imperecederos de las cosas que tienen forma en el mundo sensible. Sin embargo, también son producto de la actividad dinámica de la idea formativa en el *nous* divino, una extrapolación a partir de la única idea que abarca toda forma óntica desde su mismo centro.

De este modo, Platón arribó provisionalmente a una solución a una de las cuestiones más apremiantes de la teoría de las ideas. La línea de pensamiento socrática ha logrado una victoria decisiva sobre la influencia eleática-pitagórica.

c. La concepción de la idea del bien como el miembro supremo del reino de las *eidē* es incorrecta

Por lo tanto, es insostenible la interpretación que sostiene que esta concepción proclama la idea del bien como el miembro supremo del reino de las *eidē*.[53] El *República* no posee un reino de *ideai* inteligibles; solo tiene uno de formas ónticas eternas. Además, este reino no incluye, junto con los *eidē*, más que formas matemáticas no sensibles. La *idea tou agathou* no pertenece por sí misma a este reino inteligible y, por tanto, no es el objeto (*Gegenstand*) de un concepto lógico. Más bien, es el origen de todas las formas ónticas por igual, así como el sol es el origen del nacimiento y crecimiento de los organismos vivos en el mundo visible, sujeto al principio material.

d. El significado epistemológico de la *idea*

Platón intenta, hacia el final del sexto libro, desarrollar las implicaciones epistemológicas del conocimiento que ha alcanzado. Hay, dice él, dos reinos. El primero es el reino visible (ὁρατὸν γένος) o el reino del devenir (γένεσις). El principio que da forma a este reino reside en el sol (concebido como un dios celestial), pero el segundo remite su origen a la idea del bien en el *nous* divino, al que Sócrates había llamado el demiurgo de los órganos de los sentidos (τὸν τῶν αἰσθήσεων δημιουργόν).[54] El segundo es el reino inteligible (νοητὸν γένος), o el reino de la ousia o del verdadero ser. El origen del ser en este reino se encuentra en la idea divina del bien.

El primer reino incluye, en su nivel más alto, todos los seres vivos naturales y visibles, y todos los productos de la cultura humana; mientras que, en su nivel inferior, incluye las sombras y reflejos de estos objetos visibles en el agua y sobre superficies densas, lisas y claras. Correspondiendo en el conocimiento humano a este reino sensible del devenir está la δόξα u opinión, que con respecto a los propios objetos sensibles se manifiesta como πίστις (creencia), y con respecto a sus sombras y reflejos, que tienen un menor grado de claridad, se manifiesta como una observación de imágenes menos ciertas, εἰκασία (literalmente, la observación de imágenes).[55]

e. La idea del bien como el an-hipótheton de la dialéctica. *Dianoia* y *episteme* en su relación mutua

Dentro del segundo, el reino inteligible de la *ousia*, el nivel inferior está asociado a los objetos (*Gegenstände*) de la ciencia matemática. El matemático debe usar figuras perceptibles por los sentidos como imágenes para desarrollar e ilustrar sus proposiciones. Al hacerlo, procede a partir de postulados (*hypotheseis*) como par e impar, recto y curvo, y los ángulos, y sin ofrecer una explicación teórica de estas hipótesis, al rastrear su fundamento y causa, deduce de ellas sus proposiciones y demostraciones. Su método de investigación avanza, por lo tanto, de abajo hacia arriba. Es un método *ex hypothesi*, un método hipotético, que no se dirige hacia el *archē* u origen del ser, sino hacia el *telos*, el fin. El nivel superior en el reino de la *ousia* está ocupado por las *eidē* o formas ónticas (Platón aquí habla explícitamente de eidē, no de *ideai*).[56]

Dentro del conocimiento humano, διάνοια o comprensión científica corresponde a las formas ónticas matemáticas, mientras que νόησις, en su sentido más restringido, o ἐπιστήμη (aquí mejor traducida como conocimiento racional), corresponde a las *eidē*. Sin necesidad de recurrir a la ayuda perceptual de las formas visibles, esta última asciende desde la *hypothesis* hasta el *an-hypótheton*, el Origen absoluto. Ambos tipos de conocimiento, *dianoia* y *epistēmē* (o *noēsis* en sentido más restringido), están comprendidos bajo el término más amplio *noēsis* y se contraponen a *doxa*.

Dentro de toda esta exposición epistemológica, que se halla al final del sexto libro, la siguiente afirmación de Sócrates es particularmente impactante: "Comprende, entonces, que por la otra sección del *noēton* me refiero a aquella que el pensamiento lógico aprehende por medio de la *dynamis* de la dialéctica, en cuanto que no trata sus hipótesis como principios de origen, sino como hipótesis verdaderas, pasos y estímulos que le permiten proceder hacia el absoluto (*an-hypótheton*), el origen de todo, y que, habiendo aprehendido todo esto, vuelve a fijarse en aquello [es decir, las *eidē*] que está conectado a este absoluto, no utilizando percepción sensible alguna, sino captando los *eidē* mismos mediante ellos mismos y en comunión con ellos".[57]

Este pasaje confirma una vez más lo que Sócrates ya había dicho anteriormente, a saber, que dialécticamente, el conocimiento de las *eidē* por medio del pensamiento lógico debe proceder desde la idea divina del bien como el *an-hypótheton*, para desde allí aprehender las *eidē* en su origen divino y no simplemente contemplarlos en sus formas particulares. Es la *idea divina*, no los *eidē*, la que es absoluta, el *an-hypótheton*. En tanto que es el *archē* divino la causa última dinámica que da origen a las *eidē*. Las *eidē*, por su parte, son el *teleutē* de la dialéctica, es decir aquello con lo que se concluye, y no aquello en lo que se basa absolutamente el ser. En tanto que el análisis dialéctico comienza con la definición conceptual de las *eidē*, las últimas siguen siendo meras hipótesis, que deben retrotraerse finalmente al *an-hypótheton*.

Precisamente por esta razón, no es suficiente obtener un concepto aislado del *eidōs* de la justicia. La dialéctica debe contemplar este *eidōs* en una idea (una idea de la justicia). al reconducirlo a su origen divino en la idea *tou agathou*. Cada una de la multitud de *eidē* tiene su propia idea, que vincula la especificidad de su naturaleza con la *idea* divina como la forma de origen. En este sentido preñado de origen, sin embargo, hay solo una *idea*, porque ésta solo se convierte en pluralidad en su relación como origen de las *eidē*.

La alegoría de la caverna

Al comienzo del séptimo libro, toda esta concepción de la relación de los eidé con la idea divina, y de ambos con el irreal mundo de cosas visibles sujetas al principio de la materia, se resume nuevamente en forma simbólica mediante la famosa alegoría de la caverna. Hombres han estado viviendo desde la infancia en una caverna subterránea, encadenados con la espalda hacia la salida que se abre a la luz del día, de tal forma que no pueden girar la cabeza. La luz que reciben proviene de una hoguera encendida a cierta distancia detrás de ellos. Frente a ellos se alza un muro sobre el que se proyectan las sombras de imágenes de seres humanos, otros seres vivientes y todo tipo de objetos culturales que hombres transportan por detrás del muro. Por necesidad, los cautivos encadenados no conocen otra realidad que las siluetas sobre el muro, y creerán que estas son la única y verdadera realidad.

Si algunos de ellos son desencadenados y forzados a volver la cabeza, a dirigirse hacia la salida de la caverna y a ascender hasta donde puedan ver la luz, el resplandor cegador hará imposible al principio que perciban los objetos reales que antes solo conocían mediante sombras de imágenes artificiales. Si estas personas han de ser llevadas a familiarizarse con la realidad, esto tendrá que hacerse gradualmente. Al principio, las sombras serán las más claras para ellos, luego las imágenes de hombres y otros seres reflejadas en el agua, y más adelante los hombres y objetos mismos en el lugar donde están. Una vez que hayan aprendido a mirar el sol sin desviar la mirada, lo considerarán afortunados no por el cambio que ha ocurrido. Si regresan con los prisioneros en la caverna y retoman su posición anterior, necesitarán mucho tiempo para volverse a acostumbrar a la oscuridad y a las sombras, y los demás dirán que han vuelto con la vista dañada y que no vale la pena intentar ascender hacia la luz. Incluso llegarán a intentar matar al hombre que quiera desatarlos y guiarlos hacia la salida.

Esta bella alegoría es inmediatamente explicada por Sócrates en términos de la teoría epistemológica que acaba de exponer. La caverna oscura es el mundo visible en el que habita el hombre, y el fuego que ilumina la caverna es el análogo del sol en este mundo visible. El ascenso de los cautivos liberados y su observación de las cosas que se encuentran por encima corresponde a la elevación del alma pensante hacia el *noēton*, el reino inteligible de formas ónticas eternas. Este reino está iluminado por la luz pura de la idea divina del bien, la cual en su radiante fulgor solo puede ser conocida

con gran dificultad. Si uno ha contemplado esta idea mediante una visión pura (*theōría*), se llega entonces a la conclusión
de que es la causa (*aitia*) de todo lo justo y lo bello, que da
nacimiento en el mundo visible a la luz y al sol, pero reina
soberana en el reino del *noēton* otorgando verdad y brindan-
do entendimiento hacia el ser imperecedero. Debe entonces
concluir también que uno debe haber visto esta idea si ha
de actuar sabiamente, ya sea en su vida personal o en la vida
pública de la *polis*.[58]

La formación teórica fundamental que la *polis* debe dar
a sus futuros gobernantes debe consistir, por tanto, en la
manera más eficaz posible, en volver el alma hacia el reino
del ser eterno y la *idea* del bien que brilla sobre todo, y en
alejarla del reino irreal del devenir en el que el principio
material del eterno flujo mantiene su dominio.[59]

Aquí el conocimiento correcto de los eidé se hace nuevamente dependiente de una visión teórica que se centra en la
idea divina. Además, la función del pensamiento teórico se
contrasta enfáticamente con las demás facultades del alma,
las cuales esta última adquiere a través del hábito y la práctica solo después de su unión con el cuerpo. El pensamiento
teórico es proclamado por encima de todo como divino en
su naturaleza. En cuanto tal, nunca pierde su *dynamis*, aunque puede volverse útil o perjudicial dependiendo de si el
pensamiento teórico se orienta hacia o se aleja del reino
inteligible.[60]

g. El gran descubrimiento epistemológico de Platón y por qué su fundamento metafísico lo dejó estéril para la ciencia

En toda esta concepción epistemológica, Platón está efectivamente tras la pista de algo sumamente importante. No es otra cosa que la relación adecuada entre el concepto y la idea. El primero se caracteriza por distinguir.[61] Este último, sin abandonar tales distinciones conceptuales, redirige el concepto de la diversidad de las estructuras de la realidad, concentrándolo en el origen y la unidad de todas las estructuras. Sin embargo, al proveer una fundamentación metafísica para esta visión epistemológica, que es genuinamente socrática, Platón no logra alcanzar el punto de partida central que es la condición previa para que esta se vuelva científicamente fecunda. Aquí, su idea del origen sigue estando cargada por el dualismo polar del motivo forma-materia. La idea *tou agathou* es exclusivamente un principio formal y no puede ser considerada un principio de creación en el sentido de la religión cristiana.

Es fácil comprender por qué los intelectuales cristianos creyeron discernir en la descripción anterior del "divino maestro artesano" del libro décimo de el *República* una sorprendente coincidencia con la revelación mosaica del acto creador divino. En efecto, a nivel terminológico, la coincidencia resulta llamativa. Pero cuando la concepción de Platón se interpreta desde su propio punto de partida dentro del motivo básico del pensamiento griego, que constituye el primer requisito para una interpretación verdaderamente trascendental y científica de la filosofía griega, entonces solo puede parecer que hay una profunda separación entre la concepción platónica del divino maestro artesano y la revelación central de la religión cristiana sobre el Creador absoluto. Si la idea de origen en la filosofía está falsamente dirigida, entonces también la visión de la realidad quedará necesariamente oscurecida por esta idea de origen.

La ontología metafísica de Platón está profundamente inspirada por el motivo de la forma en su oposición polar al motivo de la materia. Debido a esto, el séptimo libro de el *República*, que examina con mayor detalle la formación científica requerida para los gobernantes, muestra una falta de interés por los fenómenos del mundo visible. En el plan de educación allí delineado, las dos primeras posiciones se asignan respectivamente a la planimetría, la ciencia de las superficies planas, y a la recién descubierta estereometría, que se ocupa de las figuras tridimensionales. La astronomía, que estudia el "movimiento en profundidad" (φορὰν βάϑους),[62] y la teoría de la armonía, ocupan la tercera y cuarta posiciones. Sin embargo, se aclara explícitamente que estas investigaciones no deben dirigirse hacia los fenómenos celestes visibles ni hacia las relaciones armónicas tonales percibidas por los sentidos, ya que de este modo "la facultad natural del pensamiento en el alma se volvería inútil.[63]

Del mismo modo que la geometría usa figuras sensibles meramente como imágenes perceptuales de su objeto real, no sensible, la astronomía debe guiar al alma más allá de los fenómenos sensibles hacia los movimientos que verdaderamente son, que "la velocidad en sí misma" y "la lentitud en sí misma" causan dentro del ámbito inteligible, en el número verdadero y las figuras matemáticas verdaderas, las cuales no pueden ser captadas por los sentidos sino solo por el pensamiento teórico.[64] De este modo, Platón transforma la astronomía entera en una *phoronomía* abstracta (teoría del movimiento) concebida de forma a priori. A la vez, este rechazo de los fenómenos visibles resalta la diferencia fundamental entre su concepción y la de la ciencia natural moderna. En la dianoia matemáticamente orientada, tal como se concibe en el *República*, Platón no muestra ningún interés por los fenómenos empíricos. Esta *theōría* concentra toda su atención en el mundo metafísico de la forma verdadera del ser. Lo mismo ocurre en la teoría de la armonía; para esta última, como una forma óntica particular (eîdos) del movimiento, se resuelve en dianoia mediante proporciones numéricas abstractas que son la manifestación constante de la verdadera esencia de la armonía.[65]

Para la tarea de la *dianoia*, sea en matemáticas, en astronomía o en la teoría de la armonía, se trata meramente de una propedéutica. Su objetivo es preparar al alma para la dialéctica metafísica, que se orienta hacia el reino inteligible del eîdos mediante una visión teórica concentrada en la idea divina de lo bueno y lo bello. La intención de esta dialéctica, además, es enseñar al alma a apartarse del ámbito del devenir eterno y dirigirse hacia el ser y la verdad. Sólo en este reino metafísico puede el pensamiento teórico captar la verdadera realidad o el ser óntico, esto es, el ser óntico purificado de toda contaminación por el principio de materia.

En todo esto, sin embargo, es claro que la gran concepción de la teoría de las ideas en el *República* aún no ha llegado a una síntesis entre los principios de forma y de materia. En esencia, los dos principios permanecen en oposición polar el uno al otro, y la doctrina previamente discutida de *methexis*, *koinōnia* o *parousia* aún no ha progresado verdaderamente. En el siguiente período del pensamiento de Platón es precisamente este problema no resuelto, relativo a la relación entre los dos reinos que distinguió tan tajantemente —el reino inteligible de las formas ónticas eternas y el reino visible de los fenómenos sujeto al principio de materia— el que sumirá la teoría de las ideas en una crisis aguda.

h. La concepción del alma en el República

En la concepción del alma presentada en el *República*, que como ya hemos visto anteriormente proporciona el fundamento teórico y la elaboración de la tripartición (tricotomía) que solo había sido esbozada en forma mitológica en el *Fedro*, este dualismo esencialmente no resuelto entre los principios de forma y materia vuelve a presentarse de forma marcada. A causa de este dualismo, Platón se ve impedido aquí de captar el ánima en su unidad, como la unidad fundamental que constituye el centro espiritual de la existencia humana.

En el cuarto libro del *República*, Platón ofrece su propia descripción del camino por el que fue conducido hacia esta concepción tricotómica. Su intención fue sin duda concebir el alma humana en plena conformidad con el ejemplo de la organización ideal de la *polis*, con sus tres clases vocacionales, y este plan es ciertamente seguido aquí. No obstante, en esta noción de tres clases, había un motivo religioso más profundo en juego, a saber, el de forma y materia, cuya presencia está apenas sugerida en el cuarto libro del *República*. Aunque, en el *Fedón*, el dualismo entre los principios de forma y materia solo alcanzó una expresión antropológica en la relación entre el alma pensante y el cuerpo material, ya hemos visto cómo, en el *Fedro*, la concepción del alma como origen de todo movimiento llevó a Platón a reconocer la presencia de este dualismo dentro de la propia alma.

i. La prueba dialéctica para la tripartición del alma y el camino que condujo a Platón a esta concepción

En este punto,[66] Platón intenta, por medio de su portavoz Sócrates, probar que el alma efectivamente debe tener tres partes, así como la *polis* tiene tres clases, y que en las funciones de cada parte no es toda el alma la que actúa, sino únicamente la parte involucrada en dicha función.[67] El punto de partida para esta prueba, que sigue un camino completamente dialéctico que es expresamente descrito como "difícil," es la tesis de que una misma cosa no puede hacer ni experimentar opuestos al mismo tiempo, en el mismo sentido y con respecto a la misma cosa. Por tanto, si encontramos que esto de hecho parece ser el caso, debemos concluir que no se trata de una sola y misma entidad, sino de una pluralidad que estaba presente allí.[68]

Esta tesis se esclarece primero mediante el siguiente ejemplo. Si un hombre está de pie pero mueve sus manos y su cabeza, no podemos decir que está simultáneamente en reposo y en movimiento, sino únicamente que una parte del hombre está en reposo y otra en movimiento. Se añade luego un segundo ejemplo, tomado de las matemáticas, a saber, el de un círculo que gira sobre un punto fijo en su tangente.

Platón aplica entonces la tesis al alma humana. Los deseos sensuales, como el hambre y la sed, son mencionados como los ejemplos más evidentes, pertenecientes a un solo *eidōs*, el "deseo en sí," el cual se refiere al objeto al que le es asignado por naturaleza: el hambre, en particular, se refiere a la comida, y la sed, a la bebida. La misma relación se encuentra en el caso del conocimiento teórico. Existe un *eidōs* del conocimiento teórico, el conocimiento en sí, que está relacionado con lo conocido en sí, mientras que las ciencias particulares (que pertenecen a la dianoia) están relacionadas con un objeto particular (*Gegenstand*).

En este contexto, Platón también rechaza la tesis —que hemos discutido antes— de que lo semejante solo es conocido por lo semejante. Sócrates observa que el conocimiento que existe solo en sí mismo, indudablemente tiene como objeto aquello que también es en sí mismo, mientras que una ciencia particular está relacionada únicamente con un objeto particular (*Gegenstand*). Esto no significa, sin embargo, que el conocimiento tiene la misma naturaleza que su objeto, de modo que, por ejemplo, el conocimiento de lo saludable y lo perjudicial en sí mismo sería en sí mismo saludable y perjudicial, y el conocimiento del mal y del bien en sí mismos sería en sí mismo malo y bueno. Esto solo significa que el conocimiento comparte el carácter metafísico o el carácter científico especial de su campo de investigación.[69]

Volviendo al alma, Platón observa que hay una oposición entre los deseos sensuales, que están dirigidos únicamente hacia los objetos naturales que buscan dominar como bestias, y otro impulso, que a través de la deliberación racional (*logismós*) contiene al alma e impide que se rinda a estos deseos. En virtud de la tesis anterior de que lo mismo no puede hacer ni experimentar opuestos al mismo tiempo, en el mismo modo, y con relación a la misma cosa, se deduce que debe haber dos eidē mutuamente opuestos en el alma:[70] el del deseo sensual (el *epithumētikón*) y el del pensamiento teórico (*to logistikón*). La palabra *eidōs*, tal como la utiliza Platón aquí, no puede tener su significado fuerte de "forma óntica eterna"; tampoco puede traducirse como "facultad," como hace Steinhart, por ejemplo, en este contexto. Más bien debe entenderse en el sentido de "parte específica," un significado que tiene con frecuencia en otros lugares, particularmente en el *Sofista* y el *Político*.[71] Como queda claro a partir del argumento anterior, solo el *logistikón* en el alma humana tiene un fundamento metafísico en un *eidōs* en el sentido de una forma óntica autosubsistente que es trascendente por naturaleza.

Entre estas dos partes del alma completamente antagónicas debe haber una tercera, que funciona como mediadora para asistir al *logistikón* en el control del *epithumētikón*. Pues a Platón le parecía imposible que el *nous* pudiera controlar directamente el impulso del deseo sensual en el alma, dado que estos dos son completamente opuestos entre sí por naturaleza y, por tanto, permanecen confinados a sus respectivas esferas de actividad. Esta tercera parte del alma, esta parte mediadora del alma, que, como ya hemos señalado, es llamada el *thumoeidēs*, comparte algunas de las características de las dos partes que son asiento del deseo sensual y del pensamiento; pero, sin embargo, es distinta de ambas. Tal vez pueda representarse mejor como "sentido moral", el cual, aparte de la percepción racional, desea lo justo y lo bueno. Esta tercera parte del alma, por tanto, está destinada a servir de puente entre el principio formal propio del alma, que reside en el *logistikón*, y el principio material, que domina en el *epithumētikón*.

j. La unidad del alma en esta concepción tricotómica se busca en el principio pitagórico de armonía. La ausencia de una fundamento metafísico para esta última

Este intento de síntesis, sin embargo, tuvo que permanecer ineficaz. Platón enseña que la parte del alma responsable del deseo sensual debe aceptar el liderazgo de la parte pensante, y esto concuerda con el significado originario (*archē*) de justicia como una virtud del alma. En un contexto anterior, Platón había expuesto la justicia civil, la cual prescribía que cada persona debía permanecer estrictamente dentro de los límites de su propia clase vocacional. Ahora sostiene, sin embargo, que esta justicia civil es solo una imagen sombría (*eidōlon*) de la justicia interior.[72]

Según la idea de justicia, las distintas partes del alma deberían estar de acuerdo entre sí sobre cuál es su tarea adecuada, y las esferas de actividad deberían mantenerse estrictamente separadas —tal como hay un acuerdo en la armonía entre las notas altas, medias y bajas. Además, la parte más alta debería gobernar a la más baja.[73] Pero si, como afirma Platón, la parte que es sede del deseo sensual en verdad no puede hacer otra cosa que esforzarse como una salvaje "bestia" (ϑηρίον) para satisfacer sus necesidades, difícilmente parece posible que la deliberación racional pueda ejercer alguna influencia dentro de su esfera de actividad. En cambio, esta parte del alma está gobernada por la ciega *Anagkē* del principio de la materia. Nos encontraremos con este mismo problema más adelante en el Timeo.

No le sirvió de nada a Platón introducir al thumoeidēs como principio mediador entre la parte pensante y la parte sensual del alma. Pues el *thumoeidēs* también debe permanecer dentro de su propia esfera de actividad y no está situado por encima de las dos partes antagónicas del alma. Debido a que carece de una idea fundamental, trascendente, de unidad raíz situada por encima de la diversidad de estructuras temporales, la concepción tricotómica misma impide a Platón alcanzar una verdadera síntesis de los principios de forma y de materia en su concepción del alma. En ausencia de tal síntesis, tampoco fue capaz de captar en su verdadera naturaleza y coherencia las estructuras distintas dentro de la existencia corporal temporal del ser humano, que sin duda tenía en vista en su doctrina de la tripartición. El motivo griego de forma-materia hizo imposible obtener alguna visión del alma como la unidad trascendente, espiritual y fundamental de la naturaleza humana, y obligó a la *theōría* a ubicar al alma en una abstracción alejada de la existencia corporal.

Debido a la división tricotómica, cada parte del alma queda separada de las otras dos, en completa separación con respecto a las otras dos esferas de actividad. Aparentemente siguiendo a los pitagóricos, Platón recurre en el sexto libro al principio de la armonía para concederle una vez más un papel a la idea de unidad. Este principio permanece completamente sin conexión, sin embargo, pues presupone una idea de unidad y totalidad que la concepción tricotómica no tiene y, de hecho, excluye en principio.

La incapacidad básica de Platón para aceptar el alma tripartita como un todo armónico durante esta etapa del desarrollo de su teoría de las ideas se evidencia claramente en el libro X, donde nuevamente plantea el problema de la inmortalidad del *psychē*. Allí, el dualismo órfico-pitagórico en la concepción de la relación entre el alma pensante y el cuerpo material, con el cual ya nos hemos familiarizado en el *Fedón*, vuelve a levantar cabeza. La inmortalidad del alma, que aparentemente es exigida por la idea de justicia, ahora recibe apoyo de una nueva prueba destinada a complementar aquellas expuestas en el *Fedón*.[74] Sócrates argumenta que cada cosa solo puede ser destruida por el mal que le es específico (el cuerpo orgánico por la enfermedad, la madera por la putrefacción, etc.). El mal específico del alma es maldad moral, en oposición a las cuatro virtudes cardinales de sabiduría, templanza, fortaleza y justicia. Dado que la experiencia demuestra claramente que estos vicios no destruyen al alma, esta última debe ser indestructible; pues nunca podría ser destruida por un mal ajeno a su naturaleza, como lo sería uno constituido por el cuerpo. Esto también implica que la inmortalidad es individual. En su inmortalidad, las almas deben permanecer siempre las mismas, y más almas no podrían surgir de las que han existido en el pasado. Si algo inmortal llegara a volverse más numeroso, entonces tendría que originarse de lo que es mortal, y todo acabaría volviéndose inmortal, lo cual es una noción absurda.

Sin embargo, debe preguntarse si esta inmortalidad individual pertenece al alma tripartita entera que ha estado bajo discusión hasta ahora. Sócrates insinúa que esto sería impensable: "No es fácilmente concebible que el alma, tal como ha aparecido ante nosotros como algo inmortal, deba estar compuesta por muchas partes no unidas en la composición más bella".[75] "Debemos considerar al alma tal como verdaderamente es, no como la vemos ahora, desfigurada por su asociación con el cuerpo y otros males, sino como es cuando ha sido purificada de estos...

Pero lo que acabamos de decir solo es cierto "en su apariencia actual." Solo "si enfocamos el esfuerzo filosófico del alma en el bien y consideramos con qué se asocia y a qué aspira cuando se considera a sí misma como divina, inmortal y eterna," el alma podrá captar qué llegará a ser si se entrega por completo a este esfuerzo, y si es purificada por esta disciplina desde la suciedad terrenal que la ha contaminado por razón de su unión con el cuerpo material. "Y entonces verá su verdadera naturaleza [*physis*], es decir, si esta es multiforme [polueidēs] o uniforme [simple, *monoeidēs*]".[76]

k. La revisión de la concepción tricotómica del *Fedro*

Es evidente a partir de toda esta exposición que Platón está remitiéndose aquí nuevamente a la concepción del alma presentada en el *Fedón*. En su naturaleza verdadera y pura, el alma es una sustancia mental puramente teórica y, por tanto, simple en lugar de compuesta. La tripartición del alma es meramente el resultado de su encarnación en el cuerpo material impuro, lo cual constituye un mal para ella. La inmortalidad pertenece al alma solo en su estado puro. Debe observarse que Platón está aquí revisando evidentemente la concepción de la tripartición que el *Fedro* había expuesto en forma mitológica. Porque en la imagen presentada allí, el alma ya tenía tres partes antes de ser revestida de un cuerpo terrenal, y era así inmortal en su naturaleza tripartita entera. El *República*, en cambio, reserva la inmortalidad únicamente para el *logistikón*, la parte pensante del alma, aunque esto se hace solo de manera implícita. Y, como veremos cuando pasemos al *Timeo*, Platón permanece fiel desde este punto a esa concepción posterior, salvo por el hecho de que modifica su comprensión de la naturaleza de esta parte del alma.

l. La antinomia interna en la concepción del alma en el *República*. Revisión del estado actual de la teoría de las ideas

Es evidente, sin embargo, que el desarrollo anterior condujo a una antinomia distintiva en la teoría del alma de Platón. Existe, por un lado, una concepción ética en la que la justicia se manifiesta dentro del alma mediante la disposición armoniosa de sus tres partes en una totalidad buena y bella, siguiendo el ejemplo del estado justo con sus tres clases. En contraste con esto, hay una concepción metafísica que considera la tripartición como una corrupción del alma en su naturaleza simple, verdadera y pura. La primera teoría está impregnada del espíritu socrático; la segunda está influenciada por el pensamiento órfico-pitagórico y eleático. Esta antinomia, además, tiene una raíz más profunda en el dualismo no reconciliado que aún prevalece en el *República* entre el motivo religioso de la forma y el motivo material.

En este diálogo, ciertamente, la teoría de las ideas ha alcanzado una etapa de desarrollo en la que la relación entre la idea divina y las *eidē* parece estar satisfactoriamente resuelta. El motivo socrático del *nous* divino como origen de lo bueno y lo bello en el cosmos visible ha triunfado realmente en esta concepción. Sin embargo, la concepción de la relación entre el principio de la forma y el principio material terrenal continúa estando esencialmente determinada por la influencia del orfismo-pitagorismo. La concepción de *erōs* como mediador, presentada en el Banquete y el *Fedro*, ha sido nuevamente relegada al trasfondo, y con ella también se ha desvanecido la visión optimista de la vida. Como proceso del devenir eterno, la *physis* terrenal mancilla las *eidē* puros cuando están encarnados con ella (esto fue de hecho reconocido también por el *Banquete*). De modo similar, el alma, en su naturaleza simple como sustancia mental puramente teórica, es mancillada por su asociación con el cuerpo material terrenal y deformada en una entidad compuesta de tres partes.

Al final del noveno libro se afirma enfáticamente que el estado ideal, que forma el modelo del alma tripartita virtuosa (correspondiente a la verdadera idea de justicia), no puede encontrarse en ningún lugar de la tierra. El oscuro poder de la *Anagkē* siempre hará que la *polis* se degrade y se aleje de la idea. "Pero en el cielo," concluye Sócrates con cierta resignación, "hay quizás un modelo de ella para aquel que desee verlo y, al verlo, ordenar conforme a ello su *polis* terrenal".[77]

La misma conclusión pesimista también parece emerger con respecto a la actualización de la idea de justicia en el alma tripartita unida al principio material. ¿Permitirá alguna vez la oscura *Anagkē* del principio material, que actúa en el *epithumētikon*, que se le someta al verdadero ejercicio de la sabiduría en la sustancia mental teórica? ¿O esto se concederá únicamente a aquellos pocos que puedan consagrarse enteramente a la *theōría* filosófica del *eidē* y la idea, aunque al precio de apartar su mirada del cosmos visible y llevar una vida ascética según la vía recomendada en el *Fedón*? Además, ¿acaso no hay muchos que, sin culpa propia, están predispuestos por la *physis* material dominada por la oscura *Anagkē* a una vida de oscuridad? Aquí reside el problema que pronto será examinado en el Timeo, donde recibirá una solución notable que situará la autonomía del principio material en la luz más clara.

NOTAS AL CAPÍTULO 1

[1] Platon, *Fedón*, 76 D–E (cap.22): εἰ μὲν ἔστιν ἃ ὁμιλούμεν εἴδη, καλόν τε καὶ ἀγαθὸν καὶ πᾶσα ἡ τοιαύτη οὐσία, καὶ ἐπὶ ταῦταί τε εἰκὶ τῶν αἰσθητῶν ἡμᾶς ἀναμιμνήσκειν, ὑπάρχουσάν πρότερον ἀνανεωκότας τινὰς ἡμέρας οὖσαν, καὶ ταῦτ' ἐκείνῃ ἀπευκέσθαι, ἀναγκαῖον, οὕτως ἀσφαλῶς καὶ τοῦτ' ἔστιν, οὕτως καὶ τὴν ἡμετέραν ψυχὴν εἶναι καὶ πρὶν γεγενῆσθαι ἡμᾶς· εἰ δ' μὴ ἔστιν ταῦτα, ἀλλ' ὁ λόγος οὗτος εἰρημένος εἰκῇ, ἆρ' <οὐχ>οὗτός ἔχει, καὶ ἐπὶ ἀνάγκῃ ταῦτα (τὰ εἴδη) τετελέναι καὶ τὰς ἡμετέρας ψυχὰς πρὶν καὶ ἡμᾶς γεγενῆσθαι, καὶ εἰ μὴ ταῦτα, οὐδὲ ἡμεῖς. ("Si, como repetidamente decimos, hay una belleza y un bien, y una entera multitud de tales esencias, y si referimos todo lo que percibimos con nuestros sentidos a esto como algo que nos pertenecía en otro tiempo y que ahora descubrimos como propio, y lo comparamos con lo otro, ¿no se sigue necesariamente que, del mismo modo que estos [las *eidē*] son, también nuestra alma debía ser antes de que naciéramos, mientras que si estos no tienen ser, nuestro argumento habría tomado un rumbo completamente distinto? ¿No es esta la situación, y no es absolutamente necesario que tanto estas *eidē* como nuestras almas hayan existido incluso antes de nuestro nacimiento, y que si los primeros no tienen ser, tampoco lo tiene la segunda?") Nota editorial: nótese que <οὐχ>es una adición editorial en el texto de Platón que Dooyeweerd estaba usando. No se encuentra en los manuscritos, ni en las ediciones críticas de Schanz o Burnet. También es de notar que Dooyeweerd añadió las palabras τὰ εἴδη al texto griego como una glosa explicativa.

[2] *Fedón*, 80 A and B: Σκέπει δή, ἔφη, ὁ Κέβης, εἰ εἴκ ἅπαντα τὰ εἰρημένα ταῦθ' ἡμῖν ξυμβαίνει, τῇ μέν θεία καὶ ἀθανάτῳ καὶ νοητῇ καὶ μονουειδεῖ καὶ ἀδιαιρέτῳ καὶ εἴδει ἀεὶ ὡσαύτως καὶ κατὰ ταῦτα ἔχοντι ἑαυτῷ ὁμοιότατον εἶναι ψυχήν, τῷ δ' ἀνθρωπίνῳ καὶ θνητῷ καὶ ἀνείδῃ καὶ πολυειδεῖ καὶ διαιρετῷ καὶ μηδέποτε κατὰ ταῦτὰ ἔχοντι ἑαυτῷ ἀνομοιότατον αὐτῇ εἶναι ἀνάγκη. ("Considera, dijo Cébes, si de todo lo que hemos dicho no se sigue la conclusión de que el alma se asemeja más a aquello que es divino, inmortal, inteligible, uniforme, sin mezcla, y que siempre permanece igual a sí mismo en el mismo estado, mientras que el cuerpo se parece a lo que es humano, mortal, no inteligible, multiforme, compuesto, siempre cambiante y nunca permanece en el mismo estado"). Cf. también *Fedón*,

78 C: Ἆρ᾽ οὖν τῷ μὴ ξυνελέναι αὐτῷ καὶ συνελθὸν οὕτω εἶναι προσήκει τοῦτο πάσχειν, διαπερᾶν ταύτῃ, ἥπερ συνετέθη· εἰ δ᾽ ἔστι γε τι τυγχάνει ἀσύνθετον, τοῦτο μόνον προσήκει μὴ πάσχειν ταῦτα ... ("¿Es conveniente que lo que ha surgido por composición y es por tanto compuesto sufra lo mismo, esto es, que [sea de nuevo] disuelto en la misma manera en que fue compuesto? Pero si algo no es compuesto, ¿no conviene que esta [cosa simple] no sufra en absoluto ...?").

[3] *Fedón*, 100 D: οὐκ ἄλλο τι ποιεῖ αὐτὸ καλὸν ἢ ἐκείνου τοῦ καλοῦ εἴτε παρουσία εἴτε κοινωνία ... τῷ καλῷ πάντα τὰ καλὰ γίγνεται καλά. ("Nada hace que las [cosas] bellas sean bellas sino la presencia en ellas [de] o la comunión con la bella [*eidos*] ... Es por la bella [*eidos*] que todas las cosas bellas se hacen bellas"). Cf. también *Fedón*, 100 B: ἔρχομαι γάρ δή ἐπιχειρῆσαί σοι ἐπιδείξασθαι τῆς αἰτίας τὸ εἶδος, ὃ πειρασόμεθα, καὶ εἰμὶ πάλιν ἐπ᾽ ἐκείνῳ τῷ καλουμένῳ καὶ ἀρχομένῳ ἐκεῖθεν, ὑποθέμενος εἶναί τι καλὸν αὐτὸ καθ᾽ αὑτὸ καὶ ἀγαθὸν καὶ μέγα καὶ τἆλλα πάντα· εἰ μὲν οὖν ἔδης καὶ εἴ μοι ξυγχωρῇς εἶναι ταῦτα, ἐλπίζω σοι ἐκ τούτων τὴν αἰτίαν ἐπιδεῖξαι καὶ ἀναφεῖναι, ὡς ἀθάνατος ἡ ψυχή. ("Voy a intentar mostrarte la causa, que he investigado, y retomaré una vez más lo que ha sido discutido mucho [es decir, la *eidos*], y procederé desde este punto con la hipótesis de que hay una belleza en sí, y una bondad, y una magnitud, y todos las otras *eidē* [formas ónticas que existen en sí mismas]. Si tú aceptas esto y admites que existen, entonces espero poder demostrarte desde ahí la causa [fundamento óntico] de las cosas y descubrir que el alma es inmortal").

[4] Platón, *Fedón*, 65 E y 66 A: Ἆρ᾽ οὖν ἐκεῖνος ἂν τοῦτο ποιήσειε καθαρώτατα, ὅστις ὅτι μάλιστα αὐτῇ τῇ διανοίᾳ ἴοι ἐφ᾽ ἕκαστον, μήτε τὴν ὄψιν παρατιθέμενος ἐν τῷ διανοεῖσθαι μήτε τιν᾽ ἄλλην αἴσθησιν ἐφέλκων μηδεμίαν μετὰ τοῦ λογισμοῦ, ἀλλ᾽ αὐτῇ καθ᾽ αὑτὴν εἰλικρινῇ τῇ διανοίᾳ χρώμενος αὐτὸ καθ᾽ αὑτὸ εἰλικρινὲς ἕκαστον ἐπιχειροῖ θηρεύειν τῶν ὄντων, ἀπαλλαγεὶς ὅτι μάλιστα ὀφθαλμῶν τε καὶ ὤτων καὶ ὡς ἔπος εἰπεῖν, ἅπαντος τοῦ σώματος, ὡς ταράττοντος καὶ οὐκ ἐῶντος τὴν ψυχὴν κτήσασθαι ἀλήθειάν τε καὶ φρόνησιν, ὅταν κοινωνῇ; ("¿No será entonces quien lleve a cabo esta tarea de la forma más pura aquel que, en la medida de lo posible, examine todo únicamente con la razón, sin apoyarse en la vista ni en ninguna otra percepción sensible en su razonamiento, sino que con el pensamiento puro, por sí mismo, busque alcanzar cada una de las formas ontológicas tal como existen por sí mismas, desligado en lo posible de los

ojos, los oídos y, por así decirlo, de todo el cuerpo, pues este perturba y no deja al alma adquirir la verdad y la sabiduría cuando entra en comunión con él?").

[5] Ibid., 106 D y E (cap. 56): Ὁ δὲ γε θεός, οἶμαι, ἔφη ὁ Σωκράτης, καὶ αὐτὸ τὸ τῆς ζωῆς εἶδος καὶ εἴ τι ἄλλο ἀθάνατον ἐστὶ, παρὰ πάντων ὁμολογηθὲν μηδέποτε ἀπόλλυσθαι.... Ὅσπερ ἂν τὸ ἀθάνατον καὶ ἀδιάφθορον ᾖ, ἄλλο τι ψυχὴ ᾖ, εἰ ἀθάνατος τυγχάνει οὖσα, καὶ ἀνώλεθρος ἂν εἴη; ("Y así, dijo Sócrates, creo que tanto respecto a la deidad como al εἶδος de la vida en sí mismo, y también respecto a cualquier otra cosa que pudiera ser inmortal, se puede admitir que nunca perecen... Si lo que es inmortal es por tanto también indestructible, ¿puede entonces el alma, si es inmortal, no ser también indestructible?").

[6] Ibid, 104 B y C (cap. 52): ἔστί γε τόδε, ὅτι φαίνεται οὐ μόνον ἐκεῖνα τἀναντία ἄλληλα οὐ δέχεσθαι, ἀλλὰ καὶ ὅσα οὐκ ὄντα ἀλλήλοις ἐναντία ἔχει ἀεὶ τἀναντία, οὐδὲ ταῦτ' ἔοικε δέχεσθαι ἐκείνην τὴν ἰδέαν, ἣ ἂν ἐν αὐτοῖς οὖσα ἐναντία ᾖ, ἀλλ' ἐπιούσης αὐτῆς ἤτοι ἀπολλύμενα ἢ ὑπεκχωροῦντα· ἢ οὐ φήσομεν τὰ τρία καὶ ἀπολείφθαι πρότερον καὶ ἄλλ' ὁποῖά τις εἴποι, πρὶν ὑπομεῖναι ἔτι τρία ὄντα ἄρτια γενέσθαι; ...Οὐκ ἄρα μόνον τὰ εἴδη τἀναντία οὐχ ὑπομένει ἐπιόντα ἄλληλα, ἀλλὰ καὶ ἄλλ' ἄττα τἀναντία οὐχ ὑπομένει ἐπιόντα. ("Pero lo siguiente [que deseo dejar en claro], no sólo estas [es decir, las εἴδη] no admiten sus opuestos, sino que también aquellas cosas que, aunque no son ellas mismas opuestos, siempre contienen al opuesto dentro de sí [por ejemplo, los números 2 y 3], naturalmente no admiten la idea que es opuesta a la forma óntica que mora en ellas, sino que o bien desaparecen cuando esta se aproxima o cambian su posición. ¿O no diremos que tres más bien dejaría de existir o sufriría algún otro destino, que someterse a convertirse en un número par? ... No sólo son las εἴδη opuestos los que no permiten que cada uno se aproxime al otro, sino también muchas otras cosas que no permiten la aproximación de su opuesto").

[7] Véase la cita anterior del *Fedón* 97 en la p. 121, nota 2. Véase también 99 C, donde Sócrates discute con los filósofos presocráticos y su concepción de las arcaí: τὴν δὲ τοῦ οὐσίον τε βέλτιστ' αὐτῷ τεθῆναι δύναμιν οὕτω νῦν κεῖσθαι, ταύτην οὔτε ζητοῦσιν οὔτε τῇ οὐσάντα δαιμονίαν ἰσχὺν ἔχειν.

("Pero al poder que tiene esa posición que mejor le conviene [es decir, a la tierra], ellos ni la investigan ni le atribuyen ninguna fuerza divina").

[8] Ibid, 64 A, B (cap. 9).

[9] Ibid, 65 D (cap. 10).

[10] Ibid, 80 D (cap. 28).

[11] Nota del traductor: Dooyeweerd está haciendo referencia al juego de palabras que Platón realiza con Ἅιδης (Hades) y ἀειδής (= invisible, no visto)".

[12] Ibid, 80 D (cap. 29): Ἡ δὲ ψυχὴ ἄρα, ὦ ἀδελφέ, τὸ εἰς τοιοῦτον τόπον ἕτερον οἰχήσεσθαι, γενησομένη καθαρά τε καὶ αἰδής, εἰς Ἅιδου ὡς ἀληθῶς, παρὰ τὸν ἀγαθὸν καὶ φρόνιμον θεόν, εἴ τι θεὸς ἐθέλοι, αὐτίκα καὶ ἐμὴ ψυχὴ πορεύοιτο … ("Así pues, el alma, invisible, que va a otro lugar como ella misma, puro e invisible – a Hades, que es el Reino de lo Invisible – irá así al dios bueno y racional, donde, si los dioses quieren, mi alma también debe ir sin demora"). Nota del traductor: el texto que consultó Dooyeweerd emplea la grafía inusual Ἅδου para 'Hades' en griego. La grafía habitual es Ἅιδου.

[13] Ibid, 75 C–D.

[14] Ibid, 105 E.

[15] Ibid, 106 D.

[16] Ibid, 97 B.

[17] *Metafísica* A, 6 987 b 9: κατὰ μεθέξιν γὰρ εἶναι τὰ πολλὰ τῶν ὁμωνύμων τοῖς εἴδεσιν. τὴν δὲ μεθέξιν τούτων μόνον μετέβαλον· οἱ μὲν γὰρ Πυθαγόρειοι μιμήσει τὰ ὄντα φασὶν εἶναι τοῖς ἀριθμοῖς, Πλάτων δὲ μεθέξει τούτοις μεταβαλών· τὴν μέντοι μεθέξιν τὴν μίμησιν ἢ τὴν μετάληψιν ἢ τὴν εἶναι τὸν αὐτὸν αἴσθησιν ἐν κοινῷ ἔχτειν. ("Porque la multiplicidad de objetos sensibles que llevan el mismo nombre que las εἴδη existe por participación [en las *eidē*]. Sin embargo, la palabra "participación" no era más que un nuevo nombre. Pues los pitagóricos dicen que las cosas existen por mímesis de los números, pero Platón dice que por participación [que no es más que otra palabra]. Pero qué sea en realidad esta participación en las *eidē* o esta mímesis, ambos han descuidado investigarlo.)

[18] Cornford, *op. cit.*, p. 254.

[19] Platón, Fedón, 80 A.

[20] Cf. Aristóteles, *Metafísica*, A, 6 987 b 19 ss.: Ἐπεὶ δῆτα τὰ εἴδη τοῖς ἄλλοις, τείνειν στοιχεῖα πάντων ᾠήθη πῶν ὄντων εἶναι στοιχεῖα, ὡς μὲν οὖν ὕλην τὸ μέγα καὶ τὸ μικρὸν εἶναι ἀρχάς, ὡς δοῦναι τὸ ἓν ἐξ ἐκείνων γὰρ κατὰ μέθεξιν τοῦ ἑνὸς [τὰ εἴδη] εἶναι τοὺς ἀριθμούς· τὸ μέντοι γε ἓν οὐ ἑτέρων γέ τι ὂν λέγεσθαι ἕν, παραπλήσιος τοῖς Πυθαγορείοις ἔλεγε, καὶ τὸ τοὺς ἀριθμοὺς αἰτίους εἶναι τοῖς ἄλλοις τῆς οὐσίας ὡσαύτως ἐκείνοις ("Pero dado que para él [Platón] las *eidē* eran las 'causas' de las demás cosas, pensaba que sus elementos eran los elementos de toda la realidad. Como materia, lo grande y lo pequeño [el apeiron pitagórico] eran principios fundamentales, pero como ousia [forma-sustancia], el uno [monas]; pues las *eidē*, o números, existen a partir de lo grande y lo pequeño por participación en el uno. Al sostener que solo la monas es *ousía*, y que esto no se entiende como uno en el sentido de que haya aún algo más, su enseñanza concuerda en verdad con la de los pitagóricos, y también enseñó, como ellos, que los números son las causas de todo lo demás." Luego se dice que Platón identificó la monas con la idea del bien. Véase *Metafísica*, N.4 1091 b 13 ss., y *Ética eudemia* A, 8 1218 a 25, en relación con lo anterior. Nota del traductor: ésta es tanto una paráfrasis interpretativa como una traducción — por ejemplo, la palabra *monas* no aparece en el griego.

[21] Platón, *Fedón*, 81 D ff. (cap. 31).

[22] Nota del traductor: las virtudes particularmente asociadas con la *polis*.

[23] Véase la cita anteriormente mencionada de Sócrates en el Fedro, 230 A (pág. 120, nota 1).

[24] Platón, *Fedro*, 245 C to E (cap. 24): Ἡ ψυχὴ πᾶσα ἀθάνατος· τὸ γὰρ ἀεικίνητον ἀθάνατον· τὸ δ' ἄλλο κινοῦν καὶ ὑπ' ἄλλου κινούμενον, παῦλαν ἔχει κινήσεως. πᾶσα δὲ ψυχὴ ζῷον· μόνον δὲ τὸ αὐτὸ κινοῦν, οὐχ ὑπ' ἄλλου κινούμενον, ἀλλὰ καὶ τοῖς ἄλλοις ὅσα κινεῖται τοῦτο πηγή καὶ ἀρχὴ κινήσεως· ἀρχὴ δὲ ἀγένητον· ἐξ ἀρχῆς γὰρ ἀνάγκη πᾶν τὸ γιγνόμενον γίγνεσθαι, αὐτὴν δὲ μὴ ἐξ ἄλλης· εἰ γὰρ ἐκ τοῦ ἀρχὴ γίγνοιτο, οὐκ ἂν 'ἀρχὴ' εἴη ἀρχῆς γίγνοιτο οὕτω δὴ κινήσεως μέν ἀρχὴ τὸ αὐτὸ αὑτὸ κινοῦν. τοῦτο δ' οὔτ' ἀπολύσθαι οὔτε γίγνεσθαι δυνατόν, ἢ πάντα τ' οὐρανὸν πᾶσάν τε γένεσιν συμπεσοῦσαν στῆναι καὶ μήποτ' αὖθις ἔχειν ὅθεν κινηθέντα γένησται ("El alma es inmortal. Porque lo que es perpetuamente movido es inmortal; aquello que mueve algo más y es movido

por otra cosa, sin embargo, deja de vivir cuando su movimiento cesa. Solo aquello que se mueve a sí mismo, en la medida en que no se aparta de sí mismo, nunca detiene su movimiento, sino que es para las demás cosas que mueven la causa y el origen del movimiento. Pero el Origen no ha llegado a ser. Porque todo lo que ha llegado a ser debe necesariamente provenir del Origen, pero el Origen mismo no proviene de nada. Porque si el Origen proviniera de otra cosa, entonces todo no provendría del Origen... Aquello que se mueve a sí mismo es, por tanto, el Origen del movimiento; pero esto no puede perecer ni llegar a ser, ya que de otro modo todo el cielo y toda la generación colapsarían y se detendrían, y nunca encontrarían algo que los pusiera en movimiento nuevamente".) Este pasaje final solo puede tener en vista al "alma del mundo", que causa el movimiento celeste. Nota editorial : obsérvese que ʽπᾶανʼ es una adición editorial en la edición Didot (no se encuentra en las ediciones actuales de Platón).

[25] Platón, *Filebo*, 30 A ss.

[26] Restrinjo deliberadamente esta afirmación a la teoría del alma en el *Fedro* y no emito juicio alguno respecto a la posición cronológica de este diálogo en su totalidad. Es probablemente imposible hacer tal juicio, ya que este diálogo siempre ha sido una piedra de tropiezo en el camino de establecer la cronología de las obras de Platón, y muestra claras huellas de una revisión posterior de su diseño original. Así, por ejemplo, la descripción de la tarea de la dialéctica en 265, 266 y 277 está directamente relacionada con la línea dialéctica madura de pensamiento en el *Sofista*, el *Político* y el *Filebo*, mientras que toda la primera sección del diálogo conserva algunas características que son claramente socráticas en origen. Además, la concepción del ἔρως está directamente conectada con el *Banquete*. En cuanto al problema de la cronología, cf. J. Stenzel, *op. cit.*, p. 105. La propia noción de Stenzel de que Platón no escribió este diálogo hasta su último período, intentando que fuera una imagen continua del desarrollo de su pensamiento desde el período socrático, difícilmente me parece plausible. Hay, de hecho, un número suficiente de otros diálogos que llevan huellas claras de revisión posterior.

[27] Platón, Fedro, 247 C.

[28] Ibid. 249 B y C.

[29] Ibid., 246 A a 249 C.

[30] Ibid., 246 D (cap. 25).

[31] Ibid., 246 C and D (cap. 25): ζῷον τὸ σύμπαν ἐκλήθη, ψυχὴ καὶ σῶμα παρέχον, θεοὺς τ᾽ ἔχον ἐπινοητούς ἀθάνατοι δ οὐδ᾽ εἶς ἐξ εἰκῇ λόγου κεκοσμήμενος, ἀλλὰ πλέονες οὐκ ἰδίους ὄντες ἱκανῶς νομοθέντες θεοί, ἀθάνατον τ᾽ ἔζων, ζῷον μὲν ψυχῇ, ἔχον δὲ σῶμα, τὸν δὲ ἐκ χρόνου ταύτας ξυμφυῆσθαι. ("El todo, alma y cuerpo combinados, es llamado ser viviente y además se le llama mortal. Sin embargo, al dios inmortal no lo llamamos así por una base razonada en particular, sino por no haberlo visto ni conocido adecuadamente, como un ser viviente inmortal que posee alma y cuerpo unidos entre sí para toda la eternidad").

[32] Platón, *Fedro*, 250 D (cap. 31): περὶ δὲ κάλλους, ὥσπερ εἴπομεν, μετ᾽ ἐκεῖνον ἔλαμψεν ἰδόν, δῆλον τ᾽ εἴδομεν κατειληφότες αὐτὸ διὰ τῆς ἐναργεστάτης αἰσθήσεως ἦν ἡμέτερον σίλλων ἐναργεστάτη· ὀφῆς γὰρ ἡμῖν ὀξυτάτη ἐστὶ διὰ τοῦ σώματος ἡμῶν αἴσθησις, ἡ φρόνησις οὐχ ὁρᾶται. ("Con respecto a la belleza, como dijimos, brilló como una entre aquellas [formas eternas]; pero cuando llegamos a este punto, la aprehendimos, claramente, con el más claro de nuestros sentidos. Porque la vista nos parece ser la más aguda de las percepciones sensoriales que se producen a través del cuerpo, aunque el pensamiento no se percibe visualmente").

[33] Ibid., 249 C (cap. 29): διὸ δὴ δικαίως μόνη πεποίηται ἡ τοῦ φιλοσόφου διάνοια πρός· γὰρ ἐκείνῳ ἀεὶ ἐστὶ μνήμη κατὰ δύναμιν, πρός ὅσπερ ὁ θεὸς ὤν θεῖος ἄνευσιν. ("Por tanto, es justo que sólo al alma del filósofo le sean otorgadas alas. Pues a él, tanto como le es posible, siempre le queda memoria de esas cosas cuya cercanía hace divino al dios").

[34] Ibid., 248 E and 249 A (cap. 29): Εἶς μὲν γὰρ ταὐτὸ, ὅθεν ἥκει ἡ ψυχὴ ἑκάστη, οὐκ ἀνίεται πρὶν εἶναι μυρίων· οὐ γὰρ πετᾶται πρὸ τούτου χρόνου, πλὴν ἡ τοῦ φιλοσόφου ἢ παιδικῶς ἄσκησις μετὰ φιλοσοφίας· αὗται δὲ ἐν τρίτῃ περιόδῳ εἰ χλίνενται, εἰς ἔξαρσιν τρὶς ἐξῆλθεν ἡνί᾽ βίου τούτων, οὗται περιέσονται τρίχαλοστὶ ἔπειτα ἀπέρχεται. ("Al lugar del que vino, el alma no regresa antes de diez mil años; pues durante ese tiempo no puede obtener alas, salvo que haya practicado la filosofía o el amor pedagógico con filosofía; si estas cosas son elegidas en tres ciclos sucesivos, entonces obtiene alas y parte en el tercer milenio").

[35] Platón, *Simposio*, 204 (cap. 28).

[36] *Simposio*, 204 B (cap. 28): ἔστι γὰρ τῶν καλῶν ἡ σοφία, Ἔρως δ' ἐστὶν ἔρως περὶ τὸ καλόν· ἀναγκαῖον Ἔρωτα φιλόσοφον εἶναι, φιλόσοφον δ' ὄντα μέσον εἶναι σοφοῦ καὶ ἀμαθοῦς. ("Pues la sabiduría está entre las cosas bellas, y *Erōs* es amor a la belleza; necesariamente, *Erōs* debe ser filósofo; y el filósofo, está en medio entre el sabio y el ignorante").

[37] Ibid., 211 B y C (cap. 29): τοῦτο γὰρ δή ἐστι τὸ ὀρθῶς ἐπὶ τὰ ἐρωτικὰ ἰέναι ἢ ὑπ' ἄλλου ἄγεσθαι, ἀρξάμενον ἀπὸ τοῦδε τῶν καλῶν ἐκείνου ἕνεκα τοῦ καλοῦ ἀεὶ ἐπανιέναι, ὥσπερ ἐπαναβαθμοῖς χρώμενον, ἀφ' ἑνὸς ἐπὶ δύο καὶ ἀπὸ δυεῖν ἐπὶ πάντα τὰ καλὰ σώματα, καὶ ἀπὸ τῶν καλῶν σωμάτων ἐπὶ τὰ καλὰ ἐπιτηδεύματα, καὶ ἀπὸ τῶν καλῶν ἐπιτηδευμάτων ἐπὶ τὰ καλὰ μαθήματα, ἕως ἂν ἀπὸ τῶν μαθημάτων ἐπ' ἐκεῖνο τὸ μάθημα τελευτήσῃ, ὃ ἔστιν οὐκ ἄλλου ἢ αὐτοῦ ἐκείνου τοῦ καλοῦ μάθημα, καὶ γνῷ αὐτὸ τελευτῶν ὃ ἔστι καλόν ("Pues ciertamente este es el camino correcto del amor, que uno debe tomar o ser guiado por otro, que por el bien de esa belleza primordial, uno asciende desde estas cosas bellas siempre hacia arriba, paso a paso, de uno a dos, y de dos a todos los cuerpos bellos; y de la belleza corporal a las bellas prácticas, de las bellas prácticas a las bellas ciencias, hasta que uno finalmente se eleva por encima de las otras ciencias hacia esa ciencia que es el conocimiento de nada más que de la belleza primordial, y uno finalmente sabe qué es lo bello en sí"). Esta idea de lo bello también se llama καλὸν κἀγαθόν (cf. 204 A).

[38] "...erläutert zugleich den eigentlichen Sinn des absoluten Schönen im Symposion und damit den Sinn der platonischen Erotik" (Stenzel, *op. cit.*, pp. 17–18). (Traducción al español por el traductor.)

[39] Platón, *República*, 484 B ss.

[40] Ibid.

[41] Platón, Ibid., 505 a: Ἐπεὶ ὅτι γε ἡ τοῦ ἀγαθοῦ ἰδέα μέγιστον μάθημα, πολλάκις ἀκήκοας, ᾗ δίκαια καὶ τἆλλα προσχρησάμενα χρήσιμα καὶ ὠφέλιμα γίγνεται. ...εἰ δὲ μὴ ἴσμεν, ἄνευ δὲ ταύτης εἰ ὅτι μάλιστα τἆλλα ἐπιστάιμεθα, οἶσθ', ὅτι οὐδὲν ἡμῖν ὄφελος, ὥσπερ οὐδ' εἰ κεκτῆσθαί τι ἄνευ τοῦ ἀγαθοῦ. ἢ οἴει τι πλέον εἶναι πάσων κτῆσίν ἐκτῆσθαι, μὴ μέντοι ἀγαθόν; ("Porque con frecuencia has oído que el conocimiento más importante es la idea del bien, mediante la cual la justicia y las demás virtudes se vuelven útiles y beneficiosas... Pero si no la conocemos, sabes que sin

ella, incluso si conociéramos todo lo demás muy bien, no nos serviría de nada, tanto como si poseyéramos todas las cosas excepto el bien").

[42] Ibid., 505 D: τόδε οὐ φανερόν, ὡς δίκαια μὲν καὶ καλὰ πολλοὶ ἂν ἑλοῖντο τὰ δοκοῦντα, κἂν μὴ ᾖ, ὅμως ταῦτα πράττειν καὶ κεκτῆσθαι καὶ δοκεῖν, ἀγαθὰ δὲ οὐδενὶ ἔτι ἀρκεῖ τὰ δοκοῦντα κτᾶσθαι, ἀλλὰ τὰ ὄντα ζητοῦσι, τὴν δὲ δόξαν ἐνταῦθα ἤδη πᾶς ἀτιμάζει; ("¿No es evidente que muchos preferirían lo que parece hermoso y justo, e incluso la apariencia, aunque obrar así y poseerlo de esta manera fuera ilusorio?; sin embargo, respecto al bien, nadie se conforma ya con poseer lo que parece bueno, sino que buscan lo que es bueno y todos desprecian aquí la apariencia").

[43] Ibid., 506 A: Οἶμαι γοῦν, εἶπον, δίκαιά τε καὶ καλά ἀγνοούμενα ὅπη ποτέ ἀγαθά ἐστίν, οὐ πολλοῦ τινος ἄξιον φύλακα κεκτῆσθαι ἐξαυτῶν τὸν τοῦτο ἀγνοοῦντα· μαντεύομαι δὲ μηδένα αὐτὰ πρότερον γνώσεσθαι ἱκανῶς. ("Creo, en todo caso, que lo justo y lo bello, si se ignora en qué medida son buenos, no habrán de proporcionar un guardián digno de ellos a quien lo ignora. Sospecho que hasta ahora nadie los ha conocido adecuadamente").

[44] Ibid., 507 B: Πολλὰ καλὰ, ἦν δ' ἐγώ, καὶ πολλὰ ἀγαθὰ καὶ ἕκαστον οὕτως εἶναι φαμέν τε καὶ διοριζόμεν τῷ λόγῳ. ...Καὶ αὐτὸ δὴ καλὸν καὶ αὐτὸ ἀγαθὸν καὶ οὕτω περὶ πάντων ἃ τότε ὡς πολλὰ ἐτίθεμεν, πάλιν αὖ κατ' ἰδέα ν μίαν ἑκάστου ὡς μιᾶς οὔσης τιθέντες ὃ ἔστιν ἕκαστον προσαγορεύομεν. ("Decimos —proseguí— que hay muchas cosas bellas, y muchas buenas, y que cada una es así, y lo determinamos por medio del razonamiento... También aquello que es bello en sí y bueno en sí, y del mismo modo con respecto a todo lo que antes considerábamos como múltiple, lo volvemos a considerar según una sola idea de cada una de estas cosas, llamando a cada una por lo que realmente es").

[45] Ibid., 506 E: ὃς δὲ ἔκγονος τε τοῦ ἀγαθοῦ φαίνεται καὶ ὁμοιώτατος ἐκείνῳ, λέγειν ἐθέλω ("Pero lo que me parece un vástago del bien y muy semejante a él, eso te lo quiero decir"). Se desprende claramente de lo que sigue que se trata de una referencia al sol como "dios celeste".

[46] Ibid., 508 E: Τοῦτο τοίνυν τὸ τὴν ἀλήθειαν παρέχον τοῖς γιγνωσκο-μένοις καὶ τῷ γιγνώσκοντι τὴν δύναμιν ἀποδιδόν τὴν τοῦ ἀγαθοῦ ἰδέαν φάθι εἶναι, αἰτίαν δ' ἐπιστήμης οὖσαν καὶ ἀληθείας ὡς γιγνωσκομένης μὲν διανοοῦ, οὕτω δὲ καλῶν ἀμφοτέρων ὄντων, γνώσεώς τε καὶ ἀλη-

θείας, ἄλλο καὶ κάλλιον ἔτι τούτων ἡγούμενος αὐτὸ ὀρθῶς ἥγησει. (La traducción está en el cuerpo principal del texto).

[47] Ibid., 509 B (final del cap. 19): Τὸν ἥλιον τοῖς ὁρωμένοις οὐ μόνον, οἶμαι, τὴν τοῦ ὁρᾶσθαι δύναμιν παρέχειν φήσεις, ἀλλὰ καὶ τὴν γένεσιν καὶ αὔξησιν καὶ τροφήν, οὐ γένεσιν αὐτὸν ὄντα. ...καὶ τοῖς γιγνωσκομένοις τοίνυν μὴ μόνον τὸ γιγνώσκεσθαι φαίη ὑπὸ τοῦ ἀγαθοῦ παρέχεσθαι, ἀλλὰ καὶ τὸ εἶναί τε καὶ τὴν οὐσίαν ὑπ' ἐκείνου αὐτοῖς προσεῖναι, οὐκ οὐσίας ὄντος τοῦ ἀγαθοῦ, ἀλλ' ἐπέκεινα τῆς οὐσίας πρεσβείᾳ καὶ δυνάμει ὑπερέχοντος. ("Concederás, creo, que el sol otorga a las cosas que son vistas no solo su poder de ser visibles, sino también generación, crecimiento y nutrición, aunque él mismo no sea generación... Concede, por tanto, que a través del Bien lo conocido [las formas ónticas] no solo recibe su ser conocido, sino también que su ser y su forma óntica le vienen de lo mismo, aunque el bien no sea una forma óntica, sino que por su dignidad y poder formal está exaltado incluso por encima de esta".) *Ousía* aquí solo puede significar forma óntica o esencial, dado que se establece una distinción entre *ousía* y *einai* (ser)".

[48] Ibid., 507 B.

[49] Ibid., 596 ss.

[50] Ibid., 597 A: Τί δὲ ὁ κλινοποιός· οὐκ ἄρτι μέντοι ἔλεγες, ὅτι οὐ τὸ εἶδος ποιεῖ, ὁ δὴ φαμεν εἶναι ὁ ἔστι κλίνη, ἀλλὰ κλίνην τινά; ("¿Y qué hay del fabricante de lechos? ¿No acabas de decir que él no hace el *eidos* que llamamos lecho en su verdadera forma óntica, sino solo un lecho particular?") Ibid., 597 B: Οὐκοῦν τριτταῖ τινες κλῖναι αὗται γίγνονται· μία μὲν ἡ ἐν τῇ φύσει οὖσα, ἣν φαῖμεν ἄν, ὡς ἐγῷμαι, θεὸν ἐργάσασθαι. ... Μία δέ γε, ἣν ὁ τέκτων. ... Μία δέ, ἣν ὁ ζωγράφος. ("Así pues, tenemos estos tres [tipos de] lechos: uno que por su naturaleza es aquel que, creo yo, podríamos decir que ha sido producido por dios... uno que es producto del artesano... y uno que es producto del pintor [que hace una representación artística del lecho producido por el artesano].") Ibid., 597 C: Ὁ μὲν δὴ θεός, εἴτε οὐκ ἐβούλετο, εἴτε τις ἀνάγκη ἦπῃ μὴ πλεῖον ἢ μίαν ἐν τῇ φύσει ἀπεργάσασθαι αὐτὸν κλίνην, οὕτως ἐποίησεν μίαν μόνον αὐτὴν ἐκείνην ὃ ἔστι κλίνη· δύο δὲ τοιαῦται ἢ πλείους οὔτε ἐφυτεύθησαν ὑπὸ τοῦ θεοῦ οὔτε μὴ φύσοιν. ("Ahora bien, dios, sea por elección o por alguna necesidad, no quiso o no pudo hacer más de un lecho en su

esencia natural, y así produjo solo uno, a saber, ese lecho que es tal por ser [naturalmente] ser [forma óntica]; dos o más de esa clase no fueron hechos por dios, ni podrían haberlo sido").

[51] Ibid., 596 C.

[52] Ibid., 596 B-C (Libro X): Ἀλλ᾽ ὅρα δή καὶ τοῦτόν τινα καλεῖς τὸν δημιουργόν. Τὸν ποῖον· Ὃς πάντα ποιεῖ ὥσπερ εἷς ἕκαστος τῶν χειροτεχνῶν. Λέγεις τινὰ λέγειν καὶ θαυμάσιον ἄνδρα. Οὗτοί γε, ἀλλὰ τοῦτ᾽ ἄλλο μαλλον σήμαινε. ὁ αὐτὸς γάρ φησιν χειροτέχνες ὁ μόνῳ πάντα οἷός τε σκεύη ποιῆσαι, ἀλλὰ καὶ τὰ ἐπὶ τῆς γῆς φύοντα πάντα ποιεῖ καὶ ζῷα πάντα ἐργάζεται, καὶ τὰ ἄλλα καὶ ἑαυτὸν, καὶ πρὸς τούτοις γῆν καὶ οὐρανὸν καὶ θεοὺς καὶ πάντα τὰ ἐν οὐρανῷ καὶ ἐν ᾅδου ὑπὸ τῆς ἔπακτιν ἐργάζεται. ("Pero considera ahora qué nombre darías a este Maestro Artesano. ¿Cuál? Aquel que hace todas las cosas que cada uno de los artesanos [produce]. Hablas de un hombre extraordinario y admirable. ¡Espera un momento! Lo llamarás aún más admirable. Porque este Maestro Artesano no solo es capaz de hacer todos los implementos, sino que también hace todo lo que brota de la tierra y produce todo lo que vive, pero también otras cosas y a sí mismo, y además crea la tierra y el cielo y los dioses y todo lo que hay en los cielos y en Hades bajo la tierra.") En este pasaje, como en el Fedón, Hades es llamado Ἅιδης, el reino invisible, que aquí se entiende como el ámbito de las *eidē*.

[53] Cf., e.g., Ueberweg-Praechter, *op. cit.*, I (12th ed.), pp. 271-272.

[54] Ibid., 507 C.

[55] Ibid., 509 D and E.

[56] Ibid., 510 B: Σκόπει δή αὖ καὶ τὴν τοῦ νοητοῦ τομὴν ᾗ τμητέον. Πῇ· Ἧ τὸ μὲν αὐτοῦ τοῖς τότε τιμηθεῖσιν ὡς εἰκόσι χρωμένη ψυχὴ ζητεῖν ἀναγκάζεται ἐξ ὑποθέσεων οὐκ ἐπ᾽ ἀρχὴν πορευομένη, ἀλλ᾽ ἐπὶ τελευτήν, τὸ δ᾽ αὖ ἕτερον τὸ ἐξ ἀρχῆς ἀνυπόθετον ἐξ ὑποθέσεως ἰοῦσα καὶ ἄνευ ὧνπερ ἐκεῖνο εἰκόνων αὐτοῖς εἴδεσι δι᾽ αὐτῶν τὴν μέθοδον ποιουμένη. ("Considera además cómo debe hacerse la división de lo inteligible. ¿De qué manera? De tal forma que el alma se ve obligada a investigar una parte de ello en términos de hipótesis, usando como imágenes la sección que fue antes separada [a saber, el reino de lo visible], y procediendo no hacia el origen, sino hacia la conclusión; en cambio, en la otra parte, retorna desde la suposición hacia un origen absoluto, y no recurre —como en la

primera— a imágenes, sino que emplea únicamente las *eidē* mismas en su investigación").

[57] Ibid., 511 B: Τὸ τοίνυν ἕτερον μάνθανε τμῆμα τοῦ νοητοῦ λεγόμενά με τοῦτο, οὗ αὐτὸς ὁ λόγος ἅπτεται τῇ τοῦ διαλέγεσθαι δυνάμει, τὰς ὑποθέσεις ποιούμενος, οὐκ ἀρχὰς, ἀλλὰ τῷ ὄντι ὑποθέσεις, οἷον ἐπιβάσεις τε καὶ ὁρμὰς, ἵνα μέχρι τοῦ ἀνυποθέτου ἐπὶ τὴν τοῦ παντὸς ἀρχὴν ᾖ, ἁψαμένος αὐτῆς πάλιν αὖ ἐχόμενος τῶν ἐκείνης ἐχομένων, οὕτως ἐπὶ τελευτὴν καταβαίνῃ, αἰσθητῷ παντάπασιν οὐδενὶ προσχρώμενος, ἀλλ' εἰδέσιν αὐτοῖς δι' αὐτῶν εἰς αὐτά, καὶ τελευτᾷ εἰς εἴδη. (Traducción en el texto).

[58] Ibid., 517 B and C : τὰ δ' οὖν ἐμοὶ φαινόμενα οὕτω φαίνεται, ἐν τῷ γνωστῷ τελευταία ἡ τοῦ ἀγαθοῦ ἰδέα καὶ μόλις ὁρᾶσθαι, ὀφθεῖσα δὲ συλλογιστέα εἶναι, ὡς ἄρα πᾶσι πάντων αὕτη ὀρθῶν τε καὶ καλῶν αἰτία, ἔν τε ὁρατῷ φῶς καὶ τὸν τούτου κύριον τεκοῦσα, ἔν τε νοητῷ αὐτὴ κυρία ἀλήθειαν καὶ νοῦν παρασχομένη, καὶ ὅτι δεῖ ταύτην ἰδεῖν τὸν μέλλοντα ἐμφρόνως πράξειν ἢ ἰδίᾳ ἢ δημοσίᾳ. (Traducción en el texto).

[59] Ibid., 518 C y D. En *República* 518 C, el bien (no la *idea*) es llamado τὸ ὄντως τὸ φανώτατον. Este pasaje no puede discrepar en significado con las declaraciones inequívocas citadas anteriormente en las que la *idea* divina τοῦ ἀγαθοῦ es declarada trascendente sobre el *eidē* y su esencia. La referencia aquí es evidentemente al brillo emitido por la *idea* divina en el reino del ser, lo cual hace que todo el ser sea bueno y le confiere sus partes hasta el más alto esplendor. Una traducción literal sería "el estado más radiante del ser." El siguiente término, πᾶσ' ἰδέα, no debe traducirse entonces como "idea del bien", sin embargo, el texto no lo justifica.

[60] Ibid., 518 D, E, and 519 A: Αἱ μὲν τοίνυν ἄλλαι ἀρεταὶ καλούμεναι ψυχῆς κινδυνεύουσιν ἐγγὺς τῷ εἶναι τῶν τοῦ σώματος· τῷ ὄντι γὰρ οὐκ ἐνδοῦσαι πρότερον ὕστερον ἐμπεῖσθαί τ' ἐθεσεί τε καὶ ἀσκήσει· ἡ δὲ τοῦ φρονεῖν πάντως μᾶλλον θειοτέρου τινὸς τυγχάνει, ὡς ἔοικεν, οὖσα, ὃ τὴν μὲν δύναμιν οὐδέποτε ἀπόλλυσιν, ὑπὸ δὲ τῆς περιαγωγῆς χρήσιμόν τε καὶ ὠφέλιμον καὶ ἄχρηστον αὖ καὶ βλαβερὸν γίγνεται. ("Entonces las otras facultades del alma, como se les llama, parecen ser semejantes a las del cuerpo, pues, al no estar presentes anteriormente, parecen adquirirse más tarde mediante hábito y ejercicio. La facultad de pensar, sin embargo, es por completo divina en su naturaleza, como corresponde, algo que nunca pierde su poder, sino que, según la dirección que toma [la que escoge],

se convierte en algo útil y beneficioso, o, en contraste, en algo inútil y perjudicial.") Con la palabra περιαγωγή, Platón describe en realidad una "reversión" del pensamiento por la cual se dirige hacia el reino luminoso del ser y se aparta del oscuro mundo de los fenómenos sensibles.

[61] Nota editorial: Dooyeweerd utiliza el término "onderscheidend begrip", que puede traducirse literalmente como "concepto diferenciador". Con ello quiere decir que, en la formación conceptual, el análisis diferenciador desempeña un papel principal. La idea, a su vez, relaciona estas distinciones analíticas, sin anularlas, a un nivel más profundo. Esta distinción entre concepto e idea es importante para Platón y para los pensadores posteriores cuya epistemología se ha movido en una dirección trascendental.

[62] Ibid., 528 E: ἀστρονομίαν ... φορὰν οὖσαν βάθους.

[63] Ibid., 530 B and C: Προβλήψαισιν ἄρ᾽ ἦν δ᾽ ἐγώ, χρώμενοι ὥσπερ γεωμετρίᾳ οὕτω καὶ ἀστρονομίᾳ μέντιμε, τὰ δ᾽ ἐν τῷ οὐρανῷ ἐῶμεν, εἰ μέλλομεν ὄντως ἀστρονομίας μεταλαμβάνοντας χρήσιμον τῷ φύσει φρονίμῳ ἐν τῇ ψυχῇ ἐξ ἀχρήστου ποιῆσαι. ("Por tanto, dije, como en geometría, usaremos también la astronomía con fines de problemas, pero no nos ocuparemos más allá de los fenómenos celestes, si en verdad deseamos practicar la astronomía de un modo que transforme el don natural de comprensión en nuestra alma de algo inútil en algo útil").

[64] Ibid., 529 C and D: ταῦτα μὲν ἄττα ἐν τῷ οὐρανῷ ποικίλματα, ἐπείπερ ἐν ὁρᾷ ποικίλτατα, κάλλιστα μὲν ἡγεῖσθαι καὶ ἀκριβέστατα τῶν τοιούτων ἔχειν, τῶν δὲ ἀληθινῶν πολὺ ἐνδεῖν, ἃς τὸ ὂν ταχὺ καὶ ἡ οὐσία βραδύτης ἐν τῷ ἀληθινῷ ἀριθμῷ καὶ πᾶσι τοῖς ἀληθέσι σχήμασι φορᾶς τε πρὸς ἀλλήλας φέρεται καὶ τὰ ἐνόντα φέρει· διὰ λόγου μὲν καὶ διανοίᾳ ληπτά, ὀρῇ δ᾽ οὔ. ("Estos fenómenos en los cielos, en la medida en que se forman en el reino visible, deben considerarse, sin duda, como los más bellos y exactos de su clase, pero no obstante están muy por debajo de los verdaderos movimientos que, siendo rápidos en sí mismos y lentos en sí mismos, se causan mutuamente en número verdadero y en todas las figuras verdaderas, transportando con ellos lo que hay en su interior; pero estos últimos deben captarse mediante el concepto y el pensamiento científico, no mediante la vista.") Ibid., 529 D: Οὐκοῦν, εἶπον, τῷ περὶ τὸν οὐρανὸν ποικίλματι παραδείγμασι χρήσεσθαι τῷ πρὸς ἐκείνων μαθήσεως ἕνεκα. ("Por tanto,

dije, debemos usar los variados fenómenos del cielo sólo como ejemplos para adquirir de ellos conocimiento...").

[65] Véase ibid., 531 b y c, donde se expresa desaprobación hacia quienes abordan la teoría de la armonía de manera empírica: τοὺς γὰρ ἐν ταῖς αὐταῖς συμφωνίαις τάς ποῦ ποιοῦσι ταῖς ἐν τῇ ἀστρονομίᾳ· τοὺς γὰρ ἐν ταῖς αὐταῖς συμφωνίαις τάς ποῦ ποιοῦσι ταῖς ἀκουομέναις ἀριθμοὺς ζητοῦντας, ἀλλ' οὐκ εἰς προβλήματα ἀναφέρειν ἐπισκοπεῖν εἴτε τίνα ξυμβαίνει ἀριθμὸν ἔχειν καὶ πότερον αἱ ὁμολογίαι ἁρμονίαι, αἱ δ' οὔ, καὶ δι' ἣν αἰτίαν ἑκάστη. ("Pues aquellos que hacen lo mismo que los otros en astronomía; buscan los números en las armonías como los oyen con el oído, pero no relacionan su investigación con problemas que los números puedan crear en la armonía, los cuales no [se producen], y por qué razón este es el caso con cada uno"). Justo antes de esto, Glaucón, con la aprobación de Sócrates, incluso se había burlado de este estudio empírico de la teoría de la armonía.

[66] Ibid., Libro I, cap. 16 ss.

[67] Ibid., 436 A: εἰ τῷ αὐτῷ ταῦτα ἕκαστα πράττομεν, ἢ τρισὶν οὖσιν ἄλλο ἄλλῳ μανθάνομεν μὲν ἑτέρῳ θυμοίμεθα δὲ ἄλλῳ τῶν ἐν ἡμῖν, ἐπιθυμοῖμεν δ' αὖ τρίτῳ τινὶ τῶν περὶ τὴν τροφήν τε καὶ γένεσιν ἡδονῶν καὶ ὅσα τούτων ἀδελφὰ ἢ ὅλῃ τῇ ψυχῇ καθ' ἕκαστον αὐτῶν πράττομεν, ὅταν ὀργιζώμεθα. ("Ya sea que hagamos todo esto mediante la misma [parte del alma], o bien, si hay tres de estas, aprendamos una cosa mediante una, nos enojemos mediante otra de las que están en nosotros, y deseemos mediante una tercera los placeres de la comida y la generación, y todas las cosas emparentadas con estas, o si toda el alma está activa en cada una de ellas cuando somos estimulados.")

[68] Ibid., 436 B: Δηλον, ὅτι ταὐτὸν τἀναντία ποιεῖν ἢ πάσχειν κατὰ ταὐτὸν γε καὶ πρὸς ταὐτὸν οὐκ ἐθελήσει ἅμα· ὥστε, ἂν που εὑρίσκωμεν ἐν αὐτοῖς ταῦτα γιγνόμενα, εἰσόμεθα ὅτι οὐ ταὐτὸν ἦν, ἀλλὰ πλείω. (Traducción en el texto).

[69] Ibid., 438 D y E: Τοῦτο τοίνυν, ἦν δ' ἐγώ, φάθι με τότε βουλόμενον λέγειν, εἰ ἄρα νῦν ἐμάνθες, ὅτι ὅσα ἐστίν οἷα εἶναί τινί, αὐτὰ μὲν μόνα αὐτῶν μόνα ἐστίν, τῶν δὲ ποιῶν τινῶν ποιά ἄττα. καὶ οὐ λέγω, ὡς, ὄντων ἄν, ἤ, τοιαῦτα καὶ ἐστίν, ὡς ἄρα καὶ τῶν ὑγιεινῶν καὶ νοσηδῶν ἡ ἐπιστήμη ὑγιεινὴ καὶ νοσώδης καὶ τῶν κακῶν καὶ τῶν ἀγαθῶν κακὴ καὶ ἀγαθή· ἀλλ'

ἐπεὶ οὐκ αὐτοῦ οὔτε ἐπιστήμη ἐστὶν ἐγένετο ἐπιστήμη, ἀλλὰ ποιοῦ τινός, τοῦδ' ἦν ὑγιεινοῦ καὶ νοσώδους, ποιά δή τις συνέβη καὶ αὕτη γενέσθαι, καὶ τοῦτο αὕτη ἐποίησεν μηκέτι ἐπιστήμην ἁπλῶς καλεῖσθαι, ἀλλὰ τοῦ ποιοῦ τινός προγεγραμμένου ἰατρικήν. ("Concédele entonces, si ahora lo has entendido, que esto es lo que quería decir entonces: que, de aquellas cosas que existen en relación con algo, lo que existe solo en sí mismo está relacionado solo con lo que es en sí mismo, pero lo que existe en algún [modo particular] está relacionado con algo que también es de ese modo particular. Y no me refiero a que el [conocimiento] tenga la misma naturaleza que aquello a lo que está relacionado, que por tanto el conocimiento de lo saludable y dañino es en sí mismo saludable y dañino, y que lo bueno y lo malo sean en sí mismos bueno y malo; sino que, dado que no se convirtió en conocimiento de aquello en sí mismo del cual proporciona conocimiento, sino más bien en una ciencia de algo particular, a saber, lo que es saludable y dañino, se sigue que también se convirtió en esa ciencia particular, y por ello dejó de ser llamada simplemente ciencia en sí, sino, mediante la adición de esta calificación, ciencia médica").

[70] Ibid., 439 E: Ταῦτα μὲν τοίνυν, ... δύο ἡμῖν ὁρίσθω εἴδη ἐν ψυχῇ ἐνόντα·

[71] El hecho de que Platón, especialmente en el *Sofista* y en el *Político*, utilice frecuentemente los términos εἶδος y μέρος ('parte') como sinónimos (en la medida en que μέρος significa una "división natural"), ha sido correctamente observado por Brommer en su disertación citada anteriormente (*op. cit.*, p. 117). En el *Sofista* esto es inmediatamente evidente, pues de lo que allí se trata es del método dialéctico de diairesis o dicotomía de las εἴδη más comprensivos en sus partes subordinadas. Como ha mostrado Stenzel, este método también revela la influencia de Demócrito, en la medida en que su objetivo último es el descubrimiento del ἄτομον εἶδος, es decir, el εἶδος que no es más divisible.

[72] Ibid., 443 C: εἴδωλόν τι τῆς δικαιοσύνης ('α ςερταιν ιμαγε οφ θυστιςε'). Ἰβιδ.: Τὸ δὲ γε ἀληθές, τοιοῦτο μέν τι ἦν, ὡς ἔοικεν, ἡ δικαιοσύνη, ἀλλ' οὐ περὶ τὴν ἔξω πρᾶξιν τῶν αὑτοῦ, ἀλλὰ περὶ τὴν ἐντὸς ὡς ἀληθῶς περὶ ἑαυτὸν καὶ τὰ ἑαυτοῦ. ("La verdadera justicia parece ser de esta índole, no con respecto al cumplimiento externo de nuestro oficio, sino en realidad con respecto a su cumplimiento interno, que concierne a nosotros mismos y a lo que nos pertenece").

[73] Ibid., 443 D: ξυναρμόσαντα τρία ὄντα ὥσπερ ὅρους, τρεῖς ἁρμονίας ἀτεχνῶς, νεάτης τε καὶ ὑπάτης καὶ μέσης, καὶ εἰ ἄλλα ἄττα μεταξὺ τυγχάνει ὄντα, πάντα ταῦτα ξυνδήσαντα καὶ παντάπασιν ἓν γενόμενον ἐκ πολλῶν... (...reuniendo las tres partes en mutua armonía según sus límites, por así decirlo –justo como los sonidos de las cuerdas más agudas, más graves y medias, y cualquier otra que pueda encontrarse entre ellas – uniendo todo esto y en un sentido absoluto convirtiéndose en uno a partir de muchos [partes] ...) Ibid., 443 E: σοφίαν δὲ τὴν ἐπιστατοῦσαν ταύτῃ τῇ πράξει (...pero [llama] sabiduría a la conducta que dirige esta actividad)".

[74] Ibid., 608 ss.

[75] Ibid., 611 A ff.: Ἀλλ᾽, ἦν δ᾽ ἐγώ, μήτε τοῦτο οἰώμεθα· ὁ γὰρ λόγος οὐκ ἐάσει· μήτε γε αὖ τῇ ἀληθεστάτῃ φύσει τοιοῦτον εἶναι ψυχήν, ὥστε πολλῆς ποικιλίας καὶ ἀνομοιότητός τε καὶ διαφορᾶς γέμειν αὐτὸ πρὸς αὑτό. ...Οὐ ῥᾳδίως ...ἀΐδιον εἶναι σύνθετόν τε ἐκ πολλῶν καὶ μὴ τῇ καλλίστῃ κεχρημένον συνθέσει, ὡς νῦν ἡμῖν ἐφάνη ἡ ψυχή. ("Pero esto también [a saber, que el número de almas inmortales debería aumentar] no lo creeremos, ya que la razón no lo permitirá, ni tampoco que el alma en su verdadera naturaleza deba ser tal que esté cargada de gran diversidad y desemejanza y una falta de coherencia interna... No es fácil [concebir]... que el alma, tal como ahora se nos ha presentado, a saber, como algo inmortal, deba estar compuesta de muchas partes no unidas en la composición más bella").

[76] Ibid., 611 B–612 A: οἷον δ᾽ ἐστὶ τῇ ἀληθείᾳ, οὐ λελωβημένον δεῖ αὐτὸ θεάσασθαι ὑπό τε τῆς τοῦ σώματος κοινωνίας καὶ ἄλλων κακῶν, ὥσπερ νῦν ἡμεῖς ἐθεώμεθα, ἀλλ᾽ οἷόν ἐστι καθαρὸν γιγνόμενον, ...νῦν δὲ εἴποιμεν μὲν ἀληθῆ περὶ αὐτοῦ, οἷον ἐν τῷ παρόντι φαίνεται· ...Εἰς τὴν φιλοσοφίαν αὕτη, καὶ ἐννοεῖν, ᾧ ἅπτεται καὶ οἷον ἕπεται ὁμιλῶν, ὡς ἐγγυητῆς οὖσα τῷ τε θείῳ καὶ ἀθανάτῳ καὶ τῷ ἀεὶ ὄντι, καὶ ὅτι ἂν γένηται τοιοῦτος πᾶσα ἐπιστομισθεῖσα καὶ ὑπὸ ταύτης τῆς ὁρμῆς ἐκκομισθεῖσα ἐκ τοῦ πόντου, ἐν ᾧ νῦν ἐστίν ...καὶ τότ᾽ ἂν τῆς ἴδια αὐτῆς τὴν ἀληθῆ φύσιν, εἴτε πολυειδὴς εἴτε μονοειδής... (Traducción en el texto).

[77] Ibid., 592 B: Ἀλλ᾽, ἦν δ᾽ ἐγώ, ἐν οὐρανῷ ἴσως παράδειγμα ἀνάκειται τῷ βουλομένῳ ὁρᾶν καὶ ὁρῶντι ἑαυτὸν κατοικίζειν. (Traducción en el texto).

CAPÍTULO DOS

LA DIALÉCTICA DEL MOTIVO FORMA-MATERIA EN LA CRISIS DE LA TEORÍA DE LAS IDEAS. EL *TEETETO*, EL *PARMÉNIDES*, *EL SOFISTA*, EL *POLÍTICO* Y LA PARTE DIALÉCTICA DEL *FEDRO*

§1 La crisis de la teoría de las ideas y la influencia continua de la dialéctica religiosa en la nueva lógica dialéctica. El *Teeteto* como preparación para los diálogos eleáticos

El desarrollo del pensamiento de Platón se refleja fielmente en la evolución de su concepción de la dialéctica. En su primera etapa, esta última conserva plenamente las características socráticas originales. Es esencialmente una lógica teleológica, cuya finalidad es la aprehensión de la *areté* (ἀρετή), el verdadero fin del hombre y de las cosas, y que se expresa en forma de un diálogo o discusión entre dos partes. Como hemos visto, exhibe constantemente una tendencia genuinamente religiosa a conducir las cosas hacia un punto central, en el sentido de que no concluye el concepto en una definición puramente lógica, sino que lo remite a la idea divina (*idea*) de lo bueno y lo bello, principio de origen de toda forma, medida y armonía en el mundo visible.

Cuando la teoría de las ideas hace su aparición en el pensamiento de Platón, la dialéctica da un giro metafísico: el concepto lógico se relaciona con el mundo metafísico, inteligible, de formas ónticas eternas, las *eidē*. El objetivo de esta dialéctica es la aprehensión del verdadero ser, el cual está situado en polar oposición al reino del devenir en su flujo eterno (el cosmos visible), y que debe ser contemplado completamente apartado de la experiencia sensorial y del mundo temporal sujeto al principio de la materia. La concepción metafísica de Platón absolutiza estas formas ónticas, convirtiéndolas en entidades autosubsistentes y, como hemos visto, entra así en conflicto religioso con la idea socrática del origen. Esta última no era meramente lógica; más bien, en su carácter filosófico, fue determinada de un modo que era marcadamente religioso. Tampoco fue ofrecida una solución a este problema en el *República* bajo una línea lógica. Dado que tiene que ver exclusivamente con la idea de origen en filosofía, solo puede ser de carácter a priori y trascendental. Como demostraré más adelante en mi exposición de los fundamentos de mi crítica trascendental de la filosofía, esta solución tenía su raíz en una decisión religiosa, es decir, en una elección religiosa de un punto de partida.

a. Las causas de la crisis en la teoría de las ideas de Platón. La simplicidad de las *eidē* como formas ónticas ideales construidas a priori y la naturaleza compuesta de las cosas empíricas

A la larga, sin embargo, Platón no pudo conformarse con la etapa metafísica en la que se encontraba en la evolución de su dialéctica. Los marcados *chōrismós* (χωρισμός), la separación absoluta entre el mundo de las *eidē* y el mundo visible sujeto al principio de la materia, no podían ser reconciliados con la idea socrática de lo bueno y lo bello; pues esta última debía operar como una fuerza de forma divina precisamente dentro del cosmos visible. ¿Cómo, entonces, frente a este *chōrismós*, podían concebirse las *eidē* lógicamente como causas eficaces del mundo visible de las formas?

El creciente interés de Platón en los fenómenos empíricos, claramente observable a partir del *Teeteto*, también exigía una transformación de la dialéctica y una concepción revisada del *eidē*. Hasta ese momento, el mundo de las *eidē* había sido construido a priori como un reino de formas ónticas ideales relacionadas con la idea de lo bueno y lo bello, que proyectaban su luz sobre todo. Las formas matemáticas y lógicas, junto con las *eidē* de las virtudes individuales y las *eidē* de la belleza, podían aún unirse a esta idea, así como la *eidōs* de "vida en sí misma" podía hacerlo. Es cierto que la concepción metafísica de las *eidē* había surgido de una relación matemática con el principio de forma, y en sí misma había sido completamente separada de la idea socrática. Sin embargo, los pitagóricos ya habían introducido el principio de la armonía, que era esencialmente una noción ética e ideal, en el mundo matemático de la forma, y de modo similar concibieron al alma como tal armonía. Con el tiempo, el mundo platónico de las *eidē* no tuvo cabida para las cosas "compuestas" en la naturaleza, como los hombres, animales, plantas y sustancias inorgánicas. De hecho, el *República* había admitido *eidē* de objetos culturales como mesas y sofás, ya que el motivo forma, que tenía la primacía, era esencialmente el de la religión de la cultura. Sin embargo, la *physis* de las cosas "compuestas" de la naturaleza tenía como uno de sus componentes ónticos al principio material del flujo eterno, y esta última había sido privada de toda divinidad y de todo origen en la idea divina del *kalokagathon*.

Así, si la visión del *Fedro* sobre las *eidē* como formas ideales, simples, debía mantenerse, ningún *eidōs* que fuese compuesto en su naturaleza podía ser admitido dentro de los límites del mundo inteligible. Aceptar tales *eidē* compuestos habría

exigido, como primer paso, el reconocimiento de que existía un *eidōs* de *hylē*; pero esto parecía estar excluido por el
motivo religioso de la religión de la cultura, tal como estaba
encarnado en la idea socrática. El movimiento, en el sentido
típicamente griego de cambio caótico continuo, era incompatible con el mundo óntico ideal del mundo eidético, al
menos si este se tomaba en su estado puro. Y en esta concepción metafísica inicial del mundo de las ideas, la igualmente
característica visión griega del movimiento como fuerza de
forma (*dýnamis*) procedente del alma racional, que desde
Anaxágoras había sido reservada para el principio divino
de forma, tampoco podría ser combinada con el *eidōs*; pues,
en esta concepción, el *eidōs* estaba orientado hacia la visión
estática eleática de la forma óntica.

b. El creciente interés de Platón por los fenómenos empíricos a partir del *Teeteto*. El problema de la *methexis* considerado lógicamente

En la medida en que los fenómenos empíricos comenzaron
a atraer la atención de Platón, las *eidē* fueron asignados
principalmente a la tarea de asegurar la fundamentación
ontológica para estos fenómenos del cosmos visible. Surgió
la exigencia de "salvar" el mundo visible de los fenómenos
(*tà phainómena sōzein*) otorgando a todas las cosas empíricas,
sin excepción, una participación (*methexis*) en las *eidē*. Y dado
que dentro del marco del motivo griego de forma-materia
todo el cosmos visible mostraba un carácter compuesto, era
necesario realizar el intento de lograr dentro del mundo
eidético mismo una síntesis entre los principios de forma y
materia. Esto significaba, ante todo, que el problema antes
discutido de la *methexis*, que incluso el *República* había dejado

esencialmente sin resolver, debía asumir la posición central en la dialéctica platónica.

Ahora este problema toma una nueva forma dialéctica: ¿cómo puede concebirse lógicamente una pluralidad? Si el *eidōs* como forma ideal óntica metafísica es de hecho la causa (*aitía*) efectiva de una multiplicidad innumerable de cosas individuales que existen en el cosmos visible y que participan de este *eidōs*, ¿cómo ha de entenderse lógicamente que tal multiplicidad ilimitada surja de una sola? Mientras Platón mantuvo la concepción eleática original del *eidōs* como unidad absoluta o simple, este problema tuvo que permanecer insoluble. La pluralidad entonces no podía sino abandonarse al ámbito de la mera apariencia sensible como un absoluto sin ser (*oukón*) o no-ser, y con respecto a ello solo podía haber una *dóxa*, una opinión no fundamentada, y no *epistēmē* o conocimiento teórico verdadero.

En el *República*, el problema principal planteado fue la relación de los muchos *eidē* consigo mismos en referencia a la idea divina del *kalokagathon*. La solución ofrecida para este problema no fue realmente de carácter lógico, sino a priori y trascendental. El *República* enseñaba que la multiplicidad de las *eidē* deriva su ser de la única idea divina. Si esta idea del origen había de ejercer algún efecto sobre el lado lógico de la dialéctica de Platón, sin embargo, el aislamiento rígido de las *eidē* tenía que ser superado de manera lógico-dialéctica. Los *eidē* debían colocarse en una relación lógica entre sí, y por tanto tenían que perder su carácter absoluto de autarquía y de unidad monádica.[1]

c. El nuevo giro dialéctico de la lógica de Platón

Al realizar este movimiento, Platón intentó claramente preservar el carácter metafísico de las *eidē* como formas ónticas
trascendentes. Pudo hacerlo, sin embargo, solo al precio
de hacer que su lógica quedara enredada en antinomias
internas. Se vio entonces forzado a entrar en el único camino abierto a una lógica dialéctica enraizada en un motivo
dualista fundamental. Tenía que abrirse paso a través de las
contradicciones lógicas en un proceso de pensamiento a fin
de alcanzar una síntesis lógica superior.

El error básico de tal modo dialéctico de pensamiento no
se nos hará completamente evidente hasta que nos enfrente-
mos con la crítica trascendental del pensamiento filosófico,
en la cual he sometido el problema de la antítesis teórica y la
síntesis a una investigación fundamental. Por ahora, debemos
conformarnos con la tesis ya establecida en la Introducción, a
saber, que la verdadera síntesis teórica requiere un punto de
partida supralógico, en el cual los aspectos de la realidad que
se articulan teóricamente y se oponen entre sí son, en realidad, llevados a una unidad fundamental más profunda. Una
dialéctica basada en un dualismo radical —como el de forma
y materia— excluye definitivamente tal punto de partida; por
tanto, no puede fundamentar el pensamiento teórico y, como consecuencia, no puede proporcionar ninguna base real
para la síntesis teórica. Si, como resultado, la lógica pretende
asumir la tarea misma de la síntesis, debe entonces intentar
superar la antítesis teórica de manera lógica, y en hacerlo,
simplemente legitima el principio lógico de contradicción
en las propias síntesis reales a las que arriba.

En el *Fedón*, fue desde este principio lógico que se derivó
el carácter intrínseco de autosuficiencia de las *eidē*. *Eidē* mu-

tuamente opuestas no podían ser comprendidas lógicamente en una sola idea. En virtud de este mismo principio lógico, la forma óntica metafísica y suprasensible excluía necesariamente el devenir eterno del principio material y, de igual modo, la unidad absoluta de la *eidōs* no podía ser combinada sintéticamente con la multiplicidad ilimitada de los objetos sensibles que participan de ella. No se podía proporcionar ningún fundamento para una síntesis entre las propias *eidē*, ni entre las *eidē* y la realidad empírica, a menos que fuera posible lograr una verdadera síntesis entre los principios de forma y materia. Dado que el motivo religioso griego de fondo excluía tal síntesis, sin embargo, la lógica dialéctica de Platón no podía ofrecer otra cosa que soluciones ilusorias de tipo metafísico.

d. El significado de la *synopsis* en la concepción original de las *eidē*. La evasión de las contradicciones lógicas en esta concepción

Por otro lado, cualquier intento de pensar de manera lógica la concepción metafísica primitiva de las *eidē* solo podía llevar a su inmediata disolución en antinomias internas. Una unidad formal absoluta que no admite pluralidad ni diversidad interna trasciende todo concepto lógico, el cual siempre conserva su carácter de unidad en una multiplicidad de distintos rasgos distintivos. Por tanto, tan pronto como se intentó captar esta unidad absoluta en términos lógicos como una forma óntica, esta concepción tuvo que anularse a sí misma; pues la unidad, el ser y la forma deben necesariamente distinguirse en el análisis lógico, y una diversidad lógica permite solo una unidad lógica, es decir, relativa, y no una unidad absoluta. La grandeza y honestidad de Platón como pensador son evidentes en no poca medida en el *Parménides*, un diálogo en el que, sin ningún intento de disfrazar lo que está haciendo, saca a la luz las contradicciones lógicas en que el pensamiento queda enredado bajo la concepción anterior de las *eidē*, y así vuelve a tornar problemática toda la teoría de las ideas.

En la primera etapa del desarrollo de esta teoría, que alcanzó su expresión madura en la *República*, no se intentó realmente comprender las *eidē* en un concepto. La intención aquí, por el contrario, era solamente proporcionar al método de formación conceptual un fundamento real en la forma óntica metafísica. Como la idea divina, el mismo *eidōs*, en tanto que hipótesis del concepto lógico, se entendía como incluido dentro del ámbito de una contemplación sinóptica, poética, de la esencia. Así, esta *synopsis* no se basaba en una definición lógica de la naturaleza general de una cosa o de un estado de cosas; en su lugar, intentaba, sin análisis lógico, alcanzar una visión directa del mismo tipo de forma ideal en tanto que representada en instancias concretas e individuales. Esta *synopsis* tenía una cualidad poética inconfundible, estética. Así como un artista busca hacer una representación ideal de lo que es universalmente humano y lo representa en una figura concreta, la *synopsis* platónica busca aprehender la forma óntica ideal por medio de un modo intuitivo de pensamiento que percibe la representación directa del tipo ideal en lo que es concreto e individual.

En esta concepción de la *eidōs*, el concepto lógico recibe un estatus completamente secundario. Según la teoría presentada en el *República*, la definición lógica, por ejemplo, de que la justicia es τὸ ἑαυτοῦ πράττειν (esto es, que cada persona realice su propia tarea dentro de su clase), no constituye el *eidōs*, la naturaleza ideal de lo que está siendo considerado.

El uso de tal método de definición era necesario para contrarrestar la erística de los sofistas; sin embargo, si tal método debía conducir a la verdadera *epistēmē*, al conocimiento teórico de lo que realmente es, entonces debía estar fundada en una *synopsis* que relacionara las mismas *eidē* con la única idea divina de lo bueno y lo bello (συνορᾶν εἰκόνα ἰδέσθαι). La concepción de *epistēmē* como *anamnēsis*, un recuerdo del mundo eidético contemplado por el alma en su estado pre-existente, estaba en plena consonancia con esta concepción a priori de la *synopsis* y su repudio de los fenómenos empíricos.

En la nueva etapa del desarrollo de la dialéctica de Platón, en contraste, es precisamente el método de definición lógica lo que entra en escena. Se hace un intento resuelto por pensar la teoría de las ideas misma en términos verdaderamente lógicos, por captar las *eidē* en términos de relaciones lógicas, y por concebirlos en relación lógica con el mundo visible que había sido caracterizado en la *República* como el reino del devenir. La doctrina de la *anamnēsis* ya no desempeña aquí un papel.

Todo esto va acompañado de una supresión bastante notable de la concepción eleática del *eidōs* y un intento de concebir esta última como un tipo de sustancia anímica activa. El antiguo *chōrismós* entre el mundo inteligible de formas ónticas estáticas y el mundo visible del devenir y el cambio queda entonces casi completamente absorbido en la dicotomía metafísica entre el *anima rationalis* y el cuerpo material, una dicotomía que no excluye la unión de ambos.

e. La exaltación del principio de movimiento en el *Teeteto*. La adquisición del conocimiento como *kínēsis*. Juicios epistemológicos existenciales

Esta nueva concepción hace su aparición audaz en el *Teeteto*, un diálogo que sin duda fue escrito después de el *República*. Este diálogo lanza un ataque frontal a la teoría del conocimiento de Protágoras, la cual, como hemos visto, relegaba por completo el conocimiento humano a la fluidez del principio material, el rheuston de las percepciones sensoriales individuales. Sin embargo, contiene al mismo tiempo una notable exaltación del principio de movimiento en relación con el alma pensante, y una depreciación de la inercia y quietud de la sustancia anímica.[2] Sócrates observa que la adquisición de conocimiento, al igual que el ejercicio, es un caso de *kínēsis* o movimiento; el descanso, por el contrario, como la falta de ejercicio y de deseo de aprender, hace que el alma olvide lo que una vez aprendió. Por tanto, el movimiento es algo bueno con respecto al cuerpo y al alma, mientras que el descanso es justo lo contrario. Una refutación definitiva de la posición de Protágoras se busca aquí mediante un análisis epistemológico de los juicios existenciales, es decir, juicios que, por ejemplo, atribuyen a un sonido o a un color que ha sido percibido por los sentidos ciertos predicados generales, como ser o no ser, semejanza o diferencia, identidad o alteridad, unidad o pluralidad, belleza o fealdad, bondad o maldad. Como demuestra Sócrates, todos estos predicados pertenecen a aquello que el alma pensante capta por sí misma (*autēi di' autēs tēn psuchēn*), independientemente de cualquier órgano sensorial perteneciente al cuerpo material.[3] En la concepción de Platón, están sin duda fundamentados en las *eidē*; pero en estos juicios existenciales, estas *eidē* se conectan, al parecer del modo más natural, con *aisthēsis* (αἴσθησις) o percepción sensible, aunque ellos mismos trascienden dicha percepción, ya que esto ocurre por medio del cuerpo material y, sin embargo, son aprehendidos únicamente por el alma pensante.

f. El ser como cópula en los juicios existenciales y como la supuesta síntesis metafísica entre *eidē* mutuamente opuestas. La tendencia metafísica de la nueva lógica dialéctica de Platón

Los juicios existenciales sitúan los predicados generales antes mencionados en relación mutua, de tal modo que todo "ser" implica un "no-ser" y viceversa. Así, el juicio positivo "Este es un animal" implica innumerables juicios negativos, como "Esto no es una planta, una piedra, un objeto cultural." En el juicio, por tanto, el "ser" puede ir acompañado de identidad y diferencia ("A es distinto de B y a la vez idéntico a sí mismo"); también de unidad y pluralidad ("Un árbol es una unidad en la pluralidad"); y del mismo modo de reposo y movimiento ("Estoy en reposo en el vehículo en movimiento").

¿Qué podría entonces haber sido más natural que intentar, mediante una teoría del juicio, relativizar lógicamente las *eidē* y tender un puente sobre los rígidos *chōrismoi* entre las formas ónticas metafísicas y las cosas transitorias de la experiencia, las cuales están sujetas al principio de materia? Al desarrollar esta lógica del juicio —que particularmente en el *Sofista* y el *Político* se funda en una teoría de las relaciones lógicas—, Platón no logró situar adecuadamente su referencia a la realidad temporal ni concebir el aspecto temporal en su debida posición dentro del orden temporal de aspectos y en su relación teórica con los aspectos no lógicos. De haberlo hecho, la teoría nunca habría asumido el carácter típicamente dialéctico que, basado en una relativización lógica del principio de contradicción, le fue impuesto sobre todo en el *Parménides* y en el *Sofista*.

En la realidad temporal, a la que se refieren los juicios existenciales, el movimiento y el reposo (reposo espacial) no pueden constituir opuestos absolutos. Ambos son meros aspectos distintos de una misma realidad. Por esta razón, todo reposo espacial solo puede ser un estado de reposo dentro de una realidad que está simultáneamente en movimiento. Lo mismo ocurre con la unidad y la pluralidad. Toda unidad temporal es necesariamente una unidad relativa dentro de la pluralidad, al igual que todas las determinaciones lógicas como identidad y diferencia, semejanza y desemejanza, son necesariamente de carácter correlativo.

Sin embargo, la nueva lógica dialéctica de Platón tiene una tendencia metafísica particular que le fue impresa por su mismo impulso religioso de fondo. Esta tendencia lo lleva a relativizar de manera lógica las propios *eidē* en su carácter de formas ónticas metafísicas y a derivar el número, la espacialidad y el movimiento lógicamente a partir de la unidad metafísica de las *eidē* como formas ontológicas. Su objetivo es hacer comprensible cómo esta *eidōs* puede ser realmente la *aitia*, la causa efectiva óntica de las cosas dentro de la realidad temporal que participan de él. El "ser" que es la cópula en los juicios existenciales no se refiere así meramente a la existencia temporal; más bien se concibe como un *eidōs* metafísico que supuestamente unifica en sí mismo todos los demás *eidē*. Movimiento y reposo, identidad y diferencia, unidad y pluralidad, etcétera, son también expresamente concebidos como *eidē*, con la intención de anular en la síntesis metafísica del *eidōs* de ser, que todo lo abarca, las oposiciones mutuas por las cuales estas cualidades se excluirían absolutamente entre sí.

g. La influencia continua de la dialéctica religiosa en la lógica dialéctica de Platón

En la lógica dialéctica de Platón, lo que está en juego, en el análisis final, es una síntesis entre los principios de forma y materia. El motivo básico dialéctico había colocado estos en oposición absoluta entre sí. Ahora, Platón intentaba sintetizarlos de una manera puramente dialéctica-lógica.

En esta clase de dialéctica teórica, como vimos en la Introducción, es la dialéctica religiosa la que, escondida tras la máscara de la lógica, se hace presente en todas partes. Esta dialéctica religiosa esencialmente deja de lado los problemas que son teóricos, es decir, científicos (por ejemplo, aquellos de la relación de la unidad numérica con la unidad lógica, del movimiento lógico del pensamiento con el movimiento físico) al sustituirlos por prejuicios supra-teóricos.

La forma óntica eterna, en el sentido metafísico de la teoría de las ideas de Platón, no puede ser unida lógicamente al principio de materia griego, porque todo el dualismo polar entre estos dos está enraizado en el motivo básico griego, que es religioso en su carácter, y esta dialéctica religiosa está en control de la lógica griega misma. Un *eidōs* de *hylē*, tal como el *Sofista* intentará introducir, es una noción internamente contradictoria y autodestructiva. Y el intento genuinamente dialéctico de interpretar la cópula lógica (es), que une sujeto y predicado en los juicios existenciales, como la síntesis metafísicamente más elevada entre *eidē* lógicamente opuestos, en realidad solo puede socavar la metafísica de las formas ónticas trascendentes; porque si el movimiento y el reposo pueden ser unidos también como *eidē* del ser, como se enseña en el *Parménides* y el Sofista, entonces el ser, en sentido metafísico, queda privado de todo lo que podría distinguirlo de la realidad temporal. El chōrismos es entonces quebrado en efecto, pero a costa del carácter metafísico de las *eidē* como formas absolutas del ser.

Esta lógica dialéctica, por supuesto, no logró acercar ni un solo paso la solución del dualismo del motivo básico griego. Solo logró enredar la teoría de las ideas en una crisis fundamental. Y como deja claro la siguiente etapa del desarrollo, esta crisis solo podría ser superada reinstaurando el dualismo metafísico entre el mundo eidético y el mundo de los fenómenos y al no permitir ya que este dualismo se disuelva en la dicotomía entre alma pensante y cuerpo material. Esto no significa, sin embargo, que la nueva lógica dialéctica vaya a ser abandonada; se limitará más bien en su aplicación a las estructuras eidéticas que ingresan en un proceso de formación. Estas estructuras, además, no serán en sí mismas identificadas con las *eidē* puros, sino que se fundamentarán en un sistema de relaciones dialécticas entre ellas. Esta nueva concepción restringida de la lógica dialéctica se desarrollará en los diálogos *Filebo* y *Timeo*.

Platón presenta esta nueva lógica dialéctica en los tres llamados diálogos eleáticos: el *Parménides*, el *Sofista* y el *Político*. En estos diálogos, el conductor de la discusión ya no es Sócrates, sino más bien, o bien el fundador de la escuela eleática, Parménides, o un discípulo no identificado suyo. La segunda parte del *Fedro*, sin embargo, también contiene una descripción y aplicación de la lógica dialéctica. La primera parte de este diálogo procede desde la teoría de las ideas tal como fue concebida en su etapa anterior de desarrollo, e incluso conserva ciertos rasgos de los diálogos socráticos originales. En mi opinión, hay muy buenas razones para seguir a Brommer en atribuir el intermedio dialéctico de la segunda parte del *Fedro* a una revisión posterior del diálogo en su conjunto.

El *Teeteto*, como he señalado, fue sin duda escrito después de la *República* (libros II–X), y prepara el camino para la trilogía eleática.[4] En su ataque frontal a la manera en que el principio de materia heraclíteo se manifiesta en la teoría del conocimiento de Protágoras, este diálogo anticipa la crítica fundamental de la ontología eleática que se presentará más adelante en el *Parménides* y el *Sofista*. En el *Teeteto* ya hay evidencia de la ambición de Platón por lograr una síntesis metafísica entre las posiciones de Heráclito y los eleáticos, lo cual se buscaría mediante una transformación fundamental de la teoría de las ideas.

En este punto, someteré en particular al *Parménides* y al *Sofista* a un análisis crítico más o menos minucioso, con el fin de arrojar luz sobre la influencia continua de la dialéctica religiosa en la nueva lógica dialéctica.

§2 La dialéctica del motivo forma-materia en el *Parménides* y la nueva función lógica de la idea. La dinamización de las *eidē* como fuerzas anímicas activas (*Parménides* y *Sofista*) y la eidetización del principio de materia

a. Las tres aporías de la doctrina de la *methexis* en el *Parménides*

En el *Parménides*, el fundador de la escuela eleática, quien ahora lidera la discusión, presenta tres aporías o aparentes antinomias a la atención del joven Sócrates. Este último ha estado defendiendo la concepción anterior de la teoría platónica de las ideas. Ahora Parménides observa que esta concepción inevitablemente enreda el pensamiento teórico en estas antinomias, las cuales están íntimamente conectadas con el problema de la *methexis*. Ya hemos visto que fue precisamente esto lo que constituyó el núcleo de la concepción anterior de las *eidē*. La cuestión de cómo las cosas visibles que están sujetas al principio de materia del flujo eterno pueden participar en el mundo de las formas ónticas inmutables plantea, en esencia, el problema genuinamente religioso-dialéctico acerca de la posibilidad de una síntesis entre los principios de forma y materia.

El joven Sócrates, quien sin duda defiende la posición anterior de Platón en la discusión, sostiene que la teoría de las ideas también logra escapar de las antinomias elaboradas por Zenón, el discípulo de Parménides. Este último había intentado demostrar que el pensamiento queda atrapado en estas antinomias si se asume que la realidad contiene pluralidad, diversidad y movimiento. Lo que Sócrates expone aquí es básicamente la concepción de las *eidē* que había sido desarrollada en el *Fedón*. Según esta concepción, hay una *eidōs* inmutable de semejanza cualitativa que subsiste por sí misma (αὐτὸ καθ᾽ αὐτό) y una *eidōs* de desemejanza que se le opone. La multiplicidad de las cosas en el mundo sensible participa en ambas *eidē*. Por esta razón, las cosas sujetas a cambio constante son capaces de tener predicados mutuamente contradictorios, pues pueden compartir en dos *eidē* diferentes. Las *eidē* mismas, sin embargo, nunca pueden transformarse en sus opuestos. Lo mismo se aplica a la relación entre la *eidōs* de unidad y la de pluralidad. Aunque en sí mismos estas *eidē* se excluyen mutuamente como opuestas, sin embargo permiten una parousía simultánea en las cosas transitorias, puesto que estas últimas participan tanto en la unidad como en la pluralidad.[5]

En este punto, sin embargo, Sócrates invita a Zenón —quien está presente en la discusión— a aplicar el método dialéctico también a las *eidē*, tales como los de semejanza y desemejanza cualitativas, unidad y pluralidad, reposo y movimiento, y otras cualidades semejantes, y a demostrar que estas pueden estar entrelazadas al mismo tiempo unas con otras y separadas unas de otras en pares (διαίρεσις). Tal dialéctica, que probaría que el mundo de las *eidē* contiene las mismas aporías que el mundo de las cosas visibles, cumpliría un avance dialéctico de gran importancia.[6] Ésta es la primera mención de la *diaíresis* de las *eidē*, una preocupación que constituye el tema principal del Sofista.

El interlocutor de la discusión, Parménides, entonces pregunta al joven Sócrates si cree que, además de las *eidē* de semejanza y desemejanza cualitativas, unidad y pluralidad, justicia, belleza, bondad, etcétera, existe una *eidōs* del hombre que subsiste por sí misma, o una del fuego y del agua. Cuando Sócrates vacila en comprometerse, Parménides comenta que no se puede despreciar ninguna de estas cosas y que, por tanto, no hay razón para negar la existencia de una *eidōs* incluso del cabello o de la suciedad.[7] Esta observación implica tácitamente la necesidad de aceptar formas ónticas eternas y trascendentes para todas las cosas en el cosmos visible sin excepción. Esto también requiere, por supuesto, una conexión mucho más estrecha con el mundo empírico de lo que había sido el caso con la concepción anterior de las *eidē* como formas ideales.

La concepción platónica anterior de este mundo eidético se enfrenta ahora con tres aporías: 1. ¿Participan las cosas individuales en el mundo de los fenómenos en todo la *eidōs*, o sólo en una parte del mismo? En el primer caso, la teoría queda atrapada en la antinomia de que lo que es "uno" no puede estar presente en una serie de cosas que están separadas unas de otras sin estar separado de sí mismo.[8] En el segundo caso, surge la antinomia de que las *eidē* mismos serían divisibles y, por tanto, ya no podrían ser simples por naturaleza, aunque eso es precisamente lo que se había supuesto.[9] En tercer lugar, si las cosas participan sólo en una parte de una *eidōs*, ya no podrían ser nombradas según la *eidōs* en su totalidad. 2. Un grupo de muchas cosas del mundo sensible que comparten el mismo carácter exige la aceptación de una única *eidōs* que las corresponda (por ejemplo, las muchas cosas grandes corresponden a la *eidōs* de grandeza). Sin embargo, la *eidōs* de grandeza y las muchas cosas grandes que le corresponden, a su vez requieren una nueva *eidōs* de una grandeza de orden superior, por cuya participación en la primera *eidōs* puede medirse que estas cosas sean grandes. Y por encima de todos estos debe haber aún otra *eidōs* en virtud del cual todas ellas son grandes, y así sucesivamente *ad infinitum*. Cada *eidōs* ya no sería entonces una sola, sino una multiplicidad infinita. Es decir, la *eidōs* ya no puede mantenerse como una forma óntica simple, sino que se disuelve en el *ápeiron*.[10] Sócrates intenta evitar esta inferencia proponiendo la hipótesis de que las *eidē* son quizás solo noēmata subjetivos (*noēmata*), contenidos mentales subjetivos que existen únicamente dentro del alma pensante. En este caso, cada *eidōs* seguiría siendo una sola.[11] Parménides contrarresta esta maniobra evasiva señalando que todo *noēma* se refiere a un objeto real (*Gegenstand*), y que el *noēma* de un *eidōs* necesariamente presupone al *eidōs* como una forma óntica singular. También se rechaza la concepción de las *eidē* como modelos primordiales o paradigmas (*paradeígmata*) según los cuales se moldean los objetos de los sentidos, ya que la semejanza entre la *eidōs* y las cosas nombradas según ella presupondría nuevamente el estándar de una *eidōs* de orden superior, y así sucesivamente *ad infinitum*. En aquellas *eidē* (*ideai*) que implican una correlación intrínseca (por ejemplo, la de amo y esclavo), la correlación solo puede aplicarse dentro del mundo eidético y no tiene relevancia alguna para el mundo de los fenómenos.[12] Ejemplos de tales *correlata* son el conocimiento teórico y la verdad (es decir, el verdadero ser).[13] La verdad en sí misma, como *eidōs*, por tanto, no puede ser un *Gegenstand* (objeto) del pensamiento de los seres humanos individuales, ya que este último solo se refiere a la verdad que existe para nosotros.[14] Nosotros, por tanto, no podemos tener conocimiento de la *eidē* como formas ónticas eternas que existen en sí mismas;[15] así, el conocimiento ideal de las *eidē* pertenece únicamente a la deidad.

Si Dios posee este conocimiento en sí mismo, sin embargo, no puede tener conocimiento de las cosas individuales en el mundo visible, pues ya hemos visto que la correlación entre las *eidē* está restringida al mundo trascendente del ser, junto con el conocimiento ideal. Así, las *eidē* no pueden tener ninguna eficacia causal (*dynamis*), ningún poder formativo controlador (*despotéia*), respecto a las cosas sensibles que son objeto de conocimiento independientemente de estas *eidē*, ni puede darse el caso inverso.[16] Si, por tanto, el dominio completo (poder-formativo) en sí mismo (es decir, la *dynamis* de las *eidē*, que son producidos por el poder-formativo divino de

la idea) y el conocimiento completo en sí mismo residieran
con Dios, este dominio sería incapaz de gobernarnos como
seres empíricos, ni podría este conocimiento utilizarnos a
nosotros ni a ninguna otra cosa en el cosmos visible.[17]

Aquí, entonces, hay un reconocimiento explícito de que
existía una antinomia interna entre la concepción anterior
(eleática) de las *eidē* y el motivo formal de la religión de
la cultura, que estaba encarnado en la idea socrática como
la forma controladora del origen del mundo visible. Más
tarde, Aristóteles señalaría aporías similares en la teoría de
las ideas de Platón. No obstante, Parménides concluye que
abandonar las *eidē* como formas ónticas eternas, debido a
todas las dificultades expuestas anteriormente, provocaría
que todo *Gegenstand* del pensamiento teórico desapareciera,
y con ello la posibilidad del conocimiento científico, que
siempre debe concentrarse en el ser en su autoidentidad
permanente, también sería eliminada.

Cuando el joven Sócrates cae en una profunda perplejidad ante esta línea de argumentación, el fundador de la
escuela eleática le aconseja que se someta a una formación
en el método dialéctico de Zenón y, en particular, que siga
reiteradamente las consecuencias lógicas tanto de una aceptación positiva como de una negación de las *eidē*. A petición
de Sócrates y Zenón, Parménides finalmente declara que está
dispuesto a demostrar este método dialéctico él mismo, tal
como se aplica a la idea de unidad. Es digno de mención
que lo haga junto con el joven Aristóteles, el miembro más
joven del grupo. Platón, sin duda, introduce a este último en
la discusión porque, como el más brillante de sus discípulos,
seguramente había planteado objeciones dialécticas contra

la concepción original de las *eidē* mientras era miembro de la Academia.

b. El uso de los términos εἶδος e ἰδέα en esta sección del diálogo. La idea como correlación dialéctica de *eidē* *opuestas*

Antes de examinar más de cerca los argumentos dialécticos de Parménides, que con frecuencia parecen primero ser meros sofismas, deberíamos enfocar primero nuestra atención en el uso de los términos *eidōs* e idea en la sección anterior de este diálogo. Un estudio detallado de esto deja claro que Platón utiliza aquí el término idea para denotar la unidad superior que abarca la correlación entre dos *eidē* opuestos.[18] Volveremos a encontrar esta misma terminología en el Sofista. En la primera etapa del desarrollo de la teoría de las ideas de Platón, aún no había lugar para esta función de la idea, ya que en ese momento toda correlación entre las *eidē* quedaba completamente fuera de consideración. En la *República* encontramos todavía únicamente la relación teórica de *Gegenstand* entre el conocimiento ideal y la *eidōs*. La introducción de la función anterior de la idea en los diálogos eleáticos fue una consecuencia de la nueva transformación dialéctica en la teoría de las ideas, la cual ahora intentaba, en la medida en que esto parecía posible, pensar de manera lógica la relación entre la idea divina y las *eidē*, relación que en la *República* no era más que un postulado a priori.[19] Naturalmente, en su función dialéctico-sintética, la idea no es en sí misma la idea divina como principio formal; es únicamente la expresión lógico-dialéctica o manifestación del poder formativo divino de la idea, que concentra todos las *eidē* en un solo enfoque dentro de sí misma y también en relación lógica entre sí.

Es altamente característico que dentro de este contexto Platón también deba designar al *eidōs* de orden superior mediante el término *genos*,[20] algo que ha sido especialmente señalado por Brommer.[21] En este último término sin duda se refiere a un orden metafísico en el sentido de la relación genética que existe entre las *eidē* y la idea divina. Como ya hemos visto en la *República*, ahora también el *eidōs* obtiene su ser de la idea divina del *agathon*. Así, en esta conexión, la palabra *genos* no puede ser identificada en absoluto con el género lógico.

Por último, notamos que los términos εἶδος (*eidōs*) y ἰδέα (*idea*) pueden ser utilizados, al parecer, como sinónimos, en un mismo pasaje.[22] Si sigo a Brommer, sin embargo, al creer que esta sinonimia en realidad no está presente. Más bien, parece que Platón está utilizando aquí el término idea en contraste con *eidōs*. Idea podría denotar la sinopsis subjetiva o visión comprensiva del *eidōs*, específicamente en su relación con la idea divina como forma de origen. Alternativamente, el término podría designar a las *eidē* mismos en su relación genética concéntrica con la idea, una relación que Platón representa explícitamente como una de ambas formas de conocimiento y el control.[23] Que las *eidōs* se entienden en relación con la idea escapa completamente a Brommer. Sin embargo, según Platón, la sinopsis nunca se enfoca en la *eidōs* de forma aislada; se enfoca siempre en las *eidē* en su relación genética con la idea, que aquí tiene su significado preponderante como forma de origen divina que actúa como *dynamis* o potencia formativa. Lo que está en juego en esta noción de idea como idea de una *eidōs* es todavía la tendencia socrática en la formación de conceptos, que busca llevar las cosas hacia un punto central. Platón nunca abandonó este motivo socrático tras sus primeros diálogos, y en la *República* da un giro metafísico importante a la teoría de las ideas. Una tercera interpretación alternativa del pasaje citado más arriba es concebir la idea como relaciones dialécticas entre *eidē* opuestos.

c. La primera vía tomada por el argumento dialéctico: El Uno concebido como absoluto conduce al pensamiento lógico a la negación absoluta de todos los predicados

Volvemos ahora al análisis dialéctico de Parménides sobre el uno. La primera parte de este análisis supone la hipótesis eleática de que el uno es verdaderamente uno y que tiene ser metafísico. A medida que esta hipótesis se desarrolla, se la toma primero en el sentido abstracto y absoluto que le dieron los eleáticos (y, en primer lugar, Parménides), es decir, como una unidad que excluye toda pluralidad, movimiento, cambio, devenir, etcétera.[24] El líder del diálogo, Parménides, muestra que una unidad de este tipo no puede concebirse como un todo, ya que un todo tiene partes y por tanto implica pluralidad. Un todo tampoco puede tener ni principio, ni medio, ni fin. Y puesto que tener principio y fin implicaría un *peras* o límite en el uno, este tendría que ser un *ápeiron*, una infinitud sin medida ni contorno. Además, no puede concebirse en una forma geométrica perceptible (*schēma*), como lo había hecho el propio Parménides, ya que la forma de la esfera es necesariamente un todo que tiene partes. Aún más, los predicados de movimiento o reposo no pueden atribuirse a un uno concebido como absoluto. El movimiento se entiende aquí una vez más en el sentido típicamente griego, es decir, en conexión con el motivo material del cambio constante o flujo, ya sea que este se dé en posición o en cualidad. El cambio de esta naturaleza presupone una multiplicidad infinita de estados y es por tanto incompatible con la concepción negativa eleática del uno. "El uno, si estuviera sujeto al cambio, no podría seguir siendo uno" [en un sentido absoluto].[25]

El reposo estático que los eleáticos atribuían al uno solo puede aplicarse a una unidad concebida negativamente; sin embargo, el reposo presupone que el uno permanece siempre en la misma posición espacial, y esto solo sería posible si estuviera o bien en algo más que conforma su "entorno", o si estuviera encerrado en sí mismo. Ninguna de estas opciones es aceptable, sin embargo, ya que ambas suponen una dualidad que queda excluida por la concepción negativa del uno. Los predicados de identidad y diferencia, así como de semejanza y desemejanza cualitativa y cuantitativa, tampoco pueden atribuirse a una unidad de esta naturaleza. Lo absoluto no puede ser idéntico a sí mismo y, al mismo tiempo, diferente de lo que es, ya que identidad y diferencia son algo distinto de aquello a lo que se aplican, y lo mismo se aplica a la semejanza y disimilitud cualitativas. Toda relación en la que uno pudiera ser colocado —ya sea con respecto a sí mismo o a algo distinto— dividiría esta unidad abstracta en una pluralidad.

Por último, tal unidad no puede participar en el tiempo. Por tanto, no solo no puede llegar a ser, sino que tampoco puede ser ahora, en el presente. Los eleáticos habían asumido esto último, y por tanto concebían la presencia eterna simultánea del uno, indivisa respecto del tiempo, en términos del aspecto espacial estático del tiempo. Con un rigor dialéctico que no deja nada fuera de consideración, Platón muestra ahora, por boca de su portavoz Parménides, que en realidad esta concepción sigue situando al uno en el tiempo.[26] Sin embargo, no deja claro, como sí lo hace la Filosofía de la Idea de la Ley en su análisis de los distintos aspectos del tiempo, que lo que está en juego en la concepción eleática del ahora (en el sentido de simultaneidad absoluta) es en realidad este aspecto espacial estático del tiempo.

El resultado de este análisis inicial es que el uno, en el sentido abstracto negativo que le dio la escuela eleática, no puede en absoluto participar en el ser. Pues nunca podemos captar el verdadero ser fuera de la pluralidad, la forma, el descanso o el movimiento, la identidad o la diferencia, o la semejanza o disimilitud cualitativas, y sin relacionarlo con el tiempo de alguna manera o en otro sentido. De forma similar, si la unidad del *eidōs* mismo se eleva por encima del tiempo, si no actúa al menos como *dynamis* dentro de la esfera temporal, entonces no puede ser causa de las cosas visibles.

Por medio de un argumento dialéctico, la tesis eleática de que "el uno es" resulta, por tanto, insostenible en la medida en que la unidad se toma en el sentido abstracto que esta escuela le dio. Una unidad de este tipo se derrumba en sus propias antinomias internas. No puede recibir un nombre ni ser aprehendida en un concepto, y no admite conocimiento teórico, percepción ni opinión (*doxa*). Con una exquisita ironía, Platón permite ahora que Parménides transforme su propia concepción del ser indivisible en su opuesto. Todos los predicados que el pensador de Elea había atribuido a esta forma indivisible del ser en su poema didáctico son ahora negados uno por uno mediante un modo de pensamiento dialéctico que penetra en el concepto de unidad sobre el que se había fundado. Este análisis se aplica, por implicación, igualmente a la concepción platónica original de las *eidē*, sin embargo, pues estos fueron postulados como entidades estáticas "eleáticas" del mismo tipo, cada una en pie aislada y sin relación con las demás.

d. Al establecer el contraste absoluto entre unidad y pluralidad, Platón se adhiere al dualismo primordial de su motivo religioso fundamental

Todo esto de ningún modo significa que Platón esté aquí simplemente negando la realidad de una unidad absoluta, indiferenciada, supratemporal. Pues para él, esta unidad está presente en el origen divino de toda forma óntica, que como *archē* absoluta se encuentra en la base de toda unidad relativa. Como ya hemos visto en el *República*, sin embargo, esta unidad absoluta es exaltada por encima del mundo eidético de las formas ónticas mismas y no puede ser aprehendida en modo alguno por el pensamiento humano en un concepto, ni ser significada por medio de un nombre.

e. El primer aspecto negativo del argumento dialéctico de Parménides como una teología negativa del origen divino unitario de toda forma. El segundo camino del argumento dialéctico

En otras palabras, este primer aspecto negativo del análisis dialéctico platónico del uno no es simplemente una crítica negativa de la identificación del uno con la forma del ser hecha por Parménides. También constituye el comienzo de lo que se denomina teología negativa. Con la adición de un motivo religioso tomado del pensador helenístico judío Filón, esta teología fue desarrollada posteriormente en el pensamiento neoplatónico, para convertirse a través de Agustín en un componente perdurable de la teología escolástica.

Después del análisis dialéctico de la concepción eleática del uno que ha producido su conclusión negativa, las consecuencias lógicas de la hipótesis de que el uno verdaderamente es se desarrollan ahora de forma positiva. Si el uno participa del ser metafísico, no puede concebirse en términos puramente negativos.

Unidad y ser no pueden ser lo mismo; más bien, deben entenderse como partes que están unidas de manera indisoluble dentro de un todo que las abarca a ambas. Y puesto que lo uno determina sus partes, el ser y la unidad deben estar nuevamente unidos dentro de cada una de estas partes. Al mismo tiempo, sin embargo, unidad y ser deben considerarse diferentes entre sí. Si el ser es diferente de lo uno, y viceversa, entonces lo uno no puede diferenciarse del ser en virtud de ser uno, ni el ser diferenciarse de lo uno que es por virtud de ser. Más bien, es solo una diferencia u otredad la que los distingue entre sí. Así, esta diferencia es coextensiva ni con la unidad ni con el ser. En la relación necesaria de la forma de la diferencia, y de la diferencia respecto del ser, la dualidad se da en forma de pares, con cada uno de los términos relacionados conservando su unidad intrínseca.

El líder de la discusión cree haber descubierto aquí el origen metafísico-lógico del número par. También cree haber descubierto el origen del número impar, pues, según Parménides, este último está necesariamente dado con la trinidad de unidad, ser y otredad o diferencia. La otredad forma una especie de mediación o síntesis entre lo uno y el ser, ya que es común a ambos en su relación recíproca. Las relaciones en las que estos tres *eidē* simples pueden situarse entre sí contienen en forma rudimentaria todos los números y las relaciones numéricas. Para ser explícitos, pueden combinarse entre sí en pares y en tríadas, y a partir de estas relaciones elementales de uno, dos y tres —tanto consigo mismos como entre sí—, la multiplicación y el aumento exponencial pueden producir siempre nuevas combinaciones de números que pueden continuar indefinidamente. Como observa Parménides, lo uno en este respecto, es decir, en su relación con el ser y por tanto como una verdadera unidad, parece obligada a dividirse dentro de sí misma en una pluralidad infinita. Cada uno de estos números infinitos preserva algo del uno original y del ser, sin embargo, como partes del todo constituido por la verdadera unidad, están determinados por este todo. Cada número participa así tanto de la unidad como del ser.

Por tanto, si lo uno es, también debe haber número. Pero si el número es, entonces debe haber una pluralidad ilimitada de cosas que son, todas las cuales participan del ser.[27] "El ser está así distribuido entre todos [los miembros] de una pluralidad de seres".[28] Hay, pues, una infinita cantidad de partes del ser. Por otro lado, cada parte del ser debe ser en sí misma una unidad y, por tanto, participar en lo uno, y dado que el ser está indisolublemente unido a lo uno, lo uno mismo se divide en una pluralidad ilimitada de unos (unidades). Implícitamente, esto nos da la solución provisional al primer aporía señalado en la noción platónica de la *methexis* de los objetos sensibles en el *eidē*: el número es el primer intermediario entre el mundo eidético y el mundo de los fenómenos.

Es sólo a través del número que los objetos de la percepción sensible pueden participar de la unidad de la forma óntica. Porque en la pluralidad infinita de series numéricas, el número participa tanto del uno original como del ser; y en tanto que serie infinita es, sin embargo, también un *ápeiron*, una pluralidad que siempre está viniendo a ser. Es, en su unidad, un *peras* y, en su pluralidad, un *ápeiron*. El *Filebo* desarrollará más extensamente esta noción pitagórica.

Si lo uno se divide por medio del ser en una pluralidad ilimitada de partes, necesariamente también es un todo, ya que sin un todo no puede haber partes. Como un todo, además, lo uno es necesariamente limitado, pues las partes son abrazadas por el todo, y aquello que las abraza se convierte en su límite (peras). En este sentido, lo uno, como una verdadera unidad, es al mismo tiempo uno y múltiple, un todo y sus partes, limitado y —en lo que respecta a su infinito número de partes– ilimitadas.[29]

f. La derivación dialéctica de la espacialidad y el movimiento a partir del Uno real

Si lo Uno real es un todo, sin embargo, también debe tener un principio, un medio y un fin. Aparte de estas tres, sostiene el interlocutor, no puede haber un verdadero todo. El medio debe estar equidistante de los extremos más exteriores, pues de otro modo no constituiría un medio. Una verdadera unidad de esta naturaleza debe entonces necesariamente tener una forma espacial (*schēma*), ya sea recta, curva o una mezcla de ambas.[30] Al tener tal forma, el uno como todo debe estar situado en algo más, y por tanto es en sí mismo miembro de una pluralidad. En la medida en que el todo es la suma de todas sus partes, sin embargo, debe estar necesariamente contenido en sí mismo.[31] Así, siguiendo al número y las relaciones numéricas, el interlocutor deriva también relaciones espaciales a partir de la forma metafísico-lógica del uno, mostrando que lo acompañan por necesidad lógica.

El razonamiento dialéctico continúa postulando la unidad lógico-metafísica como el origen también del reposo y del movimiento. Como un todo autocontenido, que abarca todas sus partes, el uno debe considerarse como en reposo. Como un todo situado en otra cosa, sin embargo, no puede simplemente estar en sí mismo, sino que está en constante movimiento o cambio. En otras palabras, como uno autocontenido, lo uno siempre es idéntico a sí mismo; pero como una totalidad ilimitada que como tal está localizada en lo otro, siempre difiere de sí misma y así está implicada en cambio constante, devenir y flujo de movimiento.[32]

Lo uno real, además, es una unidad que es idéntica consigo misma, es decir, semejante (cualitativamente) en cuanto a su naturaleza. Al mismo tiempo, sin embargo, también es semejante a lo otro, ya que como *eidē* que difieren unos de otros, ambos deben tener en común el predicado de diferencia. Por otro lado, también difiere en naturaleza de lo otro, ya que su misma identidad constituye una propiedad que se opone al *eidōs* de diferencia.[33] Las mismas consideraciones se aplican a la semejanza y disimilitud cuantitativas en magnitud espacial y en número.

En sí misma, naturalmente, esta línea de argumentación no demuestra nada más que el estado lógico de cosas al que ya he llamado atención repetidamente. Toda identidad solo puede ser una identidad dentro de la diferencia, y toda diferencia sólo puede ser una diferencia que se funda en una identidad más profunda. Lo mismo se aplica a la semejanza

y la desemejanza y a la unidad como unidad en la multiplicidad. Esta situación es una consecuencia de la relatividad
inherente de las determinaciones lógicas, todas las cuales
están necesariamente ligadas a la realidad temporal.

**g. La interpretación metafísica de las relaciones lógicas
conduce a la exposición deliberada por parte de Platón de
las antinomias teóricas contenidas en los conceptos
metafísicos de unidad y ser. El origen de estas antinomias
según la teoría general de las esferas nómicas**

El interlocutor, Parménides, da un giro metafísico a estas
determinaciones lógicas, sin embargo, al derivarlas a partir
del ser y la unidad como *eidē* reales presuntos. Esta lógica
dialéctica asume de inmediato un carácter antinómico. Frente a la mayoría de las cualidades positivas del uno que ya ha
señalado, Parménides ahora reitera las cualidades negativas
correspondientes que había deducido en su primera línea
de argumentación a partir de la concepción metafísica y eleática del uno. De esta manera, las antinomias contenidas en
los conceptos metafísicos de unidad y ser se exponen con
claridad y de forma tajante.[34]

En la teoría general de las esferas nómicas, la filosofía de
la idea de la ley ha demostrado que el intento de derivar
el número, la espacialidad y el movimiento a partir de la
lógica conduce inevitablemente a antinomias. En tanto que
unidad en una multiplicidad lógica de cualidades, el análisis
teórico necesariamente queda atrapado en antinomias. Pues
tal línea de pensamiento cruza los límites modales entre los
aspectos de ley no lógicos y los aspectos lógicos a los que
está opuesto dentro de la relación teórica de *Gegenstand*,
y, como resultado, las leyes que gobiernan los aspectos no

lógicos necesariamente entran en conflicto teórico con las leyes lógicas del pensamiento, tan pronto como se intenta reducir las primeras a las segundas.

La derivación lógico-dialéctica del número, el espacio y el movimiento a partir de la unidad ontológica metafísica del ser puede dar una apariencia de plausibilidad únicamente porque, como veremos en el segundo volumen de esta obra, la estructura del aspecto lógico de la realidad temporal efectivamente contiene analogías del número, del espacio y del movimiento. Sin embargo, estas analogías nunca toman los significados originales de los aspectos no lógicos de la realidad, porque siempre permanecen cualificadas por el significado modal nuclear del aspecto lógico. De esto se sigue que los aspectos del número, el espacio y el movimiento no pueden reducirse al aspecto lógico de la realidad.[35]

Al mismo tiempo, sin embargo, es claro a partir de este estado de cosas que las analogías del número, el espacio y el movimiento —dentro de la estructura del aspecto lógico— se manifiestan respectivamente como unidad lógica en la multiplicidad, espacio lógico del pensamiento y movimiento lógico del pensamiento, los cuales siempre permanecen fundados en las estructuras originales de número, espacio y movimiento, y por tanto de hecho presuponen a estos últimos. En efecto, en este sentido puede decirse que el número, el espacio y el movimiento (y, para ser precisos, todos los demás aspectos de la realidad temporal) se otorgan junto con el aspecto lógico, con el resultado de que todos estos aspectos necesariamente serán exhibidos dentro de toda la estructura de cualquier realidad temporal, al menos en la medida en que esté sujeta a un análisis estructural cosmológico. Pero la realidad temporal no tiene ninguna unidad metafísica o absoluta de ser y ninguna unidad metafísica o absoluta; solo exhibe una unidad en la multiplicidad y un ser que es idéntico en la diversidad de sus estructuras.

Frente a esto, el motivo religioso de la metafísica griega demanda una unidad metafísica o absoluta del ser desprendida de los principios de materia temporal, una que sea como el *eidōs* postulado en la teoría de las ideas de Platón o como la rígida e indiferenciada unidad del ser postulada en la concepción eleática. Como el motivo dialéctico no puede superar el dualismo entre los principios de forma y materia, sin embargo, esta unidad metafísica del ser, que debe distinguirse de la concepción platónica del origen de la unidad de todas las formas, no puede ser la unidad fundamental central de la realidad temporal. Por razón de su propia naturaleza, por tanto, permanece atrapada dentro de la diversidad de las estructuras temporales de la realidad, que Platón ha hipostasiado como *eidē* supratemporales. Por esta razón, Aristóteles, y tras él todo el movimiento escolástico, declarará que esta unidad metafísica es una unidad analógica, es decir, una unidad que pertenece a diferentes seres de diferentes formas, en conformidad con sus diversas naturalezas. Más adelante volveré a esta unidad analógica.

Para que las *eidē* puedan entenderse como las causas activas de las formas en el cosmos, Parménides intenta ahora, por medio de la lógica dialéctica, derivar los aspectos del número, del espacio y del movimiento en la realidad temporal a partir de una unidad ontológica metafísica del ser de este tipo.

h. La dialéctica de Platón en contraste con la lógica dialéctica de la Escuela de Marburgo del neokantismo. El error de esta última respecto a la postura de Platón

Esta línea de pensamiento está sin duda completamente alejada de la llamada lógica del origen (*Ursprungslogik*) de la escuela neokantiana de Marburgo. Hermann Cohen, el fundador de esta escuela, atribuyó el poder creativo al pensamiento puro y le asignó la tarea de derivar todas las categorías de la matemática y la cinemática en una progresión lógica continua desde un origen lógico. El ideal moderno y humanístico de la ciencia que yace en la base de todo este método de pensamiento, sin embargo, es totalmente ajeno a la dialéctica platónica y, asimismo, a toda la concepción griega de la lógica. La generosa apelación de Cohen a Parménides, Platón y otros pensadores griegos en su *Logik der reinen Erkenntnis*[36] está completamente fuera de lugar.

Según Platón, no es el pensamiento lógico subjetivo sino más bien la unidad metafísica del ser como principio formal lo que implica número, espacio y movimiento, si se ha de aprehender en un concepto. También es característico, sin embargo, que esta unidad excluya de nuevo todas estas cualidades tan pronto como se la remonta hasta su origen absoluto. Pues, de acuerdo con el punto de partida de Platón, el origen absoluto y unitario siempre permanece trascendente respecto a sus manifestaciones temporales y, por tanto, también respecto a la lógica humana, que sigue ligada a la realidad temporal. En lo concerniente a la unidad original absoluta y trascendente considerada en sí misma, es característico que Platón solo pueda atribuirle una lógica negativa, mientras que todas las cualidades positivas que su dialéctica atribuye a la unidad real del ser las hace descender a la esfera temporal y, por tanto, las conduce a invertirse en su opuesto.

i. La participación (*methexis*) del ser en el tiempo

Esta participación emerge con mayor claridad en el argumento dialéctico de *Parménides* cuando finalmente concede que el uno real tiene incluso una parte en el tiempo y, con ello, de acuerdo con la manera de pensar de Platón, en el flujo eterno del principio material.[37] Como algo que es, este uno está presente, está presente ahora, y por tanto tiene un carácter temporal. Y puesto que el tiempo es un continuo fluido en constante avance, *Parménides* demuestra que el uno se convierte tanto en mayor como menor: mayor, debido a su avance constante en el tiempo; menor, porque lo que es mayor necesariamente se contrapone a algo menor, y esto solo puede estar presente en alguna parte, pero no en la realidad misma.

El uno también es siempre mayor y menor que sí mismo, sin embargo, ya que al menos durante el mismo momento del cambio (el ahora) lo que sea que avance o devenga debe concebirse como algo que es. Como lo expresa el moderador del diálogo: "Si es necesario que todo lo que deviene no pueda pasar por el ahora, entonces, cuando llega a este punto, siempre convierte el devenir en una detención, y entonces es lo que era en el punto de devenir".[38]

j. El tercer paralogismo de Zenón

El tercer paralogismo de Zenón, el discípulo de *Parménides*, que había formulado con el fin de refutar la posibilidad del movimiento, sin duda desempeña un papel importante en el pensamiento de Platón en este punto. En este paralogismo, Zenón intentó demostrar que una flecha en vuelo de ninguna manera puede estar en movimiento, sino que más bien está detenida. Pues en el momento indivisible del ahora, cualquier cosa en movimiento debe necesariamente estar quieta, ya que el movimiento no es posible en lo que es indivisible. Sin embargo, todo segmento de tiempo consiste en una serie infinita de tales momentos indivisibles; y dado que la flecha en movimiento se detiene en cada uno de los momentos indivisibles que componen la duración del movimiento, el movimiento entero es en realidad una detención.

Si Platón hubiese adoptado de manera directa esta disolución del movimiento y su duración en una serie infinita de estados estáticos y, en esencia, momentos espaciales, habría regresado a la rígida concepción eleática de la unidad del ser. Esta unidad del ser solo podría consistir en la forma espacial del continuo espacial y en la discontinuidad de los puntos, sin su relación dentro de un orden espacial, que quedaría entonces revelado como no-ser.

Sin embargo, todo el curso del argumento dialéctico deja claro que esta no es en absoluto la intención de Platón. Su dialéctica no apunta a alcanzar, sobre la base de los conceptos metafísicos del ser en sí, una verdadera síntesis entre las posiciones eleática y heraclítea. De este modo, el principio de la forma sería llevado a una conexión con el principio material. Al mismo tiempo, Platón debe preservar la realidad de la discontinuidad, y por tanto, del número, ya que el mundo eidético presupone la discontinuidad presente en una pluralidad de formas ónticas.

El cambio constante, de hecho, se concibe aquí como una síntesis entre el ser estático del ser eleático y el movimiento heraclíteo, que fluye eternamente a través de todas las formas contrapuestas. Platón había introducido el número como intermediario entre la unidad de la *eidōs* y la pluralidad ilimitada de los objetos sensibles que participan en esta *eidōs*. Sin embargo, el paso real de lo uno a lo múltiple todavía requería una explicación metafísica, una explicación que también tendría que dar cuenta del surgimiento de la serie numérica misma a partir del uno. Era la nueva concepción metafísica de Platón del cambio que abrió paso a esta explicación. El devenir es, en efecto, como sostenía Heráclito, una transición de la condición A a la condición B; pero es, al mismo tiempo, una serie de cambios que ocurren en momentos indivisibles.

k. El momento atemporal del cambio

"¿Cuándo, entonces, cambia el uno que es?" pregunta Parménides. "Pues ni mientras está en reposo ni mientras está en movimiento podría cambiar, ni mientras está en el tiempo.[39] "El cambio real yace en el instante; pues el instante (ἐξαίφνης) significa un momento indivisible en el que cambia por completo en ambas direcciones.[40] "Pues no cambia desde el estado de reposo mientras está en reposo, ni desde el movimiento mientras está en movimiento; sino que esta naturaleza extraña (*physis*), puesto que no ocupa tiempo alguno, está situada entre el reposo y el movimiento, y dentro de él y desde él, lo que está en movimiento cambia a un estado de reposo, y lo que está en reposo a uno de movimiento.[41] "Si el uno (real) está tanto en reposo como en movimiento, puede cambiar en ambas direcciones. Pues solo de este modo podría hacer ambas cosas. Pero cuando cambia, cambia instantáneamente, y durante su cambio no puede ocupar tiempo alguno en absoluto y, por tanto, no puede estar ni en movimiento ni en reposo.[42] En otras palabras, el cambio real del que es no puede concebirse ni como reposo espacial ni como movimiento espacial, sino solo como una transición indivisible entre ambos, la cual ha de concebirse como discontinua. Como tal, debe considerarse atemporal y ya no puede determinarse numéricamente.

El mismo razonamiento se aplica a todo cambio. "Cuando el uno que es pasa de ser a no ser, o de no ser a ser, entonces está entre los estados de reposo y movimiento y no tiene ni ser ni no-ser, ni viene a ser, ni cesa de ser." Y, en el mismo sentido, cuando el uno pasa por muchos entonces o muchos cambios desde el pasado al presente, no es entonces uno, ni más, ni muchos, ni está siendo separado ni combinado. Y en la transición desde la pequeñez hacia la grandeza o desde la grandeza hacia la pequeñez, y viceversa, no es entonces ni semejante ni distinto, ni pequeño ni grande, ni está creciendo ni disminuyendo," etcétera. "Todos estos cambios solo pueden sucederle al uno, si es un uno real.[43]

1. El cambio como idea dialéctica

La verdadera síntesis entre la forma ontológica metafísica y la materia en constante fluir se busca aquí en el peculiar momento del cambio, un instante que en su discreción e indivisibilidad (*átomon*) es considerado trascendente al tiempo. El ahora indivisible del cambio no puede entenderse en el sentido espacial del ser eleático, pues, en tal caso —como ya he mostrado antes—, una vez más tendría que ser una simultaneidad espacial. En cambio, este ahora trasciende el espacio y el tiempo. En el pensamiento de Platón se convierte en un momento de eternidad que, cuando se expresa en el espacio y el tiempo, muestra una continuidad que es solo aparente, en tanto estado de alteridad. A través del cambio, por tanto, el ser es dialécticamente uno y el mismo que el no-ser, y del mismo modo, lo uno coincide dialécticamente con la pluralidad infinita, numéricamente determinable, en la que se despliega la *eidōs* supratemporal junto con los muchos objetos temporales del sentido, en los que está presente, y el principio formal con el principio material. O, para expresarlo de otro modo, el principio formal metafísico se identifica con el principio material del flujo eterno en su alteridad. Aquí, el cambio se concibe como una idea en el nuevo sentido correlativo que le otorga esta dialéctica metafísica. Este razonamiento dialéctico puede dar la apariencia de ser profundo. Tan pronto, sin embargo, como se lo somete a un análisis sobrio, deja de ser posible ocultar su vacío interior.

m. Análisis crítico de la construcción argumentativa dialéctica y su vacío interior. La interpretación metafísica de la relación lógica entre identidad y diferencia carece de fundamento

Mediante una dialéctica similar, el idealismo humanista de la libertad intentó abolir la dualidad polar en su propio motivo religioso fundamental de naturaleza y libertad. Pero lo que en realidad ocurrió fue simplemente que los dos polos del motivo religioso fundamental fueron fijados dentro de la relación lógica de identidad y diferencia, y que esta relación lógica fue luego interpretada en términos metafísicos. Mientras no hubiera posibilidad de demostrar la unidad más profunda entre forma y materia, o en el caso del humanismo, entre naturaleza y libertad —y el carácter dualista de estos motivos religiosos fundamentales lo prohibía— no había base real para una síntesis teórica.

En la dialéctica de Platón, el "cambio", o el "paso de un estado a otro", es en realidad nada más que la relación lógica anterior de identidad y diferencia, aunque se interprete de inmediato en términos metafísicos como un momento indivisible y atemporal que pone al ser en relación con el no-ser. No hay manera de que esto pueda funcionar como una unidad fundamental supra-temporal de forma y materia, como unidad ontológica metafísica de unidad estática infinita, de reposo estático y movimiento eterno fluido.

En realidad, el reposo estático (es decir, espacial) y el movimiento son ambos aspectos modales distintos de la realidad temporal, los cuales están ligados entre sí por el tiempo mismo. Como veremos en el volumen III, el tiempo se encuentra de hecho en la base de todos los aspectos y pasa de uno a otro, sin borrar por ello los límites modales entre ellos. No obstante, el punto de partida dualista del motivo básico de forma y materia en Platón impide esta visión del tiempo como substrato universal de la realidad. Y puesto que este punto de partida descarta la idea de la verdadera unidad fundamental de la realidad temporal al hacerla divergir en aspectos distintos, Platón no tiene más remedio que otorgar la primacía al motivo formal. Esto significa entonces que el intento de lograr una síntesis tiene lugar sobre la base de la forma ontológica metafísica supratemporal misma. Con este fin, el cambio o la transición deben elevarse más allá del tiempo mismo y trasladarse al mundo eidético discontinuo y supratemporal. Así, se convierte en un predicado eidético de la forma ontológica metafísica como una unidad. En su cambio, el ser abarca forma y materia, reposo estático y movimiento fluido eterno.

¿Qué logra Platón aquí? De hecho, realiza una dinamización del mundo de la *eidē*, lo que ahora hace posible concebirlas lógicamente como potencias formativas y, por tanto, permite que funcionen como *aitiai*, causas, de los objetos transitorios en su aspecto formal. Este rol había sido reservado para las *eidē* desde el *Fedro*. Sin embargo, en esta etapa del pensamiento platónico, la concepción eleática estática de las *eidē* no podía reconciliarse con su actividad formativa dinámica en el mundo de los fenómenos. En este período, solo el ideōs socrático, el poder formativo del *nous* divino, podía funcionar como causa dinámica de las formas que aparecen en el mundo de la percepción sensible.

n. Al dinamizar las *eidē*, Platón los concibe como fuerzas del alma activas. La afirmación al respecto en el *Sofista*

En el *Parménides*, la nueva dialéctica metafísica transmite la concepción de las *eidē* como impregnados por la *dynamis* de la idea divina en términos lógicos, aunque el contenido trascendental real de esta idea ya no cumple ningún papel en el diálogo. Podemos observar aquí que, al tener movimiento y poder formativo atribuidos a ellos, las *eidē* son ahora concebidos según el modelo de la fuerza anímica pensante. Esta situación es así precisamente lo opuesto a lo que habíamos percibido en el *Fedro*, donde la fuerza anímica pensante, en virtud de su presunto parentesco con la *eidōs* fija, inmóvil, estaba casi, aunque no completamente, identificada con una *eidōs* inmóvil. Es evidente que al dar este paso, Platón transformó de hecho el *chōrismos* anterior entre el mundo eidético y el mundo visible de los fenómenos en la dicotomía entre el alma pensante y el cuerpo material. La parousía de la *eidōs* en las cosas visibles, que son reunidas en un grupo por esta forma óntica, es ahora concebida según el modelo de la encarnación del *anima rationalis* en un cuerpo material.

La ventaja de esta nueva concepción radica en que, de esta manera, la fuerza formal controladora de las *eidē* con respecto a los fenómenos podía concebirse según el modelo del dominio del alma pensante sobre el *sōma* material, mientras que el *chōrismos* exigido por el motivo forma-materia podía sin embargo mantenerse. Así como la concepción platónica del alma en su condición de ser puro la separó completamente de su asociación con el cuerpo, la *eidōs* como forma óntica pura tenía que ser considerado de manera similar como desligado de la pluralidad de las cosas visibles en las cuales se manifiesta.[44] La lógica dialéctica es incapaz de aprehender la *eidōs* en este *chōrismos*; solo puede hacerlo en su *koinōnia* (κοινωνία) con los objetos sensibles.

El hecho de que Platón en el *Parménides* haya querido conscientemente concebir las *eidē* como fuerzas formales activas según el modelo de la sustancia del alma pensante se demuestra de forma convincente mediante una conocida afirmación del *Sofista*. Este diálogo, que sobre la base del pasaje en *Sofista* 217 casi con certeza debe ser colocado cronológicamente justo después del *Parménides*, está en todo caso directamente relacionado con el anterior. Es notablemente similar en su línea de pensamiento, aunque indudablemente recorre la dialéctica de manera menos complicada que el *Parménides*. En 248 E - 249 A (cap. XXXV), el conductor del diálogo, un extranjero no identificado de Elea, plantea la siguiente pregunta al interlocutor Teeteto: "Vamos, por los dioses, ¿podemos realmente convencernos tan fácilmente de que aquello que es completamente (tò pantelôs ón) carece de movimiento, vida, alma y pensamiento, que no vive ni piensa, sino que es algo solemne y santo, carente de mente, idea y quietud?" Teeteto entonces responde: "Ciertamente, oh extranjero, esa sería una doctrina absurda de aceptar.[45] El *Sofista* ya había propuesto anteriormente una definición general del ser como *dynamis*, ya sea esta una capacidad activa o una capacidad pasiva de ser afectado.[46] Al mismo tiempo, la afirmación citada anteriormente estaba dirigida directamente a los adherentes de la teoría de las *eidē*, quienes atribuían a estos últimos ninguna *dynamis* en absoluto, ni en sentido activo ni pasivo.[47] Así, no cabe duda de que el pasaje anterior trata de las *eidē*; de lo contrario, estaría completamente fuera de lugar en el argumento. Filón y los neoplatónicos más adelante también se aferrarán a esta concepción dinámica de las *eidē* como fuerzas anímicas pensantes.

o. La antinomia en la nueva concepción de las *eidē* como fuerzas anímicas

Sin embargo, esta nueva concepción de las *eidē* también permaneció cargada de una antinomia interna. Desde el comienzo mismo, las *eidē* habían sido proclamados como los verdaderos objetos (*Gegenstände*) del conocimiento dialéctico teórico. Eran de hecho nada más que la objetivación metafísica del objeto (*Gegenstand*), el cual solo puede existir en una relación epistemológica con la función lógico-teórica del pensamiento. Platón tuvo una aguda percepción de esta relación con el *Gegenstand*. De hecho, fue esta relación la que le impidió incluso en el *Fedón* identificar plenamente el *anima rationalis* como el sujeto lógico del pensamiento, mientras que las *eidē* todavía se concebían como completamente estáticos. Esto siempre le impidió aceptar sin crítica la noción de Parménides, Heráclito y Empédocles, que la verdad es conocida solo por lo semejante, y por ello colocó en su lugar el pensamiento de Anaxágoras, quien fundamentó el conocimiento teórico precisamente sobre la desigualdad fundamental entre el sujeto lógico del pensamiento y su objeto (*Gegenstand*). Recordemos que, en el *Parménides*, el interlocutor rechazó el intento de Sócrates de escapar de su aprieto con la sugerencia de que las *eidē* son quizás solo *noēmata*, contenidos subjetivos del pensamiento, apelando precisamente a la relación con el *Gegenstand* interpretada metafísicamente.

Ahora se hace un llamado en el *Sofista* a esta misma relación *Gegenstand* para contrarrestar la concepción estática de las *eidē*. El alma pensante es el sujeto del conocimiento, mientras que la *ousia* o *eidōs* se presenta en contraste con esto como *Gegenstand*. En la medida en que el conocimiento teórico es algo activo, el ser conocido es una cuestión de ser afectado, un padecer pasivo. En consecuencia, dado que el conocimiento teórico llega a conocer las *eidē*, éstas, según su naturaleza, deben ser puestas en movimiento cuando son afectadas por la actividad cognoscente.[48] Esta última tesis se relaciona directamente con la concepción, desarrollada anteriormente en el *Teeteto*, de que el proceso de llegar al conocimiento es un caso de movimiento (κίνησις).[49]

Esta afirmación, sin embargo, en realidad no encaja con el argumento que inmediatamente la precede, pues allí las *eidē* solo debían ser movidos pasivamente por la actividad cognoscente. De hecho, amenaza de inmediato con oscurecer la percepción que se había ganado anteriormente sobre la oposición entre el sujeto lógico del pensamiento y su *Gegenstand*. Si las *eidē* realmente tuvieran la misma naturaleza que el alma pensante, nunca podrían entrar en una relación de *Gegenstand* con la función lógica del pensamiento. En cambio, solo serían accesibles a través de una comunicación intersubjetiva supra-teórica, que solo podría consistir en una comunión mental entre sujetos cognoscentes.

Sin embargo, esta no era la concepción de Platón. Tal posición habría entrado en conflicto con los fundamentos metafísicos de su teoría del conocimiento y con toda su visión del mundo eidético como un mundo inteligible de formas puras. Así, la relación entre el *eidōs* y el anima rationalis permaneció como un área problemática crucial en la teoría de las ideas de Platón, que no sería resuelta hasta el *Filebo* y el *Timeo*.

p. La tercera vía del argumento dialéctico. La introducción de tres *eidē* dialécticamente nuevas (el todo, la individualidad y el límite) que están contenidos en la idea dialéctica suprema del Uno que Es

En la tercera parte de su exposición dialéctica, Parménides parte de su punto de partida en el *eidōs* del otro, o en lo múltiple, e indaga en la relación que esto debe tener con el uno si se asume la hipótesis de que el ser es lo que es. Todas las cualidades contradictorias que la segunda parte del argumento había atribuido al uno son ahora transferidas también al otro; pero la intención de esto es simplemente dejar claro que lo múltiple es un correlato necesario del uno.

Mediante un trío de *eidē* de orden superior (*ideai* en sentido dialéctico), todos los cuales contienen dentro de sí la correlación entre unidad y pluralidad, se intenta aquí asegurar una identidad dialéctica entre unidad y pluralidad y reducir la pluralidad a la unidad. Primero, el otro, que aquí se identifica con lo múltiple, se concibe como un todo con partes, y como tal se opone al uno absoluto e indivisible. Como un todo, el otro es necesariamente una unidad en pluralidad. Aparte del uno, la pluralidad es una multiplicidad infinita, caótica e ilimitada (*plēthos*; πλῆθος) en la cual todo es arrojado en conjunto, indiferenciado y sin forma, y va más allá del alcance de cualquier concepto. Es solo en el nombre del todo que se puede imponer unidad, medida y armonía al múltiple, en la medida en que cada miembro de este último es comprendido como parte de un todo abarcador. El todo, que aquí es un *eidōs* de orden superior (permeado dialécticamente por la idea divina), una idea en el nuevo sentido de la dialéctica metafísica, que impulsa a los diferentes *eidē* hacia una unidad, abarcando todos sus elementos como un solo todo (holon; ὅλον). Esta exposición está claramente basada en la distinción de Platón, presentada por primera vez en el *Teeteto*, entre una totalidad aritmética (πᾶν),[50] que no es más que la suma de sus partes, y un todo eidético (*holon*, ὅλον), cuyos elementos forman parte de una sola idea (μιᾶς τινὸς ἰδέας) en el sentido de una correlación dialéctica entre unidad y pluralidad.[51]

La segunda idea dialéctica (*eidōs* de orden superior en el sentido de una correlación eidética) es la de individualidad (ἓν ἕκαστον), ya que esta también vincula la unidad y la pluralidad. La parte individual, tan pronto como es separada de la multiplicidad indeterminada y caótica de manera que pueda ser captada por el pensamiento, ya es en sí misma una unidad en pluralidad, ya que ella también debe entonces ser concebida como un todo con partes. El uno absoluto mismo se manifiesta así en lo que es individual (ἓν ἕκαστον) dentro de la correlación necesaria de unidad relativa con pluralidad relativa.[52]

La tercera idea dialéctica que debe ser asignada a la tarea de vincular la unidad y la pluralidad es la de límite (*peras*;

πέρας). Cada parte discreta tiene su propio ser circunscrito, tanto con respecto a cada otra parte como con respecto al todo común. Por lo tanto, tiene un límite. Cuando lo otro (ya que su propia naturaleza es opuesta al uno, esto en sí mismo es un *ápeiron*, un ser ilimitado) se une con el uno, algo más surge en la pluralidad que produce una limitación recíproca dentro de ella.[53] Este principio limitante es la verdadera esencia del uno mismo, que en este caso se concibe como una idea dialéctica que abarca todos las *eidē*, una correlación eidética, metafísica, de unidad y pluralidad.

Desde el marco trascendental de su propio pensamiento metafísico, Platón está sin duda anticipando ya aquí la concepción aristotélica madura de la correlación entre forma y materia.[54]

Pues la materia indeterminada, sin forma, sin límites —la *hylē* caótica—, que en su flujo eterno elude toda forma y toda determinación. Es solo a través del principio limitante del uno, esa *hylē* llega a participar del ser, y de ese modo de la forma y la medida. Esta línea de pensamiento será desarrollada con mayor detalle en el *Filebo*; pero también se dejará claro allí que se aplica únicamente al mundo compuesto por la mezcla de forma y materia.

q. la cuarta vía del argumento dialéctico: el uno y el otro como opuestos metafísicos absolutos. la dialéctica negativa de la *hylē* absoluta como contraparte de la teología negativa de la unidad formal absoluta

En la cuarta parte del argumento dialéctico, el uno y el otro se separan una vez más entre sí en la forma más aguda posible de oposición. Aquí ya no se conciben como correlacionados de manera indisoluble mediante la idea dialéctica, sino que más bien se oponen mutuamente como antípodas absolutas, de acuerdo con las exigencias del motivo religioso dualista.[55]

Como unidad indivisible, el uno absoluto no tiene partes, y por lo tanto no puede estar presente en el otro (aquí de nuevo esto se refiere a la *hylē* caótica) ni como un todo ni en partes, si es que en efecto está separado del otro. Por lo tanto, el otro no puede participar de ninguna manera en el uno absoluto. Él mismo no puede ser uno, por tanto, ni puede mostrar ningún rastro de unidad dentro de sí mismo. Tampoco puede ser plural, sin embargo, porque ya se ha mostrado que una pluralidad real solo es posible en una limitación numérica, la cual es a su vez una unidad en pluralidad. Este otro absoluto, entonces, tampoco puede ser distinto del uno absoluto, ni puede ser igual ni desigual en naturaleza con respecto a él, porque si admitiera tales determinaciones, contendría nuevamente una dualidad de cualidades opuestas mutuamente. Así, también es imposible concebirlo como en movimiento o en reposo (espacialmente), como algo que está llegando a ser o cesando de ser, como más grande o pequeño, etc. En otras palabras, el otro tomado en este sentido absoluto, al igual que el uno absoluto en la primera parte del argumento, solo puede ser calificado en términos puramente negativos. Si el uno posee ser verdadero, sin embargo, entonces necesariamente lo posee todo. El otro absoluto no puede tener entonces ninguna relación con él, sino que más bien huye del pensamiento hacia la nada absoluta.[56]

Esta línea de pensamiento, por tanto, forma el contrapunto exacto de la primera parte del argumento dialéctico. Así como la conclusión negativa de la última no debe entenderse como una negación de que la forma absoluta verdaderamente existe, la conclusión negativa extraída en la cuarta sección no debe entenderse como una negación de la existencia de la hylē absoluta. En cambio, ambos polos del motivo religioso continúan siendo sostenidos en su carácter exclusivo. Pero un concepto lógico, representación o conocimiento de la hylē absoluta no es más posible de lo que lo fue en el caso del uno absoluto.

Así, esta sección del argumento no es más que el contrapunto necesario de la teología negativa de la primera sección. Desde el punto de vista de la dialéctica, sin embargo, las *eidē* no pueden ser ni el uno absoluto mismo ni el otro absoluto mismo. Como formas ónticas, solo pueden ser comprendidas en términos relativos.

r. La quinta vía del argumento dialéctico

En la quinta sección, la línea dialéctica de correlación vuelve a retomarse. La dialéctica de Platón había intentado en la segunda parte del argumento de Parménides lograr una relativización eidética del ser y el no-ser, de la identidad y la diferencia (lo idéntico consigo mismo y lo otro), y en última instancia del principio formal y del principio material del flujo eterno y del devenir, mediante el "peculiar momento del cambio". Al hacer esto, buscó introducir una correlación entre estos dos principios dentro del mundo inteligible de las formas ónticas mismas.

La quinta sección del argumento dialéctico ahora se construye sobre este logro. El esquema metafísico debe poder desprenderse de su unidad absoluta de ser (que excluye al principio material) y, en el momento indivisible del cambio metafísico, transformarse en su opuesto. Es decir, debe ser capaz de convertirse en un no-ser. Esto, sin embargo, ya no puede concebirse como una nada absoluta; en cambio, debe ser una nada relativa (*mē ón*) que continúa en relación con el ser. El juicio lógico negativo (A no es B, no es C, no es D, etcétera) señala el camino hacia la dialéctica metafísica.

Demócrito ya había recorrido esta vía cuando atribuyó al principio material —que para él era el vacío eternamente fluyente (carente de ser)— una existencia relativa en relación con las formas ónticas indivisibles o átomos. La relación lógica en el juicio negativo fue transformada aquí también en una relación ontológica metafísica entre on (ὄν) y *mē on* (μὴ ὄν), aunque no pudo demostrarse ningún punto de partida para esta síntesis. El paso de lo lógico a lo metafísico así probado en este contexto no es más que una *petitio principii* sin justificación alguna.

s. El μὴ ὄν como una nada relativa. La negación relativa como forma de determinación lógica

En la quinta parte del argumento, Parménides examina las implicaciones de aceptar la hipótesis de que el uno no es. Este no-ser, el *mē on*, sin embargo, no puede ser concebido en términos absolutos. La negación en el juicio lógico siempre se refiere al ser, y toda negación lógica es necesariamente relativa. Hay un número infinito de *mē onta* (μὴ ὄντα, predicados que no son) que se atribuyen al sujeto en el juicio lógico negativo. Tal negación relativa ya contiene una determinación lógica relativa, sin embargo, en la medida en que el uno se convierte en un sujeto y se le atribuye un predicado, incluso si este último es negativo, no obstante se lo comprende como un objeto (*Gegenstand*) que puede ser entendido y enunciado teóricamente.[57] Incluso aquello que no es permanece siendo uno, y al menos podemos decir que es distinto de su opuesto, el otro. Sin embargo, como difiere del otro en cuanto que es su opuesto, comparte con su opuesto la cualidad de la otredad.[58] Se establece así una relación correlativa que continúa existiendo entre el uno que es y el uno que no es.

El uno que no es es, de hecho, algo, pues incluso si solo se le conceden los predicados vagos de "esto" y "aquello", se convierte en un objeto (*Gegenstand*) del pensamiento.[59] Cualquier *Gegenstand* que se distinga lógicamente por nombre, sin importar cómo se lo califique, puede también tener adscritas todas las demás cualidades generales que se elaboraron anteriormente. Por encima de todo, posee el más general de todos los predicados, a saber: el ser. Incluso el uno que no es debe participar del ser. Si no ha de volver a la nada absoluta, debe tener un vínculo (desmos; δεσμός) que lo una a su rol de no-ser, y ese vínculo es el ser del no-ser. En la misma línea, el uno debe mantenerse en relación con su opuesto a través del no-ser del no-ser, porque de lo contrario no podría mantenerse él mismo como algo distinto del μὴ ὄν.[60] En otras palabras, los dos términos de la oposición, el ser y el no-ser del uno, deben tener tanto una función negativa como una función afirmativa. Y a través de la correlación lógica que de este modo se asume entre el ser y el no-ser, Platón cree haber descubierto la unidad superior en la que se unen estos dos extremos.

Además, como tanto el ser como el no-ser pertenecen al uno, también debemos atribuirle la posibilidad del cambio. Pues no puede ser ambos simultáneamente, sino que más bien está sujeto a una transición entre ser y no-ser. Por lo tanto, comparte en todas las formas del devenir, tales como el movimiento, el llegar a ser, y el cese de ser. Sin embargo, dado que todavía es concebido como algo que no es, y que por tanto no puede ocupar ninguna posición espacial, se halla por su propia naturaleza intrínseca privado de toda cualificación espacial, y por ello tampoco puede moverse ni cambiar en este respecto, ni surgir ni dejar de ser.

Según su propia naturaleza, aquello que no es permanece como un *ápeiron*. Solo mediante su conexión con el uno que es recibe una limitación en términos de número real, y por medio de este último también llega a participar de las cualidades de espacio y movimiento. El no-ser relativo como *ápeiron* no significa nada más que la posibilidad de una limitación formal. Todos los predicados contradictorios que se adscribieron al uno que es pasan así a pertenecer al uno que no es, y este último es igualmente accesible únicamente al pensamiento en una correlación de *peras* y *ápeiron*.

t. La sexta vía: la segunda contribución a la dialéctica negativa de la *hylē*

En la sexta sección del argumento, el no-ser del uno se considera en un sentido absoluto, es decir, separado de toda relación con el uno que es. Toda posibilidad de predicación respecto del *mē ón* desaparece entonces de inmediato, y con ella también la posibilidad de conceptos científicos queda eliminada. Esta sección constituye así otra contribución a la dialéctica negativa de la *hylē*.

Ahora bien, la cuestión que el líder de la discusión debe responder es si la hipótesis de que el uno no es deja todavía espacio para el otro y, en caso afirmativo, cuál debería ser la naturaleza de este último.

u. La elaboración de la dialéctica negativa en la séptima vía. La crítica de Platón a la concepción de Anaxágoras de los *Spermata*

Esta cuestión constituye el tema de la séptima parte del argumento de Parménides. El otro, concebido sin ninguna unidad, sólo puede representarse como una masa informe en la línea de la pluralidad indeterminada mencionada en la tercera sección. Es el caos informe en el que nada se combina en unidad con nada más, sino que todo se disuelve en una masa infinita de elementos completamente distintos, cada uno de los cuales, en sí mismo, es un *ápeiron* similar que siempre es algo diferente respecto de cualquier otra cosa.

Este argumento puede considerarse como una crítica implícita a la concepción teórica de la *hylē* como un *meigma* absoluto, en el que su existencia independiente frente al poder formal del *nous* divino constituye un objeto de pensamiento. Platón muestra en esta parte del argumento que esta concepción está cargada de una antinomia interna. Pues dado que nada puede convertirse en objeto del pensamiento aparte de la forma y el límite, uno sólo puede dar forma a algún concepto de tal mezcla caótica de todo con todo distinguiendo únicamente elementos discretos en su interior, y así introduciendo un proceso de división y separación. De este modo, se pueden adscribir al uno que no es absolutamente casi las mismas cualidades que se le atribuyeron al uno que es.

Sin embargo, como el principio de separación, distinción y limitación —es decir, el uno como idea dialéctica— permanece ausente, todas estas cualidades quedan inmediatamente desprovistas de su fundamento y aparecen como meros productos de la fantasía. Aparte de la unidad, todo es sólo apariencia, comparable a un mundo onírico de imágenes vagas, fugaces y cambiantes.[61] Una *hylē* de este tipo debería contener una multiplicidad infinita de masas. Aunque cada una de estas parezca ser un uno, en realidad no lo sería, puesto que se ha asumido que no hay un uno. Porque habría una multiplicidad infinita de ellas, y cada una debería parecernos un número. Pero si no hay un uno, entonces incluso el número uno carece de lugar aquí, y por tanto no puede haber fundamento para ninguna numeración real. Todo lo que queda es la apariencia del número y la apariencia de la unidad. Aunque cada masa en la *hylē* parezca ser infinitesimal en relación con la multiplicidad infinita de masas, será a su vez infinitamente grande en relación con su propia divisibilidad infinita. Incluso la semejanza y la diferencia de las masas, así como su mutua limitación, no serán más que apariencia.

La concepción anaxagórica de los *spermata* ha sufrido aquí sin duda un golpe mortal. Dada la divisibilidad infinita de esta *hylē*, el pensamiento teórico no puede encontrar ya un único punto de referencia estable ni un fundamento, y por tanto pierde completamente todo principio de limitación formal. En otras palabras, si las cualidades del eidous que no es, o de las cualidades que el pensamiento teórico desea adscribir a una *hylē* de este tipo, carecen por completo de fundamento real.

v. La octava vía del argumento dialéctico

En la octava y última sección de su argumento, Parménides concluye a partir de esta concepción que "si el uno no es, entonces [en verdad] no hay absolutamente nada".[62] Pues solo el uno es real, como una forma eidética, y solo de él puede proceder la *aitia* (αἰτία) o causa real del mundo de los seres sensibles que posee forma. Si esta *aitia* está ausente, el cosmos visible se desintegra en un mundo de mera apariencia que no tiene fundamento en el ser.

w. Resumen de nuestro análisis del *Parménides*

Si resumimos nuestro análisis de este importante diálogo, se hacen evidentes los siguientes puntos. El propósito declarado del diálogo es dinamizar el mundo eidético con el fin de ofrecer una explicación lógica satisfactoria del hecho de que el *eidōs* puede funcionar como una aitia (αἰτία) o poder formativo, activo dentro del cosmos visible, y así proporcionar una solución lógica al problema de la *methexis*. Este esfuerzo tuvo una doble motivación. Por un lado, estuvo motivado por la tendencia socrática en el pensamiento de Platón, que postulaba la idea divina como origen de toda forma, medida y armonía en el cosmos y centraba todo el conocimiento conceptual en esta idea. Por otro lado, estuvo motivado por el creciente interés de Platón en los fenómenos empíricos, los cuales ahora debían ser sometidos a un riguroso proceso de definición con la ayuda de la nueva lógica dialéctica.

Con este fin, la nueva dialéctica eidética o metafísico-lógica introduce ideai dialécticas que establecen una correlación entre *eidē* que son opuestas por naturaleza, mientras que todas las *eidē* son ahora concebidos como fuerzas del alma activas. Estas *ideai* se obtienen principalmente de la correlación de determinaciones lógicas en el juicio afirmativo y el juicio negativo; pero son ideai interpretadas metafísicamente como *eidē* de orden superior que reúnen *eidē* de carácter opuesto —que en sí mismos son casi excluyentes— en una unidad superior.

El procedimiento principal también propone una idea dialéctica cuyo propósito es reconciliar el principio de forma y materia dentro del mundo inteligible de las propias formas ónticas. Esta idea es la del instante atemporal del cambio o transición entre unidad y pluralidad, entre ser y no-ser, entre reposo y movimiento, entre forma limitante e *ápeiron* sin medida, y con ella se unen varias otras ideai (totalidad, individualidad y límite), todas las cuales contienen la correlación entre unidad y pluralidad y se comprenden en el uno real mismo. Este último entonces funciona como la idea dialéctica suprema, que contiene todas las demás —incluso la del cambio— dentro de sí misma y abarca todo lo que posee verdadero ser.

Además, el principio del número es introducido en una forma semi-pitagórica como intermediario entre el mundo formal puro de las *eidē* y la pluralidad de cosas en el cosmos presente a la percepción sensible que participan en un *eidōs* particular.

Desde el inicio mismo del argumento dialéctico de Parménides, se mantiene el dualismo religioso primordial de la forma y la materia. Puede percibirse como un hilo conductor común en todas sus demostraciones dialécticas positivas. Tan pronto como la oposición entre unidad y pluralidad, ser y devenir, forma y materia, es asumida en un sentido absoluto, es decir, en el sentido de que tiene un origen religioso, pensar estos términos de forma dialéctica conduce necesariamente a resultados completamente negativos. Pues tanto la idea divina como principio originario unitario y formativo, por un lado, como la *hylē* pura, considerada aparte de toda unidad, forma y limitación, por otro lado, son inaccesibles al pensamiento teórico. Solo pueden unirse dentro de una teología negativa, la cual también aplica a las *eidē* como formas ónticas absolutas, consideradas aparte de toda conexión con el mundo visible, y con el correspondiente contrapeso dialéctico en esta concepción negativa de la materia absoluta. Ambas, sin embargo, permanecen como las hipótesis últimas, en el sentido de *an-hypotheta*, de la dialéctica teórica, ya que son las posiciones finales, irreductibles a cualquier origen superior, de una teoría dialéctica de las *eidē* que busca asegurar la participación de los objetos visibles en el verdadero ser. Son necesarias porque, según la concepción griega de Platón, el cosmos visible está formado a partir de la *hylē* por medio del *dynamis* de las *eidē* eternos, y porque estos últimos, a su vez, como demuestra la *República*, poseen su propio ser a partir de la idea divina, el principio de origen de toda forma. La *hylē* misma no es producto del poder formativo divino, sino el verdadero antípoda eterno de la idea.

§3 La supresión temporal del motivo socrático de la forma en los diálogos eleáticos y la diaíresis de las *eidē* (el *Sofista*, el *Político* y la parte dialéctica del *Fedro*)

a. La diaíresis o dicotomización de los *eidē* en el *Sofista*, el *Político* y el *Fedro*

El *Sofista*, un diálogo en el cual Platón se propone elucidar la diferencia fundamental entre las enseñanzas de los sofistas y la verdadera filosofía, y junto con esto, entre la dialéctica sofística y la filosófica, introduce en la nueva lógica dialéctica el célebre método de la *diaíresis*, el "corte en dos" lógico (*dichotomēnē*, διχοτομημένη) de las *eidē*, el cual está destinado a conducir a la definición final del *Sofista*. Este método de *diaíresis*, que es elaborado en el *Político* y en la parte dialéctica posterior del *Fedro*, presupone la relativización lógica de las *eidē* que ya he analizado en detalle en el *Parménides*. También presupone las *ideai* dialécticas, las cuales como *eidē* de correlación superior están destinadas a reunir las *eidē* inferiores (éstos oponiéndose mutuamente en el reino lógico de la identidad y la diferencia) en una síntesis (*sumplokē*, συμπλοκή). El método de *diaíresis* constituye así el verdadero punto culminante de la logicización de las *eidē*.

El pasaje en 253 D, donde se resume de manera pregnante el método de diaíresis, ofrece la clave de todo este diálogo. Este pasaje ha planteado dificultades a los comentaristas y ha dado lugar a interpretaciones fuertemente divergentes. Stenzel merece sin duda el reconocimiento, por haber analizado este texto con tal claridad que ha arrojado una luz brillante sobre todo el método de la diaíresis.

El interlocutor, un desconocido de Elea, pregunta primero a Teeteto: "Dividiendo en dos (διαιρεῦῆναι) según los géneros (γένη), y no tomando una misma forma óntica (εἶδος) por otra (ἕτερον), ni una por la misma (ταὐτόν), ¿no habremos de llamar a esta tarea la de la ciencia del dialéctica?"[63] Después de que Teeteto responde afirmativamente a esta pregunta, el conductor del diálogo describe la tarea de la dialéctica más completamente en un pasaje de cuatro partes. Las dos primeras partes toman como punto de partida el principio de la separación de cada uno de los eidé, para proceder desde aquí hacia su síntesis o conjunción en una idea dialéctica abarcante. Las dos últimas se mueven en dirección inversa, descendiendo desde la idea abarcante hasta el resultado final de la diaíresis, es decir, hacia un *atomon eidōs* (ἄτομον εἶδος) que no puede dividirse más. Tal *atomon eidōs* está separado de todos los demás como una unidad rigurosamente definida, pero porque está sistemáticamente determinado por todos los eidé superiores que lo comprenden, sin embargo se revela como un verdadero *sumploke eidon* (συμπλοκὴ εἰδῶν) (entrelazamiento de eidē).[64]

El *atomon eidōs*, como observa Stenzel,[65] es el portador de tantos predicados como están "reunidos" en él. El deseo que Sócrates había expresado en el *Parménides*,[66] de que alguien mostrara por medio de la dialéctica cómo, incluso dentro del mundo eidético mismo, un solo sujeto puede, sin contradicción, unir cualidades diferentes, encuentra así aquí su realización.

b. El *atomon eidōs* y las cosas individuales del mundo sensible

En el *atomon eidōs*, la forma óntica que no se divide más allá, el mundo eidético es llevado a la conexión más cercana concebible con la cosa individual (ἐν ἑκάστῳ) en el cosmos visible. Según Platón, una definición dialéctica rigurosa que se apropia del atomon eîdos equivale a la determinación eidética de la individualidad misma, es decir, de todo aquello en la individualidad que posee verdadero ser. Todo lo que se encuentra más allá de esto es *ápeiron* y *mē on*. *Logos* y *aísthēsis*, definición lógico-eidética y observación empírica (estas últimas siempre deben participar de la contemplación suprasensible del *eidē*, ya que la concepción griega de la forma óntica implica invariablemente un fundamento visual) y observación sensible, son aquí llevadas tan cerca una de otra que Platón bien pudo pensar que había encontrado en este nuevo método dialéctico los medios apropiados para captar los fenómenos empíricos en un sentido completamente lógico.

Stenzel observa al respecto:

Platón procura para sí en su διαίρεσις el organon para la formación de un concepto del conocimiento que también abarca la
realidad empírica. Lo considera como el medio para descender,
en proposiciones de pensamiento que son en su contenido independientes de la experiencia, hacia objetos que aísthēsis y la
dóxa también dan en cierto modo, salvo que sólo por medio
del lógos añadido —la definición, el juicio sobre la verdad o
falsedad del objeto percibido por los sentidos o reproducido en
la imaginación.[67]

c. ¿Ha desaparecido toda relación entre la nueva dialéctica y la idea *tou agathou* en la trilogía eleática?

Podría preguntarse si, en el *Sofista* y los diálogos relacionados,
la dialéctica propiamente dicha ha perdido completamente
su relación con la idea divina absoluta de lo bueno y lo bello.
Aunque Stenzel sostiene que este es de hecho el caso,[68] creo
que está equivocado. Ya hemos observado que en el *Parménides* la oposición absoluta entre la forma divina de origen en
su unidad (ἰδέα τοῦ ἀγαθοῦ) y la *hylē* pura recorre como un
hilo común todo el argumento dialéctico del líder del diálogo. Es cierto que la lógica dialéctica no logró captar ninguna
de estas dos en un concepto, pero Platón, no obstante, siguió
manteniéndolas como las *an-hypotheta*, las presuposiciones
religiosas absolutas de toda su dialéctica. También observamos que, para Platón, la nueva idea dialéctica correlativa
no podía ser otra cosa que la expresión lógico-metafísica de
la coherencia mutua que existe entre todas las *eidē* en su
referencia central a la idea divina como origen.

El *Sofista* contiene una afirmación sobre la empresa filosófica que confirma esta interpretación. Inmediatamente

después del pasaje en 253 D citado antes, donde se describe la tarea de la nueva lógica, sigue la observación de que sólo puede emprenderla el verdadero filósofo. Platón observa que no es menos difícil captar la naturaleza del filósofo que la del sofista, aunque en cada caso la razón es distinta. "El sofista, huyendo hacia la oscuridad del no-ser, continuamente ocupado y en contacto con esto, es difícil de percibir debido a esta oscuridad del lugar... El filósofo, en cambio, que mediante el razonamiento lógico se dirige siempre hacia la *idea* de lo bueno, tampoco es fácil de ver debido al resplandor de esta región; pues el ojo del alma común no puede soportar mirar firmemente lo divino".[69] Esta afirmación remite directamente a la descripción de la *República* sobre el deslumbrante resplandor de la idea divina; no puede, por tanto, referirse de ninguna manera a la nueva función lógico-dialéctica de la idea. La idea de la que se habla aquí es la forma divina de origen, que, al igual que el sol, esparce su deslumbrante luz sobre el reino de las *eidē*. Aparte de esta idea, la nueva lógica dialéctica perdería su verdadero sentido filosófico para Platón, pues debe seguir enraizada en la sinopsis religiosa última de esta idea y encontrar en ella su *dynamis* para rastrear los entrelazamientos mutuos de las *eidē*.

Debe admitirse, sin embargo, que lo que ocupa el centro del interés en los diálogos eleáticos no es esta *synopsis* última y centralmente enfocada, sino más bien la separación y combinación dialéctico-lógica de las *eidē*. Aquí, la sinopsis religiosa queda subordinada al esfuerzo por hacer que el mundo de las *eidē* sea transparente para la lógica y útil para la definición de todos los fenómenos empíricos.

d. La suspensión temporal de la calificación trascendental del ser como lo bueno y lo bello

Relacionado directamente con esto está el hecho de que los diálogos eleáticos dejan de lado temporalmente la calificación trascendental del ser como bueno y bello. Además, esto también significa que el carácter teleológico de la definición conceptual —la afirmación de la *aretē* (ἀρετή) del objeto de definición, el fin hacia el cual es bueno o adecuado— también queda abandonado por el momento. No obstante, Platón no abandonó la *idea* socrática, ni siquiera en la crisis de su teoría de las ideas, y precisamente por esta razón, la logicización de las *eidē* y la extensión de éstos en formas ónticas para todos los fenómenos empíricos sin excepción realmente conducen a una nueva tensión dialéctica entre esta idea y las *eidē*.

La tensión anterior entre estas dos había sido resuelta lógicamente mediante la dinamización de las *eidē*. Ahora que el carácter a priori de la teoría de las *eidē* ha sido reemplazado por un énfasis mayor en la realidad empírica, Platón parece no poder responder por el momento a la cuestión de cómo las *eidē*, como fuerzas-alma activas, pueden actualizar lo bueno y lo bello a lo largo del cosmos visible. ¿Qué podría ser bueno, por ejemplo, en el barro? No será sino hasta el *Timeo* cuando Platón haga un intento serio por penetrar la nueva concepción lógico-dialéctica de las *eidē* con la idea más temprana del *eidōs* como *aretē*, haciéndola así útil para una explicación teleológica comprensiva de las formas en el cosmos visible. El camino hacia este nuevo intento de síntesis ya está preparado, sin embargo, en el *Filebo*.

e. La *diaíresis* como *lógon didónai* de los fenómenos empíricos. La *epistēmē* como *alēthēs doxa metà lógou*

La diaíresis de las *eidē*, que culmina en la definición del *eidōs átomon* de un fenómeno individual en el mundo sensible, es el medio de Platón para el *lógon didónai* (λόγον διδόναι), la "explicación teórica" o "dar razón", para los fenómenos empíricos. En términos prácticos, esto equivale a la formación de definiciones conforme al método del llamado *genus proximum et differentia specifica*. En un sentido que difiere fundamentalmente de la concepción de Platón, este método de definición juega un papel muy central en la lógica de Aristóteles. Más adelante someteré este método a una crítica fundamental en mi análisis del concepto aristotélico-tomista de sustancia.

Este *lógon didónai*, la definición rigurosa de las características genéricas y específicas que distinguen una cosa, es lo que primero eleva la *alēthēs doxa* (ἀληθὴς δόξα; opinión verdadera) al estatus de epistêmê o conocimiento científico. En el *República*, doxa y *epistēmē* todavía están separadas por un abismo infranqueable, y al final del *Teeteto* (que ya contiene una fuerte orientación empírica), la definición de *epistēmē* como *alēthēs doxa meta logou* (ἀληθὴς δόξα μετὰ λόγου) fracasó irremediablemente debido a la falta de una noción correcta del elemento genérico en el *logos* como definición. Con la ayuda del método de *diaíresis*, sin embargo, Platón logra en el *Sofista* y en el *Político* cerrar la brecha entre el conocimiento eidético y la representación sensorial.

f. Las *eidē* más elevadas según el *Político* y el *Sofista*. Su incapacidad para ser representadas como una *eidōlon* sensorial

Según el *Político*,[70] el conjunto de la *diaíresis* se fundamenta en realidad en la investigación de las separaciones y conjunciones dialécticas entre las *eidē* más altos y nobles (κάλλιστα ὄντα καὶ μέγιστα). Éstos no están ellos mismos incorporados (σύματα) en imágenes sensibles (*eidōla*), y por esta razón solo pueden ser clarificados en una definición dialéctica-lógica (λόγῳ μόνῳ). En contraste con esto, los numerosos *eidē* subordinados sí son capaces de ser incorporados en tales *eidōla*. Estos pueden ser comprendidos mediante percepciones directas, sin necesidad del esfuerzo de definición dialéctica (χωρὶς λόγου), ya que los objetos sensibles bajo su ámbito son fácilmente reconocibles por la imagen sensible visible que captamos en la *eidōla*.[71] La *eidōs* se representa aquí en el *eidōlon* de una cosa visible individual.

El líder de la discusión señala así la observación de que ningún ser humano razonable perseguiría la investigación dialéctica-diairética del arte del tejido por sí misma, la cual se presenta como introducción a la definición del político, simplemente por sí mismo. En el análisis final, toda la investigación se enfoca exclusivamente en las *eidē* más altos y nobles, que son incapaces de representación sensible y, por tanto, "incorpóreos".[72]

El *Sofista* enumera cinco de estas *eidē* supremas: reposo, movimiento, ser, lo otro (τὸ ἕτερον) y lo mismo (τὸ ταὐτόν). De estos cinco, los dos primeros son en sí mismos incapaces de ser combinados con ningún otro lógicamente. El movimiento nunca puede ser reposo, y el reposo nunca puede ser movimiento. En contraste, las otros tres *eidē*, entre las cuales el ser es el que lo abarca todo, son *ideai* genuinas en el sentido de la nueva dialéctica, pues están destinadas a establecer una relación mutua entre todas las *eidē* que son lógicamente opuestas entre sí. El ser funciona aquí, además, como la idea suprema en la cual todos los demás deben participar.[73] Sólo en lo que tiene forma individual (la forma óntica individual) que es distinta del resto de las *eidē* se da la participación completa en la idea. Como idea que lo abarca todo, sin embargo, se extiende por encima de los otros géneros.

Es evidente de inmediato que la selección de estos cinco *eidē* supremos se relaciona directamente con el esfuerzo de Platón, que comenzó en el *Teeteto*, de encontrar una síntesis dialéctica-lógica entre la ontología eleática y la doctrina de Heráclito del flujo eterno. La oposición polar entre la concepción de Parménides del mundo óntico estático y la teoría heraclítea del movimiento eterno sólo puede resolverse mediante la nueva idea dialéctica en una síntesis superior.

g. La idea de la alteridad como forma óntica del μὴ ὄν, la *hylé* de los Sofistas

En este punto, entonces, el *Sofista* avanza exactamente en la misma dirección que el *Parménides*. Es digno de mención, sin embargo, que en el *Sofista* la forma óntica de la alteridad [lo otro] como una idea dialéctica (ἰδέα τοῦ ἑτέρου) se designe explícitamente como el *eidōs* del no-ser (μὴ ὄν).[74] Este μὴ ὄν no era otra cosa que la *hylé* siempre fluyente (el principio material), hacia la cual el *Sofista* se retira en un *áporon topon* (ἄπορον τόπον) cada vez que intenta definir su naturaleza y capturarla en esta definición "como a un animal cazado".

El conductor de la discusión había iniciado el proceso de definición determinando las *eidē* totales del arte (τέχνη).[75] Siguiendo el método de la diaíresis, este eîdos total (ὅλον εἶδος) fue subdividido repetidamente en tipos cada vez más específicos. La primera subdivisión arrojó dos tipos contrastantes de arte, el primero de los cuales se ocupa de la producción de algo nuevo, y el segundo con la adquisición de lo que ya existe. Luego, la diaíresis prosiguió con la división del eîdos del arte imitativo (μιμητικὴ τέχνη) en dos tipos formales: el arte representativo y el arte fantástico (εἰκαστική ψ φανταστική). Ambos tipos se califican como eidōla —imágenes sensibles—, haciendo εἰκονολογική, pero los *eidōla* del primero son *eíkona* (εἰκόνα),[76] representaciones de cosas que existen realmente, mientras que los del segundo son fantasmas, imágenes que no tienen ninguna relación con objetos reales. Así, el arte de los sofistas queda naturalmente subsumido bajo el *eidōs* de la *technē* fantástica.

Habiendo llegado a este punto en su investigación, el conductor de la discusión, el forastero de Elea observa que el intento de 'capturar' al sofista en esta definición corre el peligro de quedar empantanado en la aporía del no-ser. Pues cualquier intento de definir al sofista como creador de fantasmas, lo cual en realidad no son, necesariamente le atribuye un cierto ser al no-ser. Como encarnación de lo que no es, la imagen fantástica es, después de todo, realmente una imagen.[77]

Un examen más detallado revela que el eîdos del ser está en sí mismo cargado de muchas aporía y, por lo tanto, no es menos difícil de captar que el del μὴ ὄν.[78] Esto se demuestra en primer lugar en términos de la relación entre ser, uno y todo, la cual ya se discutió en el *Parménides*, donde se hace una crítica fundamental tanto a la posición eleática como a la heraclítea, y también a toda la filosofía jónica de la naturaleza.

En segundo lugar, se demuestra nuevamente en términos de la concepción dialéctica, ya desarrollada en el *Parménides*, de la idea del ser como la *eidōs* más alta, que admite una conexión tanto con el reposo como con el movimiento y que por su propia naturaleza no puede ser ni uno ni otro, sino que debe ser algo distinto de ambos.

h. Las ideas dialécticas del ser y del no-ser para Platón no idénticas al ser óntico absoluto y a la *hylé* absoluta. Declaración de Platón sobre esto en el *Sofista*

El conductor de la discusión declara explícitamente que esta concepción del ser no es en absoluto fácil de captar: "¿Cómo puede concebirse que lo que no está en movimiento esté en reposo? ¿O cómo puede concebirse que lo que está en reposo no esté en movimiento?" Y sin embargo, "el ser se nos revela como situado entre el reposo y el movimiento".[79]

Cuando el forastero de Elea pregunta si esto puede considerarse posible, Teeteto responde enfáticamente en sentido negativo. El conductor del diálogo permite explícitamente esta aporia —que evidentemente resulta del intento de captar la naturaleza del ser absoluto en sí mismo (aparte del reposo y el movimiento)— como un problema no resuelto, con el fin de que en adelante limite su investigación lógica únicamente a las relaciones dialécticas entre el ser y el no-ser, ya que estos son en sí mismos entidades igualmente oscuras. Al tomar este camino, sostiene la esperanza de que "si no podemos conocer ninguno de estos dos en sí mismos, al menos podamos dirigir la investigación lógica sobre ambos [es decir, en su mutua relación] de la mejor manera posible".[80]

Este pasaje es sumamente importante. Aquí, como ya lo he demostrado en mi análisis del *Parménides*, se aclara nueva-

mente que Platón no identifica la forma óntica absoluta y la
hylē absoluta (μὴ ὄν) —ambas sólo son mencionadas en este
contexto— con la idea dialéctica, meramente relativa, del ser
y del no-ser. Las primeras son más bien *an-hypotheta*, inaccesibles a la investigación lógica-dialéctica. La nueva dialéctica,
por tanto, ya no está en posición de salvar el dualismo polar
del motivo religioso fundamental. La idea dialéctica ciertamente tiene una realidad eidética, pero no logra captar la
naturaleza absoluta que las formas trascendentes traen consigo en su interrelación. El *Sofista* solo contiene una afirmación
sobre esta naturaleza absoluta, y ya he tratado esta cuestión
en mi análisis del *Parménides*. Allí parece que, por última vez,
Platón concibió las formas ónticas absolutas (las παντελῶς ὄν,
pantelôs on, completamente entes) como sustancias anímicas
pensantes en concordancia con el arquetipo del divino *nous*.
Esta afirmación, sin embargo, solo pone en evidencia el *carácter religioso* de la idea divina que Platón había colocado en la
base de su concepción real de las formas ónticas, convicción
que en ningún momento consideró estar sujeta a prueba
científica. Más bien se presenta claramente como un *cri de
coeur*, que da voz a la protesta religiosa del pensador contra
su propia posición anterior, a saber, la concepción eleática
de las *eidē* como abstracciones rígidas, inanimadas y sin vida.
Esta misma observación ya había sido hecha por Cornford.

i. La idea de otredad como *principium individuationis*. Platón y la escolástica agustina

Según el conductor del diálogo, la idea dialéctica y relativa
del ser y del no-ser no puede concebirse como formas ónticas
que son opuestas, sino solo como diferentes entre sí.[81] En
este sentido, el no-ser no es otra cosa que otredad (es decir,

ser otro), y de acuerdo con su *eidōs* participa del ser. Como la *eidōs* suprema, el ser solo puede ser aprehendido por la dialéctica en una idea relativa, en la que es una unidad y al mismo tiempo un todo que posee una pluralidad de partes. La situación no es diferente con respecto a la idea del no-ser como otredad. La otredad solo se relaciona con una parte del ser que difiere de todas las demás partes, y por lo tanto no es estas otras.

En última instancia, el *eidōs átomon*, una parte del ser que no puede dividirse más, se convierte entonces en la forma óntica de la individualidad precisamente a través de su conexión con la idea de otredad. Como expresa el conductor del diálogo: "Y lo que no es, para nosotros, es, en muchos aspectos, como lo otro es. Pues al no ser eso, es en sí mismo una unidad indivisible, mientras que de nuevo no es todos los otros".[82] En la escolástica agustiniana medieval, esta concepción del *principium individuationis* será retomada en particular por el pensador flamenco Enrique de Gante.

j. La relación entre la idea dialéctica de lo otro (ἰδέα τοῦ θατέρου) y la idea del cambio en el *Parménides*

Puede preguntarse si la idea de lo otro, en la que el Sofista localiza las *eidē* del no-ser, coincide con la idea de cambio o transición mediante la cual el *Parménides* había intentado alcanzar una síntesis dialéctica entre el ser y el no-ser. Lo más probable es que no sea el caso y que Platón haya reemplazado esta última por la primera. El *Timeo*, al menos, habla exclusivamente de la idea de lo otro (τὸ θατέρου), y ni siquiera el *Sofista* menciona en ningún momento la idea de la transición entre el ser y el no-ser. En esta idea de cambio, Platón había intentado captar la *eidōs* del flujo eterno o del movimiento de un modo dialéctico-lógico. Contra esto, en cambio, recurre a la idea de otredad para aprehender el no-ser, que abarca tanto el reposo como el movimiento en su relación con el ser. En el *Parménides*,[83] sin embargo, el movimiento fue concebido no obstante eidéticamente como el estar del verdadero uno "siempre en el otro" o "diferente de sí mismo"; con lo cual la idea de cambio, al menos en este diálogo, también cumplió de hecho el papel de la idea de lo otro del *Sofista* (ἰδέα τοῦ θατέρου).

En todo caso, la intención de Platón en ambos casos fue la de logicizar la *hylē*, captarla en una idea dialéctica e introducirla en el propio mundo eidético. Aunque es cierto que la antítesis absoluta entre los principios de forma y materia continúa siendo mantenida como presuposición religiosa del pensamiento dialéctico, en la dialéctica misma debe sin embargo resolverse en la relación lógico-metafísica entre lo mismo y lo otro (identidad y diferencia), ambos de los cuales participan del ser.

k. La antinomia interna en el intento de la dialéctica por captar el principio material como un *eidōs*. la crisis en la teoría de las ideas sólo puede superarse limitando el ámbito de la nueva lógica dialéctica

Sin embargo, el principio material, la región de oscuridad en la cual el *Sofista* ha buscado refugio, no pudo ser captado en una idea dialéctica de otredad, pues para el motivo religioso de fondo del pensamiento griego, este principio no era otra cosa que el antípoda absoluto del principio formal. Por esta razón, la lógica dialéctica, que estaba completamente controlada por este motivo, necesariamente quedaba atrapada en antinomias cuando intentaba introducir la *hylē* en el mundo eidético. Estas antinomias, además, amenazaban con convertirse en la disolución interna de la metafísica misma. Por lo tanto, era de importancia crítica para la teoría de las ideas que se restringiera el ámbito de la nueva lógica dialéctica.

El mundo de las *eidē* había sido introducido en el *Fedón* como un mundo inteligible de formas simples, puras y absolutas. Sin embargo, la nueva dialéctica ha privado a las *eidē* de esta pureza y simplicidad. La ventaja de esto era que ahora se había presentado una explicación lógicamente comprensible de cómo las formas ónticas podían encarnarse en la *hylē* y funcionar como causas activas en el cosmos visible. Sin embargo, un *eidōs* que se encarna en una multiplicidad inmensa de cosas sensibles sujetas al principio material ya no es la forma óntica pura del mundo inteligible propiamente dicho. Como el *nous* cuando se encarna en un cuerpo material, ahora está mezclado con *hylē*, y, en esta condición, ha renunciado a su simplicidad y a su carácter exclusivamente formal.

1. *Eidē* **puros y** *eidē* **mezcladas con materia. En la siguiente etapa de Platón sólo los últimos pueden retenerse como genéticamente relacionados con la idea divina como origen**

Si la teoría de las ideas iba a continuar siendo una *theoria* metafísica de formas puras, tenía que introducirse una clara distinción una vez más entre el mundo de *eidē* puros y el mundo compuesto o mixto en el cual las *eidē* están encarnados en la *hylē*. La *República* ya había caracterizado a este último como el ámbito de lo que ha llegado a ser. Así, era natural considerar las *eidē* como *genē* (γένη), formas ónticas del devenir, solo en su composición o mezcla con el principio material. La concepción anterior de la *República*, según la

cual las *eidē* derivan en sí mismos su ser del poder formador divino de la idea de lo bueno y lo bello, debía ahora
restringirse a lo real en cuanto mezclado o compuesto. Esto
también era enteramente coherente con la visión socrática
original, que situaba la idea divina en relación directa con el
cosmos visible y no necesitaba considerar un mundo metafísico de modelos ónticos eternos. Tal mundo metafísico, por
supuesto, era desconocido para Sócrates.

Los *eidē* puros debían nuevamente colocarse en oposición
al *nous* divino como modelos independientes, no generados
y eternos, y el carácter de las fuerzas anímicas que habían
adquirido en el *Parménides* y el *Sofista* debía ser abandonado.
En sí mismos, entonces, no son traídos al ser por el *nous*
divino, sino que reposan desde la eternidad en el mundo
inteligible del ser. Solo en el cosmos presente a la percepción
sensible, el mundo de lo mezclado y compuesto, el poder
formador divino actúa causalmente. Las afirmaciones de la
nueva dialéctica introducida en los diálogos eleáticos deberán desde ahora restringirse al ámbito del ser mixto, y su
tarea será rastrear los principios estructurales dentro de las
relaciones eidéticas.

Estas relaciones eidéticas no se extienden a la naturaleza interior, simple e indivisible, que pertenece a las formas
ónticas como *ousia* o sustancia. En cambio, se aplican solo
a las estructuras del ser mixto, las cuales, de hecho, tienen
su origen en el poder formador del *nous* divino. Esto lo veremos claramente enunciado en el *Timeo*.[84] En este punto,
el reconocimiento de que la lógica dialéctica no puede penetrar en la naturaleza del ser absoluto y del no-ser absoluto
—que hemos visto que al menos está presente de manera

implícita ya en el *Parménides* y en el *Sofista*— se agudizará considerablemente.

Cuando el pensamiento de Platón toma este nuevo rumbo, se superará la crisis de la teoría de las ideas. Entonces se nos presentará una de las últimas etapas en el desarrollo de esta teoría, los diálogos principales en los cuales se expresa el ser son el *Filebo* y el *Timeo*. No obstante, por mucho que aumente el interés del anciano filósofo en los fenómenos empíricos, estos diálogos seguirán revelando el dualismo religioso primordial del motivo de fondo en toda su intensidad religiosa. También veremos que Platón no fue capaz de llegar a la concepción moderna de la ciencia empírica por esta vía.

NOTAS AL CAPÍTULO 2

[1] Frente a la posición de Gotfried Stallbaum y su escuela, J. Stenzel ha demostrado convincentemente en su *Studien zur Entwicklung der platonischen Dialektik von Sokrates zu Aristoteles* (2da ed.; Leipzig y Berlín, 1931, p. 48) que no hay rastro de esto en la dialéctica del *República*. De hecho, los oponentes de esta posición han apelado a *República* 454 A y 476 A y han afirmado que Platón ya ha hablado allí, respectivamente, de una *diastēgmé* entre *eidē* y una διαίρεσις κατ' εἴδη y de una κοινωνία τῶν γενῶν; sin embargo, como ha mostrado Stenzel en detalle, estos pasajes no tienen ninguna relación con la nueva dialéctica que se desarrolla en los diálogos eleáticos (*Parménides*, el *Sofista* y el *Político*) y también en la parte dialéctica posterior del *Fedro*.

[2] Platón, *Teeteto*, 153 B.

[3] Platón, *Teeteto*, 185 A ss.; nota 186 A: ΣΩ. Ποτέρῳ οὖν τίθης τὴν οὐσίαν; τούτῳ γὰρ μάλιστα ἐπὶ πάντων παρέπεται. ΘΕΑΙ. Ἐγὼ μὲν οὖν αὕτη ἡ ψυχὴ καθ' αὑτὴν ἐπορεύεται. ΣΩ. Ἦ καὶ τὸ ὅμοιον καὶ τὸ ἀνόμοιον, καὶ τὸ ταὐτὸν καὶ 'τὸ' ἕτερον; ΘΕΑΙ. Ναί. ΣΩ. Τί δαί; καλὸν καὶ αἰσχρόν, καὶ ἀγαθὸν καὶ κακόν; ΘΕΑΙ. Καὶ τούτων μοι δοκεῖ ἐν τοῖς μάλιστα πρὸς ἄλληλα σκοπεῖσθαι τὴν οὐσίαν, ἀναλογιζομένην ἐν ἑαυτῇ τὰ γεγονότα καὶ τὰ παρόντα πρὸς τὰ μέλλοντα. ("Sócrates: ¿A cuál de los dos [es decir, el alma pensante o los órganos sensoriales corporales] atribuyes el conocimiento de la forma óntica? Pues esto, sobre todo, está presente en todo. Teeteto: Lo coloco entre aquello que el alma misma aprehende por sí sola. Sócrates: ¿Y también lo semejante y lo no semejante, lo mismo y lo otro? Teeteto: Sí. Sócrates: ¿Y qué hay de lo bello y lo feo, y lo bueno y lo malo? Teeteto: También estos, me parece, los contempla la esencia y las relaciones mutuas en todo el pensamiento, en cuanto que compara en sí misma el pasado y el presente con el futuro").

[4] En su artículo "The Course of Plato's Development" (*Mélanges philosophiques: Bibliothèque du Xe Congrès international de philosophie*, II (Ámsterdam, 1948), 1–16, p. 8), D. H. Th. Vollenhoven respalda la opinión de Schleiermacher de que el *Teeteto* fue escrito después del Parménides. Sin embargo, su argumento para esta postura no ha logrado convencerme.

[5] Platón, Parmenides, 129 A, B: οὐ νομίζεις εἶναι αὐτὸ καθ' αὑτὸ εἶδός τι ὁμοιότητος, καὶ τῷ τοιούτῳ αὖ ἄλλο τι ἐναντίον, ὃ ἔστιν ἀνόμοιον, τούτων δὲ δυοῖν ὄντοις, κἀμὲ καὶ σὲ καὶ τἆλλα, ἃ δὴ πολλὰ καλοῦμεν, μεταλαμβάνειν· καὶ τὰ μὲν τῆς ὁμοιότητος μεταλαμβάνοντα ὅμοια γίγνεσθαι ταύτῃ τε καὶ κατὰ τοσοῦτον, ὅσον ἂν μεταλαμβάνῃ, τὰ δὲ τῆς ἀνομοιότητος ἀνόμοια, τὰ δ' ἀμφοτέρων ἀμφότερα· εἰ δὲ καὶ πάντ' ἐναντίον ὄντων ἀμφοτέρων μεταλαμβάνει, καὶ ἔστι τῷ μετέχειν ἀμφοῖν ὅμοιά τε καὶ ἀνόμοια αὐτὰ αὑτοῖς, τί θαυμαστόν; Ibid., 129 B: εἰ δὲ τὰ τούτων μετέχοντα ἀμφοτέρων ἀμφότερα ἀποφαίνει πεπονθότα, οὐδὲν ἔμοιγε, ὦ Ζήνων, ἄτοπον δοκεῖ εἶναι, οὐδέ γ' εἰ ἓν ἅπαντ' ἀποφαίνοι τις τῷ μετέχειν τοῦ ἑνὸς καὶ ταῦτα ταὐτὰ πολλὰ τῷ πλήθους αὖ μετέχειν· ("¿No crees que hay un εἶδος de semejanza, existente en sí mismo, y que, en oposición a esto, hay un εἶδος de desemejanza, y que en estas dos formas ónticas participan tú, yo y todas las demás cosas que llamamos 'las muchas'? ¿Y que las cosas que participan en la semejanza se hacen semejantes en ese respecto y en la medida en que participan, y que las que participan de la desemejanza se vuelven desemejantes, y que las que participan de ambas se vuelven ambas? Pero si todas las cosas participan de las *eidē* opuestos y por su participación en ambos son semejantes y no semejantes entre sí, ¿qué tiene eso de sorprendente? [...] Si alguien probara que las cosas que participan de ambos [*eidē*] experimentan ambas cosas [es decir, llegar a ser semejantes y desemejantes], esto no me parecería extraordinario, querido Zenón, ni me sorprendería que alguien probara que todo es uno en la medida en que participa de la unidad, y que es muchas cosas en tanto que también participa de la multiplicidad").

[6] Ibid., 129 D y E: ἐὰν δέ τις, ὃ νῦν ἐγὼ ἔλεγον, πρῶτον μὲν διαιρῆται χωρὶς αὐτὰ καθ' αὑτὰ τὰ εἴδη, ὧν ὁμοιότης τε καὶ ἀνομοιότης καὶ πλῆθος καὶ τὸ ἓν καὶ στάσιν καὶ κίνησιν καὶ πάντα τὰ τοιαῦτα, εἶτ' ἐν ἑαυτοῖς ταῦτα δυνάμενα συγκεράννυσθαι καὶ διακρίνεσθαι ἀποφαίνῃ, ἀγαίμαιμ' ἂν ἐγώ, ἔφη, θαυμαστῶς, ὦ Ζήνων. ("Pero si alguien, como acabo de decir, separara en primer lugar los εἴδη autosuficientes de las cosas que acabo de mencionar —por ejemplo, semejanza y desemejanza, pluralidad y unidad, reposo y movimiento, y todas las demás formas ónticas semejantes— y luego demostrara que estas, en sí mismas, pueden combinarse y distinguirse unas de otras, me asombraría, querido Zenón"). Ibid., 129 E a 130 A: πολὺ μέντ' ἂν ὧδε μᾶλλον ... ἀγασείην, εἴ τις ἔχοι τὴν αὐτὴν ταύτην ἀπορίαν

ἐν αὐτοῖς τοῖς εἴδεσι παντοδαπῶς πλεκομένην, ὥσπερ ἐν τοῖς ὁρωμένοις διήλθετε, οὕτω καὶ ἐν τοῖς λογισμῷ λαμβανομένοις ἐπιδεῖξαι. ("Pero me parecería aún más sorprendente si alguien pudiera demostrar que esa misma aporía también se da, de múltiples maneras, dentro de los mismos *eidē*, y que, tal como lo han mostrado en el ámbito de lo visible, también se da en el de aquello que solo puede ser aprehendido por medio del pensamiento lógico").

[7] Stenzel, *op. cit.*, p. 28, señala que la repulsión que experimenta el joven Sócrates ante la idea de εἶδος del cabello, la suciedad, etc., solo puede explicarse en términos del valor estético-ético que Platón inicialmente atribuyó al *eidos* en relación con la idea del *kalokagathon*. "Er will von einer ἀρετή des Schmutzes nicht sprechen, von einem εἶδος dass reiner und klarer als der Schmutz auf Erden Schmutz ist" ("Él no hablará de una areté de la suciedad, sino de un *eidos* que es más puramente y claramente suciedad que la suciedad sobre la tierra") (tr. 7).

[8] Platón, Parmenides, 131 A y B: Πότερον οὖν δοκεῖ σοι ὅλον τὸ εἶδος ἐν ἑκάστῳ εἶναι τῶν πολλῶν ἓν ᾧ; Después de la respuesta afirmativa de Sócrates, Parménides continúa: Ἐν ᾧ᾽ ὂν καὶ ταὐτὸν ἐν πολλοῖς χωρὶς οὖσιν ὅλον ἅμ᾽ ἐνέσται, καὶ οὕτως αὐτὸ αὑτοῦ χωρὶς ἂν εἴη. ("¿Piensas que el *eidos* completo como una sola forma óntica está en cada una de las muchas cosas? [...] Será entonces, como una y la misma forma óntica, al mismo tiempo enteramente presente en muchas cosas separadas, y de este modo estaría separada de sí misma").

[9] Ibid. 131 C (perteneciente al segundo caso, donde las cosas individuales solo participan en una parte del *eidos*): Μεριστὰ ἄρα, φάναι, ὦ Σώκρατες, ἔστιν αὐτὰ τὰ εἴδη, καὶ τὰ μετέχοντ᾽ αὐτῶν μέρους ἂν μετέχοι, καὶ οὐκέτ᾽ ἐν ἑκάστῳ ὅλον, ἀλλὰ μέρος ἑκάστου ἂν εἴη ... καὶ ἔτι ἓν ἔσται; ("Entonces, querido Sócrates, dijo, los eidé mismos son divisibles, y las cosas que participan en ellos participarían solo de una parte, y en cada una de estas ya no estaría presente el *eidos* entero, sino una parte de él [...] ¿y seguirá siendo uno [el *eidos*]?").

[10] Ibid., 132 A and B: Ἄλλο ἄρ᾽ εἶδος μεγέθους ἀναφήσεται, παρ᾽ αὐτὸ τε τὸ μέγεθος γεγονός καὶ τὰ μετέχοντα αὐτοῦ· καὶ ἐπὶ τούτοις αὖ πᾶσιν ἕτερον, ᾧ ταῦτα πάντα μεγάλα ἔσται· καὶ οὐκέτι δὴ ἓν ἑκάστῳ σοι τῶν εἰδῶν ἔσται, ἀλλ᾽ ἄπειρα τὸ πλῆθος.("Entonces aparecerá otro *eidos* de

grandeza que habrá tomado forma junto con la grandeza en sí misma y las cosas que participan en ella; y por encima de todas estas, aún otro, en virtud de la cual todas ellas son grandes. Y cada uno de los eidē ya no será uno para ti, sino un número infinito").

[11] Ibid.: Ἀλλὰ, φάναι, ὦ Παρμενίδη, τὸν Σωκράτη, μὴ τῶν εἰδῶν ἕκαστον τούτων ᾖ νόημα, καὶ οὐδαμοῦ αὐτῷ προσήκη γίγνεσθαι ἄλλοθι ἢ ἐν ψυχῇ· οὕτω γὰρ ἂν ἕν γ' ἕκαστον εἴη ("... Pero, dijo Parménides, querido Sócrates, ¿no podría cada uno de los eidē ser un contenido de pensamiento (*noēma*), que no podría llegar apropiadamente a la existencia en ningún lugar sino en el alma? Pues de esta manera cada uno todavía podría ser uno").

[12] Ibid., 133 C: Οὐκοῦν καὶ ὅσαι τῶν ἰδεῶν πρὸς ἀλλήλας εἰσὶν αἵ εἰσιν, αὗται πρὸς αὑτὰς τὴν οὐσίαν ἔχουσιν, ἀλλ' οὐ πρὸς τὰ παρ' ἡμῖν εἴθ' ὁμοιώματα εἴθ' ὅπη δή τις αὐτὰ τίθεται, ὧν ἡμεῖς μετέχοντες ἑκάστῳ ἐπωνομάζομεθα ("¿Y entonces aquellas ideai que son lo que son en relación unas con otras tienen su ser en relación unas con otras, no, sin embargo, en relación con las 'semejanzas' [copias], o con cualquier otra cosa que se represente que sean, que encontramos nosotros, y participando en las cuales atribuimos ser a cada cosa por su nombre?").

[13] Ibid., 134 A: Οὐκοῦν καὶ ἐπιστήμη, φάναι, αὐτὴ μέν ἐστί ἐπιστήμη τῆς ὃ ἐστιν ἀλήθεια, αὐτῆς ἂν ἐκείνης εἴη ἐπιστήμη; ("Entonces, él dijo, ¿el conocimiento en sí mismo, que es conocimiento de la verdad en sí, no sería conocimiento de esta última misma?").

[14] Ibid.: Ἡ δὲ παρ' ἡμῖν ἐπιστήμη οὐ τῆς παρ' ἡμῖν ἂν ἀληθείας εἴη· καὶ αὖ ἑκάστη ἡ παρ' ἡμῖν ἐπιστήμη τῶν παρ' ἡμῖν ὄντων ἑκάστου ἂν ἐπιστήμη συμβαίνοι εἶναι· Ἀνάγκη ("¿Pero no sería nuestro conocimiento el de la verdad que existe para nosotros? Y nuevamente, ¿no sería cada conocimiento presente para nosotros conocimiento de cada una de las cosas que existen para nosotros? Esto, por necesidad, será el caso").

[15] Ibid., 134 B: Γιγνώσκεται δέ γέ που ὑπ' αὐτοῦ τοῦ εἴδους τοῦ τῆς ἐπιστήμης αὐτὰ τὰ γένη, ᾗ ἐστιν ἕκαστα· Ναί. Ὃ γ' ἡμεῖς οὐκ ἔχομεν. Οὐ γάρ. Οὐκ ἄρ' ὑπὸ γ' ἡμῶν γιγνώσκεται τῶν εἰδῶν οὐδέν, ἐπειδὴ αὐτῆς ἐπιστήμης οὐ μετέχομεν. Οὐκ ἔοικεν. Ἄγνωστον ἄρ' ἡμῖν ἔσται καὶ αὐτὸ τὸ καλὸν ὃ ἔστι καὶ τἀγαθὸν καὶ πάντα, ἃ δὴ ὡς ἰδέας αὐτὰς οὔσας ὑπολαμβάνομεν. ("¿Pero no son conocidos por el mismo *eidos* del cono-

cimiento estos *génera*, en cuanto que son cada uno de ellos? —Sí. —Eso que nosotros no poseemos. —En efecto. —Entonces, ninguno de los *eidē* es conocido por nosotros, puesto que no participamos del conocimiento en sí. —Aparentemente no. Entonces la belleza en sí, y la bondad, y todo aquello que tomamos como *ideai* subsistentes, nos son desconocidas").

[16] Ibid., 134 D: μὴτ' ἐκεῖνα τὰ εἴδη πρὸς τὰ παρ' ἡμῖν τὴν δύναμιν ἔχειν ἥν ἔχει, μὴτε τὰ παρ' ἡμῖν πρὸς ἐκείνα, ἀλλ' αὐτὰ πρὸς αὐτὰ ἕκαστα. ("Que ni esos eidē tienen la *dýnamis* en relación con las cosas en nuestro mundo, ni las cosas nuestras con relación a ellos, sino que cada uno sólo en relación consigo mismo").

[17] Ibid.: Οὐκοῦν εἰ παρὰ τῷ θεῷ αὕτη ἐστίν ἡ ἀκριβεστάτη δεσποτεία καὶ αὕτη ἡ ἀκριβεστάτη ἐπιστήμη, οὔτ' ἂν ἡ δεσποτεία ἡ ἐκείνων ἡμῶν ποτ' ἂν δεσπόσειεν, οὔτ' ἂν ἡ ἐπιστήμη ἡμᾶς γνοίη οὐδὲ τι ἄλλο τῶν παρ' ἡμῖν. ("Si entonces este dominio supremo [es decir, la *dýnamis* de los eidē] en sí mismo y el conocimiento más exacto en sí mismo reside en la divinidad, entonces el dominio de estos [eidē] no podría gobernarnos, ni el conocimiento [de los eidē] podría conocer a nosotros ni a ninguna otra cosa en nuestro mundo".) La conexión directa entre el conocimiento divino de los *eidē* y la posesión de su potencia formal como el dominio más elevado es completamente coherente con el pensamiento de Anaxágoras y Sócrates".

[18] Véase la cita de *Parménides*, 133 C en la página 196.

[19] Por las razones dadas en la nota 4 de la página 197, sostengo que la afirmación de Stenzel de que la idea del *tou agathou* ha sido completamente eliminada en los diálogos eleáticos es completamente errónea. En mi opinión solo podemos referirnos al *Sofista*, 254 a, para refutar su posición, a la cual me referiré más adelante.

[20] Cf. la cita de 134 B en la página 197.

[21] Brommer, *op. cit.*, p. 159.

[22] Cf., por ejemplo, *Parménides*, 134 E y 135 A: Ταῦτα μέντοι, ὦ Σώκρατες, εἴδη ὁ Παρμενίδης, καὶ ἔτι ἄλλα πρὸς τούτοις πλὴν πολλὰ ἀναγκαιον ἔχειν εἶναι εἰ εἴδη ἐστὶν αὐτὰ ἡ ἰδέα τῶν ὄντων καὶ ὁρίεται τῆς αὐτῆς τῷ ἑκάστῳ εἶδος ("Estas [dificultades], querido Sócrates, dijo Parménides, y aún muchas otras más implican necesariamente que si la idea de las cosas reales [verdaderamente] es una y una sola, entonces cada *eidos* debe ser definido individualmente en sí mismo").

[23] Véase la nota 2 en la página 198.

[24] Ibid., 137 C a 142 B.

[25] Ibid., 138 C: Ἀλλοιούμενον δὲ τὸν ἐν ἑαυτοῦ ἀδύνατον που ἔτι εἶναι.

[26] Ibid., 141 E: Τὸ δὲ δὴ ἔστι καὶ τὸ γίγνεται οὐ τοῦ νῦν παρόντος ...Εἰ ἄρα τὸ ἐν μηδαμῇ μετέχων ἀπέχει χρόνου ...οὔτε νῦν γέγονεν οὔτε γίγνεται οὔτ' ἔστιν ...("Pero decir que 'es' y 'llega a ser' todavía [implica] una participación en lo que ahora está presente ...Si, por tanto, el uno no participa en ningún tiempo ...entonces no ha llegado a ser, ni está llegando a ser ahora, ni es ahora").

[27] Ibid., 144 A: Εἰ ἄρ' ἔστιν ἕν, ἀνάγκη καὶ ἀριθμὸν εἶναι ...Ἀλλὰ μὴν ἀριθμοῦ γ' ὄντος, πολλὰ ἂν εἴη καὶ πλῆθος ἄπειρον τῶν ὄντων. ἢ οὐκ ἄπειρος ἀριθμὸς πλήθει καὶ μετέχων οὐσίας γίγνεται ("Si, por tanto, el uno es, también debe haber número... Pero si el número tiene ser, entonces también puede haber pluralidad y una multitud ilimitada de cosas que son. ¿O no surge el número por ser ilimitado en pluralidad y participar del ser?")

[28] Ibid., 144 B: Ἐπὶ πάντ' ἄρα πολλὰ ὄντα ἡ οὐσία νενέμηται... (traducción en el texto).

[29] Ibid., 145 A: Τὸ ἓν ἄρ' ὂν ἕν τέ ἐστι που καὶ πολλά, καὶ ὅλον καὶ μόρια, καὶ πεπερασμένον καὶ ἄπειρον πλήθει. (Traducción en el texto).

[30] Ibid., 145 A y B: εἰ ὅλον, οὗ καὶ ἀρχὴν ἂν ἔχοι καὶ μέσον καὶ τελευτήν, ...Ἀλλὰ μὴν τὸ γε μέσον ἴσον τῶν ἔξωθεν ἔσχετ· οὐ γὰρ ἂν ἄλλως μέσον εἴη ...Καὶ σχήματος δή τις ...τοιοῦτον ἂν μετέχοι ἂν τὸ ἕν, ἤτοι εὐθὲς ἢ στρογγύλον ἢ ἄνως μικτὸν ἐξ ἀμφοῖν.. (Nota editorial: paráfrasis en el texto.)

[31] Ibid., 145 B: Ἆρ' οὖν οὕτως ἔχον οὐκ αὐτό τ' ἐν ἑαυτῷ ἔσται καὶ ἐν ἄλλῳ; ("Si las cosas están así con él, ¿no estará [el verdadero uno] tanto en sí mismo como en otra cosa?") Ibid., 145 E: Ἦμ' μὲν ἄρα τὸ ἓν ὅλον, ἐν ἄλλῳ ἐστίν· ἡ δὲ τὰ πάντα μέρη ὄντα τυγχάνει, αὐτὸ ἐν ἑαυτῷ. ("Entonces, en la medida en que el uno es un todo, está en otra cosa; pero en la medida en que es la suma de todas las partes, está en sí mismo").

[32] Ibid., 145 E: Οὕτω δὴ πεφυκὸς τὸ ἓν ἄρ' οὐκ ἀνάγκη καὶ κινεῖσθαι καὶ ἑστάναι; ("Puesto que esta es la naturaleza del uno, ¿no se sigue necesariamente que tanto está en reposo como en movimiento?").

[33] Ibid., 148 C and D: Ταὐτὸν τ' ἄρ' ὂν τὸ ἓν τοῖς ἄλλοις, καὶ ὅτι ἕτερόν ἐστι. καθ' ἀμφότερα καὶ καθ' ἕκαστον, ὅμοιόν τε ἂν εἴη καὶ ἀνόμοιον τοῖς ἄλλοις. ("Puesto que, entonces, el uno es el mismo que los otros y diferente de ellos, en ambos respectos y en cada uno individualmente, será semejante y no semejante a los otros").

[34] Esto ocurre expresamente en Parmenides, 149 C y D, donde tanto el uno como el otro absoluto que se le opone son nuevamente privados de número y espacialidad: Εἰ δὲ γ' ἓν μόνον ἐστί, δυὰς δὲ μὴ ἐστιν, ἅψις οὐκ ἂν εἴη ... Οὐκοῦν φαμέν, τἆλλα τοῦ ἑνὸς οὐθ' ἓν ἐστίν οὔτε μετέχει αὐτοῦ, εἴπερ ἄλλα ἐστίν ... Οὐκ ἄρ ἐνέστιν ἀριθμὸς ἐν τοῖς ἄλλοις, ἑνὸς μὴ ἐνόντος ἐν αὐτοῖς ... Οὔτ' ἄρ ἓν ἐστὶ τἆλλα οὔτε δύο οὔτ' ἄλλου ἀριθμοῦ ἔχοντα ὄνομα οὐδέν ... Τὸ ἓν ἄρα μόνον ἐστίν [ἕν], καὶ δυὰς οὐκ ἂν εἴη ... Ἅψις ἄρ' οὐκ ἔστιν, δυοῖν μὴ ὄντοιν ... Οὔτ' ἄρα τὸ ἓν τῶν ἄλλων ἅπτεται οὔτε τἆλλα τοῦ ἑνός, ἐπείπερ ἅψις οὐκ ἔστιν ... Οὕτω δὴ κατὰ πάντα ταῦτα τὸ ἓν τῶν τ' ἄλλων καὶ ἑαυτοῦ ἅπτεταί τε καὶ οὐχ ἅπτεται. ("Pero si el uno es sólo uno, y no hay dos, entonces tampoco puede haber contacto [espacial] ...

Ahora bien, como dijimos, aquello que es otro que el uno no es ni uno ni participa del uno, en la medida en que es otra cosa ... Así pues, no hay número en el otro, si el uno no está presente en él ... El otro, por tanto, no es ni uno ni dos ni tiene el nombre de ningún otro número ... El uno, por tanto, es sólo uno, y no puede haber dos ... Por consiguiente, no hay [contacto espacial], ya que no hay dos ... El uno, por tanto, no entra en [contacto espacial] con el otro, ni el otro con el uno, ya que no hay contacto ... Así, el resultado de todo esto es que el uno tanto no entra como entra en [contacto espacial] con lo otro y consigo mismo").

[35] Nota editorial: Que los diversos aspectos del orden cósmico de la ley no puedan reducirse al aspecto lógico ha sido una piedra angular de la filosofía de la idea cosmonómica, reflejada tanto en la temprana crítica de Dooyeweerd como en la de Vollenhoven a la "idea del logos". Lo lógico no es el denominador común de los aspectos; es en sí mismo un lado o aspecto de la realidad'.

[36] Hermann Cohen, *Logik der reinen Erkenntnis. System der Philosophie*, I (3ra. ed., Berlín, 1922).

[37] Parmenides 151 E a 152 A: Τὸ δ' εἶναι ἄλλο τί ἐστιν ἢ μέθεξις οὐσίας μετὰ χρόνου τοῦ παρόντος, ὥσπερ τὸ ἦν μετὰ τοῦ παρεληλυθότος καὶ αὖ τὸ ἔσται μετὰ τοῦ μέλλοντος οὐσίας ἐστὶ κοινωνία; ...Μετέχει μὲν ἄρα χρόνου, εἴπερ καὶ τοῦ εἶναι. ("¿Pero no es el 'ser' otra cosa sino una participación en la forma óntica en el tiempo presente, así como el 'fue' lo es en la forma óntica del pasado, y el 'será' en el futuro? ...Por lo tanto, [el uno] participa en el tiempo, si también participa en el ser").

[38] Ibid., 152 C a D: Εἰ δὲ γ' ἀνάγκη μὴ παρελθεῖν τὸ νῦν πᾶν τὸ γιγνόμενον, ἐπειδὰν κατὰ τοῦτ' ᾖ, ἐπίσχει ἀεὶ τοῦ γίγνεσθαι καὶ ἔστι τότε τοῦθ' ὅτι ἂν τύχῃ γιγνόμενον. (Traducción en el texto).

[39] Ibid., 156 C: Ποῖ' οὖν μεταβάλλει· οὔτε γὰρ ἑστὼς ἂν οὔτε κινούμενον μεταβάλλοι οὔτ' ἐν χρόνῳ ὤν. (Traducción en el texto).

[40] Ibid., 156 D: τὸ γὰρ ἐξαίφνης τοιόνδε τι ἔοικε σημαίνειν, ὡς ἐξ ἐκείνου μεταβάλλον εἰς ἕτερον. (Traducción en el texto).

[41] Ibid., 156 D: οὐ γὰρ ἔκ γε τοῦ ἑστάναι ἑστῶτος ἔτι μεταβάλλει, οὐδ' ἐκ τῆς κινήσεως κινουμένης ἔτι μεταβάλλει· ἀλλ' ἡ ἐξαίφνης αὕτη φύσις ἄτοπός τις ἐγκάθηται μεταξὺ τῆς κινήσεώς τε καὶ στάσεως, ἐν χρόνῳ οὐδενὶ οὖσα, καὶ εἰς ταύτην δὴ καὶ ἐκ ταύτης τό τε κινούμενον μεταβάλλει ἐπὶ τὸ ἑστάναι καὶ τὸ ἑστὸς ἐπὶ τὸ κινεῖσθαι. (Traducción en el texto).

[42] Ibid., 156 E: Καὶ τὸ ἓν δή, εἴπερ ἕστηκέν τε καὶ κινεῖται, μεταβάλλοι ἂν ἐφ' ἑκάτερα· μόνος γὰρ ἂν οὕτως ἀμφότερα ποιοίη· μεταβάλλον δ' ἐξαίφνης μεταβάλλει, καὶ ὅτε μεταβάλλει, ἐν οὐδενὶ χρόνῳ ἂν εἴη, οὐδὲ κινοῖτ' ἂν τότε, οὐδ' ἂν σταίη. (Traducción en el texto).

[43] Ibid., 156 E to 157 B: ὅταν ἐκ τοῦ εἶναι εἰς τὸ ἀπολλύσθαι μεταβάλλῃ ἢ ἐκ τοῦ μὴ εἶναι εἰς τὸ γίγνεσθαι, μεταξύ τινων τότε γίνεται κινήσεών τε καὶ στάσεων, καὶ οὔτε ἐστὶ τότε οὔτ' οὐκ ἔστι, οὔτε γίγνεται οὔτ' ἀπόλλυται· ...Κατὰ δὴ τὸν αὐτὸν λόγον καὶ ἐξ ἑνὸς ἐπὶ πολλὰ ἰὸν καὶ ἐκ πολλῶν ἐφ' ἓν οὔθ' ἓν ἐστιν οὔτε πολλά, οὔτε διακρίνεται οὔτε συγκρίνεται· καὶ ἐξ ὁμοίου ἐπ' ἀνόμοιον, καὶ ἐξ ἀνομοίου ἐφ' ὅμοιον ἰὸν οὔθ' ὅμοιον οὔτ' ἀνόμοιον, οὔτ' ὁμοιούμενον οὔτ' ἀνομοιούμενον· καὶ ἐκ σμικροῦ ἐπὶ μέγα καὶ ἐπ' ἴσον καὶ εἰς τἀναντία ἰὸν οὔτε σμικρὸν οὔτε μέγα οὔτ' ἴσον, οὔτ' αὐξανόμενον οὔτε φθίνον οὔτ' ἰσούμενον εἴη ἄν ...Ταῦτα δὴ τὰ παθήματα παντ' ἂν πάσχοι τὸ ἕν, εἰ ἔστι. (Traducción en el texto).

[44] Hasta cierto punto esto ya fue reconocido por K. Steinhardt en su introducción al *Sofista*a (Platon's sämtliche Werke [trad. H. Mueller], vol. 3, p. 455), donde observa: "Por muy marcadamente que ellos (a saber, los amigos de las ideas) puedan separar las ideas inmutables y eternamente idénticas a sí mismas, o la esfera del ser puro, del mundo siempre cambiante y en movimiento del devenir y la apariencia, no pueden evitar reconocer que en el hombre estos dos mundos entran en contacto, ya que el cuerpo pertenece al ámbito del devenir y el cambio, mientras que la mente tiene comunión con la esfera superior en virtud de su capacidad para pensar el ser eterno de las ideas". (Traducción al inglés por el traductor.)

Steinhart restringe erróneamente esta concepción de la forma óntica eterna, sin embargo, a la idea de un "Ser Primordial pensante y conscientemente creado" (la deidad), aunque tal restricción no está respaldada ni por el *Parménides* ni por el *Sofista*. El pasaje citado más abajo del *Sofista*a (248 E – 249 A) habla del παντελῶς ὄν, "lo que es completamente", y ya hemos aprendido en la *República* que Platón concibió la idea divina, y por implicación también el *nous* divino, como trascendentes a las formas ónticas.

[45] *Sofista*, 248 E to 249 A: ΞΕ. Τί δαί πρὸς Διός· ὡς ἀληθῶς κίνησιν καὶ ζωὴν καὶ ψυχὴν καὶ φρόνησιν φρόνησιν ἢ ῥᾳδίως πεισθησόμεθα τῷ παντελῶς ὄντι μὴ παρεῖναι μηδὲ ζῆν αὐτὸ μηδὲ φρονεῖν ἀλλὰ σεμνὸν καὶ ἅγιον νοῦν οὐκ ἔχον ἀκίνητον ἑστὸς εἶναι· ΘΕΑΙ. Δεινὸν μεντάν, ὦ ξένε, λόγον συγχωροῦμεν. (Traducción en el texto)".

[46] Ibid., 247 E: τίθεμαι γὰρ ὅρον ὁρίσων τὰ ὄντα, ὡς ἔστιν οὐκ ἄλλο τι πλὴν δύναμις. ("Porque con esta definición defino las cosas que son como nada más que *dynamis* [potencia activa o capacidad pasiva para ser afectado]").

[47] Ibid., 248 C: ΞΕ. Ἱκανὸν ἔθεμεν ὅρον που τῶν ὄντων, ὅταν τῷ παρεῖν ἢ τὸ πάσχειν ἢ δρᾶν καὶ πρὸς τὸ σμικρότατον δύναμις· ΘΕΑΙ. Ναί. ΞΕ. Πρὸς δὴ ταῦτα τόδε λέγουσιν [sc. φίλοι εἰδῶν], ὅτι γενέσει μὲν μέτεστι <τῆς>τοῦ πάσχειν καὶ ποιεῖν δυνάμεως, πρὸς δ' οὐσίαν τούτων οὐδετέρων τὴν δύναμιν ἁρμόττειν φασίν. ("¿Proponemos una definición suficiente de las cosas que son cuando [afirmamos que] poseen la *dynamis* de actuar o de ser afectadas incluso respecto a lo más significativo? Teeteto: Sin duda. El Forastero: Frente a esto, ellos [a saber, los amigos de las *eidē*] dicen que

el devenir participa de la *dynamis* de ser afectado y de actuar, pero que la *dynamis* de ninguna de estas dos es apropiada a la forma óntica [la *eidos*]".) La conexión entre este pasaje (248 C) y lo que sigue [248 E a 249 A] refuta decisivamente la interpretación de Steinhart de este último (cf. Nota 1 en la página 212).

[48] *Sofista*, 248 D y E: ὡς τὸ γιγνώσκειν εἴπερ ἔσται ποιεῖν τι, τὸ γιγνωσκόμενον ἀναγκαῖον αὖ ξυμβαίνει πάσχειν. τὴν οὐσίαν δὴ κατὰ τὸν λόγον τοῦτον γιγνωσκομένην ὑπὸ τῆς γνώσεως, καθ᾽ ὅσον γιγνώσκεται, κατὰ τοσοῦτον κινεῖσθαι διὰ τὸ πάσχειν, ὃ δή φαμεν οὐκ ἂν γένεσθαι περὶ τὸ ἠρεμοῦν. ("Si conocer es una forma de actuar, se sigue necesariamente que lo conocido debe ser afectado. Por este razonamiento, si la esencia [forma óntica] es conocida por el conocimiento, entonces esta, en la medida en que es conocida, se pone en movimiento al ser afectada, algo que dijimos no puede suceder a lo que está en reposo").

[49] *Teeteto*, 153 b: Ἡ δ᾽ ἐν τῇ ψυχῇ ἕξις οὐχ ὑπὸ μαθήσεως μὲν καὶ μελέτης, κινήσεων ὄντων, κτᾶταί τε μαθήματα...; ("¿Acaso no adquiere la disposición en el alma conocimiento por medio del aprendizaje y la práctica mental, las cuales son movimientos?") Es digno de atención que Sócrates aquí contrasta estos movimientos, que elevan y perfeccionan el alma, con el reposo, como una falta de ejercicio y de deseo de saber, por la cual el conocimiento ya adquirido se pierde nuevamente. Evidentemente, el tema del movimiento ha ganado considerable estimación a expensas del tema eleático del reposo estático".

[50] *Teeteto*, 204 A: Ἐχέτω δή, ὡς νῦν φαμέν, μίαν ἰδέα ν ἐξ ἑκάστων τῶν συναρμοτόντων στοιχείων γιγνομένην ἡ συλλαβή... ἢ καὶ τὸ ὅλον ἐκ τῶν μερῶν λέγεις γεγονὸς ἕν τι εἶδος ἕτερον τῶν πάντων μερῶν; ("Supongamos entonces, como decimos ahora, que la sílaba tiene una sola idea que surge de sus diversos elementos correspondientes... ¿o también dirías que un todo compuesto de sus partes es una sola *eidos*, distinta de todas las partes?") 204 B: Τὸ δὲ δὴ πᾶν καὶ τὸ ὅλον πότερον ταὐτὸν καλεῖς ἢ ἕτερον ἑκάτερον; ("¿Llamas lo mismo a la suma y al todo, o los consideras distintos entre sí?") 204 C: Ταὐτὸν ἄρ᾽, ἔν γε τοῖς ὅσα ἐξ ἀριθμοῦ ἐστι τὸ πᾶν προσαγορεύομεν καὶ τὰ πάντα; ("Entonces, en el caso de magnitudes aritméticas, ¿decimos lo mismo por 'la suma' que por 'todas las partes'?").

[51] *Parmenides*, 157 D y E: Οὐκ ἄρα τῶν πολλῶν οὐδὲ πάντων τὸ μόριον μόριον, ἀλλὰ μιᾶς τινὸς ἰδέας καὶ ἑνὸς τινὸς, ὃ καλοῦμεν ὅλον, ἐξ ἁπάντων ἓν τέλειον γεγονός, τούτου μόριον ἂν τὸ μόριον εἴη. ("Por tanto, la parte no es parte de los muchos ni del todo, sino de una cierta idea y de una cierta unidad que llamamos 'todo', el cual se ha vuelto una unidad completa compuesta de todos [los elementos]; de esto, en efecto, cada parte puede constituir una parte").

[52] Ibid., 157 E a 158 A: Καὶ μὴν καὶ περὶ τοῦ μορίου γ' ἑκάστου ὁ αὐτὸς λόγος. καὶ γὰρ τοῦτ' ἀνάγκη μετέχειν τοῦ ἑνός. εἰ γὰρ ἕκαστον αὐτὸ μόριόν ἐστι, τὸ γ' ἕκαστον εἶναι ἓν δήπου σημαίνει, ἀφωρισμένον μὲν τῶν ἄλλων, καθ' αὑτὸ δ' ὄν, εἴπερ ἕκαστον ἔσται. ("Pero sin duda el mismo razonamiento también se aplica con respecto a cada parte. Pues esta también debe necesariamente participar de lo uno. Porque si cada una de estas es una parte, entonces 'cada una' ciertamente significa algo que está separado de las otras (partes) y que existe por sí misma, si ha de ser una 'cada una'").

[53] Ibid., 158 C y D: Καὶ μὴν ἐπειδὴ γ' ἓν ἕκαστον μόριον μόριον γίνεται, πέρας ἤδη ἔχει πρὸς ἄλληλα καὶ πρὸς τὸ ὅλον, καὶ τὸ ὅλον πρὸς τὰ μόρια ... Τοῖς ἄλλοις δὴ τοῦ ἑνὸς ξυμβαίνει ἐκ μὲν τοῦ ἑνὸς καὶ ἐξ ἑαυτῶν κοινωνησάντων, ὡς ἔοικεν, ἕτερόν τι γίγνεσθαι ἐν ἑαυτοῖς, ὃ δὴ πέρας παρέσχε πρὸς ἄλληλα· ἡ δ' αὐτῶν φύσις καθ' ἑαυτὰ ἀπειρίαν. ("Pero cuando cada parte se convierte en una parte, entonces tienen un límite con respecto unas a otras y con respecto al todo, y del mismo modo el todo con respecto a las partes... Naturalmente, en cuanto a lo que es distinto de lo uno, el resultado será que a través de la combinación de lo uno con ello, algo diferente llegará a ser en ello, lo cual producirá una limitación recíproca; la naturaleza de ese otro en sí misma, sin embargo, es ilimitación").

[54] Karl Steinhart ya ha señalado correctamente esto en su Introducción al Parménides de Platón (*op. cit.*, vol. 3, p. 294). Véase también su afirmación en la p. 295: "sie ist etwa Das, was Platon in seinen späteren Dialogen als die noch ungeschiedene Materie ὕλη bezeichnet." ("Eso [a saber, la pluralidad aún no determinada] es prácticamente equivalente a aquello que, al no estar aún diferenciado, Platón llama ὕλη en sus diálogos posteriores").

[55] *Parmenides*, 159 B a 160 D.

[56] Ibid., 160 B : Οὕτω δὴ ἓν εἰ ἔστι, πάντα τ᾿ ἐστι τὸ ἓν καὶ οὐδὲ ἕν ἐστι καὶ πρὸς ἑαυτὸ καὶ πρὸς τἆλλα ὁσαύτως. ("Por estas razones, entonces, lo uno, si es, es todo, y no es uno ni en relación consigo mismo ni con lo otro de la misma manera").

[57] Ibid., 160 D: Ὧδ᾿ ἄρα λεκτέον ἐξ ἀρχῆς, ἓν εἰ μὴ ἔστι, τί χρή εἶναι. πρῶτον μὲν οὖν αὐτῷ τοῦθ᾿ ὑπάρχειν δεῖ, ὡς ἔοικεν, εἶναι αὐτοῦ ἐπιστήμην, ἢ μὴ ὅ τι λέγεται γιγνώσκεσθαι, ὅταν τις εἴπῃ ἓν εἰ μὴ ἔστιν. ("Por tanto, debemos expresarnos desde el principio así: si lo uno no es, ¿qué debe ser entonces? En primer lugar, parece que debe ser verdadero que exista un conocimiento de ello; de otro modo, se diría que uno no entiende nada cuando alguien dice: 'si lo uno no es'").

[58] Ibid., 160 D: Καὶ ἑτεροιότης ἄρ᾿ ἐστὶν αὐτῷ πρὸς τὴν ἐπιστήμην. ("Por tanto, la otredad pertenece a ello [es decir, a lo uno que no es] además del conocimiento de ello").

[59] Ibid., 160 E: Καὶ μὴν τοῦ γ᾿ ἐκείνου καὶ τοῦ τινὸς καὶ τούτου καὶ τούτῳ καὶ τούτων καὶ πάντων τῶν τοιούτων μετέχει τὸ μὴ ὂν ἕν. ("Y ciertamente, lo uno que no es también participa del 'aquello', del 'algo', de 'esto', de 'esto a esto', de 'estos' y de todas esas cosas semejantes").

[60] Ibid., 162 A: Δεῖ ἄρ᾿ αὐτὸ δεσμὸν ἔχειν τοῦ μὴ εἶναι τὸ εἶναι μὴ ὄν, εἰ μέλλει μὴ εἶναι, ὁμοίως ὥσπερ τὸ ὂν μὴ ὂν ἔχῃ μὴ εἶναι, ἵνα τελέως αὖ εἶναι ᾖ. ("Por tanto, si [es decir, lo uno que no es] ha de no ser, debe tener su ser en aquello que no es como un vínculo con el no-ser, del mismo modo que aquello que es y no es tiene el no-ser, para que su ser pueda ser completo").

[61] Ibid., 164 C y D: Κατὰ πλήθη ἄρ᾿ ἕκαστα ἀλλήλων ἄλλα ἐστίν. καθ᾿ ἓν γὰρ οὐκ ἂν οἷά τ᾿ εἴη, μὴ ὄντος ἑνός· ἀλλ᾿ ἕκαστος, ὡς ἔοικεν, ὁ ὄγκος αὐτῶν ἄπειρός ἐστι πλήθει, κἂν τὸ σμικρότατον δοκοῦν εἶναι λάβῃ τις, ὥσπερ ὄναρ ἐν ὕπνῳ φαίνεται ἐξαίφνης ἀνθ᾿ ἑνὸς δόξαντος εἶναι πολλὰ καὶ ἀντὶ σμικροτάτου παμμέγεθες πρὸς τὰ κερματιζόμενα ἐξ αὐτοῦ. ("En cuanto a las multitudes, cada una es así otra en relación con la otra. En cuanto a la unidad, no pueden ser tales, ya que no hay una; pero parece que toda masa [informal] [L. moles] de ellas es ilimitada en número, incluso si alguien toma lo que parece ser lo más pequeño; como en un sueño durante el sueño, de repente, en lugar de lo que parecía uno, aparece como muchos, y en lugar de lo que era más pequeño, como algo

grandísimo en relación con los [innumerables] fragmentos que provienen de ello").

[62] Ibid., 166 C: ἐν εἰ μὴ ἔστιν, οὐδὲν ἔστιν (traducción en el texto). El diálogo concluye poco después con la conocida —a primera vista sofística y escéptica— afirmación: ὅτι, ὡς ἔοικεν, ἐν εἴτ᾽ ἔστιν εἴτε μὴ ἔστιν, αὐτό τε καὶ τἆλλα καὶ πρὸς αὐτὰ καὶ πρὸς ἄλληλα πάντα πάντως ἐστίν τε καὶ οὐκ ἔστι, καὶ φαίνεται τε καὶ οὐ φαίνεται. ("…que, según parece, sea que lo uno es o no es, él mismo y los otros, tanto en relación consigo mismos como entre sí, son y no son todas las cosas de todas las maneras, y parecen y no parecen ser así").

[63] *Sofista*, 253 D: ΞΞ. Τὸ κατὰ γένη διαιρεθῆναι καὶ μὴ πᾶν εἶδος ἔχειν ἡγνόησθαι μὴ εἶναι ὂν αὐτόν, μόνη οὐ σῆς διαλεκτικῆς φήσομεν ἐπιστήμης εἶναι. (Traducción en el texto).

[64] Ibid., Οὐκοῦν τὸ εἶδος ὀρθῶς φάναι, ἰδὲν μιᾶς ἰδέας πάντα, εἰς ἕκαστον κείμενα πράγματα, διάχυτα διεσπαρμένα διεσκορπισμένα εἶναι, καὶ καλῶς ἔχεις ἀθροίσας εἰς μίαν ὁρῶν μίαν ἰδέα ν περιλαβεῖν, καὶ μίαν οὖν ἀπὸ πολλῶν, ἐν ἑνὶ ἑνωμένων, καὶ καλῶς χωρὶς πάλιν διελὼν ἀφῃρέθης· τοῦτο δ᾽ ἐστὶ τὸ κοινωνεῖν ἕκαστον ἁπλῇ εἰδέα, καὶ οὐχὶ μὴ διακρίνειν κατὰ πᾶν εἶδος. ("El que sea capaz de dividir así los εἴδη adecuadamente en una sola [orientada] idea y separando lo múltiple, procedente el uno del otro, se reuna de nuevo bajo una [idea]; y también, ahora bien [a saber, la idea común εἶδος] está conectada a través de los muchos [εἴδη] en un solo tipo [esto es, el εἶδος intencionado], y muchos [εἴδη] están [de este modo] completamente separados y marcados de él. Esto, sin embargo, no sabe cómo distinguir la especie y, en qué grado la mente individual [εἰδήσει] puede hablar, y en qué grado no puede"). Paul Natorp entendió correctamente la primera parte de este pasaje como la aplicación del principio de unidad a la multiplicidad de objetos Gegenstände discretos, individuales y sensibles. En contra de esta interpretación, Apelt y otros comentaristas modernos han creído que la referencia solo puede ser a lo εἴδη, no a las cosas sensibles, ya que 'sine in mundo mutationis fluctibus obnoxio posita et a dialectica aliena alienantur' ("las cosas sensibles que están situadas en el mundo del cambio, sujetas al flujo, y ajenas a la dialéctica"). En mi opinión, esta parte del pasaje de hecho no habla de los εἴδη, pero entre ellos, los ἀτομικὸν εἶδος deben considerarse como

el contenido actual de la idea individual del objeto sensible. Esta misma visión es compartida por Stenzel, *op. cit.*, p. 65. Hay una sorprendente acuerdo entre el pasaje de *Sofista*, 253 D, y la descripción de la tarea de la dialéctica en el *Fedro*, 265 D y E: εἰ ἄρα τινὰς ἰδέας εἰδῶμεν ἃς διὰ πολλαχῇ διεσπαρμένας, esto es ἕκαστον ὁ ἐπιστήμων, ὅσιον μέλλει εἰπεῖν οὐ σὴν ἐὰν δίδωκεν θέλει ἄ, τὸ εἶδος κατὰ εἶδος μὴ θραύων ἐκτὸς καὶ ἄρραβ, ἰδέα ν τε καὶ ἔκφρασιν κατενειμαιν, καὶ οὐκ ἰσχυροὶ μαγείρου ὁρμᾶσθαι κατὰ μέρος. ("Comprender en su discurso una idea por la cual muchos [εἴδη] se sostienen dispersos en muchas direcciones, para reunirlos, definiendo cada uno individualmente, hace que sea claro que es sabio enseñar sobre cada uno en particular... Lo contrario se aplica a nuestro asador, quien no rompe el εἶδος y las articulaciones naturales, y no trata de destrozar partes como lo haría un mal cocinero"). También se puede comparar el resumen dado en *Fedro*, 266 B: Τοῦτον δὴ ἔγωγε αὐτός τε ἐραστής, ὦ Φαῖδρε, τῶν διαιρέσεων καὶ συναγωγῶν, ἵνα οἷός τε ὦ λέγειν τε καὶ φρονεῖν ... καλῶς δὲ οὖν μέχρι τοῦδε διαλεκτικούς. ("Yo mismo soy también amante de tales divisiones y reuniones, querido *Fedro*, para que pueda ser capaz de hablar y pensar... [a los que son capaces de hacer esto] hasta ahora los he llamado dialécticos"). Cf., además, *Político*, 287 C: Κατὰ μέλη ... ὅιον ἱερείου διαρμοθεῖσα ("siguiendo sus miembros... debemos diseccionarlos [esto es, las funciones en el estado además de la realeza] como a un animal sacrificial").

[65] Stenzel, *op. cit.*, p. 61.

[66] *Parménides*, 129 E.

[67] "Platon schafft sich in der διαίρεσις das Organon für die Bildung eines das Empirische mitumfassenden Wissensbegriffes. Er sieht in ihr das Mittel in – wie er glaubt – erfahrungsfreien Setzungen des Denkens herabzusteigen zu Objekten, die die αἴσθησις und die aus ihr sich ergebende δόξα ebenfalls irgendwie darbieten, nur dass erst durch den hinzukommenden λόγος, die Definition, ein Urteil über Wahrheit und Irrtum des sinnlich gegebenen oder in der Vorstellung reproduzierten Gegenstandes gefällt werden kann. Stenzel, *op. cit.*, pp. 73–74. (Versión española del traductor.)

[68] Ibid., p. 72.

[69] *Sofista*, 254 A: Ο μὲν ἀποδιδράσκων εἰς τὴν τοῦ μὴ ὄντος σκοτότητα, τριβῇ προσπεφυκὼς αὐτῆς, διὰ τὸ σκοτεινὸν τοῦ τόπου κατανοῆσαι χαλε-

πός ... ὁ δὲ φιλόσοφος, τῇ τοῦ ὄντος εἰς ἰδέα ν λογισμῷ προσεχτὴς ἰδέα, διὰ τὸ λαμπρὸν αὐτῆς τῆς χώρας δυσθῆναι εἰπεῖν ὁρᾶν· τὰ γὰρ τῆς τῶν πολλῶν ψυχῆς ὄμματα καρτερεῖν πρὸς τὸ θεῖον ὁρᾶν ἀδύνατα. (Traducción en el texto).

[70] *Político*, 285 D y E.

[71] Ibid., 285 D to 286 A: Ἤ που νῦν τῆς ὑφαντικῆς γε λόγον αὐτῆς ταύτης ἕνεκα διώκειν οὐδεὶς ἐννοῇ ἕνεκα τοῦ εἶναι, ἀλλ', οἶμαι, τοῖς πλείστοις ἔλεγχος, ὧι τοῖς μὲν ὄντων ῥαδίως καταφανῆ αἰσθήσει ἡμῖν ὑφίστανται πεφυκόσιν, ἃ οὐδὲ χαλεπὸν ὀνὼν, ὅταν αὐτῶν τις βουληθῇ ἐφ' οἴσον αἰσθήσει πέρι ὁμ ῆι μετὰ πραγματείας ἀλλὰ χωρίς τι διανοίας ἐνδεῖξασθαι· τοῖς δ' ἃ μέγιστοί εἰσι καὶ τιμιώτατοι οὐκ ἔστιν εἰδῶλοι οὐδὲν πρὸς ὃν ἀνθρώπων εἴργασθαι ὀμμάτων ἐναρὰς, οἵ δειχθέντες τὴν τοῦ πανθανάτου ψυχῆς ὅν ὁ βουλόμενος ἀποπειράσασθαι, πρὸς αὐτὸ αἰσθήσειαν τὰ προσφαιρόμενα, ἱκανῶς πληρωθεῖ. διὸ δὲ μελετῆσαι λόγον ἑκάστου εἶναι δοκεῖν καὶ ἐξετάσαι· τὰ γὰρ ἀσώματα κάλλιστα ἅμα καὶ μέγιστα, λόγῳ μόνῳ, εἰκός ᾧ οὐδὲν σαφὲς δείκνυται, ὦν τε ἕνεκα πάντα εἴρηται τὰ νῦν λέγομεν. ("Ningún hombre sensato querría perseguir la definición del arte del tejido por sí misma. Pero creo que escapa más bien a las cosas que son fácilmente conocidas, pues las imágenes sensibles naturalmente se presentan a quien quiere una explicación sin dificultad y sin esfuerzo dialéctico; por otra parte, las más grandes y excelentes [eidē], no poseen imagen alguna manifiesta para el intelecto del hombre, al cual sólo mediante el uso de imágenes que se acerquen al alma del que razona, y encajando éstas en la misma percepción, puede satisfacerlo. Por eso debemos esforzarnos en alcanzar la aptitud para proporcionar una definición de cada cosa. Pues las formas incorpóreas, más nobles y grandes, se esclarecen solamente mediante la definición lógica, y ninguna otra cosa, y todo lo que hemos discutido hasta ahora, se refiere a ellas").

[72] Véase la parte final de la nota anterior.

[73] *Sofista*, 254 C: τὸ δὴ μετὰ τοῦτο ξυνεπισκεψώμεθα τῷ λόγῳ ἤδη σκοποῦντες, μὴ πρὸς πάντων τῶν εἰδῶν, ἢν μὴ παρεπείθῃ ἐν πολλοῖς, ἀλλὰ προελώμενοι τὸν μέγιστον λεγομένῳ ὄντα, πρῶτον μὲν ποία ἑκάστῳ ἐστιν, ἔπειτα κοινωνίας ἄλληλόν πως ἔχει δυνάμεις, τὰ τὸ ὂν καὶ μὴ ὂν ἐν ᾧ μὴ ὂν μὴ σαφηνείᾳ δυνάμεθα λαβεῖν, ἀλλ' οὐ λόγῳ γ' ἐνδεχεῖν μὴ γιγνώσκεσθαι περὶ αὐτῶν, καθ' ὅσον ὃ πέρι ἐστιν ἃ μὴ ἐστιν. ("Continuemos esta inves-

tigación de manera tal que no la extendamos a todas las formas ónticas, no sea que nos confundamos en la multitud de ellas, sino que seleccionemos unas pocas de las más altas, y primero consideremos la naturaleza de cada una de ellas, y luego con qué capacidad deben ser combinadas entre sí o con otras, con el fin de que, aunque no podamos aprehender por completo el ser y el no-ser, podamos al menos captar algo de ello con claridad, como nuestra actual investigación intenta ver si lo que no es, en verdad es".); ibid., 254 D: Μέγιστα μὲν τῶν γενῶν, ὡς ἂν δή τι λέγειν τὸ ὂν αὐτὸ καὶ στάσις καὶ κίνησις· …Καὶ μὴν τὸ δὲ δύο φαμὲν αὐτοῖς ἄμιλλα πρὸς ἄλληλα, τὸ ὂν καὶ κίνησιν οὐχ ὁμοίως· εἶπόν γὰρ ἀμφότερα που. ('Los más grandes de los géneros [*eidē*], de los cuales hablábamos ahora, son seguramente el ser, el reposo y el movimiento… Y en verdad, dijimos que [estos últimos] dos no pueden ser combinados [mezclados] entre sí… Pero el ser es compatible con ambos, pues ciertamente ambos son.'); ibid., 255 C, D, y E: Τέταρτον δὴ πρὸς τοῖς τρισὶν εἴδει τινὶ εἶδος τὸ ταὐτὸν τίθεμεν ('Por tanto, aceptamos un cuarto eîdos además de los tres mencionados, el de lo mismo… Y diremos también que este se extiende sobre todos ellos, pues cada individualidad es diferente de las demás por su propia naturaleza, pero por participar en la idea de lo otro.'); ibid., 256 E: Ἐπὶ ἑκάστου ἄρα τῶν εἰδῶν πολὺ μὲν τὸ ὂν ὡς ὄν, ἄπειρον δὲ πλήθει τὸ μὴ ὄν. ("…Respecto a cada uno de las *eidē* hay una multiplicidad de ser y una pluralidad ilimitada de no-ser").

[74] *Sofista*, 258 B: Ἡμεῖς δέ γ᾽ οὐ μόνον ὡς ἔστιν τι μὴ ὄντα ἀπεδείξαμεν, ἀλλὰ καὶ τὸ εἶδος ᾧ τυγχάνει τὸ τοῦ μὴ ὄντος ἀπεφηνάμεθα· τὴν γὰρ ἑτέρου φύσιν ἀποδείξαντες σαφῶς τε καὶ κατακεκυρωμένως ἐπὶ πάντα τὰ ὄντα πρὸς ἄλληλα, τὸ πρὸς ὂν ἑκάστου μόνον εἶναι ἀντιτεθέν ἐνδηλοῦμεν εἰπεῖν ὡς αὐτὸ τοῦτ᾽ εἶναι ὄντως τὸ μὴ ὄν. ('No sólo hemos mostrado que hay cosas que no son, sino que también hemos manifestado cuál es el eîdos del no-ser; pues al demostrar clara y firmemente la naturaleza del ἑτέρου en relación con todos los entes, hemos indicado que lo que se opone a cada ente es de manera precisa eso que es realmente el no-ser.')

[75] Nota editorial: El término neerlandés traducido aquí como "arte" es "kunstvaardigheid", que tiene un alto grado de habilidad técnica en la producción artística. Para simplificar, se ha optado por el término más breve, aunque más vago "arte".

[76] Nota editorial – AW: Dooyeweerd cita aquí erróneamente el griego εἰκόνα como si se tratara de un plural neutro; la forma correcta del plural es εἰκόνες.

[77] Ibid., 239 C and D: Τοιαύτην τιν᾽ εἰκόμεν αὐτὸν ἔχειν φανταστικὴν τέχνην, ῥᾳδίως εἰς ταύτης τῆς χρείας τὸν λόγον ἀπεμβαλοῦμεν ἡμᾶς εἰς τὴν τοῦ μὴ ὄντος ἀπορίαν τε τοῦ λόγου, ὅταν εἰδωλοποιὸν αὐτὸν καλέσαντες, ἀνερωτήσωμεν τί ποτε τὸ παράγειν εἰδώλων λέγομεν. ("Y diremos entonces que él posee cierto tipo de técnica fantasmal, y fácilmente nos precipitamos en nuestro razonamiento hacia la aporia del no-ser cuando lo llamamos productor de imágenes y le preguntamos qué significa fabricar imágenes").

[78] Ibid., 250 D y E: Εἶεν· Μὴ οὖν ἐλάττω τινὰ νῦν ἔχομεν ἀπορίαν περὶ τὸ ὄν· ΘΕΑΙ· Εἴω μὲν, ὦ ξένε, εἰ δυνατὸν εἰπεῖν, ἐν πλείονι ἀπορίᾳ. ("El extranjero de Elea: ¿Estamos ahora en una menor perplejidad con respecto al ser [que respecto al no-ser]? Teeteto: A mí me parece, querido forastero, que si puede decirse, estamos en mayor perplejidad").

[79] Ibid., 250 C and D: Κατὰ τὴν αὐτὴν ὁδὸν ἄρα τοῦ ὄν νῦν ἐξετάζομεν ἔσται πορεύεσθαι·… Ποῖ ἄν ἄρ᾽ εἴη τὸ ὄν, ὅταν τὴν ἀπόλειψιν ἣν ἐξετάζειν βουλόμενος ἐνάργεις τε περὶ αὐτοῦ παρ᾽ ἡμῖν βεβαιώσαιτο;… Οἴμαι μὲν νυνδὴ ὡς βίαιον, εἰ γὰρ μὴ ἢ κινεῖται, τὸ ὄν οὐκ ἔστιν· εἰ δὲ μὴ μήν, ἐστὶς πῶς οὐκ ἄν κινεῖται; τὸ δ᾽ ὄν ἡμῖν νῦν ἐκτὸς τούτων ἀμφοτέρων ἀνείλετο. ("Por su propia naturaleza, entonces, el ser no está ni en reposo ni en movimiento… Si alguien desea alcanzar por sí mismo alguna conclusión más clara sobre el ser… creo que se hallará en la misma perplejidad. Porque si no está en movimiento, entonces no es en absoluto. Y si no está en reposo, ¿cómo no estará en movimiento? Y, sin embargo, el ser se revela ahora como situado más allá de los límites de ambos").

[80] Ibid., 250 E: Τοῦτο μὲν τῶντων ἐντῦθεν κείσθω ἀδιευρίντητον. ἐπεὶ δὴ ἐξ ἴσου τὸ ὄν καὶ τὸ μὴ ὄν ἀπορίας μετείληπται, νυν εἴημεν ἤδη καθάπερ ἂν αὐτῶν ἀμυδρότερον εἴτε σαφέστερον ἀναφαίνοιτο, καὶ ἕτερον οὕτως ᾽ἂν᾽ ἀναφανείη· καὶ ἂν ἡμείνον ἰδεῖν δυνώμεθα, τὸν γοῦν λόγον ὑπὲρ ὦ οἷοί τ᾽ ἂν εἴημεν ἐξετάσαι διεξιέναι οὕτως ὁμοίως ἅμα. ("Que este asunto permanezca aquí como una dificultad no resuelta. Puesto que tanto el ser como el no-ser están envueltos en la misma aporia, si uno de ellos se revela con mayor o menor claridad, el otro también será revelado de manera

similar; y nuevamente, si no podemos ver claramente ninguno de los dos, al menos podremos investigar, lo mejor que podamos, su relación mutua.") Cf. también el pasaje citado anteriormente, en la nota 2 de la página 229, de *Sofista*, 254 C: ἵνα τὸ τ' ὂν καὶ μὴ ὂν εἰ μὴ πάσῃ σαφηνείᾳ δυναίμεθα λαβεῖν, ἀλλ' οὖν λόγον γ' ἐνδείξει μηθὲν γιγνώσκεσθαι περὶ αὐτῶν.

[81] Ibid., 257 B: Ὁπόταν τὸ μὴ ὂν λέγωμεν, ὡς ἔοικεν, οὐκ ἐναντίον τι λέγομεν τοῦ ὄντος, ἀλλ' ἕτερον μόνον. ("Siempre que hablamos de lo que no es, al parecer no hablamos de algo opuesto a lo que es, sino únicamente de algo [que es] diferente de ello").

[82] Ibid., 257 A: Καὶ τὸ ὂν ἄρ' ἡμῖν, ὥσπερ ἐστὶ τἄλλα, κατὰ τοσαῦτα οὐκ ἔστιν· ἐκεῖνα γὰρ οὐκ ὂν ἐν αὐτῷ ἐστιν, ἀπεράντα δὲ τὸν ἀριθμὸν τἄλλ' οὐκ ἔστιν αὖ. (Traducción en el texto.)

[83] *Parménides*, 146 A.

[84] *Timeo*, 35 A.

CAPÍTULO TRES

LA DIALÉCTICA DEL MOTIVO FORMA-MATERIA EN LA PENÚLTIMA ETAPA DE DESARROLLO DEL PENSAMIENTO DE PLATÓN, DESPUÉS DE QUE HA SUPERADO LA CRISIS

§1 La teoría de las ideas en el *Filebo* y la teoría dialéctica de la mezcla de los principios de forma y materia

a. La teoría dialéctica de la mezcla de los principios de forma y materia

El *Filebo* retoma nuevamente un tema socrático temprano de indagación: la cuestión del bien supremo. No es casualidad, por tanto, que el papel principal en la discusión vuelva a confiarse a Sócrates mismo. La gran crisis de la teoría de las ideas ha sido ahora superada. Durante esta crisis, la lógica dialéctica se había disociado temporalmente de la idea socrática del bien como la forma divina del origen, aunque como suposición esta idea nunca había sido abandonada. Esto se había hecho para que se pudiera centrar toda la atención en el esfuerzo por romper, de forma lógica, el rígido *chōrismos* eleático entre el mundo de las *eidē* y el mundo fenoménico. Ahora esta crisis ha quedado atrás. La idea de lo bueno y lo bello retoma su posición central como origen en el pensamiento de Platón y, en conformidad con la posición socrática, se la sitúa en relación con el cosmos visible. La nueva lógica dialéctica ha mostrado cómo este cosmos puede ser entendido como una encarnación de las *eidē* en la *hylē*.

Solo queda ahora establecer nuevamente un límite claro entre este mundo mixto y compuesto y el mundo de las *eidē* puras, y plantear de forma inequívoca, con ayuda del método de la nueva dialéctica, la cuestión del bien supremo para el primer mundo, al que el ser humano como ser compuesto ciertamente pertenece.

El *Teeteto*, por lo tanto, tiene una conexión directa con el problema dialéctico formulado en el *Parménides*: ¿cómo puede la unidad de la *eidōs* como forma óntica convertirse en pluralidad? El joven Filebo había defendido la posición hedonista de la escuela cirenaica postsocrática, que sostenía que el placer es el bien supremo. En contraste, Sócrates defendió al principio la idea de que el bien supremo reside en el conocimiento o *phronēsis*. Ahora, como líder de la discusión, Sócrates se embarca en una investigación sobre la corrección de estas dos visiones. Su interlocutor en esto es el joven Protárquico, quien en gran parte asume el papel de su amigo Filebo en el diálogo. Al inicio mismo, Sócrates dirige la atención de Protárquico hacia el problema formulado más arriba, ya que está presente en ambas posiciones.

Según Sócrates, ni el placer ni el conocimiento pueden ser elogiados como el bien supremo sin una consideración adicional. Existen numerosos tipos de cada uno, los cuales deben ser primero distinguidos apropiadamente entre sí de manera dialéctica, y luego una vez más sintetizados en una unidad. Solo entonces será posible determinar cuál de los dos merece el título de bien supremo, o si acaso este honor debe más bien conferirse a alguna tercera cosa (lo que Sócrates tiene en mente aquí es una combinación o mezcla armónica de tipos particulares de cada uno).

b. El número de vínculos intermedios entre la unidad del género y el *ápeiron*

En este contexto, Sócrates vuelve a tomar ocasionalmente el tema de la concepción eleática de la unidad y la pluralidad, cuestión que ya se había debatido en el *Parménides* y el *Sofista*. Frente a la unidad absoluta y la pluralidad, los eleáticos habían situado el *ápeiron*, o lo ilimitado. Como pluralidad completamente desprovista de unidad, lo ilimitado era inaccesible al pensamiento lógico y por lo tanto debía ser descartado como un no ser absoluto.

Según la nueva dialéctica de Platón, sin embargo, la unidad se une a lo ilimitado por medio de numerosos vínculos intermedios. Es decir, incluso las *eidē* más abarcadoras, que constituyen el género supremo, y el ente individual en el cosmos visible —cuya individualidad no es susceptible de una determinación lógica posterior y por tanto constituye un *ápeiron* para la definición lógica—, están separados por una gran cantidad de formas particulares (especies) que se vuelven cada vez más específicas y que se disponen en una serie descendente bajo el género. El seguimiento lógico de estas especies, de acuerdo con el método de *diaíresis*, termina en la definición (*logos*) de la *eidōs atomon* discutido anteriormente. Si uno desea obtener una definición lógica correcta, entonces debe determinar las formas ónticas precisas de estas especies que median entre la unidad del género y el *ápeiron* del fenómeno individual.

Este es el significado del oscuro enunciado de Sócrates en el *Teeteto*, 16 C-E:

> Fue un regalo de los dioses a los hombres, o al menos así me lo parece, lanzado desde lo alto[1] por algún Prometeo junto con un fuego brillantísimo. Y los antiguos, que eran mejores

que nosotros y habitaban más cerca de los dioses, nos lo trans-
mitieron como un oráculo, que todas las cosas que se dicen
consisten siempre en uno y muchos (πέρας) y en lo ilimitado
(ἀπειρίαν). Puesto que estas cosas están ordenadas así, era necesario —decían— que siempre supusiéramos una idea en cada cosa
individual y que la buscáramos pues, al encontrarla, debemos
después de la una idea buscar para dos *eidē* —al menos si están
presentes— o, si no, para tres o algún otro número; y debemos
tratar cada una de estos individualmente del mismo modo, hasta
que se vea que el uno original no es solo uno, muchos e ilimitado, sino también un número definido. Pero no debemos aplicar
la idea de lo ilimitado a lo múltiple antes de haber discernido el
número total que yace entre el uno y lo ilimitado. Sólo entonces
podemos abandonar cada cosa individual, aparte de todas las
unidades, a lo ilimitado y considerarla como resuelta.

c. El uso del término *idea* vuelve a ser perfectamente coherente con la lógica dialéctica

El uso del término *idea* vuelve a ser perfectamente coherente
con el marco de la nueva lógica dialéctica. Esta *idea* dialéctica es una unidad en la pluralidad, pero su unidad es una
unidad metafísica más que puramente lógica. A pesar de que
pertenece al ámbito de la *eidē* y por tanto tiene un carácter
trascendente, esta unidad se ha convertido en una pluralidad
en el mundo visible por medio de las relaciones eidéticas. Y
ahora, con la ayuda del método dialéctico de *diaíresis*, debe
reunirse de nuevo desde esta pluralidad y combinarse en una
unidad.[2]

La *idea* dialéctica retiene siempre el carácter suprasensible
e intuitivo que le corresponde como forma óntica. No obstante, la *synopsis* ocupa aquí el lugar del análisis y la combinación
lógicos. No funciona aquí, como lo hacía en el *República*, in-

dependientemente del análisis lógico y la *synthesis*. Así como el *República* había comprendido todas las *eidē* en su relación concéntrica con su origen en la única idea divina del bien y lo bello, la nueva dialéctica comprende la pluralidad de los fenómenos sensibles en su relación concéntrica con su génesis dialéctica; pero aquí procede por medio del método paso a paso de la *diaíresis* y la *synairesis*.[3]

El pasaje citado arriba también deja en claro que Platón no deseaba seguir de forma doctrinaria el método de la dicotomía (*diaíresis*), la división bipartita de género y especie. Ya en el *Político*, que fue escrito después del *Sofista*,[4] había reconocido que no siempre era posible dividir en dos y que una disgregación en tres o más tipos formales inferiores puede resultar a veces necesaria[5] Sin embargo, el término *diaíresis* se conserva todavía en estos últimos casos.

Por último, el pasaje menciona una vez más una idea del *ápeiron*, que para Platón es de hecho idéntica a la *hylē* o materia en su flujo eterno. Según él, la individualidad, en tanto que reposa más allá de la *atomon eidōs*, la forma ontológica que no puede subdividirse más tiene su lugar en este *ápeiron*. En el Parmenides, el *ápeiron* había sido comprendido en la idea del instante indivisible del cambio, mientras que en el *Sofista* la idea de la otredad cumplía esta misma función. El *Filebo* realiza un nuevo intento de logicizar el *ápeiron*, punto al que pronto habremos de volver.

Ahora se ha vuelto evidente cuál es la conclusión del pasaje citado cuando dice que "abandonamos cada cosa individual ...al ilimitado". La dialéctica debe primero establecer el número preciso de vínculos intermedios entre el género y la cosa individual del cosmos visible que está subsumida bajo él. De este modo, sigue al *eidōs* como se encarna en el *ápeiron*, en su avance paso a paso hacia los fenómenos individuales hasta el *atomon eidōs*. Una vez alcanzado esto, la individualidad que permanece, que yace más allá de toda ulterior limitación formal y por tanto no puede ser abarcada por el *atomon eidōs*, puede dejarse al *ápeiron*. La tarea de la definición lógica se ha cumplido una vez que ha analizado todos los vínculos eidéticos formales de un fenómeno y los ha reunido en una sola idea.

Sócrates argumenta que el nuevo método dialéctico debe, por tanto, aplicarse a los diversos sentimientos de placer y a los diversos tipos de conocimiento. Al comienzo observa, sin embargo, que puede parecer evidente que el bien supremo para el hombre no reside en ninguno de éstos, sino más bien en algún tercer elemento que difiera de ambos y que deba preferirse a ambos.

El placer que no va acompañado de entendimiento, co-nocimiento, memoria, juicio o cualquier otra actividad in-telectual conviene a un animal y es comparable a la vida de un molusco o una ostra. En cambio, una vida dotada de pensamiento, entendimiento y memoria, pero desprovista de todos los sentimientos de placer y dolor, tampoco puede considerarse buena ni feliz para una persona. Sólo en el caso de la deidad, un ser que es absoluta y puramente formal por naturaleza, el pensamiento coincide con el bien absoluto. El ser humano, sin embargo, como todo lo demás en el cosmos, pertenece al ámbito de lo que ha llegado a ser, tiene una na-turaleza compuesta o mixta, y por esta razón el bien supremo para una persona solo puede hallarse en un modo de vida mixto.

d. La distinción entre el reino del ser puro o absoluto y el reino del ser que es una mezcla de *peras* y *ápeiron*. Los cuatro *genē* (géneros) de este último

El reino del ser puro y absoluto es ahora claramente distinguido del reino del ser mixto. Sócrates divide este último en tres *eidē* o géneros, a saber, el del *peras* (lo limitado), el del *ápeiron* (lo ilimitado) y el de la unidad que es una mezcla de estos dos (ἐξ ἀμφοῖν τούτοιν ἕν τι συμπεφυκός). El hecho de que efectivamente restringe este análisis únicamente a aquellas cosas que han llegado a ser y se encuentran dentro del cosmos se evidencia claramente en sus palabras en 23 C: "Dividamos todo lo que ahora existe en el universo en dos, o más bien, si se quiere, en tres partes".[6] Estas tres partes son *genē*. En su mezcla, son formas ónticas que han llegado a ser, y esta mezcla requiere también un origen o causa. Como lo resume Protarquio, resumiendo la posición de Sócrates: "Me parece, entonces, que tú quieres decir que, cuando estos *genē* se mezclan entre sí, de cada mezcla surgen ciertas generaciones".[7] Sócrates se apresura entonces a añadir un cuarto género a los tres primeros que ha mencionado, a saber, la causa de la mezcla (τῆς ξυμμείξεως τούτων πρὸς ἄλληλα τὴν αἰτίαν).[8]

e. La nueva idea dialéctica de lo ilimitado. La influencia de la concepción heraclítea del principio material

Sócrates intenta establecer, ante todo, que la idea dialéctica del *ápeiron* es una unidad múltiple. En efecto, toda la correlación dialéctica entre unidad y pluralidad que se expuso en el *Parménides* sirve de fundamento para este intento. En este proceso, el pensamiento teórico vuelve a enredarse en la antinomia que describí anteriormente; a saber, que el *ápeiron* como tal resiste todo intento de captar en él la unidad de una forma óntica y no es otra cosa que la ausencia absoluta de forma, medida y límite. Ya hemos determinado, sin embargo, que la idea dialéctica no penetra en realidad la naturaleza absoluta de la forma óntica ni de la *hylē* que fluye eternamente. En cambio, su papel es simplemente establecer una correlación entre estos dos polos opuestos. La idea que está destinada a introducir la unidad en la multiplicidad infinita de manifestaciones del *ápeiron* es la relación genética y fluida del más y del menos, del más fuerte y del más débil, del más grande y del más pequeño, y de otros contrastes que se sitúan en la clase de lo "más y lo menos".[9] Así, por ejemplo, caliente y frío como tales no tienen una medida ni un límite definidos. Se hallan en un estado de fluido constante, de progresión y devenir, y en tanto tal, no tienen un ser permanente.[10] Es solo el número, como manifestación del límite y la medida, lo que aporta el flujo continuo del "más y el menos" hacia el reposo y, por ende, le concede al ser empírico (es decir, mixto) estabilidad.

Sobre este punto, el *Filebo* sin duda contrasta más nítidamente la *idea tou apeirou* que el *Parménides* y el *Sofista*. Como ya hemos visto, el *Parménides* todavía identificaba la idea de lo ilimitado con la idea dialéctica del cambio, que en ese punto contenía en sí misma la idea de lo otro (diferencia). El *Sofista*, por su parte, la identificaba con la idea del otro. El *Filebo*, en cambio, intenta capturar la idea de lo ilimitado mismo como el momento del flujo eterno que pasa a través de estados formales opuestos, una noción que había sido expresada con mayor fuerza en la concepción heraclítea del principio material. En el *Sofista*, la idea de la otredad, aunque fue identificada con la idea de lo ilimitado, tuvo que servir simultáneamente como una síntesis entre la unidad de la forma óntica y lo ilimitado. Ahora bien, ya hemos visto que la idea dialéctica posee siempre un carácter correlativo. Por tanto, es imposible que una idea de lo ilimitado sea otra cosa que una idea de lo ilimitado relativo, *ápeiron*. No puede ser una idea de la *hylē* absoluta, pues el *Parménides* ha demostrado que esta última solo puede conducir a la lógica dialéctica hacia la negación de todos los predicados.

f. La idea dialéctica de lo ilimitado en Platón y la concepción aristotélica de la materia como ser en potencia (δυνάμει ὄν)

También en esta nueva concepción de esta idea, la relación con la forma óntica, la medida y el límite es evidente. Pues todas las cosas que admiten más o menos, mayor o menor, más fuerte o más débil, etcétera, son susceptibles de una limitación en grado y están, por tanto, orientadas en principio a tal limitación en grado. Por esta razón, Aristóteles también concibe la *hylē* como δυνάμει ὄν, "ser en potencia", que sólo puede ser llevado a la existencia actual por medio de la forma (μορφή) óntica, y por ello solo puede ser separado de la forma *in abstracto*.

El hecho, además, de que la idea de lo otro desempeñe un papel esencial en la nueva concepción de Platón sobre la idea del *ápeiron* es claramente evidente por la descripción inmediatamente siguiente del contenido incluido en la idea de la medida.[11] Según Sócrates, esta última, como unidad múltiple, abarca todo lo que es opuesto al *ápeiron*: en primer lugar, lo igual y la igualdad (τὸ ἴσον καὶ ἰσότης), y luego lo doble, lo par, lo igual y la igualdad, y todo lo que es razón de número o de medidas. En el *Parménides* y en el *Sofista*, "lo

otro" (τὸ ἕτερον) había sido tratado siempre como el opuesto
dialéctico de la igualdad o la identidad, aunque hasta cierto
punto participaba del ser, debía no obstante seguir siendo
idéntico en sí mismo.

Sócrates entonces vuelve a unir la pluralidad que está
contenida bajo la idea del *peras* en una unidad por medio
del género de la ley y el orden (νόμος καὶ τάξις). A la manera
heraclítea, esto se identifica con la armonía de los opuestos
en los cuales la correlación de *peras* y *ápeiron* se manifiesta
una vez más.[12]

g. La *eidōs* pura del *peras* y la idea dialéctica del *peras* no son idénticas

Es característico de la concepción restringida de la idea
dialéctica en el *Filebo* por parte de Platón, sin embargo, que
poco después (26 D) niegue toda pluralidad a la naturaleza
pura y no mezclada del *peras* o principio formal, y que lo
represente como una multiplicidad solo en el proceso del
devenir.[13] A primera vista, parece algo precipitado concluir,
a partir de la primera parte de este pasaje —cosa que Sócrates
deja completamente sin explicar, en aparente contradicción
flagrante con la descripción anterior del *peras*—, que Platón
vuelve de hecho a introducir la *eidōs* como una unidad simple
e indivisible, volviendo así en este punto a la concepción
original de su teoría de las ideas. Veremos más adelante, sin
embargo, que este pasaje no se encuentra aislado en el *Teeteto*,
sino que está respaldado por otras declaraciones posteriores
de Sócrates.

Es por tanto crucial buscar otras evidencias que nos brin-
den una base segura para formar una noción clara de lo que
Platón pudo haber querido decir, en esta etapa del desarrollo

de su teoría de las ideas, con los "*peras* simples e indivisibles". También es importante obtener una noción clara de cómo concibió Platón la relación entre esta *eidōs* pura y los números cuantitativos (los elementos principales de la pluralidad subsumida bajo el género del *peras*).

h. Los números *eidéticos* y los números matemáticos. El número *eidōs* como indivisible e inconmensurable (ἀσύμβλητος)

Difícilmente se puede dudar que estamos confrontando aquí la concepción típicamente platónica del llamado número eidético o ideal en su contraposición con el número matemático. Aunque la identificación general del *eidōs* y del número ideal pertenece solo a la etapa final de la teoría de las ideas de Platón, que llegó a expresarse en su inédito discurso *Sobre el Bien* (περὶ ἀγαθοῦ), el reconocimiento de los números eidéticos como fundamento metafísico y eidético de los números matemáticos o cuantitativos se halla ya de manera inequívoca en el *Fedón*.[14] Desde el estudio pionero de Léon Robin, *La théorie platonicienne des idées et des nombres*,[15] que por primera vez pudo hacer uso de los comentarios monumentales sobre Aristóteles preparados por la Academia de Berlín, se sabe que el relato que Aristóteles da en su *Metafísica* (M 6, 1080 a 30-35) sobre la concepción platónica del número ideal es incorrecto. Su error consiste en que crea la impresión de que el número ideal, al igual que el matemático, está compuesto por unidades. La visión de Aristóteles es incorrecta en este sentido, aunque él reconoce que los números idea platónicos difieren de los números matemáticos por ser mutuamente independientes.[16]

En la concepción de Platón, la diferencia principal entre estos dos dominios del número es que el primero no consiste en agregados y, por tanto, no contiene pluralidad; y además, solo existe un único ejemplar de cada número idea.[17]

En contraste con esto, el número matemático consiste en unidades que son completamente idénticas entre sí y que existen únicamente como objetos del pensamiento. Platón sostiene que tanto los números matemáticos como los ideales son independientes y están separados de las cosas perceptibles. Esta visión contrasta marcadamente con la concepción de Aristóteles, quien elimina los números idea y considera los números matemáticos meramente como una abstracción de las cosas perceptibles. Según Platón, sin embargo, los números ideales son verdaderas *eidé* y no son cantidades en sí mismos. En su visión, su carácter numérico se basa exclusivamente en el hecho de que están posicionados en una secuencia fija, inmutable y no temporal de anterioridad y posterioridad.[18]

Los números matemáticos (los números en sí mismos, καθ᾽ αὑτῶν) entonces no derivan su valor posicional en la serie por la adición de nuevas unidades, como enseñó Aristóteles, sino que, como explica el *Fedón*, únicamente a partir de su *methexis* o participación en los números idea.[19]

En este contexto, aún no necesitamos abordar la cuestión del supuesto origen de estos números ideales, puesto que esto evidentemente pertenece a la etapa final del desarrollo de la teoría de las ideas.[20] En efecto, tal cosa no aparece en absoluto en los diálogos de Platón. Nuestra única fuente de conocimiento sobre esta concepción se encuentra en los escritos de Aristóteles y en el testimonio de los comentaristas sobre Platón y Aristóteles.

i. El *peras* puro e indivisible no es un género del ser mixto. Intento fallido de Stenzel de derivar los números eidéticos por el método de *diaíresis*

En este punto sólo nos interesa el hecho de que Platón, desde el *Fedón*, ha concebido los números idea como formas ónticas puras, indivisibles y eternas, que según el testimonio fiable de Aristóteles fueron presentadas como unidades mutuamente inconmensurables (ἀσύμβλητοι).[21] Esto basta por sí solo para establecer que, en el *Filebo*, el *peras* (en el sentido de número idea) no puede pertenecer al ámbito del ser mixto como lo expone la lógica dialéctica de la trilogía eleática. Pues ya aprendimos tan temprano como en el *Parménides* que el "verdadero uno" solo puede ser comprendido dialécticamente como un todo con partes. En consecuencia, una forma ontológica indivisible que no está compuesta de unidades está en la naturaleza del caso fuera del alcance de esta dialéctica.

El intento de Stenzel de generar los números idea mediante el método de *diaíresis*[22] se basa en la misma consideración. El método de *diaíresis* solo tiene sentido dentro del marco de una concepción lógica dialéctica de la *eidōs*, que procede del *genos* como una totalidad que encierra pares de opuestos que descienden de él por escisión gradual. Cualquier cosa que sea esencialmente indivisible no permite ninguna *diaíresis*.

Si en efecto es el caso que en el *Filebo* el *peras* puro es el número idea, se aclara inmediatamente por qué se le coloca en oposición al *peras* como género expresado en una pluralidad. *Peras*, en este segundo sentido, abarca a los números matemáticos, que los primeros pitagóricos identificaban directamente con el *peras* y que, a diferencia de Platón, no concebían como separados de las cosas sensibles.[23] Sólo los números matemáticos pueden constituir una pluralidad. Los números ideales, en cambio, son unidades indivisibles cuya esencia es absolutamente pura y no está mezclada con lo sensible.

Esta teoría eidética de los números, que se desarrolló de manera más clara en el *Fedón*, nunca fue abandonada por Platón. No intentó derivar los números ideales siguiendo la idea ideal hasta su lección *Sobre el bien*, de modo dialéctico, a partir de una combinación de *peras* y *ápeiron* como principios constitutivos; y sus discípulos que asistieron a esta lección (uno de los cuales fue Aristóteles) aparentemente la tomaron como una teoría completamente nueva. Platón evidentemente aún no había alcanzado tal teoría durante la etapa de su desarrollo en que escribió el *Filebo*.

En cualquier caso, de acuerdo con su último diálogo, la forma óntica del límite solo puede ser una pluralidad dialéctica en su encarnación en el *ápeiron* (la *hylē* eternamente fluida). La idea dialéctica solo aprehende la unidad que se ha convertido en pluralidad; esto es, la forma en su desarrollo en la materia limitada. Además, como intentaba mostrar el *Parménides*, esta *eidōs* da lugar al número (matemático) en el sustrato fluido del *ápeiron*. Aun así, la idea dialéctica aprehende esta multiplicidad solo en las relaciones eidéticas, que sirven para expresar las estructuras constantes de la realidad temporal.

Sócrates lo expone con claridad en *Filebo*, 25 D ss. Invita a Protárquides a combinar el *ápeiron*, que había sido tratado hasta entonces como una idea única en la relación dialéctica de lo "más y menos", con el *genos* del *peras*. Porque, como observa, aunque deberían haber reunido lo anterior en una idea única, tal como lo hicieron antes con el *ápeiron*, no lo hicieron. "Quizá el resultado sea el mismo ahora, sin embargo. Porque al combinar también el tercer *genos* [es decir, el de la mezcla de los dos], también este se volverá claro".[24]

Solo mediante la combinación de *peras* y *ápeiron* se llega así a la idea única del *peras* como un *genus*; así, ésta es la idea de ley, orden u armonía en los contrastes de lo "más o menos".[25]

De lo anterior es evidente que este género no puede ser idéntico al *peras* como unidad indivisible que carece de toda pluralidad. Así, se entiende por qué Sócrates asigna el *peras* y el *ápeiron* como géneros exclusivamente al mundo del ser mezclado, al modo del ser que pertenece al cosmos como producto del devenir.

j. La idea del ser compuesto como un γένεσις εἰς οὐσίαν. El elemento teleológico es reintroducido en la definición de aquello que ha llegado a ser

La tercera idea, la de que el ser como mezcla o composición de *peras* y *ápeiron* se concibe, además, como una génesis *eis ousían*, esto es como un venir a ser de algo que es, como resultado de una limitación del *ápeiron*. Esta limitación imprime medida al *ápeiron* y así pone fin a su flujo aleatorio.[26]

En esta tercera idea, la correlación entre forma y materia inmediatamente se imprime en uno. De hecho, esta correlación ya estaba presupuesta en las otras dos *ideai*. Porque, según Platón, el número matemático, que está subsumido bajo la idea del *peras*, surge primero de la combinación de la unidad óntica con el *ápeiron*, y, como ha mostrado la teoría pitagórica, contiene en sí mismo tanto el *peras* como el *ápeiron*.

El elemento teleológico, que había desaparecido temporalmente durante la crisis de la teoría de las ideas, es ahora
reintroducido en la concepción del cosmos como producto
del devenir. Esto ocurre, por supuesto, debido a la nueva
comprensión del ser mixto o compuesto —como producido
por la combinación de forma y materia, limitación e ilimitación— en términos de una génesis *eis ousian*. Pues, de esta
manera, la génesis o el devenir recibe una finalidad. Como
explica Sócrates: "Así sostengo que el devenir se da con vistas
a que todos los instrumentos, las herramientas y toda la materia (*hylē*) sean proporcionados a cualquiera; pero que cada
instancia de devenir ocurre con vistas a otra forma particular
del ser (*állēs ousías eneka*), y que la totalidad del devenir ocurre por el bien de la totalidad del ser.[27] Si el placer es así una
instancia del devenir, debe por necesidad acontecer por el
bien de algún ser particular".[28] Pero aquello que es el fin de
lo que siempre deviene por el bien de otra cosa pertenece a
la clase (*en moirá*) del bien, mientras que aquello que acon-
tece por el bien de otra cosa, querido amigo, debe situarse
en otra clase".[29] Se sigue, entonces, que los sentimientos de
placer como tales nunca pueden ser algo bueno.[30]

Desde la primera cita mencionada, es evidente que la concepción del ser compuesto o mixto como una génesis *eis
ousian*, que Aristóteles desarrollará pronto a su manera en
su teoría de la relación entre forma y materia en el ser compuesto, está inequívocamente orientada al motivo religioso
fundamental de la religión de la cultura. El intento aquí es
concebir la *hylē* como materia para una divina *dēmiourgéin*,
una actividad divina que da forma, y de este modo superar el
antagonismo entre los principios de forma y materia. En este
proceso, la relación entre el cosmos que ha llegado a ser y el

poder formativo del *nous* divino, junto con su idea del bien y lo bello, se coloca como un asunto que cae naturalmente en manos de la nueva dialéctica. Al mismo tiempo, el motivo del *eros*, desarrollado en el *Simposio* y en el *Fedro*, puede ahora recibir una elaboración dialéctica lógica.

k. La prueba físico-teleológica del nuevo pensamiento dialéctico para la existencia de Dios

La *theōria* ya no necesita apelar únicamente a la *synopsis* religiosa cuando proclama la existencia de un *nous* divino como el origen de toda forma en el cosmos. De ahora en adelante, puede establecer su tesis sobre la pretendida prueba dialéctica lógica de la divinidad. La así llamada prueba física teleológica de la existencia de Dios sería, desde este momento, un elemento permanente en la teología metafísica, con el resultado de que ocuparía un lugar de honor en lo que se denomina teología natural (*theologia naturalis*), particularmente en el pensamiento escolástico.

§2 La nueva concepción del alma como mezcla de forma y materia (un producto del devenir)

Es de gran importancia estudiar cómo se desarrolla esta prueba teleológica en el *Filebo*. Esto se debe a que, al elaborarla allí, Platón también expone su nueva concepción del alma. En el Timaeus esta concepción será elaborada más plenamente. El diálogo posterior irá aún más lejos al determinar la posición del alma en relación con el mundo de las *eidē* y el mundo de los fenómenos. Pero es en el *Filebo* donde por primera vez se expone esta nueva concepción.

Después de que Sócrates ha ganado el asentimiento de Protárquides respecto a su conclusión de que el placer pertenece al género del *ápeiron* (lo ilimitado), procede a abordar el problema de asignar *nous*, entendimiento y conocimiento a uno de los tres géneros restantes. En respuesta al desconcierto de Protárquides, Sócrates comenta: "Y sin embargo la respuesta es fácil. Porque todos los sabios están de acuerdo, y al exaltarse en realidad a sí mismos, declaran que el *nous* es nuestro gobernante y el de cielo y tierra, y quizás también de lo que está más allá".[31]

Está entonces acordado que por encima de todas las cosas, y por encima de lo que se llama el universo, no reina el poder de la irracional *Tychē* (la antigua e impredecible *Anagkē*), como afirmaban, con tono de burla, algunos sabios anteriores (δεινὸς ἀνήρ: la referencia probablemente apunta a Demócrito), sino que, por el contrario, como afirmaban sus predecesores, el *nous* y un entendimiento maravilloso están a cargo y lo guían.[32] Sócrates toma entonces nota de que los cuerpos de todos los seres vivos están por naturaleza constituidos a partir de los cuatro elementos: fuego, tierra, aire y agua. Cada uno de estos elementos está presente en nuestros propios cuerpos sólo en cantidad escasa e insignificante y en un estado impuro, y posee una proporción de calor que no se corresponde en absoluto con la naturaleza. Protárquides solo necesita comparar la pequeña cantidad de fuego en el cuerpo humano con el fuego que está presente en el cuerpo del mundo-universo, donde abunda, y cuya belleza y enorme poder es una causa de asombro. La reflexión racional hace evidente que nuestros cuerpos son formados y traídos a la existencia por este cuerpo-mundo, y no a la inversa. Pues la imperfección no puede ser la fuente de perfección.[33]

Al observar que el cuerpo humano posee un alma, Sócrates pregunta entonces de dónde podría haberla obtenido si el cuerpo del universo, que contiene los mismos elementos que el nuestro y de una manera mucho más noble, no estuviera dotado de un alma.[34] En el universo hay mucho que es ilimitado, pero con una adecuada limitación formal (*peras*), y sobre esto reina una "causa excelsa" que ordena y regula los años, estaciones y meses, y que tiene pleno derecho a los nombres de sabiduría y *nous*.[35] La sabiduría y el pensamiento no pueden existir aparte del alma, sin embargo, y por eso se dice que "en la naturaleza de Zeus, un alma regente y un intelecto regente han llegado a existir en virtud del poder de la causa, pero en el caso de los otros dioses, otros atributos bellos han sido atribuidos por placer a ellos".[36] Esta afirmación se refiere obviamente a los dioses celestes (θεοὶ οὐράνιοι) o a los cuerpos celestes concebidos como animados. Éstos, como miembros del reino del devenir, deben ser claramente distinguidos del *nous* divino en cuanto demiurgo.

Si el *nous* divino o inteligencia, entonces, ejerce dominio sobre el universo, se puede concluir que el *nous* pertenece al cuarto de los géneros que componen el ser mixto, a saber, el género que ha sido designado como "causa".[37] Poco después, Sócrates se expresa con mayor cautela al decir que "el *nous* es 'afín' a la causa y 'aproximado' (σχεδὸν)" al género de ésta, mientras que, en contraste, el placer es en sí mismo ilimitado e inconmensurable, y del género que en sí mismo y por sí solo no tiene, ni tendrá jamás, comienzo, medio ni fin.[38] La primera afirmación distingue claramente entre dos naturalezas, el *nous* divino en el pensamiento, y el segundo, el *nous* humano; porque el primero aplica directamente al *nous* como el regente del universo, mientras que el segundo lo relaciona, en su oposición dialéctica al placer, con algo que está totalmente ausente en la deidad.[39]

a. El *anima rationalis* humana y el alma mundial racional están restringidos al reino del ser generado o mixto

En la discusión anterior, uno queda inmediatamente impactado por el reconocimiento explícito de Platón de que el alma humana y las almas de los dioses celestiales pertenecen al reino de lo que ha llegado a ser. Esto implica que ellas son necesariamente compuestas en su naturaleza y que su ser tiene un carácter mixto. Como consecuencia, el alma es una causa y forma que debe distinguirse fundamentalmente del mundo de las formas ónticas puras. Así, estas últimas, en su absoluta simplicidad y naturaleza simple, ya no pueden concebirse como fuerzas del alma activas; es decir, como causas eficientes, como aún se había hecho en el *Sofista* y, de manera implícita, en el *Parménides*. Por otro lado, es completamente imposible volver a la concepción del alma presentada en el *Fedón*, donde se decía que el alma racional era afín al mundo de las *eidē* puras y estaba autorizada a compartir su naturaleza inmóvil y no generada. Platón también se ha distanciado aquí del punto de vista del *República*, que atribuía una naturaleza compuesta al alma humana exclusivamente en su unión con el cuerpo material y reservaba para el *anima rationalis* un estado puro en el cual podía poseer el carácter simple que se le había atribuido en el *Fedón*.

Que el alma debe ser compuesta y mixta puede verse claramente en *Teeteto*, 47 d a 51 a (comenzando en el cap. 29 y continuando en la primera parte del cap. 31), donde Sócrates emprende una indagación sobre la mezcla de sentimientos de placer y dolor que son manifestados por el alma misma (αὕτη ἡ ψυχὴν αὐτή), independientemente del cuerpo material. Como ejemplos de tales sentimientos, menciona el enojo, el anhelo, la tristeza, el temor, el amor y los celos.

Sócrates concluye diciendo —en conexión con el estado emocional mixto que el alma experimenta durante lamentos y tragedias tanto reales como escénicas— que en cada caso éstos producen una mezcla de sentimientos de dolor y placer, "de modo que tanto el cuerpo sin alma como el alma sin el cuerpo, y del mismo modo los dos en su asociación mutua, están llenos en sus estados interiores con un sentimiento de placer que está mezclado con sentimientos de dolor".[40]

Así, hay sentimientos mixtos que pertenecen al alma misma. Junto con estos, sin embargo, también hay sentimientos puros, no mezclados del alma, y en esta categoría Sócrates enumera los sentimientos estéticos de placer que se vinculan a los colores hermosos, a formas matemáticas bellamente proporcionadas, a sonidos armoniosos, a las sensaciones más sutiles del olfato y, por encima de todo, a los sentimientos que pertenecen al conocimiento. Estos sentimientos puros están ligados a la medida y son llamados "verdaderos" y "bellos". En oposición a ellos, los sentimientos intensos, que siempre tienen un carácter mixto, se agrupan bajo el género del *ápeiron* y de lo ilimitado, que se extiende sobre el cuerpo y el alma por igual.

Dado que en el *anima rationalis* todo depende de lograr una mezcla armoniosa entre sentimientos puros o verdaderos y conocimiento racional, los cuales pertenecen a géneros diferentes, queda abundantemente claro que, en el *Teeteto*, Platón ya no acepta la abstracción de un *anima rationalis* plenamente absorbida en la actividad del pensamiento teórico como un ideal ético metafísico de θεωρία filosófica. Esto se sigue inmediatamente del nuevo cambio en las nociones antropológicas de Platón. En el *Fedón* y también en el *República*, predominaba el motivo órfico pitagórico. En consecuencia, la vida terrenal se consideraba como un estado caído y una contaminación del alma pensante. Incluso durante su existencia presente, por lo tanto, se sostenía que el alma debía esforzarse por ascender al mundo de los fenómenos, para poder consagrarse enteramente a la contemplación pura —la *theōria*—, el modo de vida propio del filósofo, y dedicarse así por completo a la contemplación de las *eidē* puras, en última instancia de la idea divina de lo bueno y de lo bello.

Después de haber establecido nuevamente que el bien perfecto para una persona no puede hallarse ni en el placer solo ni en el conocimiento puro, Sócrates argumenta en el *Teeteto* que el camino que conduce al bien solo puede descubrirse si uno ha averiguado primero dónde está su hogar. "Así como alguien que busca a un hombre, si antes ha averiguado la casa donde vive, sin duda tendría una gran ventaja al buscar al hombre para quien está buscando".[41]

El lugar donde está el hogar del ser humano no es, sin embargo, el mundo de las *eidē* puros, como había enseñado el Fedón; en cambio, se encuentra en el reino del ser mixto y generado. Esto, sin embargo, no impide que el conocimiento de las *eidē* puras no mezcladas, o formas ónticas, ocupe el rango más alto entre las diversas clases de conocimiento, ya que es el conocimiento que es verdaderamente confiable y verdadero.[42] La intuición teórica del mundo del ser inteligible, eternamente autoidéntico, es así nuevamente reconocida explícitamente como el fundamento, también para la nueva dialéctica. Porque no puede mantenerse, como Robin cree, que Platón tenga en mente aquí solo un sistema de relaciones aprehendidas en *ideai* dialécticas, es decir, formas ónticas que están en relación con la *hylē* y por ello han llegado a ser una pluralidad. Es cierto que, tal como ocurre también en el

República, la teoría de los números abstractos y la geometría pura están incluidas en la categoría del conocimiento verdadero, ya que éstas se aproximan más al conocimiento de las *eidē* puras. No obstante, el mero hecho de que en el *Teeteto* Platón limite el conocimiento del verdadero ser a aquello que permanece eternamente idéntico a sí mismo, sin la más mínima alteración, y que luego aduzca el conocimiento de la "justicia en sí" (τὸ δίκαιον καθ' αὑτό) como ejemplo de conocimiento de las formas puras, ya es en sí una prueba de que no ha abandonado, ni siquiera aquí, la forma dialéctica del conocimiento desarrollada en los diálogos eleáticos. En la línea del pensamiento de Platón, la "justicia en sí" no es en absoluto una relación dialéctica, aunque debe admitirse que también incluye las relaciones dialécticas en tanto que pertenecen a las *eidē* constantes.

El conocimiento teórico de las *eidē* puras, según el *Teeteto*, ocupa el lugar más elevado entre todas las ciencias, pero ya no puede identificarse con el bien supremo para el ser humano. Para poder "encontrar el verdadero hogar", es necesario que este conocimiento intuitivo se combine consigo mismo, mediante el auxilio de la lógica dialéctica, en una definición lógica adecuada (λόγον ἐπιόντα τῷ νοεῖν) y que descienda desde su esfera de pureza a los fenómenos transitivos del mundo visible, es decir a aquellas cosas que han llegado a ser, que por tanto no pueden ser objeto de una ciencia exacta;[43] sin embargo, este conocimiento debe también combinarse con sentimientos puros y verdaderos de placer, si el modo de vida que debe alcanzarse para el ser humano ha de constituir el bien supremo. En esta mezcla, la verdad, la proporción (συμμετρία) y la belleza son compañeras necesarias, y el segundo de estos, la proporción correcta y la medida, es llamado la causa (*aitía* —aquí esto *no* significa causa eficiente), la cual otorga el valor más alto a cualquier mezcla, ya que la ausencia de ésta es la ruina tanto de la mezcla como de sus ingredientes.[44] Sócrates concluye esta parte de su argumento del siguiente modo: "Si no logramos rastrear el más alto bien hasta una idea única, al captarla en tres —a saber, belleza, proporción y verdad— declaramos entonces que en estas [tres], como una, buscamos con toda justicia la causa del valor de la mezcla, y que en virtud de ésta las cosas posteriores se vuelven buenas.[45]

La nueva dialéctica, entonces, aprehende la idea divina del bien, la forma absoluta de origen, en una tríada unitaria de *eidē* sólo en su manifestación limitada dentro del cosmos. En su mezcla conjunta, estas *eidē* no solo constituyen el bien supremo para la vida compuesta del ser humano; también encapsulan el modelo teleológico para todo el cosmos. La razón causal por la cual el bien para el ser compuesto o mixto no puede ser puro y absoluto reside en el hecho de que alma y cuerpo están unidos, siendo la primera la que controla al segundo, tanto en la existencia humana como en el cosmos en su conjunto.[46] No puede imaginarse una expresión más clara de la distancia que separa la concepción antropológica del *Fedón* y el *República*, por un lado, de la del *Filebo*, por el otro.

b. La causalidad como un género separado

Debemos prestar especial atención al hecho de que el *Filebo* eleva la causalidad, en el sentido de causa eficiente, a un género separado que es incorporado al alcance de la nueva lógica dialéctica. La *aitia*, como causalidad eficiente,[47] es concebida aquí como una causa formal racional (coherente con el pensamiento de Sócrates y en conexión con la doctrina del *nous* de Anaxágoras) y es reconocida exclusivamente como la causa del ser compuesto.

c. Según el Filebo, ni las *eidē* puras ni la *hylē* se originan en el *nous* divino como causa eficiente. La acomodación escolástica de esta concepción platónica (posteriomente adoptada por Aristóteles) al motivo cristiano de la creación

Por esta razón, según la visión del *Teeteto*, ni las *eidē*, como formas ónticas puras, ni la *hylē* pueden atribuirse al *nous* divino actuando como causa (*aitia*). La doctrina *ex nihilo nihil fit* (nada surge de la nada), que fue el resultado final de la metafísica griega en su sujeción al motivo dialéctico de forma y materia, no permite ninguna excepción, ni siquiera en el caso del demiurgo divino. También en la ontología aristotélica, la forma y la materia son en sí mismas no generadas.

La filosofía escolástica adoptará más tarde esta concepción, aunque se opone al motivo escritural de la creación. Al combinar a Platón y Aristóteles, intentará acomodarla al motivo de la creación ubicándola dentro del marco de la síntesis religiosa entre naturaleza y gracia.

Puesto que la causa eficiente está claramente diferenciada como un *eidōs* genético del *peras* y el *ápeiron*, la concepción de los otros *eidē* como fuerzas anímicas activas, que pertenecían al período de crisis de la teoría de las ideas, ha sido considerada superflua. En la medida en que todavía se menciona una *ékgonon* (prole) que surge de la combinación de *peras* y *ápeiron*, estos géneros últimos están expresamente calificados como instrumentos de la *aitía* en su actividad de engendrar [compárese la forma en que se traduce esta frase

griega relevante en la nota 1, y en la página 260] (τὸ δουλεῦον εἰς γένεσιν αἰτία).[48] La *aitía*, en contraste,[49] es llamado
el demiurgo. Sólo este género causal sigue siendo concebido
como una fuerza anímica activa, ya que se origina en el *nous*
divino, el cual a su vez es animado por una *psychē* divina como
su principio vital.

¿Es esta *psychē* divina y la fuerza formativa-causal del *nous*
idéntica al alma del mundo? Uno podría verse momentáneamente tentado a pensarlo, porque Socrates afirma que el
cuerpo humano debe su origen al cuerpo del mundo, y el
alma humana al alma del mundo.

d. El *nous* que rige el universo no es idéntico al *nous* en el alma del mundo

El *Timeo*, sin embargo —y el desarrollo de este punto se basa
enteramente en el *Teeteto*— enseña explícitamente que el
universo, tanto en su cuerpo como en su alma racional,
pertenece al ámbito de lo que ha llegado a ser y tiene su
origen en el divino δημιουργός, el arquitecto divino. Cornford
y Stenzel, entre otros, opinan que este demiurgo es una
representación meramente mitológica del alma del mundo;
pero esto es claramente refutado por la descripción del *Timeo*
de esta última como algo que en realidad es de naturaleza
mixta y que, por tanto, según el *Teeteto*, requiere una causa
para su ingreso al ser. Este primer diálogo también arroja
luz sobre el pasaje en el *Teeteto* que dice que el cuerpo y
el alma del ser humano derivan solamente del cuerpo del
mundo y del alma del mundo. En nuestra discusión del *Timeo*,
inevitablemente volveremos sobre estos temas.

e. El *Filebo* y el *Timeo* admiten solo una causalidad: aquella que se origina en el alma racional

Al atribuir la causalidad que introduce al cosmos en el ser exclusivamente al alma racional, el *Teeteto* ha adoptado, en este aspecto, la posición del *Fedro*. Al hacerlo, sin embargo, también asumió la aporia que ya mencioné en mi discusión de este último diálogo (donde permaneció completamente sin resolver), a saber, el problema de cómo la atribución de causalidad exclusivamente al alma racional concuerda con el dualismo primordial entre los motivos de forma y materia. ¿No es necesario acaso que la *hylē* (el *ápeiron* del *Teeteto*) reciba su propio género de causalidad si realmente se desea dar una explicación completa dentro del marco del motivo básico griego sobre el origen de las cosas que han llegado a ser? El *Timeo* responderá afirmativamente a esta cuestión, y así, el concepto de una sola causalidad será, una vez más, abandonado.

f. ¿Corresponden los géneros del *Filebo* a los cinco *eidē* supremos del *Sofista*?

También hay una cuestión en cuanto a la relación entre los cuatro *genē* o géneros del *Teeteto* y los cinco *eidē* supremos del *Sofista*. Desde la Antigüedad, se han hecho numerosos intentos para descubrir una conexión directa entre estos dos grupos, y recientemente Léon Robin[50] el destacado estudioso francés de Platón, y C. Ritter,[51] profesor en Tubinga, entre otros, han hecho el mismo esfuerzo. Sin embargo, debe subrayarse que cualquier intento en este sentido debe confrontarse con los nuevos desarrollos que el *Teeteto* introdujo en la teoría platónica de las ideas. Aparentemente, ni Robin ni Ritter eran conscientes de esto.

Debemos observar desde el principio que, sin excepción, los cuatro *genē* del *Teeteto* son todas ideas dialécticas dentro del sentido previamente delineado. Entre las cinco ideas supremas (*megista eidē*) del *Sofista*, en cambio, el movimiento y el reposo definitivamente carecen de este carácter, ya que son opuestos mutuamente excluyentes. La comparación debe entonces limitarse a las tres *ideai* dialécticas del *Sofista*: lo individual, la otredad (τὸ ἕτερον) y la mismidad (ταὐτόν), y, como hemos visto, todas estas pueden considerarse de hecho como funciones dialécticas de la idea de ser que todo lo abarca. Esta última fue definida en un sentido general como *dynamis*, tanto en un sentido activo como pasivo; es decir, el poder activo y la capacidad de ser actuado.[52] En el *Teeteto*, los *genē* o *ideai* dialécticas del *peras* y el *ápeiron* pueden igualmente considerarse como funciones dialécticas del ser mezclado o generado, y así corresponden respectivamente a las *ideai* de lo mismo y de la otredad en el *Sofista*. Robin sostiene que el *peras* es el equivalente de la función activa del ser en el *Sofista*, y que el *ápeiron* es el equivalente de la función pasiva. La idea de la causa como función del ser mezclado, a su vez, tiene una clara correspondencia con la función activa del ser en el *Sofista*.[53]

Esta interpretación contradice el texto claro del *Filebo*, sin embargo. En este diálogo, el *peras* como tal no se llama en ningún lugar una *dynamis* activa, ni el *ápeiron* una *dynamis* pasiva del ser mezclado. En *Teeteto*, 27 A, la distinción que se hace entre lo que la naturaleza guía y controla (ἡγεῖται μὲν τὸ ποιοῦν ἀεὶ κατὰ φύσιν) y lo que es pasivamente actuado y entra en el ser (ποιούμενον γιγνόμενον) se aplica únicamente a la causa, y se dice que esta causa introduce al ser a partir de la mezcla del *peras* y el *ápeiron*. Además, la *aitia* se distingue tajantemente de aquello "que le es subalterno en la actividad de introducir al ser" (τὸ δουλεῦον εἰς γένεσιν αἰτίᾳ).

Ya hemos observado que el *Teeteto* presenta tanto al *peras* como al *ápeiron* no como ideas activas, sino simplemente como instrumentos subordinados de la *aitia*, y que no considera al *peras* como un poder activo.[54] Entre el *Sofista* y el *Teeteto* se puede notar así el cambio en la concepción platónica de las *eidē*. En el *Teeteto*, a diferencia del *Sofista*, las *eidē* ya no pueden ser concebidas como fuerzas anímicas activas, ya que la *aitia* como causa eficiente ha sido claramente distinguida de los otros géneros y se ha identificado con el poder de acción (δημιουργεῖν) del *nous* divino.

Esta observación también contradice la posición de Ritter. Él ubica la definición general de ser como *dynamis* en el fundamento de los cuatro genera del *Teeteto* y sostiene que en este último diálogo Platón atribuye poder activo tanto al *peras* como al *ápeiron* como constituyentes de la realidad.

De hecho, el *Filebo* habla de un quinto género. Cuando Sócrates enumera por primera vez los cuatro géneros, Protarco pregunta: "¿No querrás además añadir un quinto que tenga la capacidad de discernir (διάκρισιν τινὸς δυνάμενον)?". Sócrates responde: "Posiblemente sí, pero no creo que ahora, salvo que, si me embarco en una búsqueda de una quinta categoría, tú estés de acuerdo conmigo".[55] A medida que el diálogo se desarrolla, este quinto género se revela necesario, incluso si no se menciona explícitamente como tal. Una vez establecida la necesidad de una mezcla entre placer y conocimiento, Sócrates pregunta cuál de estos dos componentes tiene mayor rango dentro del ámbito del ser mezclado. ¿Deben admitirse todos los sentimientos de placer sin excepción, incluso los más sensuales y pasionales, dentro del modo mezclado de vida que merece el título de bien supremo para el ser humano? Esto sería un error, porque los diversos tipos de placer deben primero distinguirse e individualizarse según su valor ético. Los diversos tipos de conocimiento también pueden admitirse; pero aquí también es necesaria una *diakrisis*, una distinción según el valor. Esta *diakrisis*, la selección correlativa de los placeres y tipos de conocimiento permitidos en el bien, modo de vida mezclado, parece entonces añadirse como un quinto género a los cuatro mencionados previamente.

No hay posibilidad, sin embargo, de encontrar un equivalente para este quinto género en el *Sofista*. Su introducción en el *Teeteto* es una mejor prueba de la distancia que separa este diálogo del *Parménides* y del *Sofista*, pues indica que los efectos de la idea tou agathou se hacen sentir dentro de la lógica dialéctica misma. Frente a esto, durante el período de crisis en la teoría de las ideas, parecía que esta idea, en su carácter supralógico, no podía ejercer influencia alguna sobre la lógica dialéctica misma, y por tanto permanecía en tensión no resuelta con esta última. Sin embargo, hemos visto que en el *Teeteto* la idea *tou agathou* se manifiesta directamente solo en su expresión dialéctica dentro del género de lo que es mixto. En consecuencia, se observa también en este punto una gran diferencia entre este diálogo y el *República*.

Todo esto no significa que los *genera* establecidos en el *Sofista* hayan perdido su significado para los diálogos posteriores. Por el contrario, volveremos a encontrar la idea dialéctica del ser, de la otredad y de la mismidad nuevamente en el *Timeo*. También encontraremos allí las *eidē* de movimiento y reposo.

Éstas, entonces, deberán ajustarse, sin embargo, al marco del género del ser mixto desarrollado en el *Filebo*, en su marcada diferencia con el ser puro del mundo inteligible de las *eide* y de la idea divina de lo bueno y lo bello, que ilumina este mundo inteligible con sus rayos.

NOTAS AL CAPÍTULO 3

[1] *Filebo*, 27 A: ΣΩ: Ἆρ' οὖν ἡγεῖται μὲν τὸ ποιοῦν ἀεὶ κατὰ φύσιν, τὸ δὲ ποιούμενον ἐπακολουθεῖ γιγνόμενον ἐκείνῳ· ΠΡΩ: Πάνυ γε. ΣΩ: Ἄλλο ἄρα καὶ οὐ ταὐτὸν αἰτία τ' ἐστὶ καὶ τὸ δουλεῦον εἰς γένεσιν αἰτία. ("Sócrates: ¿No es entonces que aquello que actúa por naturaleza siempre guía, y que lo que es actuado, al llegar a ser, lo sigue [pasivamente]? Protárquico: Por supuesto. Sócrates: Entonces también la causa y aquello que sirve a la causa en el proceso de llegar a ser son distintos y no lo mismo").

[2] *Filebo*, 16 C–E: Θεῶν μὲν εἰς ἀνθρώποις δόσις ὅς γε καταφαίνεται ἐμοί, πόθεν ἐκ θεῶν ἐρρήφθ, διὰ τινος Προμηθέως ἅμα φανοτάτῳ τινὶ πυρί. καὶ οἱ μὲν παλαιοί, κρείττους ἡμῶν καὶ ἐγγύτεροι θεῶν οἰκίοντες, ταύτην φήμην παρέδοσαν, ὡς ἐξ ἑνὸς μὲν καὶ ἐκ πολλῶν ὄντων τὸν δεῖ λεγομένους εἶναι, πέρας δὲ καὶ ἀπείρονα ἐν αὐτοῖς ἔμφυτον ἐχόντων θεὸν ὂν ἡμῖν τούτους οὖν διακεκοσμημένους ἀεὶ μίαν ἰδέαν περὶ παντὸς ἑκάστοτε θέμενους ζητεῖν εὑρίσκειν γὰρ ἔννοιαν. ἐὰν οὖν καταλάβῃς, μετὰ μιᾶς δύο, εἰ πέῃ, σκοπεῖν, εἰ δὲ μή, τρεῖς ἢ τιν' ἄλλον ἀριθμόν, καὶ τὸ ἓν ἑκάστον ἑκάστοιν πάλιν διαιρῆν, μέχρι πρὸς τὸ μὴ ἔτι ἄρχεις εἰ μὴ ὅτι ἓν καὶ πολλὰ καὶ πέρας ἐστὶ μόνον ἔφη τις, ἀλλὰ καὶ ὁπόσα· μή δὲ τοῦ ἀπείρου ἰδέαν πρὸς τὸ πλῆθος μὴ προσφέρων, ἐκ τοῦ τῆς ἀριθμοῦ φύσεως ἀναδιωρίσθαι ὅσον γε μετὰ τοῦ ἀπείρου καὶ τοῦ πέρατος· ὅσπερ δὴ τὸ ἓν ἕκαστον τῶν πάντων εἰς τὸ ἄπειρον μεθέντα χαλεπὸν εἶναι. (Traducción en texto.)

[3] *Filebo*, 18 A: Ἄσπερ γὰρ ἐν ὁτιοῦν εἴ τίς ποτε λάβοι, τοῦτον, ὡς φαμεν, οὐκ ἐπ' ἀπείρου φύσιν δεῖ βλέπειν εὐθὺς ἀλλ' ἐπ' ἀριθμόν, οὕτω καὶ τουναντίον ὅταν τις τὸ ἄπειρον ἀναγκασθῇ πρῶτον λαμβάνειν, μὴ ἔτι τὸ ἓν εὐθὺς ἀλλ' ἐπ' ἀριθμὸν αὖ τινὰ πλῆθος ἕκαστον ἔχοντα τι κατανοεῖν, τελευτᾶν τ' ἐκ πάντων εἰς ἕν. ("Así como cuando alguien ha comprendido alguna unidad, como dijimos, no debe dirigir inmediatamente su mirada hacia la naturaleza de lo ilimitado, sino hacia cierto número, así también, a la inversa, si alguien se viera obligado a considerar primero lo ilimitado, no debe dirigir inmediatamente su mente hacia el uno, sino nuevamente

441

hacia cierto número, el cual en cada caso contiene una pluralidad, y solo llegar al uno al final de todo").

⁴ Que el *Político* debe haber sido escrito después del *Sofista* se deduce de *Político* 284 B (el único lugar donde Platón cita su propia obra), donde hay una referencia explícita a un argumento del *Sofista*.

⁵ *Político*, 287 B–C: Οἶσθ᾽ οὖν ὅτι χαλεπὸν αὐτὰς τεμεῖν δίχα· ...Κατὰ μέλη τοίνυν αὐτὰς οἷον ἱερείου διαρριπτέα, ἐπεὶ δίχα ἀδυνατοῦμεν· δεῖ γὰρ εἰς τὸν ἔγγιστα ὅτι μάλιστα τέμνειν ἀριθμὸν ἀεί. ("¿Sabes, entonces, que es difícil dividirlos [a saber, los otros cargos en el estado además del de rey] en dos? ... Siguiendo sus articulaciones, entonces, debemos diseccionarlos como a un animal sacrificial, ya que no podemos hacerlo en dos partes. Pues debemos siempre, si es posible, dividirlos en el número siguiente más pequeño).

⁶ *Filebo*, 23 C: Πάντα τὰ νῦν ὄντα ἐν τῷ παντὶ διχῇ διείλαβμεν, μᾶλλον δ᾽, εἰ βούλει, τριχῇ. (Traducción en el texto.)

⁷ Ibid., 25 E: Μαθάνω φάνειν γάρ μοι λέγειν, μιγνὺς ταῦτα, γενέσεις τινὰς ἐφ᾽ ἑκάστων αὐτῶν συμβαίνειν. (Traducción en el texto.)

⁸ Ibid., 23 D: Τετάρτου μοι γένους αὖ προσθεῖν. ...Τῆς ξυμμίξεως τούτων πρὸς ἄλληλα τὴν αἰτίαν ὁρᾶ, καὶ τίθει μοι πρὸς τρισὶν ἐκείνοις τέταρτον τοῦτο ("Aún necesito un cuarto género...Considera la causa de la mezcla de estos entre sí y añade esto como un cuarto a esos tres.") Ibid., 27 b: Τὸ δὲ δὴ πάντα ταῦτα δημιουργοῦν λέγωμεν τέταρτον, τὴν αἰτίαν, ὡς ἱκανῶς ἕτερον ἐκείνων δεδηλωμένον; ("¿No deberíamos entonces nombrar como cuarto [género] esa [fuerza] que produce todo esto, la causa, algo que ha sido adecuadamente esclarecido en su distinción respecto a los demás?").

⁹ Ibid., 24 E–25 A: Ὁπόσ᾽ ἂν ἡμῖν φαίνηται μᾶλλόν τε καὶ ἧττον γιγνόμενα καὶ τὸ σφόδρα καὶ ἤμερα δεχόμενα, καὶ τὸ λίαν καὶ πάνθ᾽ ὅσα τοιαῦτα, εἰς τοῦ ἀπείρου γένος ὡς εἰς ἓν δεῖ πάντα ταῦτα τιθέναι, κατὰ τὸν ἔμπροσθε λόγον, ὃν ἔφαμεν, ὅσα διεσπάσται καὶ διεσχίσται συναγαγόντας χρῆναι κατὰ δύναμιν μίαν ἐπισημαίνεσθαι τινὰ φύσιν, εἰ μέλλωμεν. ("Todo lo que nos parece más o menos, y que admite expresiones como 'fuertemente', 'ligeramente' [en un grado muy leve], 'en exceso', y todas esas cosas, debemos subsumirlo dentro del género de lo ilimitado como uno solo [idea]; esto se ajusta a nuestro argumento anterior, donde, si recuerdas,

mostramos que uno debe combinar todo lo que está separado y dividido, y, en la medida de lo posible, designarlo con una sola naturaleza").

[10] Ibid., 24 D: οὐ γὰρ εἴ τι θερμότερον οὐδὲ ψυχρότερον ἦν τὰ λαβεῖν τὸ ποσόν· προχωρεῖ γὰρ καὶ οὐ μένει· τὸ δὲ θερμότερον ἀεὶ καὶ τὸ ψυχρότερον ἀσύστατον, τὸ δὲ ποσὸν ἔστη καὶ προϊὸν ἐπαύσατο. ("Porque 'más caliente' y 'más frío', si tomaran una medida definida, ya no serían ni más calientes ni más fríos. Porque 'más caliente' está en constante flujo y no permanece, y lo mismo con 'más frío'; pero una cantidad definida ha alcanzado el reposo y ha cesado de fluir").

[11] Ibid., 25 A–B: Οὐκοῦν τὰ μὴ δεχόμενα ταῦτα, τούτων δὲ τἀναντία πάντα δεχόμενα, πρῶτον μὲν τὸ ἴσον καὶ ἰσότητα, μετὰ δὲ τὸ ἴσον τὸ διπλάσιον καὶ πᾶν ὅ τι περ ἂν πρὸς ἀριθμὸν ἀριθμὸς ἢ μέτρον ἢ πρὸς μέτρον, ταῦτα ξύμπαν' εἰς τὸ πέρας ἀπολογιζόμενοι καλῶς ἂν δοκοῦμεν δρᾶν τοῦτο...; ("Entonces lo que no admite esto, sino que admite todos los opuestos de esto —en primer lugar, lo igual y la igualdad, y después de lo igual, lo doble, y todo lo que sea la relación de un número a otro número o de una medida a otra medida—, ¿no parecería razonable que agrupáramos todo esto bajo el *peras*...?").

[12] Ibid., 26 B–C: ὕβριν γάρ που καὶ ξύμπασαν πάντων πονηρίαν αὕτη κατιδοῦσα ἡ θεός, ὦ καλὲ Φίληβε, πέρας οὐδὲν οὔθ' ἡδονῶν οὔτε πλησμονῶν ἐνὸν ἐν αὐτοῖς νόμον καὶ τάξιν πέρας ἔχοντ' ἔθετο· καὶ σὺ μὲν ἀποκναίοις ἐφάνθης' αὐτήν, ἐγὼ δὲ τοὐναντίον ἀποσῶσαι λέγω. ("Porque al percibir esta diosa la desenfrenada lascivia y toda suerte de maldad en todas las criaturas, oh hermoso Filebo, y al ver que entre ellas no había límite alguno a los placeres ni a la autocomplacencia, instituyó la ley y el orden como cosas que contienen el límite. Y tú sostienes que esto les resulta molesto; pero yo digo, por el contrario, que las preserva").

[13] Ibid., 26 D: Καὶ μὴν τό γε πέρας οὔτε πλῆθος εἶχεν οὔτ' ἐδυσκολαινόμεθα ὡς οὐκ ἦν ἐν φύσει. ("Pero el *peras* no contenía pluralidad, ni nos causaba sospecha el que no estuviera en el mundo del devenir"). La primera parte de este pasaje, en su marcado contraste con 25 A–B (citado arriba) y 23 E (citado abajo), refuta decisivamente la noción de Léon Robin (Platon; París: Librairie Felix Alcan, 1935, pp. 155–156) de que, en su *Filebo*, Platón también incluye el mundo inteligible de las *eidē* en su desvinculación del proceso del devenir en la esfera de lo mixto o com-

puesto. Robin apoya esta posición argumentando que Platón utilizó el mismo método en este diálogo como en el *Sofista*, donde en efecto estaba preocupado por demostrar la interacción de los géneros. "Por lo demás", dice Robin, "si el dominio de lo mixto fuera exclusivamente el mundo de la experiencia, sería necesario restringir a este mundo los dos principios de cuya unión se produjo esta mezcla. Sin embargo, ellos se extienden claramente mucho más allá de esto. Lo ilimitado es, de hecho, lo mismo que el Otro, que es el no-ser platónico; y el no-ser del Otro está difundido, como es bien sabido, entre todas las esencias". Además, hemos aprendido de Aristóteles que las cosas sensibles no están constituidas de ninguna otra manera que las cosas inteligibles y que, sin importar su estado de existencia, ya sea en el inteligible o en el sensible, no hay ser en absoluto que no sea mezcla." Hay varias objeciones a este argumento: 1. Procede del supuesto —que se ha demostrado incorrecto— de que el *Filebo* conserva exactamente la misma posición que el *Sofista* respecto a la teoría de las *eidē*. A partir del *Filebo*, las *eidē* son concebidos como *genē* (géneros) solo en su estado impuro o mixto. En el Parmenides y el *Sofista*, en cambio, predomina la dialéctica lógica, que amenaza con la completa disolución del mundo del *eidē* puro. 2. Platón nunca concibe el género de la otredad como algo más que una idea de la lógica dialéctica. Como tal, está destinada a llevar las *eidē* a correlación lógica; pero la aprehensión de la naturaleza intrínseca del *eidē* puro es precisamente lo que está prohibido. Una comparación de 26 D con 23 E y 25 A–B deja claro que el *Filebo* introduce una vez más una distinción tajante entre las *eidē* puros, por un lado, y las *eidē* en su encarnación en el *ápeiron* como principios estructurales constantes del mundo de lo que llega a ser, por otro lado, y que además no hay lugar para el μὴ ὄν en el mundo de las *eidē* en sí. Es precisamente el mundo del *eidē* puro, como una vez más se confirma en el *Filebo*, el que es dejado de lado por la prueba de Aristóteles. En cambio, esta última se refiere al mundo de la mezcla en el que las *eidē* se identifican con los llamados números ideales. Robin mismo, al final, tiene que admitir que todos los ejemplos que el *Filebo* ofrece de lo que está mezclado se refieren exclusivamente al cosmos empírico. Además de todo esto, en *Filebo* 23 C, la distinción entre *peras* y *ápeiron* está expresamente restringida a las cosas "que ahora existen en el universo".

[14] *Fedón* 96 D-97 B; 101 B-C.

[15] Léon Robin, *La théorie platonicienne des idées et des nombres. Étude historique et critique* (París: F. Alcan, 1908).

[16] Aristóteles, *Metafísica*, M 6, 1080 a 30-35: διὸ καὶ ὁ μὲν μαθηματικὸς ἀριθμεῖται μετὰ τὸ ἓν δύο πρὸς τῷ ἔμπροσθεν ἓν ἄλλο ἕν, καὶ τὰ τρία πρὸς τοῖς δυσὶ τούτοις ἄλλο ἕν, καὶ ὁ λοιπὸς δὲ ὡσαύτως· οὗτος δὲ μετὰ τὸ ἓν δύο ἕτερα ἄνευ τοῦ ἑνὸς τοῦ πρώτου, καὶ ἡ τριάς ἄνευ τῆς δυάδος, ὁμοίως δὲ καὶ ὁ ἄλλος ἀριθμός. ("Por lo tanto, los números matemáticos se cuentan del siguiente modo: después del uno, el dos, es decir, además del anterior, otro uno; y el tres, además de estos dos existentes, otro uno; y los números restantes de la misma manera. Con respecto a los otros [es decir, los números eidéticos], sin embargo: después del uno, dos otros unos sin el primero, y el tres sin el dos, y de igual modo también los demás números").

[17] Como dice Robin, "Cada uno de estos números [es decir, los números idea], ... lejos de ser un compuesto de unidades que puedan formarse de diversas maneras y tan a menudo como se desee, es único en su clase... " Según Robin, Aristóteles siempre evaluó la doctrina de los números idea de Platón "en términos de las enseñanzas de Jenócrates" (en travers la doctrine de Xénocrate). Jenócrates, uno de los discípulos de Platón, sostenía que los números idea eran idénticos a los números matemáticos, y así se desvió marcadamente de su maestro en este punto. Cf. W. Vander Wielhen, *De Idee-getallen van Plato* (disertación: Ámsterdam, 1914), p. 51, y además, W.D. Ross, ed., *Aristotle's Metaphysics* (Oxford: Clarendon Press, 1924, 1953), vol. I (Introducción), pp. lxxi-lxxvi. En relación con los números idea, Ross también observa (loc. cit., lii): "De su naturaleza como Ideas se sigue que son específicamente distintos e incomparables, es decir, incapaces de ser afirmados como fracciones unos de otros. La dualidad no es la mitad de la plenitud. Tampoco es un número natural [es decir, número idea] un agregado de unidades".

[18] Aristóteles, *Metafísica*, M 6, 1080 b 11-14: Οἱ μὲν οὖν ἀριθμοὺς φασὶν εἶναι τοὺς ἀριθμούς, τὸν μὲν ἔχοντα τὸ πρότερον καὶ ὕστερον παρὰ τὰς ἰδέας, τὸν δὲ μαθηματικὸν παρὰ τὰς ἰδέας καὶ τὰ αἰσθητά, καὶ χωριστοὺς ἀμφοτέρους τῶν αἰσθητῶν. ("Algunos dicen que existen dos clases de número —uno, el número que posee la relación de anterior y posterior en las ideas, y el otro, el número matemático, junto a las ideas y las cosas

perceptibles, y que ambos están separados de las cosas perceptibles"). En relación con este pasaje y la declaración aparentemente contradictoria en *Ética a Nicómaco*, A 4, cf. Vander Wielhen, *op. cit.*, pp. 65 ss.

[19] *Fedón*, 101 B–C: ἑνὶ ἑνὸς προστεθέντος τὴν πρόσθεσιν αἰτίαν εἶναι τοῦ δύο γενέσθαι ἢ διαιρεθέντος τὴν σχίσιν· οὐκ εὐλαβοῖο ἂν λέγειν· καὶ μέγα ἂν βοήσαις, ὅτι οὐκ οἶδ' ἄλλως πως ἕκαστον γιγνόμενον ἢ μετέχον τῆς ἰδέας οὐσίας ἑκάστου οὗ ἂν μετέχοι, καὶ ἐν τούτοις οὐκ ἔχεις ἄλλην τινὰ αἰτίαν τοῦ δύο γενέσθαι ἀλλ' ἢ τὴν τῆς δυάδος μετέχειν καὶ εἶναι τούτῳ μετεχόντι τὰ μέλλοντα δύο ἔσεσθαι, καὶ μονάδος, ὃ ἂν μέλλη ἓν ἔσεσθαι, τὰς δὲ σχέσεις ταύτας καὶ προσθέσεις καὶ τὰς ἄλλας τοῖς τοιούτοις κομψείαις ἐφῇς ἂν χαίρειν, παρέξις ἀποκρίνασθαι τοῖς ἑαυτοῦ σοφωτέροις. ("¿Acaso no te guardarías de decir que cuando uno se añade a uno, la adición es la causa de que surjan dos, o que cuando uno se divide, la división lo es? Y proclamarías en voz alta que no conoces otra manera en que algo pueda llegar a ser sino por la participación en la idea de la esencia propia de cada cosa, y que en estos casos no conoces otra causa de que el dos llegue a ser sino la participación en la dualidad, y que todo lo que ha de ser dos debe participar de ella, y todo lo que ha de ser uno, en la unidad. Pero tú desecharías estas divisiones y sumas y otras sutilezas de este tipo, dejando la respuesta a los más sabios que tú").

[20] Esta es igualmente la opinión de Ross, loc. cit., p. xli, quien en esta conexión menciona expresamente el *Filebo*.

[21] Este testimonio se encuentra en *Metafísica*, M 8, 1083 a 31–36: εἰ δὲ ἔσται τὸ ἓν ἀρχή, ἀνάγκη μᾶλλον ὥσπερ Πλάτων ἔλεγεν ἔχειν τὰ περὶ τοὺς ἀριθμούς, καὶ εἶναι δυάδα πρώτην καὶ τριάδα, καὶ οὐ ἀσυμβλήτους εἶναι τοὺς ἀριθμοὺς πρὸς ἀλλήλους. ("Si el uno es un principio, es más bien necesario que las cosas se den con los números como decía Platón, y que haya una dualidad y una triplicidad eidéticas, y que los números no sean conmensurables entre sí.") En la traducción de δυάδα πρώτην καὶ τριάδα como "dualidad y triplicidad eidéticas [ideales]", sigo a Vander Wielen, *op. cit.*, p. 62. La referencia aquí no es naturalmente a los números matemáticos.

[22] Stenzel, *Zahl und Gestalt bei Platon und Aristoteles*, 2a. edición, 1933, p. 31.

[23] En el *Parménides*, el *peras* se concibe también como una idea dialéctica, es decir, como la relación entre la unidad y el principio intermedio de pluralidad en el *ápeiron*.

[24] *Filebo*, 25 D: Ἦν [ιζ., τοῦ πέρατος γένναν] καὶ νῦν δή, δεῖον ἡμᾶς, καθάπερ τὴν τοῦ ἀπείρου συνηγάγομεν εἰς ἕν, οὕτω καὶ τὴν τοῦ περατοειδοῦς συναγαγεῖν, οὐ συνηγάγομεν. ἀλλ' ἴσως καὶ νῦν ταὐτὸν δράσει· τούτων ἀμφοτέρων συναγομένων καταφανὴς κἀκείνη γένησεται. (Esto —a saber, el género del límite] que nosotros —aunque, tal como combinamos el género de lo ilimitado en uno, debíamos también haber combinado el del límite— no lo combinamos [aún] en uno. Pero quizás ahora cumpla la misma función. Pues al combinar estos dos, también ese tercer género se hará claro.

[25] El hecho de que esta ἰδέα también sea realmente una unidad dialéctica múltiple, y no, como el puro *eidos* del *peras* (mencionado en *Filebo*, 26 D), una unidad simple, es convincentemente demostrado por las palabras de Sócrates en *Filebo*, 23 E: Πρῶτον μὲν ὦν τῶν τεττάρων τὰ τρία διελόμενον, τὰ δύο τούτων πειρώμεθα πολλὰ ἑκάτερον ἔχον ἐσχισμένον καὶ διεσπασμένον ἰδόντες, εἰς ἓν πάλιν ἑκάτερον συναγαγόντες νοῆσαι τῇ ποτ' ἦν αὐτῶν ἓν καὶ πολλὰ ἑκάτερον. ("Separando primero tres de estos cuatro, intentemos —puesto que vemos que dos de ellos [a saber, el *peras* y el *ápeiron*, cf. 24 A más abajo] están cada uno disperso y desgarrado en una pluralidad— comprender, después de haber reunido cada uno de ellos nuevamente en una unidad, hasta qué punto cada uno de ellos es uno y muchos.") Ibid., 24 A: Λέγω τοίνυν τὰ δύο, ἃ προτίθεμαι, ταῦτ' εἶναι ἅπερ νῦν δή, τὸ μὲν ἄπειρον, τὸ δὲ πέρας ἔχον. ("Digo, por tanto, que los dos [géneros] que propongo son los que acabo de mencionar, a saber, lo ilimitado y lo que posee límite.") Como se ve en 25 D más arriba, τὸ πέρας ἔχον no puede ser idéntico al tercer género. A pesar de su calificación poco clara, esto debe referirse más bien al *peras* mismo.

[26] Ibid., 26 D: ἀλλὰ τρίτον φάθι με λέγειν, ἓν τοῦτο τιθέναι τὸ τούτων ἔκγονον ἅπαν, γένεσιν εἰς οὐσίαν ἐκ τῶν μετὰ τοῦ πέρατος ἀπεργασμένων μέτρων. ("Di, sin embargo, que reconozco un tercer [género], en que coloco toda la descendencia de estos [a saber, del *peras* y del *ápeiron*] como una unidad, es decir, como un devenir que procede al ser, resultante de las relaciones de medida logradas con la ayuda del πέρας"). Es evidente

en *Filebo*, 27 a, que el *peras* en realidad solo puede actuar en virtud de la "causa" (el *nous* divino) y no es más que el instrumento de este último en esta actividad. En sí mismo, el *peras*, como género, no tiene poder activo. El texto dice ahora no διά sino μετὰ τοῦ πέρατος.

[27] Ibid., 54 b, C: Φημὶ δὴ γενέσεως μὲν ἕνεκα φάρμακά τε καὶ πάντα ὄργανα καὶ πᾶσαν ὕλην παρατίθεσθαι πᾶσιν, ἑκάστην δὲ γένεσιν ἄλλην ἄλλης οὐσίας τινὸς ἑκάστης ἕνεκα γίγνεσθαι, ξύμπασαν δὲ γένεσιν οὐσίας ἕνεκα γίγνεσθαι ξυμπάσης. (Traducción en el texto.)

[28] Ibid., 54 C: Οὐκοῦν ἡδονή γ᾽ εἴπερ γένεσίς ἐστιν, ἕνεκά τινος οὐσίας ἐξ ἀνάγκης γίγνοιτ᾽ ἄν. (Traducción en el texto.)

[29] Ibid., Τὸ γε μὴν οὗ ἕνεκα τὸ ἕνεκά του γιγνόμενον ἀεὶ γίγνοιτ᾽ ἄν, ἐν τῷ τοῦ ἀγαθοῦ μοίρᾳ ἐκεῖνό ἐστι· τὸ δὲ τινὸς ἕνεκα γιγνόμενον εἰς ἄλλην, ὦ ἄριστε, μοῖραν θετέον. (Traducción en el texto.)

[30] Ibid., 54 D: Ἀρ᾽ οὖν ἡδονή γ᾽ εἴπερ γένεσίς ἐστιν, εἰς ἄλλην ἢ τὴν τοῦ ἀγαθοῦ μοῖραν αὐτὴν τιθέντες ὀρθῶς θήσομεν; ("Entonces, si el placer es un devenir, ¿será correcto colocarlo en una clase distinta de la del bien?") (Traducción suministrada por el traductor.)

[31] Ibid., 28 C: Ἀλλὰ μὴν ῥᾷστον. πάντες γὰρ συμφωνοῦσιν οἱ σοφοί, ἑαυτοὺς ὄντως σεμνύνοντες, ὡς νοῦς ἐστι βασιλεὺς ἡμῖν οὐρανοῦ τε καὶ γῆς· καὶ ἴσως εὖ λέγουσι. (Traducción en el texto.)

[32] Ibid., 28 D: Πότερον, ὦ Πρώταρχε, τὰ ξύμπαντα καὶ τόδε τὸ καλούμενον ὅλον ἐπιτροπεύειν φῶμεν τῇ τοῦ ἀλόγου καὶ εἰκῇ δυνάμει καὶ τὸ ὅπη ἔτυχε, ἢ τἀναντία, καθάπερ οἱ πρόσθεν ἡμῶν ἔλεγον, νοῦν καὶ φρόνησίν τινα θαυμαστὴν συντάττουσαν διακυβερνᾶν; Ibid., 28 E–29 A: Βούλει δῆτα καὶ ἡμεῖς τοῖς ἔμπροσθεν ὁμολογουμένοις ξυμφωνῆσαι, ὡς ταῦθ᾽ οὕτως ἔχει, καὶ μὴ μόνον οἰώμεθα δεῖν τἀλλότρια ἄνευ κινδύνου λέγειν, ἀλλὰ καὶ συγκινδυνεύωμεν καὶ μετέχωμεν τοῦ ψόγου, ὅταν ἀνὴρ δεινὸς φῇ ταῦτα μὴ οὕτως ἀλλ᾽ ἄτακτα ἔχειν; ("¿Diremos, querido Protarco, que sobre todas las cosas, y sobre aquello que se llama el universo, reina el poder de lo irracional, el azar y la casualidad, o bien, como sostuvieron nuestros predecesores, que el *nous* y una comprensión maravillosa las ordena y guía? ... ¿Estás entonces dispuesto a que también nosotros asentamos a lo que acordaron nuestros predecesores, a saber, que así son todas estas cosas [es decir, que están gobernadas por el *nous*], y que no solo creamos que debemos exponer la opinión de otros sin riesgo para nosotros, sino

que también compartamos el riesgo y la culpa cuando una persona terriblemente hábil afirma que las cosas no son así, sino más bien desprovistas de orden?")

[33] Ibid., 29 B–C: σμικρὸν τε τούτων ἕκαστον παρ' ἡμῖν ἔνεστί καὶ φαῦλον καὶ οὐδαμῇ οὐδαμῶς εἰλικρινὲς ὂν καὶ τὴν δύναμιν οὐκ ἀξίαν τῆς φύσεως ἔχον. ἐν ἑνὶ δὲ λαβὼν περὶ πάντων νοεῖ τούτων. οἷον πῦρ ἔσται μὲν που παρ' ἡμῖν, ἔσται δ' ἐν τῷ παντί. . . . Οὐκοῦν σμικρὸν μέν τι τὸ παρ' ἡμῖν καὶ ἀσθενὲς καὶ φαῦλον, τὸ δ' ἐν τῷ παντὶ πλήθει τε θαυμαστὸν καὶ κάλλει καὶ πάσῃ δυνάμει τῇ περὶ τὸ πῦρ οὔσῃ. . . . τί δαί, τρέφεται καὶ γίγνεται ἐκ τούτου καὶ ἄρχεται τὸ τοῦ παντὸς πῦρ ὑπὸ τοῦ παρ' ἡμῖν πυρός, ἢ τοὐναντίον ὑπ' ἐκείνου τό τ' ἐμὸν καὶ τὸ σὸν καὶ τὸ τῶν ἄλλων ζώων ἄπαντ' ἔχει ταῦτα; ("En cada uno de estos elementos está presente solo en pequeña cantidad, una medida insignificante y un estado que de ningún modo es puro, y con una potencia que no está en proporción con su naturaleza. Si observas esto en uno de ellos, piensa lo mismo de todos los demás. Por ejemplo, el fuego está en nosotros [en nuestros cuerpos] y está presente en el universo. . . ¿Acaso no es lo que está en nosotros pequeño en cantidad, débil e insignificante, mientras que lo que está en el universo es maravilloso por su enorme cantidad, su belleza y todo el poder que reside en él?. . . ¿Y además? ¿Es el fuego en el universo alimentado por el que hay en nuestro cuerpo, nace de ahí y tiene ahí su origen, o por el contrario es el mío, el tuyo y el de todos los demás seres vivos el que recibe todo esto de aquél?")

[34] Ibid., 30 A: Τὸ παρ' ἡμῖν σῶμα ἆρ' οὐ ψυχὴν φήσομεν ἔχειν· . . . Πόθεν, ὦ φίλε Πρώταρχε, λαβὸν, εἴπερ μὴ τό γε τοῦ παντὸς σῶμα ἔμψυχον ἂν εὐτύγχανε, ταῦτά γ' ἔχον τούτῳ καὶ ἔτι πάντη καλλίω; ("¿Diremos entonces que nuestro cuerpo tiene alma? . . . ¿De dónde, amigo Protarco, lo ha recibido, si el cuerpo del universo no estaba dotado de alma, teniendo las mismas [partes] que el nuestro e incluso mucho más bellas?").

[35] Ibid., 30 C: Οὐκοῦν εἰ μὴ τοῦτο, μετ' ἐκείνου τοῦ λόγου ἂν ἑπόμενοι βέλτιον λέγοιμεν, ὡς ἔστιν, ὃ πολλάκις εἰρήκαμεν, ἀπείρων τ' ἐν τῷ παντὶ πολὺ καὶ πέρας ἱκανόν, καί τις ἐπ' αὐτοῖς αἰτία οὐ φαύλη κοσμοῦσά τε καὶ συντάττουσα ἐνιαυτούς τε καὶ ὥρας καὶ μῆνας, σοφία καὶ νοῦς λεγομένη δικαιοτάτ' ἄν. (Traducción en el texto.)

[36] Ibid., 30 C–D: Σοφία μὴν καὶ νοῦς ἄνευ ψυχῆς οὐκ ἂν ποτε γενοῖσθαι. ... Οὐκοῦν ἐν μὲν τῇ τοῦ Διὸς ἐρεῖς φύσει βασιλικὴν μὲν ψυχήν, βασιλικὸν δὲ νοῦν ἐγγίγνεσθαι διὰ τὴν τῆς αἰτίας δύναμιν, ἐν δ' ἄλλοις ἄλλα καλά, καθ' ὃ φίλοι ἕκαστος λέγεσθαι. (Traducción en el texto.) Solo como el alma humana, el alma de Zeus, el dios celestial, ha llegado a ser por medio del poder de una causa que tiene su origen en el νοῦς divino como demiurgo. Véase la nota siguiente.)

[37] Ibid., 30 D–E: Τῇ δὲ γ' ἐμῇ ζητήσει πεπορικὼς ἀπόκρισιν, ὅτι νοῦς ἐστι γένος τοῦ πάντων αἰτίου λεχθέντος τῶν τεττάρων, ὧν ἦν ἡμῖν ἐν τούτῳ. ("[El argumento precedente] también ha proporcionado una respuesta a mi pregunta [a saber, a cuál de los géneros pertenecen el νοῦς y el entendimiento], a saber, que el νοῦς pertenece a aquel de los cuatro géneros llamado la causa de todas las cosas, del cual se constituyen todas las demás").

[38] Ibid., 31 A: ὅτι νοῦς μὲν αἰτίας ἦν ζυγγενής καὶ τούτου σχεδὸν τοῦ γένους, ἡδονὴ δ' ἄπειρος ταύτῃ καὶ τοῦ μὴ' ἀρχὴν μήτε μέσα μήτε τέλος ἐν ἑαυτῷ ᾧ' ἑαυτοῦ ἔχοντος μηδ' ἔξωθι ποτὲ γένους. (Traducción en el texto.) Aquí vemos una reserva similar a la del Fedón, donde Platón llamó al alma pensante humana "afín" a la *eide* sin aventurarse a identificarlos completamente.

[39] Ibid., 33 B: ΠΡΩ: Οὐκοῦν εἰκὸς γ' οὔτε χαίρειν 'τοὺς' θεοὺς οὔτε τοὐναντίον. ΣΩ: Πάνυ μὲν οὖν οὐκ εἰκός· ἄμορφον γοῦν ἀμφοῖν ἑκάτερον γιγνώσκεσθαι ἔστιν. (Protarco: "No es, por tanto, probable que los dioses experimenten placer ni su contrario." Sócrates: "Ciertamente no es nada probable, pues cada uno de los dos ha resultado ser informe").

[40] Ibid., 50 D: ὥσπερ καὶ σῶμα ἄνευ ψυχῆς καὶ ψυχὴ ἄνευ σώματος καὶ κοινῇ μετ' ἀλλήλων ἐν τοῖς παθήμασι μεστά ἐστι συγκεκραμένης ἡδονῆς, λύπης; (Traducción en el texto).

[41] Ibid., 61 A-B: Καθάπερ εἰ τίς ἂν ἄνθρωπον ζῶντα τὴν οἴκησιν πρῶτον ὀρθῶς ἂν οἰκείᾳ πάθοι αὐτοῦ, μέγα ἂν δήπου πρὸς τὴν εὔρεσιν ἂν ἔχοι τοῦ ζῳημένου. (Traducción en el texto.)

[42] Ibid., 58 A: τὴν γὰρ περὶ τὸ ὂν καὶ τὸ ὄντως καὶ τὸ κατ' αὐτὸν δεῖ πεφυκὼς πάντως ἔχων ὁμὰ ἡγεῖσθαι ξυμμιγνύας, ὅσους νοῦ καὶ σμικρὸν προσήρται, μακρῷ ἀληθεστάτην εἶναι γνῶσιν. ("Porque el conocimiento de lo que realmente es —de aquello que por naturaleza siempre permanece

igual– es, con gran diferencia, el conocimiento más verdadero".) Ibid., 59 C: Ὡς ἡ περὶ ἐκεῖν᾽ ἐσθ᾽ ἡμῖν τά τε βέβαιον καὶ τὸ καθαρὸν καὶ τἀληθὲς καὶ ὃ δὴ λέγομεν εἰλικρινῶς, περὶ τὰ ἀεὶ καὶ ταὐτὰ ὡσαύτως ἀμικτότατα ἔχοντα, ἢ [δεύτερος] ἐκείνοις ὅτι μάλιστα ἔστι συγγενές. ("Porque para nosotros, el conocimiento que es confiable, puro y verdadero, y que como decimos es sin mezcla, se refiere a aquellas cosas que siempre permanecen así, del mismo modo y sin la menor mezcla, o a lo que más se asemeja a estas").

[43] No puede haber aquí *epistēmē*, sino solo ὀρθὴ δόξα, es decir, una opinión correcta, pero siempre hipotética, que nunca puede conducir a una verdad firmemente establecida. Es evidente aquí cómo el dualismo fundamental de Platón una vez más le impide alcanzar la concepción moderna de la ciencia empírica. Véase 59 B: Οὐδ᾽ ἄρα νοῦς οὐδὲ τις ἐπιστήμη περὶ αὐτὰ ἐστὶ τὸ ἀληθέστατον ἔχουσα. ("Respecto a estas cosas no hay, entonces, reflexión alguna, ni ciencia propiamente dicha, que contenga lo que corresponde plenamente a la verdad.") Lo que Platón tiene en mente aquí es el conocimiento de la "naturaleza" (δόξα περὶ φύσεως), el cosmos visible, que siempre implica la cuestión de cómo este ha llegado a ser y qué cambios sufre y provoca (59 A). Todo esto no tiene relación con la división conceptual de los fenómenos en clases y especies mediante el método de *diairesis* desarrollado en el *Sofista* y el *Político*.

[44] Ibid., 64 D: Καὶ μὴν καὶ ξυμπάσης γε μίξεως οὐ χαλεπὸν ἰδεῖν τὴν αἰτίαν δι᾽ ἣν ἢ πάντως ἀξία γίγνεται ἡμῖν ἡ τοῦ παράπαν οὐδεμία· ... Ὅτι μέρους καὶ τῆς ξυμμείξεως φύσεως μὴ τυχοῦσα ἥτις ἦν καὶ ὁποσῶν ξύγκρασις πάσας ἐξ ἀνάγκης ἀπόλλυσι καὶ τὰ κεραννύμενα καὶ πρῶτην ἔσχεσιν. ("Y con toda mezcla no es difícil ver la causa que le confiere a cada una de ellas el más alto valor o le priva de todo valor... Que toda mezcla, sea cual sea, si no participa en la naturaleza de una medida y proporción justas, necesariamente destruye tanto sus ingredientes como su propia existencia desde el inicio").

[45] Ibid., 64 E–65 A: Οὐκοῦν εἰ μὴ μιᾷ δυνάμει ἰδέαν ἀγαθὸν θηρεῦσαι, σὺν τῷ λαβεῖν, κάλλει καὶ ξυμμετρίᾳ καὶ ἀληθείᾳ, λέγομεν ὡς τοῦτο εἶναι ὂν ὀρθῶς ἂν αἰτιασαίμεθα [ἂν] τόν τε ἢ ξυμμετρία, καὶ διὰ τοῦθ᾽ ὡς ἀγαθὸν ἐν τοιαύτῃ γενέσθαι. (Traducción en el texto).

[46] 3. Ibid., 64 B: Ἐμοὶ μὲν γὰρ καθάπερ κόσμος τῆς ἀσωμάτου εἰκότως ἄρχων καλῶς ἐμψύχου σώματος ὁ νῦν λόγος ἀπεργάσθαι φαίνεται. ("Porque a mí me parece que nuestro argumento ha sido llevado a cabo como un orden incorpóreo que gobierna de manera justa sobre un cuerpo dotado de alma").

[47] El hecho de que la *aitia* constituye aquí, en efecto, una *causa efficiens* se hace evidente a partir de. 26 E: Οὐκοῦν ἡ τοῦ ποιοῦντος φύσις οὐδὲν πλὴν ὀνόματι τῆς αἰτίας διαφέρει, τὸ δὲ ποιοῦν καὶ τὸ αἴτιον ὀρθῶς ἂν εἴη λεγόμενον ἕν; ("¿Entonces no difiere la naturaleza del agente solo en nombre de la causa, y no podrían el agente y aquello que causa ser correctamente llamados uno mismo?")

[48] Ibid., 27 A: Ἄλλο ἄρα καὶ οὐ ταὐτὸν αἰτία τ' ἐστι καὶ τὸ δουλεύον εἰς γένεσιν αἰτία. ("Por lo tanto, la causa y aquello que le está subordinado cuando da lugar al ser son diferentes y no lo mismo").

[49] Ibid., 27 A–B: Οὐκοῦν τὰ μὲν γιγνόμενα καὶ ἐξ ὧν γίγνεται πάντα τὰ τρία παρέσχοντο ἡμῖν γένη· ... τὸ δὲ δὴ πάντα ταῦτα δημιουργοῦν λέγομεν τέταρτον, τὴν αἰτίαν, ὡς ἱκανῶς ἕτερον ἐκείνων δεδηλωμένον; ("¿Entonces no nos proporcionaron los tres géneros lo que llega a ser y aquello de lo cual todo llega a ser [viz., *peras* y *ápeiron*]? ... ¿Debemos entonces nombrar la causa, eso que [como demiurgo] da forma a todo esto, como el cuarto, algo cuya diferencia respecto de los otros ha sido adecuadamente esclarecida?").

[50] Léon Robin, *Platon* (París: F. Alcan, 1935).

[51] C. Ritter, *Die Kern-gedanken der platonischen Philosophie* (Múnich, 1931), pp. 156 ss.

[52] *Sofista*, 247 D-E.

[53] Robin, loc. cit.

[54] *Filebo*, 27 A: ΣΩ: Ἆρ' οὖν ἡγεῖται μὲν τὸ ποιοῦν ἀεὶ κατὰ φύσιν, τὸ δὲ ποιούμενον ἐπακολουθεῖ γιγνόμενον ἐκείνῳ· ΠΡΩ: Πάνυ γε. ΣΩ: Ἄλλο ἄρα καὶ οὐ ταὐτὸν αἰτία τ' ἐστι καὶ τὸ δουλεύον εἰς γένεσιν αἰτία. ("Sócrates: ¿No es entonces que aquello que actúa por naturaleza siempre guía, y que lo que es actuado, al llegar a ser, lo sigue [pasivamente]? Protárquico: Por supuesto. Sócrates: Entonces también la causa y aquello

que sirve a la causa en el proceso de llegar a ser son distintos y no lo mismo").

[55] Ibid., 23 D-E: Τάχ' ἄν· οὐ μὴν οἶμαι γ' ἐν τῷ νῦν· ἐὰν δέ τι δέῃ, συγγνώσει που μοι σύ μεταδιώκοντι πέμπτον. (Traducción en el texto.)

CAPÍTULO CUATRO

LA DIALÉCTICA DEL MOTIVO FORMA-MATERIA EN EL *TIMEO*, LAS *LEYES* Y EL *EPINOMIS* EN LA ETAPA FINAL DEL PENSAMIENTO DE PLATÓN

§1 El dualismo polar en el *Timeo* entre la *eidōs* como modelo formal para el cosmos visible y la *hylē* absoluta

En su concepción de la teoría de las ideas y del alma, el *Timeo* guarda la afinidad más estrecha con el *Filebo*. Sin embargo, el primero reconoce, con mucha más agudeza que el segundo, la impotencia de la dialéctica lógica en su esfuerzo por superar el dualismo primordial entre el motivo forma y el de materia. En el *Filebo*, aún era el caso que había un *eidōs* del *ápeiron*, que debía captarse en una única idea dialéctica, a saber, la de la relación fluida entre lo más y lo menos.

a. Materia ideal e *hylē* en su significado original

Desde el *Parménides*, Platón había intentado en su nueva dialéctica eidetizar la *hylē* e introducirla en el mundo eidético mismo como una especie de "materia ideal". Su intención declarada en esto había sido anular el dualismo primordial del motivo religioso básico en una síntesis superior, al menos dentro del ámbito de la lógica dialéctica, con el fin de responder a la exigencia del *logon didonai* con respecto al mundo de los fenómenos. Como ya hemos visto, Platón era plenamente consciente de que esta estratagema no lograba anular los efectos de la *hylē* en su sentido religioso original. Además, el

455

Filebo ya había reconocido que la nueva concepción dialéctica de la idea como una multiplicidad-unidad, que combinaba en sí misma los principios de forma y materia, no podía eliminar la concepción del *eidōs* puro o simple exigida por el motivo religioso básico.

En este diálogo posterior hemos visto revivir la vieja idea *tou agathou* socrática. Durante la crisis de la teoría de las ideas, había sido temporalmente sustituida por la nueva lógica dialéctica; pero ahora volvía a abrirse camino en esta lógica misma como su motivo controlador. La concepción de la *aitia* como el poder formativo racional, intencional, del *nous* divino, una vez más llegó a una definición lógica, aunque ahora enriquecida con los avances logrados en la teoría de las ideas por la nueva modalidad dialéctica del pensamiento.

b. El *Timeo* rompe con la unidad en el concepto de causalidad. El nuevo problema para la dialéctica platónica

La nueva lógica dialéctica también pudo constituir una ganancia para la teoría de las ideas, aunque solo en la medida en que demostró la capacidad real de dar una explicación lógica de los fenómenos empíricos. Para ello, sería necesario algo más que la simple clasificación de los fenómenos bajo el método dialéctico de la *diaíresis*, bajo una jerarquía de formas ónticas mixtas, separadas dialécticamente y nuevamente reunidas en una unidad.

El *Filebo* había distinguido la *aitia*, entendida como causa eficiente, con nitidez frente a los demás géneros, y así los demás *eidē* ya no podían concebirse como causas activas en el sentido de fuerzas anímicas. Era por tanto inevitable que la *hylē* acabara por imponerse, como una *Anagkē* oscura o como una causa eficiente material imprevisible, frente a la causa formal y racional del *nous* divino. Así, la *hylē* pondría seriamente en peligro la síntesis que había sido artificialmente urdida por la lógica dialéctica. Si la *hylē*, como causa eficiente originaria, no podía reducirse al principio formal como *aitia*, entonces todo el intento de eidetizar la *hylē* se revelaría como una evasión del dilema fundamental que el motivo forma-materia griego había impuesto al pensamiento teórico.

En el terreno de la experiencia, el motivo forma de la religión de la cultura se había mostrado incapaz de eliminar el principio material como causa eficiente autónoma. Así, al resistirse deliberadamente a la tentación de construir un sistema lógico y monista en el *Timeo*, Platón volvió a revelar su grandeza y honestidad como pensador.

c. La concepción de materia eidética o ideal está restringida, no abandonada. La influencia de esta concepción en la escolástica agustiniana

Como antes, Platón no corrige el rumbo abandonando los resultados obtenidos por la nueva dialéctica. En el *Timeo* mantiene la concepción de una "materia ideal" presente en todas las formas ónticas mixtas. Desde el *Parménides*, esto había permanecido como un componente fijo de la teoría platónica de las ideas. Más tarde, por vía del neoplatonismo, pasaría a la escolástica platónico-agustiniana, convirtiéndose en uno de los puntos de desacuerdo más destacados frente a la escolástica aristotélico-tomista. El alcance de esta concepción dialéctica, sin embargo, se restringe ahora al aspecto eidético de los modos de ser mixtos, una esfera con la cual Platón ya no puede contentarse. Frente a la *hylē* como *hylē*, el correlato dialéctico de la forma óntica, la *hylē* aparece nuevamente afirmándose a sí misma en su significación oscura, irreductible, como antípoda absoluta de la forma pura. Así, ya no es meramente un presupuesto de la lógica dialéctica, algo dentro de lo cual esta podía todavía moverse; más bien, se convierte en un factor límite que rompe con la unidad lógica del concepto mismo de causalidad, pues es la antítesis metafísica del *nous* como causa formal divina.

Muy pronto veremos de qué manera el *Timeo* intenta resolver los nuevos problemas que confrontan a la dialéctica platónica en el desarrollo de ésta. También examinaremos la influencia que todo esto tiene en su concepción del alma.

Este diálogo es el primero en asignar el papel rector en la discusión a un pitagórico. Sin duda, Platón lo hizo con gratitud para reconocer la creciente importancia de la filosofía pitagórica en el desarrollo de su propio pensamiento. El tema de la investigación ya no es más el mundo eidético en sí, sino más bien la génesis o el devenir del cosmos; y cada una de las ciencias empíricas ha de contribuir a la investigación.

El *Filebo* ya había reconocido anteriormente que la lógica dialéctica, con su método de clasificación, no puede responder preguntas sobre el origen y los cambios continuos del cosmos visible, ya que esta lógica está orientada hacia las constantes relaciones estructurales de las formas ónticas mixtas.[1] El *Filebo* ya había restaurado, en este sentido, la dualidad aguda que el *República* había postulado entre el mundo del génesis, accesible sólo a la percepción sensible y la *doxa*, y el mundo de las formas ónticas eternas e imperecederas, al cual solo la *theōría* (ϑεωρία) o *epistēmē* infalible puede acceder. De hecho, el *Filebo*, siguiendo al *Sofista* y al *Político*, aceptó una síntesis entre *doxa* y *epistēmē* en *orthē doxa* (ὀρϑή δόξα: opinión recta), que une la percepción sensible con la definición lógica correcta (*lógos*) a consecuencia del método diairético; y esta *orthē doxa* fue valorada al mismo nivel que la *technē* y la *epistēmē*, siendo las tres posesiones exclusivas del alma racional.[2] No obstante, el carácter científico de esta *orthē doxa* debía hallarse en su componente dialéctico-eidētico, y en ese sentido, se interesaba nuevamente, de manera invariable, por las relaciones entre formas inmutables. Los problemas de la antigua filosofía griega de la naturaleza, que derivaban del principio material en su sentido original de devenir fluido, yacían en principio más allá del campo eidético de visión de la lógica dialéctica.

d. La relación entre ser y verdad

En este punto, el *Timeo* no tiene nada que añadir a la postura del *Filebo*. Toma como punto de partida el dualismo fundamental entre *doxa* (opinión no comprobable) y la *epistēmē* firmemente establecida (conocimiento teórico) y, como el *Filebo*, lo fundamenta metafísicamente en el contraste entre el mundo del devenir y de las formas eidéticas, y el mundo de la génesis. En palabras del *Timeo*, declara (29 C) que "Así como la forma óntica eterna [*ousia*] lo es respecto al flujo del devenir [*genesis*], así lo es la verdad [*aletheia*] respecto a la creencia [*pistis*]".[3] Así, Platón comienza su exposición distinguiendo entre lo que siempre es, no teniendo ni génesis ni devenir, y lo que deviene pero nunca tiene ser. Lo primero, que siempre permanece idéntico a sí mismo, solo puede ser comprendido mediante el pensamiento teórico, por medio de un concepto (μετὰ λόγου). Lo segundo solo puede ser objeto de una opinión (δόξα) formada por medio de la percepción sensible directa, al margen de todo concepto lógico (μετ' αἰσθήσεως ἀλόγου), y como tal se percibe como algo que deviene y perece, pero que en modo alguno posee verdadero ser (ὄντως δὲ οὐδέποτε ὄν). Además, todo lo que deviene debe necesariamente proceder de una causa.[4] La forma eterna-óntica también es llamada el patrón eterno (παράδειγμα) que el demiurgo divino contempló cuando trajo al mundo visible en ambas formas (ἰδέα) y su poder (δύναμις).

e. El *Timeo* y los cuatro géneros del *Filebo*. La *eidōs* eterna es de nuevo el *paradeigma* para el cosmos visible. La *República* y el *Parménides*

Uno se siente inmediatamente tentado a trazar aquí una comparación con los cuatro géneros bajo los cuales el *Filebo* procuró comprender "todo lo que ahora existe en el universo". Sin embargo, al comienzo de la exposición del *Timeo*, la lógica dialéctica aparentemente aún no ha aparecido. El ámbito del ser mixto aún no está bajo consideración.

Por el momento, la única preocupación de Platón es re-introducir el antiguo *chōrismós* entre el mundo eidético y el mundo visible del génesis, tal como había sido establecido en el *República*. Incluso en la terminología empleada hay una afinidad evidente con la visión que había sido detallada allí respecto a la relación entre el mundo eterno del contenido y el mundo transitorio del sentido. Recordemos que el *Parménides*, cuando intentó abordar el problema de la *methexis* en una forma dialéctico-lógica, rechazó la concepción de la *eidōs* como *paradeigma* o modelo para las cosas transitorias.

Al mismo tiempo, también se destaca la diferencia entre la concepción de las *eidē* en la República y en el *Timeo*. Mientras que en el primer diálogo incluso el ser de las *eidē* tenía su origen en la idea divina del bien, el *Timeo* vuelve aquí a la concepción del *Fedón* sobre los *eidē*, según la cual son protoformas eternas no generadas, las cuales constituyen una realidad dada incluso para el *nous* divino. Hemos visto que este retorno a la concepción anterior ya era perceptible en el *Filebo*, ya que, como género separado, el *aitia* se distinguía claramente de la otra *eidē* y se relacionaba exclusivamente con los productos del devenir como "ser compuesto". En este punto, el *Timeo* enlaza directamente con el diálogo anterior.

f. La idea de lo bueno y lo bello como el origen del cosmos en el *Timeo*. ¿Creyó realmente Platón que el cosmos había llegado a ser?

Aquí, como en el *Filebo*, la idea de lo bueno y lo bello permanece como la *dynamis* del *nous* divino, el *aitia* o origen de toda forma en el cosmos que ha llegado a ser.[5] Desde el comienzo mismo, la explicación de la causa del origen del cosmos en el *Timeo* se funda en la noción básica del *Filebo*; a saber, que todo devenir solo puede entenderse como una génesis *eis ousian*, un "devenir que conduce al ser", donde el ser está indisolublemente conectado con lo bueno y lo bello. El pensamiento socrático de Platón, que derivaba en última instancia de la doctrina del *nous* de Anaxágoras, encuentra aquí su expresión cosmológica más completa.

Lo que Platón no había podido aún establecer en la trilogía Eleática —la conjunción de la nueva lógica dialéctica con la idea *tou agathou*— se hizo posible con el *Filebo*. Ahora Platón podía finalmente exhibir la idea de lo bueno y lo bello como la meta del devenir en todas las formas particulares que han llegado a ser. El *nous* divino es el demiurgo o el dador de forma.

"Puesto que deseaba que todas las cosas fueran tan buenas como fuera posible, y que el mal se restringiera lo más posible, al encontrar que todo lo visible no estaba en reposo, sino en un movimiento desordenado y sin medida, lo condujo del desorden al orden, ya que este último le parecía mejor que el primero".[6]

Varios estudiosos modernos de Platón[7] han sostenido que el *nous* divino —el demiurgo— como modelador del mundo era meramente simbólico o mítico en intención, y que Platón en realidad consideraba el cosmos como carente de origen. Tal punto de vista, sin embargo, ya conocido desde la Antigüedad,[8] no puede conciliarse con la dialéctica platónica. Quienes sostienen esta interpretación parecen haber sido extraviados por el hecho de que el *Timeo* ofrece su teoría sobre el origen del cosmos no como *epistēmē* o ciencia rigurosa, sino solo como una opinión probable (*doxa*).

Conviene hacer aquí varias observaciones. Primero, la identificación de la *doxa* en su sentido platónico con el mito no puede sostenerse. Segundo, se olvida que la clara distinción entre el mundo eterno del ser y el mundo del devenir es un elemento indispensable en la teoría platónica de las ideas. Tercero, estos pensadores parecen pasar por alto el hecho de que, desde el *Filebo*, la lógica dialéctica de Platón ya había identificado el *aitia* (causa) como un género lógico-metafísico, con el *nous* divino como su principio formal.

Toda la exposición posterior del *Timeo* está fundamentada en la lógica dialéctica. Incluso por sí sola, ésta basta para distinguir fundamentalmente la teoría de Platón de las imágenes puramente míticas que presenta en varios diálogos. Así, también la doctrina de que el *nous* divino es el origen del cosmos se basa enteramente en la así llamada prueba físico-teológica para la divinidad que ya se había elaborado en el *Filebo*, aunque debe admitirse que, en el *Timeo*, Platón solo le concede a esta prueba el estatus de inferencia probable (κατὰ λόγον τὸν εἰκότα). Hay poco apoyo incluso para la hipótesis mitológica en el hecho de que Platón use unas pocas veces la imagen del "cráter de mezcla" al describir la formación divina del alma del mundo y la parte inmortal del alma humana. Ya en el *Filebo*, esta imagen había aparecido en medio de una estricta argumentación dialéctica sobre la mezcla del placer y el conocimiento.[9] No puede señalarse ningún elemento mitológico en la narrativa del *Timeo* sin por ello desfigurar la idea platónica del origen del cosmos como algo puramente mitológico.

La concepción del *nous* divino como demiurgo se origina en la filosofía natural de Anaxágoras, y fue incorporada por el camino de la noción socrática de virtud (areté) a la esfera del pensamiento de Platón, convirtiéndose en un componente esencial. Platón observa en algún punto que "es difícil encontrar al origen y padre de este cosmos, y, una vez hallado, imposible hablar de él de forma comprensible para todos".[10] Siguiendo completamente a Anaxágoras, considera al *nous* divino como la fuente de todo movimiento ordenador o formador. Pero ya no insiste en esto, como sí lo hacía aún en el *Fedón*, al alinearse con el pensador jónico en su rechazo a que la *hylē* tenga una *dynamis* o potencia autónoma. El gran discurso del *Timeo* apenas ha comenzado cuando irrumpe la presencia del movimiento caótico y desordenado, como *Anagkē*, una potencia autónoma, oscura e impredecible, que se presenta en oposición directa al *nous* divino y a su idea del bien y de lo bello.[11] Y en el curso posterior del diálogo, Platón ofrecerá un relato realmente dramático de este conflicto en su principio de origen.

§2 El modelo formal del cosmos visible y la teoría de los números-idea en la etapa final del desarrollo del pensamiento de Platón

a. La *eidōs* del ser viviente según la concepción dialéctico-lógica del *Timeo*. La concepción de éste como una unidad indivisible en la *Lección oral sobre el Bien*

El modelo eterno al que el demiurgo mira como patrón cuando forma el cosmos visible como un universo ordenado es la forma óntica inteligible del ser viviente completo (τὸ παντελῶς ζῷον). Esta *eidōs* comprende, como sus partes dentro de una sola totalidad, todas las formas inteligibles de los seres vivientes, tanto en su *eidōs* autónoma como en sus géneros diversos (καθ᾽ ἓν καὶ καθ᾽ ἕκαστα γένη), así como el cosmos visible contiene todos los seres vivientes visibles, a saber, los "dioses celestes" (la tierra, los planetas y las estrellas fijas), los seres humanos, y los reinos animal y vegetal.[12]

Es evidente que Platón sitúa una vez más esta forma inteligible del mundo visible dentro del marco de la lógica dialéctica de los diálogos eleáticos y su método diairético. Precisamente porque, como paradigma, ésta está situada en relación con el cosmos visible, la lógica solo puede captar esta totalidad con partes como una unidad-múltiple, en una única idea dialéctica. Como idea simple, indivisible (ἀμέριστον), está más allá del alcance de la lógica dialéctica en esta etapa del pensamiento de Platón.

Aristóteles declara en *De anima* que, en la etapa final del desarrollo de la teoría de las ideas, representada por la *Lección oral sobre el Bien*, Platón intenta concebir al ser viviente en sí mismo, independientemente de su relación con el cosmos que ha llegado a ser. Relata que "en lo que se llama las lecciones sobre filosofía, se dijo que el ser viviente en sí consiste en la idea misma de lo uno y lo múltiple [es decir, en longitud, anchura y profundidad]".[13] Como observa Léon Robin, las lecciones de Platón a las que se refiere Aristóteles pertenecen con toda probabilidad al grupo al que pertenecía el diálogo sobre el Bien.[14]

En *De anima*,[15] Aristóteles establece una conexión directa entre la concepción del ser viviente en sí en estas lecciones y la construcción del alma que Platón presenta en el *Timeo*. Además, considera que ambas están basadas en la tesis de Empédocles según la cual lo semejante se conoce por lo semejante.[16] Volveremos sobre este punto al examinar la teoría del alma presentada en este diálogo. Pero en este momento, la concepción del αὐτὸ τὸ ζῷον (ὁ νοητὸς κόσμος, el cosmos inteligible, según Temistio y Simplicio) en la etapa final del desarrollo de la teoría de las ideas de Platón difiere fundamentalmente del concepto dialéctico-lógico del *Timeo*. Éste ya no opera con el concepto dialéctico del todo y sus partes como una unidad-múltiple, sino con los números-idea absolutos, indivisibles, como formas puras. Cuando se los piensa dialécticamente —para llevar a cabo su génesis— este proceso requiere una expresión eidética como substrato para el "llegar a ser"; dan lugar a las tres dimensiones (ἀνύξαι)[17] del espacio eidético (longitud, anchura y profundidad), que sirven de base tanto para el espacio matemático como para el espacio percibido por los sentidos. En ese mismo pasaje, Aristóteles relata que, como número-idea, el número-idea absoluto corresponde al *nous*, mientras que el número-idea dos corresponde a *epistēmē* o ciencia dialéctica, el número-idea tres a la *doxa*, y el número-idea cuatro a la percepción sensible.[18]

Resulta de otras afirmaciones de Aristóteles[19] que la línea recta eidética, como longitud primaria, es o bien idéntica al número-idea dos, o surge en conexión con el *ápeiron* "largo y corto".[20] De este modo, entonces, Platón en su último período habría concebido al ser viviente en sí mismo como una unidad eidética de alma y cuerpo.

Además, merece especial atención que los comentaristas aristotélicos Temistio, Simplicio y Filopón concluyen que el *nous* corresponde al número-idea uno porque contempla la esencia de las cosas en un único acto indivisible. Esto concuerda estrechamente con lo que anteriormente observamos sobre la concepción original de Platón de la ἰδέα subjetiva (como la visión unitaria directa de la idea divina de lo bueno y lo bello), que bien puede considerarse una fiel representación de la propia concepción de Platón. Es evidente por el testimonio de Aristóteles que Platón identificaba la unidad absoluta como una idea con el bien. En el pasaje previamente citado de *De anima*, Aristóteles también observa que la *epistēmē* o ciencia dialéctica corresponde al número-idea dos porque se mueve en una línea recta (μονογραμμῶς) hacia la verdad. Temistio, Simplicio y Filopón interpretan esto en el sentido de que la *epistēmē* avanza desde los principios a lo largo de un único camino hacia la única conclusión correcta, y que, al establecer esto como la vía más corta entre dos puntos, se mueve en línea recta.[21]

Esta interpretación posterior suena más aristotélica que platónica. El *Timeo* nunca concibe el movimiento del pensamiento como rectilíneo, sino más bien como circular. Me parece, por tanto, plausible que, para Platón, la dualidad eidética de la *epistēmē* se base en la dualidad necesaria de los *archai* o principios de origen desde los cuales toda tentativa dialéctica por derivar las formas ónticas después del uno se ve obligada a operar.

De esta evidencia podemos extraer la siguiente conclusión: el relato de Platón del *auto to zōon* (el ser viviente eidētico) en sus lecciones orales sobre filosofía procede desde la unidad indivisible del viviente absoluto en sí, unidad que solo puede ser comprendida por el *nous* en su contemplación intuitiva de la esencia. Sin embargo, requería la dualidad de *peras* y el eidētico *ápeiron*, o forma y materia eidética, para su derivación dialéctica-científica de los números-idea que siguen al uno y de las formas eidéticas que constituyen el fundamento de las figuras geométricas que siguen a los números-idea. Por tanto, es razonable suponer que Platón presentó toda esta elaboración dialéctica del origen de los números-idea posterior a la unidad absoluta, ya que éstos surgen del uno (como forma o *peras*) en conexión con una materia eidética, no solo por causa de la instrucción y del entendimiento dialéctico (διδασκαλίας χάριν), sino porque la *epistēmē* no puede escapar de la dualidad de los *archai* (principios de origen).[22]

b. Los números-idea y la tétrada pitagórica. El viviente en sí como década eidética

Aun así, dentro de esta concepción del viviente en sí mismo se oculta un problema que no podemos simplemente pasar por alto. Pues, aunque la indicación final de Aristóteles demuestra que Platón no introdujo esta concepción hasta la etapa final de su desarrollo, el problema parece tener una influencia oblicua sobre la interpretación del modelo eterno del cosmos visible en el *Timeo*.

Queda claro en este punto que esta concepción debe estar más íntimamente relacionada con el misticismo numérico pitagórico que examinamos anteriormente en el símbolo sagrado de la tétrada, "la fuente de todo lo que fluye para siempre". Según Teón de Esmirna, recordaremos, el valor original de la *tétraktys* era 1 + 2 + 3 + 4 = 10; la segunda *tétraktys*, que Platón utiliza en el *Timeo* para simbolizar la estructura armónica del alma del mundo, comprende: el punto; la línea; el plano; y el cuerpo sólido; y el octavo, a saber, los cuatro niveles del conocimiento: *nous*, conocimiento, *doxa*, y percepción sensorial.

Ahora bien, Aristóteles también informa en varios lugares que Platón limitó la serie de números-idea al número diez (la década). Debemos concluir, por lo tanto, que esta concepción del viviente en sí mismo equivale a nada menos que una transformación del esquema conceptual original de la *tétraktys* pitagórica en términos del esquema conceptual de la teoría de las ideas platónica. Esto, al mismo tiempo, explica por qué los únicos números-idea mencionados por Platón son el uno, dos, tres y cuatro. Después de todo, la *tétraktys*, como lo expresa el término, es siempre una tétrada o conjunto de cuatro. También explica por qué tiene una longitud primaria correspondiente al dos, dos anchos primarios correspondientes al tres, y una profundidad primaria correspondiente al cuatro. Además, los niveles cognitivos de *nous*, *epistēmē*, *doxa* y percepción sensorial se explican de la misma manera como un despliegue de la *tétraktys* en el alma.

Esta transformación platónica de la *tétraktys* pitagórica, sin embargo, conlleva alteraciones fundamentales en la concepción pitagórica y conduce a contradicciones internas. En la concepción de Platón, ante todo, la unidad y el origen (*monas*) no pueden ser una unión de *peras* y *ápeiron*, principio formal y principio material, como había sido en la concepción pitagórica original. Para Platón, la unidad absoluta es *peras* puro. Pero si los números-idea se originan en esta *monas*, entonces los números-idea posteriores al uno no pueden surgir de ella de ninguna manera real. Esto se debe a que, tanto en los esquemas pitagóricos como en los platónicos, la génesis presupone una combinación de *peras* y *ápeiron*. Esto explicaría entonces por qué la teoría de Platón sobre la generación de los números-idea posteriores al uno fue formulada exclusivamente para el propósito de la instrucción y la comprensión dialéctica. Por lo tanto, pensar que lo que tenemos aquí es una referencia directa a la teoría de *República*, con su atribución del ser del *eidē* a la idea divina del bien, está simplemente fuera de lugar.

En segundo lugar, la forma del primero de la *tétraktys* pitagórica se basa en una concepción cuantitativa de los números, que, como hemos visto, no puede aplicarse a los números-idea de Platón. Podemos recordar, sin embargo, que nuestro estudio de la teoría original pitagórica de los números dejó claro que el desarrollo del sistema numérico desde el uno no debe concebirse como en la concepción pitagórica posterior, como una enumeración de unidades aritméticas abstractas. Más bien, es un proceso dinámico que contiene dentro de sí la estructura del entero cosmos, siendo considerada como una plenitud fundacional que está limitada y llevada dentro de los confines de la medida y la armonía por el principio de número. Bajo esta luz, es completamente correcto que debamos dar gran importancia al primer desarrollo de la primera *tétraktys*. La teoría dialéctica de Platón sobre la generación de los números-idea posteriores, y también de la línea primaria, el ancho primario, la profundidad primaria, parte de la unidad, sin duda está más íntimamente relacionada con la concepción pitagórica original. Sin embargo, esta concepción ya no se aplica a las *eidē* no generadas del uno puro, indivisible, tal como se entiende tanto en el *Timeo* como en la concepción del *eidōs* como número-idea.

Si éste es efectivamente el caso —y apenas puede dudarse—, Platón entiende al viviente en sí como la consumación de la *tétraktys* eidéticamente concebida, 1, 2, 3, 4, lo que debe corresponder entonces a la década como el número completo. Ya en el *Timeo*,[23] Platón designa al αὐτὸ τὸ ζῷον τὸ παντελὲς ζῷον ("viviente completo en sí") como tal. En tanto que número-idea, es entonces un *eidōs* puro, indivisible e inconmensurable. Aristóteles relata que la década fue pensada por los pitagóricos como abarcando toda la naturaleza de los números (πᾶσαν τὴν τῶν ἀριθμῶν φύσιν).[24] Transformado en términos de la teoría platónica de los números-idea, esto significaría que el viviente en sí mismo contiene dentro de sí toda la serie de los números-idea. Esto concuerda con el hecho de que Themístio y Simplicio identifican el viviente en sí, tal como era concebido en las lecciones filosóficas de Platón, con el κόσμος νοητός (el mundo inteligible). En su comentario, Filópono lo entiende como la "*eidōs* del viviente".

Aunque Van der Wielen opina lo contrario, esta explicación más reciente de ningún modo contradice la de los dos primeros comentaristas aristotélicos, ni se desvía de la línea argumental de Aristóteles en el pasaje citado arriba de *De anima*.[25] Pues lo que está en cuestión aquí es, en efecto, la *eidōs* del viviente, que aparentemente equivale a la forma óntica pura del alma del universo. En virtud de ser el número-idea completo de la década, éste se combina dentro de sí con la naturaleza de todos los números-idea en una unidad indivisible, y en esta capacidad debe, por lo tanto, considerarse equivalente al *kosmos noētós*.

La inconsistencia interna en la que esta concepción se enreda, en la medida en que contradice la noción platónica de la inconmensurabilidad total de los números-idea, se debe únicamente al hecho de que en la etapa final de la teoría platónica de las ideas, la concepción pitagórica de la *tétraktys* ha sufrido una metamorfosis. En la concepción pitagórica, la década encarnaba el despliegue completo de la unidad y el origen, puesto que la unidad se unía consigo misma tanto como *peras* como *ápeiron*. En la concepción platónica, por el contrario, la *monas* o número-idea uno es sólo *peras* puro, principio formal. Por la naturaleza del caso, los números-idea posteriores no pueden ser generados desde esta *monas*, ya que son inconmensurables, no generados e indivisibles.

§3 La relación entre la Idea socrática, la *eidōs* y la forma visible del cosmos en el *Timeo*

En el *Timeo*, tal como se muestra, el viviente en sí no es en modo alguno un producto de la idea divina ἰδέα τοῦ ἀγαθοῦ.

a. La concepción del cosmos visible en el *Timeo* y la explicación teleológica del génesis

Volviendo a este diálogo, debemos observar que Platón considera el cosmos visible, que el *nous* divino, como demiurgo, ha modelado según el modelo eterno del viviente en sí, como una unidad indivisible de *nous*, alma y cuerpo (ζῷον ἔμψυχον ἔννουν).[26]

Nada en el cosmos que sea producto del poder formador divino del bien y lo bello puede, por lo tanto, estar desprovisto de alma o exento del control de la razón. Y la razón de esto, como añade Platón a modo de explicación, es que el demiurgo divino quiso que el cosmos visible se conformara lo más estrechamente posible con su modelo eidētico eterno. En vista de ello, rechaza la noción de que existan más de uno, o incluso un número infinito, de mundos. Dado que existe un solo modelo eterno del cosmos, que contiene todas las cosas vivientes concebibles como partes, la réplica visible (*Abbíld*) de esto también debe ser una sola totalidad que abarque a todos los seres vivientes.[27] Esto no se debe a que sería inherentemente imposible que existieran múltiples copias del único modelo eterno, conclusión que sería evidentemente incorrecta desde el punto de vista del pensamiento platónico. Más bien, la razón es simplemente que el demiurgo deseaba que el cosmos visible se asemejara al modelo eterno no solo en su estructura, sino también en su singularidad.

Esta concepción íntegra del cosmos visible como una totalidad dotada de alma y cuerpo, gobernada por el *nous* —Platón la caracteriza expresamente como una "deidad que surge de ser (ἐσώμενον θεόν)[28] — resulta totalmente apropiada para la concepción del *nous* divino absoluto como la *aitia* o causa activa primera del universo. Esta es la base para la explicación teleológica del cosmos que ha llegado a ser, aunque en la segunda parte del diálogo este modo de explicación quedará limitado por la causalidad eficiente autónoma de la *hylē*.

b. Los elementos como cuerpos primarios formados matemáticamente. La forma corporal matemática como condición para la visibilidad y tangibilidad de los elementos

Platón argumenta que el cosmos que ha llegado a ser, como una copia visible y tangible del modelo eterno, debe necesariamente tener una estructura corporal en la que el fuego y la tierra estén unidos entre sí. Porque sin el fuego nada puede ser visible, y sin la tierra (como el cuerpo elemental más sólido) nada puede ser tangible.[29] Tan pronto como el capítulo 8,[30] el fuego, la tierra, el aire y el agua son concebidos por Platón, en parte siguiendo a Empédocles, como cuerpos primarios,[31] y sus estructuras matemáticas suprasensibles serán explicadas con más detalle en el capítulo 20.

Es muy importante que tomemos nota de esto, ya que tendrá gran relevancia para la concepción que Platón tiene en este diálogo de la *hylē*, con su causalidad eficiente autónoma. El cuerpo nunca existe separado de la forma, y según Platón las formas corporales primarias son de carácter matemático. Esto significa, por tanto, que para Platón las cualidades sensibles de visibilidad y tangibilidad dependen, en última instancia, de propiedades estructurales matemáticas no sensibles de los cuerpos, una visión que en sí misma es indudablemente profunda y correcta, pero que queda oscurecida por la separación metafísica de Platón entre la forma ontológica inteligible y el mundo visible del devenir.

c. La estructura armónica matemática del cuerpo-mundo

Ahora bien, el fuego, como el elemento más móvil, y la tierra, como el más fijo, no pueden unirse sin algún tercer término; entre ambos existe una relación constante (δεσμὸς) natural. El más bello de todos los vínculos es aquel que se hace a sí mismo y une lo más uniformemente posible, y esto se logra mediante una relación o proporción geométrica (ἁρμονία) teniendo tres términos. La proporción se construye de tal manera que, así como el primer término está en relación con el medio, así el medio lo está con el último, y viceversa: así como el último lo está con el medio, también el medio con el primero, mientras que "el término medio en la proporción también puede llegar a ser primero y último, y el primero y último pueden convertirse en el medio".[32]

La serie numérica $2, 4, 8$ puede servir como el ejemplo más simple de tal proporcionalidad. Estos términos pueden unirse todos en la proporción $2:4 = 4:8$ (el primero: el medio = el medio: el último); luego en la proporción $8:4 = 4:2$ (el último: el medio = el medio: el primero); y finalmente en las dos proporciones $4:8 = 2:4$ (el medio: el último = el primero: el medio) y $4:2 = 8:4$ (el medio: el primero = el último: el medio). Así, cada uno de los tres términos en la proporción puede ocupar la primera, media y última posición por igual, y de esta manera, según Platón, la unidad que forman será lo más completa posible.

Sin embargo, si el cuerpo-mundo ha de ser construido de acuerdo con una proporción matemática como ésta que le dará unidad interna, tres términos no son suficientes. Todos los cuerpos, ya sean primarios o el cuerpo-mundo construido a partir de ellos, tienen tres dimensiones, y Platón sostiene que se necesitan dos términos medios diferentes para unir adecuadamente dos cuerpos primarios como el fuego y la tierra. Por lo tanto, el demiurgo insertó agua y aire entre el fuego y la tierra, y los unió a todos ellos, tanto como fue posible, en la misma proporción (fuego:aire = aire:agua, y agua:tierra = aire:agua).[33]

De esta manera, entonces, cuando Platón intenta demostrar que la tetrada de elementos a partir de la cual los griegos imaginaron que debía construirse el cuerpo del mundo tiene una causa racional en el *nous* divino, en conformidad con su idea del bien (ἰδέα τοῦ ἀγαθοῦ), según Platón, esta tetrada es necesaria para que la unidad sea indestructible (para cualquier otro que no sea el demiurgo), y no surja de ella una ruptura en la proporcionalidad geométrica de los términos. Para Platón, el cuerpo del mundo, a diferencia del cuerpo de una persona, es imperecedero, y es precisamente por eso que fue formado por el propio demiurgo divino.

Como la totalidad de todos los elementos y como el cuerpo completo que los contiene todos en su interior, el cuerpo del mundo ha recibido la forma de una esfera. Ya hemos observado antes que los griegos consideraban ésta como la forma más perfecta. Como el demiurgo hizo el cuerpo del mundo de tal manera que en verdad comprende todo lo visible y corpóreo, no puede ser atacado por fuerzas corporales que actúen sobre él desde fuera. No puede envejecer, y no es susceptible de enfermedad ni muerte.[34] Es inmortal y autosuficiente, un atributo típicamente divino que ya habían conferido a la esfera divina tanto Jenófanes como Parménides.[35] Y como argumenta Platón, siguiendo la descripción de Jenófanes y Empédocles del dios esférico "del cielo" y apartándose de la cosmología pitagórica, no tenía necesidad de órganos sensoriales, miembros ni órganos digestivos, puesto que no necesita recibir nada del exterior.[36] Sólo se asignó un movimiento al cuerpo del mundo, a saber, el movimiento circular que siempre regresa sobre sí mismo, siendo esta la imagen más fiel de la forma ontológica eterna, autoidéntica, y también del movimiento del pensamiento en el *nous*, que del mismo modo retorna sobre sí mismo. Debido a que posee este movimiento, como observa Platón siguiendo a Empédocles, el cuerpo del mundo tampoco necesitaba pies ni piernas.[37]

d. El demiurgo utiliza a las deidades celestiales como intermediarias en la composición de los seres perecederos. Influencia de Platón en la teoría del *logos* posterior y en la escolástica

El demiurgo mismo da forma directamente sólo a aquello que, como el *nous* divino, ha sido dotado de inmortalidad, es decir, tanto al alma como al cuerpo del universo y de las deidades celestiales individuales, pero en el caso de los seres humanos solo concierne al alma inmortal. El demiurgo delega la responsabilidad de la composición del cuerpo humano mortal y de las partes mortales del alma humana, así como también de los animales mortales y de las plantas en su totalidad, a las deidades celestiales, particularmente, como especifica el *Epinomis*, al sol.[38] Ya desde el *República* se había conferido al sol la posición más prominente entre los dioses visibles, al considerársele "la fuente del bien en el mundo visible, que más se asemeja a su generador divino" y "la causa del nacimiento, crecimiento y sustancia de los seres vivos visibles".[39] La idea de que el *nous* divino utiliza seres intermedios para dar forma a lo que es perecedero se encuentra tan tempranamente como en Platón. La razón de esto es que el *nous* divino aparentemente no puede entrar en contacto directo con el principio material terrenal de la *physis* en flujo perpetuo, tal como la cultura olímpica inmortal que, habiéndose apartado de la madre tierra, rehuía todo contacto con el reino de los muertos. El *logos* especulativo de Filón de Alejandría y de los llamados medios platónicos y neoplatónicos adoptaría más tarde esta visión y, como vimos antes, ese *logos* también infectaría el pensamiento cristiano de los primeros siglos al subvertir la estructura narrativa de la creación escritural. La influencia del pensamiento de Platón, según la cual el demiurgo divino delega la generación de seres mortales a las deidades celestiales —particularmente al sol— se extiende aún mucho más allá de este punto. Sus efectos se encuentran incluso en el adagio *Homo generat hominem et sol* ("El hombre engendra al hombre y el sol"), el cual fue aceptado por toda la escolástica medieval, tanto en su forma agustiniano-platónica como en sus formulaciones aristotélico-tomistas. Aristóteles trabaja este principio en su *De generatione animalium*.[40] Nos volveremos a encontrar con él más adelante, en nuestra investigación crítica de la antropología escolástica.

El demiurgo implanta el alma racional del mundo en el cuerpo esférico del mundo visible. "Y lo hizo extenderse a lo largo y ancho sobre la totalidad del cuerpo, por fuera; y así formó todo el universo, existiendo solo, una esfera girando en círculo, que por su propio poder puede engendrar (ξυγγίγνεσθαι) consigo misma y no necesita de nada fuera de sí, sino que está suficientemente familiarizada y en armonía consigo misma. Así fue convertida en una deidad a la que todo lo demás fue bendición".[41]

e. Las descripciones de la *sphairos* en Platón y Empédocles. Para Platón, el cuerpo posee una forma matemática innata, independiente del alma. La influencia de esta concepción en la escolástica agustiniana

Toda esta descripción de la implantación del alma del mundo en el cuerpo esférico del mundo es, en muchos aspectos, reminiscente de la descripción de la *philia* por parte de Empédocles, la cual une todos los elementos, como formas corporales primarias, en una unidad dentro del cuerpo esférico del mundo. Al igual que él, Platón afirma que el universo está "en armonía consigo mismo". Pero existen diferencias fundamentales entre las concepciones de Platón y Empédocles. A diferencia de Empédocles, el cuerpo del mundo en Platón no debe su forma esférica a la *philia* como una fuerza del alma activa y fluida. Para Platón, la forma del cuerpo del mundo, al igual que la *sphairos* en la concepción eleática, es indestructible. Hay una estructura armónica innata en la combinación proporcional de los cuatro elementos corporales, así como una forma original innata de tipo matemático, que pertenecen al cuerpo independientemente del alma racional. Y, como veremos, esta última une en sí tanto los principios de forma como de materia.

Platón aplicó esta concepción del carácter formal innato del cuerpo tanto al cuerpo del mundo como al cuerpo humano, aunque en sentidos distintos. Esta concepción se transmitió a toda la escuela platónico-agustiniana dentro de la escolástica. Allí habría de permanecer como uno de los puntos esenciales de diferencia con la concepción aristotélico-tomista en lo que respecta a la relación entre el alma y el cuerpo material, es decir, la forma y la materia.

§4 El lugar del alma en el reino intermedio. ¿Ha retornado Platón en el *Timeo* a la posición no crítica de que lo semejante se conoce por lo semejante?

a. Según *Timeo* 35a, el ser del alma racional tiene una forma intermedia entre las formas ónticas eidéticas y las formas corporales visibles

Al igual que el *Filebo*, el *Timeo* considera que el alma es algo que ha llegado a ser. Esto se refiere tanto al alma del mundo dotada de *nous* como al alma racional individual de un ser humano. El *Timeo*, por tanto, distingue claramente el alma del mundo eterno de la *eidē*.

Sin embargo, restaurar el alma racional al mundo del devenir había dado lugar a un nuevo problema dentro de la órbita del pensamiento platónico. El *República* había identificado el reino del devenir con el género de lo visible (ὁρατὸν γένος), y el reino inteligible (νοητὸν γένος) con la *ousia* (que verdaderamente es), en oposición directa a esto.

Desde el *Filebo*, sin embargo, el alma no podía asignarse a ninguno de estos dos reinos. Una vez que Platón abandonó la concepción, que había sido introducida en el *Parménides* y el *Sofista*, de las *eidē* como fuerzas anímicas activas, y también la concepción del *Fedón* del mundo eterno de las *eidē*, no generado y sin origen, ya no encajaba dentro del mundo de las *eidē* eternas. Pero, por otro lado, tampoco era posible encontrarle un lugar en el ὁρατὸν γένος, o reino visible. El alma es invisible y, al menos en ese aspecto, pertenece al reino inteligible. No obstante, sigue siendo algo que ha llegado a ser. En la línea de pensamiento de Platón, por tanto, no había otra opción que asignarla a un reino intermedio.

La composición del alma del mundo por parte del demiurgo divino se describe en el *Timeo*.[42] Platón argumenta, ante todo, que el alma, tanto en su origen (*génesis*) como en el valor de su naturaleza (*aretē*), es anterior y más antigua que el cuerpo. Fue formada, por tanto, por el demiurgo divino para ser la señora y gobernante del cuerpo. La manera de su composición es la siguiente: "A partir de la forma indivisible y siempre inmutable de existencia del modo inteligible del ser (τῆς ἀμερίστου καὶ ἀεὶ κατὰ ταὐτὰ ἐχούσης οὐσίας) y de la forma divisible de existencia que se convierte en cuerpos, él [es decir, el demiurgo] mezcló una tercera forma de ser (τρίτον οὐσίας εἶδος); y de nuevo, mirando a la naturaleza de lo mismo y de lo otro, también según esta norma compuso un tercero intermedio entre los modos de existencia de estos dos, a saber, aquello que es indivisible y aquello que es divisible en los cuerpos; y luego, tomando estos tres modos de ser (καὶ τρία λαβὼν ὄντα ὄντα), los mezcló todos en una sola idea, al unir por la fuerza la naturaleza de lo otro, difícil de mezclar tal como era, con la de lo mismo, y mezclando ambos con la [forma de existencia] del modo óntico puro (μιγνὺς δὲ μετὰ τῆς οὐσίας)".[43]

Para poder entender este oscuro pasaje, primero debemos observar que aquí la mezcla del alma del mundo por parte del demiurgo divino se presenta en dos etapas distintas. En primer lugar, se produce una mezcla entre los modos de ser indivisible (eidético) y divisible (corpóreo). El producto de esta primera mezcla es una tercera modalidad de existencia que se sitúa a medio camino entre los dos. En segundo lugar, se produce una mezcla entre los modos indivisible y divisible (corpóreos) de lo idéntico a sí mismo. El producto de esta segunda mezcla es un tercer (mixto) género de lo idéntico a sí mismo. En tercer lugar, hay una mezcla entre los modos indivisible y divisible (corpóreos) de lo otro. El producto aquí es un tercer (mixto) género de lo otro. A partir de los tres ingredientes que han surgido como productos de estas primeras mezclas, el alma del mundo queda finalmente compuesta.

El diagrama que Cornford ofrece en su comentario al *Timeo* puede servir para aclararlo:[44]

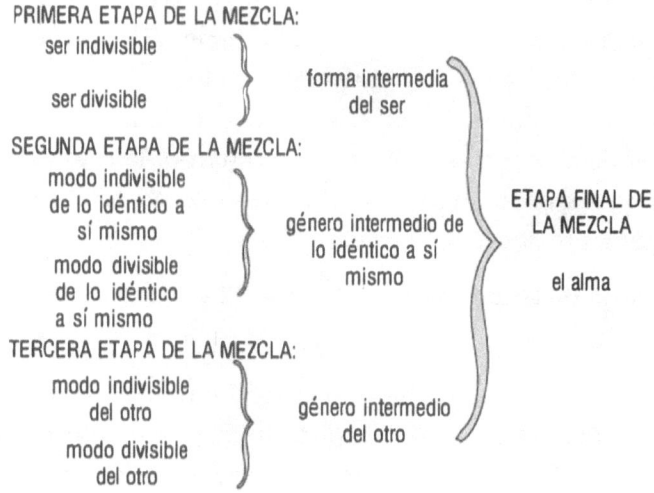

PRIMERA ETAPA DE LA MEZCLA:
ser indivisible

ser divisible } forma intermedia del ser

SEGUNDA ETAPA DE LA MEZCLA:
modo indivisible de lo idéntico a sí mismo

modo divisible de lo idéntico a sí mismo } género intermedio de lo idéntico a sí mismo

TERCERA ETAPA DE LA MEZCLA:
modo indivisible del otro

modo divisible del otro } género intermedio del otro

ETAPA FINAL DE LA MEZCLA

el alma

b. *Timeo* 35 A y la dialéctica ideal del *Sofista*

El verdadero significado de este pasaje puede solamente ser entendido a la luz del *Sofista*, donde hemos visto a Platón distinguir cinco formas fundamentales (las *eidē* más elevadas): (individuo) ser, movimiento, reposo, identidad (lo idéntico) y diferencia (lo otro). De estas cinco, tres (es decir, el ser, lo idéntico y lo otro) resultaron ser *eidē* dialécticas o géneros ideales que se extendían por todo el mundo inteligible de las formas en su relación con el cosmos visible. De este modo, se hizo posible que la lógica dialéctica pudiera unir las *eidē* individuales, que en sí mismos son mutuamente opuestos (como, por ejemplo, los de movimiento y reposo), en un juicio existencial verdadero que, como tal, puede relacionarse con la realidad temporal. Ya hemos observado que la preocupación aquí era siempre con formas ónticas que se han encarnado en una pluralidad de cosas corporales, y que por tanto han perdido su carácter puro y simple.

En el *Filebo*, la teoría de la mezcla fue introducida con los dos principios básicos del *peras* y el *ápeiron*. *Peras* y *ápeiron* fueron tratados exclusivamente como géneros del ser generado (*génesis eis ousian*), y con ello fue necesario incluir tanto las cosas visibles como el alma. Sin embargo, la diferencia entre los modos de existencia de estos dos no fue tratada explícitamente aquí.

c. La teoría de la mezcla se reelabora. El testimonio de Proclo

En el *Timeo*, la teoría de la mezcla recibe un desarrollo especial respecto al alma. El cuerpo visible también es un producto de mezcla entre los (matemáticos) *peras* y *ápeiron*, pero pertenece así al ὁρατὸν γένος (el reino de los productos visibles del devenir) de la República.

El alma, sin embargo, es el producto de otra mezcla, a saber, una mezcla del modo de ser, identidad y diferencia del puro *eidōs* indivisible con el modo de ser, identidad y diferencia de lo que es divisible en los cuerpos, lo cual en sí mismo solo puede existir como una mezcla de *peras* y *ápeiron*. Como consecuencia de esta nueva mezcla, al alma se le asigna una forma intermedia de ser que efectivamente la sitúa como el vínculo de conexión entre los dos reinos que en la República habían sido separados por una rígida *chōrismós*. Por tanto, es incorrecto decir que el alma pertenece a ambos reinos.[45] En conformidad con su ἰδέα (el plan divino simple y eficaz según el cual el *nous* divino la formó), más bien pertenece ni a uno ni a otro: su lugar es un reino intermedio.

Proclo, el neoplatónico, ha esclarecido esto claramente en su comentario al *Timeo*, donde habla continuamente del alma como una entidad intermedia compuesta a partir de los reinos intermedios del ser, la identidad y la diferencia.[46] Él distingue tres modos de ser en el *Timeo*: (1) inteligibles, cosas que no han llegado a ser; (2) sensibles, cosas que han llegado a ser; (3) cosas intermedias que son tanto inteligibles como han llegado a ser. El primero es totalmente simple (no compuesto) por naturaleza e indivisible. No han sido generadas, por lo tanto, y no han llegado a ser. El segundo es compuesto y divisible. Por tanto, han llegado a ser. Las cosas intermedias son inteligibles y han llegado a ser, y por naturaleza son a la vez indivisibles y divisibles, simples y compuestas, aunque de maneras que difieren del primer tipo.[47]

Proclo entonces escribe: "Que Platón quiso decir con 'modo indivisible del ser' el ser inteligible que participa como un todo en la eternidad, y con 'modo divisible del ser en los cuerpos' el modo del ser que es inseparable de la extensión corporal y está insertado en el todo del tiempo, lo deja claro al hablar del primero como 'inmutable', del segundo como 'entrando en el ser', no sólo para llamar al alma a la vez indivisible y divisible, sino también 'inteligible' (νοητόν) y 'el primero entre los que han llegado a ser'".[48] "Hay una diferencia entre la eternidad que es eterna y la eternidad que se extiende en la infinitud del tiempo; y hay aún otra, compuesta de ambos, tal como sucede con el alma. Porque en su ser el alma es inmutable y eterna, pero con respecto a sus pensamientos es cambiante y temporal".[49]

d. ¿El ser indivisible como número-idea? El testimonio de Jenócrates

Debemos tomar nota del hecho de que, en el pasaje bajo consideración, la noción platónica del ser de las *eidē* una vez más concuerda con la concepción original de la teoría de las ideas expuesta en el *Fedón*. Éstas son concebidas como indivisibles, simples y sin origen. Esto contrasta distintivamente con la concepción de las *eidē* en la dialéctica lógica del Parménides, donde la *eidōs* en el sentido de la "unidad real" fue siempre entendida como un todo con partes. *Timeo* 38 A subraya aún más este contraste. Lo hace al negar al ser viviente en sí mismo, como una eterna *eidōs*, toda adición de movimiento y cualificación temporal, y al atribuir estas exclusivamente a aquello que ha llegado a ser.[50]

En este pasaje del *Timeo*, por tanto, Platón está hablando claramente nuevamente contra la naturaleza óntica intrínseca de las ideas puras, independientemente de su relación con la pluralidad de cosas sensibles que les corresponden. Aquí podemos volver a una aproximación más definida a la concepción eleática. Es imposible establecer con certeza si este ser indivisible, como el *peras* en el *Filebo*, debe entenderse como número-idea; pero esto es bastante probable. Pues, según el informe de Plutarco, en su *Sobre el origen del alma en el* Timeo,[51] el discípulo de Platón, Jenócrates, observó explícitamente que el ser indivisible es la unidad, el ser divisible la pluralidad, y que el alma es el número que surge en la limitación de la pluralidad mediante la unidad, una vez que ésta ha entrado en una segunda mezcla con identidad (*tautón*) y diferencia (*to heteron*). En total acuerdo con el texto del *Timeo*, la interpretación de Jenócrates sobre la concepción platónica del ser indivisible distingue claramente entre la unidad como número-idea y la identidad y la diferencia como ideales dialécticos. El ser puro del *eidōs* como idea-número no debe identificarse ni con lo autoidéntico ni con lo otro. Porque ambas cualificaciones dialécticas pertenecen al dominio de las relaciones eidéticas, las cuales no conciernen a la unidad intrínseca de la forma óntica como número-idea.

Si Platón en efecto concibe el modo de ser del alma en el *Timeo* en términos de número —y veremos que esto es afirmado explícitamente más adelante en el diálogo—, entonces el número no puede ser entendido aquí en el sentido de número-idea. Más bien, debe entenderse como una proporción armónica matemática, y ya hemos visto que la pluralidad en sí misma no es un problema para Platón. Porque el alma tiene un modo de existencia que es intermedio entre el *eidōs* y los cuerpos perceptibles, y el *República* enseña que los números y figuras matemáticos ciertamente ocupan una posición intermedia entre los dos reinos de formas puras (*eidē*) y cosas visibles.

Todo esto en conjunto será de importancia fundamental para responder la cuestión de si Platón ha de hecho, como Aristóteles creyó, retornado en el *Timeo* a la posición acrítica de la filosofía y metafísica griega anterior, que sostenía que lo semejante es conocido por lo semejante.

Finalmente, la distinción paralela entre formas indivisibles, divisibles (en cuerpos), y tipos intermedios de identidad y diferencia se explica sólo por el hecho de que, como cualificaciones dialécticas de los tres tipos de ser, se conforman a estas últimas. La identidad de la forma óntica indivisible, por tanto, debe necesariamente ser ella misma indivisible, ya que sólo existe una instancia de esta última. Por otro lado, la identidad de la forma óntica distribuida entre cuerpos diversos está dividida en una pluralidad de instancias de la misma clase. Lo mismo se sostiene para la diferencia.

e. La división del alma del mundo en intervalos armónicos

El demiurgo ha combinado los tres elementos estructurales mezclados del alma mencionados anteriormente en una unidad. Continuando su descripción de la formación del alma del mundo, el *Timeo* declara que el demiurgo ahora divide esta unidad en tantas partes como corresponden a los intervalos de una escala musical (*harmonia*) que expresa las relaciones armónicas del cosmos (la armonía pitagórica de las esferas). Cada una de estas partes se convierte en una mezcla de forma óntica, identidad y diferencia. La división comienza a partir de dos series numéricas que forman dos proporciones geométricas de cuatro términos cada una —$1, 2, 4, 8$ y $1, 3, 9, 27$—, en otras palabras, dos formas de la *tétraktys*, ambas de las cuales comienzan con una unidad común.[52]

La *tétraktys* mencionada aquí es claramente matemática, y no eidética (es decir, de los cuatro números-idea), por lo que se está hablando de la división de una totalidad en porciones cuantitativas. En lo que respecta a la *tétraktys* matemática, Platón no tuvo dificultad en aceptar la noción pitagórica de que la unidad contiene en sí misma tanto el *peras* como el *ápeiron*, tanto lo par como lo impar. Las dos series, ambas procedentes de la unidad, se despliegan luego desde el primer número par (2) y el primer número impar (3) hacia los cuadrados y luego hacia los cubos de estos, terminando en 8 y 27 respectivamente.

Platón construye así el alma en esta forma como una *harmonia* pitagórica. Esta no es, sin embargo, una *harmonia* que resulte de la proporción material en el cuerpo (la concepción refutada en el *Fedón*), sino una armonía inteligible que, como estructura autónoma del alma, se forma independientemente del cuerpo y está destinada a gobernar este último.

f. El movimiento circular de lo mismo y lo otro en el alma del mundo

El demiurgo construye el alma del mundo de tal manera que contiene en su automovimiento el prototipo para el movimiento corporal entero de los cielos, del cual es por supuesto la "causa". Este automovimiento del alma del mundo procede de acuerdo con las formas básicas de lo mismo y lo otro. Como tiene un orden, posee la forma de un círculo, y se construye en dos anillos. El exterior de estos representa el movimiento de la esfera del cielo estrellado fijo, y el interior el movimiento de los planetas. La revolución exterior en la imagen platónica es el circuito de lo mismo. Corresponde al movimiento del universo en torno a su propio eje sin cambiar de posición, y tiene supremacía sobre el anillo interior de movimientos. La división interna se divide en siete círculos desiguales que se mueven en direcciones opuestas, formando el circuito de lo otro. Representan dentro del alma los movimientos de los siete planetas, los cuales, según Platón, tienen círculos desiguales (es decir, que difieren en diámetro) que pueden encajar unos dentro de otros alrededor de un centro común.[53]

Cornford lo observa acertadamente en su comentario, refiriéndose explícitamente a Proclo, que la división por parte de Platón del anillo interior de revoluciones en siete círculos desiguales no pretende indicar que el movimiento de lo otro (el diferente) dentro del alma del mundo esté efectivamente dividido en siete órbitas. Como él escribe, "El significado sólo puede ser que un único movimiento —el movimiento de lo Diferente— es, desde el punto de vista físico, distribuido entre las siete órbitas donde realmente tiene lugar (con modificaciones adicionales)".[54] En otras palabras, dentro del alma del mundo sólo hay un movimiento de lo otro, y éste no es corporal por naturaleza. Desde el punto de vista físico, sin embargo, este movimiento tiene sus contrapartes en los movimientos circulares de los siete cuerpos celestes: el sol, Venus, Mercurio, la luna, Marte, Júpiter y Saturno, a los que Platón llama "los siete planetas" debido a su conocimiento aún primitivo de la astronomía. Éste debe ser, sin duda, el intento de Platón, como se desprende de *Timeo* 36 C, 37 B y 38 C, donde el circuito de lo otro en el alma del mundo continúa siendo considerado como un solo movimiento, y esto sólo se imparte a los planetas por su distribución sobre siete círculos.

Si el circuito de lo mismo se toma únicamente como un movimiento del alma del mundo, separado de los movimientos físicos del cuerpo del mundo, entonces su "supremacía" sobre el circuito de lo otro debe entenderse también "psicológicamente", como la supremacía de la razón (*nous*), que regula los otros movimientos en el alma (juicios y deseos). Gracias a esta estructura, el alma del mundo puede conocer tanto el orden eterno y autoidéntico del mundo de las formas ónticas (*eidē*) y el orden visible del mundo de las cosas cambiantes y divisibles sujetas al principio de la materia.

g. ¿Ha recaído Platón en el *Timeo* 35 a ss. en la posición de que lo semejante sólo es conocido por lo semejante?

Nos enfrentamos aquí de nuevo con el problema de si, en el *Timeo*, Platón ha recaído —como sostiene la visión predominante que sigue a Aristóteles— en la posición acrítica de que lo semejante solo puede conocerse por lo semejante. En el pasaje citado anteriormente de *De anima*,[55] se hace evidente el vínculo directo que Aristóteles traza entre la concepción de Platón y la de Empédocles en cuanto al modo en que el alma es construida. Afirma que "del mismo modo [es decir, como Empédocles] Platón también, en el *Timeo*, construye el alma a partir de los elementos; pues, según él, lo semejante se conoce por lo semejante, y las cosas están compuestas por los *arkhaí* [de todo lo que es]". Sin embargo, está claro que los elementos con los que Platón construye el alma son completamente distintos de los del sistema cosmológico de Empédocles. Él no construye el alma a partir de fuego, agua, aire y tierra como formas primarias y corporales del ser, y uno buscaría en vano en el *Timeo* y en los otros diálogos alguna afirmación que atribuya al alma que lo semejante se conoce por lo semejante. Por el contrario, hallamos que Platón rechaza explícitamente esta tesis en varios otros diálogos. Además, la concepción del *Timeo* sobre el alma excluye completamente esta tesis en el sentido acrítico en el que fue aceptada por la filosofía y metafísica natural anteriores. Pues si, como Platón declara enfáticamente en *Timeo* 36 E, el alma pertenece al reino de lo invisible y ha venido a ser, en contraste con el cuerpo visible, y si su modo de ser no es el de la idea, ni tampoco el de cosas corporales y perecederas, sino que es intermedio entre ambos, entonces queda fuera de toda posibilidad que Platón haya recaído en la antigua máxima epistemológica acrítica. Esta última, ya sea en su versión eleática o heraclítea, o como fue interpretada por Empédocles, es incompatible con esta nueva concepción del alma.

Podría argumentarse, no obstante, que en el *Timeo* Platón podría al menos suscribir la concepción pitagórica del conocimiento como lo semejante por lo semejante. Según esta concepción, los números son los *arkhaí* de todas las cosas, incluida el alma, y esta última puede conocer el cosmos sólo porque también consiste de los mismos *arkhaí*. Pero incluso esta versión pitagórica del aforismo fue inaceptable para Platón, ya que establece una distinción fundamental entre los números mismos: eidēticos, matemáticos y perceptibles o concretos.[56] La naturaleza numérica del alma como armonía difiere en principio de la naturaleza numérica de las puras *eidē* y de los objetos corporales.

Cuando Proclo observa en el pasaje citado anteriormente que el alma es inmutable y eterna en su ser pero cambiante y temporal con respecto a sus pensamientos, debemos añadir de inmediato que el alma no puede tener el mismo ser que las *eidē*. Porque, según Platón, el modo de ser del alma se encuentra en el ámbito del devenir, y este modo de ser es el resultado de una mezcla entre lo que es indivisible (simple) y lo que es divisible (compuesto). Según la visión de Platón, las almas que han llegado a ser no son eternas. La eternidad pertenece únicamente a las *eidē* y al *nous* divino.

La cuestión de qué quiso decir exactamente Platón al construir el alma a partir de los tres elementos estructurales de *ousia*, lo autoidéntico y lo otro, sigue siendo extremadamente difícil de responder. Sin embargo, una cosa es cierta: *Timeo* 37 A-B establece un vínculo directo entre estos elementos estructurales y la actividad cognitiva del alma. Comenzando en 36 E, cerca del final, el texto en mi opinión se traduce mejor de la siguiente manera: "Y el cuerpo del universo comenzó a hacerse visible, pero el alma como algo invisible, que, tomada en consideración teórica y en armonía, es lo más inteligible y eterno entre las cosas que han llegado a ser, fue producida por el mejor [artesano]. Viendo, entonces, que el alma está compuesta por estos tres ingredientes, a saber, la naturaleza de lo autoidéntico, de lo otro y de la forma óntica, y que está dividida y unida en justa proporción, y regresa a sí misma en su movimiento circular, el alma, cuando aprehende algo que posee forma óntica tanto de lo divisible como de lo indivisible, en ambos casos se mueve espontáneamente en todo su cuerpo y declara por sí misma si lo que percibe es lo mismo o diferente de cualquier cosa, en qué relación precisamente, y de qué manera, y hasta qué grado; y cuando sucede que las cosas están separadas entre sí y ejercen un efecto, ambas cosas provienen de aquellas que han llegado a ser y entre aquellas que siempre permanecen autoidénticas. Ahora bien, cuando este razonamiento (lógos) —el cual es realmente verdadero cuando guarda relación con lo diferente de lo que es autoidéntico, y se lleva a cabo sin habla ni sonido en el movimiento de auto-reflexión del alma mediante esta misma alma— llega a lo que es perceptible por los sentidos, y el círculo de lo otro, en movimiento, transmite su mensaje a través del alma entera, entonces las opiniones y creencias surgen como verdaderas y confiables. Pero siempre que el alma entra en contacto con lo inteligible [τὸ λογιστικόν], y el círculo de lo autoidéntico, en su movimiento armonioso, lo comunica, el conocimiento necesario [ἐπιστήμη] nace".[57]

h. *Timeo* 37 A-B solo puede entenderse en términos del antiguo problema platónico de la *methexis*

En mi opinión, no podemos en absoluto comprender este pasaje oscuro en términos del principio esencialmente no platónico de que lo semejante se conoce por lo semejante. Más bien debemos remitirnos al problema que ocupó a Platón en su pensamiento temprano: el de la *methexis*. Hemos visto a Platón lidiar con este problema desde la primera etapa del desarrollo de su teoría de las ideas. El alma participa en dos mundos, el mundo eidētico y el mundo sensible; pero no pertenece en sí misma a ninguno de los dos. La actividad cognitiva del alma presupone esta *methexis* en cuanto que no puede obtener conocimiento de un mundo en el que no participa. Participa tanto en el *nous* divino como en la armonía del mundo. Pero para Platón, la *methexis* nunca significa que aquello que participa sea idéntico, sea total o parcialmente, a aquello en lo que participa. La *methexis* de los objetos sensibles en las *eidē* a las que deben su nombre nunca puede significar entonces que son semejantes a las *eidē*. De igual modo, la *methexis* del alma en las *eidē*, por un lado, y en el mundo perceptible por los sentidos, por el otro, nunca puede significar que pertenece a ambos mundos. Esto solo habría sido necesario si Platón hubiera aceptado el principio del conocimiento por semejanza.

Lo autoidéntico y lo otro están representados en el alma por ciertos movimientos circulares que no son corporales, sino que simbolizan la actividad cognitiva. Son movimientos típicos del alma que causan los movimientos armónicos del cuerpo celestial, las estrellas fijas y los planetas, y sirven como prototipo "psíquico" de estos últimos.

Platón presenta al alma como estando en "contacto simpático" con los mundos eidētico y visible. En el circuito psíquico de lo autoidéntico (que aparentemente es el pensamiento teórico del movimiento dialéctico), que corresponde al movimiento circular de los cielos estrellados, el alma está en contacto con el mundo eterno, inmutable y no originado de las *eidē*. En el circuito del otro, que corresponde a las siete órbitas planetarias, está en contacto con el mundo visible del cambio.

i. Cómo Aristóteles y la visión predominante que lo siguió llegaron a la interpretación equivocada de la concepción de Platón

Es, por supuesto, evidente cómo, siguiendo el ejemplo de Aristóteles, se llegó a interpretar en el pensamiento de Platón la máxima de que el sujeto y el objeto (*Gegenstand*) del conocimiento son idénticos, en relación con su concepción de cómo está constituida el alma. Los elementos primarios con los que el alma fue mezclada por el demiurgo son en efecto miembros tanto del mundo eidētico como del mundo visible. Sin embargo, estos elementos pertenecen a dos mundos totalmente distintos que están separados uno del otro por un *chōrismós*, y el resultado de su mezcla primaria es el origen de formas intermedias de *ousia*, lo autoidéntico y lo otro. Esto mismo revela que Platón en realidad no está trabajando dentro del marco conceptual de la antigua máxima tradicional a la que me referí más arriba. Ya en el *Parménides* había expuesto implícitamente hasta el final las consecuencias destructivas de esta visión para la teoría de los *eidē*. Si lo semejante solo pudiera ser conocido por lo semejante, entonces para la humanidad los *eidē* serían incognoscibles en principio y, más aún, la idea divina del bien y de lo bello no podría estar activa en el cosmos visible.

Es precisamente la teoría de la mezcla que Platón utiliza en el *Timeo* con el fin de dejar claro cómo el alma puede obtener conocimiento tanto del ámbito visible-corpóreo como del reino eidētico, aun cuando no pertenece fundamentalmente a ninguno de los dos. La concepción de Platón, tal como se expone en el pasaje citado más arriba del *Timeo*, sostiene en esencia que tal conocimiento es posible únicamente mediante el contacto simpático que el alma posee en su esfera intermedia tanto con el mundo de los *eidē* como con el mundo visible y corpóreo. Esta correspondencia se basa en el principio de la armonía, que se manifiesta en las tres esferas en relaciones numéricas que son recíprocas.

El alma es capaz de captar la unidad indivisible de las *eidē* sólo en forma "psíquica", es decir, en la contemplación intuitiva e inteligible del *nous*, que a su vez responde al número-idea. En la *epistēmē* o pensamiento dialéctico, sin embargo, tiene que dividir estas *eidē* lógicamente y agruparlas en relaciones eidéticas, que por su propia naturaleza son indivisibles y absolutas. La multiplicidad visible de los objetos corpóreos puede ser aprehendida por el alma únicamente en la conjunción del conocimiento lógico y la *aisthēsis* (percepción sensible),[58] ya que ésta relaciona las proporciones matemáticas de *nous* con la *hylē*, la materia del cosmos sensible. Esta conjunción de *aisthēsis* y conocimiento lógico da lugar en el alma del mundo a las alētheis *doxai* y *pisteis*, opiniones verdaderas y creencias fieles.

j. La *homoiōsis* del objeto de conocimiento con el alma cognoscente

Platón sostiene que, a lo largo de toda esta actividad cognitiva, el alma pensante permanece en la relación de *Gegenstand* (objeto) respecto al objeto del conocimiento. Sin embargo, el alma convierte este objeto en cierto sentido en objeto al tomarlo en su propio ámbito intermedio. Ésta es la teoría de la ὁμοίωσις (*homoiōsis*) o "asimilación", que Aristóteles desarrollará más adelante a su manera dentro de su teoría del conocimiento. En Platón, esta teoría se manifiesta de forma más clara en la lógica dialéctica o *epistēmē*. Aquí, las *eidē*, que en sí mismas (es decir, en su naturaleza absoluta) son inaccesibles para el pensamiento lógico, sin embargo, son adaptados a este último, al ser divididos de acuerdo con el método *dihairetico* y al ser reunidos de nuevo en una unidad mediante una idea dialéctica.

En otro contexto mostraré que esta teoría de la *homoiōsis* no puede realmente resolver el problema de la relación de *Gegenstand* (objeto del pensamiento teórico). Aquí mi única preocupación ha sido arrojar luz sobre su diferencia fundamental respecto del punto de vista epistemológico no crítico de la antigua metafísica griega y la filosofía natural.

El hecho de que nuestra comprensión de la conexión que Platón traza entre la estructura del alma del mundo racional y su conocimiento de los dos mundos deba ser correcta se demuestra, en mi opinión, de forma convincente mediante la siguiente observación. Platón concibe toda la actividad cognitiva del alma del mundo como los movimientos circulares incorpóreos de lo idéntico y de lo otro, respectivamente, y estos movimientos transcurren en el tiempo. Las *eidē*, por otra parte, son inmóviles y eternos, mientras que los objetos sensibles, por su parte, son corpóreos.

Los elementos con los cuales se ha construido la estructura del alma del mundo han sido en realidad transformados por el acto divino de la mezcla, y por tanto ya no existen en el alma del mundo como tales. En su *ousia* o modo de ser también, el alma se distingue en principio del *eidōs*, por un lado, y de los objetos corporales, por el otro. Como hemos visto, el concepto introducido en el Parménides y el *Sofista* de los *eidē* como fuerzas del alma ya había sido abandonado en el *Filebo*. Además, la concepción del alma como *ousia* inmóvil y no originada, que fue desarrollada en el *Fedón*, fue descartada de una vez por todas cuando en el *Filebo* Platón llegó al reconocimiento fundamental de que el alma es un producto mixto del devenir.

k. El tiempo como un círculo en el *Timeo*. La concepción del tiempo en el *Timeo* y el *Parménides*

La concepción del tiempo que Platón desarrolló en el *Timeo* anuló todos los intentos previos de oscurecer, de una manera u otra, la diferencia fundamental entre el mundo eidético y el alma racional. Se puede constatar fácilmente que existe una diferencia marcada entre esta concepción del tiempo y la que había sido elaborada anteriormente en el *Parménides*.

El *Timeo* continúa su narración relatando que "cuando el padre que lo había traído [al universo] a la existencia vio cómo estaba en movimiento y con vida, habiéndose convertido en una *agalma* [morada sagrada] para los eternos dioses [celestiales], se regocijó y, en su alegría, pensó que debía hacerlo aún más parecido a su modelo. Justamente ese modelo, entonces, es el ser viviente que posee el ser eterno; buscó también en este respecto hacer que este universo fuera lo más semejante posible a él. Ahora bien, la naturaleza de este modelo era eterna, y no era posible conferir a la cosa traída a la existencia este carácter en su perfección. Pero él intentó hacer de ella, por así decirlo, una imagen móvil de la eternidad, y al mismo tiempo que establecía el orden en el universo, creó la eternidad que permanece en unidad, una semejanza perpetua que se mueve de acuerdo con [la medida de] número, esto es, aquello a lo que hemos dado el nombre de tiempo.[59]

Según Platón, el tiempo es, por tanto, un producto de la fuerza formadora del *nous* divino. Llega a la existencia junto con el universo como un ser corporal animado, viviente y eterno. Esto significa que el universo ha estado siempre en el tiempo y siempre lo estará, sin principio ni fin.[60] Además, el movimiento del tiempo es esférico.[61] Este es el movimiento perfecto por excelencia, que abarca tanto el movimiento del alma del mundo como el del cuerpo del mundo. Según Platón, por lo tanto, el alma del mundo (y *a fortiori* el alma humana), también está contenida en el tiempo, siendo la razón de ello que es un producto del devenir.

Es característico del pensamiento griego que conciba el tiempo como un círculo y no, como Newton, como un *continuum* que avanza en línea recta. En el tercer libro de su *Física*, Aristóteles menciona que ésta era la visión prevaleciente. Él lo llama un "dicho común": que los asuntos humanos forman un ciclo y que hay un ciclo en todas las demás cosas que tienen un movimiento natural y que llegan a la existencia y luego perecen. "Esto es así", dice, "porque todas estas cosas se distinguen por el hecho de que tienen un principio y un fin, como si estuvieran, por así decirlo, en una especie de círculo; pues incluso el tiempo mismo se piensa como una especie de círculo".[62]

Cornford vincula esta noción de tiempo como círculo con la vida, que se mueve en el ciclo del tiempo al venir a la existencia y luego desaparecer. Lo que tenemos aquí no es sino la antigua noción de la rueda del nacimiento, crecimiento, maduración, decadencia, muerte y renacimiento. Ésta es, en efecto, probablemente el origen de esta concepción. Pero el *Timeo* adopta esta concepción circular del tiempo, que se halla en tan flagrante contraste con la concepción cristiana y con las concepciones modernas y humanistas, y la orienta de forma pitagórica hacia el principio de la forma.[63] Ya no deriva su orientación principalmente del principio de la materia con su impredecible *Anagké*, como lo hacía la antigua filosofía natural, y al parecer también la exposición del *Parménides* que discutimos antes. Porque en el *Timeo* el movimiento circular del tiempo tiene su prototipo en el circuito del alma racional del mundo, y la construcción de esta alma, al igual que el tiempo mismo, se atribuye al *nous* divino como origen de toda forma. Si el alma es el principio de la vida, esto significa que Platón ya no considera el fluir de la vida como una obra de la *Anagké* impredecible. Más bien, es la obra de un principio racional de generación. Veremos, sin embargo, que en el caso de los seres mortales, a la *Anagké* se le asigna un papel antagónico en el círculo.

En el desarrollo anterior encontramos la razón por la que el ala agustiniano-platónica de la escolástica abordó el tiempo principalmente en términos del alma racional. En el lugar apropiado, veremos cómo esta concepción influyó también claramente en la visión del tiempo de Tomás de Aquino. No obstante, también fue Agustín quien primero rompió con el principio pagano de la concepción griega de que el tiempo es un círculo.

Debemos notar, sin embargo, que para Platón el tiempo sólo llega a su plena existencia a través de las revoluciones periódicas del sol, la luna y "cinco planetas más" dentro del universo. Como el *Timeo* lo señala explícitamente, éstos fueron formados por el Artífice divino "para definir y preservar los números del tiempo".[64]

De acuerdo con Platón, esto tenía un propósito especial, ya que el ser humano, al observar las revoluciones regulares y periódicas de estos cuerpos celestes, descubriría el número y se vería impulsado al estudio de toda la naturaleza y a la filosofía.[65]

La medida objetiva real del tiempo está así orientada hacia los movimientos corpóreos de los "dioses celestes"; pero esto no borra el hecho de que el fundamento real y la unidad de la existencia del tiempo reside únicamente en el alma racional del universo, de los cuerpos celestes y del ser humano. Porque el movimiento formal corpóreo tiene su causa en el movimiento cíclico del alma dentro de las dos esferas de lo idéntico (identidad) y lo otro (diferencia).

1. El alma racional como la parte inmortal del ser humano no es un *nous* puro, sino de naturaleza mixta

Tras tratar la formación de los dioses celestes inmortales como cuerpos animados (las estrellas fijas, los planetas y la tierra), la discusión pasa a la formación de la parte inmortal del alma humana. Ya hemos observado que el demiurgo divino sólo da lugar a la parte inmortal del alma. Deja a los dioses celestes "mezclar lo inmortal con lo mortal y modelar, a partir de este ser viviente [el ser humano], su nacimiento, su alimento y su crecimiento".[66]

Es digno de mención, sin embargo, que Platón describe esta parte inmortal del alma humana en el *Timeo* como un "alma individual en sí misma", producida por la división de un todo que, con una ligera reserva, se compone del mismo modo que el alma del mundo divino.[67]

Esto significa que Platón ya no concibe la parte inmortal del alma como un alma pura de pensamiento o *nous*, como lo hizo en el *Fedón* y en el *República*. Más bien, también posee funciones internas emotivas, que le permiten percibir las cosas cambiantes. Es decir, posee *aisthēsis*, en el sentido de una sensación interna no mediada por los órganos de los sentidos. Tal como Platón lo concibe, un *nous* puro no tendría más que el movimiento de la esfera de lo idéntico. Como ya hemos visto, sin embargo, el alma inmortal también posee un circuito de lo otro. Por ello, no sólo tiene la capacidad de alcanzar el conocimiento dialéctico (*epistēmē*) de las formas ónticas eternas, sino también de formar opiniones (*doxai*) y creencias (*pisteis*) sobre el mundo visible y cambiante y sobre el origen del cosmos y de los dioses celestes. *Timeo* 43 D revela que el *anima rationalis*, la parte inmortal del alma, está dividida en proporciones matemáticas que tienen la misma *harmonia* que el alma del mundo racional, y que también se le asignan los movimientos de lo idéntico y lo otro.

m. Las leyes de *Heimarmene* en la combinación de lo inmortal con lo mortal

Tal como describe *Timeo* la situación, parece que las almas inmortales humanas están mezcladas con elementos que son inferiores a los de las almas del mundo. Es decir, tienen un grado menor de perfección, ya que son capaces de actuar mal por su propia voluntad. Las almas humanas inmortales son iguales en número a las estrellas, y ese número es fijo. Cada alma se coloca en una estrella particular como en un carro —una alusión evidente al viaje astral del alma en el *Fedro*— y el demiurgo muestra que la naturaleza del universo obedece a las leyes del destino (*nómous toùs eimarmenōmé nous*), "a fin de que no cargara con la culpa por la maldad futura de alguno de ellos.[68]

Según estas leyes, las almas experimentarían una primera encarnación que sería la misma para todas, de modo que ninguna comenzaría su vida en una condición menos favorable que las otras. Después de esto, serían sembradas en los planetas y en la tierra como "instrumentos del tiempo" y "nacidas como los más piadosos de los seres vivos".[69]

De acuerdo con *Anagkē*, deben implantarse en cuerpos, sobre los cuales las fuerzas materiales actúan desde fuera, y por esta razón nacerán necesariamente en ellos: primero, la percepción sensorial, la misma para todos, que surge de impresiones violentas; segundo, los deseos sensuales mezclados de placer y dolor; y además, el miedo y la ira y todos los sentimientos que los acompañan y todo lo que sea de naturaleza contraria. Y si han de dominar estas emociones, vivirán con rectitud, pero si son dominados por ellas, sin rectitud.[70]

Si un alma viviera bien durante todo el tiempo asignado, regresaría a la morada de su estrella designada y allí llevaría una vida feliz correspondiente a su existencia anterior. Pero si fallara en esto, se le daría el cuerpo de una mujer en su segunda encarnación; y si en esta condición aún no renunciara a su maldad, entonces, conforme al empeoramiento de su carácter, sería encarnada en una bestia de naturaleza semejante. Y la "rueda del nacimiento y del renacimiento" no encontraría descanso "hasta que el movimiento de lo idéntico, girando en su interior, atrajera hacia su curso circular el enjambre de movimientos caóticos, turbulentos e irracionales, que sólo han surgido en él más tarde a partir del fuego y el agua y el aire y la tierra, y, dominándolos por la razón, regresara de nuevo a la forma (*eidōs*) de su primera y mejor condición".[71]

n. *Heimarmenē* y *Anagkē*

La mención de las leyes de *Heimarmenē* en este contexto hace evidente que esta última no es idéntica a *Anagkē* en su sentido original como principio fundamental de la religión de la naturaleza. El propio Platón marca claramente la distinción entre ambas, puesto que declara expresamente en *Timeo*, 46 E que *Anagkē* carece por completo de razón y produce sus efectos según *tukhē* y sin orden.

Heimarmenē es idéntica a la *Moira* de la religión de la cultura. Como ya hemos visto, esta *Moira* muestra una racionalización parcial de la antigua *Anagkē* con el propósito de lograr una síntesis entre los motivos de la forma y de la materia. Platón deja claro que las leyes de *Heimarmenē* son también leyes para conjugar el alma racional, que tiene su origen en los cielos, con el cuerpo material impuro, que como tal está sujeto a *Anagkē*. Así, una vez más nos encontramos en medio de las nociones mitológicas, pitagórico-órficas de la transmigración del alma que ya habíamos encontrado en diálogos anteriores, particularmente en el *Fedro*.

§5 El dualismo polar entre el poder de la forma del *nous* divino y la *Anagkē* del principio material en la concepción del alma en el *Timeo*

No puede dejar de advertirse que es precisamente aquí, donde se discute la adición de las partes mortales al *anima rationalis*, cuando *Anagkē* empieza a manifestarse como una causa irracional, impredecible y eficiente. Es también aquí donde el gran conflicto con el motivo formal de la religión de la cultura, que ya había sido anunciado al inicio de la exposición del *Timeo*, se hace presente con claridad.

No había tal conflicto entre los motivos de forma y materia mientras el diálogo trataba con aquellos elementos inmortales que eran obra del divino demiurgo. Allí, el principio de armonía había hecho posible que el principio formal ganara el control completo sobre el principio material. Sin duda, es el motivo religioso órfico el que sigue manifestándose aquí en su forma antitética. El lugar de residencia original del alma yace en los cielos (*ouranos*) con su armonía de las esferas. La oscura esfera terrestre es el lugar donde el alma ha caído y ha sido sometida a *Anagkē* en el ciclo de sus encarnaciones. Pero los motivos órfico-pitagóricos han sido completamente adaptados aquí al motivo racional-formal de la religión de la cultura. Una vez más, el pensamiento platónico de las ideas, con la idea *tou agathou* como su idea de origen, ha purificado los motivos uránicos de sus tendencias naturalistas y panteístas. Esta parte del diálogo, por tanto, anticipa claramente la segunda parte, donde la operación autónoma de la πλανω-μένη αἰτία, es decir, la causa errante e incalculable de *Anagkē*, será presentada.

a. La condición del alma en el nacimiento de los seres humanos

Una ilustración gráficamente penetrante del funcionamiento de esta "causa errante" sigue inmediatamente en la descripción que hace el *Timeo* de la condición en la que el alma humana se encuentra directamente a sí misma después de su primera encarnación en un cuerpo material. Los dioses celestiales, habiendo recibido de manos del demiurgo "el principio inmortal de un ser mortal", lo mezclan, por orden de su Padre, con porciones prestadas de fuego y tierra, agua y aire, "las cuales han tomado prestadas del universo, con la condición de que estas porciones sean devueltas" (una clara alusión a la noción de *dikē* en la filosofía natural jónica).[72] La innegablemente mitológica presentación continúa al relatar cómo unieron estos elementos "no con los vínculos indisolubles con los que ellos mismos fueron unidos, sino que los sujetaron con numerosos pasadores, demasiado pequeños para ser vistos, convirtiendo así a cada cuerpo en una unidad de todas las porciones; y ataron los circuitos del alma inmortal al cuerpo con su flujo y reflujo.[73]

En otras palabras, esto significa que el cuerpo terrenal carece de la *harmonia* del cuerpo-mundo y de los cuerpos celestiales. Está sujeto a la *Anagkē* del principio material y por lo tanto es arrastrado por el flujo constante de todas las cosas terrenales y visibles. Al nacer el ser humano, el alma, siendo atada a un "río poderoso", se encuentra en sus movimientos circulares incapaz de controlar el cuerpo. Estos circuitos están sujetos a influencias violentas, de modo que toda la vida viviente es puesta en movimiento y, guiada por el impredecible azar (*tychē*), avanza sin orden ni razón en todas las direcciones del movimiento. "Pues se mueve hacia adelante y hacia atrás, y nuevamente hacia la derecha y hacia la izquierda, hacia arriba y hacia abajo, y en toda dirección en las seis direcciones. Tan grande como es el flujo y reflujo de la marea que trae el alimento, aún mayor es el tumulto causado por los asaltos de las cualidades sensibles [παθήματα] de las cosas, cuando el cuerpo de alguien se llena con fuego ajeno desde fuera, o con la solidez de la tierra y las suaves aguas deslizantes, o es capturado por la tempestad de los vientos, y cuando los movimientos causados por todo este ataque al alma por medio del cuerpo (por esta razón estos movimientos fueron llamados 'impresiones sensoriales', como todavía se les llama)".[74]

Timeo muestra así en su forma arcaica y gráfica de presentación cómo los círculos de la alma son deformados y expulsados de sus trayectorias por la acción violenta del constante avance y retroceso de la corriente de impresiones sensoriales.

El círculo de lo idéntico queda completamente impedido en su soberanía sobre el círculo de lo otro, mientras que el circuito de lo otro queda perturbado. En otras palabras, al nacer un ser humano, la actividad racional del alma se reduce a una completa parálisis. Sin embargo, la armonía del alma racional inmortal no puede ser destruida, ya que es el trabajo imperecedero de la naturaleza divina. No obstante, tanto los intervalos en las dos *tétraktys* como los círculos del movimiento se deforman y alteran en todas las formas posibles, y sus movimientos se vuelven irregulares y sin orden.[75] "Era como si un hombre estuviera de pie sobre su cabeza, descansando sobre la tierra, y elevara sus pies en alto al sostenerlos contra algo; en tal caso una carga derecha e izquierda, tanto del hombre como de los espectadores, aparecería invertida a la otra parte. El mismo tipo de efectos similares se manifiestan con gran intensidad en las revoluciones del alma; y cuando entran en contacto con algo del mundo exterior que cae bajo el género de lo idéntico o de lo otro (de lo diferente), lo llaman lo mismo siendo algo diferente, y lo diferente siendo lo mismo, en contra de la verdad".[76]

Como consecuencia de todas estas influencias externas, el alma al principio, cuando está confinada en un cuerpo mortal, nace en una condición irracional (*anoia*). "Pero cuando la corriente de crecimiento y alimento fluye con menor intensidad, y los movimientos del alma, aprovechando la calma resultante, pueden seguir su propio curso y tomar una trayectoria aún más estable a medida que el tiempo transcurre, entonces las revoluciones se corrigen hasta alcanzar la forma que pertenece a los círculos naturales en su movimiento natural".[77] "Y ahora, si el alimento [intelectual] correcto contribuye a la educación" —se desprende de 47 C que esto se refiere a la observación de los circuitos inalterados en los cielos, lo cual conduce a la filosofía y le enseña a reducir al orden establecido los movimientos errantes [πλανωμέναις] dentro de sí mismo— "entonces quien lo recibe se convierte en una persona saludable, sin tacha y perfectamente feliz, habiendo escapado del mayor mal. Pero quien lo descuida", como dice *Timeo* en términos tomados del ritual de misterio, "después de haber cojeado por la vida de los impíos, regresa a Hades sin ser iniciado y sin entendimiento.[78]

La línea general del diálogo exige que Platón interrumpa aquí su exposición sobre la estructura del alma humana —esto implicará las dos partes mortales y su conexión con el cuerpo material— a fin de dejar en claro que las cosas en el génesis del cosmos deben atribuirse a la ciega e incalculable *Anagkē*. Antes de hacer esto, da una breve descripción de la estructura que los dioses celestiales dieron al cuerpo humano, el cual está provisto de órganos sensoriales y de todas las emociones que acompañan la experiencia sensorial. Aunque en este punto el trabajo de *Anagkē* no puede ser ignorado, el énfasis recae en el propósito racional que los dioses tenían en vista en su obra formativa.

Timeo expone así cómo la parte inmortal del alma recibe su asiento en la cabeza, la cual es modelada por los dioses celestiales como imitación de la forma esférica del cuerpo del mundo (la bóveda celeste).[79] Siendo el asiento de los dos circuitos del *anima rationalis*, la cabeza es "la parte más divina del cuerpo y gobernante de todas las demás".[80] Los dioses luego entregaron el cuerpo entero, una vez que lo habían ensamblado, como sirviente, un *ochēma* [ὄχημα] con el cual podría moverse en todas direcciones.[81]

Es evidente por 69 C que Platón concibe también al cuerpo material como un 'vehículo' en este sentido para el alma inmortal misma.[82] Esta noción llegaría a convertirse más tarde en un tema común en la escolástica agustiniana, donde se convertirá en uno de los puntos más destacados de diferencia entre la concepción escolástica aristotélica y la agustiniana sobre la relación entre el alma y el cuerpo.

Timeo presenta entonces una breve explicación sobre la importancia de los órganos de la vista y el oído. Esta explicación se da aquí porque estos órganos sensoriales —por encima de todos— revelan a la humanidad la armonía del cosmos. Solo después de esto comienza la gran exposición de *Timeo* sobre aquellas cosas en el cosmos que deben atribuirse a la acción ciega de *Anagkē*. La explicación adicional de las partes mortales del alma y de sus órganos corporales no se desarrolla hasta el 69 D.

b. Las dos partes mortales del alma y sus asientos en el cuerpo

Primero nos referiremos a este último relato a fin de obtener una visión general completa de la concepción platónica del alma en este diálogo. Las dos partes mortales del alma que, según *Anagkē*, deben añadirse a la parte inmortal son aquellas que ya hemos llegado a conocer en el *Fedro* y en el *República*, a saber, el *thymós* (ϑυμός) o *thumoeidēs* (ϑυμοειδές), y el *epithumētikón* (ἐπιϑυμητικόν) o parte apetitiva del alma. Ya hemos aprendido que la primera de ellas es aquella parte del alma que supuestamente debe permitir que la parte inmortal y racional controle al *epithumētikon*. Corresponde a la segunda clase del estado ideal de Platón, los guardianes militares, que está subordinada a la clase de los reyes-filósofos y se caracteriza por la virtud del valor (*andreía*, la virtud del coraje en el gobierno).

En la formación del cuerpo humano, los dioses celestiales se aseguran de que las partes mortales del alma reciban un lugar en el cuerpo donde no puedan contaminar la parte inmortal y divina, que reside en la cabeza, y que, más aún, su confinamiento en el cuerpo mortal exige una conciliación con *Anagkē*.[83] Para ello, también dieron al cuello una función de separación y límite entre la cabeza y el pecho. El *thymos*, al ser la más alta de las dos partes mortales del alma, recibió su asiento en el pecho, entre la cabeza y el diafragma, y por tanto más cerca de la cabeza que la parte apetitiva. *Timeo* explica, de acuerdo con la forma racional, que el propósito de esto es que el *thymos* "pueda estar del lado del razonamiento del *nous* y, en concierto con éste, refrenar con firmeza el poder de los deseos, siempre que éstos no obedezcan de buen grado la orden que proviene de la ciudadela" (es decir, la cabeza como sede del *anima rationalis*).[84] Según Platón, la parte racional del alma, como sede de la percepción sensorial, es la primera en percatarse de que algo va mal en una región determinada del cuerpo. De inmediato envía un mensaje a la parte del alma que reside en el corazón. Esto hace que la sangre hierva y, fluyendo por todas las venas, transmite a cada parte del cuerpo el mensaje de la razón para que obedezcan su mandato.[85]

La parte apetitiva del alma, que se ocupa de la comida, la bebida y todo lo demás necesario para la vida, está situada en el vientre, donde el estómago actúa como una especie de administrador de la subsistencia del cuerpo. *Timeo* describe gráficamente cómo la parte apetitiva está "atada como un animal salvaje", la cual, debido a que está firmemente unida a nosotros, debe ser provista para que una raza mortal pueda existir. A fin de que, siendo alimentada continuamente en su pesebre y habitando lo más lejos posible de la parte deliberativa del alma, cause el menor ruido y tumulto, y permita que la parte superior del alma delibere en paz sobre lo que es beneficioso para el bienestar del conjunto —por estas razones fue situada allí por los [dioses celestiales].[86]

c. El hígado como sede de la μαντεία (adivinación). La depreciación de la *theōria* respecto a la profecía

En este contexto se asigna una función especial al hígado. La parte apetitiva del alma es incapaz de comprender el razonamiento de la parte racional. Incluso si de alguna manera llegara a ser consciente de ello, no estaría en su naturaleza prestar atención, pues durante el día y la noche se deja llevar constantemente por las *eidōla* (imágenes sensibles) y las fantasías. En vista de ello, el hígado fue formado como asiento del arte de la adivinación.

La intención era que la influencia emanada de la razón imprimiera sus pensamientos en este órgano, los cuales serían recibidos como en un espejo y reflejarían imágenes visibles. Esta influencia infunde temor en la parte apetitiva, "cuando, haciendo uso de la amargura inherente al hígado, con severidad amenazante lo impregna por completo, haciendo que aparezcan colores biliosos en él y, al contraerse, este órgano produzca dolor y repulsión". Por otro lado, cuando una inspiración proveniente de la mente evoca imágenes contrarias de dulzura, entonces, haciendo uso de la dulzura también inherente al hígado, infunde en esta parte del alma —que reside en la región del hígado— un estado de júbilo apacible y la induce durante la noche a pasar a un sueño tranquilo en el ejercicio de la adivinación por medio de los sueños, ya que esta no participa en la inteligencia ni en la comprensión racional.[87]

Timeo sostiene que "tenemos buenas razones para creer que el arte de la adivinación es en realidad un don divino concedido a la insensatez humana, ya que el ser humano, en su estado racional normal (ἔννους), participa de la adivinación divina y verdadera, pero sólo cuando su poder de comprensión se halla encadenado por el sueño o cuando es poseído por alguna enfermedad o por una posesión divina (ἐνθουσιασμός)".[88]

La alta estima que Platón mantuvo hacia el arte de la adivinación (μαντεία) en el *Fedro*,[89] donde la colocaba en la misma categoría que la poesía, el *erōs* y la filosofía misma como una "forma de locura divina", ha declinado de manera marcada, aunque aún le concede una cierta utilidad funcional dentro del dominio de la razón sobre el deseo sensorial. Ahora, la *theōria* platónica solo puede ver el don profético como una expresión de fantasía sensorial vinculada al principio material. Como tal, pertenece al nivel más bajo del alma y solo puede usarse para calmar deseos sensuales que son totalmente ajenos al discurso racional y al entendimiento. Al examinar la teoría del alma desarrollada en el *Timeo*, llama la atención de inmediato su relación dual con la concepción presentada en el *República*. En su construcción tripartita concuerda con esta última; pero al mismo tiempo se aparta de ella en principio al concebir la parte inmortal del alma como un compuesto de estructura mixta. En la manera en que concibe la relación entre el alma inmortal-formal y el cuerpo terrenal-material, la teoría del alma en el *Timeo* también muestra una continuación distinta de la línea órfico-pitagórica. Hemos podido rastrear esta concepción desde el *Fedro*. Las tres partes del alma no están unidas en una unidad por un vínculo de una sola *harmonía* divina, pues en términos de su *ousia* (forma óntica), solo la parte inmortal del alma es una armonía matemática. Su mezcla con las partes mortales del alma se concibe como resultado de la *Anagkē*, la cual es hostil al principio de forma pura y causa la contaminación y corrupción del *anima rationalis*. Y es la encarnación del alma inmortal en un cuerpo terrenal, sujeto al principio material, lo que hace necesaria esta mezcla.

d. La teoría del alma en el *Timeo* es más fructífera para la ciencia empírica que la teoría tomista-aristotélica

A pesar de su conocimiento aún primitivo de los aspectos fisicoquímicos, anatómicos, fisiológicos y psicológicos de la existencia humana temporal, Platón, en su comprensión tricotómica de la construcción del alma, está sin embargo en la vía de una verdad importante respecto a la compleja estructura del período temporal de la existencia humana. Sólo su falta de comprensión del tema religioso fundamental —el alma inmortal en su sentido escritural— le impide ofrecer una interpretación científica correcta de esta situación.

La teoría del alma de Platón se encuentra en contraste con la concepción escolástica y tomista, que discutiré más adelante. En esta última, el alma humana, en el sentido de *anima rationalis*, se considera una sustancia inmortal simple que, al ser la única forma del cuerpo material, debe también cumplir todas las funciones sensitivas, psíquicas y vegetativas. Si se comparan estas dos teorías, no se puede sino reconocer que la concepción platónica —pese a carecer de un rigor metafísico estricto— es, sin embargo, mucho más penetrante y científicamente fecunda. Es decir, Platón puede hacer mucha más justicia a las diversas estructuras de la existencia humana temporal que la teoría del alma de la escolástica tomista. Nadie puede negar, sin embargo, que la teoría platónica en el *Timeo* es capaz de adaptarse a la concepción cristiana del alma, como intentó hacer la escolástica agustiniana. No obstante, esto revela una falta de comprensión de la conexión indisoluble entre esta teoría y el motivo religioso básico del pensamiento griego.

e. La teoría del alma en el *Timeo* frente al trasfondo de la concepción homérica

Podría incluso sostenerse que ya Homero (en parte siguiendo la interpretación de Onians) reconocía una distinción entre la *psychē*, en el sentido de la forma intangible e individual de sombra (*eidōlon*) de la personalidad humana, que continúa existiendo en el Hades, el *thumós*, como el alma respiratoria dotada de inteligencia y sentimiento que reside en el pecho, y el alma-sangre, que forma el principio de vitalidad. En vista de esto, Cornford tiene muy probablemente razón al pensar que la concepción tripartita de Platón está enraizada en esta imagen religiosa primitiva y que simplemente ha transformado esta última en concordancia con la *theōria* platónica. Toda esta concepción lleva la impronta del motivo forma-materia.

f. Las enfermedades del alma bajo la influencia de *Anagkē*

En la parte final del diálogo, el portavoz de Platón, *Timeo*, expone cómo el alma humana puede ser inducida por *Anagkē*, que la ha unido al cuerpo material, a caer en una condición en la que la parte racional ya no es capaz de guiar la acción humana. A la inversa, un alma que es demasiado fuerte para el cuerpo al que está unida puede hacer que este último sucumba mediante una intensa actividad intelectual.[90]

Al hablar de la incapacidad de algunos hombres para refrenar su desenfrenado deseo de placer sensual, *Timeo* apela al dictado socrático de que nadie peca voluntariamente.[91] La intemperancia sexual, por ejemplo, surge en gran medida de la condición de un material particular (la médula, la sustancia del esperma en la concepción primitiva de Platón), que inunda el cuerpo con humedad debido a la porosidad de los huesos. "Y en casi todos los casos que se denominan incontinencia en relación con el placer, el reproche de que los hombres actúan así voluntariamente es injustificado. Nadie peca voluntariamente, sino que el hombre puede ser pecador por una condición corporal defectuosa y una mala educación, y tales cosas le suceden al hombre contra su voluntad como sus odiosos trastornos".[92]

No es intención de Platón argumentar aquí a favor de un fatalismo moral, y mucho menos de un determinismo materialista moderno. Todo su argumento debe entenderse a la luz del motivo griego de forma-materia. La parte racional del alma es por naturaleza buena, puesto que debe su origen enteramente al poder formal del *nous* divino. Sin embargo, su unión con el cuerpo material, y la combinación con las dos partes mortales del alma que esto requiere, la somete a influencias provenientes de *Anagkē* que pueden volverla enferma y desordenada por obra del ser humano o del demiurgo. Platón opina que una adecuada *paideia* corporal puede ser beneficiosa en los casos en cuestión. En este contexto, vuelve a llamar la atención su notablemente aguda observación de los hechos —al menos en vista del estado del conocimiento biológico y médico en esa época—, sumada a su plena comprensión de la raíz religiosa del mal.

§6 *Anagkē* como causa errante y el poder persuasivo del *Nous* divino. La concepción del bien y del alma-mundo malvada en las *Leyes* y en el *Epínomis*

a. *Anagkē* como causalidad ciega y el concepto moderno de causalidad mecánica

Una vez que ha completado, en la segunda parte del diálogo, su detallada exposición de todo lo que en el cosmos puede atribuirse al *nous* divino y a la causalidad formativa de su idea *tou agathou* (la idea del Bien plenamente establecida), Platón pasa al segundo gran tema de su investigación, a saber, el principio material, que en oposición al principio formal actúa como el origen autónomo de los movimientos desordenados (πλανωμένη αἰτία). *Anagkē*, en su sentido religioso original de destino incalculable, hace ahora su aparición en su argumento.

El cosmos es una mezcla, una *sýstasis* [σύστασις] de *Anagkē* y *nous*. "El *nous* divino gobierna a *Anagkē* [sólo] por persuasión, con lo cual la induce a que la mayoría de las cosas que llegan a ser lo hagan del mejor modo posible". El *nous* divino prevalece por persuasión, porque no posee fuerza, y se dirige así a *Anagkē* como una mujer; persuade y convence, y mediante esta forma de gobierno hace que la mayoría de las cosas lleguen a ser de la mejor manera posible".[93]

Él no es el Creador, cuya omnipotencia se enfrenta a ningún poder opuesto autónomo. Al ser un "ingeniero" divino, necesita de una "materia", y ésta tiene su propia *physis* irracional, ciega, y establece límites a su poder para actualizar el bien. De acuerdo con la naturaleza (*physis*) de la materia, el funcionamiento de *Anagkē* sigue al *Tychē* (azar) y procede sin ley ni orden, plan ni objetivo.[94]

El concepto moderno de una ley de la naturaleza, que surgió bajo la influencia del ideal científico humanista y que ha sido abandonado nuevamente en el desarrollo más reciente de la ciencia natural moderna, implica que los fenómenos están completamente determinados. Esta concepción es tan ajena al pensamiento de Platón como a la de todos sus predecesores. Para Platón, el concepto de ley y orden (*nomos kai taxis*) está completamente vinculado al principio formal, que opera según una causa racional y con propósito.[95] La causalidad que proviene de *Anagkē* se caracteriza como una "causa cooperante" (συναιτία). Aunque el demiurgo haga uso de ésta para actualizar la idea del bien en la mayor medida posible dentro del cosmos, ésta conserva su propio carácter y origen.[96]

b. La razón no es la única fuente del movimiento. La interpretación incorrecta de Cornford

Platón se preocupa únicamente por refutar la opinión de sus predecesores según la cual esta causa cooperante es la causa suficiente del origen del cosmos en su totalidad.[97] La noción defendida por Cornford en su comentario —aunque presenta un fino sentido del detalle— es, por tanto, incorrecta. Cornford defiende la visión de que Platón buscó la única causa del movimiento en el alma del mundo, ya que ésta se mueve por sí misma, una noción sobre la cual el profesor de Cambridge también basa su hipótesis del carácter puramente mitológico del demiurgo.[98] En esta visión, Platón ubica las causas desordenadas en los movimientos irracionales del alma-mundo. Pero en lugar de apoyar todo esto, el texto en realidad lo

contradice.[99] Porque Platón declara claramente que las causas desordenadas producen movimiento de acuerdo con su
propia naturaleza, y esta afirmación se desarrolla en detalle
en su exposición posterior. Parecería que Cornford abordó
la teoría dualista del *Timeo* en función de la concepción expuesta más adelante en las Leyes y el Epinomis; pero el texto
se resiste a esta interpretación.

c. La descripción del caos

Platón pasa ahora a tratar el segundo principio de origen
en su indagación sobre la génesis del mundo. Se propone
describir el caos, donde el fuego, el aire, el agua y la tierra
aún existían en una condición incorpórea y desordenada, y
presentaban un esbozo del flujo cíclico de opuestos tal como
lo había concebido Heráclito.[100] El principio real de vida
está ausente aquí, sin embargo, ya que Platón explícitamente
atribuye su origen al alma; y se elimina la doctrina heraclítea
del logos.

En esta etapa caótica, según Platón, en realidad no se
puede hablar de fuego, aire, agua o tierra como cuerpos que
poseen una forma definida. Todo lo que está presente es
"algo así como esto" (τὸ τοιοῦτον, cf. 49 B) que está sujeto a
un cambio continuo. En este punto no hay aún cosas, sino
solo poderes (*dunameis*) sin forma (*eidōs*) y sin número, que
en efecto exhiben algunos rasgos característicos (ζῴη) de su
propia naturaleza, "pero que se encuentran por completo en
una condición tal como cabe esperar en ausencia del *nous*
divino que otorga la forma".[101]

d. La *chōra* como el tercer género de lo que llega a ser

Podría uno preguntarse si en este caos, con su constante flujo de transformaciones a través de estados contrarios, no hay nada que sea duradero y permanente.

Platón sostiene que sí lo hay, e introduce ahora el bien conocido pero enigmático término χώρα (chōra) como un tercer género (*genos*) en el proceso mediante el cual el cosmos llega a ser. El primer género es el eternamente autoidéntico mundo-forma del εἴδη, no generado e imperecedero, que no recibe nada en sí mismo desde fuera ni emite nada desde sí mismo hacia otra cosa, y que es invisible —el *Gegenstand* (objeto) del pensamiento teórico por excelencia.

El segundo género es el mundo visible de las formas generadas de nuestro cosmos, las cuales llevan los mismos nombres que sus modelos eidēticos y son copias de ellos. Estas están sometidas perpetuamente al cambio y al devenir, surgiendo en un lugar determinado y desapareciendo de él, y son comprendidas únicamente por δόξα (opinión y creencia), que involucra la percepción sensible. El tercer género es la χώρα (*chōra*), que es eterna e imperecedera; proporciona un asiento para todo lo que llega a ser, pero en sí misma es invisible, inaccesible a la percepción sensible, y solo "accesible a una clase de razonamiento ilegítimo, como de un linaje bastardo de creencia"[102]

Precisamente por esto Platón llama a la *chōra* el "receptáculo" y la "madre de todo lo que llega a ser," mientras que el εἴδος, como modelo de las formas sensibles, se compara con un "padre," y aquello que llega a ser con la "prole" de estos dos.[103] La *chōra* permanece siempre la misma, y en esta misma existencia nunca toma las características de las cosas que en ella llegan a ser.[104] Por sí misma no tiene cualidades visibles, pero en esta forma de ser sin sentido, "participa de algún modo en lo inteligible y es muy difícil de aprehender".[105]

En otras palabras, la *chōra* no es un objeto de percepción sensible, sino de abstracción teórica, aunque no pueda ser comprendido en un concepto genuino.

e. La *chōra* no es espacio vacío (Bäumker)

¿Qué quiso decir Platón con esta *chōra*? Bäumker pensó que solo puede entenderse como espacio vacío, y muchos han adoptado esta postura.[106] Sin embargo, la descripción platónica del caos, donde "algo como" fuego, aire, tierra y agua se encuentran en constante desorden y movimiento desequilibrado, refuta por sí misma esta interpretación: sin duda, la *chōra* está completamente llena con estos poderes, que en su estado caótico son todavía indeterminables. Platón lo afirma explícitamente. Como cuerpos claramente distintos, los cuatro elementos tienen sus modelos inteligibles en el mundo eterno de la εἴδη;[107] pero en su estado desordenado pertenecen a la *chōra* y no pueden separarse de ella.[108]

En *Timeo* 50 C, Platón llama expresamente a la *chōra* un ἐκμαγεῖον, es decir, una "materia neutra y plástica" en la que se imprimen las formas. Esta "materia" es puesta en movimiento y alterada por las formas corporales que entran en ella, y debido a estas formas, aparece en un momento de una manera y en otro momento de otra para los sentidos. Platón también hace observaciones explícitas en este contexto, señalando que los productos de las formas (εἴδη) que ingresan y salen de la *chōra* son siempre copias (μιμήματα) de las formas ónticas (εἴδη) que las engendran.[109] Luego declara en 51 A que el receptáculo no puede llamarse tierra, ni aire, ni fuego, ni agua, ni ninguna cosa que haya surgido de estos elementos, sino que es una "naturaleza invisible e informe [*amorphous*], madre [*eidōs*] que recibe todo dentro de sí y participa de una manera enigmática del *noetón* [lo inteligible].[110]

Timeo 52 E añade lo siguiente sobre la *chōra*: que está llena de *dynameis* (potencias) que son diferentes entre sí y están fuera de equilibrio unas con otras. Debido a esto, no había reposo en ninguna de sus partes, sino que se sacudía por todas partes y por su propio movimiento expulsaba de sí estas *dynameis* en forma de movimiento desordenado. En consecuencia, estas últimas se separaban continuamente y eran arrastradas en direcciones distintas, "como en una criba de viento y otros instrumentos para aventar el grano, donde las partes más pesadas se agrupan en un lugar, mientras que las livianas (la paja) son lanzadas lejos".[111] De la misma manera, el fuego, el aire, el agua y la tierra en su estado aún caótico e informe fueron sacudidos por la *chōra*, que tenía el movimiento de una criba de viento, separando las *dynameis* más disímiles y forzando juntas a aquellas que eran más semejantes entre sí.[112]

f. La *chōra* como *hylē*

A mi juicio, todas estas descripciones suplementarias apuntan a una única conclusión. En realidad, Platón entiende la *chōra* como *hylē*. Es decir, la concibe como una materia informe en el sentido griego típico del término: una materia que posee un movimiento desordenado originario debido a las fuerzas caóticas que habitan en ella.

Esta interpretación concuerda plenamente con el informe de Aristóteles según el cual la tradición oral consideraba el receptáculo del *Timeo* como nada más que lo grande y lo pequeño.[113] La *chōra* es, entonces, simplemente una elaboración posterior del *ápeiron* en el *Filebo*. Muestra una sorprendente semejanza con la concepción anaximándrica de la *physis* como *archē*, aunque con la diferencia fundamental de que Platón desdiviniza el *ápeiron* y lo presenta sin alma, en consonancia con su concepción dualista del impulso religioso fundamental.

Debemos señalar también el hecho de que el uso platónico del término *chōra* aquí tiene una conexión demostrable con *chōrein* (χωρεῖν), un verbo que usa continuamente para denotar la concepción heraclítea del principio material, tanto en el *Crátilo* como en el *Filebo*, y en el propio *Timeo*.[114] En ningún caso puede entenderse la *chōra* como espacio geométrico, como todavía insiste Cornford, aunque para él esté "lleno" de algo. Esto se desprende con claridad de la apertura del relato platónico sobre la concesión de formas corporales al fuego, al aire, al agua y a la tierra mediante figuras estereométricas. Pues estas figuras tienen no sólo longitud y anchura, sino también profundidad (*báthos*), y puesto que estas tres dimensiones tienen una forma característica dentro del cosmos que ha llegado a ser, no pueden pertenecer como tales a la *chōra*.[115]

A lo sumo puede decirse que la *chōra*, como material plástico para el proceso divino de configuración, debe poseer una cierta cualidad (informe) de extensión que es inherente a su naturaleza. Como ya hemos visto en las citas anteriores de las obras de Aristóteles en las que comenta la teoría platónica de los números-idea en su período final, uno podría hablar de estas como dimensiones indeterminadas de esta *hylē*: más largo–más corto, más ancho–más estrecho, más alto–más bajo. Todo lo que Platón quiere decir con esto, sin embargo, es que las formas corporales, por así decirlo, dejan sus impresiones en distintos lugares de esta materia plástica, así como compara la *chōra* con el oro en el que, por medios diversos, pueden formarse figuras cambiantes.

La concepción platónica de la *chōra* es en realidad el precursor directo de la concepción aristotélica de la llamada materia prima (πρώτη ὕλη), esto es, una materia que sigue siendo completamente informe. La diferencia entre ambas radica únicamente en el hecho de que Aristóteles niega toda existencia real a la materia prima, al menos dentro de su línea de pensamiento, como pura potencialidad (*dynamis*), que solo puede acceder a una existencia real a través de la forma. Platón, en cambio, considera que la separación fundamental (*chōrismós*) entre el mundo inteligible de las formas y el mundo sensible de figuras cambiantes impide toda combinación sustancial entre los principios de forma y materia en el cosmos que ha llegado a ser. Por ello, Platón se ve obligado a concebir la *hylē* no solo como una *dynamis*, sino también como una realidad que existe en su propio derecho. En esta forma de existencia autosuficiente, es la *chōra*, la cual permanece siempre la misma a través de todas las formas cambiantes que recibe. Además, dado que el *Sofista* reconoció la identidad como una categoría fundamental del ser inteligible, Platón afirma que la *chōra* "participa de manera desconcertante en lo inteligible", aunque en verdad sea la opuesta dialéctica del principio formal.

En su concepción madura, Aristóteles también habla de una *hylē noētē*,[116] entendiendo esto como la *hylē* en la categoría abstracta de cantidad extensiva. Y así como Platón dice que la naturaleza de la *hylē* solo puede comprenderse mediante un "concepto bastardo", Aristóteles expresa lo mismo al decir que la *hylē* en sí misma solo es accesible mediante un concepto analógico. Retomaré este punto más adelante en mi exposición sobre la teoría aristotélico-tomista.

g. Las antinomias internas de la concepción de la *chōra*. Platón y Anaxágoras

Que la concepción de la *chōra* sea oscura y antinómica en sí misma solo puede atribuirse a la tensión interna del motivo dialéctico religioso de fondo del pensamiento griego. Los principios de forma y materia son opuestos (y por tanto, religiosos) uno del otro; pero, sin embargo, no pueden ser comprendidos aisladamente el uno del otro. Tan pronto como Platón intenta describir la materia en sí misma, es decir, separarla completamente del principio formal, cae en las mismas antinomias que Anaxágoras, cuya noción del caos original subyace tanto en las concepciones platónica como en la aristotélica madura.

Platón mismo reconoció claramente estas antinomias. Se esfuerza por eludirlas absteniéndose de atribuir a las *dynameis* de la *chōra* —fuego, aire, agua y tierra— el carácter de elementos corporales claramente definidos que Empédocles les había dado. En su lugar, simplemente los llama "algo como esto", así como Anaxágoras había calificado la *chrēmata* únicamente como semillas (*spermata*) de objetos corporales dotados de forma. Pero, en el movimiento caótico de la *chōra*, los miembros de estas dynameis que son "semejantes" aún así se agrupan entre sí y los que son "diferentes" son empujados en dirección opuesta. Por eso, fuego, aire, agua y tierra, aunque no puedan recibir propiamente estos nombres en su condición informe, sin embargo ya "muestran unos pocos rasgos característicos de su propia naturaleza". Toda distinción y semejanza, sin embargo, se debe únicamente a la forma ontológica. ¿Cómo es posible entonces que las totalmente desordenadas e informes *dynameis* de la *chōra* ya posean algunas características distintivas de la naturaleza de los cuatro elementos?

h. La *chōra* y la concepción aristotélica de la materia prima o absoluta

Para evadir esta antinomia, Aristóteles rompió, en su concepción madura, con el *chōrismós* platónico entre el mundo inteligible de las formas y el mundo sensible de los fenómenos. Dentro del cosmos generado mismo, él une la forma y la materia en una conjunción sustantiva, lo que hace imposible en este cosmos que la materia tenga una existencia real aparte de una forma autosubsistente (*forma substantialis*). Más adelante detallaré esta doctrina, mostrando cómo el motivo dialéctico interno del pensamiento griego llevó a Aristóteles a eliminar por completo el *chōrismós* platónico, y cómo él también buscó encontrar una síntesis auténtica entre forma y materia como principios antagónicos del origen. Esta antinomia no pudo dejar de emerger también en su concepción antropológica, y, en combinación con motivos conceptuales cristianos, más adelante habría de experimentar un curso dialéctico diferente de desarrollo en la teoría escolástica sobre la relación entre alma y cuerpo.

i. La persuasión de la razón divina sobre *Anagkē* en la tragedia *Orestíada* de Esquilo

Lo único que queda por señalar aquí es que la descripción platónica de la relación entre el *nous* divino gobernante y el *Anagkē* del motivo de la materia exhibe una notable —y casi literal— semejanza con lo que la gran tragedia griega de Esquilo presenta en la tercera parte de su famosa trilogía *Orestíada*. En el excelente epílogo a su comentario sobre el *Timeo*, al que ya me he referido con frecuencia, Cornford ha señalado este punto en detalle.

En el *Timeo*, como hemos visto, se dice que el cosmos generado es producto de la cooperación entre el *nous* divino configurador de formas, guiado por la idea de lo bueno y lo bello, y la oscura *Anagkē*. El divino demiurgo solo puede gobernar a *Anagkē* mediante la persuasión, y aún entonces esta última no renuncia a ninguno de los rasgos originales de causalidad ciega que le pertenecen.

El cosmos generado es el hijo de un padre y de una madre que corresponden con el cielo (*Ouranos*) y la tierra (*Gē* o *Gaia*), la primera pareja divina en la teogonía griega. El padre, que proviene "de arriba", es olímpico, mientras que la madre, que viene "de abajo", es la madre Tierra y tiene a *Anagkē* como uno de sus nombres. Ya en Homero, tanto Zeus, como dios supremo, como los demás dioses olímpicos, se enfrentan a un poder que son incapaces de someter, a saber, la *Moira* o *Heimarmenē Tychē*. Al igual que el demiurgo de Platón, los dioses olímpicos homéricos no son omnipotentes, y no parece posible inferir a partir de las afirmaciones de Homero y Hesíodo una concepción satisfactoria de la relación entre la voluntad de estos olímpicos y la oposición eterna del destino ciego. Homero y Hesíodo han dejado un problema sin resolver que fue retomado tanto por Esquilo como por Platón.

No es casualidad que el clímax dramático más grande de Esquilo culmine en la reconciliación de Zeus con *Anagkē*, y que esta reconciliación sea llevada a cabo por el *nous* divino en la persona de la diosa olímpica Atenea. Cuando Orestes es perseguido por *Anagkē*, Atenea persuade a las diosas de la venganza, hijas de *Anagkē*, para que cooperen en el avance de su noble propósito de liberar al joven.

Sometiéndose al yugo de *Anagkē*, Agamenón ha sacrificado a su hija, y como represalia es asesinado por su esposa Clitemnestra. Su hijo Orestes se venga matando a su madre, y es absuelto de culpa por el propio Apolo. Pero entonces Orestes es perseguido por las Furias salvajes, hijas de *Anagkē*. En la parte final de la trilogía, *Las euménides*, el desenlace de este conflicto dramático entre *Anagkē* y los dioses olímpicos se da cuando un tribunal se reúne en el Areópago, o Colina de Ares. El mismo Apolo aparece para interceder en favor de Orestes, y lanza una avalancha de maldiciones y burlas contra las Furias. Ninguna de las partes está dispuesta a hacer concesiones, sin embargo, y el voto dividido impide que los jurados humanos lleguen a una decisión. Entonces Atenea emite el voto final por la absolución. Apolo desaparece, sin nada más que decir, y Orestes queda libre.

Las diosas salvajes de la venganza, hijas de la Noche o de la Madre Tierra, no están aplacadas, y permanecen en el escenario oponiéndose a Atenea, la "hija sin madre del padre (Zeus)". La diosa de la razón, personificación del *nous*, se enfrenta cara a cara con la ciega *Anagkē*. En medio del caos, las Furias amenazan con arruinar la tierra de la ciudad de Atenas y con envenenar las fuentes mismas de la vida. Atenea se mantiene firme y pronuncia estas palabras: "Déjense persuadir". Ella ofrece a las diosas de la venganza un altar y cultos rituales en una cueva bajo la Colina de Ares, donde pueden ser transformadas en poderes de fertilidad y bendición. Pero las Furias continúan clamando por *dikē* y venganza. Atenea pacientemente reitera su ofrecimiento.

Les recuerda también que ella conoce las llaves de la cámara donde está guardado el rayo de Zeus, pero "no hay necesidad de eso". La violencia no puede reparar una situación que la violencia ha creado. Las Furias entonces vacilan cuando Atenea se dirige a su líder con las siguientes palabras:

> No me cansaré de hablar buenas palabras. Nunca digas que tú, la diosa anciana, fuiste deshonrada en esta tierra por mí, la joven, y por mis conciudadanos.
>
> No, pero si aún tienes algún respeto por la Persuasión inmaculada, la reconciliación y el dulce encanto de mi lengua —entonces quédate aquí.

Las hijas de *Anagkē* finalmente sucumben ante esta persuasión. La tragedia concluye con un canto en el que prometen fertilizar el suelo y a los ciudadanos de la tierra de Atenea, con el grito triunfante: Así, Zeus y *Anagkē* están reconciliados.[117]

Esto confirma una vez más la tesis que he sostenido, a saber, que el motivo religioso básico no sólo controla el curso del desarrollo del pensamiento teórico, sino que también determina toda la estructura espiritual de una comunidad cultural.

j. La concepción de las almas del mundo buenas y malas en las *Leyes* y el *Epinomis*

Parecería, sin embargo, que Platón no pudo finalmente conformarse con la concepción dualista del principio de origen en el *Timeo*. En su vejez, escribió los muy debatidos diálogos titulados *Leyes* (*Nomoi*) y el *Epinomis*, que fue un suplemento a *Leyes*. En una lucha intensa con el motivo religioso griego, el anciano pensador vuelve una vez más a la concepción que ya había desarrollado antes en el *Fedro*;

a saber, que el alma es la causa de todo movimiento en el cosmos que ha llegado a ser. Así, evidentemente declara a *Anagkē* como un segundo principio causal. Por lo tanto, debe buscar una solución diferente a la cuestión respecto al desorden de lo informe y sin ley en el cosmos, un problema que el *Fedro* había dejado sin resolver. Debe ahora buscar una solución que parezca compatible con una causalidad que reside exclusivamente en el alma.

Esta solución alcanzada llevó a Platón a un nuevo *impasse*, sin embargo. Para que fuera posible atribuir el desordenado movimiento enraizado en el principio material del alma concebido como principio causal exclusivo, introduce ahora un alma mundial irracional junto con el alma racional.[118] El antagonismo entre la *chōra* y el *nous* divino queda así transpuesto en una lucha entre un alma del mundo buena y otra mala, que el *Epinomis*, 988 E, afirma que debe concluir con el triunfo del bien.[119]

Esto, por supuesto, no ofrece una solución real; pues el alma mundial se halla entre los primeros productos del devenir, y éstos, a su vez, requieren una causa última. Si esta causa última es el principio dador de forma de la idea *tou agathou* en el *nous* divino,[120] el alma mundial mala no puede ser producto del principio de origen dador de forma. El principio material se ve entonces personificado en una segunda alma mundial que se conforma con todas las características del motivo religioso de la religión natural griega. Sin embargo, queda una diferencia: en que la concepción de esta alma mundial mala se adquiere en oposición consciente a la concepción del cuerpo material. No obstante, debe notarse que la concepción del alma mundial se supone anterior a esta última.

Así, la solución intentada por Platón no elimina el dualismo religioso fundamental entre los principios de forma y materia. Este sigue vigente; solo ha encontrado una expresión alternativa. Aunque pueda llamarse "espiritualista" la solución propuesta por Platón, de ningún modo ha trascendido este dualismo.

NOTAS AL CAPÍTULO 4

[1] *Filebo*, 59 B.

[2] *Filebo*, 66 B-C: Ἄρ' οὖν οὐ τέταρτα, ἃ τῆς ψυχῆς αὐτῆς ἔθεμεν, ἐπιστήμας τε καὶ τέχνας καὶ δόξας ὀρθὰς λεχθείσας, ταῦτ' εἶναι τὰ πρὸς τοῖς τρισὶ τέταρτα, εἴπερ τἀγαθοῦ γ' ἐστὶ μᾶλλον [ἢ] τῆς ἡδονῆς συγγενῆ; ("¿No son entonces las cuartas en rango aquellas cosas que consideramos pertenecientes al alma misma —las llamamos ciencias, artes y opiniones correctas—, que vienen después de las tres primeras, puesto que son más afines al bien que al placer?").

[3] *Timeo*, 29 B-C: τοῦ μὲν οὖν μονίμου καὶ βεβαίου καὶ μετὰ νοῦ καταφανοῦς μονίμους καὶ ἀμεταπτώτους, καθ' ὅσον τε ἀνελέγκτοις προσήκει λόγοις εἶναι καὶ ἀκινήτοις, τούτου δὲ μηδὲν ἐλλείπειν· τοὺς δὲ τοὺς πρὸς μὲν ἐκεῖνον ἀπεικασθέντος, ὄντος δὲ εἰκόνος εἰκότας ἂν λόγον τε ἐκείνων ὄντας· ὅπερ πρὸς γένεσιν οὐσία, τοῦτο πρὸς πίστιν ἀλήθεια. ("Las afirmaciones sobre lo que es permanente y cierto y accesible al pensamiento teórico deben ser constantes e inalterables, e incluso, en la medida de lo posible, irrefutables e incontrovertibles, sin defecto alguno en ese respecto. Pero aquellas que se refieren a lo que ha sido formado según el modelo de ese [ser permanente], siendo solo una imagen en relación con lo primero, son meramente probables: pues, así como el ser ontológico es devenir, también lo es la verdad respecto de la creencia").

[4] Ibid., 28 A: παντὶ γὰρ ἀδύνατον χωρὶς αἰτίου γένεσιν σκεῖν, ὅπου μὲν οὖν ἂν ὁ δημιουργὸς πρὸς τὸ κατὰ ταὐτὰ ἔχον βλέπων ἀεί, τοιοῦτόν τι προσχωρήμενος παραδείγματι τὴν ἰδέαν καὶ δύναμιν αὐτοῦ ἀπεργάζηται, καλὸν ἐξ ἀνάγκης οὕτως ἀποτελέσθαι πάν. ("Porque el universo no puede llegar a ser sin una causa. Ahora bien, siempre que el hacedor de algo, mirando constantemente a aquello que siempre permanece idéntico a sí mismo [esto es, la forma ontológica eterna], le da forma y fuerza motriz siguiendo tal modelo, entonces necesariamente todo debe hacerse bello en su totalidad").

[5] Ibid., 29 E: Λέγωμεν δή, δι' ἥπανα αἰτίαν γένεσιν καὶ τὸ πᾶν τόδε ὁ ξυνιστὰς ξυνέστησεν· ἀγαθὸς ἦν, ἀγαθῷ δὲ οὐδεὶς περὶ οὐδενὸς οὐδέποτε ἐγγίνεται φθόνος· τούτου δ' ἐκτὸς ὢν πάντα ὅτι μάλιστα γενέσθαι ἐβου-

λήθη παραπλήσια ἑαυτῷ. ταύτην δή γενέσεως καὶ κόσμου μάλιστα ἄν τις ἀρχὴν κυριωτάτην παρ᾽ ἀνδρῶν φρονίμων ἀποδεχομένος ὀρθότατα ἀποδέχοιτ᾽ ἄν. ("Expongamos entonces por qué causa el Ordenador de toda génesis y de este universo actuó. Él era bueno, y en lo bueno no puede jamás surgir envidia de ningún modo. Al estar totalmente alejado de ello, quiso que todas las cosas llegaran a parecerse a sí mismo lo más posible. Uno tiene entonces todo el derecho de aceptar la afirmación de los sabios, quienes declaran que ésta es la causa suprema del devenir y del cosmos").

[6] Ibid., 30 A: βουληθεὶς γὰρ ὁ θεὸς ἀγαθὰ μὲν πάντα, φαῦλον δὲ μηδὲν εἶναι κατὰ δύναμιν, οὕτω δὴ πᾶν ὅσον ἦν ὁρατὸν παραλαβὼν οὐχ ἡσυχίαν ἦγον, ἀλλὰ κινούμενον πλημμελῶς καὶ ἀτάκτως, εἰς τάξιν αὐτὸ ἤγαγεν ἐκ τῆς ἀταξίας, ἡγησάμενος ἐκείνῳ τούτου πάντως ἄμεινον. ("Pues como Dios deseaba que todo fuera bueno y, en la medida de lo posible, nada malo, al encontrar que todo lo visible no estaba en reposo, sino en movimiento desordenado y carente de medida, lo condujo del desorden al orden, convencido de que lo segundo era mucho mejor que lo primero").

[7] Véase, por ejemplo, F. M. Cornford, *Plato's Cosmology: The Timeo of Plato Translated with a Running Commentary* (Londres, 1937), p. 37: "Nos veremos conducidos a la conclusión de que tanto el Demiurgo como el caos son símbolos", y p. 40: "el dios creador, como tal, es una figura mítica". Esta conclusión se basa en la convicción de que, en el pensamiento de Platón, el "caos" no es creado. Esto es sin duda correcto; pero el *nous* divino de Platón no es un creador, sino un demiurgo que, como Platón declara explícitamente, solo impone forma y orden sobre el caos. La postura de Cornford también es compartida por Stenzel y Ritter.

[8] Cf. Plutarco, *De animae procreatione in Timaeo Platonis*, 3, 1013 A. Aquí Plutarco observa que Jenócrates, su discípulo Crantor y otros discípulos, consideraban al alma como no generada y afirmaban que Platón postuló su origen solo por razones de explicación teórica (θεωρίας ἕνεκα). Plutarco continúa señalando que hablaban de forma semejante sobre el origen del cosmos (οὐρανός). Se supone que Platón sabía bien que esto no ha llegado a existir, pero al darse cuenta de que quienes no formulaban una hipótesis sobre el origen del cosmos no podían captar fácilmente su estructura, recurrió a una hipótesis para clarificar esta estructura para ellos.

[9] *Filebo*, 61 B-C.

[10] *Timeo*, 28 C: τὸν μὲν οὖν ποιητὴν καὶ πατέρα τοῦδε τοῦ παντὸς εὑρεῖν τε ἔργον καὶ εὑρόντα εἰς πάντας ἀδύνατον λέγειν (Traducción en el texto).

[11] Ibid., 30 A.

[12] *Timeo*, 30 C–D: Τούτου δ᾽ ὑπάρχοντος αὐτὰ τούτοις ἐφεξῆς ἡμῖν λεκτέον, εἴ τι τῶν ζῴων αὐτὸν εἰς ὁμοιότητα ὁ ξυνιστὰς ξυνέστησεν. τῶν μὲν οὖν ἐν μέρεσι εἴδει πεφυκότων μηδὲν καταξιώσομεν ἀτελὲς γὰρ οὐδὲν οὐδέ ποτ᾽ ἂν γένοιτο καλόν· οὗ δ᾽ ἔστι τἄλλα ζῷα καθ᾽ ἓν καὶ κατὰ γένη μόρια, τούτων πάντων ὁμοιότατον αὐτὸν εἶναι τιθῶμεν. τὰ γὰρ ἄπης ἅ τε πάντα ἐκεῖνο ἐν ἑαυτῷ περιλαβὼν ἔχει, καθάπερ ὁ κόσμος ἡμᾶς ὅσα τε ἄλλα θρέμματα ξυνέστηκεν ὁρᾶται. ("Después de esto, debemos declarar cuál de los seres vivos fue el que el demiurgo formó a su semejanza. De aquellos que existen en partes por su forma, no consideraremos digno a ninguno, pues nada incompleto podrá jamás ser bello. No existen, en cambio, los otros seres vivos como uno, sino que en su conjunto y por géneros son partes, por lo cual afirmaremos que él es el más semejante a todos ellos. Porque aquello que abarca todo cuanto vive, tanto en su individualidad como en sus géneros, es una parte; ya que eso comprende en sí a todos los seres vivos concebibles, del mismo modo en que el cosmos nos contiene a nosotros y a todos los otros seres visibles").

[13] Aristóteles, De anima A 2, 404 b 18–21: ... ἐν τοῖς Περὶ φιλοσοφίας λεγομένοις διωρίσθη [ὁ Πλάτων], αὐτὸ μὲν τὸ ζῷον ἐξ αὐτῆς τῆς τοῦ εἴδους ἰδέας καὶ τοῦ πρώτου μήκους καὶ πλάτους καὶ βάθους ... (Traducción en el texto.)

[14] Léon Robin, *La théorie platonicienne des idées et des nombres d'après Aristote* (París, 1908), pp. 307–308.

[15] Aristóteles, *De anima* A 2 404 b 16–27.

[16] *De anima* A 2, 404 b 16 ss.: τὸν αὐτὸν δὲ τρόπον καὶ ὁ Πλάτων ἐν τῷ Τιμαίῳ τὴν ψυχὴν ἐκ τῶν στοιχείων ποιεῖ· γινώσκεσθαι γὰρ τῷ ὁμοίῳ τὸ ὅμοιον, τὰ δὲ πράγματα ἐκ τῶν ἀρχῶν εἶναι. ("Del mismo modo [es decir, como Empédocles] también Platón, en el *Timeo*, construye el alma a partir de los elementos; porque —según él— lo semejante se conoce por lo semejante, y las cosas están hechas de los principios".) Este pasaje se enlaza inmediatamente con el citado anteriormente (*De anima* A 2, 404 b 18–21): ὁμοίως δὲ καὶ ἐν τοῖς περὶ φιλοσοφίας λεγομένοις διωρίσθη, etcétera ("De

igual manera, esto fue establecido en lo que se llama las lecciones sobre filosofía...").

[17] Platón utiliza el término αὔξησις (literalmente, "aumento") en el sentido de "dimensión" en *República*, VII, 528 a–b (μετὰ δευτέραν αὔξησιν τρίτην λαμβάνειν) y en *Leyes*, X, 894 a.

[18] *De anima*, A 2, 404 b 21–27: ἔτι δὲ καὶ ἄλλας, νοῦν μὲν τὸ ἕν, ἐπιστήμην δὲ τὰ δύο· μοναχῶς γὰρ ἐφ᾽ ἓν τὸν δὲ τοῦ ἐπιπέδου ἀριθμὸν δόξαν, αἴσθησιν δὲ τοῦ τοῦ στερεοῦ· οἱ μὲν γὰρ ἀριθμοὶ τὰ εἴδη αὐτὰ καὶ ἀρχαὶ ἐλέγοντο, εἰσὶ δ᾽ ἐκ τῶν στοιχείων· κρίνεται δὲ τὰ πράγματα τὰ μὲν νῷ, τὰ δ᾽ ἐπιστήμῃ, τὰ δὲ δόξῃ, τὰ δ᾽ αἰσθήσει· εἴδη δ᾽ οἱ ἀριθμοὶ οὗτοι τῶν πραγμάτων. ("Y también en otros términos: el νοῦς es el uno; la ἐπιστήμη son los dos, pues se mueve en línea recta hacia el uno; el número [de las ideas] de la superficie plana es δόξα, y la percepción sensible es el número [de las ideas] del cuerpo sólido. Para los números [de las ideas] se usaban los nombres εἴδη y ἀρχαί, aunque todavía se componen de elementos. Las cosas se juzgan unas por νοῦς [contemplación intuitiva racional], otras por ciencia dialéctica [ἐπιστήμη], otras por δόξα, otras por percepción sensible; y estos números [de las ideas] son las εἴδη de las cosas").

[19] *Metafísica*, Z 11 1036 b 13–17; A 9, 992 a 10–13; M 9, 1085 a 7–12.

[20] *Metafísica*, Z 11, 1036 b 13–17: καὶ τῶν τὰς ἰδέας λεγόντων οἱ μὲν συντεταγμένην τὴν δυάδα, οἱ δὲ τὸ εἶδος τῆς γραμμῆς, εἶναί μὲν γὰρ εἶναι τὸ αὐτὸ τὸ εἶδος καὶ οὐ τὸ εἶδος (οἷον δυάδος καὶ τὸ εἶδος δυάδος), ἐπὶ γραμμῆς δὲ οὐκέτι. ("Y de los que hablan de las ideas, algunos dicen que la díada es la línea misma, otros que es la forma óntica [*eidos*] de la línea; pues para ellos en algunos casos la forma óntica y aquello de lo cual es forma son lo mismo (por ejemplo, la díada y la forma óntica de la díada), pero en el caso de la línea esto ya no es así".) Aquí Aristóteles está hablando de la escuela platónica en general, y no queda claro cuál de las dos concepciones era la de Platón. *Metafísica*, A 9, 992 a 10–13: βουλόμενοι δὲ τὰς οὐσίας ἀναγάγειν εἰς τὰς ἀρχάς μήκη μὲν τίθεμεν ἐκ βραχέος καὶ μακροῦ, ἐκ τινος μικροῦ καὶ μεγάλου, καὶ ἐπίπεδον ἐκ πλατέος καὶ στενοῦ, σῶμα δ᾽ ἐκ βαθέος καὶ ταπεινοῦ. ("Cuando [nosotros, en consonancia con la teoría de los números-idea] queremos reducir las formas ónticas [*eidē*] a los principios [*archai*], sostenemos que las longitudes [eidéticas] surgen de lo corto y lo largo, es decir, de lo pequeño y lo

grande; la superficie [eidética] del plano, de lo ancho y lo angosto; y el cuerpo [eidético] sólido, de lo alto y lo bajo".) *Metafísica*, M 9, 1085 a 7-12: ὁμοίως δὲ καὶ περὶ τῶν ὕστερον γενῶν τῶν ἀριθμῶν συμβαίνει τὰ δυσχερῆ γραμμῆς τε καὶ ἐπιπέδου καὶ σώματος· οἱ μὲν γὰρ ἐκ τῶν εἰδῶν τοῦ μεγάλου καὶ τοῦ μικροῦ ποιοῦσιν, οἷον ἐκ μακροῦ μὲν καὶ βραχέος τὰ μήκη, πλατέος δὲ καὶ στενοῦ τὰ ἐπίπεδα, ἐκ βαθέος δὲ καὶ ταπεινοῦ τοὺς ὄγκους. ("Del mismo modo surgen dificultades respecto a los géneros [clases] que vienen después que los números [idea]. Porque algunos los construyen a partir de las *eidē* [géneros ideales de materia] de lo grande y lo pequeño, por ejemplo, las longitudes [eidéticas] a partir de lo largo y lo corto, los planos [eidéticos] a partir de lo ancho y lo angosto, y los cuerpos sólidos [eidéticos] a partir de lo alto y lo bajo".) Como ha mostrado W. Vander Wielen (*De idée-getallen van Plato*, p. 149), se deduce claramente de *Met.* N 3, 1090 b 36 – 1091 a 2, que esto en realidad también se aplica a la visión de Platón, pues las palabras que inmediatamente preceden a este pasaje revelan que estaba dirigido directamente a Platón. En su comentario, Ross observa en *Met.* Z 11, 1036 b 13–17 (citado arriba) que Platón pudo haber sido uno de aquellos que identificaron la longitud [eidética] con la díada, mientras que Vander Wielen piensa lo contrario (p. 146). En mi opinión, ambas concepciones pueden atribuirse por igual a Platón. En la sinopsis directa de la contemplación intuitiva, el número eidético es el número-idea mismo, mientras que en el uso discursivo, la *epistēmē* dialéctica hace que el número-idea surja de la forma-idea y del *ápeiron* como principio.

[21] Véase Vander Wielen, *op. cit.*, p. 163.

[22] Basándose en su estudio de las diversas fuentes (*testimonia*), Vander Wielen concluye asimismo: "Por lo tanto, es plausible que Platón haya producido los números-idea (el mundo y el alma no necesitan ser considerados aquí) τοῦ θεωρῆσαι ἕνεκεν καὶ διδασκαλίας χάριν" (p. 96). En otras palabras, toda la derivación genética de los "números-idea posteriores al uno" —y, como he añadido, también de las formas ónticas puras "posteriores a los números-idea"— realizada mediante la influencia del uno (o, respectivamente, de los otros números-idea) como *peras* puro sobre un *ápeiron* eidético, no implicaba para Platón ninguna pérdida de la unidad indivisible de las *eidē*. Más bien, presentó esta derivación con el único

propósito de hacer accesible el *eidē* puro al entendimiento dialéctico de sus discípulos.

[23] *Timeo*, 31 B.

[24] *Metafísica*, A 5, 986a.

[25] *De Anima*, A 2, 404b 16-17.

[26] *Timeo*, 30 A–B: λογισάμενος οὖν εὕρισκεν ἐκ τῶν κατὰ φύσιν ὁρατῶν οὐδὲν ἀνόητον τοῦ νοῦν ἔχοντος ὅλον ὅλου κάλλιον ἔσεσθαι ποτὲ ἔργον, νοῦν δ᾿ αὖ χωρὶς ψυχῆς ἀδύνατον παραγενέσθαι τῷ. διὰ δὴ τὸν λογισμὸν τοῦδε νοῦν μὲν ἐν ψυχῇ, ψυχὴν δὲ ἐν σώματι ξυνιστὰς τὸ πᾶν ξυνετε-κταίνετο, ὅπως ὅτι κάλλιστον εἴη κατὰ φύσιν ἄριστόν τε ἔργον ἀπειργα-σμένος. οὕτως οὖν ὂν κατὰ λόγον τὸν εἰκότα δεῖ λέγειν τόνδε τὸν κόσμον ζῷον ἔμψυχον ἔννουν τε τῇ ἀληθείᾳ διὰ τὴν τοῦ θεοῦ γενέσθαι πρόνοιαν. ("Al reflexionar sobre esto, entonces, él [a saber, el demiurgo] descubrió que entre las cosas que son visibles por naturaleza, nada sin inteligencia sería en conjunto más bello que el todo dotado de inteligencia, y, además, que la inteligencia no puede estar presente en nada aparte del alma. En virtud de este razonamiento, colocó la inteligencia en el alma y el alma en un cuerpo, y a partir de esto formó el universo, con el fin de que la obra que completó fuera por naturaleza lo más buena y bella posible. Por tanto, según debemos decir conforme al razonamiento probable, este cosmos ha llegado verdaderamente a ser por la providencia de Dios como un ser vivo dotado de alma y razón").

[27] Ibid., 30 D: τῷ γὰρ τῶν νοουμένων καλλίστῳ καὶ κατὰ πάντα τελέᾳ μάλιστα αὐτὸν ὁ θεὸς ὁμοιῶσα βουληθεὶς ζῷον ἓν ὁρατῷ, πάντα ὅσα αὐτοῦ κατὰ φύσιν ζῴγνυεν ζῷα ἐντὸς ἔχον ἑαυτοῦ, ξυνέστησε. ("Porque Dios lo ordenó [el universo] de este modo, ya que quiso hacerlo lo más semejante posible en forma a aquello que es lo más bello de todas las cosas inteligibles y completo en todos los aspectos: un único ser vivo visible que contiene en sí mismo a todos los seres vivos cuya naturaleza le es afín").

[28] Ibid., 34 A–B: Οὗτος δὴ πᾶς ὢν ἀεὶ λογισμὸς θεοῦ περὶ τὸν ποτὲ ἐσόμενον θεὸν λογισθεὶς λεῖον καὶ ὁμαλὸν πανταχῇ τε ἐκ μέσου ἴσον καὶ ὅλον καὶ τέλεον ἐκ τελέων σωμάτων σῶμα ἐποίησε. ("Este razonamiento completo del dios eterno con respecto al dios que habría de llegar hizo que creara al segundo liso, uniforme y equidistante en todas direcciones

desde el centro, un cuerpo entero y completo, compuesto de cuerpos completos").

[29] Ibid., 31 B: χωρισθέν δὲ πυρὸς οὐδὲν ἄν ποτε ὁρατὸν γένοιτο, οὐδὲ ἅπιον ἄνευ τινὸς στερεοῦ, στερεὸν δὲ οὐκ ἄνευ γῆς. ("Porque nada se volvería visible sin fuego, ni tangible sin un cuerpo sólido, y nada es un cuerpo sólido sin tierra").

[30] *Timeo*, 32 A–B.

[31] La base matemática de esta concepción es completamente pitagórica. El éter aparece por primera vez como el quinto elemento en el *Epinomis*.

[32] Ibid., 31 B–32 A: δύο δὲ μόνα καλῶς ξυνίστασθαι τριῶν χωρίς οὐ δυνατόν· δεσμὸν γὰρ ἐν μέσῳ δεῖ τινὰ ἀμφοῖν ξυναγωγὸν γίγνεσθαι. δεσμῶν δὲ κάλλιστος ὃς ἂν αὐτὸν καὶ τὰ ξυνούμενα ὅτι μάλιστα ἐν αὐτῷ, τοῦτο δὲ πέφυκεν ἀναλογίᾳ κάλλιστα ἀποτελεῖν. ὁπόταν γὰρ ἀριθμῶν τριῶν εἴτε ὄγκων εἴτε δυνάμεων ἀντιναουσῶν ᾖ τὸ μέσον, ὅσπερ τὸ πρῶτον πρὸς αὐτό, τοῦτο αὐτὸ πρὸς τὸ ἔσχατον, καὶ πάλιν αὖθις, ὅτι τὸ ἔσχατον πρὸς τὸ μέσον, τὸ μέσον πρὸς τὸ πρῶτον, τότε τὸ μέσον μὲν πρῶτον καὶ ἔσχατον γινόμενον, τὸ δ' ἔσχατον καὶ τὸ πρῶτον σὺ μέσῳ ἀμφότερα, πάνθ' οὕτως ἐξ ἀνάγκης τὰ αὐτὰ εἶναι ξυμβήσεται, τὰ αὐτὰ δὲ γενόμενα ἀλλήλοις ἐν πάντα ἔσται. ("Es imposible, sin embargo, unir dos [elementos] por sí solos de manera adecuada sin un tercero; porque entre los dos debe haber un lazo de unión que los reúna. El más bello de todos los vínculos es el que logra la unidad con la mayor aproximación posible, y es de la naturaleza de una proporción matemática lograr esto de la mejor manera. Pues cuando, de tres números —ya sean números de cuerpos sólidos o de planos— el del medio está en tal proporción que, así como el primero está en proporción con el medio, así el medio con el último, y a la inversa, como el último lo está con el medio, así el medio con el primero —mientras que el término medio en la proporción también puede llegar a ser el primero y el último, y nuevamente, el último y el primero ambos el medio— entonces, de esta manera, todos necesariamente desempeñarán entre sí el mismo papel, y al hacerlo, serán todos una unidad".) En mi traducción de las muy debatidas palabras ὁπόταν γὰρ ἀριθμῶν τριῶν εἴτε ὄγκων εἴτε δυνάμεων, etcétera, he seguido a Cornford (*Plato's Cosmology*, p. 44), quien a su vez sigue en lo esencial a Sir Thomas Heath (*The Thirteen Books of Euclid's Elements*; tr. con introducción y comentario por Sir T. L.

Heath, Cambridge: 1926; II, 294; y *Greek Mathematics*, Oxford, 1921; I, 89).
Los argumentos para esto pueden encontrarse en Cornford. "Números de
planos" indica números cuadrados como p^2 y pq, y "números de cuerpos
sólidos" son números cúbicos (por ejemplo, p^3 y p^2q).

[33] Ibid., 32 A–B: εἰ μὲν οὖν ἐπίπεδον μὲν, βάθος δὲ μηθὲν ἔχον ἔδει
γίγνεσθαι τὸ τοῦ παντὸς σῶμα, μία μεσότης ἂν ἐξῆρκεν τά τε μεθ' ἑαυτῆς
ξυνδεῖν καὶ ἑαυτῷ· νῦν δὲ — στερεοειδῆ γὰρ αὐτὸν προσῆκεν εἶναι, τὰ δὲ
στερεὰ μία μὲν οὐδέποτε, δύο δὲ ἀεὶ μεσότητες ξυναρμόττουσι· οὕτω δὴ
πυρὸς τε καὶ γῆς ὕδωρ ἀέρα τε ὁ θεὸς ἐν μέσῳ θείς καὶ πρὸς ἄλληλα
καθόσον ἦν δυνατὸν ἀνὰ τὸν αὐτὸν λόγον ἀπεργασάμενος ὅσπερ πῦρ
πρὸς ἀέρα, τοῦτο ἀέρα πρὸς ὕδωρ, καὶ ὅτι ἀπὸ πρὸς ὕδωρ, ὕδωρ πρὸς
γῆν, ξυνέθηκε καὶ ξυνεστάφεισαν οὐρανὸν ὁρατὸν καὶ ἁπτόν. ("Ahora
bien, si hubiera sido necesario que el cuerpo del universo fuese plano
sin profundidad, una sola media habría sido suficiente para unir entre sí
las partes y consigo mismo; pero ahora —dado que debía ser sólido, y los
sólidos no se conectan nunca mediante uno solo, sino siempre mediante
dos medios—, el dios colocó entre el fuego y la tierra el agua y el aire, y los
unió mutuamente, en la misma proporción posible, de modo que el fuego
es al aire como el aire al agua, y como el agua a la tierra, así los conectó y
formó el cielo visible y tangible").

[34] Ibid., 32 C to 33 A: τῶν δὲ δὴ τεττάρων ἓν ὅλον ἕκαστον εἴληφεν ἡ
τοῦ κόσμου ξύστασις. ἐκ γὰρ πυρὸς παντὸς ὕδατός τε καὶ ἀέρος καὶ γῆς
ξυνέστησεν αὐτὸν ὁ ξυνιστάς, μέρος οὐδὲν οὐδενὸς οὐδὲ δύναμιν ἐξῆφεν
ὑπολιπών, τάδε διανοηθείς· πρῶτον μὲν ἵνα ὅλον ὅτι μάλιστα ζῷον τέλεον
ἐκ τελέων τῶν μερῶν εἴη, πρὸς δὲ τούτοις ἕν, ὅπερ οὐχ ὑπολελειμμένον εἰς
ἂν ἄλλο τοιοῦτο γένοιτ' ἄν, ἔτι δὲ ἵνα ἀγήριον καὶ ἄνοσον ᾖ, κατιδών, ὡς
ξυστὰ σώματα [σώματα] θερμὰ καὶ ψυχρὰ καὶ πάνθ' ὅσα δυνάμεις ἰσχυρὰς
ἔχει, περιστάμενα ἐξέξωθεν καὶ προσπίπτοντα ἀκαίρως λείη καὶ νόσους
γῆρας τε ἐπάγοντα φθίνοντα ποιεῖ. ("La estructura del cosmos asumió
dentro de sí la totalidad de cada uno de estos cuatro [elementos]; el que lo
compuso lo formó a partir de fuego, agua, aire y tierra en su totalidad, sin
dejar parte ni poder alguno de ninguno fuera, con esta intención: primero,
que fuera, en la mayor medida posible, un ser vivo completo formado por
partes completas; segundo, que fuera uno solo, dado que no quedaba nada
fuera de lo cual pudiera formarse otro semejante; y tercero, que fuera
inmortal e inmune a enfermedades. Porque comprendió que, si cosas

cálidas y frías y todas las que poseen poderes vigorosos actuaban sobre un cuerpo compuesto y lo afectaban desde fuera, eso lo descompondría prematuramente y prepararía su ruina mediante la vejez y la enfermedad").

[35] Ibid., 33 D: ἡγήσατο γὰρ αὐτὸς ὁ ξυνθεὶς αὐτάρκες ὂν ἄμεινον ἔσεσθαι μᾶλλον ἢ προσδεὲς ἄλλων. ("Porque el que formó el universo juzgó que, si era autosuficiente, sería mejor que si necesitara de otra cosa").

[36] Ibid., 33 C: ὀμμάτων τε γὰρ ἐπεδεῖτο οὐδέν· ὁρατὸν γὰρ οὐδὲν ὑπελε-ίπετο ἔξωθεν· οὐδ' ἀκοῆς· οὐδὲ γὰρ ἀκουστὸν πνεῦμα τε οὐκ ἦν περιεστὸς δεόμενον ἀναπνοῆς· οὐδ' αὖ τινὸς ἐπεδεῖτο ὀργάνου σχεῖν, ᾧ τὴν μὲν εἰς ἑαυτὸν τροφὴν δέξοιτο, τὴν δὲ πρότερον ἐξεικαμισμένην ἀποπέμψοι πάλιν. ("Pues no tenía necesidad de ojos, ya que no había nada visible fuera de él, ni de oídos, porque no había nada que pudiera oírse; ni de aire, porque no había aire alrededor necesario para respirar; tampoco necesitaba de ningún órgano para tomar alimento en su interior o, una vez digerido, para expulsarlo nuevamente").

[37] Ibid., 34 A: κίνησιν γὰρ ἀπένειμεν αὐτῷ τὴν τοῦ σώματος οἰκείαν, τῶν ἑπτὰ τὴν περὶ νοῦν καὶ φρόνησιν μάλιστα οὖσαν. διὸ δὴ κατὰ ταῦτά τε τῷ αὐτῷ καὶ ἐν ἑαυτῷ περιαγαγὼν αὐτὸ ἐποίησε κύκλῳ κινεῖσθαι στρεφόμε-νον, τὰς δὲ ἐξ ἁπάσας κινήσεις ἀφεῖλε καὶ ἁπλὰς ἀπειργασμένος ἐκείνων. ἐπὶ δὲ τὴν περίοδον ταύτην ἀτ' οὐδὲν ποδῶν δέον ἀσκέλες καὶ ἄποδα αὐτὸ ἐγένεησεν. ("Porque le asignó el movimiento que corresponde a su forma corporal [es decir, esférica], aquel de los siete movimientos que está más relacionado con el *nous* y la inteligencia; por ello, lo hizo girar sobre sí mismo en un círculo, en el mismo lugar y dentro de sus propios límites, y le hizo dar vueltas en círculo; pero le quitó los otros seis [es decir, los movimientos rectilíneos] y no le concedió parte alguna en sus errancias. Y como para toda esta revolución no necesitaba pies, lo hizo sin piernas ni pies").

[38] *Epinomis*, 986 E.

[39] *República*, 508 B, 509 B.

[40] Aristóteles, *De generatione animalium*, 716 a ss.

[41] Ibid., 34 B: ψυχὴν δὲ εἰς τὸ μέσον αὐτοῦ θεὶς διὰ παντός τε ἔτεινε καὶ ἐπ' ἔξωθεν τὸ σῶμα αὐτῇ περιεκάλυψε ταύτῃ, καὶ κύκλῳ δὴ κύκλον στρεφόμενον οὐρανὸν ἕνα μόνον ἔρημον κατέστησε, δι' ἀρετὴν δὲ αὐτὸν αὑτῷ δυνάμενον ξυγγίγνεσθαι καὶ οὐδενὸς ἑτέρου προσδεόμενον, γνώρι-

μον δὲ καὶ φίλον ἱκανῶς αὑτῷ. διὰ πάντα δὴ ταῦτα εὐδαίμονα θεὸν αὐτὸν ἐγεννήσατο. ("Y causó que se extendiera por todo el cuerpo y que lo envolviera desde fuera; y así formó el universo, existiendo solo, una esfera girando en un círculo, que por su propio poder es capaz de fecundarse [ξυγγίγνεσθαι] a sí misma y no necesita de nada fuera de sí, sino que se conoce y se es suficiente compañía a sí mismo. Así lo convirtió en un dios bienaventurado, porque todo en él es bendecido").

[42] *Timeo*, 35 A ss.

[43] Ibid., 34 B, C to 35 B: Τὴν δὲ δὴ ψυχὴν οὐχ ὡς νῦν ὕστερον ἐπιχειροῦμεν λέγειν, οὕτως ἐμηχανήσατο καὶ ὁ θεὸς νεωτέραν· οὐ γὰρ ἂν ἄρχεσθαι πρεσβυτέρῳ ὑπὸ νεωτέρου ξυνέρξας εἴασεν· ἀλλὰ πῶς ἡμεῖς πολλῇ μετέχοντες τοῦ προχυνοῦντος τε καὶ εἰκῇ ταύτῃ πη καὶ λέγομεν, ὁ δὲ καὶ γενέσει καὶ ἀρετῇ προτέραν καὶ πρεσβυτέραν ψυχὴν σώματος ὡς δεσπότην κρι ἄρχουσαν ἀρχομένου ξυνεστήσατο ἐκ τοιᾶσδέ τε καὶ τοιᾶσδε τρόπων, τῆς ἀμερίστου καὶ ἀεὶ κατὰ ταὐτὰ ἐχούσης οὐσίας καὶ τῆς αὖ περὶ τὰ σώματα γιγνομένης μεριστῆς πρὸι τὸς ἑαυτῷ ἐν μέσῳ ξυνεκεράσατο οὐσίας εἶδος, τῆς τε ταὐτοῦ φύσεως αὖ περὶ καὶ τῆς τοῦ ἑτέρου, καὶ κατὰ ταῦτα ξυνέστησεν ἐν μέσῳ τοῦ τε ἀμείρου αὐτῶν καὶ τοῦ κατὰ τὰ σώματα μεριστοῦ, καὶ τρία λαβὼν ἀπὸ ἑνὸς ὅταν συνεκεράσατο εἰς ἓν πάντα ἰδέαν, τὴν ἑατέρου φύσιν δυσομίχτου οὖσαν εἰς ταὐτὸν ξυναρμόστων βίᾳ, μίγνυς δὲ μετὰ τῆς οὐσίας, καὶ ἐκ τριῶν ποιησάμενος ἓν πάλιν ὅλον τοῦτο μοίρας ὅσας προσῆκε διένειμεν, ἑκάστην δὲ ἐκ τε ταὐτοῦ καὶ ἑατέρου καὶ τῆς οὐσίας μεμιγμένην. ("El alma no fue, sin embargo, como ahora intentamos hablar de ella después, construida por Dios como el producto más joven [es decir, más joven que el cuerpo]; pues nunca habría tolerado que lo más viejo fuera gobernado por lo más joven a lo cual fue unido. Pero como a menudo dependemos del azar y la probabilidad, ahora nos expresamos así; mientras que él formó el alma —la cual en su origen y en la excelencia de su naturaleza es anterior y más antigua— como la gobernante y señora sobre el cuerpo subordinado a ella, a partir de los siguientes elementos y en tal materia...") [el resto de la traducción aparece en el texto.] En la puntuación después de μίγνυς δὲ μετὰ τῆς οὐσίας, he seguido la edición de Jackson, quien estableció que estas palabras pertenecen a la cláusula anterior ξυναρμόστων, no al aoristo siguiente ποιησάμενος. Cornford también adopta esta lectura (*Plato's Cosmology*; 1937, p. 60).

[44] Cornford, op. cit., p.61.

[45] Como sostiene, por ejemplo, Cornford, op. cit., p. 63.

[46] Proclus, *In Platonis Timaeum commentaria* (ed. E. Diehl) ii, 137: ἐπεὶ οὖν ἡ ψυχικὴ οὐσία μέση δέδεικται τῶν ὄντων, ἐκ τῶν μέσων εἰκότως ἐστὶ γενῶν τοῦ ὄντος, οὐσίας, ταὐτοῦ, ἑτέρου. Ibid., iii, 254[3]: ψυχή ἐστιν οὐσία μέση τῆς ὄντως οὔσης οὐσίας καὶ γενέσεως, ἐκ τῶν μέσων συγκραθεῖσα γενῶν. También habla de manera similar en muchos otros pasajes. Mis citas aquí siguen a Cornford, *op. cit.*, p. 63, nota 1.

[47] Proclo, ii, 117[1].

[48] Proclo respalda esto al referirse al *Timeo*, 36 e, donde el alma es llamada "invisible" y "la mejor de las cosas que han llegado a ser". En este contexto, señala (ii, 293[13]) que el alma pertenece simultáneamente a ambas clases de seres —es decir, a las cosas eternas y a las cosas que han llegado a ser— y que, debido a su participación en el tiempo, ocupa la posición más baja en la primera clase. Pero esta observación revela, por su misma complejidad, que no puede ser correcto asignar el alma de forma equitativa a ambos ámbitos.

[49] Proclo, ii, 147[23].

[50] *Timeo*, 38 A: " 'Fue' y 'será' se dicen propiamente [sólo] respecto del devenir, que procede en el tiempo. Pues son movimientos. Pero aquello que permanece para siempre inmóvil en el mismo estado no puede volverse más viejo ni más joven con el paso del tiempo, ni puede en algún momento haber llegado a ser, o ser ahora, o llegar a ser en el futuro; y en general nada pertenece a todo aquello que deviene, salvo aquello que se adhiere al movimiento en la percepción sensible; pero estos han llegado a ser como formas del tiempo, que imitan la eternidad y se mueven en un camino circular según número"). Puede concluirse que en el *Timeo* la concepción del *eidos* puro es nuevamente eleática, al menos en principio. Para llegar a esta conclusión solo es necesario comparar esta exposición en relación con la diferencia fundamental entre la *eidos* eterna e inmóvil y la génesis que es móvil en el tiempo con las exposiciones dialéctico-lógicas del *Parménides* y el *Sofista*, en las que el ser real es dialécticamente relacionado con el movimiento y el reposo (y en el *Parménides* incluso con el tiempo y la espacialidad). Por medio de esta comparación, también puede concluirse que la síntesis dialéctica entre las posturas de Parménides y Heráclito en

lo que respecta al ámbito eidético puro del ser que se encuentra en los diálogos eleáticos ha sido nuevamente abandonada. La adopción por parte de Platón de la postura de Parménides tuvo que detenerse naturalmente antes de la concepción matemático-espacial de la forma óntica del último. En el *Timeo*, la*eidos* absoluta probablemente ya debe entenderse como un número-idea. Véase el testimonio de Jenócrates más adelante en el texto.

[51] Plutarco, Περὶ τῆς ἐν Τιμαίῳ ψυχογονίας (*De animae procreatione in Timaeo*), c. 21, 1012 e.

[52] *Timeo*, 35 B–C: Καὶ ἐκ τριῶν ποιησάμενος ἓν πάλιν ὅλον τοῦτο μοίρας ὅσας προσῆκε διένειμεν, ἑκάστην δὲ ἔκ τε ταὐτοῦ καὶ ἑτέρου καὶ τῆς οὐσίας μεμιγμένην. ἤρχετο δὲ διαιρεῖν ὧδε· μίαν ἀφεῖλε τὸ πρῶτον ἀπὸ παντὸς μοῖραν, μετὰ δὲ ταύτην ἀφῄρει διπλασίαν ταύτης, τὴν δ' αὖ τρίτην ἡμιόλιον μὲν τῆς δευτέρας, τριπλασίαν δὲ τῆς πρώτης, τετάρτην δὲ τῆς δευτέρας διπλῆν, πέμπτην δὲ τριπλῆν τῆς τρίτης, τὴν δ' ἕκτην τῆς πρώτης ὀκταπλασίαν, ἑβδόμην δ' ἑπτακαιεικοσιπλασίαν τῆς πρώτης. μετὰ δὲ ταῦτα συνεπληροῦτο τά τε διπλάσια καὶ τριπλάσια διαστήματα ... ("Y después de haber hecho una unidad de estos tres, nuevamente dividió este todo en tantas partes como fue adecuado, cada parte mezclada del tautón [lo idéntico], el heteron [lo diferente] y la forma óntica. Y comenzó la división de esta manera: primero tomó una porción (1) del todo, y luego el doble (2) de esta; la tercera (3), a su vez, una vez y media tanto como la segunda y tres veces la primera; la cuarta (4), el doble de la segunda; la quinta (9), el triple de la tercera; la sexta (8), ocho veces la primera; y la séptima (27), veintisiete veces la primera. Después de esto llenó tanto los intervalos dobles como los triples").

[53] Ibid., 36 B-D: ταύτην οὖν τὴν ξύστασιν πᾶσαν διπλῆν κατὰ μῆκος σχίσας μέσην πρὸς μέσην ἑκατέραν ἀλλήλαις οἷον χῆ προσβαλὼν κατέκαμψεν εἰς ἓν κύκλῳ, ξυνάψας αὐτάς τε καὶ ἀλλήλαις ἐν τῷ καταναντίῳ τῆς προσβολῆς, καὶ τῇ κατὰ ταὐτὰ ἐν ταὐτῷ περιοχῇ κινήσει περὶ αὐτὰς ἔλαβε, καὶ τὸν μὲν ἔξω, τὸν δ' ἐντὸς ἐποιεῖτο τῶν κύκλων· τὴν μὲν οὖν ἔξω φορὰν ἐπεφήμισεν εἶναι τῆς ταὐτοῦ φύσεως, τὴν δ' ἐντὸς τῆς θατέρου. τὴν μὲν δὴ ταὐτοῦ κατὰ πλευρὰν ἐπὶ δεξιᾷ περιήγαγε, τὴν δὲ θατέρου κατὰ διάμετρον ἐπ' ἀριστερά. κράτος δ' ἔδωκεν τῇ ταὐτοῦ καὶ ὁμοίου περιφορᾷ· μίαν γὰρ αὐτὴν ἄσχιστον εἴασε, τὴν δ' ἐντὸς σχίσας ἑξαπλῆ ἑπτὰ κύκλους ἀνίσους κατὰ τὴν τοῦ διπλασίου καὶ τριπλασίου διάστασιν

ἑκάστην, οὐσῶν ἑκατέρων τριῶν, κατὰ τἀναντία μὲν ἀλλήλοις προσέταξεν ἰέναι τοὺς κύκλους, τάχει δὲ τρεῖς μὲν ὁμοίους, τοὺς δὲ τέτταρας ἀλλήλοις καὶ τοῖς τρισὶν ἀνομοίως, ἐν λόγῳ δὲ φερομένους. ("Luego dividió toda esta construcción longitudinalmente en dos mitades; y uniendo el centro de una con el de la otra en la forma de la letra X, las dobló y las conectó en una unidad en un círculo, haciendo que cada una se encontrara consigo misma y con la otra en un punto opuesto a aquel donde se tocaban. Y las encerró en el movimiento uniforme que hace que los círculos estén en el mismo lugar e hizo que uno fuera el exterior y el otro el círculo interior. Dispuso que el movimiento exterior tuviera la naturaleza de lo idéntico, pero el interior la naturaleza de lo otro. El movimiento de lo idéntico lo hizo girar por el lado hacia la derecha, el movimiento de lo otro por la izquierda, a través de la diagonal. Pero concedió la supremacía a la revolución de lo idéntico y lo semejante; pues solo esta la dejó una e indivisa, mientras que dividió la revolución interior seis veces en siete círculos desiguales, cada uno correspondiente a los intervalos dobles y triples, de los cuales había tres de cada tipo. Y ordenó que los círculos se movieran en direcciones opuestas unos respecto de otros, tres con velocidad igual, pero los otros cuatro con velocidades diferentes entre sí y con respecto a los tres primeros, aunque de acuerdo con una proporción"). Para una explicación más detallada de los círculos en el alma del mundo, cf. Cornford, *op. cit.*, pp. 72 ss.

[54] Cornford, *op. cit.*, p. 78.

[55] Aristóteles, *De anima*, A 2, 404 b 16-27.

[56] Teeteto, 195 E to 196 B and 198 A to 199 C; Philebus, 55 D to 57 A; Republic, VII, 525 C to 526 B; and the passages cited earlier from the Phaedo, 96 D to 97 B and 101 B-C.

[57] *Timeo*, 36 E, 37 A-C: καὶ τὸ μὲν δὴ σῶμα ὁρατὸν οὐρανοῦ γέγονεν, αὕτη δὲ ἀόρατος μέν, λογισμοῦ δὲ μετέχουσα καὶ ἁρμονίας ψυχή, τῶν νοητῶν ἀεί τε ὄντων ὑπὸ τοῦ ἀρίστου ἀρίστη γενομένη τῶν γεγενημένων. ἄτε οὖν ἐκ τῆς ταὐτοῦ καὶ τῆς ἑτέρου φύσεως ἔκ τε οὐσίας, τριῶν τούτων συγκεραθεῖσα μορίων, κατὰ λόγον μερισθεῖσα καὶ ξυνετεθεῖσα αὕτη τε ἀνακυκλομένη πρὸς αὑτήν, ὅταν οὐσίαν σκεδαστὴν ἔχοντός τινος ἐφάπτηται καὶ ὅταν ἀμέριστον, λέγει κινουμένη διὰ πάσης ἑαυτῆς, ὅτ' ἂν τὰ ταὐτὸν ᾖ καὶ ὅτου ἂν ἕτερον, πρὸς ὃ τέ μάλιστα καὶ ὅπῃ καὶ ὅπως καὶ ὁπότε ξυμβαίνει

καὶ τὸ γιγνόμενα τε πρὸς ἕκαστον ἕκαστα εἶναι καὶ πάσχειν καὶ πρὸς τὰ κατὰ ταὐτὰ ἕκαστα εἶναι. λόγος δὲ ὁ κατὰ ταὐτὸν ἀληθής γιγνόμενος περὶ τε ἑτέρον ὂν καὶ περὶ τοῦ ταὐτοῦ, ἐν τῷ κινούμενῳ ὑφ' αὑτοῦ φερόμενος ἄνευ φθόγγου καὶ ἠχῆς, ὅταν μὲν περὶ τὸ αἰσθητὸν γίγνηται καὶ ὁ τοῦ ἑτέρου κύκλος ὀρθὸς ὢν εἰς πᾶσαν αὑτοῦ τὴν ψυχὴν διαγγείλῃ, δόξαι καὶ πίστεις γίγνονται βέβαιοι καὶ ἀληθεῖς· ὅταν δὲ αὖ περὶ τὸ λογιστικὸν ᾖ καὶ ὁ τοῦ ταὐτοῦ κύκλος εὔτροχος ὢν αὐτὰ μηνύμῃ, νοῦς ἐπιστήμη τε ἐξ ἀνάγκης ἀποτελεῖται. (Traducción en el texto.)

[58] En la descripción de Platón, el alma mundial no tiene órganos sensoriales, ya que no existe un mundo externo del cual deba tomar algo por medio de los sentidos. Sin embargo, por lo tanto, el alma no es sólo puro *nous*. Dado que se une con un cuerpo visible, tiene afectos interiores (emociones) que le otorgan percepción interna (*aisthēsis*) —cf. Cornford, *op. cit.*, p. 96, donde remite a *Teeteto*, 156 B.

[59] *Timeo*, 37 C-D: ὡς δὲ κινηθὲν αὐτὸ καὶ ζῷον ἐνόνψε τῶν ἀϊδίων θεῶν γεγονός ἄγαλμα ὁ γεννήσας πατήρ, ἠγάσθη τε καὶ εὐφρανθεὶς ἔτι ἔτι μᾶλλον ὅμοιον πρὸς τὸ παράδειγμα ἐπενοήσε ἀπεργάσασθαι. καθάπερ οὖν αὐτῷ τυγχάνει ζῷον ἀΐδιον ὄν, καὶ τόδε τὸ πᾶν οὕτως εἰς δύναμιν ἐπεχερείε τοιοῦτον ἀποτελεῖν. ἡ μὲν οὖν τοῦ ζῴου φύσις ἐτύγχανεν οὖσα αἰώνιος. καὶ τοῦτο μὲν δὴ τῷ γενητῷ παντελῶς προσάπειν οὐκ ἦν δυνατόν, εἰκὼ δ' ἐπενοεῖ κινητὸν τινα αἰῶνος ποιῆσαι, καὶ διέκοσμησεν ἅμα οὐρανῷ γενόμενος αἰώνιος ἐν ἓν κατ' ἀριθμὸν ἰοῦσαν αἰώνιον εἰκόνα, τοῦτον, ὂν δὴ χρόνον ὠνόμακασεν. (Traducción en el texto.) En mi traducción del pasaje difícil τῶν ἀϊδίων θεῶν γεγονός ἄγαλμα, he seguido a Cornford.

[60] Ibid., 38 B-C: τὸ μὲν γὰρ δὴ παράδειγμα πάντα αἰώνιά ἐστιν ὄν· ὁ δ' αὖ διὰ τέλους τὸ ἅπαντα χρόνον γεγονὼς καὶ ὢν καὶ ἐσόμενος. ("Pues el modelo es eterno. Pero él [el universo] ha llegado a ser, y es, y será perpetuamente, a lo largo de todo el tiempo"). Ibid., 38 B: χρόνος δ' οὖν μετ' οὐρανοῦ γέγονεν ἵνα ἅμα γεννηθέντες ἅμα καὶ λυθῶσιν, ἂν ποτε λύσις τῆς αὐτῶν γίγνηται. ("Por lo tanto, el tiempo llegó a ser junto con el universo, de modo que, al haber nacido juntos, también puedan llegar a terminar juntos, si acaso su disolución llega a ocurrir").

[61] Nota del traductor: Dada la naturaleza esférica del cuerpo invisible del universo, todos los tipos de movimiento circular son posibles.

[62] Aristóteles, *Física*, IV, 223 b.

[63] Véase arriba p.

.

[64] *Timeo*, 38 C: ἐξ οὖν λόγου καὶ διανοίας θεοῦ τοιαύτης πρὸς χρόνου γένεσιν, ἵνα γεννηθῇ χρόνος, ἥλιος καὶ σελήνη καὶ πέντε ἄλλα ἄστρα ἐπίκλην ἔχοντα πλανητὰ εἰς διορισμὸν καὶ φυλακὴν ἀριθμῶν χρόνου γέγομεν. ("Por virtud, entonces, de este plan y esta intención de Dios para el nacimiento del tiempo, con el fin de que el tiempo pudiera ser traído a la existencia, el sol, la luna y las otras cinco estrellas, llamadas planetas, llegaron a ser para delimitar y preservar los números del tiempo").

[65] *Timeo*, 47 A-B: ὄψις δὴ κατὰ τὸν ἐμὸν λόγον αἰτία τῆς μεγίστης ὠφελείας γέγονεν ἡμῖν, ὅτι τῶν νῦν λόγων περὶ τοῦ παντὸς λεγομένων οὐδεὶς ἂν ποτὲ εἴρηθη μήτε ἄστρα μήτε ἥλιον μήτε οὐρανοὺς ἰδόντων. νῦν δ' ἡμέρα τε καὶ νὺξ ὀφθεῖσαι μῆνές τε καὶ ἐνιαυτῶν περίοδοι μεμηχάνηνται μὲν ἀριθμοί, χρόνου δὲ ἔννοιαν περί τε τῆς τοῦ παντὸς φύσεως ζήτησιν ἔδωσαν, ἐξ ὧν ἐπορισάμεθα φιλοσοφίας γένος, οὗ μεῖζον ἀγαθὸν οὔτ' ἦλθεν οὔτε ἥξει ποτὲ τῷ θνητῷ γένει δωρηθὲν ἐκ θεῶν. ("La vista, entonces, en mi opinión se ha convertido en la causa del mayor beneficio para nosotros, ya que ninguno de los discursos actuales sobre el universo habría sido pronunciado jamás si no hubiéramos contemplado las estrellas, el sol y los cielos. Pero ahora, al haber visto el día y la noche, los meses y la revolución de los años, han sido ideados los números, se ha dado la noción de tiempo y la investigación sobre la naturaleza del universo, y de ello hemos obtenido el nacimiento de la filosofía, que es el mayor bien que los dioses han otorgado o darán jamás al género mortal").

[66] *Timeo*, 41 D.

[67] Ibid. Este pasaje describe la fusión de la parte del alma que es formada por el mismo demiurgo, y que por tanto es inmortal: Ταῦτ' εἶπε καὶ πάλιν ἐπὶ τὸν πρότερον κρατῆρα, ἐν ᾧ τὴν τοῦ παντὸς ψυχὴν κεραννὺς ἔμιξε, τὰ τῶν πρόσθεν ὑπόλοιπα κατεχεῖτο μίσγων τρόπον μὲν τινα τὸν αὐτόν, ἀκήρατα δ' οὐκέτι κατὰ ταὐτὰ ὁμοίως, ἀλλὰ δεύτερα καὶ τρίτα. ("Así habló, y en la antigua crátera, en la que había mezclado y compuesto el alma del universo, vertió una vez más lo que había sobrado anteriormente, mezclándolo de manera muy similar, aunque los ingredientes ya no eran de igual pureza en el mismo grado, sino solo en segundo o tercer lugar"). Según la visión de Platón, el alma humana es, por tanto, de un orden

inferior al alma del mundo, ya que, a diferencia de esta última, es capaz de errar. Las palabras ἀλλὰ δεύτερα καὶ τρίτα se refieren a la distinción entre el alma masculina y el alma femenina. La siguiente oración dice entonces: ξυστήσας δὲ τὸ πᾶν διεῖλε ψυχὰς ἰσαρίθμους τοῖς ἄστροις ἐμενεῖ θ' ἑκάστην πρὸς ἕκαστον...("Y cuando hubo compuesto el todo, lo dividió en almas, iguales en número a las estrellas, y asignó a cada una una estrella por separado").

[68] Ibid., 41 E: καὶ ἐμβιβάσας ὡς εἰς ὄχημα τὴν τοῦ παντὸς φύσιν ἔδειξε νόμους τε τοῖς εἱμαρμένοις εἶπεν αὐταῖς. ("Y montándolas allí como en un carruaje, les mostró la naturaleza del universo y les declaró las leyes del destino"). 42 D: ἵνα τῆς ἔπειτα εἴη κακίας ἑκάστων ἀναίτιος ("para que fuera inocente de la maldad de cada uno, que pudiera surgir después").

[69] Ibid., 41 E: ὅτι γένεσις πρώτη μὲν ἔσοιτο τεταγμένη μία πᾶσιν, ἵνα μή τις ἐλαττοῖτο ὑπ' αὐτοῦ, δεῖ δὲ σπαρείσας αὐτὰς εἰς τὰ προσήκοντα ἑκάστοις ἕκαστα ὄργανα χρόνων φύσιν ζῴων τὸ θεοσεβέστατον...(Traducción en el texto.)

[70] Ibid., 42 A: ὅποι δὲ σώμασι ἐμφυτευθεῖεν ἐξ ἀνάγκης, καὶ τὸ μὲν προσίοι, τὸ δ' ἀπίοι τοῦ σώματος αὐτῶν, πρῶτον μὲν αἴσθησιν ἀναγκαῖον εἶναι μίαν πᾶσιν ἐκ βίαιον παθημάτων ξυμφυὲς γίγνεσθαι, δεύτερον δὲ ἡδονῇ καὶ λύπῃ μεμιγμένα ἔρωτα, πρὸς δὲ τούτοις φόβον καὶ θυμὸν ὅσα τε ἑπόμενα αὐτοῖς καὶ ὁπόσα ἐναντίας πέφυκε διασπᾶσθαι· ὧν εἰ μὲν κρατήσειεν, δίκῃ βιώσοιντο, κρατηθέντες δὲ ἀδίκια. (Traducción en el texto).

[71] *Timeo*, 41 E, 42 A-D; nota 42 C-D: ἀλλάττων τε οὗ πρότερον πόνων λήξοι, πρὶν τῇ ταὐτοῦ καὶ ὁμοίου περιόδῳ ᾗ ἐν αὑτῷ ξυνεπομπεύσας τὸν πολὺν ὄχλον καὶ ὕστερον προσθῆναι ἐκ πυρὸς καὶ ὕδατος καὶ ἀέρος καὶ γῆς, θορυβώδη καὶ ἄλογον ὄντα, λόγῳ κρατήσας εἰς τὸ τῆς πρώτης καὶ ἀρίστης ἀφίκετο εἶδος ἕξεσας. (Traducción en el texto).

[72] Ibid., 42 E: πυρὸς καὶ γῆς ὕδατός τε καὶ ἀέρος ἀπὸ τοῦ κόσμου δανειζόμενοι μόρια ὡς ἀποδοθησόμενα πάλιν. (Traducción en el texto).

[73] Ibid., 43 A: εἰς ταῦτα λαμβανόμενα ξυνεκόλλων οὐ τοῖς αὐτοῖς, οἷς αὐτοὶ ξυνείχοντο, δεσμοῖς, ἀλλὰ διὰ σμικρότητα ἀοράτοις πυκνοῖς γόμφοις ξυντίκτοντες, ἐν ᾧ ἅπαντα ἀπεργαζόμενοι σῶμα ἕκαστον, τὰς τῆς ἀθανάτου ψυχῆς περιόδους ἐνέδουον εἰς ἐπίρρυτον σῶμα καὶ ἀπόρρυτον. (Traducción en el texto).

[74] Ibid., 43 A-C: βία δ' ἐφέροντο [viz., τῆς ἀθανάτου ψυχῆς περίοδοι] καὶ ἔφερον ὥστε τὸ μὲν ὅλον κινεῖσθαι ζῷον, ἀτάκτως μὴ ὅπῃ τύχοι προϊέναι καὶ ἀλόγως, τὰς ἓξ ἁπάσας κινήσεις ἔχον· εἴς τε γὰρ τὸ πρόσειθε καὶ ὄπισθεν καὶ πάλιν εἰς δεξιὰ καὶ ἀριστερὰ κάτω τε καὶ ἄνω καὶ πάντη κατὰ τοὺς ἓξ τόπους πλανώμενος προῄει. πολλοῦ γὰρ ὄντος τοῦ κατακλύζοντος καὶ ἀπορρέοντος κύματος, ὃ τὴν τροφὴν παρεῖχεν, ἔτι μεῖζα θόρυβον ἀπεργάζετο τὰ τότε προσπίπτοντα παθήματα ἑκάστοις, ὅτε πρὸς προακυροῦσετο τὸ σῶμα αὐτοῖς ἔξωθεν ἀλλότριον περιτυχὸν ἢ καὶ στερεᾶς ἢ ὑγρὸς ἢ ὀλισθημάτων ὑδάτων, εἴτε ζάλη πνευμάτων ὑπ' ἀέρος φερομένων καταληφθείη, καὶ ὑπὸ πάντων τούτων διὰ τοῦ σώματος αἱ κινήσεις ἐπὶ τὴν ψυχὴν φερόμεναι προσπίπτειν· αἵ δὴ καὶ ἔπειτα διὰ ταῦτα ἐκλήθησάν τε καὶ νῦν ἔτι αἰσθήσεις ξυνάπασα κέκληνται. (Traducción en el texto).

[75] Ibid., 43 d: ὥστε τὰς τοῦ διπλασίου καὶ τριπλασίου τρεῖς ἑκατέρας ἀποστάσεις καὶ τὰς τῶν ἡμιολίων καὶ ἐπιτρίων καὶ ἐπογδόων μεσότητας, καὶ ξυνδέσεις, ἐπεὶ δὴ παντελῶς λυταὶ οὐκ ἦσαν πλὴν ὑπὸ τοῦ ξυνδήσαντος, πάσας μὲν στρέψαν στροφάς, πάσας δὲ κλάσεις καὶ διαθορὰς τῶν κύκλων ἐμπεσεῖν ("En consecuencia, los intervalos del doble y del triple, tres de cada tipo, así como los tonos intermedios y los enlaces de conexión de las razones 3/2 y 4/3 [y 9/8 —ya que no podían ser disueltos completamente sino por aquel que los unió—] fueron retorcidos por ellos [es decir, por las impresiones sensibles] de todas las maneras, y se causaron todas las fracturas y deformaciones posibles de los movimientos circulares").

[76] Ibid., 43 E-44 A: οἷον ὅταν τις ὕπτιος ἐρείσας τὴν κεφαλὴν μὲν ἐπὶ γῆς, τοὺς δὲ πόδας ἄνω προσβαλὼν ἔχῃ πρός τινί, τότε ἐν τούτῳ τῷ πάθει τοῦ τε πάσχοντος καὶ τῶν ὁρωμένων τά τε δεξιὰ ἀριστερὰ καὶ τὰ ἀριστερὰ δεξιὰ ἑκατέρως τὰ ἑκατέρων φαντάζεται. ταὐτὸν δὴ τοῦτο καὶ τοιαῦτα ἕτερα αἱ περιφορὰ πάσχουσαι σφόδρα, ὅταν τε ἐκ τῶν ἔξωθεν τοῦ αὐτοῦ γένους ἢ τοῦ ἑταίρου περιτύχωσι, τότε ταὐτὸν τῷ καὶ ἑτέρῳ τοῦ τἀντία τῶν ἀληθῶν προσαγορεύουσαι ψευδεῖς καὶ ἀνόητοι γέγονασιν. (Traducción en el texto).

[77] Ibid., 44 B: ὅταν δὲ ... αἱ περίοδοι λαμβανόμεναι γαλήνης τὴν ἑαυτῶν ὁδὸν ἴωσι καὶ καθιστῶνται μᾶλλον ἐπιόντος τοῦ χρόνου, τότε ἤδη πρὸς τὸ κατὰ φύσιν ὄντων σχῆμα ἑκάστων τῶν κύκλων αἱ περιφοραὶ κατευθυνόμεναι (Traducción en el texto).

[78] Ibid., 44 B-C: ἂν μὲν οὖν δή καὶ ξυνεπιλαμβάνηταί τις ὀρθῇ τροφῇ παιδεύσεως, ὁλόκληρος ὑγιής τε παντελῶς τὴν μεγίστην ἀποφυγὼν νόσον γίγνεται· καταμεληθὼς δέ, χαλεπὴν τοῦ βίου διαπορεύσεως ζωήν, ἀτελὴς καὶ ἄνουντος εἰς Ἅιδου πάλιν ἔρχεται. (Traducción en el texto).

[79] Ibid., 44 D: Τὰς μὲν δὴ θείας περιόδους δύο οὔσας τὸ τοῦ παντὸς σχῆμα ἀπομιμούμενοι περιέδησαν ὃν εἰς σφαιροειδὲς σῶμα ἐνέδυσαν, τοῦτο, ὃ νῦν κεφαλὴν ἐπονομάζομεν, οἵ δὲῖστόν τε ἐστὶ καὶ τῶν ἐν ἡμῖν πάντων δεσπόζον. ("Copiando la forma redonda del universo, ataron [es decir, los dioses celestes] las dos circulares divinas en un cuerpo esférico –la cabeza, como ahora la llamamos– que es lo más divino y rige todo en nosotros").

[80] Ibid., 44 D: εἰς τὴν αὐτοῦ σφαῖραν συνεπεριέλαβον καὶ ἀνανεφορήσαντο τοῦ κόσμου περιφοράς, ὅσα πάσας ὁδὰς κινήσεις ἕξουσιν ἑκάστης. ("Para esto los dioses modelaron la cabeza con la forma del universo, y al elevarla como la parte más divina, la rodearon con los movimientos de todas las cosas que se moverían en cualquier dirección").

[81] Ibid., 44 D: ὡς καὶ πᾶν τὸ σῶμα παρέδοσαν ὑπερσείαν αὐτῷ ξυναρθροίσαντες θεοί, κατανοήσαντες, ὅτι πασῶν ὅσαι κινήσεις ἔξωθι μετέχοι. ("A esto los dioses le dieron el cuerpo, una vez que lo ensamblaron, para su uso, considerando que habría de participar en todos los movimientos externos"). Ibid., 44 E: ὄχημα αὐτῷ τοῦτο καὶ εὐπορίαν ἔδοσαν. ("Le dieron el cuerpo como un vehículo y para facilitar el movimiento").

[82] Ibid., 69 C: οἱ δὲ [viz., θεοὶ] μιμούμενοι, παραλαβόντες ἀρχὴν ψυχῆς ἀθάνατον, τὸ μετὰ τοῦτο θνητὸν σῶμα αὐτῇ περιετόρνευσαν ὄχημά τε πᾶν τὸ σῶμα ἔδοσαν. ("Ellos [es decir, los dioses celestiales], imitando a él [el demiurgo], después de haber recibido de él el principio inmortal del alma, la revistieron con un cuerpo mortal y le otorgaron como vehículo la totalidad del cuerpo").

[83] Ibid., 69 D-E: καὶ διὰ ταῦτα δὴ σεβόμενοι μίαναιεν τὸ θεῖον, ὅτι μὴ πᾶσα ἦν ἀνάγκη, χωρὶς ἐκείνου κατοικίζουσιν εἰς ἄλλην τοῦ σώματος οἴκησιν τὸ θνητόν. ("Y ahora, dado que sin duda temían contaminar la parte divina con estas [partes mortales], en la medida en que esto no era del todo necesario [conforme a *Anagkē*], ubicaron lo mortal aparte de esta en otro lugar del cuerpo").

[84] Ibid., 70 A: ἵνα τοῦ λόγου κατῴκουν ὃν κοινῇ μετ' ἐκείνου βία τὸ τῶν ἐπιθυμιῶν κατέχει γένος, ὁπότ' ἐκ τῆς ἀκροπόλεως τῷ τ' ἐπιτάγματι καὶ

λόγῳ μηδαμῇ πεισθῆναι ἑκὸν ἐθέλοι. ("Para que la parte racional habitara en común con aquella fuerza que contiene la clase de los deseos, por si alguna vez quería, por su propia voluntad, no obedecer la orden ni la razón emitidas desde la acrópolis").

[85] Ibid., 70 A-B: τὴν δὲ δὴ καρδίαν ἅμμα τῶν φλεβῶν καὶ πηγὴν τοῦ περιφερομένου κατὰ πάντα τὰ μέλη σφοδρᾶς αἵματος εἰς τὴν δορυφορικὴν οἴκησιν κατέστησαν, ἵνα ὅτε ζέσσειε τὸ τοῦ θυμοῦ μένος τοῦ λόγου παραγγείλαντος, ὡς τῆς ἀδίκου περὶ αὐτὰ γίνεται πράξεως ἔξωθεν ἢ καὶ τις ἀπὸ τῶν ἔνδον ἐπιθυμιῶν, ὀξεῖα διὰ πάντων τῶν στενῶν πᾶν ὅσον αἰσθητικὸν ἐν τῷ σώματι τῶν τε παρακελεύσεων καὶ ἀπειλῶν αἰσθανόμενον γίγνοιτο ἐπήκοον καὶ ἔποιστο πάντη καὶ τὸ βέλτιστον οὕτως ἐν αὐτοῖς πᾶσιν ἡγεμονεύοι ἐφ'. ("El corazón, entonces, el nudo de las venas y la fuente de la sangre que circula impetuosamente por todos los miembros, fue establecido como una casa de guardia, para que, cuando el thymos hirviera de ira ante un mensaje de la razón indicando que algo iba mal en los miembros —ya proviniera desde fuera o desde los deseos internos—, entonces cada miembro sensible del cuerpo, a través de todos los canales estrechos, percibiera rápidamente las órdenes y amenazas, y escuchara por completo, y así la mejor parte pudiera gobernar entre todos ellos").

[86] Ibid., 70 D-71 A: τὸ δὲ δὴ σῖτόν τε καὶ ποτῶν ἐπιθυμητικὸν τῆς ψυχῆς καὶ ὅσων ἔνδειαν διὰ τὴν τοῦ σώματος ἔχει φύσιν, τοῦτο εἰς τὸ μεταξὺ τῶν τε φρενῶν καὶ τοῦ πρὸς τὸν ὀμφαλὸν ὅρου κατῴκισαν, οἷον φάτνην ἐν ἅπαντι τούτῳ τῷ τόπῳ τῇ τοῦ σώματος τροφῇ τεκτηνάμενοι· καὶ κατέσπασαν δὴ τὸ τοιοῦτον ἐνταθέν ὡς θρέμμα ἄγριον, τρέφειν δὲ ξυνημμένῳ ἀναγκαῖον, εἴπερ τι μέλλοι ποτὲ θνητὸν ἔσεσθαι γένος. ἵν' οὖν αὖ νεμόμενον πρὸς φάτνῃ καὶ ἀπὸ πορθμίων τοῦ βουλευομένου κατοικοῦν, θόρυβον καὶ βοὴν ὡς ἐλάχιστην παρέχοι, τῷ κρατίστῳ καθ' ἡσυχίαν περὶ τοῦ πᾶσι κοινῇ ξυμβαίνοντος ἐξ ἐνθυμήσεως βουλεύεσθαι, διὰ ταῦτα ἐνταῦθα ἔδωσαν αὐτῷ τὴν ἕδραν. ("La parte del alma que desea alimentos y bebidas, y todas las cosas que el cuerpo necesita por naturaleza, fue asentada en la región entre el diafragma y el ombligo, como si —decían— en toda esa área se estuviera construyendo un comedero para alimentar al cuerpo; y allí sujetaron esa parte como a una bestia salvaje, que es necesario alimentar, si es que alguna vez iba a existir una raza mortal. Y para que, mientras pastaba y buscaba comida, produjera el menor ruido y perturbación posible cerca de la parte que delibera, le asignaron su asiento en esa región").

[87] Ibid., 71 A ss. Como la veo, la frase τὴν περὶ τὸ ἧπαρ ψυχῆς μοῖραν no apoya el frecuentemente citado comentario de Galeno de que Platón consideraba al hígado como asiento de la parte apetitiva del alma. Véase el comentario de Galeno sobre el *Timeo*, publicado por Schröder.

[88] Ibid., 71 E: ἱκανὸν δὲ σημεῖον, ὡς μαντικὴν ἀφροσύνην θεὸς ἀνθρωπίνη δέδωκεν· οὐδεὶς γὰρ ἔννους ἐφάπτεται μαντικῆς ἐνθέου καὶ ἀληθοῦς, ἀλλ' ἢ καθ' ὕπνον τὴν τῆς φρονήσεως πεδηθεὶς δύναμιν ἢ διὰ νόσον, ἢ διά τινα ἐνθουσιασμὸν παραλλάξας. ("Y es suficiente señal de que un dios ha dado la locura profética a los humanos: pues nadie en su sano juicio participa de la adivinación verdadera e inspirada, salvo que esté dormido y atada su capacidad racional, o por enfermedad, o por alguna forma de éxtasis").

[89] *Fedro*, 244 B.

[90] Ibid., 87 E-88 B: ὡς ὅταν τε ἐν αὐτῷ ψυχὴ κρείττων οὖσα σώματος περιθρύπτος ἤχη, διασείουσα πᾶν αὐτὸ ἔνδοθεν νόσων ἐμπίπλησι, καὶ ὅταν εἰς τινας μαθήσεις καὶ ζητήσεις ξυντόνως ἴη, κατατρίβει, διασχῖς τ' αὖ καὶ μάχας ἐν λόγοις ποιουμένη δημοσίᾳ καὶ ἰδίᾳ δι' ἐρίδων καὶ φιλονι-κίας γιγνομένων διάπυρον αὐτὸ ποιοῦσα λύει, καὶ ῥεύματα ἐπάγουσα, τῶν λεγομένων ἰατρῶν ἁπάσας τοὺς πλείστους, τὰ ἀναίτια αἰτιάσασθαι ποιεῖ· σῶμα δὲ ὅταν αὖ μέγα καὶ ὑπέρφυον σμιχρᾷ ξυμφυὲς ἀσθενεῖ τε διανοίᾳ γένηται, διττῶν ἐπιθυμιῶν οὐσῶν φύσει κατ' ἀνθρώπους, διὰ σῶμα μὲν τροφῆς, διὰ δὲ τὸ θειότατον τῶν ἐν ἡμῖν φρονήσεως, αἱ τοῦ κρείττονος κινήσεις κρατοῦσαι καὶ τὸ μὲν ἐφέτερον αὔξουσαι, τὸ δὲ τῆς ψυχῆς καθὸν καὶ δυσμαθὲς ἀμνήμον τε ποιοῦσαι τὴν μεγίστην νόσον ἀμαθίαν ἐναπερ-γάζονται. ("Cuando el alma en [un ser vivo] es demasiado fuerte para el cuerpo y de temperamento fogoso, sacude todo el cuerpo y lo llena de dolencias internas; lo destruye cuando se entrega intensamente al apren-dizaje y la investigación, como también en la enseñanza y la disputa, ya sea pública o privada, lo inflama y lo consume a través de las querellas y rivalidades que de ello surgen, y al provocar flujos corporales engaña a los llamados médicos, pues estos buscan culpar a lo que no es culpable. Por otro lado, cuando un cuerpo grande, demasiado fuerte para el alma, se une a una mente pequeña y débil, entonces, dado que los deseos naturales al hombre son de dos tipos —a saber, el deseo de alimento para el cuerpo y el deseo de discernimiento racional para la parte divina en nosotros—, los movimientos de la parte más fuerte prevalecen y, al incrementar su

propio poder, hacen que la del alma se vuelva torpe, lenta para aprender y olvidadiza, y así producen en el alma el peor de todos los males: la
ignorancia").

[91] Ibid., 86 D.

[92] Ibid., τὸ δὲ ἀληθές, ἡ περὶ τὰ ἀφροδίσια ἀκολασία κατὰ τὸ πολύ μέρος
διὰ τὴν ἑνὸς γένους ἕξιν ὑπὸ μανότητος ὀστέων ἐν σώματι ῥυῶν καὶ
ὑγραινουσῶν νόσος ψυχῆς γέγονε· καὶ σχεδὸν δὴ πάντα ὅποσα ἡδονῶν
ἀκρασία καὶ ὄνειδος ὡς ἑκόντων λέγεται τῶν κακῶν, οὐκ ὀρθῶς ὀνειδίζε-
ται· κακὸς μὲν γὰρ ἑκὼν οὐδείς· διὰ δὲ πονηρὰν ἕξιν τινὰ τοῦ σώματος
καὶ ἀπαίδευτον τροφὴν ὁ κακὸς γίγνεται κακός, παντὶ δὲ ταῦτα ἐχθρὰ καὶ
ἄκοντι προσγίνεται. (Traducción en el texto).

[93] *Timeo*, 47 e–48 a: Τὰ μὲν οὖν παρεληλυθότα τῶν εἰρημένων πλὴν βρα-
χέων ἐπιδέδεικται τὰ διὰ νοῦ δεδημιουργημένα· δεῖ δὲ καὶ τὰ δι' ἀνάγκης
γιγνόμενα τῷ λόγῳ παραθέσθαι. μεμιγμένη γὰρ οὖν ἡ τοῦδε τοῦ κόσμου
γένεσις ἐξ ἀνάγκης τε καὶ νοῦ συστάσεως ἐγεννήθη· νοῦ δὲ ἀνάγκης
ἄρχοντος τῷ πείθειν αὐτὴν τῶν γιγνομένων τὰ πλεῖστα ἐπὶ τὸ βέλτιστον
ἄγειν, ταύτῃ κατὰ ταῦτα τε δι' ἀνάγκης ἡττωμένης ὑπὸ πειθοῦς ἐμφρόνως
οὕτω κατ' ἀρχὰς ξυνίστατο τόδε τὸ πᾶν. εἰ τινα οὖν ἡ γένεσις, κατὰ ταῦτα
ὄντας ἐρεῖ, μικτὴν καὶ τὸ τῆς πλανωμένης εἶδος αἰτίας ᾗ φέρειν πέφυκεν.
("La exposición anterior, salvo unos pocos detalles, ha mostrado lo que
ha surgido gracias al poder formativo del *nous*. Pero ahora debemos presentar junto a esto las cosas que han sido producidas por *Anagkē*. Porque
la generación de este cosmos fue el resultado mixto de la combinación
de *Anagkē* y *nous*. El *nous* divino gobernó sobre *Anagkē* persuadiéndola
de conducir la mayor parte de las cosas que llegan a ser hacia su mejor
condición; de esta manera y según este principio, por tanto, este cosmos
fue formado al principio por la victoria de la persuasión racional sobre
Anagkē. Si, entonces, alguien ha de explicar realmente cómo llegó a existir
el universo sobre esta base, debe incluir en su explicación también la
naturaleza de la causa caótica [desordenada], es decir, de qué manera es
capaz por su naturaleza de causar movimiento").

[94] Ibid., 46 D–E: τὸν δὲ νοῦ καὶ ἐπιστήμης ἐραστὴν ἀνάγκη τὰς τῆς ἔμφρονος φύσεως αἰτίας πρώτας μεταδιώκειν, ὅσαι δὲ ὑπ' ἄλλων κινούμεναι,
ἕτεραι δὲ ἐξ ἀνάγκης κινούμεναι γίγνονται, δευτέρας. ποιητέον δὴ κατὰ
ταῦτα καὶ ἡμῖν λεχθέντα μέν ἀμφότερα τὰ τῶν αἰτιῶν γένη, χωρὶς δὲ ὅσα

μετὰ νοῦ καλῶν καὶ ἀγαθῶν δημιουργοὶ καὶ ὅσα μονωθέντα φρονήσεως τὸ τυχὸν ἄτακτον ἑκάστοτε ἐξεργάζονται. ("Pero un amante del *nous* [pensamiento] y del conocimiento debe necesariamente investigar primero las causas que pertenecen a la naturaleza racional, y solo en segundo lugar aquellas que pertenecen a las cosas que son movidas por otras y en conformidad con *Anagkē* establecen otras en movimiento. Nosotros también, entonces, debemos proceder en consecuencia; debemos hablar de ambos tipos de causa, pero distinguir aquellas causas que operan mediante el *nous* y, al prestar forma, producen lo que es bueno y bello, de aquellas que, desprovistas de discernimiento racional, tienen diversos efectos según el *tuchē* y sin orden").

[95] Como bien observa Cornford, *op. cit.*, p.167.

[96] *Timeo*, 46 C: παντ' οὖν πάντ' ἐστι τῶν ξυναιτίων, οἷς θεὸς ὑπηρετοῦσί χρῆται τὴν τοῦ ἀρίστου κατὰ τὸ δυνατόν ἰδέαν ἀποτελεῖν. ("Todas estas pertenecen, entonces, a las causas cooperadoras, que Dios emplea como medios para actualizar [en su obra] la idea de lo mejor en la mayor medida posible").

[97] Ibid., 46 D (continuando directamente la cita anterior): δοξάζεται δὲ ὑπὸ τῶν πλείστων οὐ ξυναιτία ἀλλ' αἰτία εἶναι τῶν πάντων, ψύχοντα καὶ θερμαίνοντα πηγνύντα τε καὶ διαχέοντα καὶ ὅσα τοιαῦτα ἀπεργαζόμενα. λόγον δὲ οὐδένα οὐδὲ νοῦν εἰς οὐδὲν δυνατὰ ἔχειν ἐστίν. ("Pero la mayoría cree que aquello que tiene el poder de enfriar, calentar, compactar y hacer fluir, y todo lo que tiene efectos similares, no es una causa cooperativa, sino la [única] causa de todas las cosas. Esta [opinión], sin embargo, carece completamente de sentido y entendimiento").

[98] Cornford, *op. cit.*, p. 197.

[99] En el mismo pasaje, Cornford sostiene que se deduce de *Timeo* 46 D que la fuente única de movimiento en el cosmos reside en el alma del mundo. Sin embargo, esto no es en absoluto evidente en el pasaje citado. El texto dice lo siguiente (continuando directamente la cita anterior): τῶν γὰρ ὄντων ᾧ νοῦν μόνον κτᾶσθαι προσήκει, λεκτέον ψυχήν· τοῦτο δὲ ἀόρατον, πῦρ δὲ καὶ ὕδωρ καὶ ἀὴρ καὶ γῆ σώματα πάντα ὁρατὰ γέγονε. τὸν δὲ νοῦ καὶ ἐπιστήμης ἐραστὴν ἀνάγκη τὰς τῆς ἔμφρονος φύσεως αἰτίας πρώτας μεταδιχεύειν, ὅσαι δὲ ὑπ' ἄλλων κινούμεναι, ἕτεραι δὲ ἐξ ἀνάγκης κινούμεναι γίγνονται, δευτέρας. ("Debemos más bien llamar alma a lo que

solamente puede propiamente adquirir conocimiento de los entes. Pero esto es invisible, mientras que el fuego, el agua, el aire y la tierra son cuerpos visibles. El que aspira al conocimiento [*nous*] y a la ciencia, debe necesariamente investigar primero las causas primarias de la naturaleza que actúa racionalmente, mientras que las que producen movimiento mediante otras cosas y en conformidad con *Anagkē* pertenecen a las causas secundarias"). Platón establece así un contraste explícito en este pasaje entre la naturaleza que obra con entendimiento, cuya causa primaria del movimiento solo puede residir en el alma, y los cuerpos visibles —fuego, agua, aire y tierra— que son puestos en movimiento por algo distinto de ellos mismos (y por sí mismos, en conformidad con *Anagkē*), estableciendo a otros en movimiento. Aquello que es movido por algo externo naturalmente no puede ser una causa primaria ni fuente de movimiento. Es precisamente en esta continuación del relato platónico donde se hace evidente que la fuente de la causa desordenada y caótica debe buscarse en un principio que es en sí invisible, pero que aún permanece en completa oposición al *nous*. Platón afirma expresamente que la visibilidad de los cuerpos surge del proceso divino de otorgamiento de forma. La interpretación de Cornford es, por lo tanto, incorrecta).

[100] Ibid., 49 B-C: πρῶτον μὲν ὃ δὴ νῦν ὕδωρ ὠνομάκαμεν, πηγνύμενον, ὡς δοκοῦμεν, λίθους καὶ γῆν γινόμενον ὁρῶμεν, τηκόμενον δὲ καὶ διακρινόμενον αὖ ταὐτὸν τοῦτο πνεῦμα καὶ ἀέρα, ἐγκυκωθέντα δὲ ἀέρῳ πῦρ, ἀνάλυσιν δὲ πῦρ συγκεκρῆσθαι καὶ κατασβεσθὲν εἰς ἰδέαν ἄπιον αὖθις ἀέρας, καὶ πάλιν ἀέρα ξυνιοῦντα καὶ πυκνούμενον νέφος καὶ ὁμίχλην, ἐκ δὲ τούτων ἔτι μᾶλλον ξυμπιεζομένων ῥέον ὕδωρ, ἐξ ὕδατος δὲ γῆν καὶ λίθους αὖθις, κύκλον τε οὕτω διαδιδοῦντα εἰς ἄλληλα, ὡς φαίνεται, τὴν γένεσιν. ("Primero vemos que lo que ahora llamamos agua, cuando se compacta, se convierte (según imaginamos) en piedra y tierra; pero esta misma cosa, cuando se rarifica y se disuelve, se convierte en vapor y aire; el aire inflamado se convierte en fuego; el fuego, cuando se condensa y se apaga, vuelve a tomar la forma de aire; el aire, al juntarse y compactarse, en nubes y niebla; de éstas, al comprimirse aún más, en agua corriente; y del agua, una vez más, en tierra y piedras; y así, al parecer, el paso de uno a otro se efectúa en círculo").

[101] Ibid., 53 A-B: καὶ τὸ μὲν δὴ πρὸ τούτων πάντα ταῦτ' εἶχεν ἀλόγως καὶ ἀμέτρως· ὅτε δ' ἐπεχείρειτο κοσμεῖσθαι τὸ πᾶν, πῦρ πρῶτον καὶ ὕδωρ καὶ

γῆν καὶ ἀέρα ἴχνη μὲν ἔχοντα αὐτῶν αὐτά, παντάπασι γε μὴν διακείμενα ὥσπερ εἰκὸς ἔχειν ἅπαν ὅταν ἀπῇ τινος θεός, οὕτω δὴ τότε πεφυκότα ταῦτα πρῶτον διεσχηματίσασθαι εἰδέσει τε καὶ ἀριθμῷ. ("Y antes de eso, todas estas cosas [es decir, fuego, aire, agua y tierra] carecían de proporción y medida. Pero cuando [el *nous* divino] emprendió ordenar el universo, al principio el fuego, el agua, el aire y la tierra, que ya estaban distinguidos por ciertos rasgos característicos, estaban en una condición tal como cabe esperar cuando falta la divinidad. Siendo así su naturaleza en aquel momento, primero los modeló mediante formas y números").

[102] Ibid., 51 E–52 B: τούτων δὲ οὕτως ἐχόντων ὁμολογητέον ἐμὲν εἶναι τὸ κατὰ ταὐτὰ εἶδος ἔχον, ἀγένητον καὶ ἀνάλεθρον, οὔτε εἰς ἑαυτὸ εἰσδεχόμενον ἄλλο ἄλλοθεν οὔτε αὐτὸ εἰς ἄλλο ποτὲ ἰόν, ἀόρατον δὲ καὶ ἄλλας ἀναισθήτους, τοῦτο, ὃ δὴ νόησις εἴληχεν ἐπισκοπεῖν· τὸ δὲ ὁμοίωμα ὁμοίου τε ἐκείνῳ δεύτερον, αἰσθητόν, γεννητόν, πεφορτημένον ἀεί, γιγνόμενον τε ἔν τινι τόπῳ καὶ πάλιν ἐκεῖθεν ἀπολλύμενον, δόξῃ μετ' αἰσθήσεως περιληπτόν· τρίτον δὲ αὖ γένος ὂν τὸ τῆς χώρας ἀεί, φθορὰν οὐ προσδεχόμενον, ἕδραν δὲ παρέχον ὅσα ἔχει γένεσιν πᾶσιν, αὐτὸ δὲ μετ' ἀναισθησίας ἁπτὸν λογισμῷ τινι νόθῳ, μόγις πιστόν. (Extracto del pasaje traducido en el texto).

[103] Ibid., 50 D: καὶ δὴ καὶ προσεικάσαι πρέπει τὸ μὲν δεχόμενον μητρί, τὸ δ' ὅθεν πατρί, τὴν δὲ μεταξὺ τούτων φύσιν ἐκγόνῳ ("y por tanto es adecuado comparar lo receptivo con una madre, el modelo con un padre y la naturaleza que surge entre ambos con la descendencia").

[104] Ibid., 50 B: ταὐτὸν αὐτῇ ἀεὶ προσῆπον· ἐκ γὰρ τῆς ἑαυτῆς τὸ παράπαν οὐκ ἐξίσταται δυνάμεως. ("[es decir, lo receptivo] debe caracterizarse como siempre idéntico a sí mismo, porque nunca se aparta en absoluto de su propia naturaleza").

[105] Ibid., 51 A: ταὐτὸν οὖν καὶ τῷ πᾶν πάντα εἶναι τὲ ὄντα κατὰ παντὸς πολλαῖς ἀφομοιώματα καλαῖς μέλλοι ἐδέχεσθαι πάντα ἐκτὸς αὖ προσῆκεν πεφυκότα τῶν εἰδῶν, διὸ δὴ τὴν τοῦ γεγονότος ὁρατοῦ καὶ πάντας αἰσθητοῦ μητέρα καὶ ὑποδοχὴν μὲν γένει λέγειν πρέπον πυρὶ μὲν ὕδωρ λέγομεν, ὥπερ ἢ ὅσα τυγχάνει μὲν ἐξ ἓν ταὐτὸν πέφυκε ἅμα· ἀνόρατον εἶδος τι καὶ ἄμορφον, πανσχῆς, μεταλαμβάνον δὲ ἀπορώτατα τοῦ νοητοῦ καὶ δυσαποτύπωτον αὐτό λέγοντες οὐ ψευσόμεθα. ("De la misma manera, aquello que está destinado a recibir fielmente, a través de todo su ser y muchas

veces, las semejanzas de todas las formas ónticas inteligibles y eternas, está por su propia naturaleza libre de todas estas [formas visibles]. Por esta razón, entonces, la madre y receptáculo de todo lo que ha llegado a ser visible y completamente perceptible a los sentidos no debe llamarse tierra, ni aire, ni fuego, ni agua, ni dársele el nombre de nada que haya surgido de estos o de lo cual estos hayan surgido. Pero no hablaremos falsamente si sostenemos que es una naturaleza invisible y sin forma [*eidos*], que todo lo recibe, y que participa de un modo enigmático del inteligible [los objetos del pensamiento] y es lo más difícil de comprender").

[106] Clemens Bäumker, *Das Problem der Materie in der griechischen Philosophie: Eine historisch-kritische Untersuchung* (Múnich: Aschendorf, 1890), p. 177.

[107] *Timeo* 51 B-E: Cf. *Sofista*, 266 B, donde se enumeran los productos de la fuerza formadora del *nous* divino: nosotros mismos y todos los demás seres vivos, y los elementos de estos —el fuego, el agua, y similares.

[108] Según Cornford, *op. cit.*, p. 190, Platón consideraba incluso las cuatro cualidades aún no conformadas como copias de los modelos eidéticos de fuego, agua, tierra y aire. La forma geométrica elemental de la pirámide, que el demiurgo otorga al fuego, es invisible, mientras que Platón habla explícitamente del fuego en la *chōra* como una cualidad tal que puede ser vista. Esta interpretación sirve también como su propia refutación, sin embargo. Platón argumenta una y otra vez que una copia sensible de una forma eidética es siempre producto de la actividad formadora del *nous* divino. En el caos, sin embargo, ya hay algo "semejante a" fuego, aire, agua y tierra apareciendo, que en este estado caótico aún carecen de *eidos* y número. Aunque estas muestran algunos rasgos característicos de su propia naturaleza, todas se encuentran juntas en una condición como la que puede esperarse en ausencia del *nous* divino. Las copias de "fuego en sí" son siempre corpóreas, y esta naturaleza corpórea surge efectivamente sólo mediante la transmisión de forma geométrica. Los corpúsculos geométricos elementales pueden ser invisibles, pero en la macrodimensión de la forma corpórea real, su combinación da como resultado una forma corpórea que se vuelve perceptible a los sentidos.

[109] *Timeo*, 50 C: δέχεται γὰρ ἀεὶ τὰ πάντα καὶ μορφὴν οὐδεμίαν ποτὲ οὐδὲν τῶν εἰσιόντων ὁμοίαν εἴληφεν οὐδαμῇ οὐδαμῶς· ἐκμαγεῖον γὰρ φύσει παντὶ κεῖται, κινούμενόν τε καὶ διασχηματιζόμενον ὑπὸ τῶν εἰσιόντων,

φαίνεται δὲ δι' ἐκεῖνα ἄλλοτε ἄλλοιον· τὰ δὲ εἰσιόντα καὶ ἐξιόντα τῶν ὄντων ἀεὶ μιμήματα, τυπούμενα ἀπ' αὐτῶν τρόπον τινὰ δυσφράστως καὶ θαυμαστῶν, ὧν εἰσαῦθις μέτιμεν. ("Porque siempre recibe todas las cosas, y nunca, de ningún modo, ha adoptado una forma que se asemeje a cualquiera de las cosas que entran en ella. Por su naturaleza, es la materia plástica de todo, que es movida y transformada por las cosas que entran, y debido a éstas, aparece de manera diferente en distintos momentos. Pero las cosas que entran y salen son siempre copias de las formas ónticas eternas, modeladas a partir de ellas de un modo difícil de expresar y maravilloso; trataremos esto más adelante").

[110] Ibid., 51 A-B.

[111] Ibid., 52 E-53 A.

[112] Ibid., 52 D-53 A: οὗτος μὲν οὖν δὴ παρὰ τῆς ἐμῆς ψήφου λογισθεὶς ἐν κεφαλαίῳ δεδόσθαι λόγος, ὄν τε καὶ χώραν καὶ γένεσιν εἶναι, τρία τριχῇ, καὶ πρὶν οὐρανὸν γενέσθαι· τὴν δὲ γενέσεως τιθέναι ὑγρανιζομένην καὶ πυρουμένην καὶ τῆς γῆς τε καὶ αἰθέρος μορφὰς δεχομένην καὶ ὅσα ἄλλα τούτοις πάθη ξυνέπεται πάσχουσαν παντοδαπῇ μὲν ἰδέαις φαίνεσθαι, διὰ δὲ τὸ μὴ ὁμοίων δυνάμεων μήτε ἰσορρόπων ἐμπίπλασθαι κατ' οὐδέν αὐτῆς ἰσορροπεῖ, ἀλλ' ἀνομάλως πάντη ταλαντουμένην σείεσθαι μὲν ὑπ' ἐκείνων αὐτήν, κινουμένην δ' αὖ πάλιν ἐκεῖνα σείειν· τὰ δὲ κινούμενα ἄλλαι ἄλλοσε αἱ φερόμεναι διακρινούμενα, ὥσπερ τὰ ὑπὸ τῶν πλοκάων τε καὶ ὀργάνων τῶν περὶ τὴν τοῦ στόματος κάθαρσιν σειόμενα καὶ ἀνιχνούμενα τὰ μὲν πυκνὰ καὶ βαρέα ἄλλῃ, τὰ δὲ μανὰ καὶ κοῦφα εἰς ἑτέραν ἔξω φερόμενα ἕδραν. ("Entonces, este juicio es la conclusión de mi razonamiento: que, existiendo tres cosas —el ser, la *chōra* y el devenir—, el devenir debe tener lugar antes de que existan el cielo y la tierra. Ahora bien, la nodriza del devenir, empapada de fuego y recibiendo las cualidades de la tierra y del aire y, estando sujeta a todas las demás condiciones que acompañan a estas, presentaba toda clase de apariencias diversas ante la vista; pero como estaba llena de fuerzas que no eran semejantes ni estaban en equilibrio entre sí, no había equilibrio en ninguna de sus partes; más bien, ella misma era sacudida por todas partes de manera desigual por estas fuerzas, y con su movimiento las sacudía a su vez. Y estas fuerzas, puestas así en movimiento, eran constantemente separadas unas de otras y arrastradas en distintas direcciones, tal como sucede con aquello que es agitado y cribado

por medio de zarandas y otros instrumentos para limpiar el grano, donde las partículas firmes y pesadas caen en un lugar, mientras que las sueltas y ligeras son llevadas a otro").

[113] Aristóteles, *Física*, 209 b 13.

[114] Cf. Platón, *Crátilo*, 402 A: λέγει που Ἡράκλειτος ὅτι πάντα χωρεῖ καὶ οὐδὲν μένει; cf. también Diels-Kranz, I; 22 [12]* Heráclito, A. Fragm. 6, A. Fragm. 1, 8 y B. Fragm. 49 A y 91. Cf. *Filebo*, 24 D: προχωρεῖ γὰρ καὶ οὐ μένει (Nota del traductor: Aquí Dooyeweerd ha usado el segundo número, 12, en lugar de 22, al referirse a Diels-Kranz. A. Fragm. 6 es una referencia directa al *Crátilo* de Platón y concierne al pasaje que Dooyeweerd cita. Los fragmentos B. 49 a y 91 tienen que ver con la parte final de la frase del *Crátilo*, sobre la imposibilidad de entrar dos veces en el mismo río).

[115] *Timeo*, 53 C: Πρῶτον μὲν δὴ πῦρ καὶ γῆ καὶ ὕδωρ καὶ ἀὴρ ὅτι σώματα ἐστι, δῆλόν που καὶ παντί· τὸ δὲ τοῦ σώματος εἶδος πᾶν καὶ βάθος ἔχει. τὸ δὲ βάθος αὖ πᾶσα ἀνάγκη τὴν ἐπίπεδον περιειληφέναι φύσιν. ("En primer lugar, a todos les resulta evidente que el fuego, la tierra, el agua y el aire son cuerpos. Pero toda forma de cuerpo también tiene profundidad. Además, es absolutamente necesario que la profundidad incluya en sí misma la naturaleza del plano").

[116] Nota del traductor: materia inteligible.

[117] Véase F. M. Cornford, *Plato's Cosmology*, Londres: 1937, p. 363.

[118] *Leyes*, 896 D-E: ΑΘ. Ἆρ' οὖν τὸ μετὰ τοῦτο ὁμολογεῖν ἀναγκαῖον τῶν τε ἀγαθῶν αἰτίαν εἶναι ψυχὴν καὶ τῶν κακῶν καὶ καλῶν καὶ αἰσχρῶν δικαίων τε καὶ ἀδίκων καὶ πάντων τῶν ἐναντίων, εἴπερ τῶν πάντων γε αὐτὴν θήσομεν αἰτίαν· Λ. Πῶς γὰρ οὔ· ΑΘ. ψὴν ν δὴ διοικοῦσαν καὶ ἐνοικοῦσαν ἐν ἅπασι τοῖς πάντα κινούμενοις μῶν οὐ καὶ τὸν οὐρανὸν ἀνάγκη διοικεῖν φάναι· Λ. Τί μήν· ΑΘ. ἂν , ἢ πλείους· πλείους, ἐγὼ ὑπὲρ ὑμῶν ἀποκρινοῦμαι. δυοῖν μὴν γε που ἔλαττον μηδὲν τιθῶμεν, τῆς τε εὐεργέτιδος καὶ τῆς τἀναντία δυναμένης ἐξεργάζεσθαι. ("*Atenienses*: ¿No debemos entonces admitir necesariamente lo siguiente: que el alma es la causa del bien y del mal, de lo bello y lo feo, de lo justo y lo injusto, y de todos esos contrarios, si queremos afirmarla como la causa de todo? *Clinias*: ¿Cómo no? *Atenienses*: ¿No debemos también decir que el alma que lo gobierna todo, habitando en todo lo que se mueve en cualquier dirección, también controla [el movimiento] de los cielos? *Clinias*: Por

supuesto. *Atenienses*: ¿Una o más? Más de una, responderé en nombre de ustedes. No afirmemos que hay menos de dos —una benéfica y otra capaz de causar el efecto contrario").

[119] *Epinomis*, 988 D-E: διὸ καὶ νῦν ἡμῶν ἀξιούντων ψυχῆς οὔσης αἰτίας τοῦ ὅλου καὶ πάντων μὲν τῶν ἀγαθῶν ὄντων τοιούτων, τῶν δὲ αὖ φαύλων τοιούτων ἄλλων, τῆς μὲν φορᾶς πάσης καὶ κινήσεως ψυχὴν αἰτίαν εἶναι θαυμὰ οὐδέν, τὴν δ' ἐπὶ τἀγαθὸν φορὰν καὶ κίνησιν τῆς ἀρίστης ψυχῆς εἶναι, τὴν δ' ἐπὶ τὸν ἐναντίον ἐναντίαν, νενικηκέναι δὲ καὶ νικᾶν τὰ ἀγαθὰ τὰ μὴ τοιαῦτα. ("Por lo tanto, dado que ahora sostenemos que el alma es la causa de todo el cosmos y de todo lo bueno, como si fuera por naturaleza así, mientras que el mal tiene una naturaleza diferente, no es de sorprender que el alma sea la causa de todo movimiento y de toda revolución, que el movimiento y la dirección orientada hacia el bien pertenezcan al alma mejor, y la dirigida hacia lo opuesto, al alma opuesta; y que lo bueno haya vencido y deba vencer aquello que no es así").

[120] El hecho de que el *Leyes* mantenga implícitamente esta concepción del *Timeo* es claramente evidente en 904 A ss. Platón habla allí de "Aquel que cuida de todo", el "Soberano supremo", quien, "al ver que todas nuestras acciones tienen su origen en el alma y que hay mucha virtud y también mucho vicio en ella, y que lo que ha surgido compuesto de cuerpo y alma es perecedero, pero no así por las leyes que gobiernan entre los dioses, los eternos... reflexionó... para asegurar el triunfo de la virtud sobre el universo". Este pasaje también marca una clara distinción entre el demiurgo divino y los numerosos dioses celestes que, según 886 E, son ellos mismos "de origen divino".

COMENTARIO SOBRE EL TEXTO[1]

§1 El Caos de Hesíodo

Página 12, texto y nota 16. En parte, mi concepción del significado de la palabra *chaos* (χάος) en Hesíodo, *Teogonía* 116, sigue a Nilsson, *Geschichte der griechischen Religion* (Múnich, 1941), I, 587. Él tiene la lectura de "materia informe y sin forma Sin embargo, Nilsson indudablemente va más allá de cualquier lectura defendible del texto cuando hace que Hesíodo diga que del *chaos* surgen la "tierra de anchas ubres", el oscuro Tártaro, y Ἔρως, el señor de los dioses y los hombres.

El texto mismo dice: ἦ τοι μὲν πρώτιστα Χάος γένετ᾽· αὐτὰρ ἔπειτα Γαῖ᾽ εὐρύστερνος, etcétera, lo cual expresa un orden meramente cronológico y no un orden genético. Sin embargo, Hesíodo declara explícitamente en *Teogonía* 123 que el *chaos* da lugar a la oscuridad y la noche, y de esto concluí que *chaos* puede significar "vacío que bosteza

Lo que en realidad objeté en esta ahora ampliamente aceptada posición no fue la interpretación de *chaos* como un "abismo que bosteza," una interpretación en la que la palabra χάος se conecta con el verbo χάσκω (bostezar). Más bien, rechacé específicamente la noción de que este bostezar sea meramente un espacio vacío en el sentido moderno de la palabra vacío. En cualquier caso, el *chaos* es una potencialidad genética, y en sí puede entenderse muy bien como un bostezar en el sentido de una confusión aún no formada.

Este bostezar debe considerarse como un vacío de forma, no como un vacío espacial en el sentido moderno de la palabra. En *La teología de los primeros filósofos griegos* (México, FCE, 1952), p. 19, Werner Jaeger respalda la concepción posterior apelando a Aristóteles, *Física* Δ 1, 208 b 31, donde el *chaos* de Hesíodo se menciona como τόπος (lugar). De hecho, sin embargo, esto no prueba nada; pues el *Timeo* de Platón igualmente entiende la χώρα como lugar, pero precisamente en el sentido de materia informe y plástica (ἄμορφος), no de espacio vacío, como el propio Aristóteles observa en *Física* Δ 1, 209 b. Damasio, el neoplatónico, entendió el *chaos* de Hesíodo como una *physis* no inteligible que existe en un estado de ser incompleto (Diels-Kranz, I, 10; Orfeo, I [66], B 12). Esto en efecto señala fuertemente hacia la concepción griega original de la materia, y en cualquier caso demuestra que mi comprensión del *chaos* no puede ser considerada como ajena a lo griego. Jaeger, posteriormente, hizo la apresurada afirmación de que la "idea común de *chaos* como algo en lo que todas las cosas están salvajemente confundidas" es un error bastante grave; y la antítesis entre *chaos* y cosmos, que se basa en esta visión incorrecta, es puramente una invención moderna. Esta afirmación debe contrarrestarse con la observación de que Tomás de Aquino, quien estudió atentamente los escritos originales de Aristóteles, ya aceptaba la visión del *chaos* que Jaeger objeta aquí como la visión corriente entre los griegos. Véase Tomás, *De principiis naturae*, opúsculo XX-XI: "dicitur materia prima, propter hoc quod ante ipsam non est materia alia; et haec etiam dicitur χάος, hoc est *chaos* vel confusio graece".

La visión, por tanto, de que esta interpretación es solo una invención moderna no puede sostenerse. Como he mostrado en mi bosquejo del desarrollo del motivo materia-forma, el contraste entre un estado inicial caótico e informe y un cosmos que surge de este únicamente mediante la influencia divina es completamente griego. En Anaxágoras y en el *Timeo* de Platón, este contraste se desarrolla en detalle. Todo lo que queda por concederle a Jaeger es que ni Hesíodo usó la palabra *chaos* para el estado inicial confuso; pero esta palabra sí la empleó Nicómaco, el neopitagórico.

En retrospectiva, sin embargo, debo admitir que no puede probarse que el *chaos* de Hesíodo sea una expresión del motivo materia-forma griego, una suposición pasajera de la mía en la página 98. Esto, en efecto, sería el caso si aceptáramos la interpretación de Nilsson de que la tierra, el inframundo y Ἔρως se originaron del *chaos*. Dado que esto no ocurre, tal vez sea más seguro considerar el Ἔρως de Hesíodo, el principio de la procreación, como la encarnación del motivo de la corriente de vida siempre fluyente. En este sentido, nótese la comparación hecha por Aristóteles en *Metafísica* A 4, 984 b 27 ss., entre los roles que Ἔρως juega en Hesíodo y en Parménides (en la segunda parte de su poema didáctico) como el principio de combinación y movimiento.

§2 La dialéctica luterana entre ley y evangelio

Páginas 54-55. Estoy bien consciente del hecho de que, a la luz de la investigación moderna sobre Lutero, parece audaz hablar sin calificación de una oposición dialéctica entre "ley" y "evangelio" en el propio Lutero, y en general disociar demasiado al reformador alemán de Calvino. Investigaciones recientes han demostrado que algunas de las diferencias fundamentales que durante mucho tiempo se pensó existían (particularmente siguiendo a Troeltsch) entre Lutero y Calvino son inexistentes o de carácter muy relativo. En círculos calvinistas es particularmente notable el trabajo del vienés Josef Bohatec, quien ha contribuido en gran medida a una mejor comprensión de Lutero y Calvino en su relación mutua.

Aun así, toda mi investigación anterior sobre la obra de Lutero me lleva a mantener firmemente la opinión de que su pensamiento muestra, de hecho, una tensión dialéctica entre ley, en el sentido de orden para la naturaleza pecaminosa, y evangelio. Esta tensión también se expresa en la oposición entre fe cristiana y razón natural. Está arraigada en la concepción luterana del motivo fundamental de la naturaleza y la gracia.

Lutero mismo llama a la ley la "dialéctica del evangelio" (*die Dialektik des Evangeliums*).[2] Sin duda, no enseñó el llamado *usus tertius legis*, es decir, el uso didáctico de la ley como decálogo, aunque sí enfatizó el llamado *usus politicus* de una manera muy unilateral, como puede verse, por ejemplo, en su comentario a Gálatas. Sin embargo, si lo que se tiene en cuenta en la ley es su sentido global como orden para la vida temporal, se sitúa en una verdadera tensión dialéctica con la libertad evangélica del cristiano. Asígnale a la ley, en este sentido amplio e inclusivo, una relación con la razón (*Vernunft*), que en materias de fe está "ciega como una piedra".[3] El gran Reformador, sin embargo, seguramente no llegó tan lejos como algunos luteranos posteriores, quienes desvincularon por completo las ordenanzas mundanas de los mandamientos divinos.

Este mismo dualismo también se expresa en la postura de Lutero respecto a la filosofía. Aunque en 1518 declaró: "Credo quod impossibile sit ecclesiam reformari, nisi funditus canones, decretales, scholastica theologia, philosophia, logica, ut nunc habentur, eradicarentur et alia instituantur",[4] no tenía en mente una reforma interna del pensamiento filosófico. Su única intención era romper con la autoridad de Aristóteles en filosofía, ya que esto era un "arma de los papistas". De hecho, estaba tan alejado de cualquier noción de una conexión interna entre la fe cristiana y la filosofía, que incluso se inclinaba hacia la doctrina averroísta de la doble verdad. Afirma que "la Sorbona ha promovido la altamente objetable enseñanza de que todo lo que se establece en filosofía también debe contarse como verdadero en teología

Dado que la ley, en el sentido del orden para la realidad creada, está indisolublemente ligada con la idea de la creación, la tensión interna entre ley y evangelio implica la presencia de una tensión dialéctica entre las respectivas visiones de Lutero sobre la creación y la redención en Cristo Jesús.

Se podría preguntar si hay fundamento para la visión que expresé en el texto de que la posición de Lutero ha sido influenciada en cierta medida por el contraste de Marción entre el Dios del Antiguo Testamento y el Dios del Nuevo Testamento de la redención. Creo que sí lo hay, siempre que no se acuse a Lutero de adoptar conscientemente este dualismo. Lutero naturalmente habría mantenido una gran distancia entre sí mismo y la herejía de Marción; pero una cierta tensión entre la creación y la redención está no obstante presente en su perspectiva. En su libro *Het Christelijk Leven*,[5] G. Brillenburg-Wurth establece de manera similar que hay una cierta afinidad entre las concepciones de Marción y Lutero respecto a la relación entre Cristo y Moisés.

El conocido libro de Emil Brunner *The Divine Imperative*, pp. 140 ss., contiene, en mi opinión, una evidencia innegable de esta tensión implícita entre creación y redención en la visión de la ley de Lutero. Él escribe: "Es característico de nuestra existencia presente (como una actualidad creada por Dios, y sin embargo pecaminosa) que esté incrustada en un marco de órdenes de lo más variado tipo".[6] Escribe, además: "Es cierto que la *Lex* en sí misma no es lo que Dios quiere, pero está absolutamente controlada por el mandato divino ... Así, el creyente se encuentra en una situación curiosa: de la obediencia a Dios ha de pasar a obedecer la *Lex*, a pesar de que esta última no expresa lo que Dios mismo quiere".[7] En plena consonancia con esto, Brunner también enseña que la vida natural tiene su propia autonomía (*Eigengesetzlichkeit*) y que el mandamiento del amor evangélico rompe intrínsecamente con la ley.

Un análisis más detallado de esto aparece en mi ensayo en la revista trimestral *Antirevolutionaire Staatkunde* sobre el libro de Brunner.[8]

§3 El origen de la palabra "elementos" (στοιχεῖα)

Página 70, texto. En el primer párrafo de esta página, las palabras "desde Empédocles" son eliminadas después de "que habían sido considerados como 'elementos'". Es evidente que no puede hablarse propiamente de "elementos" en el caso de los primeros filósofos de la naturaleza milesios, ya que ellos suponían solo un *archē* constante. Según Simplicio (*Física*, 7, 13), el término *elementum* (στοιχεῖον) ni siquiera se originó antes de Platón.

§4 El significado del *ápeiron* de Anaximandro. ¿Debe concebirse este *ápeiron* como animado?

Páginas 69-70, texto. En *Física*, Γ 4, 203 b 6, Aristóteles remarca respecto al *ápeiron* de Anaximandro que abarca y gobierna todas las cosas (καὶ περιέχειν ἅπαντα καὶ πάντα κυβερνᾶν) y que lo llama "divino" porque es inmortal (ἀθάνατον) e indestructible (ἀνώλεθρον). En otro pasaje (*Física*, Γ 7, 207 b 35 – 208 a 4), Aristóteles afirma explícitamente que el *ápeiron* de los primeros filósofos de la naturaleza es la *hylē* (materia) de las cosas. Por consiguiente, considera incorrecto decir que el *ápeiron* abarca todas las cosas. Más bien, debemos decir que el *ápeiron* está abarcado por todas las cosas, o que todas las cosas lo contienen en sí.

Jaeger piensa (*op. cit.*, p. 30) que esta observación crítica es una clara evidencia de que Aristóteles malinterpretó al antiguo pensador milesio. Así, sostiene que "el *ápeiron* de Anaximandro no debe entenderse en términos de la concepción aristotélica de la materia. Él no había distinguido aún entre el ser como materia y el ser como forma, y su *ápeiron* no es simplemente algo que, como la materia, está envuelto por la forma. Es más bien aquello que abarca todas las cosas y las gobierna todas, algo activo, en efecto, la cosa más activa del mundo".

¿Qué debemos decir a esto? ¿Podría Aristóteles no haber comprendido que Anaximandro concebía su *ápeiron* no como mera "materia pasiva," sino como un poder activo (vital)? Esto difícilmente es plausible. Después de su observación en el primer pasaje mencionado arriba, donde se sostiene que el *ápeiron* "abarca" y "gobierna" todas las cosas, Aristóteles añade de inmediato: "como dicen aquellos que no colocan junto al *ápeiron* otras causas, como el *nous* [Anaxágoras] o la *philia* [Empédocles]". Aristóteles era, por tanto, plenamente consciente de que Anaximandro consideraba su *ápeiron* como una causa activa y gobernante. Sin embargo, lo critica en términos de su propia concepción dualista del motivo forma-materia, donde la forma de las cosas ya no puede encontrar su origen en la materia. En su visión, por tanto, la forma no puede ser abarcada por la materia. Por el contrario, la materia es necesariamente abarcada por la forma, ya que sólo esta última le da existencia actual.

Es igualmente implausible que Anaximandro no hubiera percibido aún la diferencia entre materia y forma. Para él, sin embargo, el mundo de las formas no contenía nada más que los objetos de la percepción sensorial, y éstos están sujetos a la culpa de existir separadamente en formas individuales y transitorias. En relación con esto, es relevante la observación de Stenzel de que la filosofía de la naturaleza jónica puede caracterizarse como un proceso que despoja al mundo de su rigidez formal.[9] En el pensamiento de Anaximandro, el motivo de la materia está presente en su sentido original. Es la fuente de vida invisible y siempre fluyente que no puede ser limitada por ninguna forma individual y que, por esta razón, se designa como *ápeiron*. En el pensamiento de Aristóteles, este sentido original del motivo de la materia se ha adulterado, ya que para él el motivo religioso de la materia pertenece al motivo forma de la religión cultural. El *ápeiron* ya no es una mera infinitud espacial, como Gigon ha sostenido en conexión con su interpretación del *chaos* de Hesíodo. Más bien, el fragmento que se ha conservado del libro de Anaximandro muestra que el *ápeiron* es una corriente que es tanto sin forma como material, y aunque eterna, también temporal. Además, contiene en sí mismo una ley rígida de justicia (*dikē*), un motivo que más tarde retomará Heráclito.

Podría uno preguntar si el informe indudablemente fiable de Aristóteles de que el *ápeiron* "gobierna" todas las cosas nos obliga a concluir que, de hecho, para Anaximandro, el *archē* divino es ya una "mente pensante", tal como lo será más tarde para Anaxágoras. Esto no puede ser de otra manera. Sobre la base de su postura dualista, Anaxágoras nunca podría haber suscrito la afirmación de Anaximandro de que los individuos retornan al *ápeiron* del que se originan, aunque sí acepta la calificación de este último del *ápeiron* como su puro *nous* en un sentido diferente. Además, el motivo de la materia ya no tiene su significado original de "corriente divina de vida" en el pensamiento de Anaxágoras.

En el fragmento de Anaximandro, tal como lo veo, κατὰ τὸ χρεών debe entenderse sin duda como el inexorable golpe de la muerte, la *Anágkē* de las religiones antiguas de la naturaleza. Como he observado en el texto, sin embargo, el motivo fundacional de la religión cultural ha causado que esta *Anágkē* sea parcialmente racionalizada en una ley de *dikē*, una ley que mantiene una proporción o armonía entre las cualidades contrarias que se liberan de la *archē* informe, vengando implacablemente la existencia injusta de las formas individuales que solo pueden surgir a expensas de otras. El *ápeiron* efectivamente gobierna todas las cosas por medio de esta *dikē*. No obstante, su control no se ejerce de acuerdo con un proyecto libre, y por tanto no puede equipararse con la soberanía sobre el cosmos (al menos en principio) que, bajo la influencia del motivo forma de la religión cultural, Anaxágoras sí otorgará al *nous* divino.

En los antiguos pensadores jónicos, la *dikē* aún muestra claras huellas del carácter terrible de la antigua *Anágkē*. Heráclito, quien adoptó este motivo de Anaximandro, confiere a las Erineas, las antiguas diosas de la venganza de la religión natural, el papel de sirvientas de la *dikē*. En la observación de Jaeger (*op. cit.*, p. 36) que "para él [es decir, Anaximandro] todo lo que ocurre en el mundo natural es racional hasta la médula y sujeto a una norma rígida", el término "racional" debe usarse con cautela. Ciertamente no puede entenderse en el sentido moderno del pensamiento científico natural, y de hecho, el propio Jaeger insistió enfáticamente contra este malentendido.

La observación de Kurt Schilling en su *Geschichte der Philosophie*[10] es muy apropiada en este contexto:

> No es ilustración, ni el comienzo de la ciencia en su sentido moderno, con su libre disposición sobre la naturaleza, cuando estos filósofos jónicos de la naturaleza abandonan repentinamente las antiguas religiones, las prácticas tradicionales y las creencias de su pueblo y buscan una explicación de todo el mundo en términos de un principio fundamental… La filosofía está aquí… la pasión por el conocimiento del mundo. Pero, de nuevo, esto no es en el sentido moderno. No es conocimiento por sí mismo, ni para la búsqueda de una ley controladora. Más bien, apunta a obtener un conocimiento del carácter palpable y corpóreo y del aspecto externo de este verdadero dios, para acercarse a él directamente en la investigación y contemplación del mundo.

Esto concuerda con la propia visión de Jaeger sobre la filosofía natural antigua como, en esencia, una teología natural, e incluso una teodicea. Ambos estudiosos contradicen así la afirmación de K. Reinhardt (*Parmenides*, pp. 256-257) de que el fragmento B 2 no debe entenderse religiosamente, sino meramente como una "imagen".

§5 Anaxímenes y Anaximandro. Declaración de Anaxímenes sobre el alma humana y el *pneuma* divino

Según Aecio, Anaxímenes se suscribió plenamente a la noción de Anaximandro de que las cosas retornan al seno del

Origen divino del que surgen. Cf. Diels-Kranz, Anaxímenes B. Frag. 2: ἐκ γὰρ τούτου πάντα γίγνεσθαι καὶ εἰς αὐτὸν ἀναλύεσθαι. Sin embargo, concibe el *ápeiron* de Anaximandro como aire, que por condensación y rarefacción se transforma en otras sustancias. En este contexto, Aecio también nos ha conservado la siguiente conocida declaración de Anaxímenes: "Así como nuestra *psychē*, que es aire, nos gobierna y nos mantiene unidos, así también el aliento y el aire (πνεῦμα) envuelven el cosmos entero". Aecio añade además el comentario de que "aquí aire y aliento (πνεῦμα) se usan como sinónimos" (οἷον ἡ ψυχή, φησίν, ἡ ἡμετέρα ἀὴρ οὖσα συγκρατεῖ ἡμᾶς, καὶ ὅλον τὸν κόσμον πνεῦμα καὶ ἀὴρ περιέχει· (λέγεται δὲ συνωνύμως ἀὴρ καὶ πνεῦμα)).

Comparto la visión de Jaeger (*op. cit.*, p. 207, nota 62) de que no hay base convincente para la duda expresada por Reinhardt, en su nota sobre Parmenides (Bonn, 1916, p. 175), respecto a la autenticidad de este fragmento. Según Reinhardt, el término "palabra para el mundo y en su idea principal" se originó más tarde. Es otra cuestión, sin embargo, si podemos conceder a Jaeger que Anaxímenes fue el primero en concebir el *ápeiron* como "dotado de alma," y que en ello sintió claramente que la naturaleza divina del *ápeiron* debería incluir el poder de pensamiento, indispensable para gobernar el universo (p. 36).

En cuanto a este primer punto, no cabe duda de que Anaxímenes concibió su *ápeiron* no como una mera infinitud espacial de materia inerte, sino como la fuente de vida ilimitada y siempre fluyente, y en este sentido como "dotada de alma Si no lo hubiera hecho, el motivo de *dikē* y el tiempo con sus τάξις (orden), que están explícitamente atestiguados en el fragmento B 2 preservado, no tendrían sentido, y la noción de que la deidad gobierna el mundo sería aún más difícil de sostener. La concepción científica moderna de la energía no se aplica en modo alguno a los antiguos milesios. Para ellos, la vida y el principio del movimiento eran todavía una y la misma cosa. En cuanto al segundo punto de Jaeger, creo que se aproxima demasiado al "aire" de Anaxímenes desde la perspectiva de la concepción posterior de Diógenes de Apolonia. Este último interpretó el *ápeiron* de Anaxímenes de la deidad en la base del *nous* de Anaxágoras.

Una cosa es cierta. Mientras que el motivo de la materia tiene la primacía en el pensamiento griego, no puede encontrarse rastro alguno de un demiurgo divino que imparta forma a materia informe, siguiendo un proyecto libre, y ordena el cosmos de acuerdo con fines racionales.

Debemos notar que en el fragmento B 2 citado arriba, Aecio no hace decir a Anaxímenes que el *pneuma* divino gobierna el cosmos, como nuestra alma nos gobierna y nos mantiene unidos, sino solo que lo abarca. Una comparación de esta afirmación con el testimonio anteriormente citado de Aristóteles (*Física*, Γ,4, 203, B 6) sobre el *ápeiron* de Anaximandro hace razonable suponer que el περιέχειν mencionado aquí implica un κυβερνᾶν, un gobierno del mundo, pero no un κρατεῖν típico, una soberanía en conformidad con fines elegidos libremente, tal como Anaxágoras dejará lugar en principio para su *nous* puro.

Si mantenemos esto en mente, la cuestión de si Anaxímenes también atribuyó el poder de pensamiento a su *pneuma* divino se vuelve secundaria. El conflicto entre la filosofía natural anterior y los pensadores inspirados por Anaxágoras y Sócrates concernía precisamente a la cuestión de si el cosmos debía concebirse como un universo regido por un poder cultural divino y, por tanto, organizado en términos de un plan racional y con propósito. Tan pronto como el motivo fundamental de la religión cultural recibe expresión filosófica consistente en este sentido, requiere un poder de pensamiento que no esté mezclado con la materia. Incluso Jaeger admite sin reservas que ni Anaximandro ni Anaxímenes tenían un concepto de inteligencia en la materia. Por otro lado, podemos reconocer que en los pensadores jónicos el motivo de la materia fue parcialmente racionalizado. En vista de esto, no es a priori improbable que atribuyeran cierto poder de pensamiento a la *physis* divina. Podría incluso decirse que esto era una condición necesaria para concebir la ciega *Anágkē* como *dikē*, una ley cósmica de retribución guiada por el estándar racional de la proporcionalidad. En el caso de Heráclito, los fragmentos existentes disipan todas las dudas sobre este punto.

§6 Corrección textual en la página 70. El significado de la palabra νόμος en el fragmento citado en la nota 1

En las páginas 70-71 (texto y nota 8), he usado las palabras "ley racional del mundo (*nomos*) y naturaleza (*physis*)" para traducir νόμος y φύσις en el fragmento del pseudo-hipocrático Περὶ διαίτης, citado en la nota 1. Mi traducción del término νόμος se basa en Diels-Kranz, I, 176: Heráclito, B. Frag. 114: ξὺν νόῳ λέγοντας ἰσχυρίζεσθαι χρὴ τῷ ξυνῷ πάντων, ὅκωσπερ νόμῳ πόλις, καὶ πολὺ ἰσχυροτέρως. τρέφονται γὰρ πάντες οἱ ἄνθρωπειοι νόμοι ὑπὸ ἑνὸς τοῦ θείου· κρατεῖ γὰρ τοσοῦτον ὅκωσον ἐθέλει καὶ ἐξαρκεῖ πᾶσι καὶ περιγίνεται.

> Aquellos que hablan con razón deben fortalecerse a sí mismos con lo que es común para todos, así como una ciudad con su ley, y mucho más con la ley divina. "Todas las leyes humanas

se alimentan de la única ley divina. Pues esta se extiende hasta donde quiere, basta para todos y prevalece sobre todo'.

Jaeger comenta aquí (*op. cit.*, p. 115) que "ésta es la primera vez que la idea de 'ley' aparece en el pensamiento filosófico; es más, ahora se la considera el objeto del conocimiento más elevado y universal; el término ya no se usa en el simple sentido político, sino que se ha extendido para cubrir la misma naturaleza de la realidad" (las cursivas son mías). Esta idea se desarrolla con mayor detalle en su estudio *Praise of the Law*.[11]

Reinhardt, por su parte, dice que el θεῖος νόμος de Heráclito es la φύσις que "triunfa sobre todo" y cuyo poder "alcanza incluso los estatutos humanos" (*Parmenides*, p. 215). En este contexto, discute la declaración de Περὶ διαίτης que he citado y cita las palabras que siguen directamente a este pasaje, las cuales pasé por alto en mi presentación: νόμον μὲν ἄνθρωποι ἔθεσαν αὐτοῖς, οὐ γινώσκοντες περὶ ὧν ἔθεσαν, φύσιν δὲ πάντων θεοὶ διεκόσμησαν ("Porque los hombres mismos establecieron el *nómos* para sí, sin saber sobre qué lo establecieron; pero los dioses dispusieron la *physis* de todas las cosas"). Es bastante evidente aquí que en este fragmento *nómos* no puede significar θεῖος νόμος (ley divina), y por tanto debo corregir mi traducción en este punto.

El propio Reinhardt da al νόμος un significado epistemológico en este contexto y lo aplica a las opiniones de los hombres que no van más allá del aspecto externo de los fenómenos. En consecuencia, νόμος contradiría la verdadera naturaleza (φύσις) de las cosas, en la medida en que una opinión humana encuentra contradicción donde en realidad hay armonía y unidad. Esta interpretación parece muy convincente para mí. En su libro *Herakleitos von Ephesos*, p.

55, Diels también traduce νόμος en este pasaje como "uso lingüístico" (*Sprachgebrauch*).

Sin embargo, me parece más natural entender *nómos* aquí en su sentido político. Esta interpretación también encaja muy bien con la línea de Diels-Kranz, Heráclito, B. Frag. 114, si el ϑεῖος νόμος es aquí entendido como *physis*. En esta interpretación, lo que el pasaje significa es que los hombres están realmente ligados al orden divino del mundo en la naturaleza, pero que su legislación humana carece de conocimiento de esta *physis*. Ni la traducción de νόμος de Reinhardt ni la de Diels hacen justicia al elemento de correspondencia entre νόμος y φύσις que se resalta explícitamente en el fragmento.

§7 La dialéctica de la combinación del orden mundial racional y lo incalculable (irracional) en el pensamiento de Heráclito

Se puede ver en el fragmento B. Frag. 124 de Heráclito que el pasaje de Περὶ διαίτης discutido en el punto 6 encaja completamente en la línea de Heráclito; también en su identificación dialéctica de lo irracional y lo racional en la naturaleza. Este fragmento está tomado de la cita de Teofrasto del pensador de Éfeso en Met. I 5, p. 7 a 10: ὥσπερ σάρμα εἰκῆ κεχυμένον ὁ κάλλιστος κόσμος ("como un montón de cosas arrojadas al azar, el mundo más hermoso").

Diels-Kranz comenta aquí lo siguiente: "Significado probable: así aparece para la multitud, que no comprende el *lógos*". Sin embargo, esta interpretación no hace justicia en absoluto a la dialéctica típicamente heraclítea, y el contexto de la cita en Teofrasto deja inconfundiblemente claro que él mismo entendía el pasaje de manera diferente. Porque atribuye a Heráclito la noción irracional de que, aunque el universo existe en un orden racional (ἐν τάξει καὶ λόγῳ), nada de esto está presente en las *archai*. En la *archē* divina de Heráclito, lo irracional y lo racional se conciben dialécticamente como una y la misma cosa.

La dialéctica de Heráclito tiene una profunda raíz irracionalista en el motivo de la materia. En su pensamiento, el θεῖος νόμος, es decir, el orden supremo divino, la sabiduría y la belleza, surge dialécticamente de la divinidad incontrolable y siempre fluyente. La conocida afirmación de Heráclito, B. Frag. 123, φύσις κρύπτεσθαι φιλεῖ ("la *physis* ama ocultarse") también está en consonancia con esto.

§8 La interpretación más reciente de Heráclito. ¿Puede atribuirse a Heráclito la teoría del flujo eterno?

La interpretación más antigua del pensamiento de Heráclito, sostenida en particular por Zeller y Burnet, estaba completamente en línea con la visión de Platón y Aristóteles, que más tarde fue defendida por los antiguos doxógrafos desde Temistio hasta Nemesio de Emesa. Estos escritores ubicaron a Heráclito completamente dentro de la línea de la filosofía natural milesia.

Cornford ya había objetado esta visión en su obra *From Religion to Philosophy* (1912). Sin embargo, no se opuso a la noción derivada del *Crátilo* de Platón (402 A) de que Heráclito enseñó que todas las cosas están en flujo eterno. Por el contrario, él vinculó esta doctrina con el motivo dionisíaco de la "corriente de vida" siempre fluyente, como también he hecho yo, e interpretó el pensamiento de Heráclito como una filosofía mística de la unidad de toda la vida.

Reinhardt, en el libro extremadamente interesante que he mencionado a menudo, *Parmenides und die Geschichte der*

griechischen Philosophie (Bonn, 1916), fue el primero en oponerse a la interpretación de la filosofía de Heráclito por parte
de Platón como una "teoría del flujo Llama un malentendido fundamental el pensar que πάντα ῥεῖ (todo fluye) sea
la enseñanza básica que Platón atribuye a Heráclito. Según
Reinhardt (*op. cit.*, pp. 206-207), Heráclito enseña exactamente lo contrario, a saber, la constancia de la *physis* a través
de todo cambio. Y además, afirma la visión que deriva de
Aristóteles (*Metafísica*, A 3, 984 a 8) de que Heráclito identificó el fuego como el *arjé*, en lugar del agua de Tales y del
aire de Anaxímenes y Diógenes, Reinhardt observa que el
equivalente heraclíteo del *ápeiron* de Anaximandro y el ὄν
de Parménides no es el fuego, sino el ἓν τὸ σοφόν (el Uno
sabio). En este contexto, se apoya principalmente en Diels-
Kranz, Heráclito B. Frag. 108 y 32. Este último fragmento se
discutirá más abajo, mientras que el primero dice: ὁκόσων
λόγους ἤκουσα, οὐδεὶς ἀφικνεῖται ἐς τοῦτο, ὥστε γιγνώσκειν
ὅτι σοφόν ἐστι πάντα κεχωρισμένον. ("De todas las doctrinas
que he oído, ninguna lleva a la comprensión de que el Sabio
es algo separado de todas las cosas").

Reinhardt afirma que Heráclito solo pudo haber desarrollado esta concepción de una unidad divina que se mantiene
a sí misma dentro de los elementos contrarios del proceso
de *physis*, sobre el trasfondo de la rígida unidad del ser de
Parménides y en oposición a ella. Según él, el oscuro pensador de Éfeso habría encontrado así la manera de preservar
la multiplicidad presente en el mundo del devenir frente a la
argumentación de Parménides que concibe la unidad de forma fundamentalmente diferente. De este modo, Reinhardt
invierte el orden cronológico tradicionalmente aceptado de

las filosofías de Parménides y Heráclito; pero tanto Jaeger (p. 123) como yo encontramos tal hipótesis indemostrable.

En cuanto a la actitud de Reinhardt hacia la interpretación platónica de la filosofía de Heráclito como una teoría del flujo, me parece que su oposición a esto es tan unilateral como la representación platónica de la teoría heraclítea del flujo eterno en el *Crátilo*. En efecto, es cierto que la afirmación πάντα ῥεῖ no se encuentra en forma literal en los fragmentos de Heráclito según Diels-Kranz. Sin embargo, la enseñanza de que todas las cosas están en flujo eterno aparece claramente en B. Fragms. 12, 49 a, y 91. Cuando Platón discute esta teoría en el *Crátilo* y el *Teeteto* (189 E), para sus interlocutores Heráclito concibe la constancia de la unidad divina dentro del proceso del flujo eterno y también su idea del θεῖος νόμος. En consecuencia, Platón está en realidad combatiendo más con Protágoras y el escepticismo de Crátilo respecto a la visión heraclítea del flujo eterno que con el propio Heráclito, y probablemente esa era su intención. Por lo demás, he mostrado en el texto cómo Protágoras separó deliberadamente el principio material de Heráclito de su divino *nomos* a fin de socavar la filosofía entera de la naturaleza en un sentido epistemológico. La opinión de Reinhardt (*op. cit.*, p. 88) de que la teoría del conocimiento de Protágoras está en desacuerdo con Heráclito, pero coincide con el relativismo epistemológico de Parménides respecto a la *doxa*, tampoco se sostiene fácilmente con argumentos convincentes.

Con todo, el núcleo original de la teoría de Heráclito no puede haber sido otra cosa que una concepción de una unidad divina que se mantiene a sí misma dentro de los elementos opuestos presentes en el proceso en el cual los fenómenos visibles están implicados. Esta noción en común con Parménides no implica que Anaximandro y Anaxímenes no fueran, en lo esencial, lo mismo.

Como he argumentado en el texto, el carácter único de la filosofía de Heráclito radica más bien en el hecho de que expresa deliberadamente la dialéctica de la oposición entre la materia-forma mediante una dialéctica teórica. Puedo estar de acuerdo con la interpretación de Jaeger en este punto, en el sentido de que nos enfrentamos aquí a una mística de la vida, la cual retoma las nuevas cuestiones religiosas planteadas por los filósofos naturales milesios respecto al estado de existencia individual (formal) frente al fundamento divino primordial, y las trabaja dialécticamente en una regla de vida en la que la sumisión consciente al θεῖος νόμος se convierte en la más alta sabiduría práctica. En contraste, ya he señalado en el texto que las cuestiones cosmológicas propiamente dichas de los milesios quedan en segundo plano y sólo son tratadas en parte por Heráclito. Así, mi opinión es que el fuego de Heráclito solo puede considerarse como la manifestación visible, física, de la unidad divina invisible.

Pero entonces, ¿cómo hemos de entender esta unidad divina? Esta cuestión sólo puede responderse en términos de la dialéctica del motivo fundamental griego, una dialéctica que Cornford, Reinhardt, Jaeger y Gigon reconocieron todos. La deidad de Heráclito, al igual que la de Anaximandro y Anaxímenes, se concibe principalmente en términos del motivo de la materia griega en su sentido original. Es la corriente vital que fluye eternamente y que no puede circunscribirse a ninguna forma. Para Heráclito, por tanto, la deidad se identifica con el proceso de *physis*, como queda inequívocamente claro en B. Frag. 67: "Dios es día y noche, invierno y verano, guerra y paz, saciedad y hambre. Pero cambia así como el fuego, que cuando se mezcla con los perfumes, es llamado según el aroma de cada uno". El B. Frag. 108, que ya he citado antes, no entra en conflicto con esto. Si tenemos en cuenta que esta deidad no puede ser limitada por ninguna forma, se comprende que el Sabio (la unidad divina) está separado de todas las cosas transitorias que aparecen en formas visibles concretas. Esto, sin embargo, no significa, como supone Jaeger (p. 125), que no esté presente en todo, sino que trasciende todas las cosas. La deidad de Heráclito no es el dios único de Jenófanes, quien en efecto trasciende la naturaleza visible, ya que él es esencialmente una forma-dios con un carácter superesencial.

En su importante libro *Untersuchungen zu Heraklit*,[12] Olof Gigon desarrolla la idea de que la teología de Heráclito es un elemento extraño en su filosofía. A su juicio, se sitúa en un contraste peculiar con su cosmología y debió haber tenido su origen en el concepto de deidad de Jenófanes. Sin embargo, esta visión no es convincente. De hecho, Jaeger la rechaza firmemente. El mero hecho de que Heráclito exprese un juicio desfavorable sobre Jenófanes en B. Frag. 40 hace que el punto de vista de Gigon parezca aún más improbable. Jaeger tampoco logra explicar, sin embargo, cómo la deidad de Heráclito puede concebirse como trascendente.

En mi opinión, es necesario darse cuenta de que la caracterización de esta deidad como la corriente vital que fluye eternamente, en la que "el camino hacia arriba y hacia abajo es uno y el mismo" (B Frag. 60), deja algo sin resolver. En la teología dialéctica del oscuro efesio, el motivo de la materia vuelve a aparecer como el motivo formal de la religión cultural, y está completamente en consonancia con su modo dialéctico de pensar el buscar la unidad de los polos opuestos en esta teología también. Esto ofrece una explicación natural del significado de los B. Fragms. 32, 33 y 64:

B. Frag. 32: ἓν τὸ σοφὸν μόνον λέγεσθαι οὐκ ἐθέλει καὶ ἐθέλει Ζηνὸς ὄνομα.

("El uno, el único Sabio, no quiere y quiere ser llamado por el nombre de Zeus").

B. Frag. 33: νόμος καὶ βουλῇ πείθεσθαι ἑνός.

("La ley es también obedecer la voluntad del Uno)

B. Frag. 64: τὰ δὲ πάντα οἰακίζει Κεραυνός. ("Pero el universo es gobernado por el rayo").

Esta última expresión debe entenderse como una referencia al rayo de Zeus, quien él mismo está simbolizado en el fuego.

También es fácil entender que, en la concepción heraclítea de la deidad, el motivo de la materia ha sido fuertemente racionalizado. Esta racionalización avanza aquí más allá de lo que lo hizo en los milesios, aunque *physis* aún conserva un profundo substrato irracionalista. La sabiduría de Zeus, el dios supremo de la religión cultural, se transfiere a la corriente divina de la vida y se elabora en el θεῖος νόμος. Al mismo tiempo, se elimina la limitación antropomórfica que este dios había recibido en la religión olímpica. Esta sabiduría, sin embargo, no es la sabiduría de un demiurgo. *nómos*

§9 La interpretación de Parménides, B. Frag. 3

Reinhardt ha establecido enfáticamente (*op. cit.*, p. 30) que en el poema didáctico de Parménides, ser y pensamiento, así como apariencia y *doxa*, son concebidos como uno y el mismo. Señala al respecto:

En efecto, si se examina más de cerca, una separación entre pensamiento y ser (o entre apariencia y representación) simplemente no puede demostrarse en los fragmentos. Parménides comienza el [camino de] la *doxa* (δόξα) diciendo (Fragm. 8, 53) que los hombres han acordado dar nombres a dos formas diferentes, pero no expone, como uno podría esperar, cómo produjeron su visión del mundo a partir de esas dos formas. Más bien, el contenido del pensamiento en un solo acto toma todas las cosas en sí mismo. La oscuridad y la luz se unen y constituyen el mundo; del camino del conocimiento surge, para nuestra sorpresa, una cosmogonía: lo que no era más que un nombre, una audaz afirmación, una onoma (ὄνομα), entra en relaciones físicas y finalmente da origen incluso al propio hombre junto con sus actos cognitivos.

En su *Der Ursprung der griechischen Philosophie, von Hesiod bis Parmenides* (B. Schwabe & Co., 1945, p. 267), Gigon adopta la misma visión.

§10 La interpretación religiosa de la ontología de Parménides

Página 84, texto. Diversos escritores modernos (en particular Burnet, Reinhardt y Gigon) han dado demasiada importancia al hecho de que los fragmentos conservados del poema didáctico de Parménides no llaman explícitamente al ser una deidad ni lo califican de divino. Reinhardt, cuyo libro sobre Parménides es especialmente importante por la nueva luz que arroja sobre los restos extremadamente fragmentarios de la segunda parte del poema (pp. 250 ss.), piensa que la ontología de Parménides puede caracterizarse como una "lógica libre" —es decir, libre en el sentido de "carente de toda mezcla de teología"—, una lógica en la que se desarrolla un método de pensamiento puramente conceptual. Según

Reinhardt, Jenófanes fue el primero en dar una interpretación teológica al concepto de ser de Parménides. En general, Gigon ha seguido esta opinión (véase mi crítica a esta audaz hipótesis en la página 62, nota 2).

En lo que respecta a Reinhardt, esta visión de la ontología de Parménides no se sostiene por sí sola. Dentro de la filosofía presocrática, según él, Anaximandro, Parménides, Anaxágoras, Empédocles y Demócrito se sitúan igualmente fuera de la esfera del pensamiento religioso. Sólo en el caso de Pitágoras y Heráclito admitirá que la aspiración al conocimiento puramente científico está entrelazada "de una manera extraña" con una interpretación místico-religiosa básica del mundo.

Jaeger (*op. cit.*, capítulo 6) llega a una visión completamente diferente de la metafísica de Parménides, una visión que está mucho más cerca de la mía. Señala el hecho de que, en su solemne *prooemium*, Parménides, al igual que Hesíodo, apela a una revelación divina especial que le muestra el camino hacia la Verdad. "Su misteriosa visión en el reino de la luz es una genuina experiencia religiosa" (p. 96), y Jaeger afirma que el prototipo de esta experiencia religiosa debe buscarse en los misterios y ceremonias de iniciación. No obstante, dado que el ser no es nombrado explícitamente como deidad, Jaeger no se aventura a dar una interpretación teológica a la metafísica de Parménides. Más bien concluye que "el elemento religioso reside más en la manera en que el hombre ha sido afectado por su descubrimiento, y en su firme y decidida entrega a la elección entre la verdad y la apariencia, que en cualquier clasificación del objeto de su investigación como divino" (p. 107). Me parece que esta afirmación otorga nuevamente demasiado peso a la cuestión formal de los nombres.

En mi opinión, es mucho más importante centrarse en los predicados que el pensador eleata atribuye al ser, pues éstos adquieren distintivamente tonos divinos en su polar antítesis con los predicados tomados del motivo de la materia que la filosofía natural milesia había asignado al *archē* divino.

Como he argumentado en el texto, Parménides, B. Fragms. 8, 42-44 (véase nota 2, p. 56 texto), en particular debe ser considerado aquí en todo su significado religioso. Debido a su falta de comprensión del motivo fundamental religioso del pensamiento griego, Jaeger no pudo hacer justicia a este fragmento mejor que los otros escritores posteriores que he consultado. Considera la idea de Parménides del ser como una concepción en la que el esfuerzo de los filósofos naturales jonios por despojar al mundo de su forma se lleva a su conclusión última al privarlo incluso de su carácter como mundo. "Cuando Parménides afirma que el Existente es equidistante en todos los lados como una esfera (una comparación evidentemente pitagorizante), esto es, por así decirlo, el último vestigio de la forma-mundo que no ha logrado eliminar; e incluso en este pasaje deja claro que se trata meramente de una comparación" (pp. 106-107).

Esta afirmación está plagada de malentendidos. En realidad, todo el fragmento sólo recibe su significado del motivo religiosos de la forma y en la concepción uránica, pitagórico-órfica, en la que este motivo se manifiesta aquí, en una posición diametralmente opuesta al motivo de la materia religiosa tal como apareció en la idea de la deidad de los milesios.

La atribución de la forma esférica al "ser verdadero" en este fragmento no puede basarse en una mera comparación. Esto es claramente evidente por el hecho de que Parménides atribuye directamente una propiedad geométrica a este ser, a saber, que es "igualmente curvado en todos los sentidos hacia afuera desde el centro La comparación se aplica únicamente a una esfera como un cuerpo perceptible por los sentidos (la masa de un globo). Este último hecho es ignorado por Burnet, Ueberweg-Praechter, *et al.*, quienes pensaban que Parménides identificaba la forma del ser con un globo material. Este último autor comenta: "Según sus propias palabras, él en realidad considera el ser como una masa que llena el espacio y está delimitada espacialmente".[13] Pero el fragmento apunta claramente en otra dirección, a saber, que la forma esférica del ser verdadero se llama solo comparable al ὄγϰος, la masa de un globo bien redondeado.

Parece que este ὄγϰος se refiere a la cúpula celeste visible y fija tratada en Parménides, B. Frag. 10, 5 (οἰωνῶν ἀμφὶς ἔχοντα). Esta tiene forma de globo, y está constreñida por la *anagkē* (que aquí nuevamente es similar a la *dikē* cósmica del *prooemium*) para mantener a las estrellas dentro de los límites de sus cursos. En su *Der Ursprung der griechischen Philosophie*, 1945, p. 279, Gigon sigue la visión actual al suponer que esta cúpula celeste debía consistir en fuego puro, pues Parménides hace una afirmación correspondiente de que la tierra es una masa compuesta de noche o oscuridad. "Si la simetría y el equilibrio de las dos formas que llenan el cosmos [es decir, fuego y noche] han de preservarse, es evidente que la cúpula celeste no puede consistir únicamente en fuego. Pues entonces habría más luz que oscuridad en el cosmos y, además, esto sería contrario a toda apariencia".

Ahora, Cicerón relata en su *De natura deorum*, I, 11, 28 (cf. Diels-Kranz, I, 224; Parménides A Fragm. 37) que Parménides afirmó que los cielos están rodeados por un anillo de luz ("lucis orbem qui cingit caelum"), al que llamó Dios (quem appelat deum). Luego añade: "in quo neque figuram divinam neque sensum quisquam suspicari potest". Es evidente por Aecio en el mismo fragmento que este anillo de luz —del cual Cicerón dice además: "coronae simile efficit" (στεφάνην appellat")— no es idéntico al fuego visible de los cielos, sino que está más allá de esto. Sólo en este contexto se hace plenamente clara la conexión con Parménides, B. Fragms. 8, 42-44. La esfera del ser de Parménides se concibe efectivamente en un sentido religioso como una esfera de luz, y esto se representa dentro del cosmos visible mediante la cúpula celeste material de fuego con la que el fragmento anterior dice que es comparable.

En este sentido, Gigon hace el siguiente comentario (p. 280): "En términos de forma, la capa exterior de fuego es la contrapartida de la tierra tenebrosa. Es también representativa del ser, mientras que la tierra es la representante de la no-existencia. Pero esto no es todo. Es también lo divino, que se alza opuesto al dominio del hombre. Es la deidad misma y la provincia de la deidad, la cual, por tanto, es llamada también 'el Olimpo más lejano' en 28 B 11.[14] Si en algún lugar encontramos la influencia de la teología de Jenófanes —que está ausente en la ontología de Parménides— es aquí. En el anillo exterior de fuego que circunda el cosmos y...más allá del cosmos, que se llama Dios, la esfera de Jenófanes es llevada al cosmos de opinión...".

Sin embargo, esta concepción no deja lugar para la esfera supersensible del ser que B. Fragms. 8, 42-44 establece expresamente. Gigon escribe: "El ser está más allá de la posibilidad de percepción y por tanto sólo puede ser comparable a la esfera. El cosmos de la apariencia, que todavía contiene una parte del ser, es una esfera" (p. 275). También él ignora, por tanto, la sutil distinción hecha en el fragmento anterior. Es más, la "esfera divina de la luz" de la que habla Cicerón debe ser atribuida al cosmos de la apariencia, y sigue siendo completamente oscuro cómo se relaciona este Dios real con el *daimōn* que, en B. Fragms. 12, se dice que "gobierna todas las cosas" (ἥ πάντα κυβερνᾷ). Gigon concede que este *daimōn* es una mezcla de luz y oscuridad y supone que su morada está en la esfera lunar. Pero ¿qué función quedaría dentro del cosmos visible para una esfera de luz pura?

§11 El mito órfico de Dionisio Zagreus. La tendencia panteísta en las cosmogonías órficas antiguas

Páginas 91-92, texto. El mito órfico de Dionisio Zagreus exhibe un claro rasgo panteísta que es característico de la teología órfica en su conjunto y está relacionado con la llamada tendencia "teocrática", en la que las formas divinas se entremezclan.

Este panteísmo se manifiesta muy claramente en los conocidos versos del escrito pseudo-aristotélico *De mundo*, c. 7. En su recopilación de fragmentos órficos, Franz Kern los ha clasificado bajo los "Fragmenta veteriora", y la segunda línea ha sido incluida por Diels-Kranz, I (Heráclito, B. Frag. 6, al final), entre los testimonios antiguos atestiguados. Los versos dicen:[15]

Zeus se convirtió en el primero y él es hasta el último el señor del rayo; Zeus es la cabeza y el medio; todo ha llegado a ser a través de Zeus; Zeus es el fundamento de la tierra y el cielo, que está sembrado de estrellas; Zeus asumió forma humana; Zeus se convirtió en ninfa inmortal; Zeus es el aliento de todos; Zeus gobierna en el resplandor de la llama vacilante; Zeus está en las profundidades del mar, en los rayos del sol y en la luz de la luna; Zeus es el rey y el señor de todo, el señor del rayo; él ocultó todo en sí mismo; luego lo trae de nuevo a la luz amiga. El cielo, fuera de su santo pecho, mediante famosas hazañas.

Esta tendencia panteísta también encuentra una expresión más clara en varios fragmentos de las cosmogonías órficas. 7 B. Frag. 3 (Diels-Kranz, I, 48) dice así sobre la cosmogonía de Ferecides: "Ferecides dice que cuando Zeus se dispuso a formar el mundo, se transformó en *Erōs*, porque estaba combinando el cosmos de los elementos opuestos en armonía y amor y estaba sembrando el mismo empeño en todas las cosas, y la unidad que lo impregna todo". Se sabe que Ferecides de Siro (murió ca. 540 a.C.), quien ya muestra claramente la influencia de la filosofía natural milesia, propone como *archai* eternas a Zas (Zeus, es decir, el éter o la luz), *Chthoniē* (la tierra) y *Chronos* (el tiempo). El dualismo órfico entre la esfera superior de luz y la esfera terrenal de oscuridad se mantiene aquí. Sin embargo, Ferecides hace que Zas y *Chthoniē* se unan en matrimonio, tal como el mito órfico de Dionisio hace entrar al segundo en el proceso de la *physis* fluyente, donde es desgarrado en una multiplicidad antes de retornar a la unidad luminosa divina. En otra cosmogonía órfica antigua, *Chronos* da a luz el "huevo del mundo", cuya parte superior es *Ouranos* y la parte inferior es *Gē* (la tierra). Aquí nuevamente sigue un matrimonio entre el cielo y la tierra (véase 1 A. Frag. 13).

Me parece que el rasgo innegablemente panteísta de la teología órfica es un indicador importante del carácter relativo de la antigua creencia órfica en la inmortalidad del alma individual. En el texto he señalado repetidamente esta creencia órfica, tal como aparece en los antiguos pitagóricos y en Empédocles.

§12 El tercer camino en la segunda parte del poema de Parménides

En la página 91 del texto escribí que en la segunda parte del poema didáctico de Parménides, la diosa *dikē* se encarga de exponer el segundo camino de la indagación. En esto seguí las palabras de Parménides, B. Frag. 2 y 6. Reinhardt (*op. cit.*, p. 36) ha señalado correctamente, sin embargo, que el poema en realidad establece tres caminos: (1) el ser es; (2) el ser no es; (3) el ser es y no es. Lo apoya refiriéndose al tratado de Gorgias *Sobre el no ser*.

El camino que se expone en la segunda parte del poema es entonces, de hecho, no el segundo, sino el tercero. Véase también el punto 16.

§13 La interpretación de Parménides, B. Frag. 8, 50 ss.

En un artículo importante sobre el poema didáctico de Parménides, que apareció en la revista *Gids* en 1948, Peter Brommer da a las palabras τῶν μὲν οὔ χρεών ἐστιν en Parménides, B. Frag. 8, 54 una interpretación que se aparta de la visión prevaleciente.[16] Según él, significan que una forma única no es suficiente para explicar los fenómenos visibles de la naturaleza, sino que son necesarias dos formas. Por supuesto, tal interpretación altera el significado entero de este fragmento. Me parece, sin embargo, que esta visión es difícil de sostener, incluso por razones puramente lingüísticas. Hasta donde llega mi conocimiento, las palabras οὔ χρεών ἐστιν nunca pueden significar "no es suficiente La palabra χρεών significa "lo necesario" o "lo que es apropiado

La interpretación de Brommer favorece los intentos recientes de conceder una valoración más positiva a la segunda parte del poema. Algunos han encontrado difícil creer que el gran pensador eleata pudiera haber negado la realidad de los fenómenos de la naturaleza, y que —como necesariamente seguiría de una interpretación puramente lógica de la primera parte del poema— la suma de su sabiduría pudiera encontrarse solo en el juicio lógico de identidad, "el ser es". Por esta razón, se intentó dar a la ontología de Parménides un papel en la explicación del proceso de devenir, similar al desempeñado por el *archē* de la filosofía natural milesia (cf., por ejemplo, Kurt Reizler, *Parmenides*, Frankfurt, 1934, pp. 50 ss.). Sin embargo, Brommer siente que esta interpretación, la cual también es rechazada por Jaeger (*op. cit.*, p. 105), resulta en una distorsión total del pensamiento de Parménides que es contradicha por los propios fragmentos. Busca, por lo tanto, una solución en otro sentido, la idea de que la primera parte del poema presenta más bien una experiencia directa de la unidad absoluta del ser bajo la guía de una revelación divina, mientras que la segunda parte ofrece una explicación del mundo que es acorde a la representación mental humana y al pensamiento conceptual, que siempre se ve obligado a dividir la unidad en una pluralidad.

Desde este último punto de vista, la luz y la oscuridad son dos aspectos necesariamente complementarios de la realidad. "No podemos en ningún caso escapar a la necesidad irresistible de 'concebir' la realidad en una doble serie de conceptos; esta es la 'forma' necesaria en la que estamos condenados a comprender el ser".

Es evidente que la traducción de Brommer de las palabras οὖ χρεών ἐστιν implica un cambio completo en la relación entre la primera y la segunda parte del poema. Sin embargo, esta teoría fue formulada sin tener en cuenta el motivo religioso dialéctico fundamental del pensamiento griego; y, por tanto, podría aplicarse igualmente bien a un sistema filosófico moderno que contrasta la contemplación intuitiva y ontológica de lo absoluto con el pensamiento discursivo y conceptual en el que sólo se aprehende lo relativo.

Aunque Aristóteles afirma expresamente que la luz y la oscuridad representan el ser y el no-ser, respectivamente, Brommer descarta esto diciendo: "Escucha la severa censura de Parménides a las personas de dos cabezas (fr. 6, 5 y 8), que hicieron cooperar al Ser y al No-Ser en la fundación del universo, y luego considera si es probable que él mismo, bajo la guía de la diosa, haya caído en la misma debilidad". Pero si se lee el fragmento 6 en su totalidad, queda claro que, en esta "censura de los de dos cabezas", la diosa le está revelando a Parménides precisamente el tercer camino que se sigue en la segunda parte del poema, a fin de mantener al filósofo alejado de la ignorancia de las opiniones engañosas e ilusorias de los hombres (frag. 1, 31-32), y de que sus *doxa* sobrepasen a las suyas propias (frag. 8, 61).

Según Brommer, sin embargo, el camino seguido en la segunda parte del poema sostiene que el uno se concibe en los dos contrarios de luz y oscuridad. En apoyo de esto, recurre a la tabla pitagórica de los opuestos, que en su opinión tampoco se preocupa por la oposición entre ser y no-ser. Más bien, la distinción que supuestamente existe dentro de la esencia del ser, en este caso, se encuentra en el propio número. "El vacío, como no-ser, de hecho tiene una función en la teoría pitagórica, pero sólo en los números; sirve para hacer posible la distinción de los puntos, lo que constituye la esencia del número; pero no juega ningún papel en valorar los opuestos".

Así, si entiendo correctamente a Brommer, él percibe en el método seguido en la segunda parte del poema un cuarto camino, que necesitaría distinguirse del camino que se traza en B. Frag. 6, líneas 8 y 9, a saber, que "el Ser y el No-Ser han de considerarse como lo mismo y no lo mismo", y que "todas las cosas siguen la senda de un círculo" (παλίντροπος κέλευθος). Pero ¿cuál sería esta distinción? Soy incapaz de verla. Además, si de hecho el método seguido en la segunda parte del poema difiere fundamentalmente del recomendado en B. Frag. 6, líneas 8 y 9, habría que considerarlo como un enfoque completamente nuevo que no ha sido en absoluto preparado críticamente en la primera parte. Esta visión tiene poco que la recomiende. La introducción a la segunda parte del poema (B. Frag. 8, 55) afirma que "dividieron la forma [de *physis*] en dos [formas] opuestas"; pero aquellos que hacen esto deben ser considerados necesariamente entre los mortales a quienes B. Frag. 6 censura como "de dos cabezas". Porque uno no puede dividir el ser en opuestos sin decir que el ser y el no-ser son lo mismo y no lo mismo al mismo tiempo.

Si se acepta la interpretación de Brommer de τῶν μίαν οὐ χρεών ἐστιν – ἐν οὗ πεπλανημένοι εἰσίν, las palabras que preceden directamente a la cita anterior de B. Frag. 8, uno se enfrenta de inmediato a la cuestión de si los predecesores de Parménides enseñaron que el cosmos visible puede explicarse en términos de un solo principio y sin la aparición de pares de opuestos en las formas visibles. Pues no puede ser que la crítica de Parménides esté dirigida a la unidad del principio divino de Origen, que los milesios habían postulado y que también se encuentra en la *Monas* pitagórica. Esta unidad, considerada en sí misma, aparte del flujo eterno en el proceso de devenir, podría ser aceptada por el pensador eleata sin reservas. Su crítica fue necesariamente dirigida exclusivamente contra la combinación de forma y materia, ser y no-ser (devenir), una combinación que ni los milesios ni Heráclito ni los pitagóricos pudieron producir sin recurrir a la oposición.

Y ahora, todos los predecesores de Parménides enseñaron unánimemente que el único Origen se manifiesta dentro del cosmos visible en pares de opuestos. La oposición entre luz y oscuridad, que recibe aquí la mención particular de Parménides, es de linaje órfico-pitagórico. En vista de esto, la observación adicional en B. Frag. 8, 54, "en qué punto han caído en el error", carecería de sentido si la traducción de Brommer de las palabras τῶν μίαν οὐ χρεών ἐστιν fuera correcta. En oposición a esto, Gigon expresa la interpretación generalmente aceptada, que fue articulada por primera vez por Aristóteles, en su comentario:

La observación de que una de las dos formas podría no haber recibido un nombre es decisiva. El otro, por tanto, tiene su nombre correctamente. La última representa el ser, la primera el no-ser. El error de los hombres es que dan un nombre también al no-ser. El par es fuego y noche, y, así, el mismo par que en Anaximandro procedía del ilimitado y de allí constituía los cielos estrellados.[17]

§14 La concepción pitagórico-órfica del alma en Parménides

Página 92, texto y nota 43. La declaración de Parménides, reportada por Simplicio, de que las almas son enviadas desde lo visible a lo invisible, y luego de nuevo desde lo invisible a lo visible, es interpretada por Gigon (*op. cit.*, p. 281) —en mi opinión correctamente— enteramente en términos de B. Fragms. 12 y 13. Luego observa: "[Esto] no es otra cosa que el ritmo interminable de la inmortalidad pitagórica, la alternancia de la muerte y la reencarnación. Esta enseñanza se alinea sin duda con el principio de las dos formas. La alternancia tiene lugar entre la luz y la noche... La pregunta ineludible es entonces: ¿qué es la luz y qué es la noche? La luz terrenal podría no ser 'luz', pues la tierra en realidad está hecha de noche...".

"Hay un pasaje que sin duda complementa esta visión. 28 A. 1 dice que, según Parménides, 'el hombre descendió originalmente del sol'. Así, la región luminosa del ser humano, o del alma, en la región pura del sol es una obvia transformación de la visión pitagórica ya mencionada que sostiene que la morada del alma está en las estrellas. Al mismo tiempo, vemos una vez más cómo la ecuación 'noche = no-ser = mundo de la opinión = mundo de la moralidad' continúa operando incluso en los detalles de la estructura cósmica".

"La tierra no solo consiste en la forma de la noche en términos físicos. Es también la verdadera región de los muertos en la que las almas están enterradas, y Empédocles la representó así en su poema *Purificaciones*".[18]

§15 El motivo de la forma en la idea de Dios de Jenófanes

Páginas 92, 93 y 98, texto. En varios de los fragmentos A de Diels-Kranz (cf. Jenófanes, A Fragms. 28, 31 y 33), se nos dice que Jenófanes describía a la deidad como σφαιροειδής (como una esfera). Si estos testimonia pueden considerarse fiables en este punto, nos enfrentamos nuevamente con el mismo problema en la idea de la forma divina de Jenófanes que encontramos en la de Parménides. Es altamente improbable que Jenófanes haya identificado la forma divina con la cúpula celeste material, que según los testimonia fue vista primero por Anaximandro.

Gigon ha señalado correctamente que los fragmentos de Jenófanes sobre la naturaleza delinean un cuadro del mundo que excluye categóricamente la posibilidad de un cosmos esféricamente limitado. Además, sugiere que la comparación de la deidad con una esfera solo puede ser un indicio de la influencia pitagórica, la cual, según Gigon, data de una etapa posterior en el desarrollo de Jenófanes, más allá de las nociones extremadamente primitivas de su filosofía natural. En mi opinión, aquí también debe considerarse esta esfera como una forma matemática puramente supersensible; de lo contrario, σφαιροειδής no tendría ningún significado. En este caso, sin embargo, carecemos de cualquier indicación clara como la proporcionada por Parménides, B. Fragms. 8, 42-44, algo que también fue la causa de la incertidumbre de Aristóteles en *Metafísica* A 5, 986 b 21 (véase página 57, texto y nota 2).

El hecho de que la concepción de la deidad de Jenófanes no tenga ninguna conexión con su filosofía de la naturaleza una vez más subraya la posición adoptada en el texto de que no se encuentra en su pensamiento ningún rastro de una teoría metafísica sobre la relación entre los principios de forma y materia.

B. Fragms. 23 y 25, citados en la nota 2 de la página 66, siguen siendo altamente significativos para la idea de Dios de Jenófanes. El último fragmento dice que el único Dios, sin que le falten tablas o remos (κραδαίνει), mueve todas las cosas por el mero poder de su mente. Gigon comenta aquí:

"Jenófanes llama al mundo χραδαίνειν, 'sacudir' De esto podemos deducir no sólo que Dios está opuesto al cosmos y es completamente distinto de él, sino también que su papel aún se describe en términos de nociones mitológicas que consideraban el temblor de la tierra como una de las manifestaciones principales de la presencia divina.[19] En mi opinión, el fragmento indica algo más que esto. Muestra que el motivo religioso de Jenófanes, al igual que el de Parménides, aún no puede ser el motivo de la forma pura de la religión cultural. En los *testimonia* de los fragmentos A citados arriba, el χραδαίνειν mencionado por Jenófanes ya ha sido reemplazado —quizá en parte debido a la influencia de Platón y Aristóteles— por χρατεῖν. Por su parte, Jenófanes en cambio pensaba la voluntad divina en términos de las nociones de la religión natural y meramente la racionalizó e intelectualizó. Como he mostrado antes en el texto en la página 62, por esta razón puede considerarse a Jenófanes como el precursor de la teoría del *nous* de Anaxágoras.

El *nous* de la deidad de Jenófanes no es ni una inteligencia teórica, como en el caso de Parménides, ni un poder práctico. Es más bien una inteligencia que, en su gobierno de los eventos visibles de la naturaleza, se manifiesta únicamente como acción, sin seguir ninguna pauta cultural definida en sus actos.

§16 El escepticismo teológico de Jenófanes

Página 92, texto. Puedo estar plenamente de acuerdo con Gigon en su observación de que el escepticismo teológico de Jenófanes solo puede entenderse sobre el trasfondo de la omnisciencia de la deidad; en comparación con esto, todo el conocimiento humano no es más que mera *doxa*. Me inclino, por tanto, a interpretar B. Frag. 34 en este sentido. Sin embargo, no iría tan lejos como para restringir el pensamiento de Jenófanes únicamente a su cosmología, que desarrolló temprano, y a su doctrina posterior de Dios (que Gigon dice que muestra la influencia pitagórica) en las cuestiones del conocimiento verdadero y cierto. Los fragmentos no aportan evidencia concluyente de tal distinción.

§17 La teoría original pitagórica de los números

Páginas 98, texto. La concepción original y dinámica de los números en los pitagóricos aún se preserva en la definición dada por Nicómaco, el neopitagórico, quien sostiene que el número es "un flujo de cantidad compuesto de unidades" (ποσότητος ῥοὴ ἐκ μονάδων συγκεχυμένη; Nicómaco, *Introducción a la aritmética*, A. 7.1, citado por Sir Thomas Heath en *A History of Greek Mathematics*, vol. I, 1921, p. 70).

Aristóteles (*Met.* M 7, 1080 b 18, 32) afirma explícitamente que los pitagóricos construyeron los cielos interiores a partir de números, pero no de mónadas, ya que sostenían que los números tienen magnitud (extensión). Para ellos, la *Monas* no era en sí misma un número, sino el *archē* o principio de todos los números. En *Metafísica* N 5, 1092 b 10, Aristóteles ofrece una ilustración de cómo los pitagóricos usaban puntos sensibles para denotar que un número tenía una forma particular: "Eurito determinaba a qué número pertenece cada cosa (por ejemplo, este es el número del hombre, aquel del caballo)" e imitaba las formas de los seres vivos con guijarros, como aquellos que disponen números en las formas de un triángulo o un cuadrado" (véase más en Heath, *op. cit.*, pp. 76 ss.).

§18 La concepción de Alcmeón del pensamiento lógico como núcleo del alma humana. Su gran descubrimiento fisiológico

Página 108-109, nota 80, cf. la discusión en el texto. Se desprende de varios *testimonia* (Alcmeón, A. Fragms. 10 y 11) que Alcmeón enseñó que el cerebro es el asiento del pensamiento lógico, una visión que Platón adoptó en su *Timeo*. Este hallazgo estaba estrechamente relacionado con su gran descubrimiento fisiológico.

Según Calcidio (en su comentario al *Timeo* de Platón, Alcmeón, A. Fragm. 10), Alcmeón fue la primera persona en realizar disecciones, y lo hizo en animales vivos (véase Julius Hirschberg, *Archiv für Ophthalmologie*, 105 [1921], p. 129 ss., y *Vorlesungen über hippokratische Heilkunde* [Berlín, 1922], p. 19 ss.). En esto observó que había nervios (como los llamamos) que parten de nuestros órganos sensoriales y conducen al cerebro en ciertos puntos. Así descubrió que el cerebro es el órgano central de la percepción sensorial. Lo que es más, estableció por primera vez una fisiología completa de la sensación, en la que su explicación del proceso de percepción óptica en particular ha atraído especial atención. Concibió la estructura vítrea del ojo como una especie de espejo que refleja los objetos del mundo exterior, produciendo "imágenes" que son transmitidas al cerebro a través de los "canales conductores de luz" (es decir, los nervios ópticos).

Teofrasto dice que Alcmeón fue uno de los que negó que la percepción pueda explicarse en términos de la acción de lo semejante sobre lo semejante. En este punto, se le considera precursor de Anaxágoras.

§19 El significado de la *psyche* en Homero y en la rama de la filosofía griega influida por el orfismo

Página 112, texto. La concepción de la *psyche* homérica según Rohde, que prevaleció hasta la publicación del libro de W. Otto *Die Manen oder von den Urformen des Totenglaubens* (1923), se resume en su afirmación:

"En la concepción homérica, un ser humano tiene una presencia dual: su manifestación perceptible y su semejanza invisible que es liberada por primera vez en la muerte. Y esto no es otra cosa que su *psyche*".[20]

Siguiendo las líneas de la teoría animista de Spencer y Tylor, explicó esta noción como un "segundo yo" o "doble" (*psyche*), que permanece latente durante la vida humana y solo se libera en la muerte, sobre la base de nuestra experiencia de una vida dual aparentemente real en los sueños, en el éxtasis y en la inconsciencia.

Otto refutó de una vez por todas esta "teoría del sueño En efecto, Rohde mostró una falta de visión crítica cuando buscó apoyo para su interpretación de la concepción homérica de la *psyche* en la siguiente expresión poética de Píndaro:

> Y todos los cuerpos de los hombres siguen el llamado
> de la muerte que todo lo domina;
> y sin embargo quedará atrás
> un *eidolon* viviente de los vivos,
> pues esto solo proviene de los dioses.
> Duerme mientras los miembros están activos,
> pero para aquellos que duermen,
> se revela en visiones múltiples
> el enfoque ordenado por el destino
> de cosas dolorosas o jubilosas.

Estos versos expresan claramente la influencia del dualismo órfico entre el alma, que se origina en los cielos, y el cuerpo material terrenal; y, por supuesto, no hay ningún pensamiento de esto en Homero. No obstante, veremos enseguida que existe, de hecho, una cierta conexión entre la manera en que el *eidōlon* es concebido en Homero y en Píndaro; pero esto naturalmente no significa que la concepción de Homero pueda interpretarse sobre la base de la de Píndaro. Por el contrario, la concepción de Píndaro debe haber tomado forma en el contexto de la visión homérica.

Como he observado en el texto, el mismo Otto (*op. cit.*, pp. 18, 26, 32) identifica el "alma vital" de Homero con el *thumos*. Él niega enfáticamente que la *psychē* alguna vez signifique alma vital en este contexto. Según él, la *psychē* de la persona viva en Homero nunca representa una entidad independiente como el *thumos*. Más bien, simplemente significa "vida". Pero Otto debilita la fuerza del contraste básico que ha establecido cuando poco después admite que *thumos* y *psychē* en Homero a menudo significan igualmente vida.

Me parece que la cuestión de lo que ψυχή significaba para Homero no puede resolverse considerando cómo debería traducirse a un lenguaje moderno. Un pensador moderno ha aprendido a distinguir el aspecto orgánico, es decir, la vida, del aspecto psíquico. Pero para el griego, y con mayor razón para un griego de la época de Homero, toda la vida estaba impregnada por el alma. En el texto he entendido la *psychē* de la persona viva en Homero como un alma de sangre o alma vital, lo cual está en estrecha consonancia con la noción en la *Odisea*, XI, de que las sombras en el inframundo pueden recuperar temporalmente la conciencia terrenal y la memoria (ambas vinculadas para el griego homérico a la vida corporal) solo bebiendo sangre. Esta *psychē*, sin embargo, no se concibe en absoluto como una forma individual o personal. Dentro del marco del motivo griego forma-materia, es más bien una forma impersonal de la materia-espíritu que anima todo lo que tiene vida.

Jaeger (*op. cit.*, p. 84), que a primera vista parece estar de acuerdo con la interpretación de Otto sobre la *"psychē"* homérica de la persona viva, en realidad se posiciona de forma diferente. Otto afirma explícitamente (p. 26) que "en Homero el alma de los vivos se llama *thumos*". Luego elucida esta alma vital como el ser invisible que, en la creencia de muchos pueblos, se alberga dentro del hombre "como sustentador de su vida y portador de sus funciones físicas y mentales". En otras palabras, Otto considera el *thumos* tanto como el alma vital como el asiento de las funciones físicas y mentales. Jaeger, por el contrario, establece una distinción entre la *psychē*, el alma vital que abandona el cuerpo en la muerte pero que no tiene pensamiento ni sentimiento, y el *thumos* o alma consciente. Sin embargo, a diferencia de Onians, el profesor de Cambridge a quien me he referido en el texto, Jaeger no conecta etimológicamente la *psychē* con la respiración ni el *thumos* con la sangre que se ofrecía en sacrificios (ϑύω).

En uno de sus primeros trabajos, Ernst Bickel ofrece una respuesta convincente en su tratado *Homerischer Seelenglaube* (1925) a la cuestión de cómo Homero pudo haber usado una misma palabra, ψυχή, tanto para la vida como para el fantasma de los muertos (la sombra del cuerpo sin vida), una cuestión que Otto dejó sin resolver. Así, Bickel refuta la idea de Otto de que ψυχή es el concepto abstracto "vida". Él lo entiende más bien como "aliento", lo cual, según Bickel, está

implícito en el significado etimológico básico de la palabra
(cf. el uso homérico del verbo ἀποψύχω para "exhalar"[21]).
Sobre esta base, Jaeger observa con acierto (*op. cit.*, p. 81):
"Era bastante fácil pensar que el aliento que escapaba en la
muerte era idéntico a lo que la creencia primitiva sostenía
que era lo único que quedaba del muerto, y que bajo ciertas
circunstancias podía convertirse en objeto de a percepción
sensorial —a saber, el fantasma". En mi opinión, esto no puede ofrecer una solución al problema anterior si se continúa
aceptando la noción de Otto, que se basa únicamente en su
interpretación de material etnológico, de que el *eidōlon*-alma
en Homero no es más que la sombra del cuerpo muerto
concebida en términos puramente materiales".[22] Otto señala
el hecho de que esta creencia en fantasmas, junto con el
miedo sobrenatural que la acompaña, se encuentra en todas
las épocas y existe incluso hoy en día; pero tengo serias dudas
de que lo que está involucrado en esto sea meramente un doble inmaterial del cuerpo material muerto. Esto ciertamente
no es el caso con el fantasma de Samuel, que se levanta en
la cueva de Endor a petición de Saúl y predice su próxima
derrota y muerte. Para Homero mismo, se puede señalar en
la *Ilíada*, XXIII, 65, donde la ψυχή de Patroclo, la mismísima
semejanza del hombre en todos los aspectos —su estatura,
sus hermosos ojos y su voz— aparece a su querido Aquiles y
le suplica que atienda su cremación y entierro sin demora.
Este episodio no se ajusta en absoluto a la imagen de Otto
del *eidōlon*-alma. La *psychē* de Patroclo aún tiene la capacidad
de sentir y pensar, aunque perderá su facultad terrenal de
memoria al entrar en el Hades porque su vínculo con la
tierra habrá sido cortado. El fantasma que aparece a Aquiles
es, por tanto, de hecho la forma-sombra individual de todo

el ser humano, incluyendo su *psychē* terrenal y su *thumos*. Incluso las sombras en el Hades aparentemente aún poseen un alma-sombra, pues prohíben la entrada de Patroclo en el Hades antes de que haya sido cremado, y se mueven por allí.

A mi juicio, el debate académico que la delgada obra de Otto suscitó ha descuidado demasiado este punto. El propio Otto lo trató (*op. cit.*, p. 32 ss.), pero solo para forzarlo a encajar en su teoría. En su explicación de este episodio de la aparición del fantasma de Patroclo, la sombra supuestamente aún tiene un alma por virtud de su contacto con el cuerpo no cremado. Pero ¿no está este cuerpo desprovisto de la *psychē* y el *thumos*? La sombra difícilmente podría sacar su conciencia de allí. Además, esta cremación no existía todavía en los tiempos prehoméricos, y Rohde ha demostrado en detalle que en esa época los muertos eran enterrados con gran cuidado. No obstante, Otto sostiene que la noción de "el fantasma de los muertos" ha permanecido igual a través de todos los períodos, desde los pueblos primitivos hasta hoy.

Otto ha demostrado correctamente que la concepción de la *psychē* en Homero según Rohde está sujeta al reproche de estar bajo el hechizo de las construcciones animísticas apriorísticas de Spencer y Tylor. Pero, de manera similar, la propia teoría de Otto sobre el fantasma de los muertos puede justamente ser acusada de estar bajo el hechizo de construcciones no menos apriorísticas y especulativas —no obstante el hecho de que él mismo la califica como teoría "positivista"—, la teoría de Lévy-Bruhl, el discípulo de Durkheim, que concibe la "mentalidad primitiva" como una "mentalidad prelógica". Según Otto: "Este erudito ha mostrado con precisión en el caso de la creencia en almas que una serie de conceptos, que nosotros, siguiendo el ejemplo de los pueblos primitivos

mismos, designamos con el nombre de 'alma', no es más
que una expresión de un sentimiento de afinidad, ya sea
con animales, con lugares o con objetos; y no es probable
que nuestro aparato intelectual sea capaz de explicar por sí
mismo tales conexiones".[23] En su libro *Het primitieve denken
in de moderne wetenschap* (1933, p. 48), T. S. G. Moelia observa
con razón que esta mentalidad prelógica ha sido elevada casi
a un dogma, y la somete a una crítica exhaustiva sobre la base
de la evidencia etnológica misma.

En mi opinión, es extremadamente peligroso usar un dogma etnológico como base para la interpretación homérica
del concepto de *eidōlon-psychē*. Los problemas de la vida y la
muerte son inescapablemente de carácter religioso. Incluso
si uno acepta la tesis de Otto de que la noción del "fantasma de los muertos" se basa en experiencias recurrentes de
apariciones fantasmales, nunca debe olvidarse que esta asimilación e interpretación de dichas experiencias es siempre
determinada religiosamente y no puede considerarse apli-
cable a todos los tiempos ni a todos los pueblos de acuerdo
con el esquema prelógico de Lévy-Bruhl. Por esta razón, a mi
juicio, la concepción homérica del alma debe abordarse en
términos del motivo religioso básico griego. Por supuesto, las
pocas observaciones que pude dedicar a este tema en el texto
difícilmente pueden considerarse un tratamiento adecuado
de esta difícil cuestión. Antes de que eso pudiera hacerse, habría que emprender un examen detallado y crítico de todos
los pasajes en Homero donde aparece el término *psychē*, y eso
iría mucho más allá del alcance de este libro. Mi estudio de
los argumentos de Bickel y Jaeger me ha llevado a pensar que
Homero no establece un contraste tan agudo entre el alma
corporal y el alma aliento como hacen Onians y Cornford.

El alma vital puede situarse tanto en la sangre como en el aliento.

Sin embargo, sigo creyendo que mi concepción del *eidōlon*-alma como la forma-sombra individual, suprasensible, de todo el ser humano, incluyendo su *psychē* y su *thumos*, está en pleno acuerdo con los pasajes que Otto mismo ha presentado. En contra de esto, la explicación de Otto de la aparición del fantasma de Patroclo resultó incompatible con su propia teoría. Este *eidōlon* es entonces en realidad la contraparte polar en la muerte del *eidōlon* divino de los dioses olímpicos, quienes gozan de una vida inmortal en una forma individual, no menos sobrenatural, en la que hay tan poca evidencia de una dualidad entre cuerpo y alma como en los muertos.

En el uso posterior que hace Píndaro de la palabra *eidōlon* para el alma de la persona viva, que como la forma inmortal de una persona se origina en los cielos, el motivo de la religión cultural se ha desvinculado de la existencia corporal debido a la influencia del dualismo órfico. El *eidōlon-psychē* homérico ha perdido así su significado original. El *eidōlon*-alma ahora pertenece a la región celeste de la luz y ya no a la esfera nocturna del Hades. De manera dualista, se contrapone a la manifestación terrenal y corpórea del hombre, aunque todavía participa por igual de la *physis*, el flujo incesante de la vida terrenal. Este dualismo órfico también subyace al cambio fundamental en la concepción homérica que está implicado en la identificación platónica del *eidōlon-psychē* con el alma pensante en su *Fedón*. Es a esto a lo que me refería en la página 113 del texto, donde señalé que en el *Fedón* de Platón, un diálogo que revela influencia órfica, el *eidōlon*-alma homérico se identifica con el alma pensante y cognoscente. Tal identificación naturalmente sólo pudo ser posible una vez que la concepción homérica había sido transformada fundamentalmente. Y para lograr esta transformación no fue suficiente, como suponía Jaeger, que las concepciones homéricas de la *psychē* (como alma vital) y el *thumos* simplemente se fusionaran en una concepción unificada del alma humana.

Me parece que el núcleo de la cuestión radica en la concepción del *eidōlon* como la forma-sombra individual, suprasensible, de una persona, que los órficos separaron del cuerpo terrenal y transportaron desde el reino oscuro de la muerte a la esfera celeste de la vida. Este *eidōlon* transformado pudo entonces convertirse en el asiento del pensamiento y, según el caso, del sentimiento y la vida, funciones que Homero dividía entre el *thumos* y la *psychē*. La conexión que he trazado entre las concepciones homéricas y órficas del *eidōlon-psychē* puede verse claramente en el *Gorgias* de Platón, 523 A ss. (véase nota 29, página 236), un pasaje donde describe, completamente en la línea de la segunda oda olímpica de Píndaro, el juicio de las almas después de la muerte. El juez aquí inspecciona el alma que aparece ante él y la percibe en tales deformidades como también se pueden observar en el cuerpo, tanto mientras está viva como después de la muerte. Un argumento aún más fuerte para la conexión que he señalado se encuentra en el reino completamente nuevo que Platón da a los Hades homéricos, la morada de los muertos, en su *Fedón*. Allí Hades se convierte en Αἰθήρ, un reino suprasensible e invisible de luz al que la *psychē* inmortal de Sócrates está destinada a ascender y desde el cual contemplará la radiante *eidē*. Véanse también mis comentarios en la página 257-258 del texto.

Una transformación órfica de los Hades homéricos ya se vislumbra en la representación que da el poema *Purificaciones* (Κατηαρμοι) de Empédocles, donde describe el mundo de dolor en el que las almas caídas están revestidas de cuerpos terrenales (Empédocles, B. Fragms. 118 ss., especialmente 120-123). El poeta toma como ejemplo la *Nekyia* homérica, el descenso de Odiseo al Hades. Así como Odiseo contempla en el inframundo las huestes de sombras (*eidōla*) de aquellos que han muerto, las almas caídas que Empédocles ve en la oscura "caverna abovedada" o, en nuestras propias palabras, las huestes de espíritus que obran allí, y tanto aquí como en la *Nekyia* homérica éstas se enumeran sistemáticamente. En el poema de Empédocles, el alma caída en su prisión terrenal es la contraparte órfica del *eidōlon*-alma homérico, y nuevamente aquí la conexión es trazada de forma consciente y deliberada.

La diferencia entre esto y la concepción del *eidōlon* en Píndaro y Platón se debe presumiblemente al hecho de que, en la concepción órfica de Empédocles, la inmortalidad del alma individual se limita principalmente a sus errancias dionisíacas y dolorosas en la esfera terrenal, donde debe permanecer mientras esté encadenada a la rueda del nacimiento y el renacimiento. Al retornar a la esfera celeste de la luz, una vez más es absorbida en la unidad divina que todo lo abarca. Por esta razón, la conexión con el *eidōlon-psychē* homérico es aún más directa aquí que en el caso de Píndaro y Platón. Para Empédocles, Hades sigue siendo el reino de la oscuridad y la prisión. Es posible que su *Katharmoi* incluso haya proporcionado la inspiración para el celebrado mito de la caverna en el *República* de Platón.

Nuestra conclusión solo puede ser que la conexión hecha por Rohde entre el *eidōlon-psychē* de Homero y el de las odas olímpicas de Píndaro, a pesar del enfoque acrítico que adoptó, contenía un germen de verdad que Otto lamentablemente no supo apreciar.

§20 La relación entre los *Purificaciones* de Empédocles y su poema sobre la *physis*

Páginas 122 ss., texto. La opinión que durante mucho tiempo ha dominado, según la cual los *Katharmoi* o *Purificaciones* de Empédocles y su poema sobre la *physis* se contradecían intrínsecamente, fue en gran medida influenciada por la interpretación de este último como una "física mecanicista". El punto de partida para esta interpretación proviene una vez más del ideal científico moderno, véase, por ejemplo, Eduard Zeller-Nestle, *Philosophie der Griechen* (6a. edición), I, p. 1001. El presunto conflicto tuvo que ser importado en las *Purificaciones* mismas, sin embargo, porque no se podía negar que el papel desempeñado por los cuatro elementos, junto con el amor y el odio, es igual de esencial allí, tal como en el poema sobre la naturaleza. Herman Diels (*Über die Gedichte des Empedokles*, Berlín: Akademie, 1898, pp. 396 ss.) y Jean Bidez (*La biographie d'Empédocle*, Gante, 1894) intentaron eliminar esta dificultad asignando los dos poemas a períodos sucesivos de la vida de Empédocles.

Jaeger (*op. cit.*, pp. 128-155) concuerda en gran medida con mi concepción, hasta el punto de que, siguiendo el importante trabajo *Empédocle* (Turín, 1916) de Ettore Bignone, percibe básicamente el mismo espíritu en ambos poemas. Su visión armonizadora se apoya en su juicio de que el poema sobre la naturaleza no es menos teológico en carácter que los *Katharmoi*. Para él, en realidad no es más que una teología cosmológica, que describe en el mundo de la "naturaleza" la operación de los mismos poderes divinos que las *Purificacio-*

nes contemplan actuando en el "alma". Pero cuando Jaeger procede a desarrollar esta interpretación, que a mi juicio es correcta, se aparta considerablemente del análisis que he dado en el texto, ya que una vez más permanece ciego al carácter dialéctico del motivo religioso fundamental de la filosofía griega. Así, sostiene que el problema de Dios para Empédocles no es más que el problema de la forma divina: "Y éste es el ángulo desde el cual se aproxima a ella como un estudiante de la naturaleza. Lo que encuentra en la naturaleza no es una forma única sino una revelación manifiesta de lo Divino, tal como el griego había encontrado siempre" (p. 153). Debido a esto, Jaeger no pudo detectar ninguna diferencia básica entre la naturaleza divina de los cuatro elementos y la de amor y odio, y considera el *sphairos* como otra deidad, el dios supremo, que es semejante al "único Dios" de Jenófanes.

Para el primero de estos puntos, apela a Empédocles, B. Frag. 17, 27 ss.: "Todos estos son iguales en poder y de la misma edad…" (véase nota 1, p. 88 y la correspondiente traducción en el texto). Mientras que Diels y W. Capelle (*Die Vorsokratiker*, p. 196) sostienen, en mi opinión correctamente, que la palabra ταὐτὰ (éstos) aquí se refiere únicamente a los cuatro elementos, Jaeger sigue a Kranz al pensar que incluye también a *philia* y a *neikos*. Todas estas formas de lo divino, entonces, tendrían igual estatus, y Jaeger considera esto como un reflejo cosmológico del ideal democrático de gobierno que Empédocles había defendido en la lucha política de su ciudad natal, Acragante. Así, se alega que Empédocles adopta una posición que se opone en principio a la jerarquía teogónica de Hesíodo.

Si se lee el fragmento B en su contexto, sin embargo, esta interpretación "democrática" resulta insostenible. No es posible que tanto los elementos como las dos fuerzas motoras de amor y odio deban, en última instancia, "ganar la supremacía La venida de fuego a la preeminencia debe estar vinculada al predominio del amor, y la "preeminencia" de los otros elementos está necesariamente ligada con el predominio del odio; porque amor y odio son de hecho las causas del movimiento de los elementos. Además, me parece que la palabra τιμή, que Diels-Kranz traduce como "cargo," se debería traducir mejor como "valor" o "rango".

Ni en el poema sobre la naturaleza ni en las *Purificaciones* amor y odio se representan como formas corpóreas del ser. El único pasaje en el primero de estos poemas que se ha invocado para apoyar esta interpretación incorrecta es Empédocles, B. Frag. 17, 18-21, donde se nombran *neikos* y *philotēs* en conexión directa con los cuatro elementos, y una propiedad geométrica se parece atribuir al amor (ἴση μῆκός τε πλάτος τε, es decir, "igual en longitud y en anchura"). Pero el hecho de que estas palabras estén inmediatamente precedidas por ἐν τοῖσιν ("en ellos", es decir, los elementos) socava toda la interpretación. El amor, como fuerza motriz, se manifiesta únicamente dentro de los elementos, igualmente de acuerdo con su longitud y su anchura, mientras que el odio se dice que está separado de ellos y "en todas partes igual en peso" (ἀτάλαντον ἁπάντη). En otras palabras, *philia*, como un *daimon* o fuerza anímica divina, interpenetra completamente las formas corpóreas básicas; pero solo puede hacer esto porque no es en sí misma una forma corpórea. Empédocles, B. Frag. 16, en consecuencia, trae amor y odio en conexión con el tiempo infinito de la existencia de la vida, la cual siempre estará llena de ellos. Así, pueden verse claramente aquí como un contrapeso psíquico a los elementos corpóreos, que de manera similar llenan el espacio sin dejar ningún vacío.

En el texto, he demostrado en detalle que el *sphairos* divino es simplemente la forma corpórea que es producida por la *philia* divina cuando la unificación de los elementos ya no es contrarrestada por *neikos*. Por lo tanto, no puede ser en absoluto el caso de que el *sphairos* sea una manifestación independiente de la divinidad que existe por sí sola o, quizás, por encima de las series politeístas formadas por los cuatro elementos y amor y odio. El amor es concebido eternamente como una fuerza anímica fluida, y el *sphairos* es simplemente su forma corpórea apropiada. En ambos poemas de Empédocles, el amor se identifica con la diosa Cypris o Afrodita. Hablando de la edad de oro, Empédocles, B. Frag. 128 (de las *Purificaciones*), dice que en ese tiempo ni Ares, ni Cydomios, ni Zeus, ni Poseidón eran dioses, sino solo Cypris la Reina. De esto se desprende con gran claridad que el motivo dionisíaco en su reinterpretación órfica todavía mantiene la primacía religiosa en el pensamiento de Empédocles.

Hablando de un "gran juramento" por el cual la hegemonía alterna entre el odio y el amor, Empédocles, B. Frag. 30, expresa la misma idea que se encuentra en B. Frag. 115 de las *Purificaciones*, donde leemos del "decreto de *anagkē*, un antiguo y eterno edicto de los dioses, sellado con grandes juramentos La divina *philia*, la más alta deidad, cuya forma corpórea apropiada es el *sphairos*, es impotente frente a *anagkē*, que también ha designado la discordia y el odio para sus tiempos fijos en el ciclo del proceso mundial. Sin embargo, en los dos poemas se dice que las fuerzas motrices del bien y del mal son iguales en valor, tal como B. Frag. 17, 28 no dice esto de los elementos. La única igualdad que aparece es que todos son iguales en origen e igualmente en potencia. La típica interpretación democrática de la equivalencia de principios no se encuentra aquí. Según las claras palabras de B. Frag. 27, *philia*, cuando llega a su plena manifestación en el *sphairos*, realmente prevalece sobre los elementos en su limitada formación discreta.

Otro argumento de peso en contra de pensar que los elementos deben situarse al mismo nivel que las fuerzas divinas de amor y odio puede encontrarse en las ideas epistemológicas de Empédocles. Mientras que el poeta enseña (Empédocles, B. Frag. 9, 4 f.) que uno solo debe confiar en la percepción sensorial cuando se trata de cosas corpóreas, afirma explícitamente en B. Frag. 17, 21 que el amor tiene que ser contemplado con el *nous* (τὴν σὺ νόῳ δέρκευ). Evidentemente, *philia* no es perceptible a los sentidos, ya que es incorpórea y solo se puede contemplar con el intelecto. Además, en respuesta a la observación de Jaeger en la página 137 de que "los principios elementales de Empédocles están impregnados del propio aliento vital y de la esencia de los poderes divinos", debe objetarse que no hay ninguna instancia en la que este pensador-poeta represente los elementos en sí mismos como impregnados del aliento de vida. Las únicas cosas que "impregnan" son *philia* y *neikos*, que mediante su actividad antagónica hacen posible por primera vez el proceso fluido de la vida en la intermezcla de los elementos. La afirmación en Empédocles, B. Frag. 102 de que "todo ha recibido aliento y olor" se refiere claramente al cosmos, no a los elementos en sí mismos.

Todas estas objeciones deben dirigirse también contra Walter Kranz. En su recientemente publicada obra *Empedokles:*

Antike Gestalt und romantische Neuschöpfung, escribe: "Se ha observado correctamente que el término '*psychē*' no aparece en la obra preservada de Empédocles. Además, según su teoría de la naturaleza, no podría haber designado en absoluto una entidad particular, ya que en su opinión no hay nada que en sí mismo sea psíquico [24] En el poema sobre la naturaleza, sin embargo, encontramos que solo *philia* y *neikos* son caracterizados como *dáimōnes*, y en las *Purificaciones* la palabra *dáimōn* sin duda denota una *psychē* que existe después de la muerte. Apelando a Aristóteles, Kranz sostiene sin embargo (p. 42) que cada uno de los elementos de Empédocles es también un alma.

Finalmente, podemos tomar nota de la descripción del Apolo pitagórico dada en B. Frag. 134: "él es solo una mente, santa y efable, que atraviesa con rápido pensamiento todo el cosmos". Aquí se describe sin duda como una mente divina que no puede ser percibida por los sentidos. ¿Es este Apolo idéntico a *philia*, que tiene su forma corpórea apropiada y transitoria en el *sphairos*, pero que como poder psíquico eterno sigue siendo distinto de esta naturaleza corpórea? Dada la falta de pasajes relevantes, esto no puede determinarse; aunque a la luz de la tendencia "teocrática" órfica (véase arriba, nota 11) parece muy probable.

§21 La teoría del *nous* de Anaxágoras y los *spermata*

Páginas 144 ss., texto. Así como Parménides, en los fragmentos existentes de su poema didáctico, no expresa claramente su esfera supersensible del ser como Dios, los fragmentos B conservados que conciernen a la teoría de la *physis* de Anaxágoras tampoco aplican explícitamente esta designación al *nous*, que reina soberana sobre todo el proceso físico. La interpretación moderna y materialista que Burnet ha dado del *nous* de Anaxágoras, que sostiene que difiere esencialmente del principio órfico de los filósofos milesios de la naturaleza, se basa en parte en esto. Por esta razón, me resulta aún más sorprendente que Jaeger, quien lamenta la ausencia del nombre Dios en la ontología de Parménides como crucial, no tenga la misma objeción a una interpretación teológica del *nous* de Anaxágoras. En la obra que cito con frecuencia, *La teología de los primeros filósofos griegos* (1952), p. 161, encuentra casi seguro que el pensador de Clazómenas consideraba al *nous* como Dios. Basa esta conclusión tanto en el estilo hímnico de Anaxágoras, B. Frag. 12, como en los epítetos que Anaxágoras confiere explícitamente a su *nous* que gobierna el mundo. Si Jaeger hubiera aplicado estos mismos criterios a la primera parte del poema de Parménides, no podría haber evitado llegar a la misma conclusión allí.

Todos los análisis posteriores de Jaeger sobre la teoría del *nous* de Anaxágoras confirman plenamente la visión que avancé en el texto: que el motivo de la forma pura de la religión cultural aparece aquí por primera vez en la filosofía de la naturaleza. Sin embargo, Jaeger no percibió este motivo religioso fundamental como tal. Con respecto al plan providencial del mundo que Anaxágoras atribuye al *nous* divino (B. Frag. 12), observa: "La idea de este plan preconcebido del mundo es bastante digna de los físicos racionales del siglo V; resulta especialmente apropiada en una época que asigna a la τέχνη su aplicación a todas las áreas de la existencia y hasta encuentra su presencia en la naturaleza misma. ... El hecho de que la τέχνη haya hecho que la Mente divina guíe el universo en una dirección específica otorga a la física su aspecto teológico" (*op. cit.*, p. 163). Esa τέχνη tiene un significado cultural típicamente griego. Tan pronto como la *physis* se considera bajo este aspecto, tiene lugar una auténtica revolución en la visión griega de la naturaleza. El motivo de la forma de la religión cultural se convierte en dominante y también hace que su presencia se sienta en términos teológicos. Entre la concepción de la deidad de Jenófanes y Empédocles y la avanzada por Anaxágoras hay una diferencia profunda e inconfundible.

La interpretación de la concepción de Anaxágoras de la *mixis* original que defendí en el texto concuerda plenamente con la interpretación de Aristóteles. En *Metafísica* A 2, 1069 b, hace la siguiente observación sobre el estado inicial de la *hylē* en esta escuela jónica: "Y esta potencialidad (δύναμει ὂν) es el 'uno' de Anaxágoras —esa es una mejor expresión para 'todas las cosas juntas'— y la mezcla de Empédocles y Anaxímenes, y está destinada a significar la declaración de Demócrito: 'todas las cosas estaban juntas en potencia, pero no en acto'". Sin embargo, debe buscarse qué quisieron indicar o comprender con estos conceptos para abarcar la *hylē*. Unas líneas más abajo, critica la teoría de Anaxágoras de los *spermata*: "Uno podría preguntar, sin embargo, qué clase de no ser genera el ser; porque el no ser es triple en carácter [es decir, no ser absoluto, *sterēsis* o privación del ser, e *hylē* como potencialidad privativa]. La respuesta es: del no ser potencial, si tal cosa existe; pero, aún así, una cosa no surge de otra en mera potencialidad, sino que diferentes cosas provienen de diferentes potencialidades. Decir que 'todas las cosas estaban juntas' es, por lo tanto, inadecuado, porque difieren en cuanto a su *hylē*. ¿Por qué deberíamos suponer que lo infinito en número no es uno? Porque el *nous* es solo uno, de modo que, si la *hylē* también fuera meramente una, sólo esa podría haber llegado a ser en la actualidad para quien estaba en potencia

Que Anaxágoras, de hecho, concedió al estado caótico de la *hylē* una existencia real antes de que tuviera lugar la obra formadora del divino *nous*, se confirma por la siguiente información de Diógenes Laercio, 2, 6 (Anaxágoras, A. Frag. 1, 6-7): "Todas las cosas estaban juntas; entonces, el *nous* vino y les dio orden". Lo mismo es indicado por el testimonio de Aristóteles en *Física*, VIII, 250 b 24: "Cuando todas las *chrēmata* estaban juntas y en reposo durante un tiempo incalculable, [Anaxágoras dice que] el *nous* introdujo el movimiento entre ellas y las separó unas de otras".

Es claro por B. Frag. 10 cómo Anaxágoras llegó a su teoría de los *spermata*. Allí parece que se había planteado la cuestión de cómo podrían brotar de la misma semilla las partes más diversas de un cuerpo orgánico (es decir, cabello, uñas, venas, nervios, huesos), a menos que todas estuvieran contenidas dentro del *sperma* desde el principio. Simplício (*ad Arist. Física* F 4, 203 a 19 ss.) corrobora igualmente la idea de que el punto de partida de Anaxágoras fue el problema de la nutrición y el crecimiento de los cuerpos orgánicos. Jaeger ha observado correctamente (pp. 157 ss.) que la teoría de la mezcla, que encontramos por primera vez en las obras existentes de Alcmeón, el médico de Crotona, era de origen médico.

Ideas antropológicas de Anaxágoras

Aristóteles testifica (*De partibus animalium*, 4 10, 687 a 7 ss.) que la idea de que la mano humana es evidencia de una habilidad racional especial ya se encuentra en Anaxágoras. También señala (*De anima*, A 2, 405 a 13 ss.) que aunque

Anaxágoras parece distinguir entre *nous* y *psychē*, en otras declaraciones los trata como uno y lo mismo. Sin embargo, está fuera de toda duda que la distinción fundamental entre *nous* y *psychē* es una consecuencia necesaria de la concepción de Anaxágoras del *nous* como una inteligencia no mezclada que tiene soberanía sobre todas las demás cosas. Pues esta concepción implica que el *nous* no puede ser afectado por cosas materiales, es decir, que es ἀπαθής, elevado sobre toda influencia emocional (como Aristóteles mismo observa, Anaxágoras, A. Frag. 56), y es por lo tanto también distinto de la sensación. Además, solo el *nous* puede ser llamado *autokratēs*; es decir, poseedor de un poder que no deriva de nada (véase el comienzo de B. Frag. 12).

§22 La relación entre el *nous* divino y el *nous* humano en Anaxágoras

En la página 150 del texto escribí: "Así, la facultad humana del *nous* evidentemente no se considera como un elemento independiente, separado de la materia". Otras reflexiones me llevan a retomar esta afirmación, ya que hacia el final de Anaxágoras, B. Frag. 12, está claramente dicho: "y todo *nous* es lo mismo, tanto en lo mayor como en lo menor". B. Frag. 11, al que hice referencia en la página 150, debe interpretarse a la luz de esta afirmación. Según B. Frag. 117, Anaxágoras pensaba que el pensamiento, la inteligencia y el discernimiento también pertenecían a las plantas. Esto significaría que toda vida en la tierra (plantas, animales y seres humanos) participa en mayor o menor medida del *nous*. Jaeger observa (p. 164) que Anaxágoras consideraba al *nous* humano como lo divino en una persona.

§23 La relación entre Diógenes de Apolonia y Anaxágoras

Página 151, nota 154. El cambio fundamental que Diógenes de Apolonia introdujo en la teología de Anaxágoras al identificar el *nous* divino con el aire-dios de Anaxímenes está claramente ilustrado en Diógenes, B. Frag. 5 (de un tratado sobre la *physis*), donde dice de la *archē* divina: "Y por esto todos los hombres también son gobernados, y gobierna sobre todos ellos. Porque precisamente esto, me parece, es dios; y está presente en todas las cosas y las ordena todas, y se adhiere en todo. Y no hay una sola cosa que no participe de ello".[25]

En este fragmento, uno se sorprende ante el uso de los dos verbos κυβερνᾶν y κρατεῖν. Además de κυβερνᾶν, el "gobierno" del mundo que Anaxímenes había atribuido a la deidad, Diógenes considera necesario especificar, como un aspecto separado que es claramente distinto de lo primero, el κρατεῖν, o soberanía racional sobre el mundo, que Anaxágoras había reservado para el divino *nous*. Esto confirma mi observación bajo el punto 4.

En segundo lugar, es evidente que Diógenes rompe en principio con la concepción dualista de Anaxágoras sobre la relación entre lo divino y la *physis*. El dios de Diógenes está en todo (ἐν παντὶ ἐνέχναι), y para él todo participa de la deidad (μετέχει τούτου). La última parte de B. Frag. 5 dice que de acuerdo con las diversas formas (τρόποι) de cambio (ἑτεροίωσις) presentes en el origen divino, por el cual se generan diversos tipos de seres, estos últimos tienen todos diferentes grados de nóēsis; sin embargo, todos viven, ven y oyen, y toman todas las demás formas de *nóēsis* de un mismo principio de origen (el aire). Anaxímenes consideraba el cambio de aire en agua, fuego y tierra como ocurrencias mediante condensación y rarefacción. En la concepción de Diógenes, se descarta la crítica de Parménides sobre la combinación de los principios de forma y materia dentro de un solo principio de origen. Él dice en B. Frag. 7: "Y esto mismo [es decir, la deidad] es una eternidad y un ser inmortal; pero las otras cosas son tales que algunas llegan a ser, mientras que otras dejan de ser".

Sin embargo, Diógenes fue la primera persona en desarrollar la idea de Anaxágoras de un plan mundial divino y con propósito, interpretando fenómenos específicos de la naturaleza desde este punto de vista (véase Diógenes, B. Frag. 3). Esto es lo que Jaeger entiende como el espíritu de la *téchnē*, que se manifestó en el siglo V a. C. dentro de la visión de la naturaleza y llevó en particular a la comprensión de los organismos vivos como mecanismos construidos de acuerdo con un plan técnico.

Investigaciones más recientes (W. Theiler, *Zur Geschichte der teleologischen Naturbetrachtung bis auf Aristoteles* [Zúrich, 1925], y aún antes de eso la disertación de S. O. Dickerman, *De argumentis quibusdam apud Xenophontem, Platonem, Aristotelem obvius et structura hominis et animalium explicuit* (Leipzig, 1909), ha demostrado que es muy probable que la concepción teológica de la naturaleza de Sócrates, que ha sido transmitida en la *Memorabilia* de Jenofonte y en el *Filebo* de Platón, haya estado directamente influenciada por el desarrollo que Diógenes dio a la teoría del *nous* de Anaxágoras. Teofrasto relata (Diógenes, A. Frag. 19) que Diógenes hizo una distinción entre el aire interno (ὁ ἐντὸς ἀήρ) dentro del hombre y el aire externo. La primera de éstas, a través de la cual tiene lugar la percepción sensorial humana, él la llama "una pequeña porción de Dios" (μιχρὸν μόριον θεοῦ), es decir, del aire cósmico.

Este "aire interno" es obviamente la *psychē* humana. Como Theiler (p. 21) ha demostrado convincentemente, la prueba físico-teleológica de Sócrates para la deidad, presentada en la *Memorabilia* de Jenofonte, A. 4, 8, y en el *Filebo* de Platón, 29a y 30a, bien podría haber encontrado aquí su fundamento. Aquí el lector puede comparar las páginas 425 y siguientes en el texto.

No debe olvidarse, sin embargo, que Sócrates y Platón no aceptaron en absoluto la concepción panteísta de Diógenes del *nous* divino como un demiurgo, y especialmente no su identificación de Dios con el aire concebido como la *archē*. En *Filebo* 30a, la única inferencia extraída del alma humana es que existe un alma mundial; pero ésta a su vez encuentra su origen en el *nous* divino como demiurgo. En la *Memorabilia* de Jenofonte y en el *Filebo* de Platón, el único propósito de Sócrates es demostrar que la presencia de un alma racional no se limita únicamente a los seres humanos.

§24 La concepción del "vacío" en Leucipo y Demócrito

Páginas 153 ss., texto. Me complació descubrir que la visión que he tomado en el texto respecto al *kenón* (vacío), como los fundadores del atomismo lo concibieron, se encuentra también en Wilhelm Capelle.[26] El autor no da argumentos para su posición pero, sin embargo, la forma relevante que adoptan sus comentarios sobre los fragmentos de Leucipo es la siguiente: "Pues el segundo supuesto básico de la teoría atomista es precisamente la hipótesis de un espacio vacío (este vacío entendido como un espacio lleno de aire) Capelle, sin embargo, no extrae ninguna conclusión de esto con respecto al origen de la noción de desorden. Según él, el vacío primordial de los átomos no era más que un axioma metafísico para Leucipo, que en su opinión no necesitaba mayor justificación. El fundador del atomismo claramente consideraba esta noción primordial como una propiedad original de la materia en sí misma y, a diferencia de Empédocles y Anaxágoras, no consideró necesario especificar una causa inmaterial para esto. Capelle observa que "aquí está evidentemente influenciado por el recuerdo de la noción básica de sus primeros predecesores milesios, quienes consideraban la materia como automoviente. Y así, el problema parecía resolverse de una manera asombrosamente simple: los átomos, por su propia cuenta, están en perpetuo movimiento".[27]

Capelle olvida, sin embargo, que los átomos son algo vastamente diferente de la "materia primordial divina" de los milesios. Él también aborda a los atomistas griegos en términos del concepto científico moderno de la materia natural, y es completamente ciego al motivo religioso dialéctico del pensamiento griego, donde los principios de forma y materia están en oposición polar. A causa de esto, ni siquiera percibe el problema contenido en su (a mi juicio muy correcta) comprensión del *kenón* de Leucipo y Demócrito, ya que el aire como kenón naturalmente no puede ser idéntico al aire como átomos.

En los fragmentos A, sin embargo, se puede encontrar una fuerte evidencia de mi visión de que los átomos toman su movimiento original y desordenado del *kenón*, concebido como un flujo de aire. Las palabras de Aristóteles en *Física* Δ 6, 213 a 27 ss. (Leucipo, A. Frag. 19) son, por lo tanto, de gran importancia para la concepción de Leucipo y Demócrito del *kenón* como aire informe: "Pero la gente entiende el vacío como un intervalo espacial [διάστημα] en el que no hay cuerpo perceptible a los sentidos [σῶμα αἰσθητόν] presente.

Creyendo, sin embargo, que todo lo que es cuerpo, dicen que aquello en lo que no hay nada en absoluto es el vacío. Por lo tanto, lo que está lleno de aire se considera vacío" (la cursiva es mía).

La evidencia de que el movimiento de los átomos proviene de la materia aérea fluida circundante

Mi opinión es que, para Leucipo y Demócrito, el movimiento no se origina en los átomos mismos, sino que primero les es impartido desde el exterior (desde el aire "formalmente vacío") y se basa sobre todo en los siguientes *testimonia*:

Simplicio, *ad Arist. Physica* 42, 10 (Demócrito, A. Frag. 47): "Demócrito dice que los átomos por naturaleza están inmóviles y son [primero] puestos en movimiento por un impacto Y además, Aecio, en Demócrito, A. Frag. 47: "Demócrito declaró que hay un tipo de movimiento, el debido a los golpes [παλμός]".

Demócrito, A. Frag. 128 (Aecio, A 19, 3) también es muy importante: "Demócrito dice que por el sonido el aire se rompe en átomos de forma similar y que se mueve a lo largo (como una ondulación fluida) junto con los fragmentos separados por el sonido Este fragmento no tendría sentido en absoluto si el aire, como materia fluida, no se distinguiera de los átomos-aire que se separan de él como formas de seres. Pues ¿cómo podría moverse a lo largo como una corriente fluida junto con sus átomos, los cuales están divididos por el sonido?

Alejandro de Afrodisias, *ad Arist. Met.* 36, 21 (Leucipo, A. Fragm. 6): "Aristóteles habla de Leucipo y Demócrito. Pues ellos afirman que los átomos están en movimiento cuando chocan entre sí o son golpeados unos contra otros. De dónde toma su origen el movimiento natural no lo dicen. Para ellos, el movimiento que resulta de su choque mutuo es un movimiento violento [βίαιός ἐστι κίνησις] y no natural [οὐ κατὰ φύσιν]; el movimiento violento [impartido desde fuera] es, sin embargo, posterior al movimiento natural [determinado por la naturaleza intrínseca]".

Simplicio, *ad Arist. De caelo* Γ 2, 300 b 8 (583, 20), (Leucipo, A. Frag. 16): "Afirmaban que las partículas primarias de las que hablan, es decir, los átomos, están en movimiento eterno dentro del vacío ilimitado debido a la violencia". Demócrito, A. Frag. 37: "[Demócrito] piensa que [los átomos] están entrelazados unos con otros y permanecen juntos hasta que una fuerte compulsión, que actúa desde el aire circundante (ἐκ τοῦ περιέχοντος), los sacude, los une y los separa y dispersa" (la cursiva es mía). En Leucipo y Demócrito, el περιέχον siempre denota el *ápeiron* o *kenón*, y esto tiene gran importancia en el fragmento presente, ya que el περιέχον aquí se distingue claramente de todos los átomos.

Otros *testimonia* afirman que este περιέχον ejerce presión sobre los átomos ígneos de los cuerpos que respiran y que los expulsa. Compárese con Aristóteles, *De anima* A 2, 404a 1 ss. (Leucipo, A. Frag. 28), y especialmente Aristóteles, *De respiratione* A 4, 471 b 30 (Demócrito, A. Frag. 106): "Pero [Demócrito] afirma que el alma y el calor [es decir, el fuego] son lo mismo, a saber, las partículas primarias esféricas. Por lo tanto, cuando estas son forzadas a juntarse por el [aire] circundante, que apretaría sobre ellas, la inhalación interviene para ayudarles. Pues en el aire hay un gran número de esos átomos a los que él llama *nous* y *psychē* [la cursiva es mía]. Así, cuando una persona inhala y el aire [que respira] entra en el cuerpo de esa persona, estos átomos [ígneos] supuestamente entran también en el cuerpo y, contrarrestando la expulsión de los átomos-alma que aún están dentro, impiden que el alma que habita en el ser vivo escape del cuerpo. Por esta razón, se dice que la vida y la muerte dependen de la inhalación y la exhalación. Porque cuando el aire circundante gana la supremacía en la compresión [que ejerce sobre los átomos del alma], y los átomos que entran desde fuera ya no pueden contrarrestarlo, dado que la respiración se ha vuelto imposible, entonces el alma supuestamente abandona a los seres vivos". La importancia de este fragmento radica en que muestra claramente que Leucipo y Demócrito consideraban que los átomos del alma estaban suspendidos en un aire fluido e informe. Pues, como es evidentemente claro en la frase del fragmento, el aire que sostiene aquí es invariablemente el περιέχον, es decir, el *kenón*, no los átomos-aire.

¿Tienen los átomos del alma un movimiento natural e inherente?

A pesar de esto, no puede negarse que Aristóteles repetidamente da la impresión de que los átomos ígneos del alma, a diferencia de los otros átomos, tienen un movimiento *natural* y eterno, autoinducido, en Leucipo y Demócrito. En *De anima* A 3, 406 b 15 ss. (Demócrito, A. Frag. 104): "Algunos incluso dicen que el alma mueve el cuerpo en el que habita de la misma manera que se mueve a sí misma. Así, por ejemplo, Demócrito... Pues él afirma que los átomos esféricos, por su movimiento —ya que es de su naturaleza nunca permanecer en reposo— arrastran consigo y ponen en movimiento a todo el cuerpo En *De anima* A 2, 404 a 1 ss. (Leucipo, A. Frag. 28), también se afirma: "Demócrito declara que el alma es una suerte de fuego o calor. Entre las innumerables formas de átomos, llama átomos esféricos a los de fuego y alma, al igual que las pequeñas motas que pueden verse en los haces de luz entrando por las ventanas...".

Si esta hubiera sido realmente la visión de Demócrito, indicaría que su concepción de los átomos ígneos estaba de hecho estrechamente relacionada con las nociones órficas pitagóricas sobre el alma. Recordemos que en la antigua escuela pitagórica las motas visibles en los haces de sol eran consideradas como almas en movimiento perpetuo. En este caso, los átomos de fuego serían los únicos átomos que no reciben su primer impulso de movimiento del flujo de aire, y la doctrina de los átomos de Demócrito implicaría, por tanto, una especie de dualismo órfico. Pero ¿podemos aceptar esto basándonos únicamente en la autoridad de Aristóteles? En la discusión de los átomos de Demócrito en su *Metafísica*, Aristóteles no hace tal distinción. En cualquier caso, es cierto que Demócrito rechazó por completo la creencia órfica en la inmortalidad del alma y en un juicio después de la muerte. En Demócrito, B. Frag. 297, dice así: "Algunos hombres, sin saber nada de la disolución de la naturaleza mortal, inquietan su conciencia [συνειδήσει] por las malas acciones que han cometido en vida, viviendo siempre en ansiedad y desasosiego, porque creen en falsos relatos sobre el tiempo después de la muerte

La conexión entre el *kenón* de los atomistas y la teoría de los poros de Empédocles

Llego ahora al punto más importante de mi argumento a favor de que el *kenón* en Leucipo y Demócrito no denota un espacio absolutamente vacío, sino más bien una materia aérea informe. Aquí examinaremos la conexión entre la concepción atomista del kenón y la teoría de los poros de Empédocles.

Fuera de una breve alusión entre Sócrates y Menón en el *Menón* 76 c, nuestra información sobre este tema proviene de un pasaje extremadamente importante dado por Aristóteles en *De generatione et corruptione* A 8, 325 b 6 ss. (Leucipo, A. Frag. 7): "Empédocles también debe asumir aproximadamente la misma posición que Leucipo. Pues debe decir que existen partículas sólidas [de elementos] que son indivisibles —a menos que haya poros continuos (πόροι). Pero eso es imposible; porque sin ellos nada sólido existiría en absoluto, sino solo poros, es decir, únicamente un vacío. Es necesario, por tanto, que las partículas continuas [de cuerpos] sean indivisibles, mientras que los poros, con los que Empédocles llama cuerpos, deben, por contraste, ser vacíos. Y Leucipo habla de manera similar al comparar la acción y la pasión [de las sustancias]".

Según otro pasaje de la misma sección de Aristóteles (*De generatione et corruptione* A 8, 324 b 26 ss.), Empédocles también sostenía que las sustancias se mezclaban porque, al influenciarse mutuamente, penetraban unas en otras a través de los poros.

Aristóteles dice que estos poros se consideran demasiado pequeños para ser vistos, pero están densamente empaquetados y dispuestos en hileras. Solo aquellas sustancias que se mezclan poseen poros que son simétricos en relación unas con otras. Filopono hace la siguiente observación en su comentario sobre este pasaje (Empédocles, A. Frag. 87): "Sabemos que aquellos estudiantes de la naturaleza que suponen que hay poros [en los cuerpos] no consideran éstos como espacios vacíos, sino llenos de una sustancia más sutil como el aire". Poco después, añade: "Los poros difieren del espacio absolutamente vacío, porque quienes introdujeron los poros negaban la existencia del espacio vacío".

A partir de estos *testimonia*, queda claro que Leucipo y Demócrito desarrollaron su teoría del *kenón* y los átomos en parte como una inferencia lógica a partir de la teoría de los poros de Empédocles. Así, concibieron el vacío mismo en el sentido de esta teoría de los poros, es decir, como lleno de aire fluido no sólido. La única inferencia adicional que debía aceptarse con tal concepción del *kenón* era que también debían asumirse átomos indivisibles, infinitesimales, o formas de ser.

§25 La filosofía de la historia de Protágoras y Demócrito

Páginas 172 y siguientes, texto. Debido a que la filosofía evolucionista de la historia de Protágoras muestra semejanzas tan asombrosas con los fragmentos transmitidos por Diodoro y otros, que han preservado la visión de Demócrito sobre la historia, es altamente probable que Demócrito dependiera en cierta medida del fundador del Sofismo. En un excelente estudio en *Hermes* 47 (1912, p. 509 ff.), Karl Reinhardt demostró la autenticidad de estos fragmentos, que Diels-Kranz ha incluido bajo Demócrito, B. Frag. 5, números 1-3.

La influencia de Protágoras en Demócrito puede establecerse con gran probabilidad a partir de otros fragmentos también. La declaración de Demócrito sobre la educación formativa (*paideia*), por ejemplo, es muy reveladora en este sentido. Véase Capelle, *Die Vorsokratiker*, p. 461: "La naturaleza y la educación tienen cierta similitud. Porque la educación también transforma al hombre, pero mediante esta transformación crea una 'segunda naturaleza'" (248, Frag. 33). Véase también p. 459: "La pobreza en una democracia es mucho mejor que la 'buena fortuna' bajo los déspotas, pues la libertad es mejor que la vida de un esclavo" (239, Frag. 251).

§26 El autoconocimiento en Sócrates y Heráclito

Páginas 174 y siguientes, texto. Cuando hice mi afirmación en el texto de que la reflexión crítica en el pensamiento griego comenzó con Sócrates, no quise dar a entender en absoluto que Heráclito no hubiera hablado ya del autoconocimiento. Así, él dice en Heráclito, B. Frag. 101, ἐδιζησάμην ἐμεωυτόν ("me busqué a mí mismo") y en B. Frag. 116, ἀνθρώποις πᾶσι μέτεστι γινώσκειν ἑαυτούς καὶ σωφρονεῖν ("es parte de todos los hombres conocerse a sí mismos y pensar racionalmente").

Sin embargo, es difícil considerar este autoconocimiento de Heráclito como el verdadero punto de inflexión crítico en el pensamiento filosófico griego. En la dialéctica panteísta del gran pensador de Éfeso, el hombre aún no había sido disociado de la *physis* siempre fluyente. Él sigue buscando su identidad aquí en la profundidad ilimitada del divino flujo de la vida, aunque este último se haya unido dialécticamente con el *logos* divino, la oculta unidad de los opuestos que impone una medida fija y una proporcionalidad al surgir y al perecer. Las declaraciones de Heráclito sobre el alma también deben entenderse en este sentido: "No podrías descubrir los límites del alma en tu caminar, aunque recorrieras todos los caminos; tan profundo es su *logos*" (B. Fragm. 45), y "El alma tiene su propio logos, que se incrementa a sí mismo" (B. Fragm. 115).

§27 El problema cronológico en la teoría del alma del *Fedro*

Páginas 267 y siguientes, texto. En su introducción al *Fedro* (Platon, *Oeuvres complètes*, vol. IV, parte 3, 1947), Léon Robin ha argumentado nuevamente extensamente (pp. iv y siguientes) a favor de la idea de que este diálogo debe fecharse después del *República*, y aplica esta tesis también a su concepción del alma. Según él, el *Fedro* debió haber sido escrito aproximadamente al mismo tiempo que el *Teeteto*.

Robin cree percibir una cierta incertidumbre en el tratamiento del *República* sobre el problema de la inmortalidad, y afirma que sería muy extraño que esto se resolviera después de la prueba presentada en el *Fedro*, dado que al final de su vida Platón aún sostenía esta prueba en el *Leyes* (X, 894 E – 895 C, 896 A-B). En esta interpretación, la escatología del *Fedro* seguiría siendo un enigma en ciertos puntos si se compara con el material correspondiente en el libro décimo del *República*. Finalmente, sostiene que la "esfera supracelestial" (τόπος ὑπερουράνιος) en el *Fedro* no es más que un "contrapunto mítico de la región inteligible de la República".

La fuerza de estos argumentos me resulta difícil de aceptar. Siento que Robin ha estado demasiado influenciado por la idea preconcebida de que el *Fedro*, en su forma actual, es una obra "totalmente unificada" y luego utiliza la parte dialéctica del diálogo, que parece haber sido escrita posteriormente, como prueba decisiva para datar más tarde su concepción del alma. Pero la teoría del alma en el *Fedro* difiere profundamente de la presentada en los diálogos posteriores. La continua adhesión de Platón en el *Leyes* a la prueba de la inmortalidad no disminuye este hecho, ya que, en el ínterin, su concepción de lo que en el alma es inmortal había sido fundamentalmente modificada. Me parece impensable que Platón, después de haber desarrollado por primera vez el concepto tripartito del alma de manera completamente dialéctica, lo presentara después en una forma puramente mitológica, sin fundamento teórico. Me parece, además, que la misma consideración se aplica a la relación entre la descripción puramente mitológica del *topos hyperouranios* en el *Fedro* y la explicación teórico-dialéctica de esto en la República.

§28 La oración de Platón sobre el Bien

Página 465 y ss., texto. Después de haber completado este libro, se publicó un importante estudio sobre la oración de Platón *Sobre el Bien* por Paul Wilpert bajo el título "Platons Altersvorlesung über das Gute" (*Philosophisches Jahrbuch*, vol. 59 [1949], pp. 1-14, donde se hace referencia a un ensayo anterior en *Hermes* [1941, pp. 225-250]). La importancia de este estudio, que en mi opinión también contiene una serie de nociones equivocadas, radica en su revelación de la conexión interna entre la fase final de la teoría de Platón sobre los números-idea y sus puntos de vista anteriores. Wilpert toma su pista de un extenso relato de la teoría pitagórica de los números escrita por Sexto Empírico.

§29 Objeciones católicas romanas a algunos puntos de mi exposición de la doctrina tomista de la creación

Páginas 53 y ss., texto. Después de que este libro salió de la imprenta, aparecieron en la revista *Studia Catholica* (vol. 23, no. 2 [1948] y vol. 24 [1949]), un par de artículos del profesor Dr. H. Robbers, S.J., intitulados, respectivamente "El esquema de la Gracia-Naturaleza como el motivo religioso fundamental de la filosofía escolástica" ("Het natuur-genade-schema als religieus grondmotief der scholastieke wijsbegeerte") y "La filosofía calvinista del cosmos en diálogo con el tomismo" ("De Calvinistische Wijsbegeerte der Wetsidee in gesprek met het Thomisme"). En estos artículos, el Prof. Robbers objeta a mi exposición de la doctrina tomista de la creación en *Philosophia Reformata*, vols. VI (1941) y VIII (1943) en cuatro puntos diferentes, los cuales también se resumen en la página 35 del presente libro. Se opone a mis siguientes observaciones: (1) que la noción escrituraria de la actividad de Dios ha sido perdida en la idea tomista de la creación; (2) que en el tomismo los principios de forma y materia son apartados de la soberanía de Dios como Creador.

Ya he prometido al Profesor Robbers que daré una consideración seria a estas objeciones y que regresaré a ellas en un momento posterior. Esto tendrá lugar como una cuestión de curso en el segundo volumen de esta obra, donde la filosofía escolástica será sometida a una crítica trascendental. Por el presente, solo puedo expresar mi impresión inicial de que el Profr. Robbers aparentemente ha malentendido el propósito de mis observaciones y que yo mismo soy en parte culpable de ello porque no traté estos temas con suficiente precisión. No hay duda en mi mente de que Tomás de Aquino ciertamente pretendía que la metafísica de Aristóteles encajara con la doctrina de la iglesia sobre la creación. La única cuestión es si esto fue posible dentro del marco de una filosofía aristotélica acomodada. En consecuencia, espero volver a este punto en detalle más adelante.

NOTAS AL COMENTARIO

[1] Aunque completé este trabajo en su mayor parte durante la Segunda Guerra Mundial, estuvo en prensa por más de dos años después. En consecuencia, he escrito estos comentarios no sólo para incorporar referencias más recientes, sino también para revisar puntos de vista que en el momento de la redacción me suscitaban dudas, aunque fuera en parte, sobre la interpretación del texto. (Nota del editor: en algunos casos las dudas fueron resueltas a favor de la interpretación original).

[2] De Wette, *Luther*, IV, 46.

[3] Cf. también Karl Holl, *Gesammelte Aufsätze zur Kirchengeschichte* (6a. ed., revisada; Tübingen: J. C. B. Mohr), I, *Luther* (1932), 473.

[4] Luther, *Epist. de Wette*, I, 64. "Creo que es imposible que la iglesia sea reformada a menos que se erradiquen de raíz los cánones, decretales, teología escolástica, filosofía y lógica, tal como ahora existen, y se establezcan otras nuevas".

[5] G. Brillenburg-Wurth, *Het Christelijk Leven* (Kampen: Kok, 1949), p. 87.

[6] Emil Brunner, *The Divine Imperative* (tr. Olive Wyon; Filadelfia: Westminster Press, 1947), p. 140. Original alemán: *Das Gebot und die Ordnungen: Entwurf einer protestantisch-theologischen Ethik* (Tübingen, J. C. B. Mohr, 1932).

[7] Ibid., p. 142.

[8] Herman Dooyeweerd, "De Wetsscheuring in Brunner's boek *Das Gebot und die Ordnungen*", *Antirevolutionaire Staatkunde* (trimestral), vol. IX (1935), pp. 334-374.

[9] J. Stenzel, "Die Metaphysik des Altertums", en *Handbuch der Philosophie* (1929), pp. 34, 36, 47.

[10] Kurt Schilling, *Geschichte der Philosophie* (Múnich, 1943), vol. 1, p. 56.

[11] W. Jaeger, "Praise of Law. The Origin of Legal Philosophy and the Greeks" en *Interpretations of Modern Legal Philosophies: Essays in Honor of Roscoe Pound* (Nueva York: Oxford University Press, 1947), pp. 59 ss.

[12] Olof Gigon, *Untersuchungen zu Heraklit*, (Leipzig, 1935), pp. 135 ss.

[13] Ueberweg-Praechter, *Grundriß der Geschichte der Philosophie des Altertums* (12a. ed., 1926), p. 84.

[14] Diels-Kranz, I, 241: Parménides, B. Frag. 11.

[15] *De mundo*, tr. E.S. Forster, *The Works of Aristotle Translated into English*, ed. W. D. Ross, vol. III (Oxford: Clarendon Press, 1931).

[16] Cf. Diels-Kranz, I, 279-280. Sext. Emp. adv. Math., VII.65, ss.

[17] Gigon, *op. cit.*, pp. 271-272 (traducción inglesa por el autor).

[18] Ibid., p. 281 (traducción española por el traductor)".

[19] Ibid., p. 189 (traducción española por el traductor).

[20] Rohde, *Psyche*, I, 5.

[21] Otto rechazó este enfoque etimológico del problema, el cual, en su opinión, es irrelevante.

[22] Es inconcebible para mí cómo Otto, después de haber defendido con tanto vigor esta noción, puede escribir en la página 66: "Según las antiguas creencias, la raza homérica y otras razas civilizadas compartían con los pueblos primitivos que lo que vive después de la muerte como sombra es la persona entera, no una parte de ella, aunque esto sea lo más importante". Y ¿cómo puede concluir directamente después: "Es una alma sin cuerpo en un estado 'espiritualizado'"? Seguramente esta última no es la "persona entera".

[23] Otto, *op. cit.*, p. 79 (traducción inglesa del autor).

[24] Walter Kranz, *Empedokles: Antike Gestalt und romantische Neuschöpfung* (Zúrich, 1949), p. 63. (Traducción inglesa por el autor).

[25] καὶ ὑπὸ τούτου πάντας καὶ κυβερνᾶσθαι καὶ πάντων κρατεῖν· αὐτὸ γάρ μοι τοῦτο θεὸς δοκεῖ εἶναι καὶ ἐπὶ πᾶν ἀφῖχθαι καὶ πάντα διατιθέναι καὶ ἐν παντὶ ἐνέχειν· καὶ ἔστιν οὐδὲ ἓν ὃ τι μὴ μετέχει τούτου. (Traducción al español por el traductor).

[26] Wilhelm Capelle, *Die Vorsokratiker: Die Fragmente und Quellenberichte übersetzt und eingeleitet* (Leipzig, 1935), p. 286.

[27] Ibid.

ÍNDICE ONOMÁSTICO

ÍNDICE TEMÁTICO